保护与传承视野下的鲁文化学术研讨会论文集

山东省文物考古研究院
曲阜市文物局
曲阜师范大学历史文化学院

编

上海古籍出版社

编辑委员会

主　任：郑同修　周　鹏　成积春

副主任：刘延常　田树标　王京传

委　员：韩　辉　赵国靖　毕德广　丰　杨

主　编：刘延常

副主编：韩　辉　王京传　田树标

《保护与传承视野下的鲁文化》序

刘 绪

2016年11月10日至12日,在历史名城曲阜,山东省文物考古研究所(院)联合曲阜市文物局、曲阜师范大学历史文化学院共同举办了"'保护与传承视野下的鲁文化'学术研讨会",约120位国内外学者应邀参加。

会议内容可分两大部分,一是参观考察曲阜鲁故城考古发掘工地;一是学术研讨。

在周代诸侯国中,由于鲁是周公之封而倍受学界关注,而曲阜鲁故城又因保存较好而成为关注的焦点。上世纪70年代后半,在张学海先生的主持下,对曲阜鲁故城进行了全面勘探和试掘,并很快发表了专门报告,即《曲阜鲁国故城》。本次考古工作,除基本廓清城址形制、主要遗存的大致分布与大致年代,为今后开展工作奠定了良好的基础外,还有以下三个方面在学术界产生了重要影响。其一,在勘探与试掘前,对整个遗址进行了工作区规划,即用方格网的方法把整个遗址划分为37个发掘工作区(西南部曲阜县城部分除外),设立永久基点标志。众所周知,在当时,全国各遗址的发掘,基本没有统一划分发掘工作区的概念。即使有,也是约略而不精确的,比如,有以自然村庄为准,按方位划分发掘区的,如殷墟之小屯南地、苗圃北地等;有以自然地形或地上特殊标记为准划分发掘区的,如二里头遗址最初主要以乡间小路为界将其分为"井"字形9个发掘区;还有根据发掘地点之多少,从"Ⅰ"开始,依次编排发掘区,称为Ⅰ区、Ⅱ区等等。还有的干脆把若干发掘点直称为"第一地点"、"第二地点",又如旧石器时代考古发掘,都很随意,区与区之间没有准确的边界。当时把整个遗址纳入方格网进行区划的只有盘龙城和曲阜鲁故城,二者虽小有不同,但区与区之间的边界都很准确,规范科学,有益于长期开展工作。现在实行的《田野考古工作规程》,建议采用象限方格网分区,就是借鉴了盘龙城和曲阜鲁故城的分区法。

其二，根据墓葬葬俗与随葬品组合，把鲁城内发掘的周代墓葬分为两类，分别称之为甲组和乙组。二者分布地点不同，"乙组西周墓随葬的陶器主要是仿铜器的鬲和罐，完全没有豆、簋，不用腰坑，也不殉狗，这些都与灭商以前的周人墓的作风相一致"，而且出有"鲁伯□"、"鲁仲□"铭文的铜器，故"断定乙组西周墓是周人墓"。而"甲组西周墓的作风与乙组西周墓迥然有别，随葬的陶鬲早期用明器，中晚期用实用器，不见乙组墓那种仿铜陶鬲；流行豆、簋等圈足器，腰坑殉狗的风气兴盛。凡此都与商人墓的作风相似，可以肯定甲组西周墓，不是周人墓，估计是当地原有住民的墓葬"。这是继郭宝钧先生于 20 世纪 50 年代初把洛阳西周墓区分为周人墓和殷遗民墓之后，又一类似之说，目前已得到学术界的普遍认同。

其三，初步判定鲁故城始建于西周时期，东周一直沿用。现在看其始建年代可能没这么早（详下），但在当时确实引起了学术界的高度重视。因为在 20 世纪 70 年代末之前，经考古确认的有城垣的西周城址只有北京琉璃河燕国故城一处，而鲁故城的规模远大于燕故城，且保存更为完整。因此，在研究先秦城址时，这两座城便成了西周时期的典型代表。

70 年代以后，西周时期的城址又有发现，不过数量仍然不多，如周原、洛阳、高青陈庄等，而且都缺少详细介绍。总的来看，西周城址没有大的突破性发现，而曲阜鲁城的考古工作又长期处于停滞状态，学者对鲁故城分期与始建年代的质疑也未得到新资料的验证。

2011 年，山东省文物考古研究所为配合曲阜鲁国故城国家考古遗址公园建设，重新启动鲁故城的考古工作，并经过数年的努力，取得了诸多成果，解决了一些关键性的问题，推动了鲁文化研究的深入开展。对此，本书有专文论述。概括而言，主要发现有以下几个方面。第一，在已知城址内近中部，即周公庙台地处发现了宫城，城内东西长 480、南北宽 220—250 米，外有城壕。宫城始建于春秋晚期，延续到汉代，这期间，鲁故城是由宫城与郭城组成的。宫城内发现多处夯土基址，发掘了其中一处规模较大者，时代属东周。第二，对郭城南东门、北东门与北城墙进行了适量发掘解剖，明确了各自的形制、结构与年代。其中北东城门东侧城墙及其以东的北墙始建于春秋早期；南东门东侧城墙的始建年代，推测或可早到西周晚期。看来，鲁故城的郭城约始建于两周之际，远没有以前判断的那么早，其使用到春秋晚期时，又在其内增筑了宫城。第三，在郭城内发掘了多处遗存，主要有东北部的生活与生产遗存（局部杂有墓葬），望父台、老农业局两处墓地（亦有居住遗存）；郭城内的遗存，主要属东周时期。

对于鲁故城新发现的理解与学术意义，发掘者亦有论述，兹不赘及。此外，我觉得鲁故城有以下两个现象与其他周代城址相似,并非出自偶然,具有一定的时代共性。一是鲁城的形制。目前所见西周城址,几乎都是横长方形,即东西之长大于南北之宽,如北京琉璃河西周燕都,始建于西周早期,东西长820多米,南墙被大石河冲毁,由河床的走向与宽度可知,该城南北宽不可能大于800米;再如周原凤雏城,属西周时期,已发现北墙和南墙,知其东西长远大于南北宽;又如洛阳汉魏城所叠压的西周城,因考古工作有限,虽其始建年代难以准确判定,但西周偏晚已经存在是大家认可的。该城东西长2500—2650、南北宽1800—1900米。还有一座规模不大的西周城,就是高青陈庄城,近方形,长宽约200米,有学者怀疑可能是陵垣,暂且不论。上述前三座始建于西周的城,都是东西长大于南北宽,而曲阜鲁故城始建于两周之际,与之相同,应该不是偶然,这种形制很可能是西周城的通制,至少已有发现如此。二是手工业作坊的位置。依发掘者言,"鲁城西、西北部形成相对两侧高、中间平缓的地貌。为相对独立地理单元,一般居住址和手工业作坊就分布在该区域",而且不限于一种手工业。这种把手工业作坊设在郭城内西北部或北部的现象,在东周时期还见于洛阳东周王城、秦都雍城和郑韩故城等城址。此现象在东周时期虽不普遍,但似乎已初显了"后市"的苗头,西汉长安城的市就设在城内西北部,其南是宫殿区,形成了"前朝后市"的布局。东周洛阳王城和曲阜鲁城是典型周文化的代表,汉长安城的设计很可能受其影响。

会议的学术研讨部分内容丰富,可大致概括为以下几个方面。

1. 围绕曲阜鲁故城发现展开的研讨

由于鲁故城的始建年代为两周之际,城内基本不见西周早期遗存,西周中期者也不丰富。到目前为止,城内的考古发掘比较多了,已有的这些发现应该贴近实际。至于鲁故城外围的发现,情形类似。鲁故城近郊,所见周代遗址多属东周时期,远郊发现有西周时期的遗址,但最早属西周中期,也缺少西周早期遗存(有一点线索,见后)。如位于鲁故城北约20千米的董大城遗址和位于鲁故城西南约10千米的果庄遗址。本次会议还专门把曲阜临境兖州西吴寺和泗水尹家城的陶器调来很多,供与会者观摩。这两处遗址同样缺少西周早期器物,中期的也不多(西吴寺发掘报告参照鲁故城的分期,认为有西周早期遗存,实际不然)。如果曲阜鲁故城外围确实找不到规模较大、内涵丰富的西周早期遗址,这就表明鲁城内外的发现都不支持这里是西周早期鲁国都城的观点。也就是说,无论伯禽,还是炀公,他们的都城都不在这里。由此便引申出两个问题:一是周初的鲁都在哪里?一是曲阜鲁故城是哪位鲁公始都?这两个问题,本次研讨会都有涉及,部分学者的论述已收入本书,读者可自己查阅。前一个问题需要考古工作者努力去寻找;后一个问题也需要补充更多的考古材料,因为曲阜鲁故城内外的已有发现,除城址规模大外,其他方面还难以和都城要素相匹配,不足以说明"周礼尽在鲁矣"。既然城垣始建于两周之际,那么自两周之际以来的大型建筑基址、规模不小的青铜器铸造作坊等也当存在,都是需要补充的。学者们还提到,根据当时城邑与墓地相距不远的规律,探寻鲁侯与鲁公墓地也是不可缺少的重要课题。关于春秋时鲁公的墓地,《左传》里有迹可循(定公元年),对此,以往有学者进行过考证,本书亦有涉及,他们的结论都应作为今后考古探寻的重要参考。

针对曲阜鲁故城发现展开的研究还有诸多方面,或探讨鲁故城聚落群变迁;或探讨鲁故城之居葬形态;或与同时期其他城址进行比较,等等,兹不赘及。

2. 周代其他都邑的发现与研究

近年来,周代都邑考古有不少重要发现,本次研讨会邀请到很多从事这些工作的有关专家、学者,他们给大会带来了新信息、新认识,使研讨会的内容更加丰富多彩。这对于每位与会者来说,无疑是重要收获之一。

随着学科的发展,都邑考古的理念也发生了较大变化,本次会议所及,都有不同程度体现。比如,沟洫水系与路网结构成为大型都邑聚落考古必须考虑的内容。自从2009年周原遗址发现云塘大型西周水池及与之相连的沟洫遗迹之后,该遗址相继又发现了大小沟洫若干,并在岐山与周原遗址之间发现了类似良渚那样的大型蓄水设施。近年,西周都城丰镐遗址也有类似发现。在沣西(丰)南部,发现一条长约2 600米的人工河道,宽11.75—15.84米,东端在曹家寨村南与沣水相通,西端在大原村西与灵沼河相接。在曹家寨村西北还有一处大型人工水池,其东部有一条长约75、宽4—10米的水道与沣水相连。在沣东(镐)发现的人工沟洫更长,约4 000米。在遗址西南部亦与沣水相通,往东经白家庄与北常家庄之间北上,至普渡村东与太平河相接。在河南宜阳韩国故都与湖北纪南城楚都也都有沟洫发现。

与沟洫相比,道路难于保存下来,因当时的地面多被后来破坏。尽管如此,仍然有所发现。周原已发现三处:一处位于齐家北,西北至东南走向;一处位于凤雏北,东西向;一处位于齐镇东南,也是东西向。前两处都有车辙,很宽;后一处与一条沟洫平行,也较宽,犹如滨河大道。2015年,在对丰镐遗址白家庄至普渡村一带钻探时,也发现一条道路。路,特别是行车的大路,其所经所到之处一定有重要设施。

在聚落布局方面,都比较注重功能区的探寻和辨识,如大型建筑区、一般居住区、墓葬区、各种手工业作坊区等。而且对各类功能区本身的分布规律更加细化和深入。如手工业作坊区,除前述东周时期常见于郭城北部的规律外,在整个周代,各类手工业作坊往往彼此相邻,相对集中在一个大的区域范围内。如本书涉及的丰镐遗址,在沣西两个南北相邻的村——冯村与大原村之间,就发现有制陶与制骨作坊。在沣东花园庄村东,既发现与铸铜有关的遗存,又发现多座陶窑。其实这一现象在整个周代已相当普遍了,在考古工作开展较多的周原遗址、侯马新田遗址都是如此。在周原遗址,沿沟东从南往北一线有李家铸铜作坊、齐家制石(主要是玦)作坊、云塘制骨作坊等;侯马新田遗址牛村古城南一带,按《晋都新田》的描述:"晋都新田发现的手工业作坊遗址有铸铜、制骨、制陶、石圭四类,其中以铸铜遗址分布范围最大且发掘规模也最大。这些遗址集中分布于牛村古城之南、东南及东部。尤其是南部,铸铜、制骨、石圭作坊交错分布。"这种现象具有普遍性,对一些考古工作开展较少的都邑遗址来说,具有重要参考意义。

无论哪类手工业作坊,往往在作坊内还有一些同时期的墓葬。这种现象不限于周代,商代就已存在,由于发现较多,这里不一一列举。在部分发掘报告与有关学术论著中,多认为这些墓主与作坊的生产活动有关,即他们生活于斯、劳作于斯、埋葬于斯,有学者称之为"居葬合一",我以为这是很有道理的。

3. 对鲁文化与鲁国史的研究

鲁文化研究是本次会议的重点,视角多,范围广。首先涉及的问题是鲁之始封地,虽始封都邑尚未确定,但其能统辖周王朝东土之地的"商奄之民",故其始封地在曲阜或其邻近地区当无问题。有学者分析了以鲁为首的姬姓诸侯国和以齐为首的姜姓诸侯国在山东的分布情景,发现二者分别位于泰山南北两侧,而泰山南北两侧正是商文化密集分布区,"是殷墟时期商文化最发达的地区之一",其中著名的前掌大、大辛庄和苏埠屯等晚商贵族墓地就是典型代表。由此可知,"这些周初分封在东方地区的姬姓和姜姓等邦国具有监督和羁縻殷商遗民的目的和功能",所言极是。若统观整个周初所封诸侯国的概况,还会发现,周王朝对新拓疆土最边远地区,亦即最外围屏障尤为重视,如北土是召公奭,东土是太公望,南土是南公括。召公与太公在周王朝中的政治地位,已为学界熟识,他们与周公都是辅助周王的重臣,并列周初三公。南公括亦颇受武王重视,依《史记·周本纪》记载,武王灭商后,"已而命召公释箕子之囚。命毕公释百姓之囚,表商容之闾。命南公括散鹿台之财,发钜桥之粟,以振贫弱萌隶。命南公括、史佚展九鼎保玉"等等,似乎所有财物都由南公括掌管,地位之高可想而知。可见,周王朝将这些重量级的人物分别封在新拓疆土的最边远之地(尽管本人未必亲自就封),充分表明对边疆地区的重视,唯有如此,才能真正起到蕃屏周室的作用。而周公本人的鲁国,则坐镇新拓疆土的中央,目的也很清楚,此种布局无疑是经过精心谋划的。

鲁文化的物质遗存中,青铜器是重要组成部分,有学者对鲁国青铜容器进行了全面搜集整理,并作了初步研究。其中最值得思考的是西周早中期铜器,因为出土铜器的地点都不是一般居邑,也许与鲁国早期都邑有关。其中出土地点明确的除宝鸡戴家湾(出鲁侯熙鬲)和山西绛县倗伯墓地(出鲁侯鼎)外,位于曲阜鲁故城西北的荀家村应予特别重视,这里在20世纪50年代出土过一件西周早期铜甗,是曲阜鲁故城及其附近难得的西周早期遗物。如果其出自墓葬,按照西周早期墓葬铜器组合的规律,与之共存的铜器还有很多,墓主等级不低,也许是一处西周偏早的墓地。再就是近年突然面世的一批西周早中期鲁国有铭青铜器,如叡尊、叡卣、鲁侯方鼎、鲁侯圆鼎、鲁侯簋等,多数流入私人之手,少数为国有博物馆收藏。这些鲁侯器几乎同时面世,时代从西周早期到西周中期,很可能盗自同一墓地,不排除是鲁侯墓地的可能。因此,调查了解其出土地点便显得尤为重要,哪怕了解到大致范围也是了不起的收获。

对鲁文化更宽泛的研究也有一些,如有学者从历史渊源、鲁国在诸侯国中的特殊地位等方面论述了鲁文化的重要性;还有学者通过对各时期鲁文化聚落特征分析,探讨鲁文化的发展过程及其文化背景。也有学者比较研究了鲁文化与其他文化的关系,或梳理了鲁文化研究的历程。

对鲁国历史的研究,不限于历史文献,还包括出土文献,内容涉及鲁国始封地、国都迁徙、鲁侯及鲁公墓地;周公制礼作乐的深刻内涵以及齐鲁两国礼乐制度的异同;齐鲁的地名、周公事迹、周初三监;儒家文化的渊源及对后世的影响,等等。

除上述研讨内容之外,会议还安排有部分大遗址保护与国家考古遗址公园建设项目的经验交流。

总之,本次鲁文化学术研讨会,既有考古现场考察,又有学术交流;与会人员学术背景多样,老中青兼具,内容丰富多彩。会后又抓紧出版会议论文集,有始有终。近些年全国召开的学术研讨会数不胜数,能做到这一点的为数不多,会议组织者确实为此付出了很多辛劳,值此文集出版之际,特向他们表示真诚的敬意。

目　录

《保护与传承视野下的鲁文化》序 ………………………………………… 刘　绪　1

由文献指导的"证经补史"到遗存本位的考古学研究——丰镐考古理念与
　　方法的发展历程 ………………………………………………………… 徐良高　1
丰镐遗址近年来的考古发现与研究 ………………………………………… 岳连建　11
关于早期中国复合城市的几个问题 ………………………………………… 惠夕平　20
怀柔百姓——基于亚其铜器群的殷遗民个案分析 ………………………… 李宝军　25
青铜器的明器化和复古现象——青铜觯的个案分析
　　…………………………………………… 曹　斌　王晓妮　董津汁　罗　璇　40

曲阜鲁故城考古新发现与初步认识 ………… 韩　辉　刘延常　徐倩倩　赵国靖　51
曲阜鲁国故城、鲁文化与传统文化 …………………………………… 刘延常　戴尊萍　70
东周时期鲁故城聚落群的历时性变迁初探 ………………………………… 曹　洋　86
论曲阜鲁故城两种居葬形态 …………………………………………… 蔡　宁　雷兴山　101
鲁国故城布局与新田模式 …………………………………………………… 马俊才　112
东周城市内壕沟功用探析 …………………………………………………… 徐团辉　126
从青铜器铭文看齐、鲁两国对外婚姻关系 …………………………… 徐倩倩　戴尊萍　133
海岱地区周瓦初探 …………………………………………………………… 张　森　149
卞城鲁文化来源及其特点 …………………………………………… 颜伟明　闫　鑫　166
资源、经略与制盐产业化视野下的齐国东扩 ………………………… 王子孟　王春云　174
邹城馆藏郳国陶文综述 ……………………………………………………… 郑建芳　182
徐海地区西周时期考古新进展及初步研究 ………………………………… 原　丰　192
徐国与山东周代古国关系考 ………………………………………………… 钱益汇　202
试论东周时期海岱地区青铜器中的吴越文化因素 ………………………… 吴伟华　212

考古视野下的郑文化研究——以郑都新郑出土陶器材料为中心	樊温泉	226
追寻晋国都城	吉琨璋	239
宜阳韩都故城考古调查新收获	吴业恒 吕劲松 陈南南	250
楚都纪南城宫城区最新发现与认识	闻磊 周国平	264

铜器铭文与楚简中所见"鲁侯"	蒋鲁敬	280
清华简《系年》齐鲁地名四考	侯乃峰	292
从清华简《金縢》篇看周公事绩与《豳风》毛序	薮敏裕	300
由清华简《系年》再看周初"三监"——兼论西周的诸监问题	张念征	316
从春秋中晚期齐鲁金文形体特征比较看鲁文化的重礼性	张俊成	329
两周金文与滕国官制	孙敬明	336
史密簋所见棘国地望新探	朱继平	350

以鲁为首的姬姓诸国在东方地区的受封	燕生东	364
鲁国史研究的几个问题	陈东	371
考古经史情结与鲁文化	钦白兰 丰杨	382
鲁卿季文子评传	刘伟	386
鲁文化在中国上古区域文化中的地位	杨朝明	397
鲁文化视域中的女性问题探析	宋赟 胡娜	403
也谈齐鲁文化的互动与融合	吕世忠	410

儒家文化的渊源与表象	张勋	422
何以称周公"制礼作乐"	徐义华	436
汉武帝的鲁文化情结	周新芳	444
汉代出土文献所见《孝经》考述	刘海宇	454
也论孔子见老子	王培永	468
石说"鲁礼"——济宁地区汉碑汉画中的"鲁礼"文化研究	王莉 傅吉峰	487
汉画像石建筑图像考——以济宁地区出土画像石为例	胡广跃 宋忙忙	509

浅谈大遗址的保护与利用——以鲁国故城国家考古遗址公园为例	王军	516
发挥旧城在建设曲阜优秀传统文化传承发展示范区的作用	孔祥林	521
传统文化传承视野下的孔府档案数字化	成积春	528

| 编后记 | 刘延常 | 534 |

由文献指导的"证经补史"到遗存本位的考古学研究

——丰镐考古理念与方法的发展历程

徐良高

中国社会科学院考古研究所

一、1949 年以前

丰镐考古启动,工作目的是为了"证经补史",是在文献记载指导下的考古调查。

1933 年,前北平研究院史学会的徐旭生、苏秉琦等在沣河沿岸开展了第一次考古调查。在调查报告中他们提出了关于丰镐位置的看法,并认为此次工作的目的"只限于周民族和秦民族之初期文化,及与之有直接关系之各问题",先调查,而后"侧重于民居遗址的发掘,而发掘遗址,又注重于此民族之各都邑及其附近"[1]。

徐旭生说:"周秦民族迁移之地,由史传所言迁都之地,略可考知。最初后稷居有邰(今旬邑);后公刘迁邠(今邠县);至古公亶父迁于岐下(今岐山);文王迁丰(今沣水西,长安鄠县交界地);武王迁镐(今沣水东,长安县西南境);懿王时迁犬邱(今兴平)。至平王被逼东迁,则已离陕西境。……秦族先世所居,西垂、西犬邱、秦,均在甘肃境内。后文公居汧渭之会;宁公居平阳(似在今凤翔县界内);德公居雍(今凤翔);灵公居泾阳(今泾阳);献公居栎阳(今高陵);孝公居咸阳,则均在陕西境。此次原拟先考察丰镐,后顺大道西行,经咸阳、兴平、武功、扶风、岐山、凤翔,南转至宝鸡,或自渭水南郿县、盩厔、鄠县东返,考察丰镐、咸阳、犬邱、岐下、平阳、雍及汧

---

[1] 徐炳昶、常惠:《陕西调查古迹报告》,《国立北平研究院院务汇报》第 4 卷第 6 期,1933 年;《史学研究会工作报告》,《国立北平研究院五周年工作报告》,1934 年。

渭之会。"[1]

1943年，中央研究院历史语言研究所的石璋如先生专门以文献记载的周人政治中心邰、豳、岐、丰、镐为目标开展考古调查，对丰镐遗址进行了第二次调查[2]。

两次工作均根据文献关于"周都"的记载去开展考古调查，又根据调查结果来确认周都之存在及具体位置。工作对象都是与文献记载相关的地点，如丰镐一带的丰镐村、灵台，周原的岐阳堡等地。

问题与不足

1. 由于没有机会开展系统工作，仅仅是两次简单踏查，调查所发现的岐阳堡、灵台等遗址均非周都城遗址所在或中心，丰镐村也仅是一小部分，核心区均未发现。

2. 由于当时中国的考古学只是处于刚起步阶段，更谈不上考古学文化时空框架体系的建立，因此当时对考古发现的解读都是依据文献的简单解读，未将新石器文化、周文化、秦文化等遗物、遗迹作明确的定性区分，解释多为臆测，由此造成诸多误判。如石璋如先生将彩陶文化认定为羌文化，认为早期周人无拍纹陶器等。

二、1949—1999年

考古工作大规模开展，基本以古代文化遗存为研究本位，以文献为辅助。

1949年以后的考古工作思路基本以古代遗存为研究本位，开展大规模考古调查和发掘工作，以确认遗址的范围，并推论都城——丰镐之所在。

1. 考古学文化的分期断代标尺和时空框架体系是考古学开展所有历史研究的前提。1949年以后的丰镐考古首先建立了先周晚期至西周晚期的陶器分期断代标尺，为西周考古学文化时空框架体系的建立奠定了基础。

在丰镐遗址数十年的考古工作中，对周文化陶器和遗存进行分期断代研究的文章有多篇，在相关先周、西周考古学文化分期断代的研究上形成了基本的共识。这些共识也成为整个周文化考古陶器分期断代的标尺。

《沣西发掘报告》将1955—1957年在客省庄村和张家坡村发掘的西周居址和墓

---

[1] 徐炳昶、常惠：《陕西调查古迹报告》，《国立北平研究院院务汇报》第4卷第6期，1933年。
[2] 石璋如：《传说中周都的实地考察》，《中央研究院历史语言研究所集刊》第20本下册，1943年。

葬分为六期[1]：(1) 早期居址；(2) 第一期墓葬和车马坑；(3) 第二期墓葬；(4) 第三期墓葬；(5) 晚期居址和第四期墓葬；(6) 第五期墓葬。其中，早期居址年代当在成康之时或更早；第一期墓葬年代约为成康时期；第二期墓葬的年代为穆王时期或稍晚于穆王；第三期墓葬延续时期较短；第四期墓葬相当于西周晚期；晚期居址和第四期墓葬同时，也应属西周晚期，但其延续时间较长，下限或可至西周末年；第五期墓葬属西周末年，个别墓葬或可至春秋初年。

张长寿先生将1967年发掘的墓葬分为六期[2]：第一期墓葬和1955—1957年张家坡西周早期遗址同时，相当于灭殷前作邑于丰的时期；第二期墓葬相当于《沣西发掘报告》的第一期墓葬，其年代约为西周初年至成康时期；第三期墓葬相当于《沣西发掘报告》的第二期墓葬，其年代约为穆王前后；第四期墓葬，很可能是直接连接第三期墓葬的，其年代或相当于懿、孝时期；第五期墓葬相当于《沣西发掘报告》的第三、四期，其年代当在厉王前后；第六期墓葬相当于《沣西发掘报告》的第五期墓葬，其年代约为西周末年的宣、幽时期。

胡谦盈先生将丰镐遗址墓葬分为四期[3]：第一期为先周初期墓葬；第二期为西周初期墓葬；第三期为西周中期墓葬；第四期为西周晚期墓葬。

卢连成先生将1984—1985年在沣西客省庄、马王村、张家坡等地清理的西周墓葬分为五期[4]：第一期分为甲、乙两组，甲组年代约在武、成至康王时期，乙组年代约在西周早期昭王之时，上限或可至康王。第二期时代约在西周中期穆、共之际。第三期年代或相当于懿、孝之际。第四期时代可能在夷、厉之际。第五期时代可能在西周晚期宣、幽之世。

蒋祖棣先生将丰镐遗址陶器分为七期[5]：第一期为先周时期；第二期为商末周初；第三期为西周早期到中期；第四期为西周中期；第五期为西周中期偏晚；第六期为西周晚期；第七期为西周末年。

滕铭予先生将丰镐地区墓葬分为四期[6]：第一期年代相当于殷墟文化四期；第

---

[1] 中国科学院考古研究所编著：《沣西发掘报告》，文物出版社，1962年。
[2] 中国社会科学院考古研究所沣西发掘队：《1967年长安张家坡西周墓葬的发掘》，《考古学报》1980年第4期。
[3] 胡谦盈：《丰镐考古工作三十年(1951—1981)的回顾》，《文物》1982年第10期；《胡谦盈周文化考古研究选集》，四川大学出版社，2000年。
[4] 中国社会科学院考古研究所丰镐工作队：《1984—1985年沣西西周遗址、墓葬发掘报告》，《考古》1987年第1期。
[5] 蒋祖棣：《论丰镐周文化遗址陶器分期》，《考古学研究（一）》，文物出版社，1992年。
[6] 滕铭予：《丰镐地区西周墓葬的若干问题》，《考古学文化论集（三）》，文物出版社，1993年。

二期年代当在成、康之间;第三期时代在西周中期的偏晚阶段;第四期时代约相当于西周晚期偏晚阶段,其中个别墓葬的年代可能晚到平王东迁以后。

梁星彭先生将丰镐地区周文化遗迹和墓葬分为先周和西周两个时期,其中先周时期没有细分,西周时期细分为五小期。丰镐地区的先周遗存年代约在文王之世,与殷墟四期大致相当。丰镐地区西周第一期遗存年代约在武王至康王,第二期遗存年代约昭穆世,第三期遗存年代约在共懿孝世,第四期遗存年代约在夷厉世,第五期遗存年代约在宣幽世[1]。

本人通过分析研究,将丰镐周文化遗存分为六期:第一期约相当于先周文化晚期的文王迁丰至武王伐纣时期;第二期约相当于西周初期的成王前后;第三期约相当于西周早期的康昭王时期;第四期约相当于西周中期的穆恭王时期;第五期约相当于西周晚期偏早时期的懿孝夷王时期;第六期约相当于西周晚期的厉宣幽王时期[2]。

张礼艳在以往研究的基础上,将丰镐地区西周墓葬分为六期[3]:第一期年代大致为武王、成王、康王时期;第二期年代大致为康王晚期和昭王时期,相当于西周早期偏晚;第三期年代大致在昭王以后的穆王时期,即西周中期偏早;第四期年代大致在懿、孝前后,相当于西周中期偏晚的恭、懿、孝、夷时期;第五期年代大致为西周晚期偏早,相当于厉王、共和时期;第六期年代大致为西周晚期偏晚,相当于宣王和幽王时期。

以上这些文章对丰镐遗址周文化的分期大同小异,形成了基本的共识。

2. 初步确定丰镐遗址的大致范围,用考古学证据确认了西周都城丰镐的精确所在,否定了传统史学依据文献记载对丰镐遗址所在地点的推论。

1950年代,中国科学院考古研究所陕西调查发掘团在沣河两岸进行了两次考古调查[4]。通过调查,基本摸清了沣河东、西两岸及其附近地区不同时代、不同性质文化遗存的分布状况。利用考古钻探,弄清了与丰、镐二京故址位置关系密切的古代水道——沣水、镐水、镐池、彪池、汉代昆明池和唐代昆明池的具体流向、位置和范围等水文地理方面的问题。

---

[1] 梁星彭:《岐周、丰镐周文化遗迹、墓葬分期研究》,《考古学报》2002年第4期。
[2] 中国社会科学院考古研究所丰镐工作队:《1997年沣西发掘报告》,《考古学报》2000年第2期。
[3] 张礼艳:《丰镐地区西周墓葬分期研究》,《考古学报》2012年第1期。
[4] 考古研究所陕西省调查发掘团:《1951年春季陕西考古调查工作简报》,《科学通报》1951年第2卷第9期;考古研究所陕西调查发掘队:《丰镐一带考古调查简报》,《考古通讯》1955年创刊号;苏秉琦、吴汝祚:《西安附近古文化遗存的类型和分布》,《考古通讯》1956年第2期。

根据多年的工作,沣西地区的客省庄、马王村、张家坡、大原村、冯村、新旺村之间方圆6平方千米的范围内是西周遗存分布最密集的地区,学术界一般认为即丰京的大致范围。沣河以东,北起落水村,南到斗门镇,东至昆明池故址,西达沣河东岸,方圆4平方千米的范围内,西周遗存分布密集,一般认为即镐京的大致范围[1]。镐京的东南部被汉武帝所修的昆明池破坏。

在传统历史学研究中,学者们根据文献记载推断丰镐遗址在沣河流域的秦镇一带,或灵台一带,或客省庄北侧的河滩地。50年代以来的大规模考古工作以考古学证据确认了西周都城丰镐的精确所在,否定了传统史学依据文献记载对丰镐遗址所在地点的推定。

3. 对丰镐遗址,尤其是沣西地区的重要周文化遗存进行了勘探与发掘。这一时期的考古发掘工作主要是围绕重点区域的墓地、重要墓葬和宫殿区建筑基址展开。相关研究也主要是围绕西周墓葬展开,包括西周葬俗、家族结构、社会组织、政治制度等等。另外,围绕玉器、青铜器、陶器也做了一些多学科的研究工作。

就现有资料看,先周遗存皆分布于沣西地区,主要分布于客省庄至大原村一带的高地上。在客省庄村南、马王村与张家坡之间均发现有先周遗存,包括灰坑、房址和墓葬。先周墓葬,主要发现于客省庄北和张家坡东,数量不多[2]。

宫殿区:分布于客省庄西南、马王村北一带。已发现夯土基址14座,其中最大的四号夯土基址,呈"T"字形,面积达1826.98平方米。在夯土群东有一条大路绕夯土群东南而过,已探明长度达200余米。在这片基址内发现有陶排水管道和西周瓦片[3]。在夯土区的东面,客省庄村南发掘的H10出土过铸铜陶范,其中可辨认的有铜簋的陶范[4]。

手工业作坊区:发现有铸铜、骨器制造、陶器制造等几种手工业作坊。制骨作坊和制陶作坊在沣西地区发现较多,多分布于灰坑密集区附近,似是从属于各居民区。其中,制骨作坊包括以下几处:张家坡作坊区位于张家坡村东,1950年代在此发掘时,曾出土相当多的骨料和半成品,范围不清楚。冯村作坊区位于冯村东北约300米处,东西长约150米,南北宽约100米,内含大量骨器残料和半成品。曹寨作坊区位

---

[1] 中国科学院考古研究所沣西发掘队:《陕西长安户县调查与试掘简报》,《考古》1962年第6期。

[2] 中国社会科学院考古研究所丰镐发掘队:《长安沣西早周墓葬发掘记略》,《考古》1984年第9期。

[3] 中国社会科学院考古研究所沣西发掘队:《陕西长安沣西客省庄西周夯土基址发掘报告》,《考古》1987年第8期。

[4] 中国科学院考古研究所沣西发掘队:《陕西长安户县调查与试掘简报》,《考古》1962年第6期。

于曹寨西北,1950年代调查时,在此发现大量骨角料,范围不清楚。新旺村作坊区位于新旺村西南约300米处,已被破坏,考古发现残存范围南北长50米,东西宽30米左右[1]。

陶窑址在一般居址集中区均有,在客省庄西、马王村北、张家坡村东、大原村南、新旺村东西等地均发现有西周窑址。

居民区:在沣西广大地区内随处可见西周的灰坑和地层。堆积厚、灰坑密集的地点有:客省庄北一带、张家坡村东[2]、大原村村北村南、曹寨村西北、冯村村北、村东、新旺村村南、村西北等。但对于这些居址的考古工作很少开展,为数有限的工作也是在发掘墓葬时顺便发掘的,未展开针对性的发掘与研究。

墓葬区考古是这一时期的工作重点,西周墓葬的发掘和研究是这一时期最主要的成果。通过考古工作,我们知道,沣西地区墓葬最集中的地区位于张家坡村至大原村间的一片高地上。仅1982—1983年两年时间内,在西至大原村东北,东至张家坡村西,南至西户公路,东西约600米、南北约200米的范围内,即探明西周墓葬1 000多座。墓葬的布局特征为聚族而葬制,夫妇并穴而葬的现象较常见。如井叔家族墓地[3]包括一座带双墓道、三座带单墓道的大墓以及若干座中型竖穴墓和马坑,多座墓内出土有"井叔"铭文的青铜器及5件一套的编磬。规模最大、规格最高的双墓道大墓M157全长35.35米,自口至底深7.5米,墓室长5.45米,宽4.2米,一椁两棺,椁盖上及南北两个墓道内放了许多被拆卸开的轮舆构件,计有车轮30个,车舆12个。墓两边陪葬有妻妾墓,墓室西南方向附近有车马坑。从几座井叔墓出土的器物推断,时代约在西周懿孝夷王时期。

统计历年来在张家坡村南村东清理的墓葬,总数近2 000座,而这仅是这一片墓地的一部分。此外,从历年的调查发掘资料看,在客省庄附近、马王村南北、新旺村周围也均有西周墓葬,但较分散,规模不大,墓葬的形制也较小,有些与居住区杂处。墓葬的时间跨度从先周晚期直至西周晚期,墓葬形制分土坑竖穴墓和偏洞墓两种,以土坑竖穴墓最为常见。早期墓随葬陶器少,组合为鬲簋豆罐;晚期墓随葬陶器多,组合为鬲盂豆罐,每种陶器往往有多件。

---

[1] 中国社会科学院考古研究所丰镐工作队:《陕西长安县沣西新旺村西周制骨作坊遗址》,《考古》1992年第11期。

[2] 中国科学院考古研究所:《沣西发掘报告》,文物出版社,1962年。

[3] 中国社会科学院考古研究所沣西发掘队:《长安张家坡西周井叔墓发掘简报》,《考古》1986年第1期;中国社会科学院考古研究所沣西发掘队:《陕西长安张家坡M170号井叔墓发掘简报》,《考古》1990年第6期。

青铜器窖藏：沣西地区历年来出土过多批西周青铜器窖藏，从其数量规格看，仅次于周原。青铜器窖藏集中于马王村一带和新旺村周围两处地点。1961年和1973年分别在马王村西西户铁路出土过两窖青铜器：一窖61件[1]，一窖53件[2]。1973年，新旺村北73米处发现一铜器坑，出土一鼎一盉[3]。1982年在新旺村南发现一铜器窖藏，出土一大一小两件铜鼎[4]。1967年新旺村西北出土一盉一匜[5]。1979年村北出土三鼎一壶，1980年村南出土一钟。另外，在解放前和"文革"期间，在马王村、新旺村周围还出土过一些西周铜器，如鼎鬲爵罍盉簋甗方壶等[6]。

这一时期镐京区域的工作主要有两方面：（1）夯土基址的发掘，集中于两处，一处在上泉村及落水村北一带，有夯土基址多座，并有大量西周瓦片出土[7]；另一处位于花园村北至普渡村西一带，发现有夯土基址多处及大量西周瓦片等建筑材料。（2）落水村一带、花园村北、白家庄北、斗门镇及上泉村为西周居址分布区，有西周早中晚期遗址分布。在这些居址内往往有陶窑相伴。制骨作坊在白家庄北地发现一处，出骨角料和骨器半成品[8]。墓葬区集中于花园村、普渡村一带，这一带曾出土过不少重要铜器墓，如长由墓，出土了一批穆王时期的标准器[9]。另在斗门镇东南约200米处，曾出土过一个铜器窖藏，内有鬲鼎簋等铜器20件。

问题与不足

虽然考古工作取得了以上巨大成就，但由于历史的局限性，也存在诸多不足，具体体现在以下几个方面：

1. 对丰镐遗址的古环境、古地貌、古水系关注甚少，研究不够清楚。从种种迹象看，丰镐一带有多条河流和特定地形地貌对遗址有重要影响，但对其具体情况及其与遗址分布的关系缺少研究。

2. 聚落考古的观念缺乏，过去工作多着眼于重要的、具体的单个遗存时代、性质

---

[1] 中国科学院考古研究所：《长安张家坡西周铜器群》，文物出版社，1965年。
[2] 西安市文物管理处：《陕西长安新旺村、马王村出土的西周铜器》，《考古》1974年第1期。
[3] 同上注。
[4] 中国社会科学院考古研究所沣西发掘队：《陕西长安县新旺村新出西周铜鼎》，《考古》1983年第3期。
[5] 陕西省博物馆：《陕西长安沣西出土的逨盉》，《考古》1977年第1期。
[6] 西安市文物管理处：《陕西长安新旺村、马王村出土的西周铜器》，《考古》1974年第1期。
[7] 陕西省考古研究所：《镐京西周宫室》，西北大学出版社，1995年。
[8] 中国科学院考古研究所丰镐考古队：《1961—62年陕西长安沣东试掘简报》，《考古》1963年第8期。
[9] 陕西省文物管理委员会：《西周镐京附近部分墓葬发掘简报》，《文物》1986年第1期；陕西省文物管理委员会：《长安普渡村西周墓的发掘》，《考古学报》1957年第1期。

的研究,未将丰镐遗址作为一个聚落整体进行全面的综合研究,以探索丰镐遗址的整体聚落布局。考古工作多集中在遗址的个别区域,如沣西地区郿坞岭上的客省庄、马王村、张家坡、大原村一带,沣东地区的花园村、上泉村一带,而对其他区域的工作未予以足够重视,如沣西的郿坞岭以南区域和沣东的其他大片空白地带。未做到对丰镐遗址地下遗存的整体分布状况以及不同时期布局变化有较全面、细致的掌握,与都城遗址相对应的王陵等高等级墓葬尚无线索。

与之相伴的是,潜意识中将遗迹作出重要和不重要的区分,并在考古发掘中区别对待。过去工作多着眼于墓葬和大型建筑基址的发掘与研究,如井叔家族墓地、宫殿基址、少数作坊遗址的发掘,而对一般居址、灰坑、作坊等遗址的关注很少,忽视一般遗址区域的发掘和研究,忽视墓地中灰坑等遗迹的发掘与研究,忽视与丰镐遗址密切相关的周边同时期遗址的调查、发掘和研究。而我们认为这类遗存同样是丰镐遗址的重要组成部分,对我们全面认识丰镐遗址有重要意义。

三、21 世 纪 以 后

聚落考古与文化遗产保护理念下的考古勘探与试掘。

针对以上问题与不足,自 2012 年以来,中国社会科学院考古研究所陕西第三工作队和陕西省考古研究院开展"丰镐西周都城遗址范围确认及地下遗存分布状况考古调查勘探"项目,由点到面,以聚落考古思路开展丰镐遗址的考古工作。对丰镐遗址进行了全面勘探,并对重要遗迹现象进行试掘。同时建立了地理信息系统,为考古学发掘和研究,以及文化遗产保护建立可持续的信息库。

1. 划定了丰镐遗址精确的四至。

沣西周文化遗存分布的东界自新旺村南 500 米往北沿沣河沙滩地西界和现沣河西岸到郿坞岭北界,西界大致以原灵沼河为限,北界自原灵沼河东岸沿郿坞岭北缘到客省庄东北的沣河西岸,南界西自冯村西南约 400 米,经西石榴村北约 200 米与沣河沙滩地西界相接。丰京遗址总面积约 8.62 平方千米,大致跨客省庄、马王村、张家坡、大原村、冯村、新旺村、曹家寨几个自然村。

沣东周文化遗存分布的西界在马营寨西、新庄、张旺渠一线;北界在张旺渠村以东,经官庄、下泉至落水村一线;东界和南界大体以汉代昆明池下的河沟为界,即在白家庄东、花园村东、落水村东一带。镐京遗址总面积约 9.2 平方千米,分布在以郿坞岭为中心的区域内,大致跨张旺渠、官庄、下泉村、落水村、上泉村、普渡村、花园村、白家庄、斗门镇、马营寨、新庄几个自然村。

沣东、沣西遗址通过河流水系联成一个整体,其中,沣河穿丰镐之间而过,起着桥梁纽带作用。整个丰镐遗址西有灵沼河,北有渭河,东有昆明池,南侧有海子等水域。

2. 对丰镐遗址的结构布局有了新认识。

对过去考古工作空白区有了更多了解,比如在丰京遗址的南部区域发现大量西周遗存,在沣西的曹寨南至大原村西发现一条人工河道,总长约2600米,走向为东南—西北方向。曹家寨村西北分布一处人工水面,最长约384、最宽约261米,面积约63500平方米;东部有一条长约75、宽约4—10米的水道与沣河相连。镐京范围内也有一条古河道连接沣河,自西南向东北穿遗址而过。这些新发现正渐渐改变我们对丰镐遗址的传统认识。

过去,有学者根据《周礼·考工记》等传统文献记载对丰镐的结构布局作了大胆的想象:"匠人营国,方九里,旁三门。国中九经九纬,经涂九轨。左祖右社,面朝后市,市朝一夫。"即国都是一座方形的方方九里之城。其总体布局为城的每面有3个城门,即都城12门。有南北向的街道9条,东西向的街道9条,即九经九纬。也就是说,通向每个城门的有3条平行的街道,构成左出右入,车从中央的街道格局。经涂九轨,指"经纬之涂,皆容方九轨。轨谓辙广……凡八尺……积七十二尺,则此涂十二步也"。除街道、祖庙、社稷坛、王宫、市场外,其余地区应该就是居民区,居民区布局是"五家为比,五比为闾,二十五家相群侣也"。丰镐是中国历史上第一个规模宏大、布局整齐的大城市,开创了中国城市平面布局方整、宽畅、宏伟的先河,树立了中国城市平面布局的总规制,一直是后来城市总体布局的楷模[1]。

但考古发现的结果与此大相径庭。考古发现的丰镐未见城墙,形制布局因地形就水系而建,形状不规则,未见文献所记载的严格布局规划。考古发现彰显了传统文献的文本特性。

3. 聚落考古思路下工作方向的转变。

考古工作不再是有选择性地发掘一些我们自认为重要的遗存,而是要在聚落考古思路的指导下,在统一规划下,一片片区域去开展考古工作。通过十余年的持续性考古工作,以期对丰镐遗址的地下遗存分布状况和丰镐遗址聚落布局有较全面的掌握,并在此基础上开展西周都城的研究。同时,从水系与都城,农业、手工业作坊与都城,居址、居民、社会组织与都城等多专题、多角度开展聚落考古发掘与研究。

---

[1] 马正林:《中国城市历史地理》,山东教育出版社,1998年。

4. 加强了专题性发掘和多学科结合的研究。

如对河道的发掘与相关研究,对手工业作坊遗址的发掘与研究等等。通过冯村制骨作坊遗址的发掘,对丰镐遗址手工业作坊遗址的分布,作坊与聚落的关系,西周骨器制作工艺等展开了较深入的研究。

5. 考古工作转为以文化遗产保护为主要目的的考古。

学术研究是文化遗产保护的基础,是规划科学性的保证和新发现的突破点之所在。为了满足制定遗址保护规划的需要,现有工作重点在于摸清范围、布局、结构和重要遗存的分布。将考古工作作为丰镐遗址保护、利用规划的重要组成部分,持续开展考古发掘与研究工作。

6. 继续丰富、完善基于地理信息系统的数据库的建立,以保持考古工作的整体性、可持续性,为科研和文保工作奠定坚实的基础。

总之,理念指导实践,理念的变化带来考古工作思路的不同和研究成果的差异。仔细梳理这八十余年的工作,我们可以发现丰镐考古的工作理念与方法经历了从文献指导下的"证经补史"到以古代文化遗存为本位的考古学发掘与研究,从重在分期断代和具体遗存,如大型建筑基址、墓葬的发掘与研究到聚落布局探索、多学科研究以及以文化遗产保护为目标的转变过程。这种转变不仅带来了方法、视角的不同,更带来诸多史学问题的新认识,考古发现的丰镐呈现出一种不同于根据文献记载所想象的丰镐。窥一斑而知全豹,这一演变过程也反映出中国的大遗址考古从传统文献指导下的历史探索向考古本位的历史探索,从分期断代研究和重点遗存的发掘向以文化遗产保护为目的的,多学科相结合的聚落考古理念的转变历程。

丰镐遗址近年来的考古发现与研究

岳连建
陕西省考古研究院

一、概　述

丰镐遗址是西周王朝（公元前1046—前771年）的都城所在地，位于西安市西南约25千米的长安区马王镇及斗门镇一带，遗址现存总面积约17.8平方千米。

丰镐遗址由周文王所建立的丰邑和周武王所建立的镐京两部分组成。其中丰邑位于沣河以西；镐京位于沣河以东。《诗经·大雅·文王有声》："文王受命，有此武功。既伐于崇，作邑于丰。……考卜维王，宅是镐京。维龟正之，武王成之。"是言周文王伐灭商王朝的诸侯国——崇侯国后，将国都从岐邑（周原）迁至丰邑。武王即位后，又在沣河东岸营建了镐京，亦即金文及文献中的"宗周"。

丰邑距镐京甚近，周武王都镐以后，丰邑仍然保留着周王宗庙和宫殿，故西周诸王亦常居丰处理国政。《尚书·召诰》云："惟二月既望，越六日乙未，王朝步自周，则至于丰。"《史记·周本纪》云："成王在丰，使召公复营洛邑，如武王之意。"《太保玉戈》铭："六月丙寅，王在丰，令太保省南国。"《尚书·周书·毕命》载康王十二年六月"越三日壬申，王朝步自宗周，至于丰。以成周之众，命毕公保厘东郊。"因此，虽"武王宅镐"以来政治中心迁至镐京，但丰邑还具有都城的部分功能，所以周都为"一都双城"的格局。

丰镐二京从周武王至周幽王历十一世十二王（含共和14年），直至周平王东迁，在西周275年的历史中，始终是周王朝的都城和政治、军事及文化中心。

丰镐遗址首开周、秦、汉、唐等王朝建都于西安地区之先河，"关中自古帝王都"即从西周定都丰镐开始,在中国历史上占据着十分重要的地位。

二、丰镐遗址工作历程

丰镐遗址的考古工作起始于20世纪三四十年代,前北平研究院史学研究会和前中央研究院历史语言研究所的徐炳昶、苏秉琦、石璋如等先生,先后在丰镐遗址做了短期调查,初步确认了丰镐遗址的大体位置。新中国成立后,中国社会科学院考古研究所、陕西省文物管理委员会、陕西省博物馆、西安市文物管理处、陕西省考古研究所等单位,先后在丰镐遗址进行了大量的考古调查和发掘工作,取得了丰硕的成果,主要有以下几个方面:

1. 初步确定了丰镐遗址的分布范围、中心区域、年代和性质。

2. 建立了丰镐遗址西周考古学文化的陶器分期断代标尺。

3. 确定了丰镐遗址先周文化与西周文化的划分标准。

4. 发现了包括大型建筑基址、铸铜陶范、骨器及陶器作坊、井叔家族墓地、青铜器窖藏等在内的一大批西周重要遗迹及遗物,为研究丰镐遗址西周文化遗存的分布及城市布局等提供了一定的资料。

5. 发现和确定了一批其他时代的遗存,提出了"陕西龙山文化"亦即"客省庄二期文化"的命名。此外,探查了镐京遗址及周边区域内汉代昆明池及其附属建筑等遗存。

但是,由于各方面条件的限制及遗址复杂程度等原因,丰镐遗址的考古工作也存在诸多不足和亟待完善的方面,主要体现在以下几个方面:

1. 丰镐遗址的四至范围不够准确,遗址区未经过有计划的考古勘探,地下遗存的分布状况不够清晰,不能满足制定遗址保护规划的需要。

2. 对丰镐遗址的古环境、古地貌、古水系关注甚少,研究也不够深入。

3. 过去工作多着眼于单个遗存的时代、性质等研究,未将丰镐遗址作为一个聚落整体进行全面的综合研究,缺乏聚落考古的观念。

4. 以往多注重于墓葬和大型建筑基址的发掘与研究,对一般居址、灰坑、作坊等遗址所做的工作较少。

5. 丰镐遗址考古工作的区域不平衡性、不充分性也较为突出。过去工作多集中在某些区域或仅对一些重点遗存做工作,如沣西的张家坡、客省庄、马王村等地;沣东地区的花园村、普渡村、落水村一带,而对其他区域重视不够,工作甚少或完全没有顾及。其次，对丰镐遗址地下遗存的整体分布状况以及与不同时期文化遗存的关系等也缺乏一个较全面的了解。

因此，为了全面了解丰镐遗址地下遗存的分布状况，比较准确地划定丰镐遗址的范围，制定丰镐遗址的保护规划，开展丰镐遗址可持续性的综合研究等工作，从2012年5月起，在国家、省、市文物主管部门的支持下，陕西省考古研究院镐京考古队及中国社会科学院考古研究所的沣西考古队，陆续开展了对丰镐遗址的勘探、发掘和研究工作，取得了一系列新的成果。

三、近年考古工作成果

（一）考古勘探

要对一个大遗址的分布范围及地下遗存的分布情况有一个比较准确和全面的了解，目前最行之有效的方法就是对整个遗址进行详细调查和勘探。经过几年来持续性的考古勘探，取得了一系列成果。

1. 比较准确地确定了丰镐遗址的范围

经过2012年的考古调查和勘探，确认镐京遗址现存面积约9.2平方千米，分布在斗门镇区域内，大致跨张旺渠、官庄、下泉村、落水村、上泉村、普渡村、花园村、白家庄、马营寨等自然村；丰京(邑)遗址现存面积约8.6平方千米，分布在马王镇的客省庄、马王村、张家坡、大原村、冯村、新旺村、曹寨等几个自然村(图一)。

2. 新发现了一批西周文化遗存，对丰镐遗址的文化内涵有了进一步的了解。

2013年，省考古院镐京考古队对镐京遗址东部区域白家庄与北常村之间的撂荒地进行考古勘探，发现遗迹现象43处，其中墓葬10座、灰坑17个、活土坑8个、古沟道3条、陶窑3座、古道路1条、夯土范围1处。中国社科院考古所沣西队在曹寨村西北钻探发现西周灰坑375个、陶窑6座、水井5眼；在大原村东南钻探发现陶窑2座；在大原村南和东南钻探发现西周灰坑214个和水井1眼。中国社科院考古所阿房宫与上林苑考古队在配合昆明池文化生态景区建设过程中，在镐京遗址西南部的马营村一带勘探发现一批西周墓葬、2座车马坑和1条壕沟。

2014年，省考古院镐京队在镐京遗址东南区域及花园村东进行考古勘探，发现灰坑、墓葬、房址、水井、壕沟等遗迹30余处。中国社科院考古所沣西队在曹寨村西

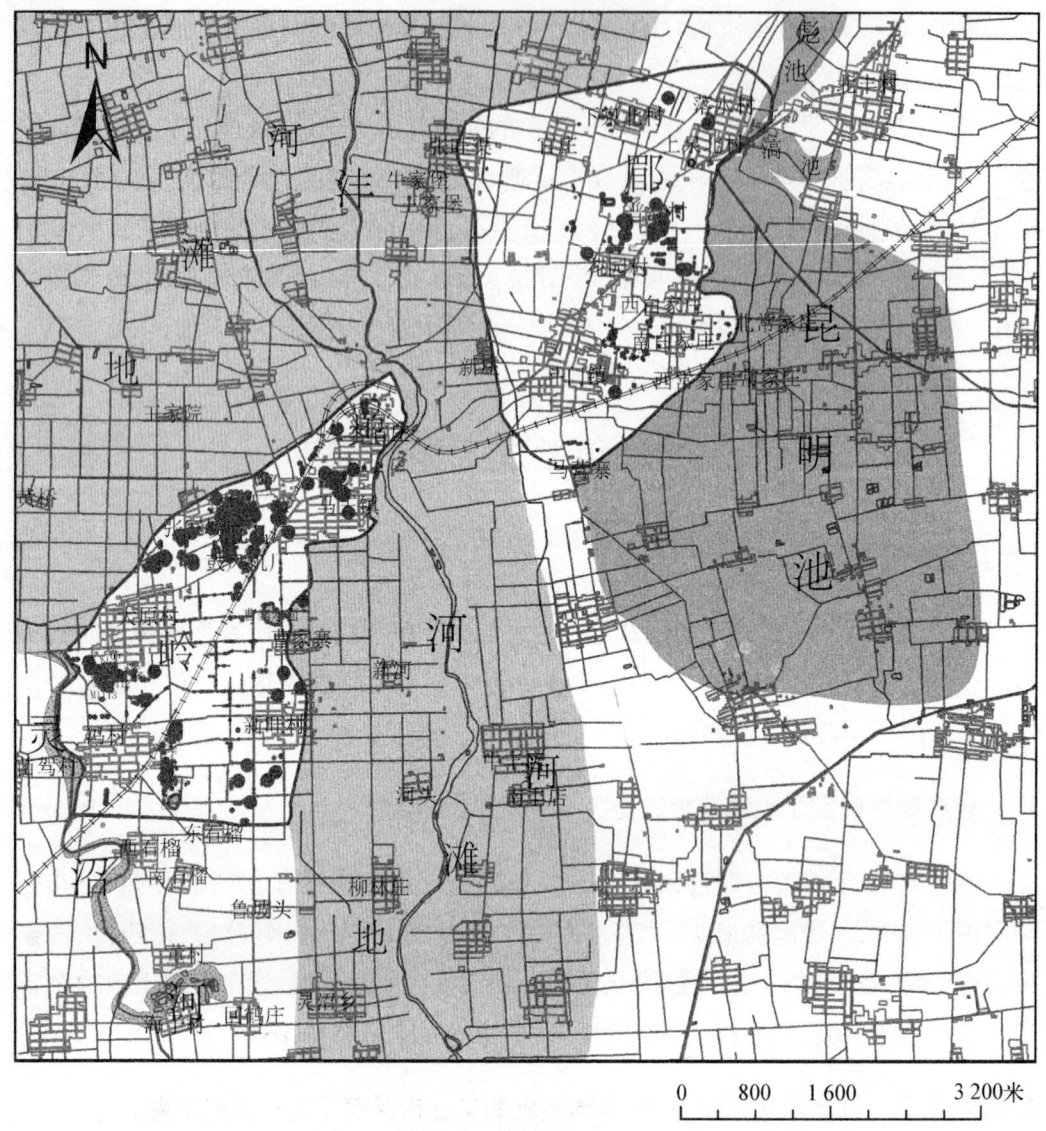

图一　丰镐遗址范围

和村北进行考古勘探,发现西周河道、灰坑、墓葬和水井等遗迹127处。

2015年9月至2016年3月,省考古院对镐京遗址东部的白家庄至普渡村区域进行了较大规模的普探,共发现各类遗迹166处,其中墓葬36座、灰坑45个、活土坑72个、古井7眼、陶窑3座、道路1条及2 000多米长的壕沟遗迹等。

3. 对丰镐遗址西周遗存的分布情况有了一个初步的认识。

总体来看,丰镐遗址西周(先周)文化遗存的核心部分及许多重要遗迹,主要分布在横亘遗址中部、呈东北西南走向的郿坞岭高地上,如沣西客省庄、张家坡一带分布的先周文化遗存,客省庄与马王村之间分布的 14 座大中小型夯土建筑基址,张家坡分布的以井叔家族墓地为中心的西周墓地等;沣东花园村、官庄村、落水村一带分布的 13 座大型建筑基址,普渡村、花园村分布的西周贵族墓地等。在丰镐遗址内的郿坞岭周边区域则分布着一些平民居住区、手工业作坊区及一般墓葬区等。

4. 确定了汉代昆明池的西北部边界。

通过勘探,发现了汉代昆明池西北部的池岸线,其走向为从马营寨东北起,经白家庄东南,在花园村东北折而上,经普渡村东,至上泉村南,更新了学界对汉代昆明池西北部边界的认识。

5. 发现和确认了镐京西南至东北部的一条人工壕沟。

勘探发现的这条壕沟,起始于镐京遗址西南部的沣河东岸,经南白家庄与北常家庄之间北上,至普渡村东与太平河相接,长约 4 千米。该壕沟的发现,对确定西周都城镐京的西南和东南部边界有十分重要的意义。

(二) 考古发掘

考古发掘是了解一个遗址的地层堆积、文化内涵、时代性质等最直接、最常见的工作方法,也是验证和确认考古勘探成果最常用的技术手段。

2012 年,为了验证勘探发现的汉代昆明池的池岸线,省考古院镐京队分别在白家庄和普渡村各开了一条探沟。其中白家庄探沟位于村东 70 米处,探沟方向为南北向,面积 15×2 平方米。发掘显示,该探沟地层共分 5 层,其中第①—③层,为耕土层、扰土层和唐代以后地层;第④—⑤层为池内堆积层,土质细密,黏性大。其中第④层分④a、④b 两个亚层,总厚 76 厘米,土色灰褐,间有白丝,内含有少量素面陶片和绳纹陶片;第⑤层为池底堆积层,厚 0—46 厘米,土色深灰,包含有绳纹陶片、动物骨骼、网坠、蚌片等。探沟底部呈斜坡状,由南向北逐渐加深,北部进入池内,池岸线清晰可见。从探沟地层关系及池内堆积层中出土的陶片来看,此处即为汉代昆明池所在地。另外,陶网坠的发现,说明昆明池的水面较深,也适合渔业的发展。普渡村东探沟的发掘也很成功,不仅从地层关系上证明了湖池的时代,揭露出了由浅入深的池岸,而且发现了当年修凿昆明池时打破的 1 座墓葬和 1 座鹿坑。其中鹿坑内出有 1 件战国晚期的折肩陶罐,从而表明了墓葬和鹿坑的时代。

2013 年,中国社会科学院考古研究所沣西队对丰京遗址内的曹寨北水面、冯村北制骨作坊遗址和大原村东南西周墓葬等进行了发掘。其中,曹寨北水面长约 384、宽约 261 米,面积约 63 500 平方米,东部有水道与沣河相连;水面最深处达 7 米以上,地层为典型的湖相堆积。通过发掘,确认曹寨水面为丰京遗址内一处西周时期的人工水面[1]。冯村北制骨作坊遗址总面积约 9 000 平方米,分别于 2011 年和 2013 年进行了两次发掘,共清理灰坑 15 座和墓葬 1 座,出土大量骨料以及骨器(成品、半成品、废品)、制骨工具(铜锥、砺石)等。从地层及出土物分析,遗址年代为西周晚期偏早阶段[2]。2013 年 7 月,在大原村东南发掘了 2 座西周晚期的中型墓葬。由于墓葬均被严重盗扰,仅出土少量铜车马器、玉石器、蚌片、铜器残片等[3]。另外,中国社会科学院考古研究所阿房宫与上林苑考古队对沣东马营村一带发现的壕沟进行了局部解剖,同时还清理了一处西周车马坑遗址[4]。

2014 年 5—8 月,省考古院镐京队对花园村健身广场内勘探发现的西周遗迹和墓葬进行了发掘,共开 10×10 米探方 4 个,发掘西周房址 1 座、墓葬 1 座、车马坑 1 座、灰坑 6 座、水井 1 眼,出土文物有玉戈、海贝、蚌鱼、铜车马器以及陶鬲、簋、罐、豆等。其中房址为小型半地穴式,平面呈方形,坑壁周边地面有一圈柱洞,房内填土中出土西周早期晚段陶簋 1 件。墓葬为长方形竖穴土圹墓,有二层台及腰坑,腰坑内埋狗。墓葬早年被盗,仅出土玉戈 1 件、残陶簋 1 件以及玉器残片和贝币等。车马坑平面呈长方形,开口面发现 3 个大盗洞,致使整个车马坑被严重盗扰。坑内埋有木车 3 辆、马 8 匹、狗 2 条,其中东西两头各有一辆两匹马拉的车,中间为四匹马拉的车。坑内出土物仅有数件铜车马器及少量贝壳和蚌鱼等车马饰件。从出土的铜衔镳形制来看,该座车马坑的时代为西周晚期。水井平面呈不规则长方形,长 1.8 米,宽 1.4 米,深 7 米。井底出土陶器较多,器型主要有罐、壶、豆等。该水井修建于西周中期,废弃于西周晚期。

2014 年 11 月,省考古院镐京队在配合西安市富裕路建设项目过程中,发掘了 2 座西周水井,出土较多陶器以及陶板瓦等建筑材料。

2014 年冬,省考古院镐京队选取两个地点,采用探沟法,对镐京遗址勘探发现的壕沟进行了解剖性发掘。其中第一地点位于白家庄西南的西余铁路北侧,探沟长 20

---

[1] 中国社会科学院考古研究所、陕西省考古研究院等:《丰镐考古八十年》,科学出版社,2016 年。

[2] 中国社会科学院考古研究所丰镐队:《西安市长安区冯村北西周时期制骨作坊》,《考古》2014 年第 11 期。

[3] 付仲杨、徐良高:《西安市长安区大原村西周墓葬发掘简报》,《南方文物》2016 年第 4 期。

[4] 中国社会科学院考古研究所、西安市文物保护考古研究院、阿房宫与上林苑考古队:《西安市汉唐昆明池遗址区西周遗存的重要考古发现》,《考古》2013 年第 11 期。

米、宽2米。探沟内地层堆积共分8层,其中第①、②层为耕土层及明清时扰土层;第③、④层为汉代昆明池淤积层,土色灰褐或黑褐,土质细密,出有汉代板瓦残片及少量田螺壳和蚌壳。壕沟开口于第④层下,沟内堆积亦分4层,其中第⑤—⑦层为褐色水浸土,最底层为浅黄色淤土。壕沟口大底小,呈东北—西南走向,沟底距现地表3.4米,沟内出有田螺壳及板瓦残片。壕沟西壁发现有夯打加固痕迹,夯窝直径5—6厘米、深1.5厘米。该壕沟内第②层出土的西周绳纹板瓦残片以及加固壕沟西壁留下的夯窝,为我们判断壕沟的时代提供了重要参考。

第二地点位于白家庄村北与普渡村交界处。该探沟地层较为复杂,共分11层,其中第④—⑧层为昆明池内淤土层,说明昆明池经过多次蓄水或枯水期。第⑧层出土的1枚汉代"五铢钱",为确定该层的年代提供了实物证据。壕沟开口于第⑧层下,口大底小,西壁较陡,东壁较缓,局部有水冲刷的痕迹。沟内堆积分3层,其中上两层为黏性较大的水浸土,底层为较薄的淤砂土。沟内土层包含物虽很少,但出土的1件西周陶罐口沿,为我们判断该壕沟的时代提供了实物资料。

2014年,中国社科院考古所沣西队对曹寨南至大原村西河道进行了解剖性发掘,确定该河道东引自沣河,西连灵沼河,总长约2 600米。河道形成年代应在西周晚期以前,西周晚期开始出现断流现象,以致逐渐废弃。根据河道结构、地形地貌以及河道周边遗迹分布状况,推测该河道为人工河的可能性较大[1]。

2015年,省考古院镐京队在花园村东布方发掘,揭露出西周房址1座、灰坑75个、墓葬6座,出土陶器及铜、石、陶、骨、蚌等各类材质的小件器物200余件。其中面积较大、保存较好的半地穴式套间房址的发现,以及较多与铸铜有关的青铜工具的出土,为本年度发掘最为重要的收获,为研究周人的房屋建筑结构以及探寻镐京遗址的铸铜作坊所在地提供了重要线索。

2016年,镐京考古队接续上年工作,继续在花园村东地点进行发掘。共开5×5米探方45个,清理西周灰坑185个、墓葬10座、水井4眼、陶窑2座、房址1座,出土铜、陶、骨、石、蚌等各类材质小件器物249件。其中发掘的房址与上年发掘的大房子相连通,面积也较大,西北角有斜坡台阶门道通往室外。发现的2号陶窑保存基本完整,火眼较小,推测可能用来烧制一些不需要太高火候的陶器。其次,与铸铜有关的青铜工具如铜锥、铜刀、砺石等也有较多出土。另外,灰坑中出土的12块鳄鱼骨板,可能是鼍鼓腐朽后留下来的。《诗经·大雅·灵台》:"鼍鼓逢逢,矇瞍奏公(颂)。"鼍

---

[1] 中国社会科学院考古研究所、陕西省考古研究院等:《丰镐考古八十年》,科学出版社,2016年。

鼓即是用扬子鳄的皮蒙的鼓。

2017年,镐京考古队继续在花园村东地点进行发掘,清理灰坑65个、水井8眼、墓葬4座、房址1座、陶窑1座,出土铜、石、骨、蚌等各类材质的小件器物80余件。其中,房址F3与去年发掘的房址F2有门道相通,而F2又与前年发掘的F1相连,这样就形成了一组三套间式的大房子,为该发掘点最重要的发掘成果之一。其次,灰坑H270出土的数量较多的西周时期碳化小麦颗粒,也是本年度发掘的主要收获。另外,墓葬M4形制较大,为长方形竖穴土圹木椁墓,二层台上有殉狗1只,腰坑内亦埋狗1只,随葬品数量较多,有铜礼器、铜车马器、铜兵器、陶器、漆器等。

2017年,中国社科院考古所沣西队根据2012年在大原村西南台地勘探发现的29座陶窑资料,对这里的制陶作坊遗存进行了发掘,发现陶窑多座及与制陶有关的遗迹遗物等,为研究丰京遗址制陶作坊的分布以及西周的制陶技术等提供了重要资料[1]。

四、近年来考古工作的收获及意义

1. 比较准确地确定了丰镐遗址的四至和范围,改变了过去对丰镐遗址范围的模糊划定,扩大了丰镐遗址的范围,提升了对丰镐遗址的学术认识。

2. 对丰镐遗址地下遗存的大致分布状况和典型、重要遗存的地点、特征有了较全面、系统的了解,为制定丰镐遗址的保护和利用规划提供了基础资料。

3. 全面系统地收集、梳理了几十年来丰镐遗址的考古成果,并进行了整理、记录和录入,建立了丰镐遗址文字及电子资料档案。

4. 构建起了丰镐遗址的ARCGIS地理信息系统框架,为科学研究和遗址保护建立了一个科学、直观的平台。

5. 2012年,通过考古勘探和发掘,确定了汉代昆明池的西北部边界,发掘出了池岸线,搞清了汉代昆明池与镐京遗址的关系,更新了学界对昆明池范围的认识。

6. 2014年勘探确认了围绕镐京遗址西南—东北部长约4千米的壕沟,通过解剖性发掘,搞清了壕沟的地层叠压关系及壕沟内的土层堆积情况,且发现了一些时代特征鲜明的文物标本,为判断该壕沟可能为西周时期镐京城的南部界壕等提供了重要物证。

---

[1] 中国社会科学院考古研究所沣西队内部资料。

7. 2012—2017年,中国社科院考古所沣西队对丰京遗址的冯村制骨作坊、曹家寨水面、曹寨南至大原村西河道以及大原村西南制陶作坊等的发掘,取得了一系列成果,为研究丰京遗址的聚落布局、水系以及周人的制骨及制陶技术等提供了宝贵资料。

8. 2015—2017年,在镐京遗址花园村东地点进行的长达两年多的考古发掘,面积达2 000多平方米,揭露出房址、灰坑、墓葬、水井、陶窑等一大批西周重要遗迹,出土陶、铜、石、骨、蚌、角等各类材质文物400余件,是镐京遗址近30年来取得的最重要的考古发掘成果。其中,发现的3座相连通的套间式房址,总面积近40平方米,是丰镐遗址乃至陕西西周遗址发现的唯一一处三套间式的半地穴式房子,填补了陕西该类遗存的空白,为研究西周的房屋建筑形式及技术提供了资料;墓葬(M4)形制较大,有棺椁、腰坑、殉狗,出土有铜鼎(有铭文)、铜戈、铜车马器以及陶器、漆器等,说明墓主人是一位有一定身份和地位的贵族;发现的水井多达12眼,虽然有些水井的凿建时间有早晚区别,但在2 000多平方米的范围内发现如此多数量的水井,预示该区域聚集有较多人群或存在用水量较大的手工业作坊;发现的陶窑均为竖穴式,其中两座保存较完整,该类型的陶窑能最大限度地利用火力,提高陶器的烧成温度,对研究西周的陶窑结构及陶器烧造技术有重要价值。另外,在文化层及多座灰坑中出土了30多件铜刻刀、铜锥、铜削刀等工具,为陕西西周遗址中的首次发现,同类青铜工具亦见于安阳殷墟孝民屯及洛阳北窑铸铜遗址,因此这些工具应与制作陶模、陶范有关,推测镐京遗址的铸铜作坊遗址应在这里或附近,为研究西周都城镐京的城市布局及手工业分布提供了宝贵资料。其次,灰坑H270中一次性出土了数量较多的碳化小麦颗粒,为陕西境内首次发现的西周小麦,对研究西周时期的小麦种植、粮食作物种类以及小麦在关中地区的种植历史等具有重要意义。遗址中出土的陶器数量也较多,时间横跨整个西周时期,为西周陶器的类型学研究、分期断代,以及进一步完善和建立丰镐遗址的陶器发展序列提供了宝贵资料。

总之,近年来的考古勘探及发掘工作,进一步丰富了丰镐遗址的考古资料,为研究西周都城镐京的城市范围、规模、布局以及西周考古、历史文化等提供了宝贵资料,同时也对深入了解汉唐昆明池的范围及与西周镐京遗址的关系等具有重要意义。

关于早期中国复合城市的几个问题

惠夕平

郑州大学历史学院

2016年笔者在《东方考古》集刊中就早期中国复合城市的起源进行了简要论述[1],在借鉴前辈学者关于两城制相关问题的基础上,结合河南荥阳官庄城址的考古发现和周人在周原、成周等核心地区的统治策略,将早期复合城市的正式形成向前追溯到官庄城址的始建时期,大约在两周之际前后,并将这一特殊城市规划的根源归根到以阶层区分和城市功能并重的规划思想。由于当时认识和篇幅所限,一些问题未能详细梳理和论述,结合最近文献查阅和梳理,把相关的一些问题汇总如下,不当之处,敬请批评指正。

一、复合城市与两城制的关系

"两城制"一词最早由徐苹芳先生提出,在1995年出版的《中国古代城市考古与古史研究》一文中,徐苹芳先生详细阐释了"两城制"的含义[2]。他认为"东周列国都城的普遍形制是两城制,即以宫庙为主的宫城和以平民居住区工商业为主的郭城"。这种规划的主要目的是"将统治者与被统治者从城市居住区上严格区分,宫城是以血缘为主的贵族居住区,包括一部分由贵族控制的手工业作坊;郭城主要是平民居住的

---

[1] 惠夕平:《略论中国早期复合城市的形成》,《东方考古(第13集)》,2016年。
[2] 徐苹芳:《中国古代城市考古与古史研究》,《中国城市考古学论集》,上海古籍出版社,2015年;又见《中国历史考古学论丛》,允晨文化实业有限公司(台北),1995年。

工商业区,以地缘和业缘关系为主"。两城制主要以社会阶层来划分居住区,是商和西周城市向秦汉城市过渡的一种形式。

复合城市指的是由两个或两个以上筑有城墙的独立部分构成的城市,最常见的复式城市通常由两个相对独立的部分形成,一般称作双子城[1]。章生道将晚期复式城市分为如下五类:一种是行使国家权力的集团为达到种族隔离从而有利于控制的目的而筹建的;二是河流或运河两岸的沿河集合城市;三是背离不同级别行政首府合一原则而形成;四是由行政城市及其商埠组成;五是由于城址变动而形成[2]。

由两者的定义可知,现代意义上的复合城市比两城制一词所涵盖的城市类型更广,复合城市不仅仅包括以社会阶层来划分居住区的城市类型,还包括其他一些集合城市、不同级别行政首府合一城市等等。鲁西奇先生将其成因归为两类:一是汇合型,即由原本两个相对独立的城市发展而成;二是拓展型,即由一个城市逐渐成为两个,这或由行政管理的需要,或由商品经济的发展独立出新的商埠而形成[3]。因此在判定一个城市布局形态是否属于复合城市时,关键要看构成该城邑的各组成部分是否共时,也就是说,我们要重点考察同一时期内的城市布局形态,如果同时存在并处于使用中,我们就可以将其视作复合城市,尽管构成城市布局的不同部分始建年代可能不同。

二、西周时期之前的两城制讨论案例

两城制的概念提出后,在学术界引起强烈反响。除了学术界公认的晋都新田、郑韩故城、赵都邯郸、齐都临淄等春秋战国都城外,龙山文化王城岗、偃师商城、洛阳东周王城等都曾被学者视为两城制布局的早期城市。东周王城的布局,有学者已作过详细分析,此处不再赘述[4]。

目前所见资料中曾被学者视为两城制布局的最早城市为龙山时代的王城岗。二十世纪七八十年代即发现东西并列的两座小城[5],由于东城大部分被河流冲毁,其结构到底如何目前不得而知。随着中华文明探源工程的进行和超过30万平方米的

---

[1] 鲁西奇:《城墙内外:古代汉水流域城市的形态与空间结构》,中华书局,2011年。
[2] 章生道:《城治的形态与结构研究》,见(美)施坚雅主编,叶光庭等译:《中华帝国晚期的城市》,中华书局,2000年,第100—103页。
[3] 同注1。
[4] 徐昭峰:《试论东周王城的城郭布局及其演变》,《考古》2011年第5期。
[5] 河南省文物研究所、中国历史博物馆考古部:《登封王城岗与阳城》,文物出版社,1992年。

王城岗大城的发现，大小城同时、小城是大城的一部分成为一些学者的主要认识[1]。随着研究的深入，特别是大城修建时打破小城北城垣这一事实的公布[2]，大城的年代要晚于小城的认识成为学术界的主流。因此，尽管有"小城"和"大城"的不同称呼，王城岗城邑的布局并非两城制早已成为学者的共识。

另外一个容易引起争议且经常被引用的是偃师商城遗址。偃师商城的发掘和探索历经多年，目前所见的考古报告中，大城、小城和宫城的关系基本明确，即小城的修建年代要早于大城，大城建成之后小城的城墙已废弃不用，二者不存在共同使用时期[3]。多数学者也将颇具两城制外形的大城和小城视作不同时期的建筑，两者并不存在同时使用的两城制布局[4]。在影响较大的《宫殿考古通论》中，作者推断"有可能建造大城之后，小城只作为统治者使用，也就是说，小城成为专为国王服务的宫城了"[5]，有学者就此认为偃师商城或为最早之两城制布局，证据尚显不足。

三、复合城市与城郭制

城郭制是中国古代城市发展的一个鲜明特征，"筑城以卫君，造郭以守民"成为众多学者引用的文献资料。在城郭制的形成与发展上，不同学者也存在着不同的看法。有学者认为城郭制是在秦汉之后逐步形成的，先秦时期城郭之制尚未形成[6]；有学者认为城郭之制最初出现于东周时期，商代以前尚未出现城郭之制[7]；有学者认为偃师商城是目前所知最早的城郭，"单一性都城是古代都城的最初形式"[8]；有学者认为龙山时期城郭制已较多推行，考古发现的有两道城垣的城址皆为内外城或城郭之制布局[9]；亦有学者将夏商及其以前城郭制的发展分为三个阶段，即龙山文化时

---

[1] 杨肇清：《略论登封王城岗遗址大城与小城的关系及其性质》，《中原文物》2005年第2期。
[2] 北京大学考古文博学院等：《登封王城岗考古发现与研究》，大象出版社，2007年，第64页。
[3] 中国社会科学院考古研究所河南第二工作队：《河南偃师商城西城墙2007与2008年勘探发掘报告》，《考古学报》2011年第3期；中国社会科学院考古研究所洛阳汉魏故城工作队：《偃师商城的初步勘探和发掘》，《考古》1984年第6期。
[4] 如张国硕、王琼：《史前夏商城址城郭之制分析》，《中原文物》2014年第6期；王学荣、谷飞：《偃师商城宫城布局与变迁研究》，《中国历史文物》2006年第6期。
[5] 杨鸿勋：《宫殿考古通论》，紫禁城出版社，2001年，第43—45页。
[6] 陈桥驿：《中国都城辞典》，江西教育出版社，1993年，第33页。
[7] 许宏：《先秦城市考古学研究》，北京燕山出版社，2000年，第82、130页。
[8] 刘庆柱：《中国古代都城考古学研究的几个问题》，《考古》2000年第7期。
[9] 马世之：《中国史前古城》，湖北教育出版社，2003年，第115、120页。

代是城郭制的孕育和形成时期,夏代为城郭之制的初步发展阶段,商代以后城郭制得到推广[1]。同时,在城郭制的基础上,有学者提出了"单城制"、"双城制"、"三城制"的观点,并将其分别与邦国或方国、王国、帝国三个发展阶段相联系[2]。

城郭制所考察的"内外城制"或"大小城制",与我们所讲的复合城市概念是不同的。复合城市指两个或两个以上筑有城墙的独立部分构成的城市,强调其功能;城郭制主要指内城外郭的城市布局,强调其形制。无论城郭制的形成是否可以上溯到龙山时代,或是夏商时期,复合城市布局的形成,都要在进入周代社会之后了,尽管其渊源可能比较久远。但同时二者之间也存在着一定的联系。正因为城郭制是中国古代城市发展的突出特征之一,学者们在论述两城制的布局时,也往往采用城郭的区别来指代不同区分,例如杨宽先生所提出的成周洛阳的西城东郭的模式,徐苹芳先生所称的宫城加郭城等。有学者认为战国时期风行的两城制布局源于这一时期王权的异化,实际上从符合城市发展的角度来考察,这一变化早在西周建立之初即埋下了伏笔,包括周原地区和成周地区以手工业为核心和主要内容的族群分置,为后来商品经济的发展和包括新兴手工业者在内的新兴贵族登上历史舞台提供了基础。从这个角度来看,以两城制为主要内容的中国早期复合城市,其核心在于商品经济日益发展带来的政治权力的重整在城市规划上的体现。

四、学术界对两城制相关问题的认识发展

两城制的概念提出前后,对于春秋战国时期这一特殊的都邑营建方式,一些学者提出了自己的看法。杨宽先生认为西城东郭的布局"不但为春秋战国时代中原各诸侯国先后采用,而且也为秦都咸阳和西汉都城长安所沿袭"[3];徐苹芳先生也认为它是商和西周城市向秦汉城市过渡的一种形式[4];刘庆柱先生"单城制"、"双城制"和

---

[1] 张国硕、王琼:《史前夏商城址城郭之制分析》,《中原文物》2014年第6期。
[2] 刘庆柱:《中国古代都城遗址布局形制的考古发现所反映的社会形态变化研究》,《考古学报》2006年第3期。
[3] 杨宽:《中国古代都城制度史研究》,上海古籍出版社,1993年。
[4] 徐苹芳:《中国古代城市考古与古史研究》,《中国城市考古学论集》,上海古籍出版社,2015年;又见《中国历史考古学论丛》,允晨文化实业有限公司(台北),1995年。

"三城制"的发展模式也表明了作者对这一问题的认识[1]。随着考古发掘案例的增加和研究的深入,一些学者的认识在逐渐发生变化,如许宏先生在最近的文章中认为"春秋战国时期城郭布局的兴盛和变化,在中国古代都城发展史上,应是前无古人后无来者的。它似乎只是特定历史时期的产物"[2]。韦正先生则将邺北城的三台、魏晋洛阳城的金墉城、孙吴的石头城等,视作先秦流行的"两城制"的死灰复燃[3]。

---

[1] 刘庆柱:《中国古代都城遗址布局形制的考古发现所反映的社会形态变化研究》,《考古学报》2006年第3期。

[2] 许宏:《大都无城——论中国古代都城的早期形态》,《文物》2013年第10期。

[3] 韦正:《中国中古规整封闭式城市的渊源》,《东北亚古代聚落与城市考古国际学术研讨会论文集》,科学出版社,2014年,第402页。

怀柔百姓

——基于亚其铜器群的殷遗民个案分析

李宝军

山东省文物考古研究院

公元前一千年左右，武王伐纣，周人灭商而代之，革命甫成，武王便"兴灭国，继绝世，举逸民"[1]，让商纣之子禄父继续在殷商旧都统辖殷之余民，直至三监之乱、周公东征之后，殷商的统治才事实上全部结束。但是周人并没有对殷商旧民赶尽杀绝，相反大量殷遗民留在了新政权之中，有的甚至在王畿或封国担任了高级官吏，比如陕西扶风庄白一号窖藏铜器铭文中的微氏家族。关于殷遗民，很早就引起学者的注意，诸多文章和专著都有涉及[2]，对于殷遗民的定义，有研究者将生活在西周王朝的所有商人都归为商遗民[3]，也有研究者认为殷遗民"主体甚至大多数人应该是原来生活在殷商故都的以家族为单元的族群"[4]。其实，目前我们所能见到的考古材料中的

---

[1] 程树德撰，程俊英、蒋见元点校：《论语集释》，中华书局，1990年，第1362页。

[2] 关于殷遗民，学者所论甚多，本文仅举其要者：傅斯年：《周东封与殷遗民》，《中央研究院历史语言研究所集刊》第4本第3分，1934年，第285—290页；白川静：《周初殷人之活动》，刘俊文主编：《日本学者研究中国史论著选译（第三卷）》，中华书局，1993年，第122—149页；张政烺：《古代中国的十进制氏族组织》，《历史教学》1951年第10期；陈梦家：《西周文中的殷人身分》，《历史研究》1954年第6期；杜正胜：《略论殷遗民的遭遇与地位》，《中央研究院历史语言研究所集刊》第53本第4分，1982年；任伟：《从考古发现看西周燕国殷遗民之社会状况》，《中原文物》2001年第2期；朱凤瀚：《商周家族形态研究（增订本）》，天津古籍出版社，2004年，第259—286页；吕观盛：《周初殷遗民管理政策研究》，广西师范大学硕士论文，2006年；宫长为、徐义华：《商代史·卷十一：殷遗与殷鉴》，中国社会科学出版社，2011年；牛世山：《西周时期的殷墟与周边：文化的传承与革新——附论有关殷遗民的若干问题》，《华夏考古》2017年第2期。

[3] 吕观盛：《周初殷遗民管理政策研究》，广西师范大学硕士论文，2006年。

[4] 牛世山：《西周时期的殷墟与周边：文化的传承与革新——附论有关殷遗民的若干问题》，《华夏考古》2017年第2期。

殷遗民基本上都是原来生活在殷商故都的族群,殷墟一个多世纪的考古工作已经证实了这点,但是这些族群原先并不局限于殷商故都。周王朝建立后,如何处理殷遗民成为一个首要问题,本文仅以个案为例试加阐释。

一、亚其铜器定义与铭文构形

目前我们对于殷遗民的了解很大程度上来源于地下出土的族徽铭文铜器,所谓族徽[1],一般而言是指缀在铜器上用作家族或国族标识的徽识,这些徽识有时也缀在简短铜器铭文的开首或末尾,用以表明作器者的身份。商周时期有一支使用"亚其"这一族徽的国族,因其所铸器物铭文上多有"亚其"这一徽识,故本文径称其为亚其族。至迟在武丁时期"其"这一国族就已存在,"其"国族因居于"其"地而得名,首领称亚其。夨本为亚其族内的一员,曾担任该族首领,在担任首领期间他又做过祖庚、祖甲时期的贞人[2],与商王关系密切,很可能期间受到商王的重大封赐,在家族中留下了赫赫功绩,故而将他的名字铸在该族的族铭之后,于是出现了亚其夨或亚夨这一新的族氏铭文[3],该支族氏继续发展,由于"冀"为"其"的繁化字,所以该族也往往用亚冀夨来代替亚其夨,或是二者同时出现。约在文丁时期夨的后人有被商王封为侯爵的,故又从亚夨族中分出了新的一支,新支的族铭也相应地变为亚其侯夨或亚冀侯夨,有的甚至省略掉夨而仅作亚冀侯[4]。

据笔者统计,带有亚其标识的铜器共有 68 件,其中考古发掘出土者 31 件,剩余均为传世品。考古发掘品中有 8 件器物图像未见著录;传世品中仅 3 件既有出土地点记录又有器物图像传世,另有 14 件有图像传世但无出土地点记录,2 件有出土地点记录但无图像传世,余 18 件既无图像传世也无出土地点记录。

---

[1] 除族徽说外,学界尚有象形字、图形文字、文字画、早期铜器铭文、徽号文字、族名金文、记名金文、族氏铭文、族氏文字、家族标记、特殊铭刻等叫法。关于以上诸家观点可参看何景成《商周青铜器族氏铭文研究》(齐鲁书社,2009 年,第 1—7 页)。

[2] 商代的贞人均由封国首领担任,职掌占卜祭祀,详见李雪山:《贞人为封国首领来朝职掌占卜祭祀之官》,王宇信、宋镇豪、孟宪武主编:《2004 年安阳殷商文明国际学术研讨会论文集》,社会科学文献出版社,2004 年,第 284—293 页。

[3] 朱凤瀚先生认为"商人家族可在始分立氏时即以族长之名为氏",说见氏著《商周家族形态研究(增订本)》,天津古籍出版社,2004 年,第 57 页。

[4] 李宝军:《亚其铜器铭文及其历史研究》第二章第二节"亚其族的发展衍化",南开大学硕士论文,2012 年。

亚其铜器以非发掘品居多,而且多无图像或出土地点记录,仅有铭文拓本传世,难以对其进行全面的器物类型学分析,故笔者通过详细考察各铜器铭文的构形格式,辅之以器物时代特征和著录、出土信息,将全部68件亚其铭文铜器分为A、B、C、D、E五组[1]。各组铜器的具体铭文构形如下图(图一)所示。

图一 五组标型铭文

A组:亚其勺(6∶9912[2]) B组:亚其奊作母辛卣(4∶5294) C组:亚敻奊作母辛簋(3∶3689)
D组:亚敻侯奊父乙簋(3∶3504) E组:其侯亚奊父己器(7∶10559)

通过对亚其铜器铭文的构形分析,知A组、B组、E组的时代均为殷,其中A组器物大多出土于安阳,B组仅有一件器物有明确出土地即郑州洼刘,E组仅一件器物且无出土地。C组、D组器物在时代上包括殷与西周早期两个时期,C组器物的明确出土地点为北京房山琉璃河、北京顺义牛栏山、河南安阳、山东滕州,D组器物的出土地点有辽宁喀左、北京卢沟桥和洛阳马坡[3]。

二、六组亚其铜器群分析

亚其铜器零散杂乱,有明确出土地点的较少,为便于讨论,我们仅选取那些经过科学发掘或清理、出土器物较多、比较有代表性的地点进行分析,计有北京顺义牛栏山、辽宁喀左、北京琉璃河、山东滕州、郑州洼刘、安阳殷墟六处,在这六处出土地点中,仅辽宁喀左为窖藏,其余均为墓葬。下面将从出土铜器环境的规模、器物的多寡及组合、器主的身份、所属年代等方面进行分析,以期能够对认识亚其铜器有进一步

---

[1] 李宝军:《亚其铜器铭文及其历史研究》第一章第一节"亚其铜器铭文分组",南开大学硕士论文,2012年。
[2] 器物名后数字为该器物在《殷周金文集成(增订本)》(中华书局,2007年)中的编号,后文凡遇此除另外注明者外,皆同,另后文凡引用《殷周金文集成(增订本)》者皆简称为《集成》。
[3] 李宝军:《亚其铜器铭文及其历史研究》第一章第二节"五组铜器铭文的分期",南开大学硕士论文,2012年。

帮助(为方便见,以下依亚其铜器的所出地点或单位将其概称为"XX器群")。

北京顺义牛栏山器群 1982年出土于一座山坡,墓葬已残,出土铜器共8件,计有鼎1、爵2、觚2、觯1、尊1、卣1,这组铜器上的族徽为亚其夨,或省掉夨作亚其。牛栏山铜器群祭祀对象为妣辛和父已,器物年代相距不远,应为同一人所作,但是分两次制作,鼎、爵为第一次所作,祀妣辛;尊、卣、觚、觯为第二次所作,祀父已。从鼎铭看作器者应为晕,为了祭祀母辛、父已而做了这两批器物,其中祀母辛的器物年代约属西周康王时,祀父已的器物年代约属昭王时[1]。简报仅云上述器物是墓葬随葬品,并未指出墓葬的具体信息,从器物的组成看似分别出于两座墓葬,即母辛墓和父已墓,但为何祭祀妣辛之物少于父已,除等级差别外,该墓并非科学发掘,不排除有出土散失之可能。从铭文内容看,墓主应属于亚其族。关于残墓的年代朱凤瀚先生认为约属于昭王时或稍晚,如此则墓主应为入周后的亚其族人,牛栏山一带西周时为燕国的封域,故墓主应属服燕之臣。

辽宁喀左北洞窖藏器群 1973年发现于喀左县北洞村,两个窖藏坑均位于岗顶中部,相距约3.5米,坑为长方形。一号窖藏坑内出土罍5、瓿1,出土时6件器物皆在一个水平面上[2]。二号窖藏坑上部盖一层石板,铜器和坑壁间填塞大量石片,坑底依器物高矮挖成北高南低的斜坡状,个别器物底下垫有石块。坑内共有铜器6件:鼎3(方鼎1、圆鼎2)、罍1、簋1、钵形器1。二号坑除斐方鼎和1件铭"冉父辛"的圆鼎的时代为商晚期外,余均为周初。从铭文上看,同坑出土的冉父辛鼎与斐方鼎应非同族关系,而是分别属于两个族氏。斐方鼎出土时内外壁挂有一层烟痕,表明其为实用器。关于喀左窖藏的性质,简报认为"可能同这两个氏族的奴隶主贵族举行的某种礼仪有关,如史书所载祭山川"[3]。瘞埋器物以祭山川的习俗多见于南方,湖南、福建、江西等地均有发现。北洞铜器群紧邻大凌河,商周时期大凌河河道是中原与东北亚地区的交通孔道,这一区域还有喀左咕噜沟、山湾子、小波汰沟,凌源马厂沟,朝阳木头城子、大庙,义县花尔楼等铜器窖藏,所以简报认为"这一带地方在周初召公封燕之前,当与商代族属的活动有关"[4]。斐方鼎铭有"其侯亚夨"的徽记,这"表明此一窖

---

[1] 朱凤瀚:《中国青铜器综论》,上海古籍出版社,2009年,第1411页。

[2] 辽宁省博物馆、朝阳地区博物馆:《辽宁喀左县北洞村发现殷代青铜器》,《考古》1973年第4期。

[3] 喀左县文化馆、朝阳地区博物馆、辽宁省博物馆北洞文物发掘小组:《辽宁喀左县北洞村出土的殷周青铜器》,《考古》1974年第6期。

[4] 喀左县文化馆、朝阳地区博物馆、辽宁省博物馆北洞文物发掘小组:《辽宁喀左县北洞村出土的殷周青铜器》,《考古》1974年第6期。

藏与燕国及西周早期活跃于燕地的矣氏之分支員氏有关"[1]。

北京琉璃河器群　器物出土于琉璃河墓地 M253,该墓为中型墓,墓葬形制为长方形土坑竖穴,二重椁,外椁四周堆有熟土二层台,出土有铜礼器 22 件,计有鼎6(圆鼎4、椭方鼎1、鬲鼎1)、簋2、鬲4、甗1、爵2、觯1、尊1、卣2、壶1、盉1、盘1,此外还有车马器、兵器、工具等。发掘报告将墓葬的年代断在周初成康间[2]。器物铭文上的人物有"堇"、"圉"、"父丙"等,器物涉及人物虽多,但其年代跨越商代晚期至周初成康之际,有些器物应为先代留存。从该墓出土器物铭文来看,"圉"这个名字多次出现,见于圉方鼎、圉簋、圉甗、圉卣,记述圉受周王、燕侯赏赐之事,故圉为该墓墓主的可能性较大。该墓出土的觯(M253:3)铭云"其史作祖己宝尊彝"[3],此铭似乎省略了私名,"其史"下应有私名,如收录于《集成》5:6490、5:6491 传洛阳出土的"齐史疑作祖辛宝彝"。"其"通"箕","其史"似为亚箕族的史官,而非人名。有学者认为墓中出土的铜盾饰(M253:39)上的铭文"諆锡"中的"諆"也是表示族氏的"箕"的另一种写法,而锡上所铭往往表明族属,如"匽侯舞锡",所以"'諆锡'应该是指'箕'族所造的锡"[4]。如此数证可证圉应属于殷末的亚箕族,服务于燕侯。该墓位于发掘区的Ⅱ区,Ⅱ区的墓葬,发掘报告认为"应是灭商后被分封到燕地的周人墓地……应是燕侯家族的墓地"[5]。但从上述分析来看,该墓应为臣服于燕侯的殷遗民墓,而非燕侯家族墓。该墓之所以被划为周人墓,可能是因为相对于Ⅰ区墓葬,该墓没有殉人、殉狗、腰坑等具有商文化特色的埋葬习俗,这可能与墓主的特殊地位有关。从铭文上看墓主圉多次受到周王、燕侯的赏赐,可见他的地位非同一般。一般而言,外来文化对固有文化的影响总是从影响、改变固有文化的上层开始的,也就是说,圉作为当时殷遗民中的上层人物,既然臣服于周、服务于燕侯,那么他必定在丧葬制度上与其服务的对象保持一致,唯有如此方能巩固其地位。

琉璃河墓地 M54 出土有一件妃盘[6](M54:28),敞口,口沿外折,腹较深,圈足。腹部及圈足饰一周由雷纹组成的兽面纹,器内底铸有"亚矣妃"三字铭文。M54 位于发掘区的Ⅰ区,墓葬形制为一棺一椁,椁外四周有熟土二层台,墓坑中部偏东处埋狗1

---

[1] 朱凤瀚:《中国青铜器综论》,上海古籍出版社,2009 年,第 1429 页。
[2] 北京市文物研究所:《琉璃河西周燕国墓地 1973—1977》,文物出版社,1995 年,第 245 页。
[3] 北京市文物研究所:《琉璃河西周燕国墓地 1973—1977》,文物出版社,1995 年,第 171 页。
[4] 何景成:《商周青铜器族氏铭文研究》,齐鲁书社,2009 年,第 259 页。
[5] 北京市文物研究所:《琉璃河西周燕国墓地 1973—1977》,文物出版社,1995 年,第 251 页。
[6] 北京市文物研究所:《琉璃河西周燕国墓地 1973—1977》,文物出版社,1995 年,第 193 页,图一一三,A、B;图版六九,3。

只,西侧棺椁间有殉人1个,东侧棺椁处有散乱人骨,棺下有一椭圆形腰坑,坑内埋狗1只。M54的年代发掘报告定为西周早期,从该墓的墓葬形制和埋藏习俗以及器物铭文来看,该墓无疑应为殷遗民墓,从妃盘铭文看,墓主似亦为亚其族。

除上述两墓外,尚有一件亚異侯父乙盉(6:9439),传北京卢沟桥附近出土,现藏上海博物馆。高19.5、口径9.9厘米,重1.2千克。侈口有盖,束颈,垂腹,三柱足,颈腹间有斜向上的管状流,另一侧有兽首鋬,鋬与盖缘的环形钮间有短链相连。盖边缘与器颈部饰一周兽面纹。器、盖同铭二行十六字"異侯亚矣。匽(燕)侯赐亚贝,用作父乙宝尊彝",后一"亚"字为私名。陈佩芬先生认为此器可能是早年琉璃河墓地出土的,并将其年代定为成王时[1]。该器《集成》注明为潘祖荫旧藏,后归李荫轩,但潘氏《攀古楼彝器款识》中并未著录该器,仅云"同治丁卯(1867年)间,京师城外出土数器。荫得一爵外,利津李氏所得盉一爵一觚一卣一,俱一人所作,器内盉铭文中正有匽侯字"[2]。《缀遗斋彝器款识考释》(后文简称《缀遗》)也说"潘伯寅尚书所藏器,据拓本摹入"[3],是方濬益也未见到原器,仅据拓本收入《缀遗》,故疑《集成》此处记载有误,即潘氏并未藏有此器,仅得与此器同出的一爵而已。如此,则同治丁卯间京郊出土器物共有5件,计盉1、觚1、卣1、爵2,从组合上看至少缺1件觯,因器物出土情况不明,详情难以得知。不过此组器物既出土于北京郊外(传卢沟桥),而且盉铭又记"匽侯赐亚贝"事,可见器物主人应与燕国关系密切,其作器者亚当与圉情况相似,均属服务于燕侯的亚其族人。

山东滕州庄里西器群　器物出土于滕州庄里西M4、M7,其中M7破坏严重,仅存墓底西北角,共出土铜器141件,其中礼器12件,滕州博物馆藏有鼎1、簋1、爵1、觚2、觯1、尊1、卣2,首阳斋藏有簋1、觚1、觯1[4]。以上12件器物,除亚異矣卣外,其余均言史鼒为父癸作器,可知史鼒为该墓墓主,亚異矣卣既与史鼒诸器同出,则史鼒应为亚異族人。另外鼎铭记载了史鼒随滕公狩猎获豕因而受公赏贝一事,可见史鼒或其先人乃在周初随滕侯分封至此。从随葬品的数量与组合上看,该墓的随葬品

---

[1] 陈佩芬:《夏商周青铜器研究——上海博物馆藏品(西周篇)》,上海古籍出版社,2004年,第203页。

[2] (清)潘祖荫撰:《攀古楼彝器款识》,影印清同治十一年(1872年)京师滂喜斋刻本,徐蜀选编:《国家图书馆藏金文研究资料丛刊》第10册,北京图书馆出版社,2004年,第40页。

[3] (清)方濬益撰:《缀遗斋彝器款识考释》三十一卷,影印民国二十二年(1933年)上海商务印书馆石印本,徐蜀选编:《国家图书馆藏金文研究资料丛刊》第10册,北京图书馆出版社,2004年,第309页。

[4] 首阳斋、上海博物馆、香港中文大学文物馆编:《首阳吉金:胡盈莹、范季融藏中国古代青铜器》,上海古籍出版社,2008年,图版22、23、26。

应是不完整的,按照这一时期墓葬中随葬青铜礼器的组合来看,似乎还缺少1件鼎和1件爵。

与M7史鬲墓毗邻而葬的M4随葬铜器5件:爵1、觚1、觯1、戈1、弓形器1,另有蚌泡6件。其中觯铭作"亚吴矣父□",另有一爵,铭"父癸"。M4的墓主应与史鬲为一族,身份虽缺乏器物证明,但与史鬲墓同出一域又为同族,亦应为服侍滕侯的亚吴族人。

郑州洼刘器群 器物出土于ZGW99M1,该墓葬位于郑州高新技术开发区石佛乡洼刘村北,为长方形土坑竖穴墓,墓坑大部分被排污沟破坏。墓内一椁一棺,青铜礼器主要摆放于椁外北端土台上,计有鼎3、簋1、甗1、罍1、卣3(其中扁卣2、圆卣1)、觚1、尊1、盉1。其中1件鼎腹内壁一侧铭"亚其父乙",盉鋬下有铭文"其父辛"[1],"其父辛"有可能即"吴父辛"。发掘简报认为墓葬的时代为武王灭商后至成王时期,且认为"这些出有青铜器的墓葬应是西周早期管国贵族后裔的墓葬",并推测该墓墓主为大夫以下、元士以上的贵族[2]。周书灿先生则认为该墓不可能是管国墓葬,"更大可能为周初东虢国墓葬"[3]。该墓出土铜器之铭文颇为驳杂,有"举"、"亚其"、"史"、"车"等五种族氏铭文,另外还有三件陆为父丁所作器,因此可以肯定这批随葬铜器是由不同族氏的铜器拼合而成。那么这种拼合是有意为之,还是有其他墓葬的器物混入,对此简报认为"因随葬器物多已被移动,且其中有的器物铭文差别较大,是否有其他被毁墓葬的随葬品混入,有待进一步的研究"[4]。既如此,对于墓主人的族属及各种铜器间的关系我们目前尚不能得出结论。不过墓主人的身份虽不能确知,但不外乎两种情况,"如墓主人是殷遗民,则不同族氏所制铜器的组合即反映了墓主人所在族氏与其他族氏的相互关系(姻亲或族亲关系);如墓主人是周人,则不同族氏的铜器除也可能反映上述关系外,这些器物中少数的殷晚期器当属于周初周人在克殷后的战利品"[5]。

殷墟妇好墓器群 墓葬位于河南安阳小屯村北偏西的一片岗地上,1976年发

---

[1] 盉鋬铭文《文物》隶定为"其父辛",《中原文物》则隶定为"冉父辛",《新收殷周青铜器铭文暨器影汇编》598号器隶定为"其父辛",本文从后出者。

[2] 郑州市文物考古研究所:《郑州洼刘西周贵族墓出土青铜器》,《中原文物》2001年第2期;郑州市文物考古研究所:《郑州洼刘村西周早期墓葬(ZGW99M1)发掘简报》,《文物》2001年第6期。

[3] 周书灿:《关于郑州市洼刘村西周早期墓葬(ZGW99M1)的两点认识》,《考古与文物》2004年第4期。

[4] 郑州市文物考古研究所:《郑州洼刘村西周早期墓葬(ZGW99M1)发掘简报》,《文物》2001年第6期。

[5] 朱凤瀚:《中国青铜器综论》,上海古籍出版社,2009年,第1376页。

掘，无墓道，属中型墓，墓底有腰坑，墓内殉人殉犬。墓室未遭破坏，随葬器物极为丰富，各类随葬品共计 1928 件，其中青铜器 468 件，包括礼器、乐器、工具、生活用具、兵器、马器、艺术品及杂器八类。在出土的青铜器中有半数以上有铭文，铭文主要有"妇好"、"司母辛"、"亚其"、"束泉"等。"亚其"组铭文铜器共 21 件，计大圆斝 1 对、觚 10 件、爵 9 件。关于该墓的年代，从出土器物的形制和铭文推断属于殷墟文化第二期，墓主应为武丁配偶妇好。关于亚其组铜器的由来，发掘报告认为"这组铜器可能是'亚其'这个方国或族的统治者献纳给殷王室的贡品，妇好死后，被用作随葬品而埋入墓中"[1]。亚其族与商王室关系密切，这些亚其器物很可能为赠赙之物。

妇好墓亚其诸器中的"亚其"不是人名，而是族名。虽然这一时期存在着地名、族名、首领名相统一的情况，即便亚其为几代首领共用的一个称呼，那么也可以确定妇好墓中的亚其器物应铸造在癸世或其先代。至于具体的作器者，由于材料所限无法得知，所以妇好墓中的亚其铜器亦有可能为癸的先辈或兄辈所铸，因为青铜器作为一种特殊财富具有很强的传承性，往往可以传承数代。从这个角度来说，仅能确定妇好墓中的亚其器物应为癸在世时或之前所铸，因为此时他还属于亚其族，所以器物上仅铭"亚其"而没有癸字，至于作器者可能为癸，也可能为癸的先辈或兄辈。

三、亚其铜器所反映的西周早期殷遗民状况

通过上面的分析，可以看出在六处明确出土地点中，有五处为墓葬，除妇好墓为殷墟文化第二期外，其余四处墓葬外加一处窖藏的时间均为西周早期。四处墓葬中的随葬器物以鼎、簋、觚、爵、尊、卣、觯为基本组合，这一组合糅合了重酒组合和重食组合，既是西周初期的基本组合形式又带有明显的商晚期风格。综合来看，这四处墓葬均应为殷遗民墓葬，即入周后的亚曩族人的墓葬。郑州洼刘墓葬的性质虽不确定，但不能排除为殷遗民墓葬的可能。

从大凌河流域的铜器埋藏来看，这一地区在商代时即有族群活动，斐方鼎所属亚其族人即在其中，周初时又新迁来了一部分亚曩族人，这些族人在琉璃河墓地、牛栏山墓地中均有存在，勾勒出了周初燕国封域内亚其族人的活跃情景。郑州洼刘墓从其所处的地理位置看应附属于管国或虢国，另外洼刘墓器群无爵或与其处于西周腹

---

[1] 中国社会科学院考古研究所编：《殷墟妇好墓》，文物出版社，1980 年，第 99 页。

心有关,或以盉代爵。这些亚眣族墓地从墓葬形式看,均为族葬,这说明入周后的殷遗民仍保留了原来的氏族组织,或者说他们是整个族群臣服于周人的。入周后亚眣族人的遭遇反映了当时西周王朝对殷遗民的政策,概而言之,主要有以下几种措施:

(一) 服侍西周王朝卿士

《高卣》铭文:"亚,唯十又二月,王初祼旁,唯还在周,辰在庚申,王饮西宫,烝,咸釐,尹赐臣唯小槩,扬尹休,高对作父丙宝尊彝,尹其亘万年受厥永鲁,亡兢在服,眣侯矣,其子子孙孙宝用。"铭文记述了作为尹下属的亚眣族人高,因受到其赏赐而作器颂扬事,"尹"这一称谓在西周早期是"官吏首长的通称"[1],所以亚眣族人高应是服务于王朝卿士的。

(二) 在诸侯国供职

出土于北京地区的亚眣矣鼎、亚眣矣父乙盉以及牛栏山诸器表明这些器物主人是服务于燕国的,这一点在亚眣矣父乙盉中表露无遗,其铭云:"眣侯亚矣。匽侯赐亚贝,用作父乙宝尊彝。"滕州庄里西出土的几件器物铭文则表明这些器物主人是服务于滕侯的,其中一件鷇簋铭文记载了史鷇受滕公命教诲国子事[2],可知史鷇不仅担任史官之职还负有教诲之任。

(三) 分散迁置

除去以上两种情况,剩余亚眣族人的另一种处境就是被周王朝分散迁置,分散迁置的目的地主要是宗周和成周。迁往宗周的族人可从眣女鼎中得到印证,该器出土于陕西扶风,腹内壁铸有铭文"眣女尊彝,亚矣"[3],应为迁往该地的亚其族人所铸;亚眣侯残圜器(7:10351)和两件父丁亚眣尊(5:5923、5924)传出洛阳马坡,但洛阳很可能不是该族氏的原住地,因洛阳为殷遗民的迁居地,故三件器物有可能为殷遗民带至洛阳成周的。除出土器物外,史籍对于这种迁置也有较多记载,如《逸周书·作洛解》云:"周公立,相天子……凡所征熊、盈族十有七国,俘维九邑。俘殷献民,迁于九毕。"今本《竹书纪年》也载:"夏五月,王至自奄。迁殷民于洛邑。"《尚书·序》云:"成周既成,迁殷顽民。"《尚书·多士》中周公告诫殷遗:"今

---

[1] 张亚初、刘雨:《西周金文官制研究》,中华书局,1986年,第56页。

[2] 高婧聪:《首阳斋藏鷇器与西周宗法社会的贵族教育》,《考古与文物》2012年第2期。

[3] 陕西省考古研究所、陕西省文物管理委员会、陕西省博物馆编:《陕西出土商周青铜器(三)》,文物出版社,1980年,图五四,第65页。

尔惟时宅尔邑,继尔居,尔厥有干有年于兹洛,尔小子乃兴,从尔迁。"这些文献记载充分说明周初曾将大量殷遗迁往宗周、成周地区,而亚䜌族人仅是这众多迁移殷遗中的一支。

琉璃河墓地与滕州庄里西墓葬揭示了周初分封时周天子所分封的同姓诸侯国大多均授民授疆土,以亚䜌族而言至少被分封给燕、滕、卫等国[1],受民诸侯并非仅《左传》中所记的鲁、卫、晋三国[2],其余诸国应该也有分封的殷族,如封建邢国"锡臣三品:州人、重人、鄘人",所谓的州人、重人、鄘人即为殷商旧族[3]。有学者认为现收藏于香港的觉公簋之器主觉公即为殷遗民[4],如此则觉公应为封赐于晋侯的殷族,可见周王封赐晋国的殷族不止怀姓九宗,同理亦可断定其他诸侯国受封的殷族也应比文献记载的要多。这些被分封的殷族在分封国尚有一定的地位,一般要高于当地土著,有的还担任官职,他们死后大多聚族而葬,有的甚至与封君的公墓处于同一墓域内,但在墓葬形制、规模、陪葬品上则有明显差别。商代的大族如举族、戈族、冉族、束族等[5],均被周人肢解分封,由此可见,在各地发现的数量庞大的族徽铜器中,有很大一部分应该是这种分封所造成的。这种分封并不是周王朝独有的,《大戴礼·少闲篇》云:"成汤卒受天命……故乃放移夏桀,散亡其佐,乃迁姒姓于杞。"可见这种迁移分散国、族的做法商时已有,周人只不过加以继承而已。成王时迁民仍在继续,只不过范围不限于殷遗民,《括地志》引《春秋》云:"周成王时,唐人作乱,成王灭之,而封大叔,更迁唐人子孙于杜,谓之杜伯。"今本《竹书纪年》也有"冬十月,王师灭唐,迁其民于杜"的记载,直至春秋时期这种现象都存在,如《左传》襄公六年齐师灭莱,"迁莱于郳"。

---

[1] 浚县辛村卫国墓葬中 M6 出土尊铭记载墓主随卫侯到宗周就职,同出卣铭亚䜌族徽,可知该墓墓主属亚䜌族,应为周初随卫侯分封至此,详见郭宝钧:《浚县辛村》,科学出版社,1964 年,第 19 页。

[2]《左传》定公四年:"昔武王克商,成王定之,选建明德,以蕃屏周。……分鲁公以大路、大旗,夏后氏之璜,封父之繁弱,殷民六族,条氏、徐氏、萧氏、索氏、长勺氏、尾勺氏……分康叔以大路、少帛、綪茷、旃旌、大吕,殷民七族,陶氏、施氏、繁氏、锜氏、樊氏、饥氏、终葵氏……分唐叔以大路、密须之鼓、阙巩、沽洗、怀姓九宗,职官五正。"

[3] 刘顺超:《初论西周邢国史及相关问题》,朱亮、宋镇豪主编:《西周文明论集》,朝华出版社,2006 年,第 227 页。

[4] 彭裕商:《觉公簋年代管见》,《考古》2008 年第 10 期。

[5] 今北京琉璃河西周墓地就有举族、戈族等殷遗民的墓葬,洛阳瀍河以东则发现至少上百座殷遗墓,涉及殷人族氏有冉族、束族、戈族、光族、先族、守宫族等,详见北京市文物研究所:《琉璃河西周燕国墓地 1973—1977》,文物出版社,1995 年;张剑:《洛邑成周殷遗民史迹考察》,洛阳二队编:《夏商文明研究》,中州古籍出版社,1995 年,第 339 页。

附表　亚其诸器分组统计表[1]

北京顺义牛栏山器群

编号	器物名称	铭文拓本	年代	出土、流传	资料来源	现藏地	备注
1	亚㠱父己卣		西周早期	北京顺义牛栏山	《文物》1983年第11期	北京市文物考古研究所	
2	亚㠱矣圆鼎		西周早期	北京顺义牛栏山	《文物》1983年第11期	北京市文物考古研究所	
3	亚㠱矣爵		西周早期	北京顺义牛栏山	《文物》1983年第11期	北京市文物考古研究所	2件
4	亚㠱父己尊		西周早期	北京顺义牛栏山	《文物》1983年第11期	北京市文物考古研究所	
5	亚㠱父己瓿		西周早期	北京顺义牛栏山	《文物》1983年第11期	北京市文物考古研究所	2件
6	亚㠱父己觯		西周早期	北京顺义牛栏山	《文物》1983年第11期	北京市文物考古研究所	

辽宁喀左北洞窖藏器群

编号	器物名称	铭文拓本	年代	出土、流传	资料来源	现藏地	备注
1	斐方鼎		殷	辽宁喀左	《考古》1974年第6期	辽宁省博物馆	

---

[1] 除特别注明外，本表中所列器物的资料来源栏之数字均为《殷周金文集成》(修订增补本)之册数与拓片号；出土、流传栏空白者即指该器物出土、流传情况不详。表中仅列铭亚其族徽者器物，可推定为亚其族器物，但不铭族徽者亦不列入。

北京琉璃河器群

编号	器物名称	铭文拓本	年代	出土、流传	资料来源	现藏地	备注
1	其史觯		西周早期	北京市房山区琉璃河镇	《琉璃河西周燕国墓地1973—1977》	北京市西周燕都遗址博物馆	
2	諆钖		西周早期	北京市房山区琉璃河镇	《琉璃河西周燕国墓地1973—1977》	北京市西周燕都遗址博物馆	
3	妃盘		西周早期	北京市房山区琉璃河镇	《琉璃河西周燕国墓地1973—1977》	北京市西周燕都遗址博物馆	
4	亚晨矣父乙盉		西周早期	传北京卢沟桥附近出土	《夏商周青铜器研究——上海博物馆藏品（西周篇）》	上海博物馆	

山东滕州庄里西器群

编号	器物名称	铭文拓本	年代	出土、流传	资料来源	现藏地	备注
1	亚晨矣卣		西周早期	1989年山东滕州	《中国国家博物馆馆刊》2012年第1期	山东滕州博物馆	
2	亚晨矣觯		西周早期	1989年山东滕州	《中国国家博物馆馆刊》2012年第1期	山东滕州博物馆	

郑州洼刘器群

编号	器物名称	铭文拓本	年代	出土、流传	资料来源	现藏地	备注
1	亚其父乙鼎		殷	郑州洼刘	《文物》2001年第6期	郑州市文物考古研究所	
2	其父辛盉	未见	殷	郑州洼刘	《文物》2001年第6期	郑州市文物考古研究所	

殷墟妇好墓器群

编号	器物名称	铭文拓本	年代	出土、流传	资料来源	现藏地	备注
1	亚其瓤		殷	妇好墓	5∶6946	中国社会科学院考古研究所	
2	亚其瓤		殷	妇好墓	5∶6947	中国社会科学院考古研究所	
3	亚其瓤		殷	妇好墓	5∶6948	中国社会科学院考古研究所	
4	亚其瓤		殷	妇好墓	5∶6949	中国社会科学院考古研究所	
5	亚其瓤		殷	妇好墓	5∶6950	中国社会科学院考古研究所	
6	亚其瓤		殷	妇好墓	5∶6951	中国社会科学院考古研究所	

续表

编号	器物名称	铭文拓本	年代	出土、流传	资料来源	现藏地	备注
7	亚其觚		殷	妇好墓	5：6952	中国社会科学院考古研究所	
14	亚其爵		殷	妇好墓	5：7835	中国社会科学院考古研究所	
15	亚其爵		殷	妇好墓	5：7836	中国社会科学院考古研究所	
16	亚其爵		殷	妇好墓	5：7837	中国社会科学院考古研究所	
17	亚其爵		殷	妇好墓	5：7838	中国社会科学院考古研究所	
18	亚其爵		殷	妇好墓	5：7839	中国社会科学院考古研究所	
19	亚其爵		殷	妇好墓	5：7840	中国社会科学院考古研究所	
20	亚其爵		殷	妇好墓	5：7841	中国社会科学院考古研究所	
21	亚其爵		殷	妇好墓	5：7842	中国社会科学院考古研究所	

续　表

编号	器物名称	铭文拓本	年　代	出土、流传	资料来源	现藏地	备注
22	亚其爵		殷	妇好墓	5∶7843	中国社会科学院考古研究所	
23	亚其觚		殷	妇好墓	6∶9163	中国社会科学院考古研究所	
24	亚其觚		殷	妇好墓		中国社会科学院考古研究所	

(妇好墓出土之铜觚,发掘报告言共出土有十件,另外三件因锈蚀严重,未见铭文,故本表未收录。)

青铜器的明器化和复古现象*
——青铜觯的个案分析

曹　斌[1]　王晓妮[2]　董津汁[3]　罗　璇[4]

1、3. 中国人民大学历史学院考古文博系　2. 烟台市博物馆　4. 铜仁周逸群纪念馆

　　青铜器的明器化和复古作为一个学术问题，国内外都有关注。罗森先生曾论述青铜器纹饰和器形的复古现象，将古代青铜器及复制品的接受分为"再造"、"古物研究"和"复古"三个方面："古代青铜器的特征表现在多样化的器物上"、"一种松散地以古代青铜器和纹饰为根本的全新装饰风格被创造出来"、"复古和重新使用青铜器的形制及装饰，以制造出具有吸引力且醒目的人工制品"称为复古；"主要是为了恢复礼仪而模仿古代的青铜器形式，从而为定制者提供一个卓越的家世"，即将国内学者称为"明器"的"小而粗糙的复制品"称为再造铜器，并进一步探讨了中国青铜器的传承关系[1]。罗泰先生注意到西周晚期青铜器中的一类模仿西周早期铜容器形制的"明器"，将之视为一类复古器物，并提出春秋中期铜器群存在普遍的分化现象，保守类和新起器类同时并存[2]。巫鸿先生将西周末期到战国中期明器归纳为微型、拟古、变形、粗制、素面、仿古、重套7类，探讨古代的器物观念[3]。国内学者的研究多散见于一些论著中，最早将之定义为"明器"和"复古"铜器的考古简报和报告编写者是对这一问题的最早思考者之一。总体而言，专文讨论明器

---

*　本文为中国人民大学本科教育教学改革项目《文物考古的社会调查和案例分析》成果。

[1]　罗森：《古代纹饰的复兴与过去的呈现——来自商周青铜器的例子》；《复古维新——以中国青铜器为例》；《中国青铜器的传承》，《祖先与永恒——杰西卡·罗森中国考古艺术文集》，三联书店，2011年。

[2]　罗泰：《宗子维城：从考古材料的角度看公元前1000至前250年的中国社会》，上海古籍出版社，2017年。

[3]　巫鸿：《"明器"的理论和实践——战国时期礼仪美术中的观念化倾向》，《文物》2006年第6期。

的较早[1],还有为之溯源者[2]。具体研究有商墓随葬品和铜兵器的明器化现象分析[3],周原铜器明器化现象墓葬的统计[4],复古问题的讨论则更多地由个案研究引出[5]。

从国外学者的讨论可以看出,并非所有学者都赞同"明器"的称谓,但是这些器物也不仅仅小型和粗糙,往往还兼具巫鸿先生所归纳的多项特征,甚至大量器物腹内泥芯都未脱离,因此我们仍持"明器"的观点。同时,过往学者对于明器的认识还兼顾"复古"的讨论,甚至也称之为复古现象的一种。但本文的"复古"是指后世对前代礼器的模仿、复制和融合时代因素的微"创新"加工,后者的体量、特征和精致程度基本与前代的被模仿者水平接近或体现出的只是时代的落差。依以上标准将之与"明器"和"明器化"的概念相区别,以商周时期流行的青铜觯为个案,讨论商周青铜器的明器化和复古现象。

一、青铜器明器化现象的个案分析

青铜觯从西周中期偏早阶段开始,无论粗体觯,还是细体觯形制上都向两个极端方向发展,粗体觯极端矮胖,细体觯极端细高,从形制演变的角度,两者都已没有继续发展的空间。也就是在这个时期,青铜觯转向衰落,除了粗体觯中趩觯的时代略晚,其余在西周中期偏早之后不见,觯作为礼器的时代基本结束。而大致与此同时,礼器的铜觯消失,但是作为明器的铜觯出现并存在了很长一段时间。

目前所见最早的明器铜觯发现于平顶山应国墓地。1992年发掘的M210是一座小型长方形竖穴土坑墓,该墓出土铜容器6件,计有鼎、簋、尊、卣、爵、觯各1

---

[1] 蔡永华:《随葬明器管窥》,《考古与文物》1986年第2期;《试论明器在丧葬中的作用》,《四川师范大学学报(社会科学版)》1986年第1期。

[2] 张勇:《明器起源及相关问题探讨》,《华夏考古》2002年第3期。

[3] 何毓灵:《殷墟墓葬随葬品冥器化现象分析》,《三代考古(二)》,科学出版社,2006年;郜向平:《商墓中的毁器习俗与明器化现象》,《考古与文物》2010年第1期;郭妍利:《论商代青铜兵器的明器化现象》,《考古与文物》2006年第6期。

[4] 马赛:《聚落与社会——商周时期周原遗址的考古学研究》,北京大学博士研究生学位论文,2009年。

[5] 苏芳淑:《古人拟古——春秋战国时代的复古风》,《中国文化研究所学报》第48期;陈小三:《韩城梁带村M27出土卣、尊年代辨析——附论扇形钺与特殊的凤鸟纹饰》,《文博》2011年第1期;张闻捷:《战国时代的铜器复古》,《考古》2017年第4期。

件[1](图一)。除了1件鼎为实用器外,其余均制作粗糙,浇铸缺陷明显,爵、觯底部因浇铸不足留下的孔洞都未修复,所以都应为明器。具体这件素面觯(M210:7)仅重89.2克,容量64毫升,明器化特征明显。青铜觯明器化开始的时间是在西周中期,这个时间基本能代表西周青铜器明器化开始的时间,如M210中已明器化的簋、尊、卣、爵,而西周时期其他地区的其他铜器基本也都在西周中期开始出现明器化的现象。至于青铜觯普遍的明器化,主要是在西周晚期至两周之际。这一时期,无论是粗体觯,还是细体觯都有一定数量的发现。粗体明器觯如平顶山应国墓地素面觯(M95:88),该觯高10.8、口径10.5厘米(图二,1),墓葬的时代在西周晚期偏早阶段[2]。时代在西周晚期偏晚阶段至两周之际的有晋侯墓地M93铜觯(M93:48),该器高14、口径10.4厘米,整体矮粗,制作粗糙,腹饰三角纹,圈足饰垂鳞纹[3](图二,2)。洛阳润阳广场C1M9950的时代进入了春秋时期,该墓所出铜觯(M9950:49)高7.7、口径7.3厘米,形制近似桶形,通体素面,腹内还存有范芯[4](图二,3)。除了

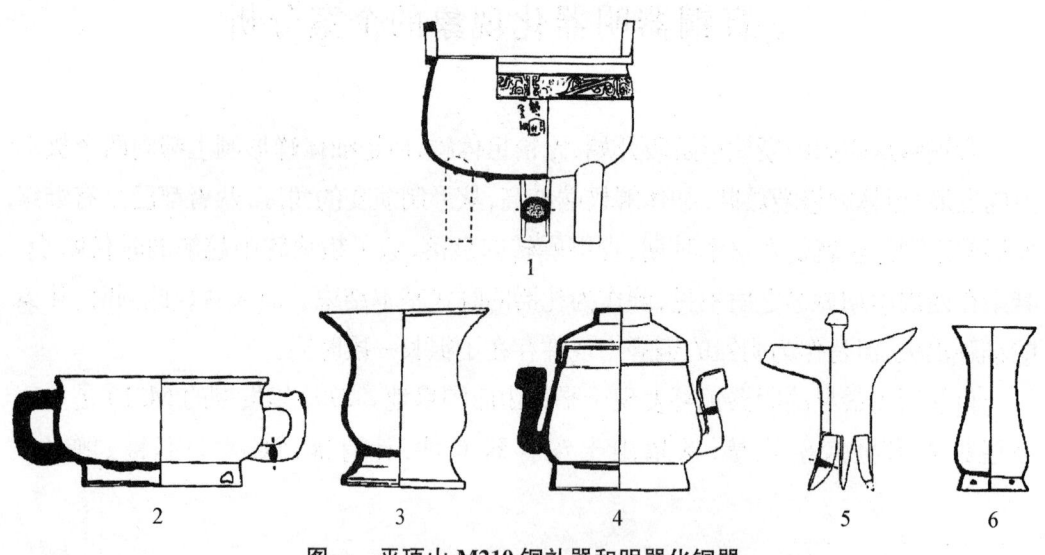

图一 平顶山M210铜礼器和明器化铜器

1. M210:3鼎 2. M210:4簋 3. M210:10尊 4. M210:5卣 5. M210:14爵 6. M210:7觯

---

[1] 河南省文物考古研究所、平顶山市文物管理局:《平顶山应国墓地Ⅰ》,大象出版社,2012年。

[2] 河南省文物研究所、平顶山市文物管理委员会:《平顶山应国墓地九十五号墓的发掘》,《华夏考古》1992年第3期。

[3] 北京大学考古学系、山西省考古研究所:《天马—曲村遗址北赵晋侯墓地第五次发掘》,《文物》1995年第7期。

[4] 洛阳市文物工作队:《河南洛阳市润阳广场C1M9950号东周墓葬的发掘》,《考古》2009年第12期。

以上粗体觯，在这一时期较多发现的是细体觯。梁带村墓地 M502 出有 1 件素面觯(M502：99)，高 12、口径 4.8 厘米，铸造粗糙(图二，4)，墓葬的时代为西周晚期偏晚[1]。三门峡虢国墓地 M2001、M2006、M2012 三座墓都出有明器觯，其中 M2001 有 3 件，如 M2001：145，高 15.5、口径 7.6 厘米，素面，腹内为实范土(图二，6)；M2006 有 1 件，M2006：48 高 9.8、口径 5.2 厘米(图二，5)；M2012 达到 6 件，如 M2012：22，高 14.8、口径 7.4 厘米，素面，假腹，底位于颈部，内存范土[2](图二，7)。虢国墓地前两墓的时代相当于西周晚期偏晚阶段，后一座时代大致相当于两周之际。以上细体觯，除梁带村 M502：99、三门峡 M2006：48 素面觯制作相对略显考究外，其余均十分粗糙，且时代越晚体现的愈加明显，除器壁轻薄，有的腹内还残留有铸造时的范土，总之明器化特征都很明显。而西周晚期至两周之际也是其他铜器普遍明器化的时间，以上墓葬同出的都有大量其他器类的明器化铜器。

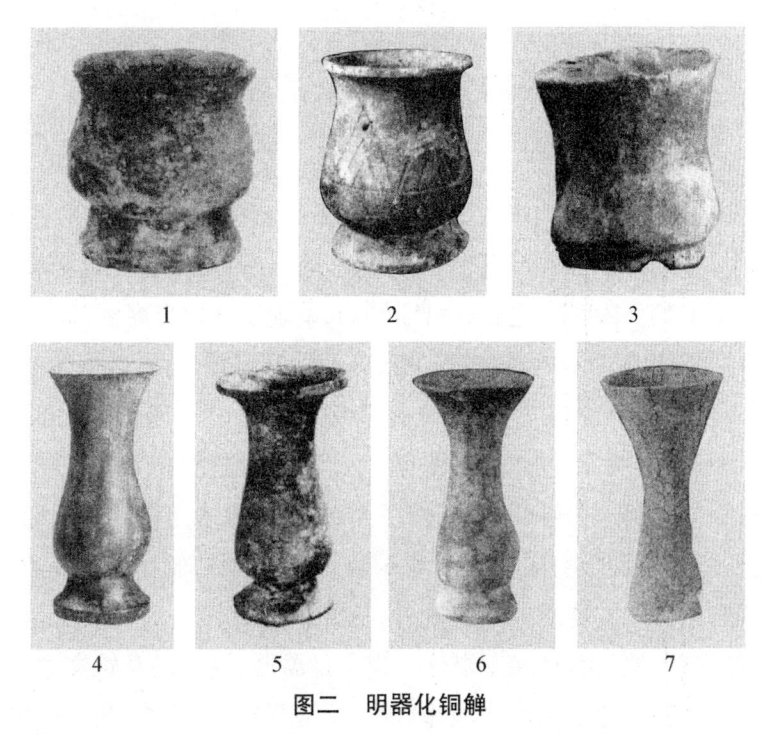

图二　明器化铜觯
1. 平顶山 M95：88　2. 晋侯墓地 M93：48　3. 润阳广场 C1M9950：49　4. 梁带村 M502：99　5. 三门峡 M2006：48　6. 三门峡 M2001：145　7. 三门峡 M2012：22

这一时期的明器铜觯，自身特征相对明显。器形粗体、细体均有，但都为圆口圆体铜觯；制作上都十分粗糙，出现了假腹，甚至出现腹内填实范土、腹底孔洞不修复的

---

[1] 陕西省考古研究院等：《梁带村芮国墓地——2007 年度发掘报告》，文物出版社，2010 年。
[2] 河南省文物考古研究所等：《三门峡虢国墓》，文物出版社，1999 年。

现象;纹饰以素面为主,只有一件饰有三角纹和垂鳞纹这种流行于两周之际至春秋早期的纹饰;由于为明器,也不见带盖觯以及铭文的存在;墓葬等级上,除了西周中期的平顶山 M210 为小型墓外,均出自中型墓和大型墓。组合方面,小型墓平顶山 M210 明器组合为簋、尊、卣、爵、觯。中型墓中上村岭虢国墓地 M2006、北赵晋侯墓地 M102[1]食器组合为鼎、簋或加盨、簠,酒器组合为爵、觯、方彝,水器组合为壶、盉、匜、盘,酒器基本组合为爵、觯。大型墓共发现 6 座,有北赵晋侯墓地 M93、M63,三门峡虢国墓地 M2001、M2012,平顶山应国墓地 M95 和梁带村 M502[2],墓主为一代诸侯、夫人或等级略低。明器组食器组合为鼎、簋,酒器组合为爵、觯、方彝或加觚、尊、卣,水器组合为盘、盉或匜,酒器基本组合为爵、觯。虢国墓地 M2012 还出土 1 件觚,体现了上层贵族文化的保守性。大型墓明器组合的另一个特点是器物数量较多,爵、觯等器物常有多件,且多有方形器或一些少见器型,这些都是墓葬等级高的表现。

二、青铜器复古现象的个案分析

在青铜觯明器化后,春秋早期以后似乎已经不见觯的发现,而与此同时,春秋中期,一种更利于饮酒的实用器铫(有学者称"舟")的兴起,似乎也不再需要铜觯。但是就在铜觯消失了很长一段时间之后,春秋晚期又发现了 3 件自名为"耑"的铜觯。

清光绪十四年(1888 年),当地农民熊氏在江西高安县城西 23 千米的山下农田中掘出 12 件青铜器,其中 9 件为铜铎,3 件为铜觯[3]。3 件铜觯中,徐王𠂤又觯高 19.2、口径 8.8 厘米,腰部饰变形鸟纹(图三,1)。徐王义楚觯高 20.6、口径 9.2 厘米,通体光素(图三,2)。义楚之祭觯高 20.3、口径 8.2 厘米,通体光素(图三,3)。三件铜觯从器形看,与西周中期偏早阶段的细圆体铜觯无异。但纹饰上徐王𠂤又觯腰部的变形鸟纹在西周时期并未发现类似者。此外,三件铜觯的另一个特点就是器身都錾刻有铭文,且字体飘逸,似为春秋晚期书体。也正是器形、纹饰以及铭文之间的矛盾,曾有学者怀疑三器铭文可能是伪作。但是"徐王义楚"还有其他传世铜器的发现,如徐王义楚盘(《集成》10099)、徐王义楚剑(《东周鸟篆文字编》第 344 页)。同时,"徐王义楚"也见于文献记载,《左传·昭公六年》记:"徐仪楚聘于楚,楚子执之,逃归。惧其叛

---

[1] 北赵晋侯墓地 M102、M63 铜觯均未详细介绍。

[2] 梁带村 M502 墓葬面积约 17 平方米,未超过 20 平方米。但综合其他因素,墓葬等级与本组其他墓基本相当,故置于此处。

[3] 董楚平:《吴越徐舒金文集释》,浙江古籍出版社,1992 年。

也,使薳洩伐徐。吴人救之。"而关于"徐王疒",有学者接受商志醰推定的徐王疒在位之年约相当于鲁襄公、昭公之际的说法,认为徐王疒在位略早于徐王义楚,并串联了徐国世系[1]。此外,与觯同出的9件铜铎学界亦无异议,因此可以认为这3件铜觯就是春秋晚期徐王之器。至于为何会在铜觯消失后,再次出现西周中期偏早的器形,我们认为是南方徐国的一种复古行为。在某种礼器消失一段时间之后,可能由于某种文化或政治上的需要,上层贵族、甚至等级更高的诸侯一级出现前代礼器或礼制的复古现象。这样复古可能主要依据当时的文献记载或者文化记忆尽量的重现前代的文化特征,所以铜觯出现形制上与西周中期近同的复古现象可以理解,而这样的现象同样在其他器类的铜器上出现。以春秋晚期徐国铜器为例,同时出现的复古铜器还有其他器型,形制特征与铜觯的特点基本一致,不同在于局部纹饰和铭文。这当然也是复古铜器的一个普遍特征,即器形最易复原,而纹饰和铭文往往有铸造时代的特点,很难完全重现前代礼器的所有特征。

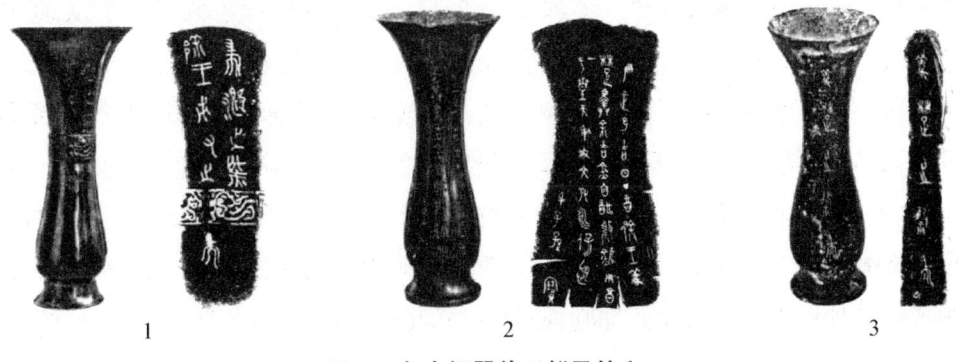

图三 复古铜器徐王觯及铭文
1. 徐王疒又觯及铭文 2. 徐王义楚觯及铭文 3. 义楚之祭觯

三、仿铜陶器的个案分析

要完全厘清楚明器化和复古铜器的问题,还需要对仿铜陶器的作用以及与铜器的关系进行单独讨论,而仿铜陶觯正是很好的例子。青铜觯与陶觯如多数铜器与陶器一样,之间存在一定的联系。青铜觯本身就是受大汶口文化、山东龙山文化以及马桥文化陶觯的影响而产生[2]。而在铜觯发展成熟后,两者依然发生着关系,而这样

---

[1] 孔令远:《徐国青铜器群综合研究》,《考古学报》2011年第4期。
[2] 曹斌:《青铜觯起源探析》,《南方文物》2015年第4期。

的关系可能还与礼制有着一定的关系。

在青铜觯高度发展的殷墟四期,出现了一些陶觯。它们其中的一部分,是出在有铜觯的墓葬中,而另一部分则出在没有铜礼器的墓葬中。铜觯与陶觯一同出土的墓葬,如安阳大司空 M303。该墓面积为 9.2 平方米,葬具一棺一椁,墓底有腰坑。出土铜礼器 39 件,其中铜觯 1 件,陶器簋 1、觚 1、爵 1、觯 4、罐 5、罍 6、瓿形器 2 件[1]。4 件陶觯的高度在 12—14、口径在 9—10 厘米之间,均在腹部饰三至五道弦纹(图四,2),墓葬的时代为殷墟四期偏早阶段或略晚。时代与安阳大司空 M303 相当,墓葬面积略小的有安阳高楼庄南 M1。该墓墓葬面积约 6 平方米,葬具一棺一椁,墓底亦有腰坑。出土铜礼器觚、爵、觯各 1 件,陶器鬲 4、簋 1、觚 1、爵 1、觯 2、盘 1、盆 1、罍 1、罐 1、壶 3 件[2]。该墓出土的 2 件陶觯高 9.2 厘米,口径分别为 7、7.3 厘米,器身亦均饰弦纹。不见铜器,但是有陶觯出土的墓葬最早出现于殷墟三期,但数量较少。殷墟西区 M655 的时代简报判断为殷墟三期,该墓面积只有 2.09 平方米,单棺,填土埋有一狗,出土陶豆、觯各 1 件。该觯高 13.5、口径 9.2 厘米,颈部饰五道弦纹,腹部饰一道弦纹,下腹饰一周三角划纹,并有泥条竖鼻一对[3](图四,1)。从形制、纹饰看,该觯还在一定程度上受到了同时期陶小瓿、壶的影响。陶觯在殷墟四期的无铜器墓葬发现较多,如殷墟西区 M321,墓葬面积约 2.2 平方米,填土出有一狗,出土陶器觚 1、爵 1、觯 2、盘 1、罐 1 件[4]。这 2 件陶觯,1 件高 14、口径 10 厘米,上腹部饰五道弦纹;1 件相较略显矮小,高 9.5、口径 5.5 厘米,颈部饰三道弦纹,腹部饰网纹,上有简化饕餮纹。时代明确为殷墟四期晚段的,如郭家庄 M140,墓葬面积 4.72 平方米,葬具为单棺,墓底有腰坑。出土陶器簋、爵、尊、觯、盘、小罐各 1 件[5]。该件陶觯高 15.2、口径 9.5 厘米,颈部和腹部饰多道弦纹(图四,3)。从以上可以看出,陶觯在殷墟时期主要发现于殷墟四期,出土陶觯的铜器墓多有铜觯。仅出土陶器的墓葬墓室面积相对较小,但是陶觯本身看不出与铜器墓出土者的差别。除了墓葬,此时期居址

---

[1] 中国社会科学院考古研究所安阳工作队:《殷墟大司空 M303 发掘报告》,《考古学报》2008 年第 3 期。

[2] 中国社会科学院考古研究所安阳工作队:《河南安阳高楼庄南发现一座殷墓》,《考古》1994 年第 5 期。

[3] 中国社会科学院考古研究所安阳工作队:《1969—1977 年殷墟西区墓葬发掘报告》,《考古学报》1979 年第 1 期。

[4] 中国社会科学院考古研究所安阳工作队:《1969—1977 年殷墟西区墓葬发掘报告》,《考古学报》1979 年第 1 期。

[5] 中国社会科学院考古研究所:《安阳殷墟郭家庄商代墓葬——1982 年—1992 年考古发掘报告》,中国大百科全书出版社,1998 年。

中也有陶觯,如殷墟四期偏早的小屯 H153∶27,高 14、口径 10 厘米,颈部饰五道弦纹,腹部和小腹各饰一道弦纹(图四,4)。殷墟四期偏晚的 H116∶20,高 12.2、口径 11 厘米,颈部饰弦纹两道,上腹饰弦纹四道,圈足饰弦纹一道[1]。说明陶觯除了墓葬随葬,在日用器中也存在,且形制与墓葬陶器无差异。从以上可以看出,陶觯在殷墟四期出现较多,可能是受到了此时铜觯流行的影响。但是这些陶觯,均为泥质灰陶,形制与铜觯近似但仍略有差别,均为日用陶器。

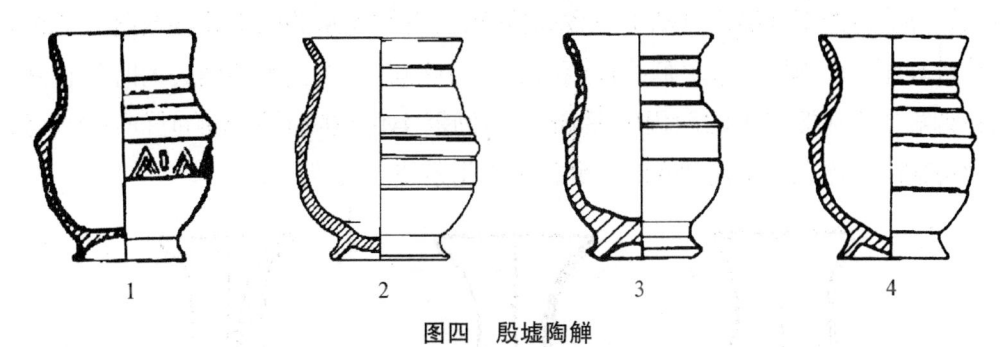

图四 殷墟陶觯
1. 殷墟西区 M655∶2 2. 大司空 M303∶74 3. 郭家庄 M140∶1 4. 小屯 H153∶27

除了以上陶觯,还有一类,形制与铜觯几乎相同,且制作相对精良,材质为泥质红陶,相关报告或简报一般称为仿铜陶觯。这类仿铜陶器最早出现是在殷墟时期。殷墟西区简报记 M1113 出有 1 件陶觯,高 11.5、口径 6.3 厘米,且有器物图(图五,1),但在墓葬登记表中只记 1 件铜铃,不见陶觯。该墓面积约 5.4 平方米,葬具为单棺,埋有一狗,但由于被盗,时代不易判断。处于殷墟四期的 M1057,墓葬面积 4.8 平方米,葬具一棺一椁,出土仿铜陶礼器鼎 1、罍 1、尊 1、卣 1、觚 2、爵 2、觯 1、罍 1 件[2]。器物图中 M1113 的仿铜陶觯是否为 M1057 出土之误不得而知,但是目前比较明确的仿铜陶觯时代是在殷墟四期。在进入西周后,仿铜陶觯有着较多的发现。如商南县过风楼遗址,在排房中出有 1 件西周早期偏晚的泥质红陶仿铜陶觯[3]。西周中期偏早的扶风齐家村 78FQM19,墓葬面积超过了 10 平方米,葬具一棺一椁,墓底有腰坑,内殉一狗。出土铜礼器 12 件,包括 1 件铜觯;陶礼器簋 2、尊 1、卣 1、觚 2、爵 2、觯 1、盉 1、盘 1 件[4]。该觯高 12、口径 8 厘米,为素面泥质红陶(图五,2)。周原ⅣA1M19 的时代亦为西周中期偏早,墓葬面积约 4.8 平方米,葬具一棺一椁,墓底有腰坑。出土铜

---

[1] 中国社会科学院考古研究所:《安阳小屯》,世界图书出版社,2004 年。
[2] 中国社会科学院考古研究所安阳工作队:《1969—1977 年殷墟西区墓葬发掘报告》,《考古学报》1979 年第 1 期。
[3] 何晓琳、高崇文:《试论"过风楼类型"考古学文化》,《江汉考古》2011 年第 1 期。
[4] 陕西周原考古队:《陕西扶风齐家十九号西周墓》,《文物》1979 年第 11 期。

礼器尊、爵各1件,但不见铜觯;陶器鬲1、簋2、鼎1、瓿2、爵1、觯1、罐5件[1]。该觯高13.4、口径7厘米,素面泥质灰褐陶(图五,3)。这3件仿铜陶觯均为细体觯,形制与同时期的细圆体铜觯近同,发展演变规律也与之接近,都是时代越晚越细高。另外,在仿铜陶觯这一类中,不见铜觯的铜器墓中也有陶觯出土,这可能与此时期铜觯的地位提高有关,也与仿铜陶觯补充铜觯的缺位有关,这其实在一定程度上补充了铜器的组合。而仿铜陶觯在更多时候都成组出现,这样的组合形式和同时期等级相对应的墓葬流行的铜礼器组合基本一致或接近,没有铜器墓葬的陶礼器或陶礼器组合可能代表比对应铜器组合更低的社会阶层。与此同时,仿铜陶觯消失的时间也基本是在铜觯作为礼器消失的西周中期,铜器与同器类仿铜陶器消失的时间基本一致。因此仿铜陶礼器很难说是独立的一套礼仪文化系统。

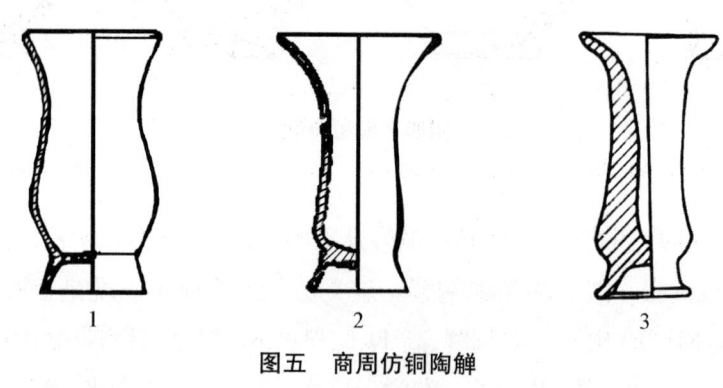

图五 商周仿铜陶觯
1. 殷墟西区 M1113∶28 2. 齐家村 78FQM19∶52 3. 周原Ⅳ A1M19∶8

四、青铜器的明器化和复古现象

综合青铜觯的个案分析,我们可以得出一些结论,特别将铜觯的明器化现象和墓葬等级关联之后,就会发现铜明器器用制度和礼制文化方面的问题。明器化铜觯最早出现在一座西周中期的小型墓中,除一件鼎外,明器组合为簋、尊、卣、爵、觯。以上即便尊、卣、爵也都是尚未完全消失的器类,加上墓葬等级较低,一般也不适用文化保守的解释方式。而西周中期已经形成的鼎、簋组合中,M210礼器只有铜鼎,明器簋对于此时流行的食器组合补充作用明显。所以,刚刚出现的明器化铜器可能与晚商仿

---

[1] 周原考古队:《1999年度周原遗址ⅠA1及ⅣA1区发掘简报》,《古代文明(第2卷)》,文物出版社,2003年。

铜陶礼器的性质和礼仪用法类似,某种情形下是礼器组铜器的一种补充。但是到了西周晚期及以后,明器组铜器更多地成套出现于大型墓葬,并大量出现已经消失的器类,形成了"明器组"和"礼器组"两套礼制文化系统,且这种现象在进入春秋之后更加明显[1]。两套系统的含义,我们认为明器化铜器不是复古,更多地出现在大型墓葬是上层社会文化保守的一种体现,当然还有其他原因需要另文再论。但是区分"复古"和"明器"是第一步的,不然会在礼制文化的讨论中出现偏差。仿铜陶器有学者指出其本身也是明器的一种,而仿铜陶器确实更多地出现在墓葬之中,但是居址中并非没有发现,所以仿铜陶器的问题并不那么简单,时代不同特点也有所差异。特别是其与铜器存在着密切的联系,而当与铜器共出时,某些情形下还有补充礼器组合的作用。因此仿铜陶觯和铜觯之间的这种相互依存关系,似乎也说明两者同属一套礼制系统,仿铜陶礼器更多情况下可能是对铜礼器的补充,有的情形下则和其他仿铜陶器共同组成一套与铜礼器接近的仿铜组合来代表社会等级更低阶层的物质组合,但不能独立视为一套礼仪文化系统。

一直以来,学者只能依据随葬青铜器恢复商周上层社会的礼制文化[2],其实是将丧葬礼制等同于社会礼制。如若仿铜陶器是"明器"并独立代表了当时的丧葬文化,则似乎可说明晚商至西周前期的丧葬礼制与社会礼制基本接近。但是仿铜陶器在居址中依然有所发现,其流行与被模仿的铜器相始终,还有补充铜礼器组合作用等特点,说明其与铜礼器有着更加密切的关系,如果完全视为明器则可能有复杂问题简单化之嫌,因此即便成套出现也不能视为与铜礼器完全不同的、独立的一套礼仪文化系统。当然从商周墓葬的情况观察,虽然现实状况只能让学者退而求其次,但是在西周中期之前墓葬中确实极少发现专门为丧葬制作的明器化铜器,随葬日用陶器的特点亦是如此[3],一些可能为"丧葬"制作的铜器依然都是高规格的礼器。这从另一个角度似乎又说明在西周恭懿社会转型[4]之前,商代的社会礼仪、西周前期的礼制文

---

[1] 罗泰:《宗子维城:从考古材料的角度看公元前1000至前250年的中国社会》,上海古籍出版社,2017年。

[2] 一般认为西周时期才形成了礼制,即我们《恭懿之际西周国家的转型》(《中国人民大学学报》,2017年第3期)一文指出的周公制礼作乐第一次礼制文化变革之后,再经恭懿之际的礼制规范,最后在西周后期确立的西周礼制,既一般所说的周礼。商代只能称之为祭祀或者礼仪文化。本文为了讨论方便,合称为商周礼制。

[3] 陶器代表的是生活日常用品的随葬,虽然有的器类和居址陶器会有些差异,但一般并不标识等级,详细参看曹斌:《青铜觯研究:商周青铜器的考古学和礼制文化研究》(第八章),科学出版社,2016年。

[4] 曹斌:《恭懿之际西周国家的转型》,《中国人民大学学报》,2017年第3期。本文所讲西周前期、西周后期均指以恭懿之际为界的西周社会两期分法,凡出现西周早、中、晚期,指学者据考古学文化所划分的西周三期分法。

化与丧葬文化基本是使用一套铜礼器,"古不墓祭"具体到器用制度上可能也包括并不为丧葬专门制作一套与社会礼制不同的器物。但是恭懿之际西周社会转型之后,独立的丧葬文化开始形成。当专门为丧葬而制作的明器化铜器大量出现之后,丧葬礼制和社会礼制不得不作为"两套"系统分开进行考虑。而这类铜器被我们直接称为明器,是因为虽然在刚出现的西周中期只有"小型"和"粗糙"的特点,但是到了明器化特征明显的西周晚期,许多器物不脱泥范芯、腹底部孔洞也不浇铸修复,这样的特征只能将之作为"明器"理解。但复古铜器与之不同,复古是对于前代社会礼制文化的"模仿"和一定程度上的"复兴",一些铜器上出现的与被模仿器不一致或不够精致等迹象可能是后代不能完全掌握久远技术和文化特点之故,而并非是为了丧葬简化、快速化、粗糙化铸造。主要可能还是出于政治或文化需要,重新推崇前代社会文化和礼制从而进行的文化复古[1],其主观意图还是要更加接近历史真实,客观造成的不能完全"克隆"是文化记忆缺失之故。

  青铜器的明器化和复古现象是一个需要继续研究的学术问题,其涉及礼制文化、丧葬制度、社会转型等等学术问题。本文在商周青铜觯个案分析的基础上,提出了一些不成熟的看法,具体问题另文还会讨论。

---

[1] 本文讨论的下限是东周,汉末、宋代、明清的复古不在此列。

曲阜鲁故城考古新发现与初步认识

韩 辉 刘延常 徐倩倩 赵国靖
山东省文物考古研究院

引 言

鲁国故城位于曲阜市市区及周边,面积10.35平方千米。该城是周代和汉代鲁国的都城,中国第一批全国重点文物保护单位。据《诗经·鲁颂·閟宫》《左传·定公四年》《史记·鲁周公世家》《史记·周本纪》等记载,周初周公长子伯禽代其父受封于鲁,一般认为即建都于曲阜。此外还有另一种说法,裴骃《史记·鲁周公世家·集解》引《世本》曰"炀公徙鲁",这就是说定都曲阜者是鲁炀公。炀公是伯禽之子、考公之弟,鲁国第三个国君。春秋时期,鲁国疆域达到最大范围,战国晚期(公元前249年)被楚国所灭,秦时属薛郡,汉初属豫州,吕后当政时封张偃为鲁王,以鲁县为都,到魏晋之后为郡、县。

鲁国故城田野考古工作已经有70多年的历史,1977—1978年山东省文物考古研究所、山东省博物馆对鲁城进行大规模勘探试掘,出版了《曲阜鲁国故城》报告[1],为研究鲁城、鲁国和鲁文化等提供了宝贵资料[2]。2011年以来,为配合曲

---

[1] 山东省文物考古研究所、山东省博物馆、济宁地区文物组等编:《曲阜鲁国故城》,齐鲁书社,1982年。后文所及"报告"都指该著作。

[2] 杜正胜:《关于齐国建都与齐鲁故城的讨论》,《食货月刊》1984年第14卷第7、8期;王恩田:《曲阜鲁国故城的年代及其相关问题》,《考古与文物》1988年第2期;崔乐泉:《山东地区东周考古学文化的序列》,《华夏考古》1992年第4期;许宏:《曲阜鲁国故城之再研究》,《先秦城市考古学研究》,北京燕山出版社,2000年,第171—184页;王青:《海岱地区周代墓葬与文化分区研究》,科学出版社,2012年;凯瑟琳(Kathleen Sperry):《中心与边地——鲁国的空间组织和建造环境》,山东大学硕士学位论文,2011年;张悦:《周代宫城制度中庙社朝寝的布局辨析——基于周代鲁国宫城的营建模式复原方案》,《城市规划》2003年第1期等。

阜鲁故城国家考古遗址公园建设,在鲁城开展了一系列考古工作,取得了重要成果。此外,在鲁城内配合城市建设过程中开展的考古工作也获得了较多重要材料,进一步促进了对鲁故城的研究工作。现将主要收获和初步认识概述如下,以飨读者。

一、鲁故城既往考古发现与研究

鲁故城考古工作开始较早,1942—1943年日本学者关野雄、驹井和爱等曾对该城开展过两三次考古调查和发掘,发现多是两汉以后的资料[1];1953年在孔府花园西周晚期墓葬中出土陶器和蚌器[2];1968年在北关村出土一批西周晚期铜器[3];1973年在小北关发现春秋铜器[4];1977年3月—1978年10月,山东省博物馆对鲁故城进行了系统考古勘探和试掘[5];1984年,山东省文物考古研究所在林前村发掘30余座东周墓葬;2000年,为配合327国道建设,山东省文物考古研究所解剖东城墙"大豁口"[6]。

纵观各时期历史工作,1977—1978年山东省博物馆进行的全城普探及试掘最为系统,获得了对鲁故城的重要认识。这次工作大体搞清了鲁故城的范围、形制以及遗迹分布情况,同时建立了鲁故城的年代谱系。张学海先生把周代墓葬分为甲组墓和乙组墓两类,甲组墓族属为夷人和殷遗民,乙组墓族属为周人[7],为鲁城内文化面貌研究作出了重要贡献,诸位先生也依此有相关研究成果[8]。此外在鲁城的南部、西南部发现汉代城址,从解剖探沟资料和城内西汉遗址分析,城的年代应在西汉早、中期。

根据此次考古工作,有学者认为鲁城比较符合《周礼·考工记》所载的"匠人营

---

[1] 驹井和爱:《曲阜鲁城的遗迹》,东京大学文学部考古学研究室,1951年。
[2] 中国科学院考古研究所山东工作队、曲阜县文物管理委员会:《山东曲阜考古调查试掘简报》,《考古》1965年第12期。
[3] 齐文涛:《概述近年来山东出土的商周青铜器》,《文物》1972年第5期。
[4] 据曲阜市文管会资料。
[5] 山东省文物考古研究所、山东省博物馆、济宁地区文物组等编:《曲阜鲁国故城》,齐鲁书社,1982年。
[6] 据山东省文物考古研究所1984年、2000年林前村墓葬发掘和东城墙"大豁口"发掘资料。
[7] 张学海:《试论鲁城两周墓葬的类型、族属及其反映的问题》,《中国考古学会第四次年会论文集》,文物出版社,1985年。
[8] 李学勤:《曲阜周代墓葬的两种类型》,《比较考古学随笔》,广西师范大学出版社,1997年。

国,方九里,旁三门。国中九经九纬,经涂九轨,左祖右社,面朝后市,市朝一夫"[1]的布局。

二、鲁故城近年来考古工作概述

2011年以来,围绕曲阜鲁国故城国家考古遗址公园建设等,山东省文物考古研究院做了大量工作,取得一系列重要成果[2]。同时配合城市基本建设的考古工作也提供了大量考古资料(图一)。

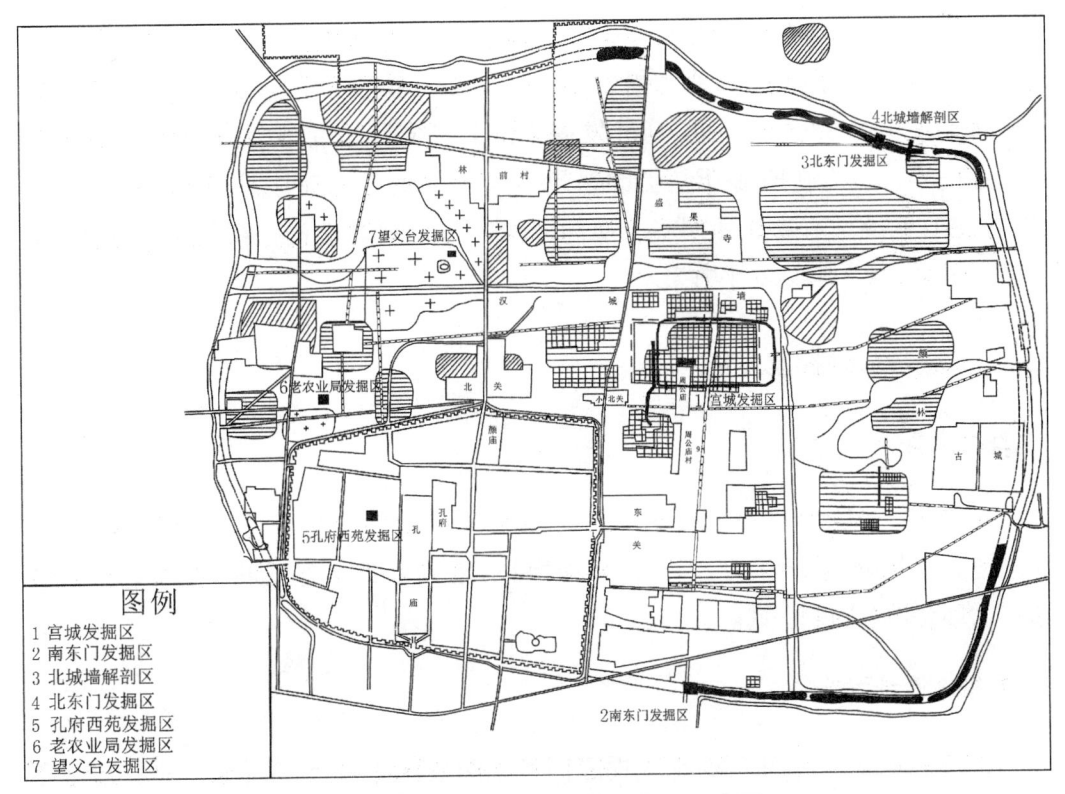

图一 近年来鲁故城内主要发掘区示意图

(黑色方块区域,以《曲阜鲁国故城》遗址遗迹分布图为蓝本)

图例
1 宫城发掘区
2 南东门发掘区
3 北城墙解剖区
4 北东门发掘区
5 孔府西苑发掘区
6 老农业局发掘区
7 望父台发掘区

---

[1] 郭克煜、梁方健、陈东等:《鲁国史》,人民出版社,1994年。
[2] 韩辉、徐倩倩、高明奎:《曲阜鲁国故城考古工作取得重要成果》,《中国文物报》2017年3月10日。该文报道了2011—2016年度的重要收获。

(一)宫城考古勘探及发掘

1. 宫城区勘探

2011—2013年,对《报告》中周公庙建筑群基址区22万平方米区域进行重点勘探,在台地边缘发现一周城墙、城壕,城内夯土建筑基址81个,各时期大型灰坑36个,道路10条,砖基建筑2座,大型排水道1条。遗迹的时代主要为西周到唐代。确认周公庙建筑群基址区为宫城。

2. 城墙及夯土基址发掘

2012—2014年,在勘探成果基础上,对城墙、城门和城内夯土建筑基址进行考古发掘,可分为5个发掘区,分别为周公庙庙北区、西南探沟TG401、东南探沟TG402、北部探沟TG201和西城门区。庙北发掘区位于宫城西南部,现周公庙北部,发掘有房址F1—F10。其中F1到F5为唐代,F6为汉代,F8为战国时期。F10应为F6院墙。3条探沟解剖南城墙、北城墙及壕沟,西城门发掘区域全面揭露了道路及相关遗存。总发掘面积约4 000平方米。

(二)郭城考古勘探及发掘

1. 郭城勘探

在1977—1978年工作的基础上,2012—2015年,对郭城东北段、东南段、东段、西北段进行了勘探,重新确定了城墙、城壕范围,壕沟至少分为三期。新发现了内城壕[1],环绕城墙内侧一周。

2. 南东门遗址发掘

2012—2013年,南东门遗址区揭露门道及两侧城墙、阙台夯土面。在门址东部刮削了现存地上城墙断面,又重新揭露了1978年发掘的探沟(TG602—TG604)。发掘面积约3 100平方米。

3. 北东门遗址发掘

2015—2016年,北东门遗址区全面揭露路土及两侧城墙夯土面。解剖外城壕。

---

[1] 此处指城墙内侧壕沟,下同。

另外对发掘区东部现存城墙进行刮面清理、解剖。发现有东周时期夯土城墙、城壕；宋代至明清时期道路、沟遗存。

4. 东北城墙解剖

2016—2017年，对北东门东部150米处的城墙进行解剖，探沟横跨城墙、外壕沟、城墙内侧壕沟、城墙内侧居址（《报告》所述鲁故城东北角居住址）。发掘有春秋早期到战国晚期各期城墙及城壕，内侧壕沟及居住址。

（三）周公庙村西夯土基址区考古勘探

2015—2016年，为做好周公庙村西夯土建筑基址区的文物保护，对其进行考古勘探。周公庙村西夯土基址区位于宫城西南。此次工作发现春秋至汉代夯土基址11处，战国墓葬8座，东周至唐代灰坑15个、井3眼、窑1座、路3条、沟1条，以周代和汉代遗迹最为丰富。

（四）望父台墓地勘探及发掘

望父台墓地位于鲁国故城的西部偏北位置，东部为孔林神道区域，北部为林前村，西部为药圃遗址，面积18万平方米。2016年，为配合望父台墓地遗址公园规划，对"望父台"所在区域进行考古勘探。该区域属于望父台墓地的东南部，1977、1978年发掘区位于此次勘探区的西部。勘探新发现大量墓葬及3处车马坑。为配合遗址公园建设，2017—2018年在1978年发掘区东北部约120米处进行发掘，揭露面积近1000平方米。发现东周墓葬33座，被汉代灰坑、水井、沟打破。另外发现东周时期大型夯土基址2处。

（五）配合基本经济建设的考古工作

1. 南张羊制陶作坊址勘探发掘

20世纪90年代初期，曲阜市引泗入城项目中，在鲁故城北墙外侧发现周代的遗迹和遗物。山东省文物考古研究院派队伍进行清理，发掘了一批窑址、灰坑和墓葬等遗迹。出土周代豆、盂、罐、单把杯、瓮、鬲，时代为西周中期到战国时期。墓葬为汉代[1]。2017—2018年，南张羊作坊址西部、东部进行建设项目，发现两处墓地，时代

---

[1] 何德亮：《山东曲阜鲁故城出土周代文物》，《海岱考古（第二辑）》，科学出版社，2007年。

应为东周到汉代。对东部墓地抢救性清理,发掘 5 座墓葬,出土鸟形簋、罐、豆、铜剑等,多数墓葬仅出土 2 个陶罐。

2. 坊上社区和北关社区战国汉代遗址发掘

2009 年,配合鲁城街道坊上社区和北关社区城中村改造项目,对鲁故城北关村西居址和坊上村战国至汉代居址进行了考古勘探和解剖发掘。此地文化堆积厚 0.5—1 米,发现有道路、灰坑、踩踏面等遗迹。勘探区域涉及汉鲁城北西门西部城墙,城墙地下部分深 1.7 米(之下出水未探),为灰褐土掺拌黄土,夯层较好,内有穿棍,木棍直径约 3.5 厘米。

3. 孔府西苑遗址发掘

2013 年,配合明故城西部孔府西苑建设项目,对遗址进行发掘,揭露面积 400 平方米,分东西两区。文化堆积丰富,延续时间长,从西周、东周、汉代一直延续到宋元、明清。

4. 老农业局遗址发掘

2017—2018 年,配合曲阜市老城区改造,对位于鲁故城和汉鲁城西部的老农业局遗址进行考古发掘,揭露面积约 2 800 平方米。发现包括龙山早期、东周和汉代等多个时期的重要遗存。东周墓葬及车马坑为主要收获。

此外,还有杏坛学校东周墓地发掘、南池旧城改造勘探试掘、北关派出所勘探、立新联中冶铁遗址勘探等考古工作。其中杏坛学校东周墓地为鲁故城外首次发掘的大型墓地,价值重要;南池旧城改造勘探试掘发现有对应南东门和周公庙南门的东周至汉代道路,应与 9 号干道有关。其他考古项目亦均有重要收获。

三、主 要 收 获

(一) 宫城

1. 概况

考古勘探确认位于鲁故城中部的周公庙建筑群夯土基址区为鲁故城宫城(图二)。始建于春秋晚期,延续至汉代,魏晋废弃。宫城总体呈长方形,西北角略内折,城内东西约 480 米,南北 220—250 米,城内面积约 12 万平方米。发现排水管道、道路及夯土建筑等东周至汉代遗迹。发现西门、南门、东门及与之相配的道路,门址宽 10—12 米,路土破坏严重。排水道为陶制五边形管道,东西向长者达 200 余米。

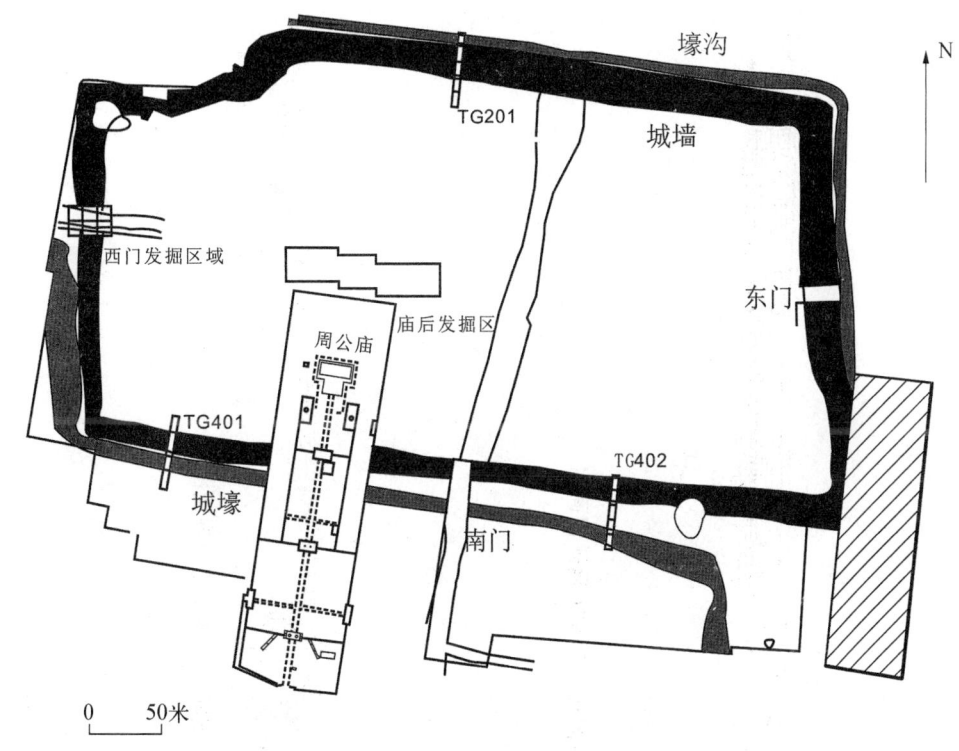

图二　鲁故城宫城平面及考古发掘区图

2. 宫城城墙、城壕

墙宽 13—22 米,基槽式。壕沟宽 7—20 米,与城墙间隔最宽约 7—8 米。城墙夯土现存厚度为 1—2 米,夯土中夹杂大量白砂岩。东墙位于台地西坡,夯土深厚,最深距地表 5 米以上。

宫城西南部城墙保存最好。TG401 解剖显示该处城墙基槽宽 13.75 米、深 1.27 米(图三)。基槽可分 10 层,每层厚度多为 12.5—18 厘米。分段夯筑,使用单棍夯具,夯窝径约 4—6 厘米,间隔一般为 5 厘米。夯土内出土陶器可辨器型有豆、罐、盆、盂、鬲等。城墙内侧为战国时期水井、灰坑,下部则打破西周晚期灰坑。外侧 7 米为城壕,宽约 11.05 米、深 1.5 米。可分六期,一至五期从春秋晚期延续到战国晚期,六期为汉代。城壕内侧被战国晚期或汉代路土叠压,厚 0.05—0.2 米,铺设小鹅卵石、料姜石和碎陶片,踩踏层清晰,应为环城道路。

图三 TG401 西壁剖面图

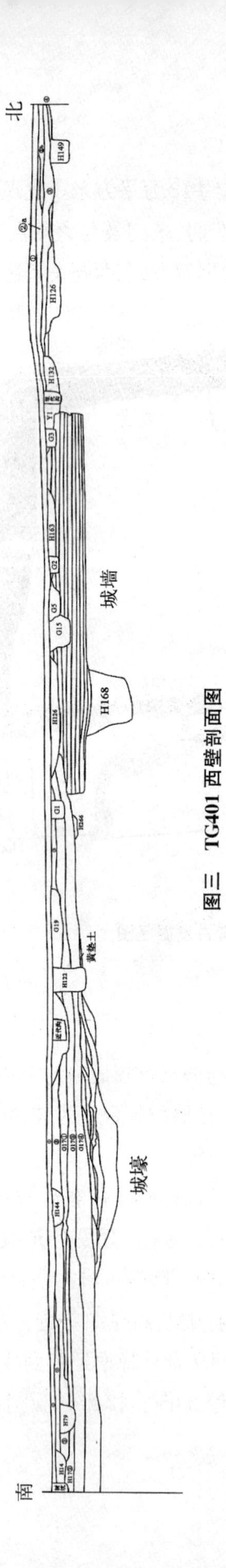

图四 TG402 东壁剖面图

宫城东南部探沟(TG402)处东周城墙残存宽度 12.9 米,被北侧汉代城墙打破。汉代城墙可分三期,均为基槽式,对应同时期壕沟 3 条(图四)。城内发现灰坑 13 个,城外发现墓葬 3 座。灰坑与墓葬时代皆属战国早、中期。城墙底部有预埋陶五边形管道现象。管道贯通城墙内外,北部为一蓄水池,为东周时期始建,延续使用至汉代。

3. 大型夯土建筑基址

宫城西南部全面揭露东周时期大型夯土基址一处(F8),现仅存墙基部分。平面呈东西向长方形(方向 186°),长 85、宽约 11.37 米。基槽宽 2.8—3 米;基址面阔六间,中部四大间,东西各一小间。四大间进深均为 5.5、阔 14.3 米;东间进深 5.3、阔 2.2 米;西间南北(加上墙)17.15、进深 5.4 米。汉代大型房址 F6 筑于 F8 基槽之上,现尚存残墙、前披厦、石柱础和散水。房址外侧见北、东院墙。F8、F6 之上为唐代 F4 建筑群,南部为宋代到明清时期周公庙,五个时期中心建筑中轴线基本一致,推测其均为礼制性建筑(图五)。

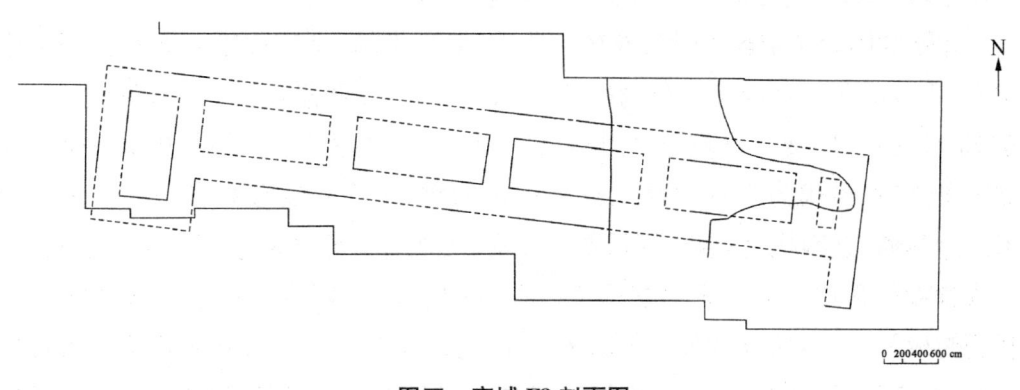

图五　宫城 F8 剖面图

4. 西城门

位于宫城西部,城门宽 12 米。未发现东周、汉代与城门相关的建筑遗迹现象。路土自春秋延续使用至唐代,春秋路土最宽,宽 11 米。路土南侧分布水沟,为城门排水设施。

(二) 南东门门址及门阙

南东门遗址位于鲁故城南城墙中部偏东。门址部分发现台基(阙台)2 座,东、西对峙,呈南北向长方形,时代可早至春秋时期。

通过解剖门址东侧的城墙墙体，可将城墙的建造、使用过程分为四期。春秋早期的墓葬打破一期城墙的护坡，为判断早期城墙的年代提供了可靠的层位关系。再结合各阶段的夯筑技术及所包含的陶片分析，推测城墙始建于西周晚期，延续至战国晚期(或到西汉时期)。

(三) 东北城墙

北东门发掘区及东北城墙解剖区均位于郭城东北部，该区域现在仍处于现代农耕区。城墙保存较好，内侧分布鲁故城东北角居住址。

城门发掘区仅发现宋代至明清路土，目前未见早期路土及城门相关设施。北东门东侧城垣现存宽约17.4米，高约3.8米。分为五期。早期城墙与城内灰坑具有较多打破关系。一期城墙时代为春秋早期，二期城墙为春秋中晚期，三期到五期城墙应属战国时期。城墙由内向外、由低向高依次修筑。

东北城墙位于北东门东部150米处，相较北东门区域保存更好，经解剖，其上端残存宽约9米，总宽约38米。城墙现存高度约6米，可分为六期(图六)。

此处城墙始建年代上限为春秋早期(一期)，堆筑，下部叠压有春秋早期文化堆积、活动面和1处灶址。存宽约5米，高2米。二期覆盖于一期城墙之上，存宽13米，高4.15米。灰坑、窑址打破该期夯土，内侧叠压有灰坑。根据打破关系和出土器物，时代为春秋中期。夯筑方式为棍夯，夯窝圆形圜底，直径4—6厘米。第四期、五期均为版筑、圆形平底夯窝，出现有穿棍现象。第五期城墙最宽。城墙顶部外侧有一条与城墙平行的排水沟G2，壁陡直，底部铺设一道依次叠压排列的板瓦，应为城墙顶部排水设施，时代属战国中期。第六期城墙建于第五期上部，并叠压排水沟G2，时代为战国晚期。二至五期城墙整体建筑方式是对早一期城墙表面进行处理，外部下挖呈反"L"形，以利于咬合紧密。下部填平早一期壕沟，采用倾斜堆积，斜倚早一期墙体，堆筑到一定高度，水平夯筑。壕沟有清淤现象。

城壕与城墙年代相对应，春秋城壕开口于战国夯土下，被战国时期壕沟打破，宽度大约在20—22米。结合发掘和勘探，战国时期外城壕宽40余米，深距地表4.1—5.9米。春秋时期壕沟与城墙相距较近，战国时期相隔约6米。北东门处最深约7.1米。西汉时期城壕基本淤平废弃。

城墙内侧壕沟宽28米，深距地表3.8米，叠压春秋中晚期井、墓葬等。根据层位关系、出土遗物判断，其时代为战国晚期晚段。内侧城壕的发掘是这次发掘的重要收获之一，为修筑城墙取土所致。

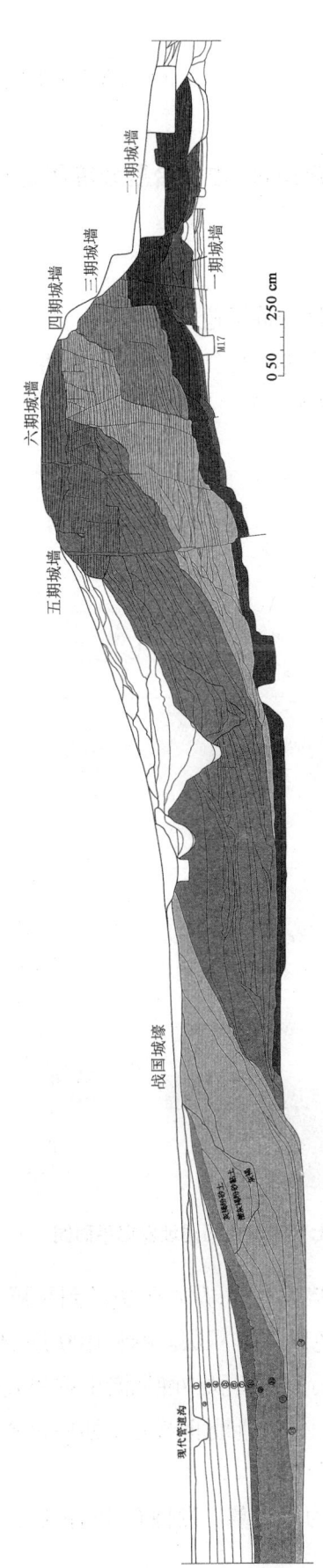

图六 东北城墙解剖东壁图

(四) 老农业局遗址、孔府西苑遗址、望父台墓地等居址与墓葬

1. 老农业局遗址

老农业局遗址发现目前鲁城内最早遗存——龙山文化早期遗址。春秋中晚期遗存直接叠压其上,延续至汉。新发现大型贵族墓地,从春秋晚期一直延续到战国早期,位于遗址窖穴、水井区南部(图七)。

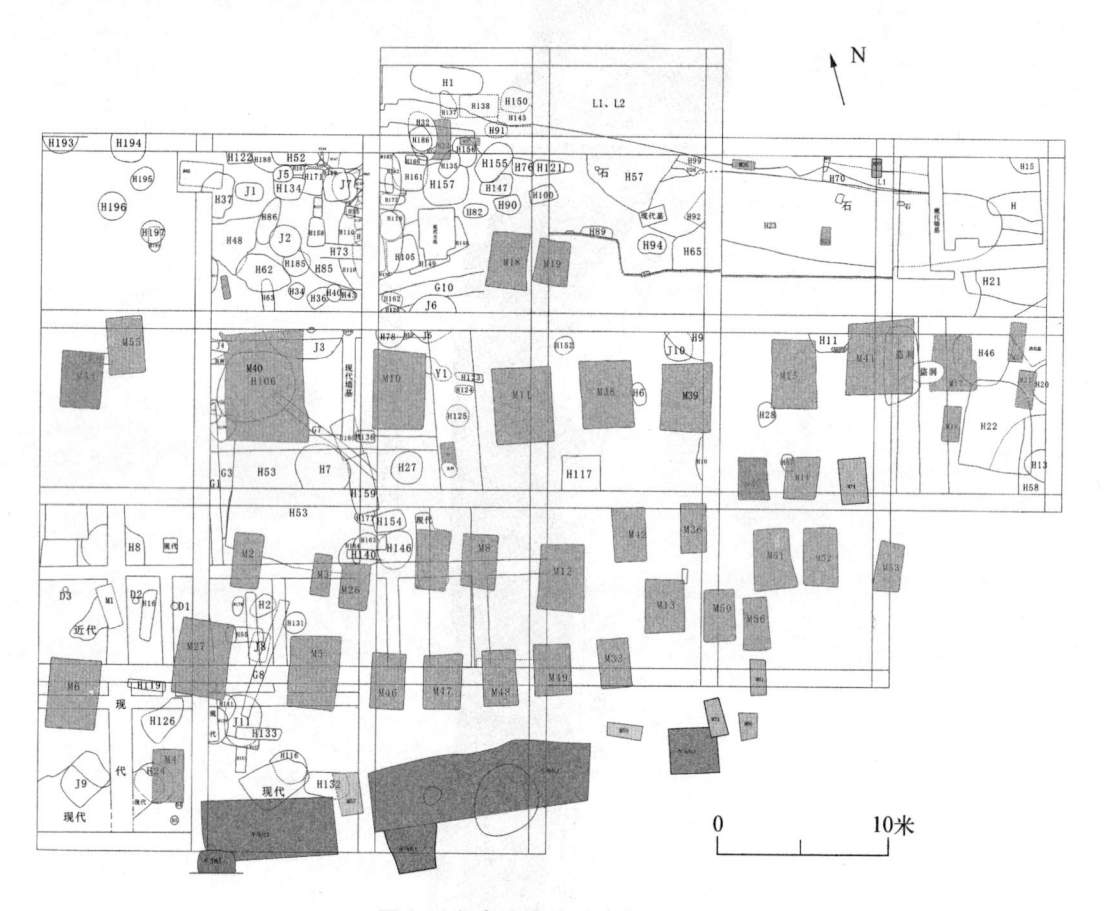

图七 老农业局遗址发掘平面图

遗址区均属于整个区域地势最高处,反映了史前到东周人群对地貌的选择。龙山时期仅发现灰坑、窑和黑褐色黏土堆积层。春秋中晚期到战国早期窖穴、水井密集。窖穴东北部、东部为洼地,分布有春秋中晚期淤土坑和大量汉代回填堆积。汉代遗存中出土大量瓦,应与建筑相关。遗址北部为东西向东周、汉代道路,宽约5米。路下为瓮棺、瓦棺墓群,条带状分布。

老农业局东周墓地性质应为甲组墓。发掘有40座中小型墓,至少有南北三排,

东西并列。北部较早,属春秋晚期早段,南排较晚,属战国早期。东部、东南部墓地边缘分布有小型墓葬,随葬品少或无随葬品。东周墓葬多南北向竖穴土坑墓,常见夫妻并穴。葬具多为一椁一棺,葬式基本为仰身直肢,头向北。随葬器物多置于棺椁之间,种类有铜器、陶器、玉石器、骨角器等。

农业局墓被盗严重。主要陶器器类可见偶数组合,以罐、壶、鼎、豆为基本组合;彩绘陶器数量众多。铜礼器有舟、鼎、豆、匜、壶、敦等,其中豆、舟较为常见。陶器墓地南侧分布车马坑 5 座,呈东西向排列,南北两排,拆车葬。CMK1 被汉代遗迹打破,复原应为 5 车,20 匹马,多呈 4 马 1 车,车舆殉狗。东部和南部一排车马坑形制较小,为 2 马 1 车,时代稍早。车马坑埋葬的马主要是成年公马,9—13 岁。马均是右侧朝上,马头在南,排成一排进行埋葬。另外发掘有牛、狗坑。

2. 孔府西苑遗址

位于鲁故城西南部,遗迹遗物丰富。发现西周中期晚段灰坑 1 处,春秋时期分布有大量灰坑,多属春秋中晚期。战国遗存最为丰富。发掘区西部为大型堆筑土台基,未能全面揭露,已知东西 18 米,南北 10 米。中部为类似方形柱洞遗迹,东部被战国沟打破。遗址东部发掘墓葬 5 座,竖穴土坑墓,南北向,仰身直肢,葬具为木棺。填黄花夯土,含较多料姜石。未发现随葬物品,时代或为战国晚期。

3. 鲁故城东北角遗址

遗址分布在北东门和北城墙解剖发掘区域,位于洙水南侧,沿城墙一线分布,该区域为东西向隆起地。东西 250 余米,城墙南侧宽 50 米。北东门发掘区和北城墙解剖的灰坑、墓葬等遗迹均属于该遗址。时代主要为春秋早到晚期,另有少量战国晚期遗迹,其中春秋中晚期最为丰富。早期遗存 M17、Z1 叠压在城墙夯土之下。窑址 2 座,应专门生产陶鬲,与南部水井(J5)、墓葬(M14 等)时代相同,分布在遗址的北、中、南部,具备共存、共时性。M14 被城墙内侧壕沟打破,为南北向竖穴土坑墓,一棺一椁;棺椁之间的西南部倒扣一陶簋,泥质红陶,黑皮;另有一件盂。其西部分布另一墓葬,被占压,未发掘。

部分灰坑为城墙建筑、使用过程中向内取土、堆填、冲积形成。其他灰坑为生活、生产相关遗存。如 H30 填大量窑址废弃堆积、较多硫渣、草木灰。推测该区域存在小型窑址区。H21 为早期遗迹的代表,被二期城墙、H30 打破叠压。总之该遗址为一般居住址,内部存在小型制陶作坊区,并且与墓葬共存,空间上有布局规划。

4. 望父台墓地

墓地位置特殊，占据城中西部大片区域。经多次发掘，墓地为周人邦墓无疑。结合新的考古工作，墓地布局也有了初步认识。西周到春秋早期墓分布在墓地西部，春秋中、晚期向东部、东北部拓展，春秋末期到战国中期基本遍布于整个墓地。

此次已发掘东周墓葬33座，多为中小型墓葬（图八）。南北成排，东西成列，夫妻并穴现象普遍。时代稍早的中型墓葬居中，周边为几座小型墓，可能存在墓地分区现象。墓葬均为长方形竖穴土坑墓，墓向偏东北，葬具多一棺一椁，仰身直肢葬，男性墓头向北，少量女性墓南向。陶器以鬲、罐最为常见，少见豆、簋、鼎；铜器主要有鼎、舟、盘、匜、盂、车马器、兵器等，春秋中期可见鼎、盘、匜，春秋晚期铜舟最为常见。从葬俗上看，多数墓葬有祭牲现象，普遍随葬石圭；玉器多为玛瑙环、玉玦等装饰品，成组串饰发现于墓主身前或棺椁之间；蚌（贝）器数量大，多为棺饰。如M5、M9等墓葬，棺椁之间散落一周贝饰和蚌饰，其上有穿孔，应是棺饰。应与《礼记》记载的"鱼跃拂池"相关，是墓主身份等级的标志。M17发现有梯形牌饰组合，为周人葬俗。

2018年度望父台墓地考古发掘的重要收获是发现一处大型夯土基址（基址一），根据勘探及发掘区暴露，夯土平面形状呈"L"形，北部被公路占压，现面积约500平方米。在基址一东南部考古勘探发现大型夯土基址二。复原面积约770平方米，被墓葬和沟打破。土质土色及包含物与夯土基址一一致，时代应属同时。这两座夯土基址应与周边春秋中晚期墓葬时代大体相同，性质目前不明。

5. 其他墓地

杏坛学校墓地为一大型春秋晚期到战国早期墓地，2018年已发掘墓葬200余座[1]。竖穴土坑墓，存在南北、东西向的几组墓群，结合其出土遗物分析，可知墓地有分区现象。出土铜器常见舟，另有兵器、车马器。陶器多为2豆、2罐，另有簋等。该墓地为鲁故城外首次发掘大型墓地，依据其腰坑习俗和"涂锡陶"、彩绘陶风格，推测属于甲组墓，士一级。殷墟墓葬同样出土"涂锡陶"，文献中记载鲁国有殷民六族，可能与此有关。2018年南张羊制陶作坊址东部墓地勘探17座墓葬，清理5座。M1发掘有陶鼎2、罐9等。其他可见陶鸟形簋、斗等。或与左近制陶作坊址有关。

---

[1] 据2018年山东省文物考古研究院董文斌发掘资料。

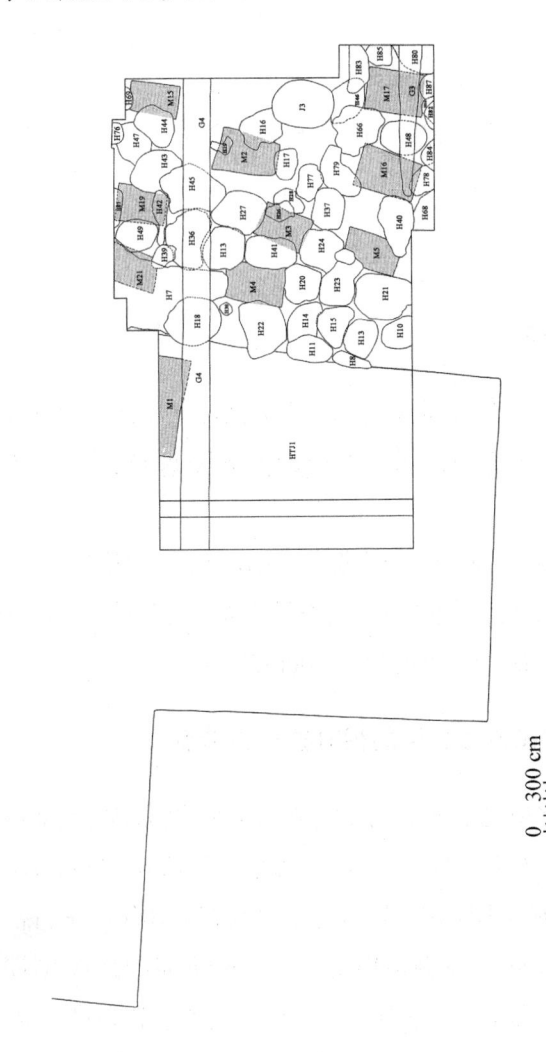

·曲阜鲁故城考古新发现与初步认识·

·65·

图八 2018年望父台墓地发掘平面图

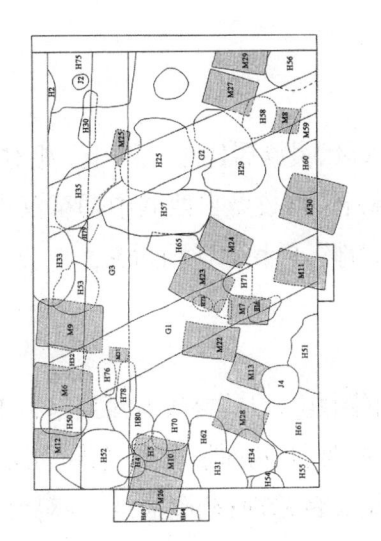

四、初步认识

(一)鲁故城平面布局

1. 宫城居中,郭城环绕,两城制

春秋晚期开始,鲁故城平面布局表现为内外两城制,宫城居于城中部,外部为城墙和环壕,城内分布建筑群。出土凤纹、夔龙纹铺地砖、双鹿纹瓦当等,精美厚重,显示出宫城的庄重。

郭城始建年代或早至两周之际,春秋中期、春秋晚期;战国早期、中期、晚期扩建重修。郭城包含了都城绝大部分功能区,包括宫殿区、居址、墓地、手工业作坊址。城外仅见西周到春秋时期窑址、春秋晚期到战国时期墓地。

2. 居址、墓葬呈现周人、殷遗民或土著居民相对独立的特点

鲁故城内由西向东新发现老农业局墓地、周公庙村西墓地、立新联中墓地等,城外发现杏坛学校墓地和南张羊墓地等。时代应均为春秋晚期到战国时期。此时墓地数量增多,位置从城西到宫城南部、宫城东部和城外均有分布,说明在这个时期,鲁故城布局发生了新的变化。发掘资料显示,春秋晚期到战国早期,墓地仍然可以分为两个系统,应对应《报告》所述甲乙组墓。文献记载鲁故城内建有周、亳两社,周公之后居于城中、城东南,殷人、奄人居于城西、城外。聚族而居,聚族而葬。

(二)鲁故城纵向沿革

鲁故城明显有着统一的规划,宫殿区、贵族居住区、祭祀区、相对集中的墓葬区和手工业区,空间分化明显。从现有材料看,鲁故城自西周中期至汉代,从早期聚落群构成的"邑"逐渐演化变迁形成成熟的"都",再到诸侯国封国。

1. 西周时期

根据鲁故城地貌图和遗存分布图(图九),目前鲁故城西周遗存主要分布在城西、北、西北部一个相对独立的地理单元内,西、北两面临洙水,东部为周公庙岭地。

该区域内部遗址为盛果寺遗址、望父台墓地;药圃遗址、斗鸡台遗址等。可分为

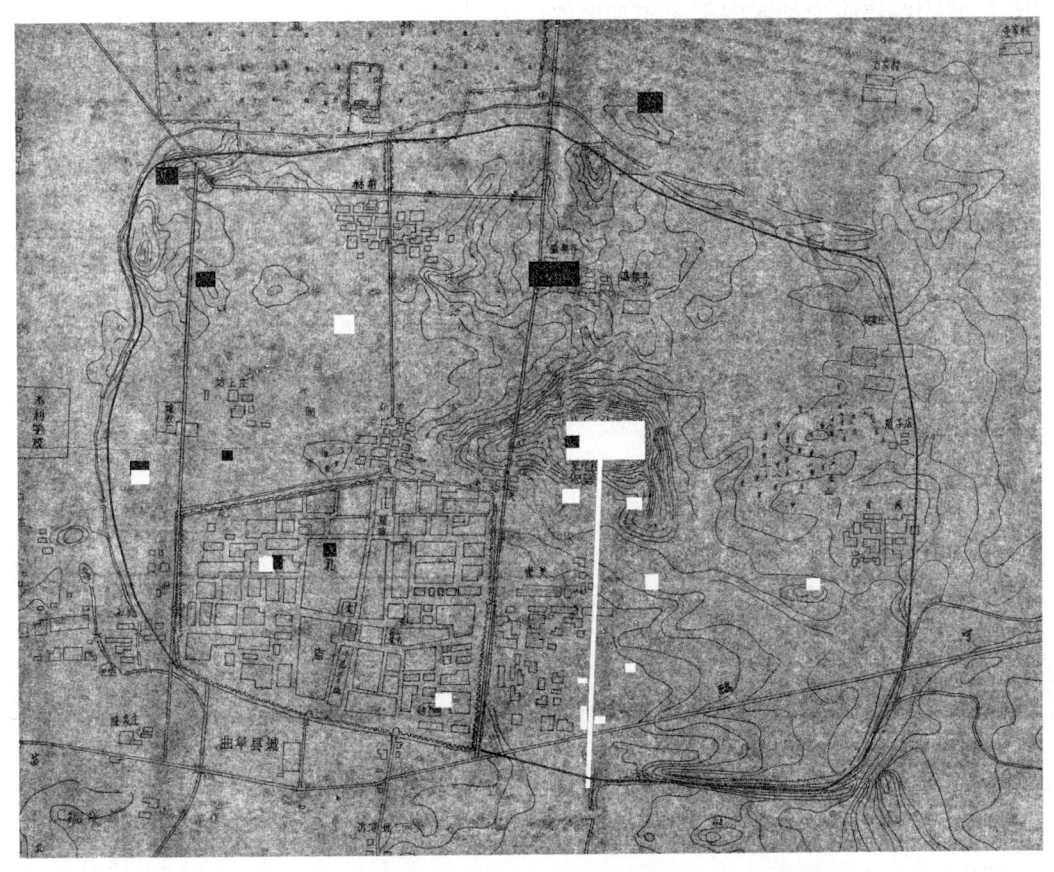

图九 鲁故城地貌及西周遗存、东周夯土基址分布示意图

(比例约 1∶18 803,黑色为西周遗存,白色为东周夯土基址)

两类遗存[1],共同构成聚落群组,为鲁故城都城的早期形态,至西周晚期或两周之际,筑外郭城。

2. 春秋时期

可以分为两周之际至春秋中期、春秋晚期两个大的阶段。鲁故城经历了单一郭城到郭城—宫城两城制两个时期。两周之际至春秋早期,外郭城修建。早期城墙存宽约 5 米,高 2 米,全部为堆筑,区分国、野的功能更为突出,春秋中期,城墙经扩建,成为军事性防御设施。

至春秋晚期,周公庙宫城修筑后,鲁故城进入成熟的都城形态。结合文献记载分

---

[1] 韩辉、张海萍:《浅析鲁故城西周遗存》,《青铜器与山东古国学术研讨会论文集》,上海古籍出版社,2017 年。

析,宫城的修建应为都城内部矛盾加剧的结果[1]。

在两城制的基础上,礼仪性建筑南东门及阙台、宫城,与城南部的舞雩台或构成了鲁城的中轴线。

以宫城和中轴线为核心,周人贵族夯土居住区居于城东南,望父台鲁国邦墓居于城中北,斗鸡台等"国人"居址、手工业作坊址、墓地分处城西、北和城外。中间由道路和水系进行分割和连通。

可以说,春秋晚期,整个鲁故城形成了内外两重城圈,宫城居中,贵族宅邸围绕,以中为尊,"仕者近宫,耕者近门"的布局,为都城"礼"制规划的典范,影响后世。

3. 战国时期的新变化

鲁城内战国时期遗址遍布全城。此时,鲁城内常见10万平方米战国遗址,较之春秋时期面积明显增大。建筑宏伟,宫城内发掘大型夯土基址F8,应属战国时期,东西85米,六大间。出土有龙凤纹、几何纹砖和脊瓦、双鹿纹瓦当,数量庞大的板瓦、筒瓦。

城内发现大量五边形和上下扣合式扁方形陶管道,证实排水系统发达。城西南部孔府西苑遗址发掘大型战国时期建筑堆筑台基。战国晚期,鲁国为楚国所灭。在郭城内侧挖壕沟、增筑城墙,或与此时的军事形势有关。

4. 汉代

鲁故城宫城东周城墙废弃后,汉代有三次重修;城内大型建筑基址西汉F6利用了东周F8的夯土基础,再次重修而成。均说明鲁城周代宫城区仍然为汉代重要宫殿基址区。

五、结　　语

近年鲁故城考古工作依城市考古理念,服务国家考古遗址公园建设,围绕郭城、宫城和高等级墓地展开,获得了重要收获,进一步厘清了城址年代和布局问题,丰富了鲁故城的考古资料,同时也提出了更多问题。

---

[1]《谷梁传》成公九年曰:"城中城者,非外民也。"定公六年曰:"城中城者,三家张也。"范宁集解云:"三家,季孙、叔孙、仲孙也。三家修张,故公惧而修内城。"

从宏观上说,鲁国"因商奄之民,命以伯禽,而封于少皞之虚"[1],在西周早期就树立了在鲁中南、西南乃至古徐州区域的核心地位,有"周礼尽在鲁矣"的美誉。其都城形制、陶器面貌、葬制葬俗等,都对鲁中南区域产生了重要影响。应对泗河流域进行区域调查,进行以鲁城为中心的都—邑—聚研究。

具体到鲁城,应在进行水系和路网勘探发掘的基础上,探索西周晚期城址的有无、位置、形制,春秋早中期宫城的有无、形制位置,解剖汉代城址。推进鲁故城居址、手工业作坊址的微观聚落布局研究。

推进与科研院所、大学合作,进行植物、动物考古研究、古环境与古地貌研究、土遗址保护研究、制陶工艺研究、冶金工艺研究、DNA与同位素研究等。加强对考古资料的整理,促进鲁故城、鲁文化的研究。

今后,鲁故城将继续依托曲阜鲁故城国家考古遗址公园建设,持续进行考古工作,作好鲁故城、鲁文化研究,服务于遗址公园建设,惠及民众。

---

[1]《左传·定公四年》。

曲阜鲁国故城、鲁文化与传统文化

刘延常　戴尊萍
山东省文物考古研究院

山东省曲阜市是国家历史文化名城，以世界文化遗产——孔庙、孔府、孔林而闻名于世，孔子、儒学是曲阜城市的特质，以曲阜鲁国故城为核心的众多文化遗产是城市魅力的源泉。

结合鲁国历史与文化，从鲁国故城包含的城市文明、贵族文化等方面和从鲁文化包含的时空关系、文化属性等方面，去把握鲁国故城和鲁文化之间的点面关系、文化大传统和小传统之间的统一关系，对解读齐鲁文化的形成、孔子及其儒家思想的形成，对文化遗产的保护、阐发、弘扬与传承等具有重要学术价值和现实意义。

一、曲阜鲁国故城的考古发现与价值

(一) 鲁国故城考古发现

1. 既往考古发现

鲁国故城是1961年国务院公布的第一批全国重点文物保护单位，位于曲阜县城及其周边(图一)，简称为曲阜鲁故城。鲁故城考古工作开展早、基础较好、影响大，尤其以1977—1978年的全面勘探与多点试掘成果最多，解剖了城墙、试掘7处遗址、发掘4处墓地，还发现了汉代鲁城，基本搞清楚了鲁故城的布局、文化内涵等，城址年代自西周早期至战国晚期。以此勘探与试掘成果为依据，划分了36处重点文物保护

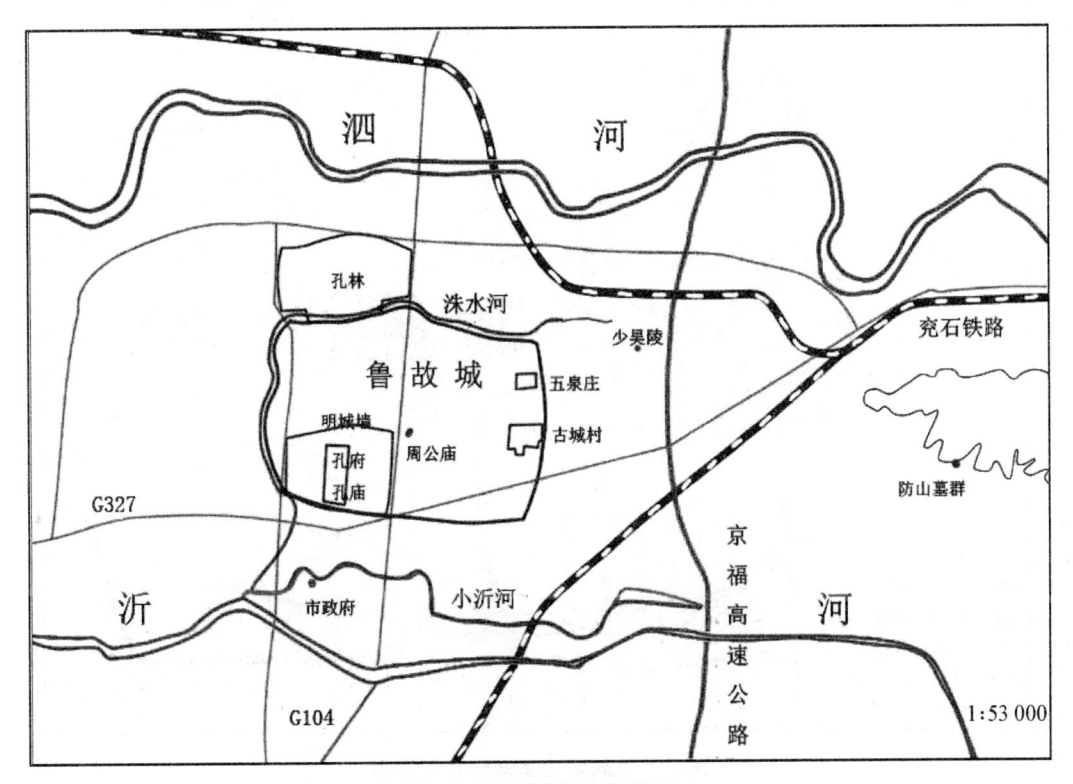

图一　鲁故城位置示意图

区,为鲁故城的保护与研究奠定了非常好的基础[1](图二)。

2. 2011—2018 年考古发现

为配合曲阜鲁故城国家考古遗址公园建设,2011—2018 年在鲁故城内又做了多次考古勘探与发掘工作,并取得诸多新成果[2]。周公庙建筑群基址发现春秋晚期至战国中晚期的宫城,解剖城墙和壕沟、揭露城门和大型建筑、发现排水管道等,大城套小城(郭城、宫城)格局至少在春秋晚期率先在这里建成。郭城有三次大规模的变化,春秋早中期筑城、战国早中期扩建、战国晚期在城墙内侧挖壕沟以增筑城墙。

宫城位于全城最高处的周公庙台地上,总体呈长方形,西北角略内折,东西长约 480、南北宽 220—250 米,城内面积约 12 万平方米。已发现西门、南门、东门、道路、排水道;城墙仅余基槽,西南部保存最好,宽约 13 米,外侧城壕宽约 11 米;西城门宽约 12 米,东周时期路土通道南侧为水沟,为城门排水设施(图三)。

---

[1] 山东省文物考古研究所、山东省博物馆、济宁地区文物组等:《曲阜鲁国故城》,齐鲁书社,1982 年。

[2] 韩辉、徐倩倩、高明奎等:《曲阜鲁国故城考古工作取得重要成果》,《中国文物报》2017 年 3 月 10 日;韩辉、刘延常、徐倩倩等:《曲阜鲁故城考古新发现与初步认识》,见本文集。

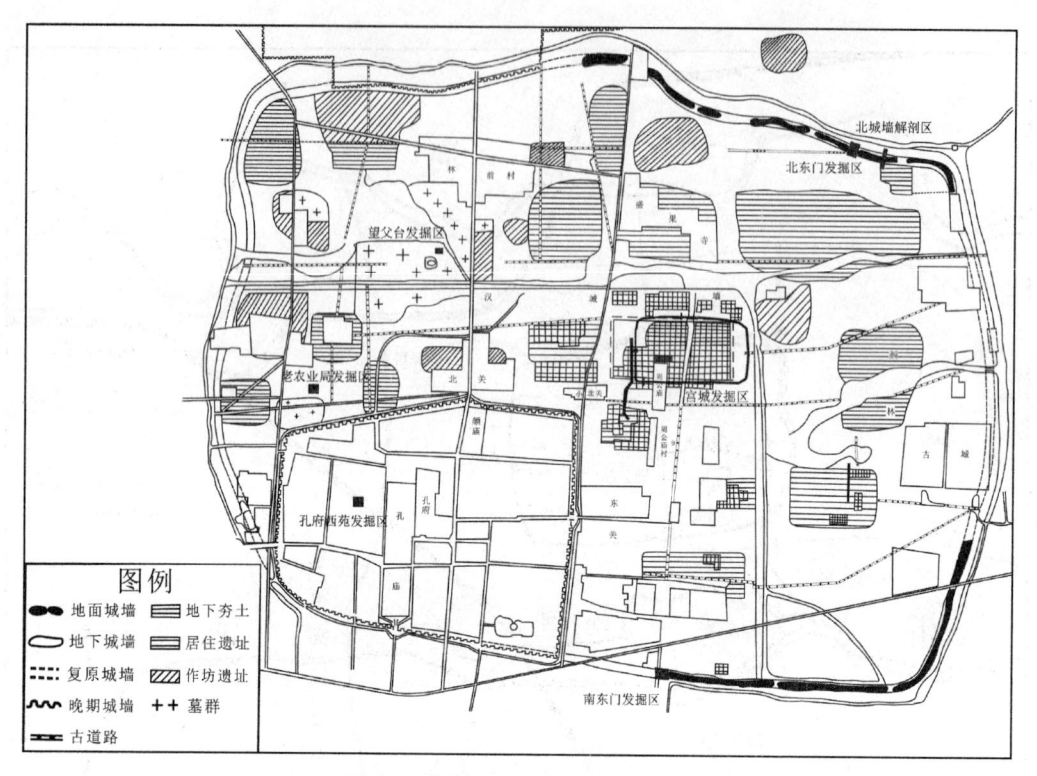

图二　鲁故城内遗迹分布示意图

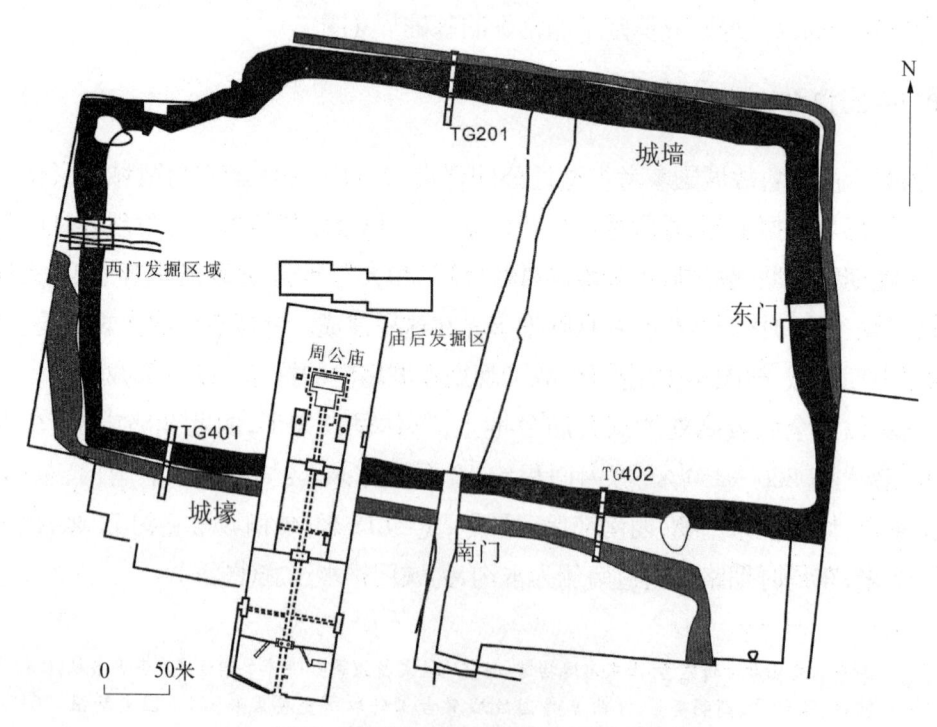

图三　宫城平面及发掘区位置示意图

东周、汉代夯土基址群分布较有规律,规模较大。宫城西南部全面揭露东周时期大型夯土基址一处(F8),现仅存墙基部分,平面呈东西向长方形(方向186°),长85、宽约11.37米,面阔六间,中部四大间,东西各一小间;汉代大型房址F6筑于F8基槽之上,现尚存残墙、前披厦、石柱础和散水(图四)。F8、F6的布局、位置,与唐代房址和宋代、清代周公庙建筑中轴线一致,或许为太庙遗存。

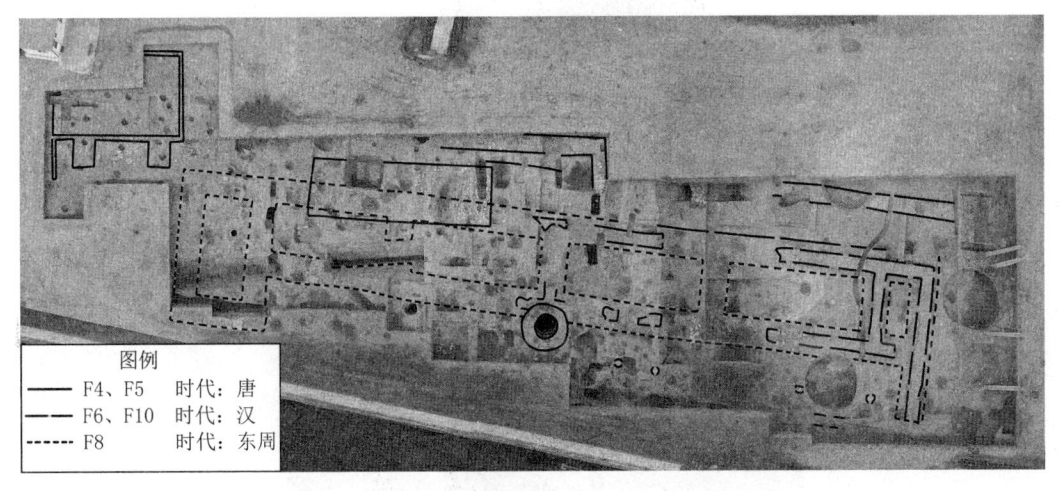

图四 东周、汉代、唐代大型房址(由东向西拍摄)

图例
—— F4、F5   时代:唐
—— F6、F10 时代:汉
---- F8   时代:东周

北城墙解剖部位城墙保存最好,总宽约38、现存高度6米。结合层位关系、城墙夯土夯窝、夯土出土陶片、壕沟出土陶片等综合分析,城墙与壕沟对应共分为六期,包括春秋早期至战国晚期。春秋时期外城壕宽20—22米、战国时期外城壕宽40余米(图五)。城墙内侧壕沟宽28、深距地表3.8米,其时代为战国晚期晚段。内侧城壕的勘探发掘是鲁故城考古工作重要收获之一,为修筑城墙取土所致,作为排水渠延续至汉唐。

鲁故城东北角居住址,清理灰坑、墓葬、窑址、水井、灶、沟等,时代主要为春秋早到晚期,有少量战国晚期遗迹。窑址应专门生产陶鬲,与南部水井(J5)、墓葬(M14等)具备共存、共时性。还发现春秋时期土坑竖穴墓葬,一棺一椁,随葬簋和盂等陶器。

老农业局遗址发现比较丰富的春秋早中期遗存,主要为窖穴仓储区;遗址还发现少量龙山早期遗存。

孔府西苑遗址发掘有较少的西周中期晚段遗存,春秋中晚期和战国遗存最为丰富,重要发现是大型堆筑土台基。

老农业局墓地时代从春秋晚期一直延续到战国早期。主要为中小型墓,多南北向竖穴土坑墓,葬具多为一棺一椁,常见夫妻并穴,随葬器物有铜器、陶器、玉石器、骨角器等。就墓地布局来看,至少有南北三排,东西并列,北部较早、南排较晚。

望父台墓地发掘春秋晚期至战国时期中小型贵族墓葬33座,春秋时期大型夯土

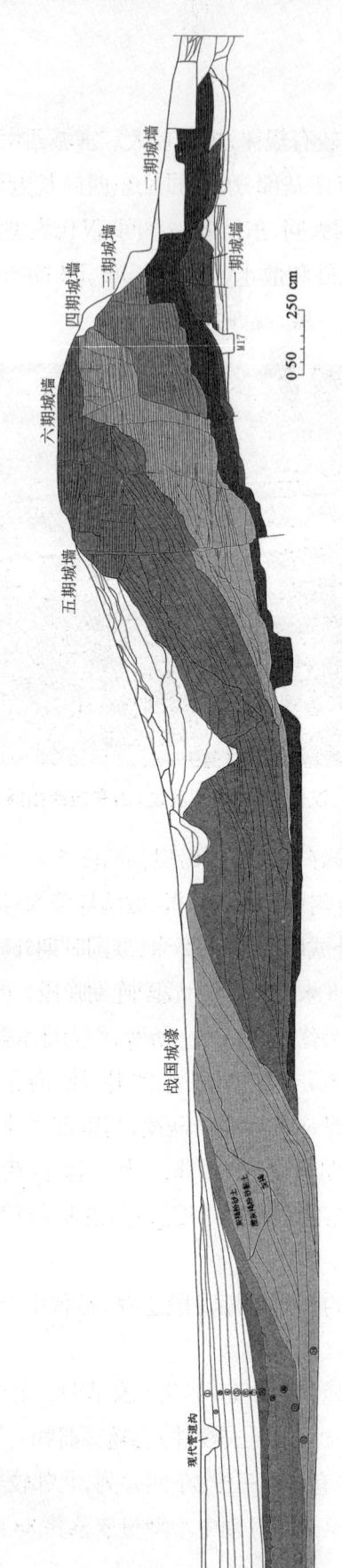

图五 鲁故城北东城墙解剖东壁剖面示意图

基址1处。墓葬与上世纪发掘的墓葬同属乙组墓,与林前村墓地应为一个大的墓地。

除1977—1978年发现的望父台、林前村、斗鸡台、药圃、县城西北角、孔府后花园墓地外,近些年又在坊上、北关、老农业局、孔府西苑、周公庙东部、鲁故城东北角遗址发掘一些墓葬,在调查过去出土器物地点和勘探过程中,还在周公庙西遗址、周公庙台地东部、南池遗址、立新联中发现东周墓葬。

3. 鲁国故城考古发现的学术价值

郭城为春秋早期建成,我们认为与鲁僖公时期的城市扩建相关;第二次大规模的扩建发生在战国早期,或与防御越国北上扩张争霸有关;第三次扩建与内侧壕沟的挖掘是统一的,应与楚国灭鲁前后应急事件的筑城相关。宫城始建于春秋晚期,应与宫室和三桓矛盾加剧、筑城以卫君相关;同时,形成了宫城、郭城的回字形城市布局,影响了各诸侯国都城的规划建设。西周早中期文化遗存主要分布于鲁故城西北部,出土青铜器的卿大夫贵族墓只有望父台一处,西周时期的中心应该在这一带[1](图六)。西周时期是

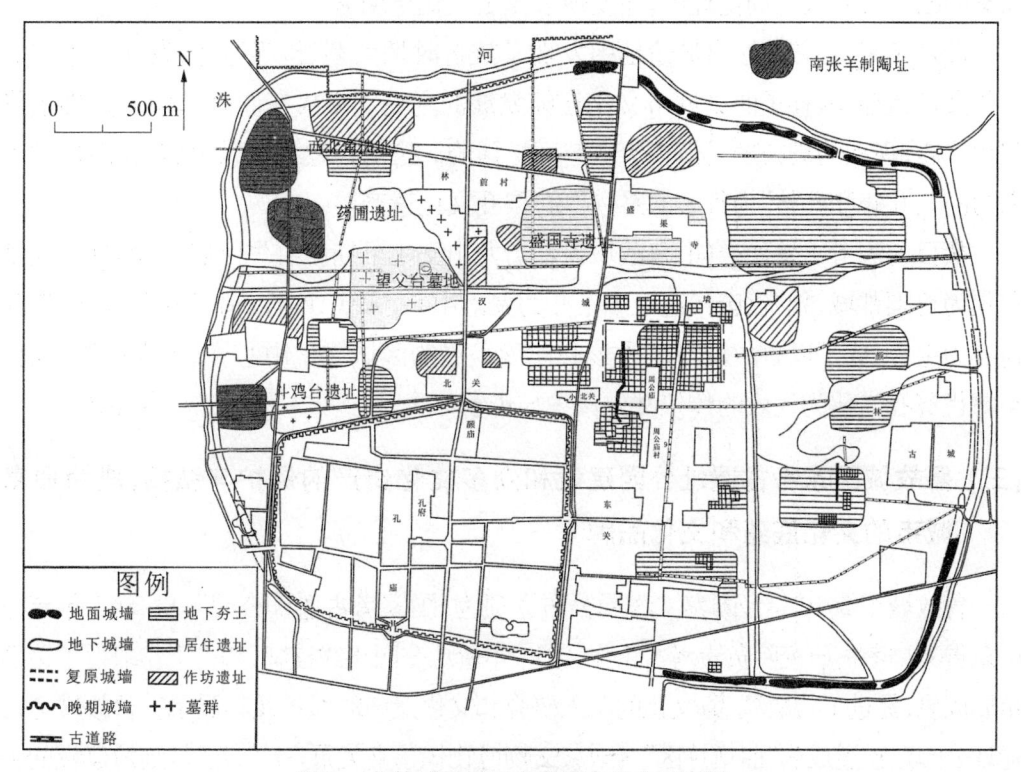

图六 鲁故城西周早中期遗存分布示意图

---

[1] 韩辉、张海萍:《浅析鲁故城西周遗存》,《青铜器与山东古国学术研讨会论文集》,上海古籍出版社,2017年。

否有城,西周早期的城是否在曲阜,春秋早中期有无宫城、在哪个区域等等问题,都需要持续考古与研究。在鲁故城内又发现了多处春秋晚期至战国晚期墓地,反映了城郭内人口尤其小贵族数量增加;宫城南部、东南部夯土基址群比较多,或说明卿大夫贵族集中居住分布于这里。甲、乙组墓葬的区分是鲁故城重要的发现,应与鲁文化区域内其他墓地进行比较研究,对研究文化融合、鲁国统治策略等具有重要意义。

鲁故城系列考古新发现,为深化研究鲁故城周代文化内涵,为细化研究鲁文化的分期与年代、文化因素等,提供了丰富的资料、也提出了诸多问题,为今后考古工作的开展明确了方向。

(二) 鲁故城遗址的聚落演变、历时性发展,奠定了曲阜城市的传统文化

鲁故城遗址文化遗存丰富,延续时间长,至少包括三层概念:一是周代鲁国的都城,二是汉代鲁国都城或郡县的治所,三是包含周代、汉代、魏晋、唐代、宋代、明代、清代等各个时期文化遗存。周代鲁故城考古发现与汉代鲁城的发现如前所述;2017年发掘的曲阜市老农业局遗址中,还发现了龙山文化早期遗存。

近几年来,在鲁故城宫城遗址内发现了魏晋时期大墓、沟等遗存,发现了丰富的唐代文化遗存,填补了曲阜城市文化连续发展的空白。宋代在原来太庙的基础上修建周公庙,现在的周公庙是清代康熙年间扩建的。至明代建县城以卫庙,逐渐形成了以"孔府、孔庙和孔林"为代表的系列尊孔祭孔文化遗产。

从目前的考古发现得知,鲁故城遗址自龙山文化早期就有先民居住,春秋早期至汉代为鲁国都城,魏晋、唐代遗存丰富亦为聚落中心,宋代、明代、清代则以尊孔、祭孔遗存为主,形成了以鲁故城遗址为核心连续发展的区域文化中心,以周代礼制、汉代至清代尊孔尚儒为代表的传统文化保护与传承体系。

(三) 鲁故城国家考古遗址公园建设和众多文化遗产的保护与弘扬,成为曲阜城市的文化底蕴和文化品牌

鲁故城于2010年经国家文物局公布立项为"国家考古遗址公园",自2011年至今山东省文物考古研究院负责考古工作,2014年遗址公园正式挂牌,考古工作取得了诸多重要成果,促进了鲁故城、鲁文化的深入研究和文化遗产的保护及其展示。鲁故城考古遗址公园建设遂成为"曲阜片区"(《国家文物博物馆事业发展"十二五"规划》)建设的关键点和核心项目。目前,鲁故城遗址本体保护、环境整治、考古发掘、公园建设等快速推进并取得良好效果,彰显了遗产保护、研究及其惠及民众的社会效益。

鲁故城内座落着县城及明故城和10余处村、镇,居民近10万人,近年来县城逐

渐向南部扩建、迁建。明代县城位于鲁国故城西南隅,占地 1.67 平方千米,仅占鲁故城面积的 1/7。除明故城占压西南部外,鲁故城其他区域文化堆积比较丰富,其中划分了城墙、城门、遗址、墓地等 36 处重点保护区。包括明故城在内,位于鲁故城内的文物保护单位就有 19 处,其中国保 4 处(三孔同时为世界文化遗产)、省保 2 处、市保 1 处、县保 12 处;鲁故城周边 1.5 千米范围内分布文物保护单位 13 处,其中国保 1 处、省保 4 处、市保 1 处、县保 7 处(图七)。

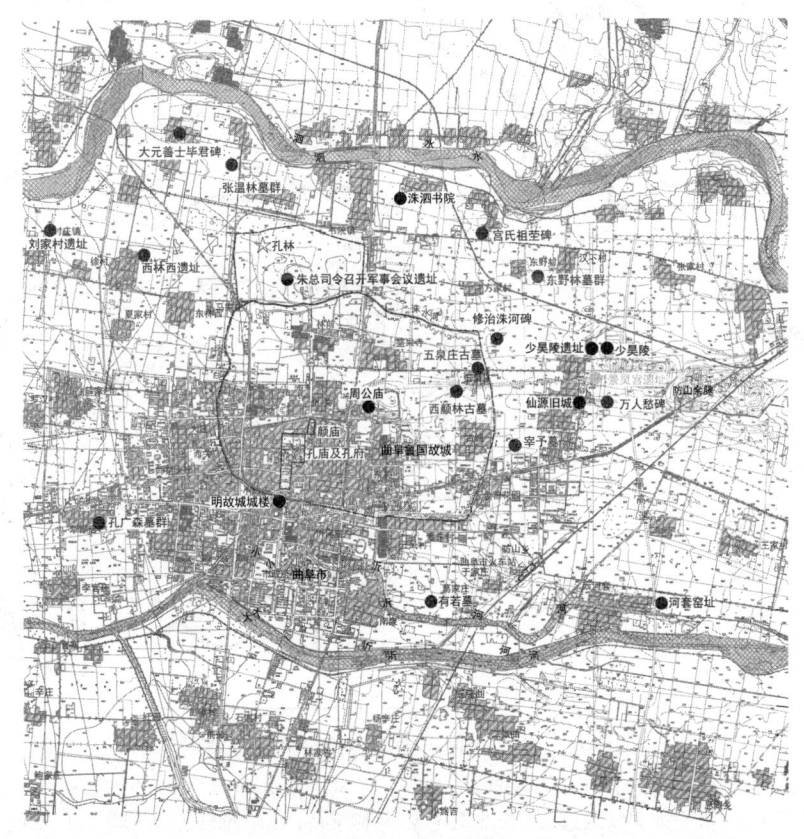

图七 鲁故城、三孔、少昊陵等文物保护单位与曲阜城市关系示意图

鲁故城与曲阜城市因丰富的文化遗产而完美结合,形成了鲁故城考古遗址公园、"三孔"、儒学为核心内容的传统文化的保护、弘扬与传承体系,成为曲阜城市的文化底蕴和文化品牌。

二、鲁文化研究及其意义

鲁文化是以周代鲁国为代表的一支考古学文化,考古发现主要有曲阜鲁故城、曲阜董大城、兖州西吴寺、兖州六里井、泗水尹家城、泗水天齐庙、新泰郭家泉等遗址和墓地[1]，另有10余处遗址、墓地经过小规模发掘，在曲阜、兖州、泗水、邹城等地调查发现众多遗址，汶泗流域其他县市区文物普查中亦发现丰富的鲁文化遗存(图八)。文化因素以周文化为主，又融合形成了自己的特点，不同于齐文化、莒文化。

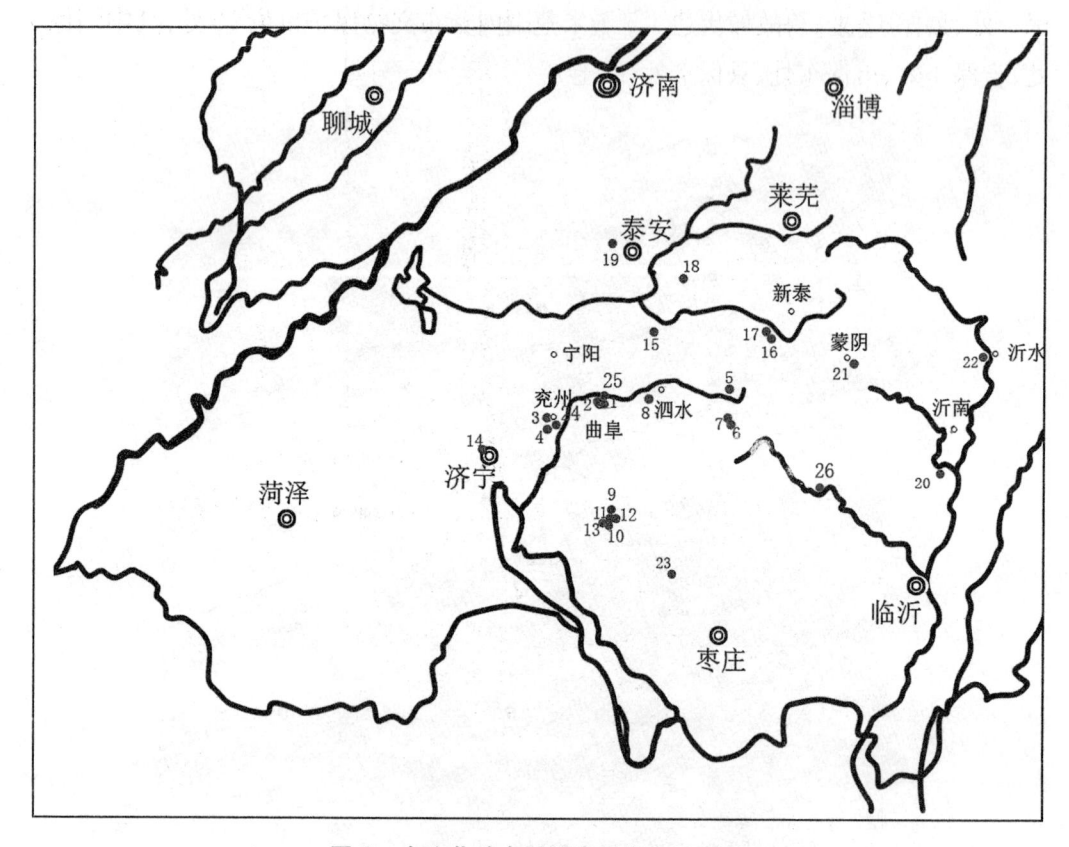

图八 鲁文化遗存重要发现分布示意图

1. 曲阜鲁故城　2. 孔林东遗址　3. 兖州西吴寺遗址　4. 兖州郭家村　5. 泗水泉林古城　6. 泗水天齐庙　7. 泗水姑蔑城址　8. 泗水尹家城遗址　9. 邹县七家峪(栖家峪)　10. 邹城邾国故城　11. 邹城灰城子遗址　12. 邹城康王城遗址　13. 邹城前瓦屋遗址　14. 济宁商业局出土铜器　15. 宁阳郕城遗址　16. 新泰凤凰泉遗址　17. 新泰郭家泉遗址　18. 泰安城前村遗址　19. 泰安龙门口遗址　20. 沂南西岳庄　21. 蒙阴后里遗址　22. 沂水东河北　23. 枣庄东江遗址　24. 兖州六里井　25. 曲阜董大城　26. 费县故城

----

[1] 山东省文物考古研究所、曲阜市文物管理委员会：《曲阜董大城遗址的发掘》，《海岱考古(第二辑)》，科学出版社，2007年；国家文物局考古领队培训班：《兖州西吴寺》，文物出版社，1990年；国家文物局考古领队培训班：《兖州六里井》，科学出版社，1999年；山东大学历史系考古专业教研室：《泗水尹家城》，文物出版社，1990年；山东省文物考古研究所、泗水县文物管理所：《2000年泗水尹家城遗址发掘报告》，《海岱考古(第二辑)》，科学出版社，2007年；国家文物局田野考古领队培训班：《泗水天齐庙遗址发掘的主要收获》，《文物》1994年第12期；山东大学历史系考古专业、山东省新泰市文化局：《山东新泰郭家泉东周墓》，《考古学报》1989年第4期。

(一) 时空分布

　　检索以往发现的考古资料,参考文献记载的有关鲁国城邑、会盟、战争地点等位置,二者的范围基本一致,从而基本确定了鲁文化的范围。鲁文化主要分布于山东地区中南部的汶泗流域,东达沂河西岸,包括泰安市、济宁市、枣庄市、菏泽市东部、临沂市西北部。随着从西周早期到春秋早期再至战国时期的发展,鲁文化空间分布也发生由小变大再缩小的变化,但一直占据以汶泗流域为中心的鲁中南地区和鲁西南部分地区。西周晚期至战国早期,鲁文化向南至邹城市北境,与文献记载和邾国为邻相吻合;从最近两年发掘的邹城邾国故城、枣庄东江遗址出土陶器分析,战国中晚期鲁文化向南影响到滕州市中南部、枣庄市山亭区,或许与儒学的传播有关。从新泰市周家庄春秋晚期至战国晚期墓葬的发掘,泰安市、莱芜市境内大汶河支流——牟汶河流域及新泰市境内柴汶河流域出土较多的战国中晚期齐文化墓葬、兵器,证明鲁国势力及鲁文化已退缩至大汶河中游一带[1]。费县故城及浚河流域鲁文化则延续至战国早中期。

(二) 文化特征

　　从墓葬、陶器群和青铜器等特征分析,鲁文化具有自己的特点,与周文化面貌基本一致,而与东部的莒文化、北部的齐文化等不同。以曲阜鲁故城乙组墓为代表的应是周人系统,贵族为主;而甲组墓则规格较低,应是殷遗民或土著的代表[2]。鲁文化墓葬普遍的是鲁故城甲组墓特征,中小型墓葬为主,注重棺椁及仿铜陶礼器的使用,陶器组合、种类有自己的风格;乙组墓(周人墓葬)仅在鲁故城内有,主要是贵族墓。

　　陶器中鬲的数量最多,主要包括明显三袋足类、圆但无明显袋足类;甗、盆数量多,有一定数量的小盆;豆十分发达,豆柄较矮;西周中期以后出现盂,数量较多;罐数量较多,分为折肩罐、圆腹罐、四系罐;瓮、钵有一定数量;簋较少,不同于周边与周文化的簋;少量直筒杯、单把杯、三足盘。鲁文化陶器继承周文化为主,又融合形成自己的特点,不同于齐文化、莒文化等。其中,筒状腹鬲、豆、盂、杯、三足盘、钵等具有自己的特点。

　　西吴寺遗址与鲁故城居址出土陶器在器类及形态上一致,前者遗存丰富,以其分期为主代表了鲁文化的西周早、中、晚(图九)和春秋早、中、晚期(图一〇);战国时期遗存以鲁故城遗址六期(图一一)和尹家城遗址战国遗存(图一二)为代表,以战国早期和中期为主。

---

　　[1]　山东省文物考古研究所、新泰市博物馆:《新泰周家庄东周墓地》,文物出版社,2014年。
　　[2]　张学海:《试论鲁城两周墓葬的类型、族属及其反映的问题》,《中国考古学会第四次年会论文集(1983)》,文物出版社,1985年。

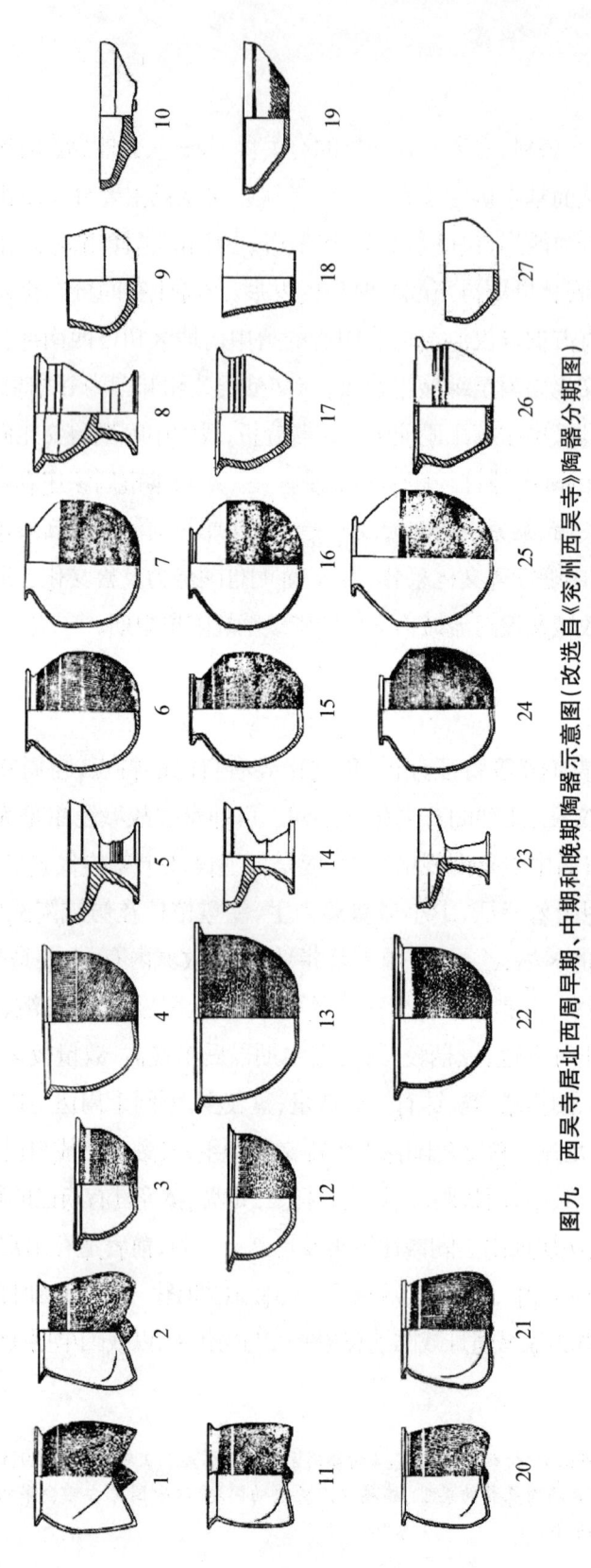

图九 西吴寺居址西周早期、中期和晚期陶器示意图（改选自《兖州西吴寺》陶器分期图）
1—10 西周早期,11—19 西周中期,20—27 西周晚期
(1、2、11、20、21. 鬲 3、4、12、13、22. 盆 5、14、23. 豆 6、7、15、16、24、25. 罐 8. 簋 9、27. 钵 10、19. 盘 17、26. 盂 18. 杯)

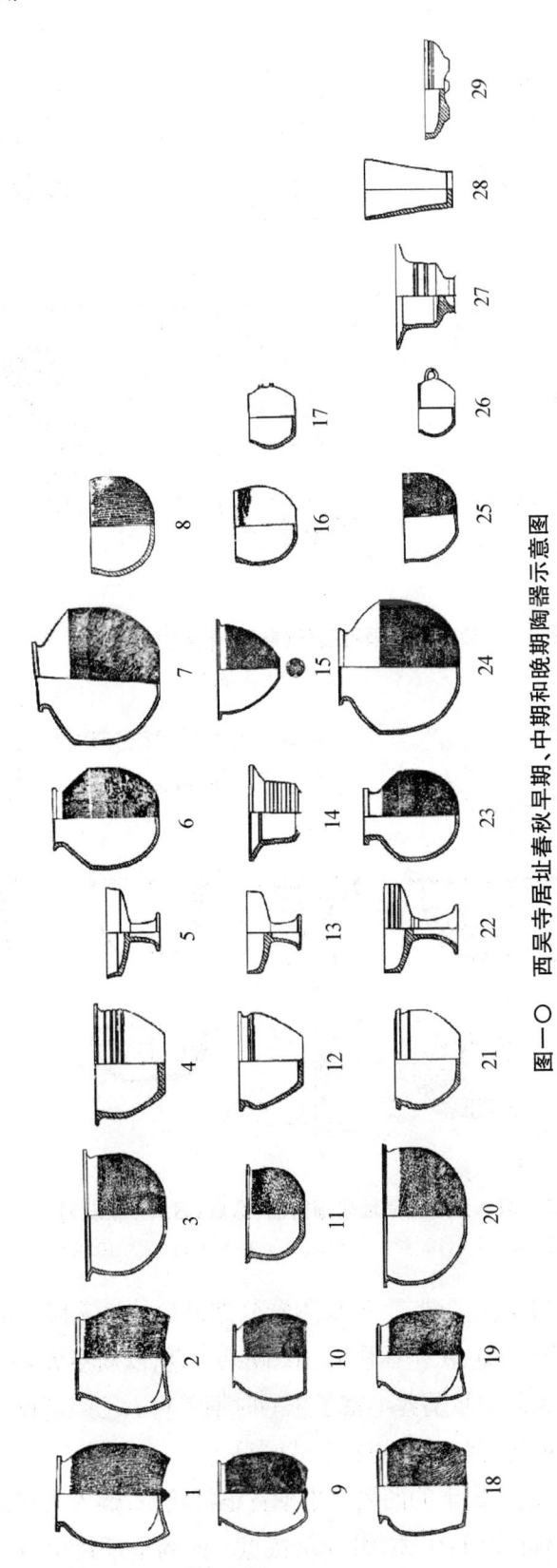

·曲阜鲁国故城、鲁文化与传统文化·

图一〇 西吴寺居址春秋早期、中期和晚期陶器示意图

1—8 春秋早期，9—17 春秋中期，18—29 春秋晚期

(1、2、9、10、18、19. 鬲　3、11、20. 盆　4、12、21. 盂　5、13、22. 豆　6、7、23、24. 罐　8、16、25. 钵　14、27. 簋　15. 甑　17、26. 舟　28. 杯　29. 盘)

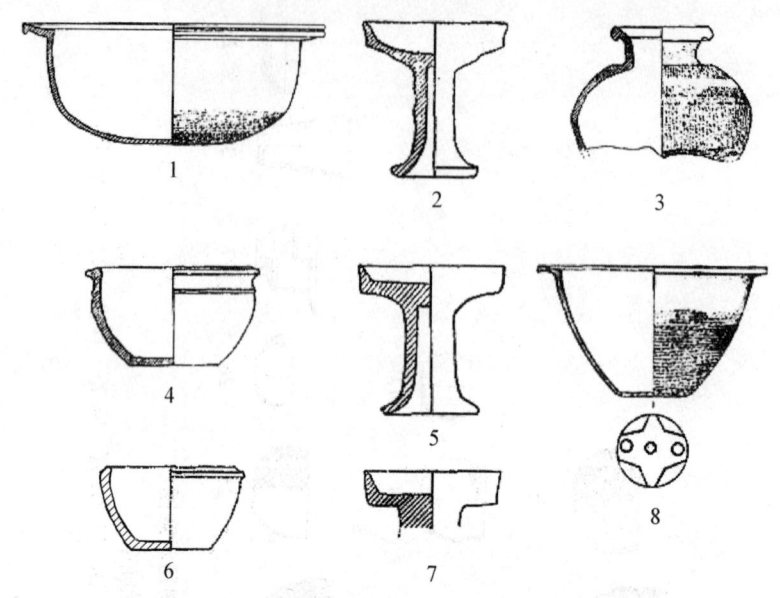

图一一　鲁故城战国陶器(选自《曲阜鲁国故城》)
1. 盆　2、5、7. 豆　3. 罐　4、6. 盂　8. 甑

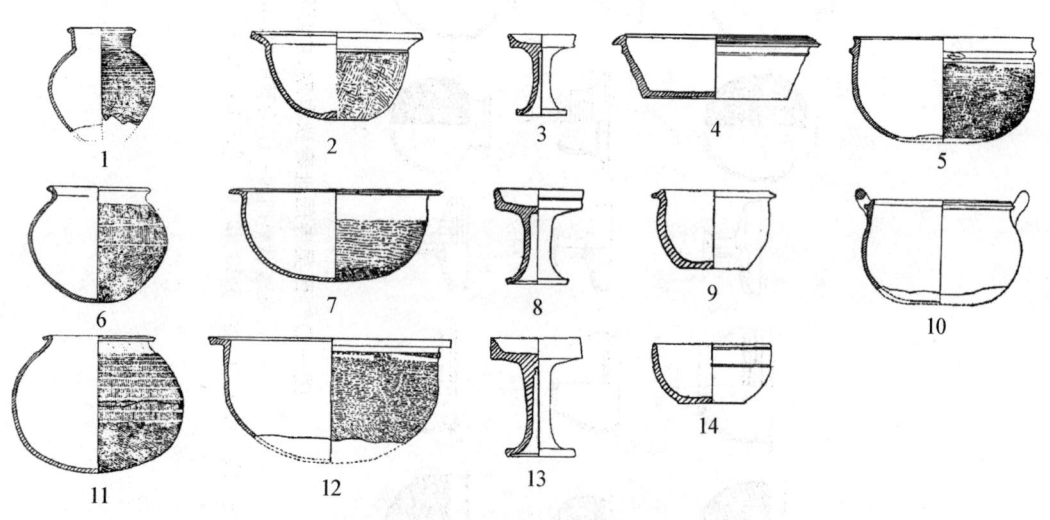

图一二　泗水尹家城遗址战国陶器(选自《泗水尹家城》)
1、6、11. 罐　2、7、12. 盆　3、8、13. 豆　4、5、9、14. 盂　10. 鼎

甲组墓普遍分布于鲁文化区域,甲组墓陶器分期以鲁故城药圃、斗鸡台、县城西北角墓葬为主,划分西周早、中、晚和春秋早、中、晚共六期,以新泰郭家泉墓葬三期为战国早期、中期,新泰郭家泉春秋墓葬丰富了东周时期资料。乙组墓仅分布在鲁故城内,为望父台西周墓、林前村春秋墓和望父台战国墓。

鲁国的青铜器传世较多,出土的西周早中期青铜器较少,卿大夫作器多,滕器多,种类中食器多、酒器少,有自己的种类、组合及特点。西周早期较少、春秋早期最多,以炊煮器、盛食器为主,国君级别青铜器发现少、卿大夫级别多见,媵器、赠赂青铜器较多则反映了鲁国的对外联盟友好策略,"鲁大宰"、"鲁宰"、"鲁大司徒"、"鲁伯父"等青铜器,其官职与周王室系统一致。

(三) 文化因素

鲁文化中包含少量莒文化系统因素如高肩陶鬲,少量齐文化陶器如垂腹圜底盂、高柄豆等,部分楚文化系统因素如撇足青铜鼎、蚁鼻钱、陶大口鬲等,少量越文化系统因素如小耳、细足、素面青铜鼎与瓷罐等。泰安、新泰、济宁、兖州、邹城、滕州等地发现的西周初期和早期早段青铜器,具有晚商文化遗风,或可证明有殷遗民存在。

(四) 与文献记载的结合,彰显鲁国、鲁文化的特点

鲁文化因鲁国而命名,西周初年周王朝分封周公之子伯禽于曲阜,鲁国享有祭祀文王、郊外祭天和用天子礼乐等权利,并分得众多典籍、器物,可以使用天子职官系统等。鲁国积极推行周王朝的政治经济文化制度,逐渐奠定了其在各诸侯国中的地位。春秋以后,鲁国因保存与继承了众多周礼而成为了周文化在东方的代表,如在诸侯中享有班长地位,有"尤秉周礼"、季札观礼、"周礼尽在鲁矣"等记载。春秋晚期孔子学习、推广周礼,逐渐创立儒家学说,儒学根植于鲁国,形成于鲁文化之中,成为齐鲁地域文化和中华传统文化的核心内容与组成部分。

费县故城遗址的发掘[1]或可证明三桓专政历史的存在,新泰市周家庄东周墓葬的发掘或可证明齐吴艾陵之战、"平阳"城邑的更替、"汶阳田"的变换之历史真实。

三、儒家思想等传统文化形成背景的解读

(一) 周礼、儒家思想的摇篮

周代鲁国都城如上所述,已经考古发现证实。鲁国对周王室礼乐文明、典章制度等的继承,历史的变迁和周礼的延续,孔子的为官、好学、崇敬周公、秉承周礼,为师教育、修学传播等,为儒家思想的创建奠定了内在基础。

汉代鲁国一直延续鲁故城为都城,并建有富丽堂皇的宫殿。孔子居之地——阙里、孔庙、孔子墓地均在汉代鲁国都城内,祭孔、尊孔风气不减。汉高祖刘邦过鲁,"谒

---

[1] 李振光:《费县故城》,见于王永波、王传昌编著:《山东古城古国考略》,文物出版社,2016年。

孔庙",祭祀孔子;汉武帝时期,更是"罢黜百家,独尊儒术",儒学成为国学与显学,鲁国都城的礼制与儒学品格得到不断提升。

文献记载唐代武则天曾到曲阜"谒周公庙"。宋代设仙源县,县城在鲁故城东约3千米的少昊陵前侧,大中祥符元年(1008年)在鲁故城内鲁太庙基础上重建周公庙,尊周公为"文宪王"并进行祭祀。同时,宋代也重视佛教、道教,使传统文化在曲阜得到融合与传播,宋代"鲁国之图"中文宪王庙在中间、胜果寺在东侧、白鹤观在西侧就是例证。

明代正德年间,为防止农民起义军破坏,明王朝下令"移城以卫庙",筑造县城保护孔庙。随着皇家和统治者的重视,孔家地位不断得到提升,祭孔建筑不断扩建,祭祀活动不断扩大规模、不断提升规格,逐渐形成了现在以"孔庙、孔府、孔林"三孔为主要特色的曲阜文化品牌和城市特质[1]。

(二)国家政治与贵族文化,是儒家思想形成的大传统与小环境[2]

周王朝分封国于曲阜,周文化东渐并逐渐形成鲁文化,礼乐文明扎根鲁故城。从西周最初在此营城,就符合都城建设原则,"非于大山之下,必于广川之上",鲁国都城在泗水与沂河之间,远处周边三面环山,既考虑了农业发展之利,又考虑了军事战略,远离夷人、商奄旧部势力核心区域。

城内包括城门12座、道路、排水设施、墓地、手工业作坊、市等,功能区分明确,新发现的东周时期宫城更是充分利用了地形地势制高点,城内布局也比较清楚,尤其是太庙的修建应在宫城内。考古发掘与研究区分出了甲、乙组墓葬,代表了地方人群和周人两个系统,鲁故城及其他地点出土的青铜器证明了鲁国使用周王室职官命名系统。

孔子在其父去世后迁至鲁国都城内——阙里居住,孔子成长在鲁国都城,深受贵族文化和鲁国政治的熏陶与影响,自幼学习周礼,"入太庙,每事问"、"郁郁乎文哉,吾从周"、"不复梦见周公",孔子以推广周礼为己任,并开办学堂教授六艺,修经著史,创立儒学。孔子崇拜周公,推崇周礼,在鲁国都城、鲁国乃至各诸侯国产生了巨大影响。孔子去世后更受尊敬,建立孔庙祭祀,墓地周边也成为学习儒学的场所。

总之,鲁国政治、都城、宗法、宗庙、制度,贵族政治与文化,以及鲁国在诸侯国中的地位,反映了鲁国的礼乐文明,是西周文化在东方的延续与代表。这种现象从文化理论来说可理解为大传统和内在环境,是孔子创立儒家思想的内在基础。

---

[1] 刘延常:《曲阜鲁故城与文化传承》,《孔子学刊(第六辑)》,青岛出版社,2015年。

[2] 刘延常:《解读儒家思想形成的背景——以鲁文化研究为例》,《儒家文明论坛(第二期)》,山东人民出版社,2016年。

(三) 文化大背景和小传统[1]

鲁文化继承了周文化,从西周早期至战国晚期以汶泗流域为主要分布地域,体现出了民众性、普遍性和时代性,与齐文化、莒文化不同而又互相融合,是齐鲁文化的重要组成部分,是儒家思想形成的大环境。这种现象从文化理论来说可理解为小传统,而实际是文化大背景,是孔子与儒家思想形成的时空背景。

"启以商政,疆以周索"应理解为既尊重地方文化习俗,同时又贯彻周王室的政治宗法制度,是怀柔政策与变革礼制的统一体现。

总之,从儒家思想的内容与形成背景来看,孔子吸收、总结、归纳与提炼了上古时期至春秋时期中华历史文化的传统优秀基因,其思想代表了中华民族的文化根脉。尽管孔子创立的儒家思想在春秋战国时期未被统治者重视与利用,但它却孕育着先进文化的基因,成为后世文化价值与取向,是社会发展的必然。

结　语

如上所述,我们通过考古学解读鲁故城考古发现、鲁文化研究,以此为基础研究鲁文化与齐文化、莒文化和周边其他文化、古国文化遗存的融合,再结合文献记载,对齐鲁文化、儒家思想等传统文化的发展传承有了清晰的认识。

齐鲁文化是周代山东地区地域文化的泛称,包括齐文化、鲁文化、莒文化、珍珠门文化(土著文化)等考古学文化,及众多的古国文化遗存和周边古文化遗存。齐鲁文化的融合,邹鲁之风的形成,独尊儒术的统一,齐鲁地域文化在思想、文化传统方面逐渐上升为中华传统文化的核心组成部分。

曲阜城市内在的品格是周代以来,或许可以追溯到商奄、或是少昊时期,以传统文化尤其是周礼、儒学、孔子、城市要素的传承为特质的。当前,以"曲阜鲁国故城国家考古遗址公园"建设为契机,对鲁故城开展保护、利用与展示,让文化遗产活起来,让文化遗产保护成果惠及民众。鲁故城与曲阜城市更加紧密地结合在一起,再度彰显出了文化传承的魅力。

今后我们将加强合作交流与多学科研究,持续推进鲁故城、鲁文化的深入研究,发挥考古学的独特作用,为挖掘、研究、阐发、弘扬与传承优秀传统文化作出新贡献。

---

[1] 刘延常:《解读儒家思想形成的背景——以鲁文化研究为例》,《儒家文明论坛(第二期)》,山东人民出版社,2016年。

东周时期鲁故城聚落群的历时性变迁初探

曹 洋

山东大学文化遗产研究院

周公东征之后,分封太公于商奄故地建立齐国,周公长子伯禽于少昊之墟建立鲁国[1],以两国为山东地区诸侯国之首,并授予两国代天子征伐的权力,长期以来逐渐形成了齐文化与鲁文化分庭抗礼的局面。作为镇守周王室东土的大国,两国在分封地分别采取了"因其俗,简其礼"与"变其俗,革其礼"的统治措施,加上其他一些具体原因,齐鲁文化逐渐走上了各自不同的发展道路,泰沂山脉大体成为了齐、鲁政权和文化的分界。曲阜作为鲁国都城,不仅是一座规模可以与周王城相比的城市[2],也是鲁国统治的核心地带。

曲阜鲁故城的考古工作开展时间较早,发现和研究成果均已十分丰富。从考古学角度归纳来看,前辈学者的研究主要集中在两大部分:一是以鲁文化为核心的研究,包括鲁文化的分期编年、文化因素分析等;二是鲁国史和社会研究,包括城市布局研究和历史地理考证等。从古代社会研究和聚落考古的视角来看,目前的研究还需要完善。东周时期是历史上的一个重大转型期,社会性质、文化传播、意识形态等领域均异彩纷呈。笔者通过收集整理山东南部东周时期的考古和文献资料,认为已经发表的材料可以进行一些聚落考古方面的研究尝试,初步呈现鲁文化影响下的山东南部地区东周社会变迁的动态过程。由于这个构思的宏观性,本文试图从东周时期鲁故城及其周围聚落群这一核心地域入手研究。

---

[1] 司马迁:《史记·鲁周公世家》,中华书局,1959年。
[2] 许宏:《先秦城市考古学研究》,北京燕山出版社,2000年。

一、地理范围和考古工作现状

聚落考古研究通常在一个相对独立的地理单元内展开。鲁国的核心统治区域为汶河流域和泗河中上游，曲阜位于这一区域的中南部，坐落在洙河和沂河之间。目前的考古工作主要围绕着曲阜展开，泗水、兖州地区基本可以看作这个区域的东西边界。泗水位于曲阜东面，《左传》中提及的"卞邑"（文公十五年等），大致位于今泗水县卞桥村；兖州位于曲阜西面，文献中记载，该区域春秋时有负瑕邑（哀公七年等）[1]。曲阜以北不远即是汶河，汶河流域分布的"郕"、"铸"等国附庸于鲁国；曲阜以南是邹城，邹城纪王城是春秋中期以来鲁国另一附庸国——邾国所在，邾鲁两国都城距离非常之近，即使邾国南迁之后的新都城"绎"（邹城市峄山镇）仍距离曲阜不远。综合以上两点，鲁故城聚落群以曲阜为中心，泗水、兖州为东西边界，南部可到今邹城市附近，这个区域也是鲁国的核心统治区域。该区域范围内经过调查和发掘的东周时期遗址是开展聚落考古工作的前提，主要遗址大致如下：

鲁故城遗址：1961年，国务院公布鲁故城为全国重点文物保护单位，之后周代的重要文物和遗迹相继被发现，限于篇幅不再赘述。1977—1978年间，山东省文物考古研究所对鲁故城开展了全面钻探和试掘工作，初步查明了鲁城的年代、形制和城市布局。这次系统的考古工作获得了城墙和7处遗址的资料，发现窑址、灰坑、井、大型建筑基址、墓葬等多种遗迹[2]。经过多位学者的研究讨论，基本认为此次发现的遗存多数属于东周时期。鲁故城中墓葬的分期断代研究是以往学者着墨较多的，近年来王青先生的著作《海岱地区周代墓葬与文化分区研究》观点较为系统，可作为墓葬断代的参照[3]。然而，在谈到居址年代时，原报告中的分期多被各家直接引用。鲁故城原报告中将居址分为六期七段，年代分别对应西周初年到战国末期，既然墓葬分期需在原报告基础上进行调整，那么居址分期也不应例外。笔者另有他文详细讨论东周时期居址分期，限于篇幅本文则直接引用：鲁故城居址第三期大约相当于春秋早期；第四期遗存跨越春秋中晚期，以晚期为主；第五期以战国早期遗存为主，第六期以战国中晚期遗存为主，少部分晚至汉代[4]（图一）。

---

[1] 杨伯峻：《春秋左传注》，中华书局，1984年。
[2] 山东省文物考古研究所：《曲阜鲁国故城》，齐鲁书社，1982年。
[3] 王青：《海岱地区周代墓葬与文化分区研究》，科学出版社，2012年。
[4] 曹洋：《山东南部东周陶器分期及聚落研究》，山东大学硕士学位论文，2016年。

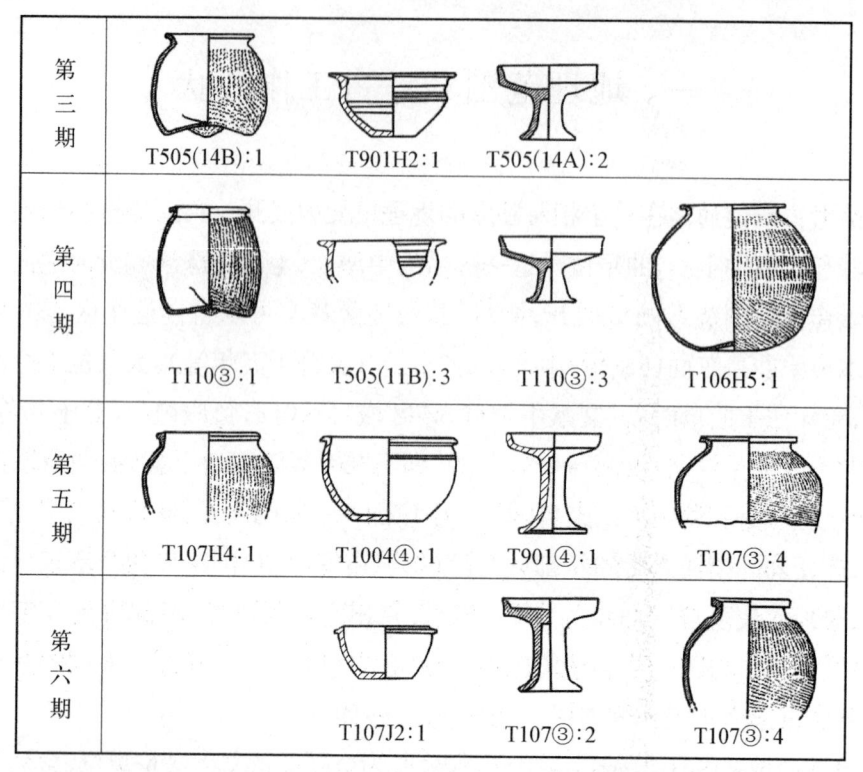

第三期	T505(14B):1	T901H2:1	T505(14A):2	
第四期	T110③:1	T505(11B):3	T110③:3	T106H5:1
第五期	T107H4:1	T1004④:1	T901④:1	T107③:4
第六期		T107J2:1	T107③:2	T107③:4

图一　鲁故城居址各期陶器组合举例（图为原报告分期）

董大城遗址：位于鲁故城东北约15千米的曲阜董大城村，遗址东200米为东周至汉代的董大城城址，约12.6万平方米[1]。1999年，山东省文物考古研究所和曲阜市文物管理委员会发掘了该遗址。此次发掘面积较小，所获遗物中仅有一小部分周代遗存。原报告依据《鲁故城》报告，将董大城遗址遗存分为两期，全部定为西周时期。笔者注意到原报告中H44：1为一件盂的腹片，鼓腹较明显，鲁故城中ⅡB式盂[T505(11B)：3]与之最为接近，该单位属于第四期春秋早中期；此外，兖州六里井遗址中出土较多此类鼓腹盂，年代多定为春秋时期。故笔者认为董大城第二期应调整为春秋早中期比较合适。据其不远的董大城城址，调查者提及，城墙可能建于战国早期，沿用至汉代。由此可初步推测，董大城遗址应从西周时期延续到汉代。

尹家城遗址：位于泗水县西部，与曲阜鲁故城相邻。中心区域所在台地"城子"和台地东部以周代居址为主，山东大学考古系对此进行过五次发掘，基本已全部揭露[2]，包括城址在内的遗址面积约56万平方米。遗址第二期遗物极少，原报告定为

---

[1] 山东省文物考古研究所、曲阜市文物管理委员会：《曲阜董大城遗址的发掘》，山东省文物考古研究所编：《海岱考古（第二辑）》，科学出版社，2007年。

[2] 山东大学历史系考古专业教研室：《泗水尹家城》，文物出版社，1990年。

春秋晚期;第三期遗物最多,原报告定为战国时期,因发表资料较少不便进一步分期,从陶器看基本跨越整个战国时期,部分可能晚至汉代。2000 年,山东省文物考古研究所发掘了尹家城遗址的东侧阶地和墓葬区,墓葬区的发掘填补了该遗址墓葬材料的空白[1]。此次发掘的 36 座周代墓葬共分为三期,简报中参考鲁故城墓葬年代将其断为西周晚期到春秋晚期。笔者认为,该分期可进一步细化。第一期中 M10 的陶器组合为簋、豆、罐,可定为西周晚期,其余应为春秋早期;第二期墓葬数量较第一期多,参考王青先生书中的分期结果,M17 年代为春秋中期的可能性较大,其余则更具有春秋晚期特征;第三期墓葬数量与第二期基本持平,出现了盖豆,器形与西吴寺第八期多有相似,铜器中还有与鲁故城相近的舟,多数应进入战国早期,个别墓葬如 M36 出土素面罐年代可能稍早(图二)。

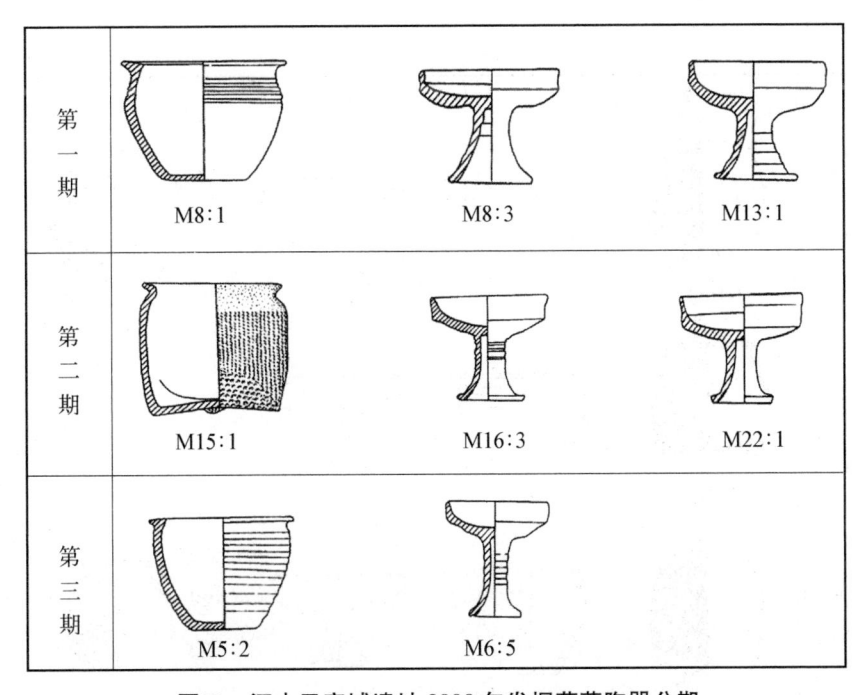

图二　泗水尹家城遗址 2000 年发掘墓葬陶器分期

天齐庙遗址:位于泗水县城东南天齐庙村北,处于泗水上游,遗址现存面积约 4 500 平方米。1988—1989 年国家文物局第四、五期考古领队培训班发掘了该遗址[2]。周代遗存为遗址最主要的堆积,遗迹主要有灰坑、陶窑和墓葬等。所见遗物与鲁故城、西吴

---

[1] 山东省文物考古研究所、泗水县文物事业管理所:《2000 年泗水尹家城遗址发掘报告》,山东省文物考古研究所编:《海岱考古(第二辑)》,科学出版社,2007 年。
[2] 国家文物局田野考古领队培训班:《泗水天齐庙遗址发掘的主要收获》,《文物》,1994 年第 12 期。

寺的周代遗存大致相同,分别对应鲁故城一至五期,年代约为西周早期至春秋末期。限于发表材料,仅可见到天齐庙遗址中不晚于春秋早中期的部分陶器。简报中提到与鲁故城各期的对应关系,该遗址整体年代也应调整为西周中期到战国晚期。

西吴寺遗址:位于兖州市西北西吴寺村东面,坐落于一块台地上,现存面积约10万平方米[1]。1984—1985年,国家文物局考古领队培训班对兖州西吴寺遗址进行了三次发掘。由于西吴寺遗址遗迹和复原器物数量较多,报告中五期八段分别对应西周早期至春秋晚期,比鲁故城遗址衔接更自然,是对鲁故城遗址分期的重要补充。原报告中三期至五期(共四段)分别对应西周晚期至春秋晚期,其分期大体可信从,但既以鲁故城为参照年代也需稍作调整。参照笔者文章中观点,上述分期年代调整为春秋早期到战国早期更为妥当,尤其第八段中鬲、盂、豆、罐均显示出较为明显的战国早期的特征(图三)。

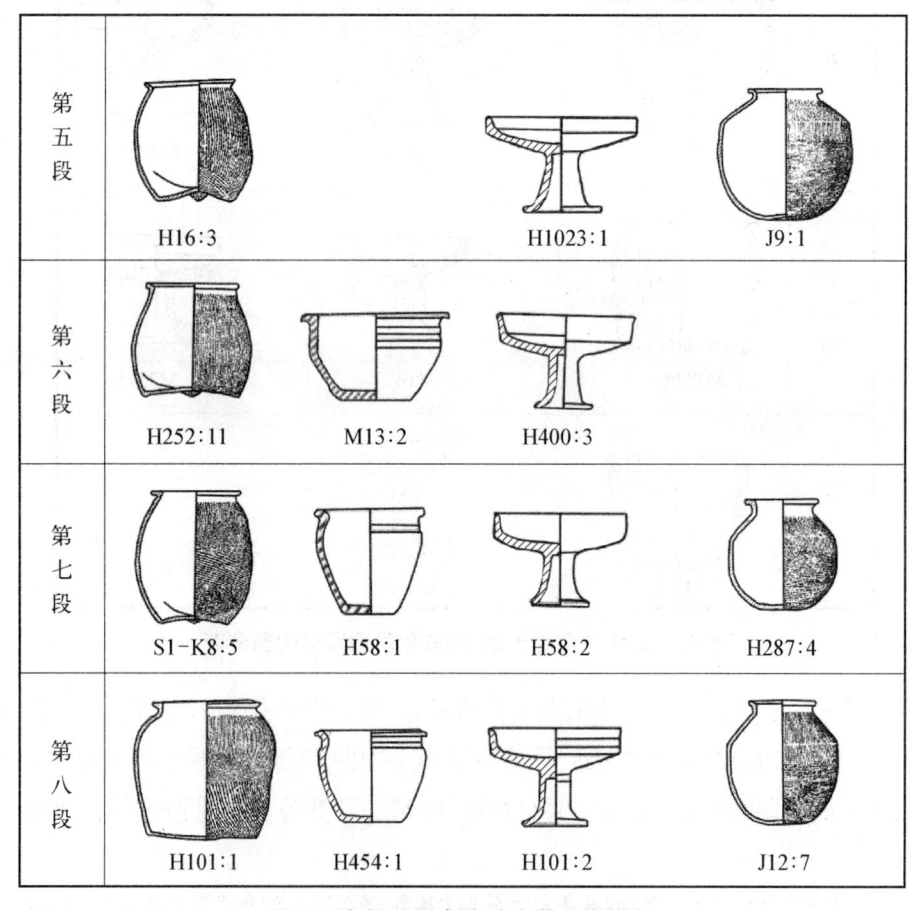

图三　兖州西吴寺遗址陶器分期举例

---

[1] 国家文物局考古领队培训班编著:《兖州西吴寺》,文物出版社,1990年。

六里井遗址：位于兖州市城关西约 3.5 千米处，遗址原地势较高，后经改造已成为同其他农田连为一体的平原，总体呈椭圆形，现存面积约 5 万平方米[1]。1991 年国家文物局考古领队培训班发掘了该遗址。按照原报告，六里井遗址第二期属于东周时期遗存，共分为四期七段，参照鲁故城的断代分别对应春秋初年至春秋晚期。六里井遗址的分期较为细致，各段之间衔接较为紧密。需要特别说明的仅第七段部分器物，J2：2 为一件附耳陶鼎的上半部，陶鼎一般战国时期比较多见；另外 H66：3 为一件陶豆，整体已经加高；W2：1 为一件陶鬲，裆部较低。六里井第七段也可能有部分遗存进入战国早期。

此外，曲阜周边地区二十世纪五十年代以来也陆续开展过一些调查，调查虽不能详细提供所涉及诸遗址的具体年代，但提供的遗址大体年代及规模可作本文的参考。主要调查有以下几次：① 曲阜周边遗址的调查[2]。曲阜县文管会于 1956、1957 年进行文物普查，1958 年山东省文管处复查了部分遗址并发表简报。1962 年，中国科学院考古研究所山东工作队对上述调查所获遗址进行了全面复查和试掘。此次调查简报中提及在曲阜发现很多西周遗迹、遗物，但仅公布了采集到完整器物的遗址点。从公布的线图和照片看，孔家村出土的仿铜鬲、孔府花园出土的陶罐多见于春秋时期墓葬，而毕家村所出高圈足带盖陶壶与鲁故城所见战国中晚期陶壶类似，三处地点有可能对应春秋到战国时期的三处墓葬区。② 泗水、兖州遗址的调查[3]。1957 年以来山东省和地方在这两地曾发现不少遗址，为进一步了解遗址的内涵，1963 年中科院考古所山东队又进行了一次调查，共发现 23 处两周时期遗址，其中有东周时期遗存的遗址约 18 处，数量远多于西周时期。重点调查了泗水县下桥镇东南部的古城遗址，泗河流经城东和城北，古城大致呈南北向之正方形，面积约 56 万平方米。城内地势东北高，结合地层和瓦砾层看为大建筑物所在地。当地传说东南墙基为"聚锋楼"，群众常在此捡到箭镞。从采集的遗物看该城址延续年代应为西周晚期到汉代。

根据上述分期，制成下表，为下文的论述提供年代学依据：

表一　曲阜鲁故城及附近遗址分期年代表

	春秋早期	春秋中期	春秋晚期	战国早期	战国中期	战国晚期
鲁故城	√	√	√	√	√	√
董大城(含城址)	√(遗址)	√(遗址)		√(城址)	√(城址)	√(城址)

---

[1] 国家文物局考古领队培训班编著：《兖州六里井》，科学出版社，1999 年。

[2] 中国科学院考古研究所山东工作队、曲阜县文物管理委员会：《山东曲阜考古调查试掘简报》，《考古》1965 年第 12 期。

[3] 中国科学院考古研究所山东工作队：《山东泗水、兖州考古调查简报》，《考古》1965 年第 1 期。

续 表

	春秋早期	春秋中期	春秋晚期	战国早期	战国中期	战国晚期
西吴寺	√	√	√	√		
六里井	√	√	√	√		
尹家城			√	√	√	√
尹家城（2000）墓葬	√	√				
天齐庙	√	√	√	√	√	√

二、东周时期以曲阜为中心聚落群的历时性变迁分析

分封于西周初年的鲁国国君的爵位为最高一级"公"。《礼记·王制》记载"天子之田方千里,公侯方百里"[1],鲁故城及直接控制区域应该大体符合这个制度,上一节已经对本文研究的地理范围作了说明,在此不再赘述。从聚落等级上来看,鲁国故城是一座大规模中心城市,周围的诸侯国都城一般不会超过它的规模,都是所在行政区的中心性城市。在中心性城市之下,即是鲁国的普通城邑,如卞、防等,这类城市职能多样,主要是地方性中心或军事城堡。普通城邑之下,应是鲁国的基层社会单元,它们多不见于文献记载,但考古发掘揭露的遗址多数归于此类,如西吴寺、六里井等,其规模虽有大小之分,但是内涵接近,本文就不再细分,将之归类为一般城镇。需要说明的是,由于鲁国有传世史料《春秋》及"三传",其中记载大多已被证实可信,上述聚落等级的划分即以文献典籍为重要参考;但城邑之下的诸多小型聚落,通过考古发现获取的遗址规模和出土物等信息仍是判断其发展的重要标准。下文叙述按照时代和遗址的地域和等级依次论述。

1. 春秋时期

鲁故城遗址:结合上文,居址中的第三、四期是比较单纯的春秋时期遗存。试掘区除 T104、701、703、706 等几个探方未发现属于这两期的遗存外,其他区域均有分布。遗迹类型以灰坑为主,还发现了窑址和水井,遗迹数量较第二期涨幅很大(表

---

[1] 杨天宇撰:《礼记译注》,上海古籍出版社,2011年。

二)。这一时期,甲组春秋早期 M124、120 等中均不见铜器随葬,以 M120 为例,随葬陶器组合鬲、豆式簋、豆、圜底罐、尊、罍,另有海贝;春秋中期 M201、202、203、305 有铜器随葬,铜器墓数量较多,以 M202 为例,随葬陶器组合为鬲、盂、豆、罐、罍,铜器组合为盆、盘、匜、舟,呈奇数组合。乙组春秋早期 M46、48、49 为铜器墓,以 M48 为例,铜器组合有鼎、盨、簋、盘、匜、壶、簠、甗等,基本呈偶数出现,陶器仅见仿铜鬲和罐,其余还有车马器和玉器随葬,6 号车马坑可能也属于 M48,等级较高;春秋中期墓葬较少且不见铜器墓,如 M26。从葬式葬俗看,两组墓差异明显,乙组墓除铜器偶数组合外,其特征接近中原地区墓葬;而甲组墓从陶器中可窥见东夷人的文化因素,铜器发现也不如乙组墓丰富。从铜器随葬上看,春秋早期乙组墓等级明显较高;但到了春

表二 鲁故城居址各时期遗迹统计表

	三 期	四 期	五 期	六 期
T104				②层、H1
T105	Y2		H4、H1	
T106		H5		
T107		4 层	3 层	J2
T109	H1			
T110		4、3 层		
T205		9、7 层		
T206	10 层	9、7、8 层		
T207		7 层	6 层	5、4 层
T301	5A、5B 层	4C、4B 层	4A、3A、2B 层	2A 层
T302	H1	4 层		
T305	H2、5 层	4A 层	3B、3A 层	
T311	H7、7 层 H5	6、5 层	J1、4、3A 层	
T314	4、4B、3B 层	3A、2 层		
T501		5A 层、H1、H2	4A 层、H4	H5、H6
T502	18、19、20、24A、24C、25B 层	11、12、13、16、22、23 层		2—10 层
T504		7C、7B、7A、6 层	5、4、3B、3A、2 层	
T505		J1、14A、14B 层	11A、11B 层	

续 表

	三期	四期	五期	六期
T703				8、7、6、5B层
T751		6层		4层
T752		6层		4层
T753				5、4层
T801				5、4层
T901	5B层		5A、4层	
T1001		4层	3B、3A、2B层	2A层

秋中期,甲组墓中也出现了铜器墓,如果按照目前一般说法,甲组墓埋葬的族群是殷遗民,乙组墓埋葬的族群是周人[1],殷遗民贵族的社会地位似乎较高,生存环境也较好,但由于数量较少不易断言。周初,鲁国受命监管"殷民六族",据《左传》记载,殷民六族主要有条氏、徐氏、萧氏、索氏、长勺氏、尾勺氏,据考证多是商代以来掌管特定手工业的家族,理应受到周王室的重视。鲁故城报告中在城内功能区勘探部分——列举了城内夯土基址、墓葬区、手工业区、居住区的大致延续时间,春秋时期遗迹数量明显多于西周时期,这也和试掘发现的遗迹数量增多现象相符。由此初步断定,春秋时期鲁故城较西周时期规模有所扩大,周人和殷遗民同在城内生活,可能存在文化交流,但从墓地来看二者应相对独立,整体社会情况较为稳定。

邾国故城:2015年发掘中有部分春秋中期鬲、双系罐等陶器,遗迹有灰坑、水井等,但是发掘区东周遗迹大部分被汉代遗迹破坏,并不见西周时期的遗存[2]。邾国原都城在陬,即今曲阜之南,但具体位置尚待考证。据王献唐先生考证,邾国受封时间在西周春秋之际,之后,名义上是鲁国的附庸,但两国关系较不稳定。鲁隐公即位后比较注重与邾国改善关系,邾国也主动朝见鲁国,这一时期两国关系相对缓和。之后随着漷水的几次改道,鲁国借机侵占邾国领土,到鲁文公十三年(春秋中期),邾文公"卜迁于绎",将邾国都城迁到今邹城市峄山南麓[3]。据此来看,春秋早期邾国都城应处于鲁国的直接控制范围内,故在此提及。

董大城遗址:上文已经提及董大城遗存中第二期属于春秋早中期,但具体规模不可知。董大城城墙始建于战国早期,春秋时期可能尚未开始筑城,由于遗址和城墙

---

[1] 魏训田:《鲁城"甲组墓"族属考》,《文物春秋》1998年第4期。
[2] 资料现存山东大学考古系。
[3] 王献唐:《山东古国考》,齐鲁书社,1983年。

年代存在缺环,故讨论遗址向城址的发展过程的相关问题无法深入。

尹家城遗址:尹家城遗址中心区域以周代居址为主,东侧阶地分为居址和墓葬区两部分,面积约56万平方米。由于破坏等原因,中心台地春秋时期的堆积仅几个灰坑。泗水附近遗址调查中重点调查了位于卞桥村的城址,初步断定城址的年代为西周时期到汉代,与尹家城遗址的年代基本相符。2000年发掘的墓葬区的材料也可说明这个问题:原简报中将M15—17、19—28等20座墓葬定为春秋早中期。结合上节分析,笔者认为春秋早中期的墓有M8、13、14、15、16、17六座,均为小型墓,无铜器随葬;春秋晚期的墓葬有M21—23、25—28、29、30、31、34、36等多座,其中M5可能等级稍高,随葬陶器为盂、盖豆、罐、罍、盘、匜,并有一件铜舟、两件骨梳。总的来说,尹家城墓地中春秋时期多为中小型墓葬,与居址区的使用者应是相同的族群,可能为生活在尹家城中或附近的平民。尹家城发掘和调查中所见陶器与鲁故城中常见的没有明显差别,文化因素较单一,可能与春秋时期尹家城遗址受鲁国直接管辖有关,故而它的发展应是稳定上升的。尹家城遗址可能对应文献中记载的"卞",《春秋左传注》中可以见到数次关于"卞"的记载:文公十五年,"卞人以告";襄公二十九年,"季武子取卞……曰:'闻守卞者将叛,臣帅徒以讨之,既得之矣,敢告'"[1]。这两条记载中可见,文公时期(春秋中期)卞的长官为卞人,应为鲁国直辖的一个城邑,到了稍晚的襄公时期,鲁国三桓主政,"季武子取卞"或许可反映三桓在不断扩大封地以至于窥视曲阜近郊城邑的一个证据。

天齐庙遗址:现存面积仅4 500平方米,遗址原规模已不可知。天齐庙遗址简报中仅可见到少数出土于墓葬中的陶器,并简要叙述了灰坑和陶窑,可得知春秋时期天齐庙遗址延续西周时期的聚落,从墓葬随葬品看与鲁故城和西吴寺同时期的生活陶器相似。简报中特别强调该遗址的灰坑多大而规整,底部有铺垫,方形坑下还有柱础,面积太小不可能是用于居住的房屋,该遗址应不是居住区。加之有陶窑存在,笔者认为该遗址和墓地可能是附近城邑的仓储手工业区和墓葬区,考虑到年代上的延续,最有可能与卞邑有关。

西吴寺遗址:面积10余万平方米,从规模上看应该是一个中小型聚落。《左传》中记载,春秋时期兖州附近有城邑名为"负瑕"。哀公七年,"师宵掠,以邾子益来,献于亳社,囚诸负瑕,负瑕故有绎"[2],可证春秋晚期该城邑已经存在,因距离较近,故西吴寺与负瑕可能会有关系。依据上文,西吴寺遗址五段到七段为春秋时期。从遗

---

[1] 杨伯峻:《春秋左传注》,中华书局,1984年。
[2] 杨伯峻:《春秋左传注》,中华书局,1984年。

迹数量看,春秋早中期五、六段共有 161 个遗迹单位,较西周时期有所增加,但也仅在遗址局部有所发现,远不及春秋晚期遍布整个遗址的规模,不过也可能与晚段遗迹破坏较早遗迹的原因有关。遗物以生活类陶器为主,常见组合为鬲、盂、豆、罐、盆等,基本与鲁故城相似,也有部分东夷文化遗存,比如 H4007:25 盆形鬲;青铜器仅见镞、刀、矛、带钩、环等武器和工具,不见容器,上述遗物反映的应是一种平民化的农耕和狩猎经济形态,发掘区应不是春秋时期城市中心。《左传》中提到,"囚诸负瑕",可能负瑕邑有一定的军事监管色彩,这样一来它的规模不会很大。但由于没有同时期墓葬的发现,没有其他证据验证这一推测。

六里井遗址:面积仅 5 万余平方米,第一期第一段为春秋早期遗存,不见更早的遗存,遗迹类型仅灰坑一种,数量不足 20 个。此时是聚落的初步建立期,聚落等级较西吴寺更低。到了春秋中期以后(第二段到第六段),尤其是从三、四段开始,遗迹数量有了快速增长,遗址西北部堆积最厚,可能发展成为当时的聚落中心。六里井遗址所见遗迹以灰坑为主,仅有少数几个瓮棺葬,出土的器物均为西吴寺常见的生活类陶器。春秋时期两个遗址发展有很大的相似性,均在春秋晚期达到规模最大期(图四)。

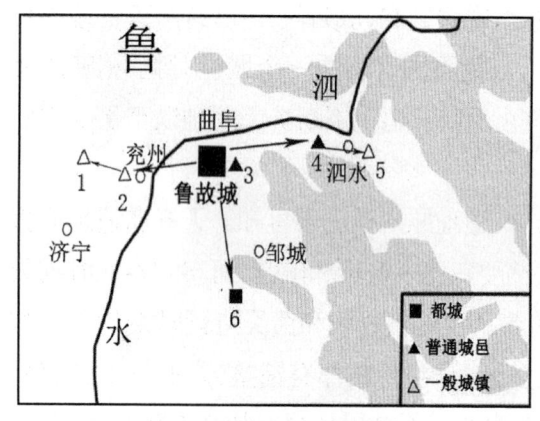

春秋时期遗址分布图
1. 西吴寺 2. 六里井 3. 董大城 4. 尹家城
5. 天齐庙 6. 纪王城(邾国故城)

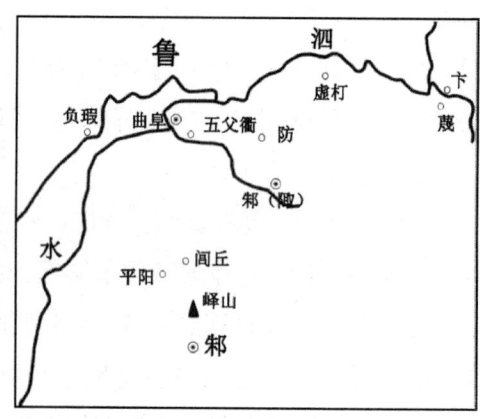

春秋时期行政图(改绘自《中国历史地图集·春秋齐鲁幅》)

图四 春秋时期遗址分布图(左)、行政图(右)

2. 春秋战国之交

本文第一部分所列举的聚落多数分期较为粗略,受材料的限制本节拟分春秋、战国两个时期进行叙述。但鲁故城、尹家城、六里井、西吴寺等遗址分期较细,且有部分遗存较难判定春秋晚期和战国早期的具体归属,故将该部分遗存也进行简单的论述。

鲁故城:居址区第五期除个别单位时代较晚以外,基本都属于春秋晚期到战国早期,但发表材料不能具体到单个遗迹单位的断代,故整体来看第五期应属于春秋战国之交的遗存。第四期也有部分遗迹属于春秋晚期,那么这一时段的遗迹数量与上一期相差不多,遗迹类型基本是灰坑,有少量水井。墓葬中甲组墓 M207 等属于春秋晚期,M104 等墓属于战国早期;乙组墓不见春秋晚期的例子,只有 M1、2 属于战国早期。甲组墓中 M111、115、116 三座战国早期墓中随葬青铜器:M111 中只有铜戈 1 件;M115 随葬铜舟 2 件,戈 1 件,剑 1 件;M116 随葬鼎 1 件,盨 1 件,盖豆 2 件,盘 1 件,匜 1 件,盖帽 2 件,环 8 件。乙组墓 M2 中只有小件车马器随葬,与被盗有关。从随葬陶器看,春秋晚期甲组 M207 随葬鬲、簋、豆、罍,战国早期 M111 随葬簋、盖豆、华盖壶、笾;乙组墓战国早期最常见的组合为釜、罐、器盖等。笔者认为,这一时期墓葬中陶器包含多种文化因素的现象或许可以反映春战之交鲁国上层社会中的某些特征:春秋战国之交墓葬中普遍存在仿铜陶礼器如笾、华盖壶、华盖簋等的现象,在鲁故城墓地也明显有所体现,似乎甲组墓仿铜陶器的数量和种类都要多于乙组墓;来自薛文化的折肩陶罍在乙组墓中较为多见。上述现象似乎说明甲、乙两组墓地所代表的不同族群都有吸收对方文化的现象。经过鲁国立国后的长期发展,殷遗民与周人文化和族群的趋同也在情理之中。此外,居址中出土的陶器整体与之前差异不大,战国早期可见高柄豆,并有逐渐增加的趋势,这是否受齐文化影响有待考证。总的来说,这一时期的鲁故城仍是一座繁荣发展的城市,内部族群趋于融合,与周边文化区有着稳定的交流。《左传》中多次记载"城中城"[1],整个城市的防御设施也在不断修缮之中。

尹家城遗址:这一时期的遗存主要是 2000 年发掘的材料。2000 年的发掘揭露了一批居址材料,H1010、1011、1017 中的豆与新泰郭家泉 BⅠ式豆较为相似,盆与西吴寺Ⅴ式盆(H2106:1)相似,而 J1、H1009 等遗迹中的盆、罐、瓮等与西吴寺五期八段同类陶器相似,笼统来说时代应在春秋战国之交,墓葬中仅有三座墓与居址同时。襄公年间,有"季武子取卞"的记载,按常理,东周时期诸侯国封君争地多是经济富庶或战略位置重要的地域,故而整个尹家城遗址的等级较之前应不会下降,也处于发展繁荣时期。

西吴寺遗址:第八段有部分器物有战国早期特征,但较难与春秋晚期器物分开,因为与第七段陶器特征相差不大,故两段也可放在一起讨论。这一时期遗迹数量较春秋早中期有较大增长,共有灰坑 300 多个,几乎是五、六段遗迹数量的两倍,仅见的几座墓葬也属于第八段,推测西吴寺遗址在春秋晚期进入了最繁荣的时期,陶器种类

---

[1] 杨伯峻:《春秋左传注》,中华书局,1984 年。

和组合状况并未较此前有显著变化。六里井遗址第七段与西吴寺遗址第八段类似，堆积也变厚，进入了最为繁荣的时期。与西吴寺不同的是，六里井遗址中可以见到一些新的器型，如高柄豆等，推测六里井遗址的延续时间较西吴寺遗址稍长，但高柄豆都是空心豆柄，至多延续到战国早期。

春秋战国之交是一个笼统的时间概念，但从考察聚落变迁的长时段视角来看，这一时期具有一定的"转折点"性质。虽上述遗址都呈现出稳定发展的特点，但兖州地区的西吴寺、六里井等遗址均不见更晚的东周时期遗存。兖州地区位于曲阜西面，从《中国历史地图集》所反映的信息看也不见战国时期的城邑。《左传》中可见，春秋晚期开始，诸侯国之间征战更胜于往昔。鲁国西部是宋、卫、郑、齐等国的交界地带，尤其是齐国经常侵伐鲁国"西鄙"，政治局势的不稳定极有可能带来城市的萧条。

3. 战国时期

鲁故城：居址第六期主要是战国时期遗存，其中多数为战国中晚期，且有一部分遗存可能进入汉代。遗迹数量上多于第五期遗存，但并没有显著增加。从鲁故城的勘探结果看，城内大部分遗迹属于战国时期，以夯土基址为例，除舞雩台外其他夯土基址均有战国时期的瓦片发现。现存夯土基址可以代表城内的主要建筑，说明战国时期新修建的宫殿或其他房屋设施应具有一定规模，手工业址和其他居址也大致如此。战国晚期鲁顷公二年，楚国灭鲁迁鲁公于莒[1]，曲阜短暂归楚管辖，不久秦国灭楚，在鲁国故地设置薛郡，郡治仍在曲阜，直到汉代曲阜为诸侯国都，它始终是地域中心城市。从出土物看，第六期的陶器与前段时期相比变化不大，调查发掘中所见战国晚期瓦类遗存多数与汉代的瓦类遗存共出，可见其良好的延续性。东周与汉代器物之间的演变关系（盆、罐等）也可说明鲁故城自身旧有文化面貌的延续。墓葬中所见现象则可以说明鲁文化仍旧有所发展并与周边文化有互动关系：乙组墓中M3、58规模最大，随葬有大量陶器、铜器、玉器及骨角器等，规格与春秋早中期可能带有车马坑的M48规格相似；两墓中均随葬战国最常见的釜、壶、罐组合。从乙组墓的陶器可以看到，一些此前没有的新器型出现，如高圈足壶、有领圆肩罐等，薛文化影响的甗和齐文化影响的圈足壶也在其中。试掘区域仅代表鲁故城中很小的一部分，但仍可管中窥豹，东周时期是城市整体大发展时期，战国中晚期应是曲阜城市规模最大的时期。

---

[1] 司马迁：《史记·鲁周公世家》，中华书局，1959年。

从图五中可见,战国时期曲阜南边有城邑"最",传为邾国故都"陬"。春秋中期,邾国南迁,晋楚争霸之时多依附晋国等国,之后也有时依附齐国,政治上与鲁国的联系似乎有所减少。2015年邾国故城首次发掘,试掘区域(宫城以南区域)以战国到汉代遗存为主,但陶器风格与鲁故城所见基本相同[1],笼统来说应仍属于鲁文化的影响区域,可能政治依附关系的变化并没有对文化传统造成改变,故仍将邾国故城放入此时以曲阜为中心的大聚落群中。

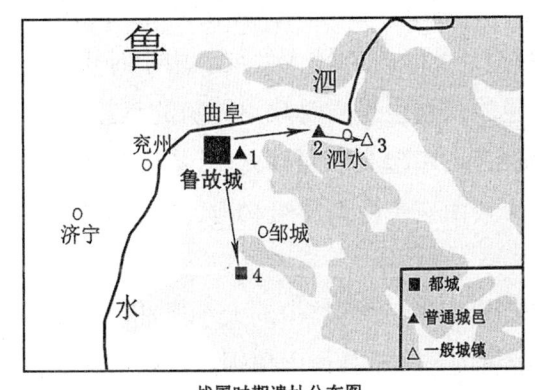

战国时期遗址分布图　　　战国时期行政图(改绘自《中国历史地图集·战国齐鲁幅》)
1.董大城　2.尹家城　3.天齐庙　4.纪王城(邾国故城)

图五　战国时期遗址分布图及行政图

结合考古发现和《中国历史地图集》提供的信息[2],鲁故城周边的遗址中,目前仅见董大城遗址(城址)和尹家城遗址、天齐庙遗址延续到战国时期。上文提到天齐庙遗址也可能属"卞邑"的管辖范围,故与尹家城遗址同时延续较合情理。从尹家城遗址可见,该聚落规模仍然较大,遗迹丰富。泗水周边遗址调查中提到尹家城东南墙基时常可捡到箭头,当地俗称"聚锋楼",推测该遗址的延续与其有一定的军事防御功能有关。尹家城遗址战国中晚期的陶器也呈现釜取代鬲、钵取代盂,大量齐式高柄豆出现的特征,均与鲁故城趋同。在尹家城遗址部分探方的④层中还发现齐国货币"即墨法化"和"賹化",后者是齐襄王时期货币,发行时间比鲁国被灭稍早,这些齐国货币也是文化交流的一种反映(图五)。

战国时期,见于文献记载的城邑多属于曲阜以东泗水附近,而曲阜西面则几乎不见。曲阜东面诸城邑多带有一些军事防御色彩,自东向西依次可见费、防、卞等。战国晚期鲁国国力衰微,近郊军事城邑作为都城的屏障应得到更多重视。

---

[1] 资料现存山东大学考古系。
[2] 山东大学历史系考古专业教研室:《泗水尹家城》,文物出版社,1990年。

三、结　语

　　上文分析了东周时期以曲阜为中心聚落群的历时性演变情况，主要是从遗址数量和规模方面入手，辅助以文化因素分析和文献记载进行论证。从城市发展的角度看，大规模筑城运动是东周时期的特征之一[1]，泗水、兖州等地的调查中也可见东周时期遗址数量远多于西周时期，可见诸等级遗址此时都有较大发展。由于时代的特殊性，新筑城邑多数带有军事防御色彩，城邑的兴衰也是当时政治局势的直接反映。春秋时期，曲阜周围存在一个相对独立的城市带，东起泗水西到兖州，从聚落考古的角度分析，这个城市带也是一个大聚落群，大致由三个政治层级构成，分别为都城性中心城市、普通城邑、一般城镇。

　　依据现有材料，从城市规模入手，整个东周时期该聚落群中的大小遗址呈现稳步发展的态势，并且诸遗址文化面貌趋同，这很可能是由于其位于鲁国统治核心区这一特殊地带，社会相对稳定的结果。发掘过的不同内涵的遗址可透露出一些关于城市功能的信息：卞邑和负瑕邑可能带有军事防御或监管色彩；天齐庙遗址附属于卞邑，可能为卞邑的仓储区和墓葬区之一。从历时性变迁的角度看，春秋战国之交是一个转折时期：春秋时期鲁故城周边有附属于它的董大城等遗址，泗水地区有尹家城及附属于它的天齐庙等遗址，兖州地区有西吴寺、六里井等遗址（可能附属于负瑕邑）；战国时期兖州地区上述遗址均未能延续，而东部泗水地区的各遗址一直延续到汉代。此外，文献记载和考古发现较为相似，据《春秋左传注》记载，春秋时期曲阜以东有卞、蔑（姑蔑）、虚杆、防、五父衢等城，以西有狸轸、负瑕、拔（郲）等城；战国时期曲阜以东只见卞邑，以西不见有城市出现[2]。结合文献记载，笔者大胆推测，曲阜西面处于齐、宋、卫、曹、戎等国势力交错区，《左传》中常见以上国侵伐鲁国西鄙的记载，曲阜以西诸城可能也在这些战争中逐步丧失。而曲阜以东自沂水西岸起，有费、防等重要军事城堡作为屏障，即使从春秋时期吴越等国已经开始沿沂水一线向北与齐国对峙，卞邑到曲阜仍距东线较远故得以保全。诚然，目前的材料只能进行片面性很大的解剖分析，进一步研究有待考古资料的丰富去完善。

---

[1] 许宏：《先秦城市考古学研究》，北京燕山出版社，2000年。

[2] 谭其骧：《中国历史地图集（先秦）》，中国地图出版社，1982年。

论曲阜鲁故城两种居葬形态

蔡 宁 雷兴山

北京大学考古文博学院 北京大学中国考古学研究中心

本文所谓的"居葬形态",是指同一时间段内,同一特定人群的居址类遗存和墓葬类遗存空间位置分布的表现形式。曲阜鲁故城两周时期田野考古收获丰硕[1],遗存分期与年代研究已有深入讨论,族属判断与聚落形态研究亦多有明确认识[2]。本文仅就曲阜鲁故城两周时期的居葬形态略述管见。

笔者认为,曲阜鲁故城两周时期的居葬形态可分为两种。一种暂称为"居葬合一"(或"居葬同地"等),即居址与墓葬两类遗存同处一地,间杂分布,或有叠压打破关系,无单纯居址区与单纯墓地之分,对应族属为广义的殷遗民(或称"商系集团")。另一种暂称为"居葬分离",即居址与墓葬两类遗存分处两地,相距较远,可明显区分为单纯的居址区与单纯的墓地,姬姓周人(或称"周系集团")的居葬形态属于此类。

对此认识,从五方面申述如下。

1. 遗址堆积状况分析

据钻探和发掘资料,鲁故城两周时期居址与墓葬空间分布现象可分为两类:一

---

[1] 山东省文物考古研究所、山东省博物馆、济宁地区文物组等编:《曲阜鲁国故城》,齐鲁书社,1982年。本文所引鲁故城相关原始资料,均来自此报告,以下皆称《鲁故城》,不再另注。此外1981年在林前村又发掘了墓葬30座,资料尚未发表,见张学海:《试论鲁城两周墓葬的类型、族属及其反映的问题》,《中国考古学会第四次年会论文集》,文物出版社,1985年。

[2] 如张学海:《浅谈曲阜鲁城的年代和基本格局》,《文物》1982年第12期;曲英杰:《春秋时期鲁都城复原试探》,《孔子研究》1988年第3期;《鲁城再探》,《齐鲁学刊》1993年第6期。

是居址与墓葬共处一地，间杂分布，如药圃、斗鸡台等发掘区[1]；二是单纯的居址区与单纯的墓地，如盛果寺村西居址区和望父台墓地。

药圃发掘区，位于鲁城西部，"是一处包括冶铜、制陶、居住址和墓葬区的多类型遗址"(《鲁故城》P37)，"墓葬与遗址形成了错综的叠压关系，钻探比较困难，墓区范围不清"(《鲁故城》P37)，在此共发掘了7个探方(沟)。从报告"药圃墓地墓葬分布图"(《鲁故城》P22)及"探沟(方)文化堆积一览表"(《鲁故城》P83)来看，居址遗存与墓葬实为同处一地。例如在T106，两周时期居址遗存单位有H6、H18、H5等，同时也有墓葬M126。又如在T109，两周时期居址遗存有陶窑(Y1)一座，灰坑(H1)一座，探方内还有M132、M133相邻分布，且M131紧挨该方，在相邻探方内也发掘了大量的居址遗迹。因此药圃发掘区绝非单一的居住址或者墓地，而是居址与墓葬遗存共处一地，间杂分布。

斗鸡台发掘区，位于药圃以南，发掘者认为"这里是一处居住址和墓地"(《鲁故城》P39)。共发掘了8个探方，"文化堆积深浅不一，地层零乱，遗迹丰富"(《鲁故城》P37)。探方T301的遗存多属两周时期，从其北壁剖面图(图一)可以看出，居址遗存3A层叠压墓葬遗存M325，M325打破居址遗存H2[2]。可见居址与墓葬同处一

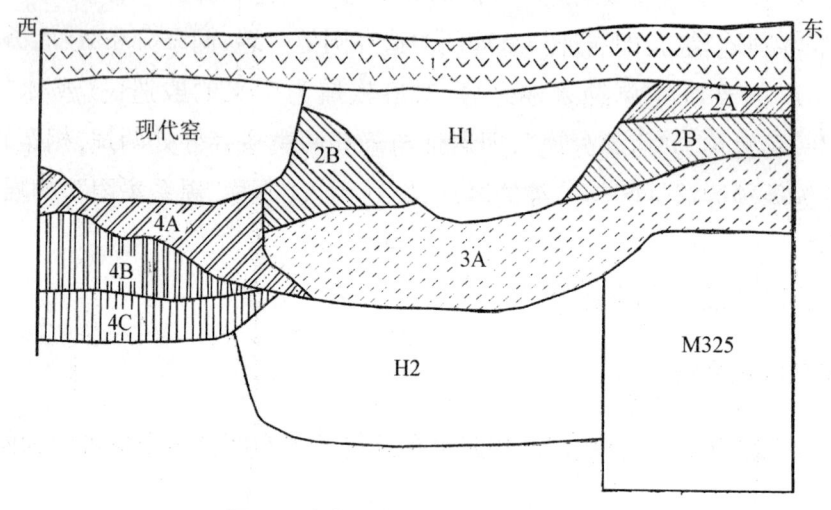

图一　斗鸡台遗址T301北壁剖面图

---

[1] 原报告多用"遗址"表述遗迹现象复杂的发掘地点。实际上"遗址"是一个较大的概念，内部可分为不同的发掘区。原报告中的药圃、斗鸡台遗址实际上是整个鲁故城遗址内部的不同发掘区，在城内遗存分布日益明确的前提下，本文以"发掘区"代替"遗址"称之。

[2] 笔者按：原图4A层和3A层有"同底"现象，2B和3A层也有"同边"现象，在田野考古实践中，这种现象往往意味着它们属于同一遗迹单位，故原报告的认识可能有误，M325可能被某个大型灰坑类遗迹打破，自身又打破H2。

地。从"斗鸡台墓地墓葬分布图"(《鲁故城》P24)及"探沟(方)文化堆积一览表"(《鲁故城》P83)中也可看到此类现象,如在 T302 既有居址遗存 H1 及第 4 层,亦有墓葬 M319 和 M321。又如在 T305 既有居址遗存 H2 及文化层 3A、3B、4A 及 5 层,又见 M318,及邻方的 M327。凡此皆可说明,斗鸡台与药圃两发掘区堆积状况相同,并非单纯的居址区或墓地,而是居葬同地。

于此特别指出两点:

(1) 原报告"鲁故城遗迹分布图"(《鲁故城》P4)上,居址与墓葬各成一区,相邻分布,形成了相对独立的居址区和墓地。从上文论述可知,原报告的这一认识需要更正。

(2) 药圃和斗鸡台发掘区应属于不同的功能区(后文也有论及)。以往田野工作已有此类认识,近年来大规模的勘探结果表明,发掘区附近存在若干两周时期的"排水道"及相连的沟渠,"可能作为药圃遗址等各聚落功能区的界标作用"[1]。若此,这类居址与墓葬同处一地的现象,是属于各个功能区的堆积特征。

与上述堆积形成鲜明对比的是,鲁故城还存在着单纯的居址区和单纯的墓地。盛果寺村西发掘区,是一处"范围大,堆积厚,遗迹丰富,而且保存比较好的重要居住址"(《鲁故城》P42)。在此发掘的探沟 T901 内,文化堆积达 3 米余,可分为六层,还有若干灰坑,从 T901 北壁剖面图看,居址遗存丰富而不见墓葬,因此这里是一处比较单纯的居址区。望父台墓地则是"城内最大,延续时间最长的一处墓地"(《鲁故城》P21),初步钻探出 106 座墓葬,大部分已经发掘,没有发现居址遗存,是一片单纯的墓地。

2. 居址与墓葬遗存共时性分析

上述同处一地的居址与墓葬两类遗存是否共时呢?遗憾的是,学界对鲁故城遗存,特别是对药圃和斗鸡台遗存的分期年代有不同认识,对鲁故城年代上限等问题的意见还差异甚大[2]。限于刊布资料与笔者研究水平,我们尚无法重新考订每处遗存的分期与年代,仅能根据各家认识作初步判断。

---

[1] 韩辉、张海萍:《浅析鲁故城西周遗存》,山东省文物考古研究所、北京大学震旦古代文明研究中心、莒县人民政府编:《青铜器与山东古国学术研讨会论文集》,上海古籍出版社,2017 年。

[2] 除了《鲁故城》报告分期外,还可参考张学海:《浅谈曲阜鲁城的年代和基本格局》,《文物》1982 年第 12 期;王恩田:《曲阜鲁国故城的年代及其相关问题》,《考古与文物》1988 年第 2 期;崔乐泉:《山东地区东周考古学文化的序列》,《华夏考古》1992 年第 4 期;李丰:《黄河流域西周墓葬出土青铜礼器的分期与年代》,《考古学报》1988 年第 4 期;许宏:《曲阜鲁国故城之再研究》,中国社会科学院考古研究所主编:《三代考古(一)》,科学出版社,2004 年;徐波:《山东地区西周陶器编年问题的再认识》,山东大学硕士学位论文,2009 年;王青:《海岱地区周代墓葬与文化分区研究》,科学出版社,2012 年。

经过整理各家意见(表一),我们发现,无论依据哪家分期结果,在同一个时间段内,斗鸡台和药圃发掘区几乎都存在同时的居址与墓葬:

表一 相关发掘区分期年代对照表

发掘区	遗迹性质	《曲阜鲁国故城》	许 宏[1]	崔乐泉	王恩田
药圃	居址	西周初期到西汉	西周中期(最早)	西周晚期到战国中期	西周晚期(最早)
药圃	墓地	西周初年到春秋早期、春秋晚期	西周晚期(最早)	春秋早期、战国早期	西周晚期(最早)
斗鸡台	居址	西周中期到西汉	西周中期后半、西末春初	春秋早期到战国中期	未涉及
斗鸡台	墓地	西周初年至春秋早期	西周中期到春秋早期	西周晚期到春秋中期	未涉及
盛果寺村西	居址	西周中期到西周晚期、春秋晚期	西末春初或春秋初年(最早)	春秋早期到中期、战国早期	未涉及
望父台	墓地	西周时期、春秋末到战国中期	西周中期到春秋早期	西晚春初、战国早期到战国中期	未涉及

《鲁故城》报告认为属于遗址第一期(即原报告所分西周初期,下同)的居址遗存包括药圃T110H21和T110第5层,属于遗址第二期前段(西周早期)的居址遗存包括药圃T110H24和H20下层。而墓葬中属于第一期(西周初年到西周早期)的有药圃M107、M120及M124。属于遗址第二期后段(西周中期前半段)的居址遗存包括药圃T110H20上层及斗鸡台T301H2,墓葬中属于第二期(西周中期)的有药圃M119及斗鸡台M310。属于遗址第三期(西周晚期)的居址遗存包括药圃T105y2、T109H1及斗鸡台T301第5A、5B层,墓葬中属于第三期(西周晚期)的有药圃M133、斗鸡台M316、M317及M328。属于遗址第四期(春秋早、中期)的居址遗存包括药圃T110第3—4层、T107第4层、T106H5等,以及斗鸡台T311H4、T313H9及T301第4B、4C层等,墓葬中属于第四、五期(春秋早、中期)的有药圃M131及斗鸡台M305。

许宏认为属于遗址第二期(许文所分西周中期后半)的居址类遗存有斗鸡台T301H2,墓葬中斗鸡台M310所出器物特征"都与遗址第二期所出同类器相近,约当西周中期偏晚",同属于第二期。

---

[1] 许文中对于居址墓葬年代的判断包含了原报告中的一至三期,未对东周以后的遗存进行分期。

崔乐泉对鲁故城居址和墓葬类遗存进行了统一分期与年代判断,居址类遗存的分期意见与《鲁故城》基本相同,而绝对年代判断有别。按崔文认识,药圃与斗鸡台发掘区存在前三期的居址遗存,墓葬中药圃 M109、M119、M120、M124 及斗鸡台 M320 属于第二期(崔文所分春秋早期,下同),斗鸡台 M328、M305 属于第三期(春秋中期)。

王恩田先生认为原报告中最早的居址遗存以药圃 T110 第 5 层和 H21 为代表,年代不会早于西周晚期,属第一期墓葬的药圃 M124,出土浅盘细柄豆是西周晚期的典型形制,下限可至春秋。

笔者在此不厌其烦地列举各家对于不同地点两类遗存分期年代的认识,目的是表明,虽然各家分期年代体系不同,但依据各自的年代标尺,所有研究者均认为,药圃和斗鸡台发掘区的居址和墓葬遗存,在一定时间段内确实共存。同理也可判断,盛果寺村西居住址与望父台墓地在一定时间段内也有共存。

3. 墓主身份与居址性质关系分析

上文初步判断药圃、斗鸡台等地点居址与墓葬类遗存存在共时,但毋庸讳言,考古学遗存的共时性与历时性仍然是聚落考古中的难题,即使陶器分期属于同一期段,相关遗迹也未必完全同时。所以,即使上文判定的居葬时间关系无误,也依然会有研究者认为它们仅是陶器分期意义上的同时,而未必是真实历史的共时,依然存在着不同人群、不同时间"换土易居"的可能性。

笔者认为,如果能明确判断墓主人身份与居址遗存性质的关系,即判断二者是否属于同一特定人群,或可为认识居葬形态另辟蹊径。

在对商周都邑性遗址的研究中,我们已经认识到手工业作坊内居址使用者和墓葬主人往往属于同一特定人群,如周原遗址李家铸铜作坊内居住遗存为铸铜工匠或相关人员的遗留,墓葬主人也为铸铜工匠[1];齐家北制石作坊的使用者与墓主人同为制石工匠或作坊管理者[2]。殷墟孝民屯铸铜作坊区墓地南区东部和东南部各有一片相对集中的墓葬,随葬"铜削、鼓风管等与铸铜有关的工具",发掘者认为这些墓

---

[1] 雷兴山:《论周原遗址西周时期手工业者的居与葬——兼谈特殊器物在聚落结构研究中的作用》,《华夏考古》2009 年第 4 期。

[2] 种建荣:《周原遗址齐家北墓葬分析》,《考古与文物》2007 年第 6 期;孙周勇:《西周手工业者"百工"身份的考古学观察——以周原遗址齐家制玦作坊墓葬资料为核心》,《华夏考古》2010 年第 3 期。

主应是铸铜工匠，墓地很可能是铸铜工匠的墓地[1]。上述三处遗址判断墓葬主人身份的一个重要标准是根据"特殊器物"——即手工业生产工具或作坊产品，并被证明行之有效。

药圃居址遗存中，包含大量的冶炼遗物与遗迹。如在一处冶炼遗迹(T105y2)附近的灰坑内，出土陶范碎块、铜渣、烧土块等物，该遗迹"很可能是烘烤陶范的烘炉"(《鲁故城》P51)。另外还发现一座陶窑(T109y1)，可能与冶铜制范相关。因此基本可以确定药圃发掘区有一处铸铜作坊。

药圃发掘区的墓葬 M138 出土一合陶镞范(图二)，由两块形制相同的陶范组成，范呈椭圆形，张学海先生曾经指出此墓葬的主人是冶铜的工匠[2]。M138 位于药圃东北，该区域墓葬排列密集，相互之间几乎没有打破关系，可能是个"从事手工业的家族墓地"[3]。我们认为此论甚是。换言之，药圃居址与墓葬很可能属于同一特定人群，与殷墟、周原等地手工业者居葬合一的居葬形态完全相同。

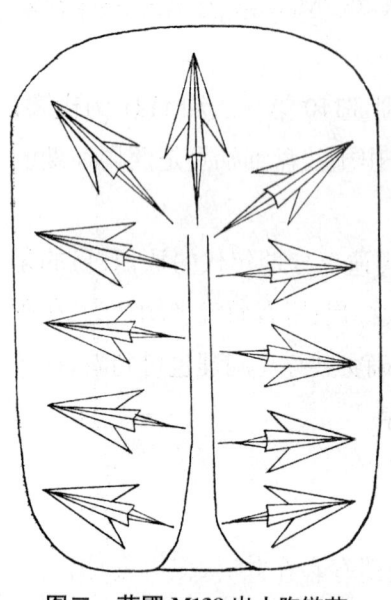

图二　药圃 M138 出土陶镞范

4. 居葬形态与族属对应关系分析

居址与墓葬遗存的族属对应是探究居葬形态之必须，因此族属判断是必不可少的环节。关于鲁故城内甲乙两组墓葬的族属，原报告和学界已有明确共识，以望父台和林前村墓地为代表的乙组墓，其族属为姬姓周人；以药圃、斗鸡台及县城西北角墓地等为代表的甲组墓，其族属为夷人(奄人)。我们基本认同上述判断，但也有三点新认识：

(1) 甲组墓的族属应包括殷遗民。

目前学界多认为甲组墓族属为本地夷人，有可能是"商奄之民"，但同时又承

---

[1] 殷墟孝民屯考古队：《河南安阳市孝民屯商代墓葬 2003—2004 年发掘简报》，《考古》2007 年第 1 期。

[2] 张学海：《试论鲁城两周墓葬的类型、族属及其反映的问题》，《中国考古学会第四次年会论文集》，文物出版社，1985 年。

[3] 张学海：《试论鲁城两周墓葬的类型、族属及其反映的问题》，《中国考古学会第四次年会论文集》，文物出版社，1985 年。

认其特征"都与商人墓的作风相似"(《鲁故城》P214)。笔者检视相关材料,认为甲组墓的文化因素,既有本地夷人的特点,又与晚商文化有许多相似之处,也许如张学海先生所认为的"夷族社会发展阶段与商族类似,在文化上既具有自己悠久的传统,又受到殷商文化的影响"[1],但也存在着甲组墓族属为殷遗民的可能性。古文献中有分封"殷民六族"于鲁的明确记载,据此可认为使用甲组墓的族群中,应包含非本地土著的殷遗民[2],故将甲组墓族属定为"广义的殷遗民"更为合理。

(2) 关于判定殷遗民的新标准。

我们新近提出了两条判断周原遗址西周时期殷遗民墓葬的标准:其一,凡随葬陶簋者墓葬族属皆为殷遗民;其二,凡随葬陶器有"同形"现象,特别是"偶数同形"者墓葬族属为殷遗民。另外,我们认为周系墓葬随葬陶器组合或为单鬲,或为单罐,或为单鬲单罐[3]。

鲁故城甲组墓"有一种成偶数的组合,如四鬲、四簋、四罐、四豆,另加一至两件别的器物"(《鲁故城》P188),从西周初期延续到春秋时期。乙组墓葬"一般只有鬲、罐两种器形",鬲绝大多数是每墓一件,一墓多罐者,"形制几乎都不一致"(《鲁故城》P188)。不见成偶数的组合,亦不见随葬陶豆与陶簋。

由上可知,使用我们新标准的判断结果,与原报告的判断结果完全相同。这既表明我们的新标准适用于两周时期的鲁故城,亦可从侧面证明甲组墓葬属于广义的殷遗民墓。

(3) 特殊文化因素在族属判断中的作用。

甲组墓 M138 中出土的陶镞范,铸器为双翼短铤镞,翼部较尖锐。根据石岩的研究,商周时期箭镞可以分为商式镞和周式镞两类,二者最主要的区别在翼部。商式镞翼部呈三角形,有的还有倒勾,周式镞多为长条形翼,外观有的呈圆弧状[4]。笔者认为这一认识是正确的。以此项标准判断,M138 陶范所铸箭镞明显为商式镞(图三)。

---

[1] 张学海:《试论鲁城两周墓葬的类型、族属及其反映的问题》,《中国考古学会第四次年会论文集》,文物出版社,1985年。

[2] 韩辉、张海萍在新近发表的《浅析鲁故城西周遗存》一文中也持此种认识。载于山东省文物考古研究所、北京大学震旦古代文明研究中心、莒县人民政府编:《青铜器与山东古国学术研讨会论文集》,上海古籍出版社,2017年。

[3] 种建荣、雷兴山、陈钢:《周原遗址姚家墓地结构分析》,北京大学震旦古代文明研究中心编:《古代文明研究通讯(总第七十三期)》,2017年6月。

[4] 石岩:《中国北方先秦时期青铜镞研究》,吉林大学博士学位论文,2006年。

M138 的年代当不早于西周中期,而石文认为西周中期以后商式镞已经大幅度减少[1],但在鲁城内仍有遗留,或可从侧面表明,生产这类商式镞的工匠应为殷遗民。

	商 式 镞			周 式 镞		
药圃 M138∶2 陶范铸器	郑州商城 C5T15 ②∶42	偃师商城 1983YSⅢ T1H1∶2	殷墟 PNIVT1A ④∶12	琉璃河 ⅠM1∶5	曲村 J7T1084 ③ A∶1	曲村 J7T1363 ② B∶1

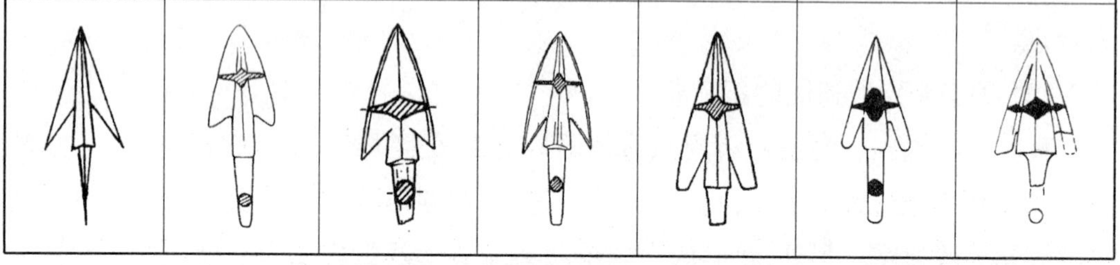

图三　商周时期商式镞与周式镞形制对比图(改自石岩:《中国北方先秦时期青铜镞研究》,吉林大学博士学位论文,2006 年。)

关于居址遗存的族属判断,一直是商周考古的难题。前文已经论及药圃居住址与墓葬属于同一人群,既然墓主人可明确判定为殷遗民,那么居址使用者也应该是殷遗民,居址遗存出土陶器的文化因素似可指向这一点。鲁故城最早一期的陶器除具有东方夷人特点外,也具有明显的晚商文化特征。如报告中提到的Ⅰ式鬲,直口圜腹罐,部分盆、罐、钵、矮领瓮圜底内凹的作风(《鲁故城》P84)等,都是典型的殷墟文化因素(图四)。这类器物集中出土于药圃、斗鸡台等探方遗迹单位中,是居址早期陶器中的主流因素,与西周时期的周原、东周时期的洛阳王城等遗址中典型的周文化因素陶器明显有别,这或可视为药圃等发掘区居址遗存族属为殷遗民的一个佐证。

综上,鲁故城内"居葬合一"形态对应族属应为殷遗民。

而单纯墓地——望父台墓地,与单纯居址——盛果寺村西居址区,两者独立成区,相邻分布,距离 0.5 千米,中间为空白地带,前文已述二者在一定时间段内共存。且望父台墓地多大中型墓葬,盛果寺村西居住址钻探有大型夯土基址,因此笔者同意以往认识,二者是同一类人群居址与墓葬的对应关系[2]。望父台墓地墓葬属乙组

---

[1] 石文中认为西周早期(武成康昭)铜镞形制还保留着较多的商代特征,三角形双翼的铜镞还占有一定的比例;而西周中期(穆恭懿孝夷)商式镞数量大减,周式镞流行;第三期(厉宣幽)典型商式镞已经少见,周式镞占据主导地位。石文将鲁故城 M138∶2 期别定为第二期,类别归为甲 a 类 Aa 型Ⅱ式商式镞,且仅此一件,并认为是西周中期新出现的器型。而笔者推测这类箭镞应为典型商式镞在西周时期的遗留。

[2] 曲英杰:《春秋时期鲁都城复原试探》,《孔子研究》1988 年第 3 期。

墓,族属为姬姓周人,故据此可认为周系族群的居葬形态为"居葬分离"。

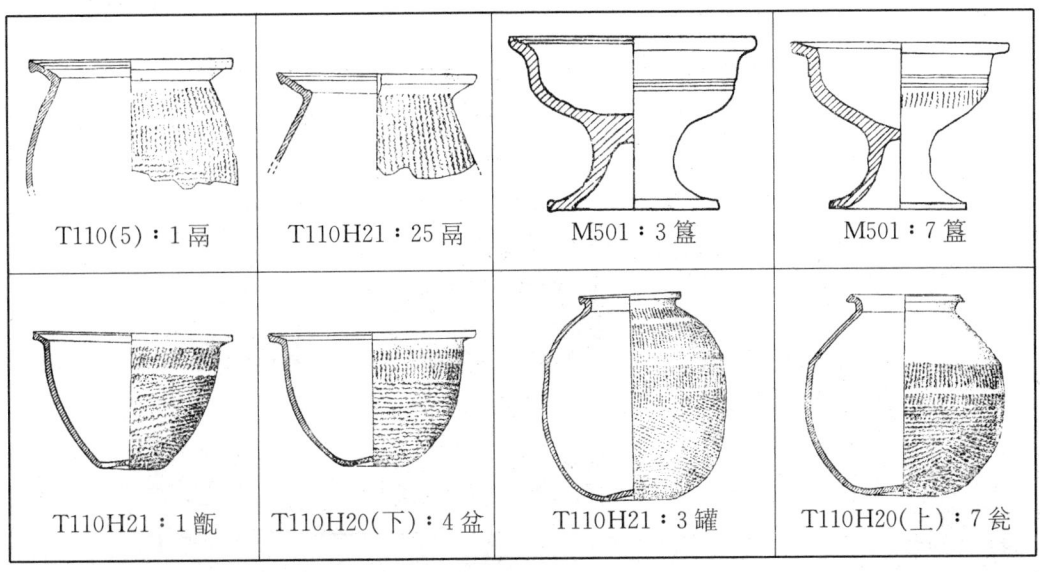

| T110(5):1 鬲 | T110H21:25 鬲 | M501:3 簋 | M501:7 簋 |
| T110H21:1 甗 | T110H20(下):4 盆 | T110H21:3 罐 | T110H20(上):7 瓮 |

图四　鲁故城出土带有晚商文化因素的器物

5. 典型商周两系居葬形态的佐证

其他遗址已知的商周两系居葬形态,可作为判断鲁故城居葬形态的佐证。在周原遗址,商周两系并存的情况已经得到初步确认。整个西周时期,殷遗民的手工业作坊区内居葬形态为"居葬合一",周系族群则呈现"居葬分离",两种形态并存,特征迥然有别[1]。最新的殷墟聚落考古研究认为,过去判断的商人单纯墓地认识有误,很有可能是"居址与墓地相夹杂"[2],"很难说某区域是单纯的墓地或是单纯的居住址"[3]。据此我们认为,"居葬合一"亦属殷墟商人的居葬形态。

根据殷墟和周原遗址的堆积状况,并结合其他商周遗址的资料,我们初步认为,商周时期,"居葬合一"形态对应的族属为商系族群,而周系族群对应的是"居葬分离"形态。这一认识是否完全、普遍成立尚有待验证,但可为判断鲁故城两系族群居葬形态提供参考和佐证。

---

[1] 雷兴山、种建荣:《周原遗址商周时期聚落特征新识》,湖北省博物馆编:《大宗维翰:周原青铜器特展》,文物出版社,2014年。

[2] 中国社会科学院考古研究所安阳工作队:《河南安阳市殷墟孝民屯东南地商代墓葬1989—1990年的发掘》,《考古》2009年第9期。

[3] 岳洪彬、何毓灵、岳占伟:《殷墟都邑布局研究中的几个问题》,中国社会科学院考古研究所主编:《三代考古(四)》,科学出版社,2011年。

通过上述五个方面的分析，可以初步认为，两周时期的鲁故城内部确实存在商周两系不同居葬形态(图五)。这一新认识可以给鲁故城文化、聚落与社会研究提供新的启示：

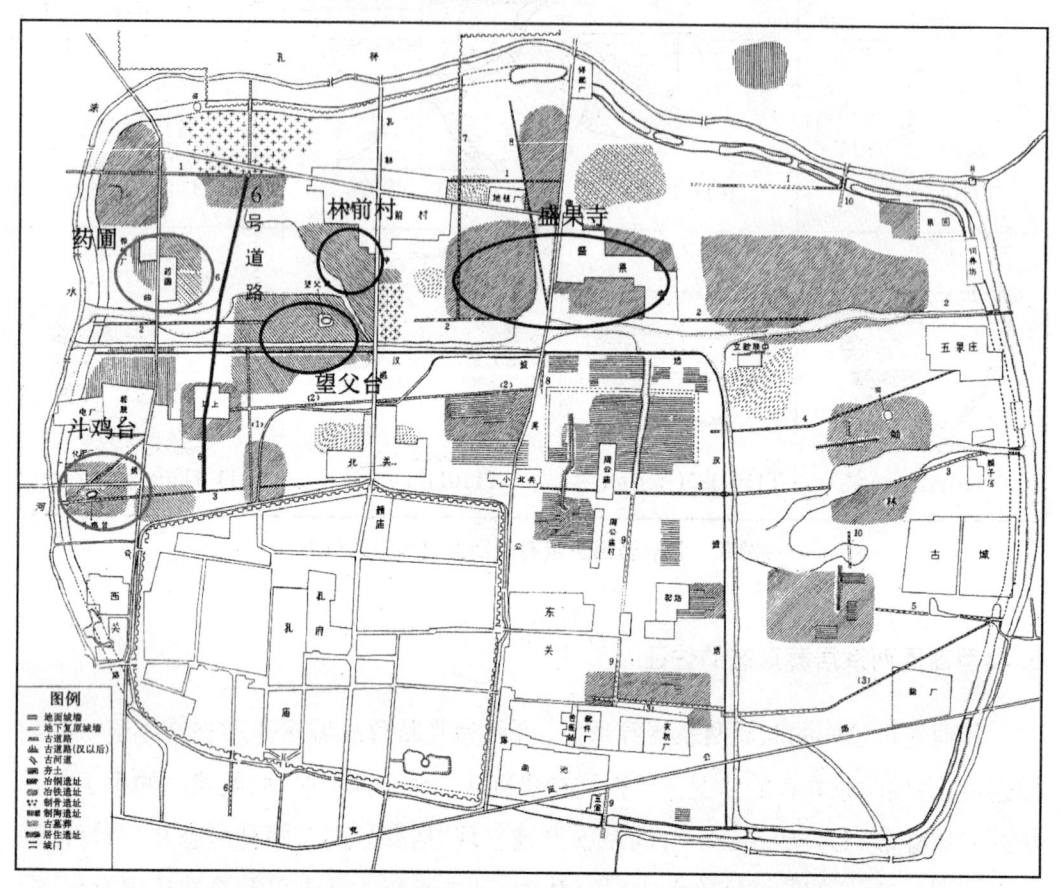

图五　鲁故城内商周两系居葬形态分布图(改自《鲁故城遗址遗迹分布图》，其中药圃和斗鸡台是居葬合一区，望父台和林前村是单纯墓地，盛果寺是单纯居址)

(1) 居葬形态有助于考古学文化研究。以往对于考古学文化的研究多偏重于遗物层面，而对遗迹特征研究较少。究其原因，主要是单个遗迹特征在不同考古学文化中不易区分，亦很难发现规律。现在看来，不同考古学文化反映的居葬形态不同，提示我们在研究考古学文化特征时，除了注重遗物与单个遗迹的形制，还要着眼于遗迹空间位置分布的规律，在此基础上探讨居葬形态，以丰富对考古学文化内涵的认识。

(2) 居葬形态有助于聚落结构研究。大型聚落内部分区问题一直是都邑性遗址考古关注的热点，然而关于分区标准仍然意见不一，较为系统的分区方法讨论较少[1]。

---

[1] 关于大型聚落分区方法的论述，见雷兴山：《周原遗址商周时期聚落分区方法刍论》，何驽主编：《李下蹊华——庆祝李伯谦先生八十华诞论文集》，科学出版社，2017年。

鲁故城内不同功能区的居葬形态不同,故居葬形态可为划分功能区,进而为判断聚落结构提供依据。如以居葬合一为特点的功能区,多是以手工业作坊为主,大多位于鲁城西部及北部,可能是一个特殊的手工业区(内部仍可细分);而居葬分离多为单纯的居址区与墓地,靠近鲁城中心,可能包括"仕者近宫"[1]的生活区。这一分区似乎也得到考古勘探的印证,鲁故城内部勘探出的6号道路(图五),是贯穿鲁城西部南北的道路,正好穿过药圃—斗鸡台与林前村—望父台一线,将两类不同功能区分隔开,这条道路的使用年代可能较晚[2],但推测当时的规划和修建无疑会考虑到内部已有分区。此外,近年来新发现的若干河道和水池类遗存也"作为西周居住址、墓葬区、手工业作坊区的分界屏障"[3]。聚落内部功能区的存在是商周时期大型聚落的普遍特点,随着聚落考古的进一步开展,鲁故城内部的功能区布局将会愈来愈清晰。

(3)居葬形态有助于族属判断与社会组织结构研究。以往判断考古学文化族属,多根据器物异同程度进行分析,其他方面关注不多。而一个内涵丰富的考古学文化,典型器物群往往有多个来源,同一考古学文化也可能包括不同的族群,导致判断族属出现困难。鲁故城的案例表明,居葬形态是一种族群特征,不同的居葬形态往往能代表不同的族属。以往多认为西周时期实行"聚族而居"、"聚族而葬",但对具体的墓葬关系与埋葬原则并不很清楚。现在看来,两系不同的居葬形态对应的墓地结构有所区别,反映的社会组织也并不一样。特别是"居葬合一"的形态,其代表的殷遗民的社会组织结构可能更加复杂。这种差异可能是周人与殷遗民的地位、职业不同导致,也可能有其他原因,需要在今后的研究中,全面地结合居址与墓葬材料,进行更加深入地分析。

---

[1] 黎翔凤撰:《管子校注》,中华书局,2004年。
[2] 6号道路在70年代的勘探中即已发现,近年来又针对鲁故城的布局研究做了重新钻探,确定了鲁城内主干道路网的存在。参见陈筱:《中国古代的理想城市——从周鲁城、东魏北齐邺城和元中都看〈考工记〉理想规划的渊源与影响》,北京大学博士学位论文,2014年。陈文对于6号道路的年代虽并未具体说明,但根据其他道路年代推测,应不早于春秋时期。
[3] 韩辉、张海萍:《浅析鲁故城西周遗存》,山东省文物考古研究所、北京大学震旦古代文明研究中心、莒县人民政府编:《青铜器与山东古国学术研讨会论文集》,上海古籍出版社,2017年。

鲁国故城布局与新田模式

马俊才
河南省文物考古研究院

绪　　论

鲁国故城是两周时期重要诸侯国鲁国的都城,雄踞齐鲁大地现今曲阜市区一带。多种古籍记载,西周初年鲁都是周公的封地,长子伯禽代父就封,后历代世袭,是周天子屏藩东夷的桥头堡。春秋时期鲁国为春秋十二诸侯之一,礼崩乐坏的战国时期鲁国仍保留着完备的周礼,观礼于鲁为复古者的时尚。经考古证实,位于今山东省曲阜市城关一带的鲁国故城,面积广大,始建于西周晚期或春秋早期,是典型的二环相套式内外城布局,战国时期延用并有所改建,战国末年亡于楚国后成为楚县,历秦后,汉一代又作为小诸侯国鲁国的都城。鲁国故城代表的中国传统方块形城市特点,亦可称为"传统模式",其平面布局与演变具有重要的学术和文物展示价值。

新田故城是春秋晚期至战国早期晋国的都城,位于山西省侯马市一带。晋是春秋时期的超级强国,都城面积巨大,内涵丰富,平面布局体现了晋公室与六卿之争、六卿间争斗的独有特色,是一种典型的强大诸侯国都城营建与演变模式,最初由田建文先生提出,即"新田模式"[1]。战国时期由晋国六卿而来的韩赵魏三国位居战国七雄,营建的新都邯郸、新郑、安邑等基本遵从了新田模式,甚至连易县燕下都、齐都临淄等也深受影响,可以说新田模式是东周城市规划布局中极重要的模式之一。

鲁国都城历时近800年,文献中仅有西周早期后段"炀公徙鲁"的记载,没有其他

---

[1] 田建文:《新田模式——侯马晋国都城遗址研究》,《山西省考古学会论文集(二)》,山西人民出版社,1994年。

迁都记录。可以说鲁故城几乎代表鲁都的发展变化史,呈现在世人面前的是需要厘清关系的最终格局。

晋国多次迁都。晋国新田都城是最后一座晋都,前585年始建,至前453年三家分晋,经历了132年大国之都;前433年,晋公室仅剩下绛(新田)、曲沃作为奉祀的地方;前403年周威列王册封韩赵魏三家为诸侯,公元前349年赵肃侯元年时,夺晋君端氏地,徙处屯留,晋都新田时代结束。晋都新田总共约236年左右,期间经历了14位晋侯的营建,都城布局一变再变,最终的城市格局也十分复杂。

研究城市和聚落布局演变的方法,笔者总结为5种,5种方法或必须兼来用之:

1. 自然环境法。主要考虑地理、气候、土壤、水文、物产等,这是最基本的城市和聚落选址条件。其中防御洪水、野兽毒虫甚至决定了城市和聚落的形态。

2. 民族传统法。经过长时间形成的民族传统对城市与聚落布局也有事实上的作用。

3. 政治制度约束法。制度层面下常对城市与聚落有明确的规定。

4. 社会内部矛盾化解法。公室内斗、卿大夫兼并夺权、国人暴动、刺杀等行为几乎遍及东周时期所有诸侯国,对内修筑宫城加强防御是行之有效的好方法。

5. 外来危胁主要是军事危胁预防法。对处于扩张期的超级强国而言,不需要修筑外城防范入侵。许宏先生就有大国无守、"大都无城"的观点,笔者十分赞同。如处于扩张时期的安阳殷墟遗址就没有外城,甚至中原腹地殷墟时期中小型遗址也没有发现城址;西周早期的丰、镐京城也没有发现外城;春秋晚期的晋都新田和战国晚期的秦都咸阳等都没有发现外城。而被敌国攻击过的都城几乎无一例外地筑高大外城进行防御。

本文即在考古发现的基础上,结合史籍记载,采用5种方法,动态地对鲁故城的布局演变与新田模式进行粗浅的比较研究,以期有所收获。

一、鲁国故城考古工作概况及布局特点

(一) 鲁国故城考古工作

鲁国故城的科学考古工作始于解放以后,取得重大成果的有两次。

1. 第一次重要考古工作(图一)

1977—1978年,山东省文物考古研究所、山东省博物馆等单位对故城进行了大规模的钻探和一定的试掘,确定了东西最长3.7千米、南北最宽2.7千米的近长方

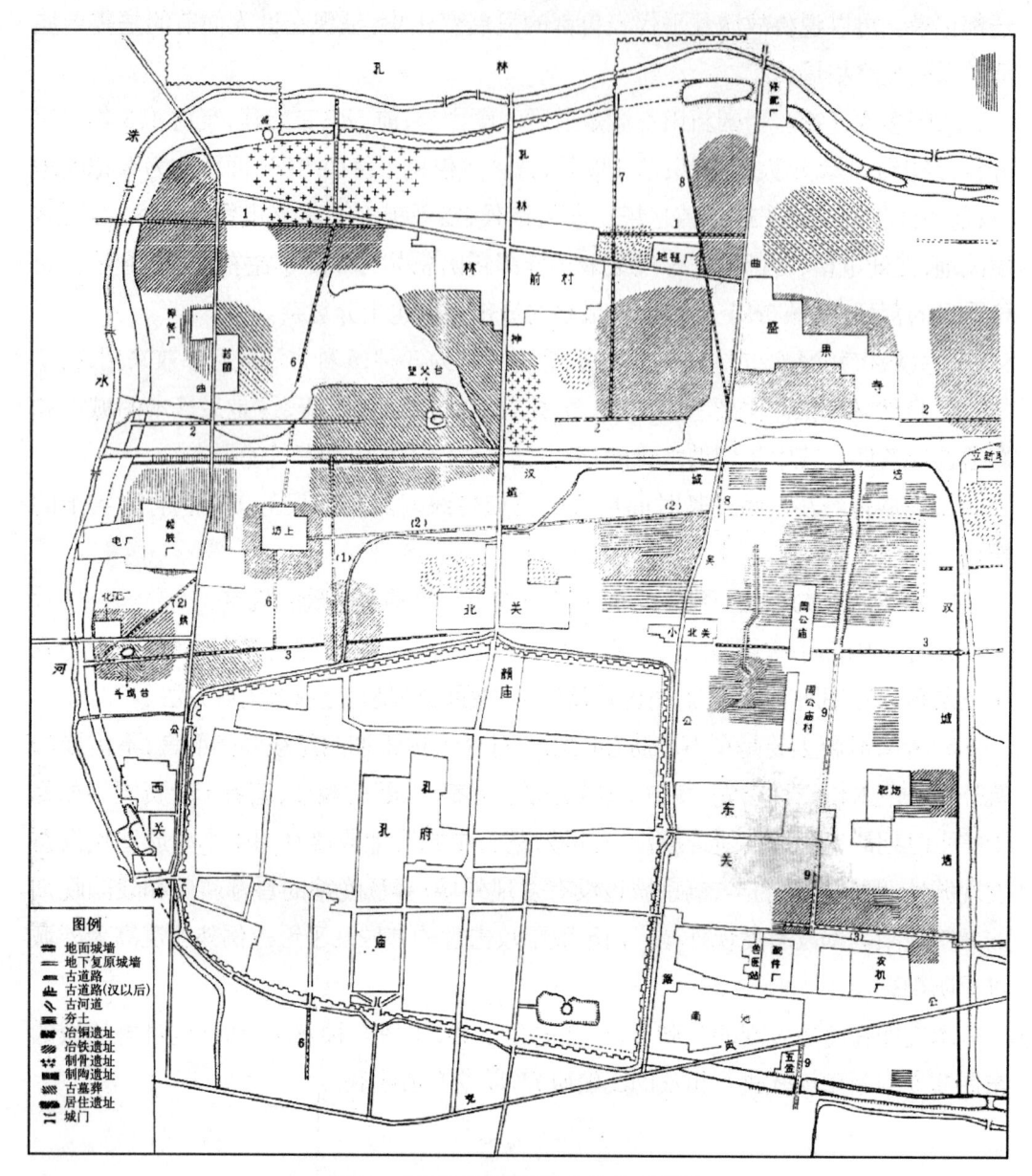

图一 《曲阜鲁国故城》中的总平面图

形鲁国大城。除了城内东南角明清曲阜城未经钻探外,其他各区都进行了钻探工作,发现了故城的外城墙、外城壕、可能存在的内城壕、南墙 2 门余墙各 3 门共 11 座城门、东西向和南北向各 5 条共 10 条主要道路、1 个城市排水道,并在城中部偏东的周公庙高地发现了宫城痕迹、沿周公庙东北断崖向西向北连于外城墙的汉代城址、面积进一步缩小于西南角延用大城西墙和南墙部分的明清小城。汉城遗址北墙长 2 560 米,东墙长 1 880 米,宽 10 米左右,发现护城壕和东、南、北门各 2 座、西门1座,共7座城门,3条主要交通干道。还在鲁城的中部和中南部发现了9处东周大型夯土建筑基址群,分别是周公庙建筑群、周公庙西夯土建筑基址、周公庙村东夯土基址、靶场东夯土基址、农机场北夯土建筑基址、兽医站北夯土基址、南东门东侧夯土基址、小北关建筑群夯土基址、古城村西夯土建筑基址。在南东门正南1735米处发现的"舞雩台"夯土基址祭祀意义突出,台基近方形,东西120米、南北115米,残高7米,有2层,东部破坏较严重。钻探出冶铁、冶铜、制陶、制骨等手工业作坊遗址,除张羊制陶作坊遗址(西周中晚期至春秋晚期)位于鲁城东北城外,其他均在城内。冶铁、冶铜和铸铁、铸铜作坊性质是不一样的,故笔者均以铸铁、铸铜加以叙述,主要是北关铸铁遗址(战国汉代)、立新联中铸铁遗址(战国至西汉中期)、盛果寺铸铜遗址(西周至春秋)、药圃铸铜骨遗址(春秋)、橡胶厂制陶遗址(春秋)、弹簧厂制陶遗址(西周)。钻探出的重要居住址有11处,分布在鲁城内的东、西、北三面,一般靠近城门和古道路,有些居住址常与手工业作坊和墓葬区交错在一起,面积数万至36万平方米不等,主要有:鲁城西北角居住址(春秋以前),林前村居住址(战汉为主),地毯厂居住址(春秋战国),盛果寺居住址(面积最大,时代与宫城相当,约西周至战国,内有多个夯土遗迹),盛果寺村东居住址(东周汉代),鲁城东北角居住址(西周至战国),坊上村居住址(战汉),北关村居住址(战汉),"斗鸡台"居住址(西周至汉代,发现了3处夯土遗迹,其中斗鸡台夯基下层早到春秋以前,十分重要),颜林居住址(东周至汉),古城村西居住址(东周至汉)。钻探出4处墓地:望父台墓地位于鲁城西北部,面积最大,东西约1200米,南北约1500米,是城内延续时间最长的墓地,等级也最高;药圃墓地位于鲁城西北部,是西周至春秋晚期的小型墓墓地;县城西北角墓地,在现曲阜县的西北角,多为中小型墓葬,时代多数为西周到春秋早中期;斗鸡台墓地位于鲁城西南部,多为陶器墓,少量铜器墓,时代西周初期至春秋初期。

在钻探的同时,进行了小规模的试掘。外城墙上的试掘点有3处,即南东门东侧、城西北角和城东北角西侧。在城内共试掘了7处遗址,包括鲁城的西部、西北部、北部、东北部和中部,鲁城的中东部、东南和西南部没有进行试掘。其中故城西部的斗鸡台遗址、西北部的药圃遗址和中部的周公庙遗址为重点试掘点,开的探方探沟最多。外城墙的试掘均发现了四到六期相互叠压的城墙夯土和内外多次加修的护坡、地层等,可分三个阶段。第一阶段城墙为尖头小棍类集束夯法,时代可能属于西周前期;第二阶段城墙为圆头集束棍夯的城墙,时代属西周晚期;第三阶段圆头棍夯,夯层略厚,出现了穿棍,时代约属春秋时期;第四阶段城墙为圆形平头的金属夯,夯层厚而整齐,穿棍普遍,属于战国时期,下限可到西汉初期。南东门东侧的夯基较大,只发掘了部分。

城内各遗址主要发掘了地层和少量灰坑、水井、墓葬等遗迹,基本印证了钻探的情况。各遗址的堆积情况大致为:(1)鲁城西北部药圃遗址文化层堆积深浅不一致,浅者几十厘米,厚者3米多,从周初一直到西汉,是鲁城内已知地层最早、延续时间最长的一处遗址。(2)鲁城西部斗鸡台遗址是居住址和墓地,文化层深浅不一,最深的2米左右,遗迹丰富,从西周前期一直延续至西汉。(3)鲁城北部盛果寺村西遗址范围大、堆积厚达3米左右,为两周和汉代文化堆积。(4)盛果寺村北铸铜遗址试掘处地层零乱,主要为战国地层,并发现春秋制骨遗址迹象,但没有发掘到铸铜遗址。(5)鲁城中部偏中立新联中以南铸铁遗址试掘的1个探方中有战国地层,并在汉代层下发现活动面、夯土、铁渣、烧土块等铸铁遗迹遗物。(6)鲁城东北部五泉庄西北遗址1探沟中文化堆积较薄,时代春秋早期至战国。(7)周公庙建筑基址区发掘了450平方米,文化堆积有春秋、战国、战国末年至西汉初、东汉、魏晋南北朝、唐宋时期等,发现了西汉战国两个时期大型宫殿类建筑及附属部分,底部还发现了用棍夯夯筑的夯土,这种夯土使用于整个西周春秋时期,说明此处原有早期宫殿。综观试掘资料,可知鲁城内遗址西部、西北部、北部早于东部。西周前期,居民多居住在西部、西北部一带。东部、南部没有发现西周前期的堆积。西周晚期,居住范围扩大到东部、东北部,可能遍及全城,主要的手工业作坊和居住区集中在北部大半个城,南部小半个城缺乏一般的遗址。在汉城的北墙中段所开1探沟中发现了典型汉代平夯层和下压的战国墓M29,结合夯土层中夹杂的西汉砖瓦块和五铢钱,断定汉城始建于西汉晚期。

墓葬的发掘集中在斗鸡台、望父台、药圃、孔府后花园4处墓地,共发掘了129座两周墓,不仅大概解决了墓地的布局问题,还区分出当地居民的甲组墓和周人特点的乙组墓。西周春秋时期的墓葬形制较小,但仍不乏重要的贵族墓,甚至是鲁公族贵族。战国时期墓葬差别很大,大型墓甚至还有较多的陪葬车马坑或马坑,可能已是当时鲁国公族墓地之所在。《曲阜鲁国故城》考古报告(以下简称《故城》)在结语中强调:现城圈至少形成于西周晚期是毋庸置疑的;南东门两侧长方形夯土可能就是"两观"基址;宫殿、城门、"两观"、"舞雩台"祭坛呈直线,构成了鲁城的一条中轴线,这条中轴线春秋以前已经存在;宫城在中间,东西北三面围以手工业作坊和居址区,采用大圈圈套小圈圈的城郭布局,可能反映了西周城市的特点[1]。

---

[1] 山东省文物考古研究所、山东省博物馆、济宁地区文物组等编:《曲阜鲁国故城》,齐鲁书社,1982年。

2. 第二次重要考古工作

2012—2015年，由山东省文物考古研究所主持，对鲁故城进行了大规模的钻探和较大面积发掘，是对《故城》原有考古发现的重要补充，确定了鲁故城宫城，解决了宫城、外郭城的年代问题，取得了重要考古成果如下[1]：

钻探工作重新确定了外城墙、城壕范围，壕沟至少分为春秋、战国、汉代三期，并发现了沿内墙一周的内城壕。外城墙实际宽度25—50米，未见明显基槽。外城壕宽40—60米，距城墙3—5米。内城壕宽11—25米、深1.5—3.5米，推测为汉代加固城墙取土造成，与城内水系相连。在周公庙台地系统钻探了22万平方米，发现夯土建筑基址81座，各时期大型灰坑36个、道路10条、砖基建筑2座、大型排水道1条，时代为西周到唐代。台地周围探出的东周鲁宫城墙和外壕，总体长方形，西北角略内折，东西长约480米，南北宽约220—250米，城内面积约12万平方米，初步判断为春秋晚期始建，延续使用到汉代，已发现西门、东门及与之配套的道路。宫城墙宽13—22米，基槽式，厚1—1.2米；城壕宽7—22米，与宫城墙间距7—8米。

全面揭露发掘了周公庙庙北区东周大型夯土建筑F8和宫城西门，在南城墙、北城墙上解剖3条探沟，发掘面积4000平方米。发掘说明宫城墙仅余基槽，东部和北部被汉代城墙打破严重。夯土由单棍夯具分段夯筑而成，从夯土中陶器残片看，时代为西周晚期至春秋时期，内侧有战国时期水井、灰坑，下部打破西周晚期灰坑。城壕内侧存在战国环城道路。东部探沟宫城墙底发现预埋有一六角形陶管道，北面为一蓄水池，与管道相连，战国至汉代继续使用。西门址宽约12米，春秋路土南侧有城门排水沟。东周大型夯土基址F8仅存墙基部分，东西向长方形，长85、宽约11.37、基槽宽2.8—3米，面阔6间，中间4大间进深均为5.5、阔14.3米，东间进深5.3、阔2.2米，西间南北17.15、进深5.4米，F8始建年代为战国早期。汉代大型房址F6叠压F8上，东西残长43.5、宽9.47米，仅存残墙，由南披厦、石柱础、散水等构成，推测F8、F6均为礼制类建筑。并初步判定宫城始建于春秋晚期，战国晚期废弃，汉代重修，最终废弃于魏晋，修建原因可能与仲孙、叔孙、季孙"三家侈张"威胁公室有关。

南东门发掘3000多平方米，发现门址由东、西侧的高大门阙和中间门道构成。阙台分两期，时代可早至春秋时期，是我国目前所见最早的门阙实例。门址东城墙底

---

[1] 山东省文物考古研究所韩辉、徐倩倩、高明奎、刘延常：《曲阜鲁国故城考古工作取得重要成果》，《中国文物报》2017年3月10日。

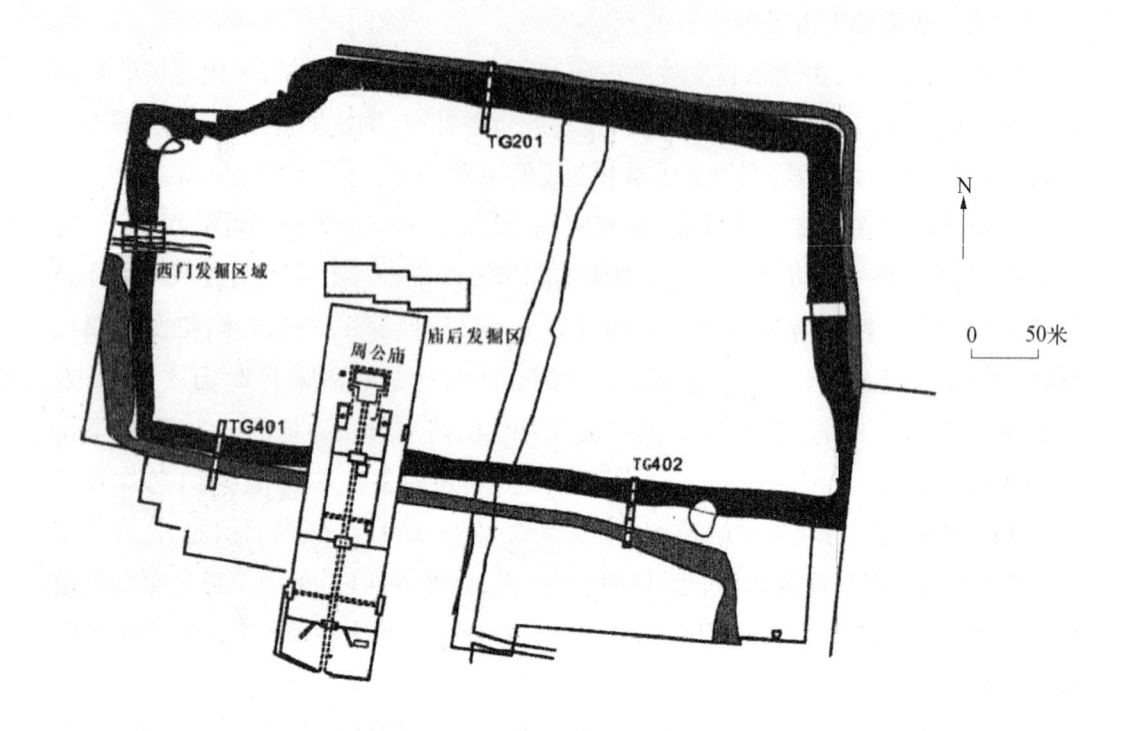

图二 2012—2015 年鲁故城宫城发掘平面图
(摘自文物报《曲阜鲁国故城考古工作取得重要成果》一文)

宽 31、高约 8 米,墙体分四期,春秋早期的墓葬打破一期城墙的护坡。北东门遗址发掘 1975 平方米,也发现四期城墙,一期一段被春秋早期灰坑 H9 打破,说明该处城墙为春秋早期始建,由内向外增筑扩建至战国晚期。北城墙探沟发掘面积 500 平方米,发现战国、春秋时期墙体和 1 处墙顶残长 100 余米、两侧铺板瓦的沟状墙顶排水设施。

(二) 考古研究概况

《故城》发表以来,对鲁故城的始建、布局特点,崔乐泉[1]、王恩田[2]、梁云[3]、黄海[4]、许宏[5]等先生都发专文进行了研究。特别是许宏先生《曲阜鲁国故城之再研究》一文最有见地,笔者基本赞同。在该文中,许先生通过《兖州西吴寺》鲁文化陶

---

[1] 崔乐泉:《山东地区东周考古学文化的序列》,《华夏考古》1992 年第 4 期。
[2] 王恩田:《曲阜鲁国故城的年代及其相关问题》,《考古与文物》1988 年第 2 期。
[3] 梁云:《战国都城形态的东西差别》,《中国历史地理论丛》2006 年第 4 期。
[4] 黄海:《曲阜鲁国故城与临淄齐国故城的比较研究》,《四川文物》1999 年第 5 期。
[5] 许宏:《曲阜鲁国故城之再研究》,《三代考古(一)》,科学出版社,2004 年,第 276—290 页。

器的对比,认为《故城》所定西周早期陶器过早,应定为西周中期为好,最早的甲乙组墓出现在西周中期及以后,西周中期的遗址主要分布在故城的北部和西部,鲁城的始建年代大致在两周之交或略晚,伯禽来奄之后的初期都城可能在滕州前掌大一带的商奄之都或附近。《史记·鲁周公世家》集解引《世本》所言炀公徙鲁,在伯禽受封五年后,约当康王时期。并绘西周、春秋、战国、汉代四平面图揭示鲁城布局演变规律。笔者认为除战国城墙可能不存在外,其他还是精当的。

综合考古资料分析和各家之研究,笔者总结了鲁城始建与布局演变规律特点如下:

1. **鲁故城始建于西周晚期至春秋初期,是符合当时大环境的,西周中期的鲁都已在曲阜城的西北部一带。**

西周中期至晚期前段,鲁地和中国的其他地区一样,处于大一统的稳定时期,周王朝实力强劲,万国归附多无外心,故防守性的城墙多不必要,这也是我国西周中晚期城址发现极少的主要原因。西周末年,犬戎攻伐王室衰微,郑国争霸修筑大城并箭射王肩,春秋争霸开始。争霸的态势,恐怕从西周晚期就已萌芽,筑大城防御成为当时的军事要点,地处强大齐宋诸国间的鲁国也必须筑大城防卫了。现有的考古发现均指向鲁故城的始建年代为西周晚期至春秋初期。

2. **近长方形的内外城布局代表了传统筑城模式。**

鲁城分外城和内城两部分。外城平面呈不规则的圆角长方形,东西最长处 3.7 千米,南北最宽处 2.7 千米。四周有宽 30 米左右的城壕。

内城居全城的中部偏北,东西长约 480 米,南北宽约 220—250 米,城内面积约 12 万平方米,面积较小。城内有密集的大型建筑基址,发掘证实为春秋晚期建成。此前的宫殿区可能只有宫墙围成的院落,鲁公还能对都城进行有效控制与防范。春秋晚期因三桓势力压迫,为防止政变,不得以筑成了较小的宫城也即内城。

3. **规矩的多城门设置和道路较直的规划特色。**

外城共有城门 11 座,东、西、北三面各有 3 门,南面有 2 门,门宽 7—15 米。南面 2 座门的外侧有夹门的墩台,当为《左传》记载的雉门及其两观或门阙,城门地位高,当为正门。

较直的道路系统体现了平原城址方直的规划特色。城内已探出东西和南北的道路各 5 条,皆与城门和重要遗址相通。宫城南有宽约 15 米的道路通向南墙东门,直指城南 1.7 千米余的祭台类夯筑台基"舞雩台"。

4. 有明显的中轴线布局。

宫城、南东门、"舞雩台"呈直线排列。道路北段两侧各有 3 处大致对称的建筑基址,形成鲁城内一条由最重要建筑物构成的中轴线。这和《周礼·考工记·匠人》所记的国都规划相类,而与其他东周都城不同,可能反映了西周都城的设计思想。

5. 城内重要遗址的分布体现了故城城郭制演变特色。

西周前期的遗址多分布在大城西北部,西周晚期扩大到东北部。东周遗存则遍布全城。其中西部、北部有西周制陶、冶铜址,西部有东周制陶作坊址,北部和西部偏东有东周铸铁遗址,西北部有东周制骨遗址。

6. 城内有重要的墓葬区,而城外墓葬区发现较少。

大城西部分布 4 处西周和东周的墓地。1977 年以来发掘 200 余座。墓葬可分甲、乙两组。甲组墓多是小型陶器墓,少数为铜器墓,乙组墓有小型陶器墓,也有大中型铜器墓。大型东周墓,墓室面积达一、二百平方米。西周、春秋墓的铜器组合和器形与中原地区一致。一般认为乙组墓是周人墓,甲组墓是土著墓。这两组墓葬和遗址出土的陶器表明鲁文化是融合了周文化和山东商代文化等形成的。

7. 随着城市行政级别的降低,城市框架相应萎缩。

汉代以后鲁城沦为县治,偏安于西南角一带。明清城更进一步缩小至西南一角。

8. 城内有无西周城尚需要进一步探索,不能以偏概全。

二、新田模式的主要内涵

解放以后经过数代考古学家的辛勤工作,侯马晋都新田布局与演变模式大致厘清[1],主要有下面几点(图三):

---

[1] 山西省考古研究所侯马工作站:《晋都新田》,山西人民出版社,1996 年。

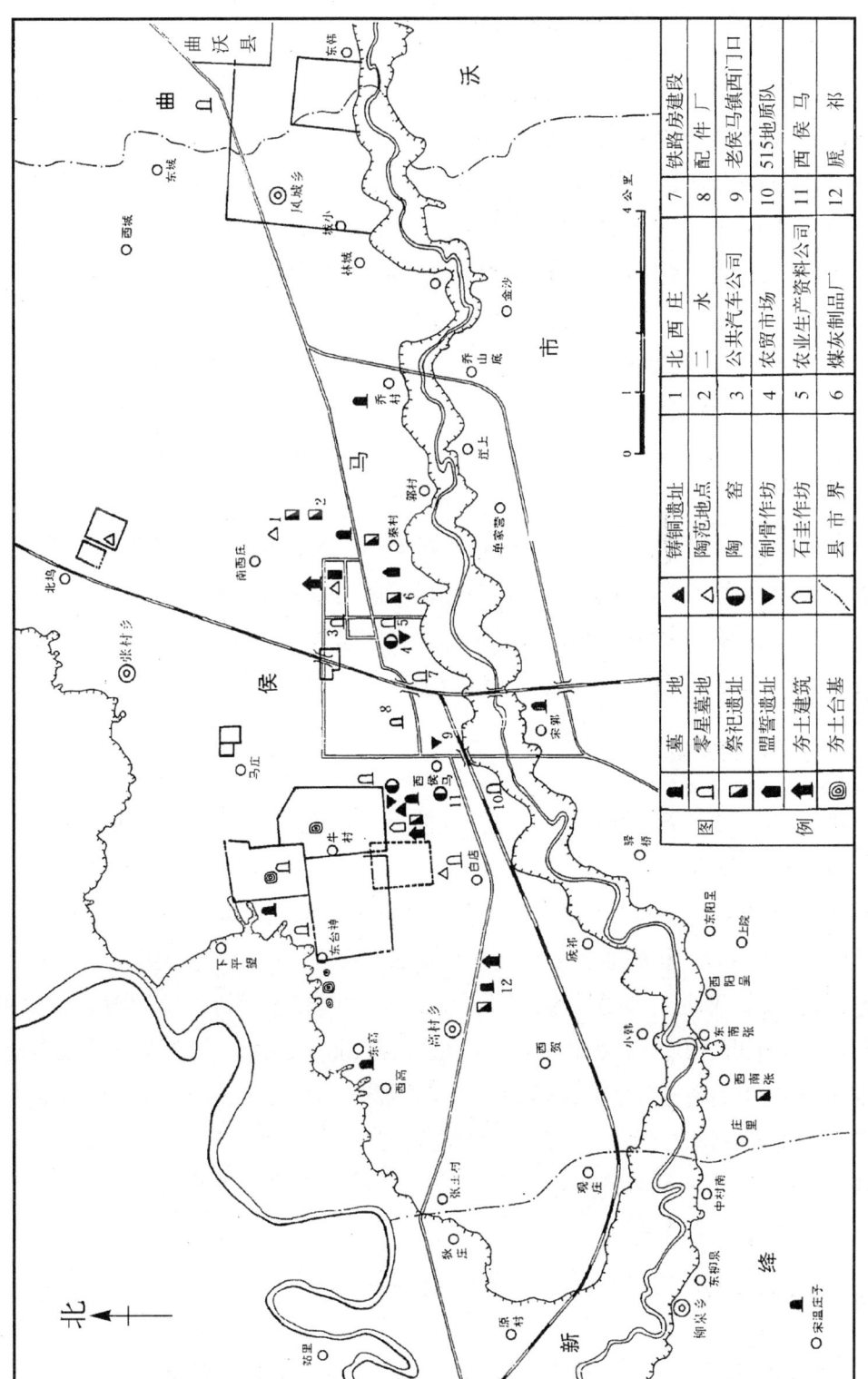

图例	▲ 铸铜遗址	△ 陶范地点	● 陶窑	▶ 制骨作坊	⌂ 石圭作坊	⋯ 县市界
	■ 墓地	⌂ 零星墓地	▣ 祭祀遗址	▮ 盟誓遗址	▲ 夯土建筑	◎ 夯土台基

1	北西庄	7	铁路房建段
2	三水	8	配件厂
3	公共汽车公司	9	老侯马镇西门口
4	农贸市场	10	515地质队
5	农业生产资料公司	11	西侯马
6	煤灰制品厂	12	虒祁

图三 摘自《晋都新田》中的总平面图

1. 是两河交汇处建设不规则城市的代表。

《左传·成公六年》韩献子说服晋景公迁都新田有一段著名的论断:"郇、瑕氏土薄水浅,其恶易觏。易觏则民愁,民愁则垫隘,于是乎有沈溺重膇之疾。不如新田,土厚水深,居之不疾,有汾、浍以流其恶。且民从教,十世之利也。夫山泽林盐,国之宝也。国饶,则民骄佚,近宝,公室乃贫,不可谓乐。"这反映了晋人强调居住环境利用地利人和的观点,也反映了水路交通便利是选址的重要原因之一。这些体现了笔者城市聚落研究法中自然环境法与民族传统法,天时、地利、人和的因素均有所考虑。

此两河交汇之地为黄土高原丘陵区,地表起伏很大,故道路多沿沟而走弯曲而行,造成发现的道路很少。

2. 大国无城。

经过春秋中期晋文公为代表的多代晋侯努力扩张,晋国已成为当时中国首屈一指的超级大国,除了内部斗争,再无其他诸侯军队可以觊觎晋都。迁新都时,古城人口已十分众多,除了少量公室人员,就是卿大夫的家人和大量平民、军队、工匠,已完全没有必要修筑战争防御的大城,也就是大国无城。

3. 品字形结构的宫城。

在新田遗址西部近汾河处,由牛村、台神、平望三座呈品字形分布的城址组成了晋侯的宫殿区或宫城区,三城既相互连接,又各自独立,分别有独立的城墙体系和核心宫殿,易守难攻。三城的规模大小均在100万平方米以上,以台神故城最大,达到了207.5万平方米。我们通过平面关系和城壕的存在分析,认为平望故城平面形态规整,近长方形,四墙外均有城壕,时代应该最早,可能是迁都新田时即修建的宫城。牛村外城有东壕、南壕、北壕,台神城有西壕、南壕、北壕,二城相连处的城墙没有发现城壕,只有沟类的遗迹,此沟可能为筑中墙时的起土沟。我们推测,此二城可能为后期在平望故城南同时兴建的,为扩建的左右城结构。这里有一点需要注意的是,牛村内城的时代理论上是存在比牛村外城早的可能的。经过多年来的发掘与钻探工作证实,白店古城是不存在的。

4. 左右城结构的卿城。

晋献公时为了防止公族政变夺权,尽诛群公子,从此晋国无公族而只有人口较少的公室,以卿大夫为代表的力量逐渐崛起,发展到六卿相互征讨,最后三家分晋。在都城内卿大夫的据点就是左右城结构的卿城及附近，一城为有小型宫殿的办公区，一城为家人的生活区或屯兵区，小城附近居住着族人或家兵。新田遗址已发现面积较小的呈王、马庄、北坞、北郭马4座小城，此四城的共同特点是都分为两个小城，且没有护城壕。如马庄城分为东西二城，共用中间城墙，西城略小，其东北部发现有夯土台基。呈王故城分为南北二城，北城大，南城小，北城内发现两处夯土基址。北坞故城分为东西二城，西城略小，东城略大，西城建城较早。这种布局的最大特点是左右城互为犄角，内防政变与刺客，外防异族大夫攻伐。实践证明这种布局行之有效，比内外套城战时防御有效得多，遂成新田模式的精华，并逐渐成为战国时期中原城址布局的主流。如《左传·定公十三年》"范氏、中行氏（荀寅）伐赵氏之宫，赵鞅（赵简子）奔晋阳"，赵鞅从防御有效的卿城顺利逃脱。

5. 公室控制着宫城区附近的铸铜、制骨、制圭等大型手工业作坊，卿城内只设车马器工具类的小铸铜作坊。

新田时期工商业已十分发达，铸铜流程甚至采取了流水线式组装法，石圭与骨器的产量也十分庞大，当然还有难以保存发现的纺织类作坊，商品经济十分繁荣，税收必然主要由公室控制。而卿城内只设小型的车马工具类铸铜作坊只是为了更换自用，这也反映了晋公室在都城中具有较强的控制力。

6. 丰富的盟誓与祭祀遗址。

目前在新田遗址及附近已发现不少于17处大小祭祀遗址，不仅宫城附近、卿城附近，连墓地和聚落里都有发现。从北赵西周晋侯墓地和羊舌春秋早期晋侯墓地均发现丰富的祭祀遗迹的情况看，晋国素有用祭祀活动团结和约束族人的传统。著名的侯马盟书就是主盟人赵嘉即赵襄子之子赵桓子在赵氏呈王小城南主持的祭祀活动，盟书内容均为赵氏家族内部分裂与邯郸赵午斗争之事。晋公、卿大夫、族人或相互间经常举行祭祀类的活动是新田模式的一大特色，甚至远在河南温县西张计村的温县盟书揭示的也是韩国族人的盟誓活动。

7. 公族墓地设在城外较远的岗地上，大型邦墓地环城而设。

新田遗址已发现墓地十余处，分别是上马、牛村古城南、盟祀遗址、下平望、东高、西里、虒祁、南上官、乔村、秦村、柳泉，分为邦墓地、公墓地、家族墓地、百工墓、阵亡士兵墓地等，还有一些零星墓葬。其中新田时期上马、虒祁等墓葬数量众多的墓地属大型邦墓，下平望、东高、盟祀遗址等为家族墓地，秦村为阵亡士兵墓地，牛村南为百工墓地,乔村为秦汉墓地。

新田时期能确定的晋公大墓是位于浍河南岸的柳泉战国早期墓地,几组大墓墓主是战国早期的几代晋公夫妇。

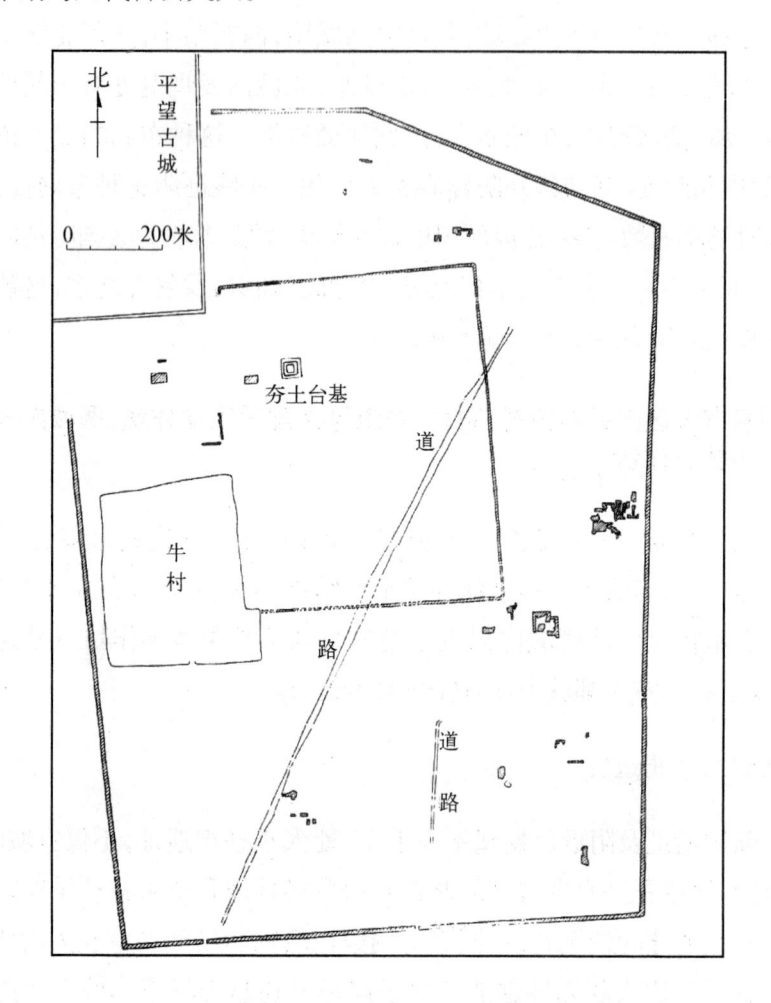

图四　摘自《晋都新田》中牛村古城平面图

三、鲁故城布局与新田模式的比较结论

1. 规矩的鲁城传统模式与不规则的新田模式差异巨大,有深刻的历史和自然原因。

鲁都延用时间是两周诸侯国最长的,没有经过明显的改朝换代式的大改造,故形成了大小城内外相套的传统筑城模式,防止内乱政变是春秋晚期产生小宫城的历史原因。

左右城,或王城郭城分立的双城制新田模式是在超级大国晋都内晋公室、卿家激烈内斗争战的产物,晋宫城的品字形布局也是这样,是当时中原最为完备先进的城防体系,并由韩赵魏三晋对外扩张推向中原大地和齐、燕等国。

2. 道路的曲折直通也是明显的差异之一。

鲁城因地处起伏较低的平原而道路直通,晋都新田因多丘陵而道路曲折弯曲,地处新郑的韩都因当地多丘陵道路也是盘曲的。

3. 贵族墓地的位置可能体现了时代的变化。

从目前的考古发现看,鲁都的贵族墓地分布在大城的西北部以望父台和斗鸡台为中心的城内,反映了鲁国国力日下、人口较少的社会现实。新田晋都内为小型墓地,大型邦墓和柳泉公墓区分布在浍河两岸的居址区外,城址内只有少量零星墓葬,反映了晋都的大都会景象。

4. 手工业作坊遗址的分布与内涵差异也较大。

鲁都因延续至战国晚期,铸铜、铸铁、制骨、制陶等手工业作坊齐全,除一处制陶遗址分布在东北角城外,其余均在宫城区的北部、西部,总体看规模较小,商品化色彩较淡。新田晋都时为春秋晚期至战国早期,此时铸铁手工业还没有大规模产生。但新田的铸铜、制骨、制圭作坊均很大,制作技术呈组装式的流水线式,并主要位于晋宫的东面和南面,晋公室控制下的商品经济色彩浓厚。平望古城内铸铜遗址可能专供晋公室使用。

5. 新田遗址众多的祭祀遗址是与鲁城的重大区别之一,个中原因已前述。

6. 鲁国故城遗址是西周以来春秋、战国、汉代、魏晋、明清多个朝代城市的历史总定格,厘清布局的演变难度极大。新田模式则是超级大国晋国春秋晚期至战国早期的都城,文化单纯,布局较为清晰。

东周城市内壕沟功用探析*

徐团辉

曲阜师范大学历史文化学院

2011年以来,山东省文物考古研究院为配合曲阜鲁国故城国家考古遗址公园建设,在曲阜市鲁城遗址开展了详细的考古勘探和发掘工作,取得了一系列重要成果,其中环绕于大城内侧的内壕沟是本次工作的一个重要发现。检索东周时期其他城市后发现,这种"内壕沟"还见于其他一些城址,而非曲阜鲁城的独有现象,因此有必要对这些城市内壕沟的功用进行探讨分析。需要提前说明的是,本文中的内壕沟特指位于城墙内侧近旁的壕沟。

在东周时期,建有内壕沟且材料正式刊布的城址有邢丘故城、城阳城、叶县古城、秦都咸阳宫、曲阜鲁城和木渎古城等[1]。

邢丘故城位于河南省温县东15千米的北平皋村,是春秋时期晋国邢邑所在。城址平面呈梯形,东西宽840—1200米,南北长1230—1400米,城外建有护城河,城墙内侧挖有壕沟,内壕沟出土有春秋中期陶片[2]。

城阳城位于河南省信阳市北25千米处,地势西高东低,平面形状呈曲尺形(图一),总面积为90万平方米,该城可能是楚顷襄王在郢破之后短暂停留的临时都城。古城中部有一条东西向壕沟将全城分为南北两部分。城内共发现9条相互贯通的灰

---

* 本文系2019年山东省社会科学规划研究年度青年项目"山东地区东周城市研究"阶段性成果,项目批准号:19DKGJ01。

[1] 山东龙口市归城小城也发现有内壕沟,南墙部分地点内侧挖有宽约7米的壕沟,最深处超过2米(详见中美联合归城考古队:《山东龙口市归城两周城址调查简报》,《考古》2011年第3期),只是小城具体年代不明,故暂不列入;河南省洛阳市宜阳故城西北小城南墙内侧也见有内壕沟现象(详见蔡运章:《韩都宜阳故城及其相关问题》,《甲骨金文与古史研究》,中州古籍出版社,1993年,第290—312页),然而具体情况不详,因此也暂不列入。

[2] 李占扬:《河南温县发现晋国邢邑遗址》,《中国文物报》2003年1月22日。

•东周城市内壕沟功用探析•

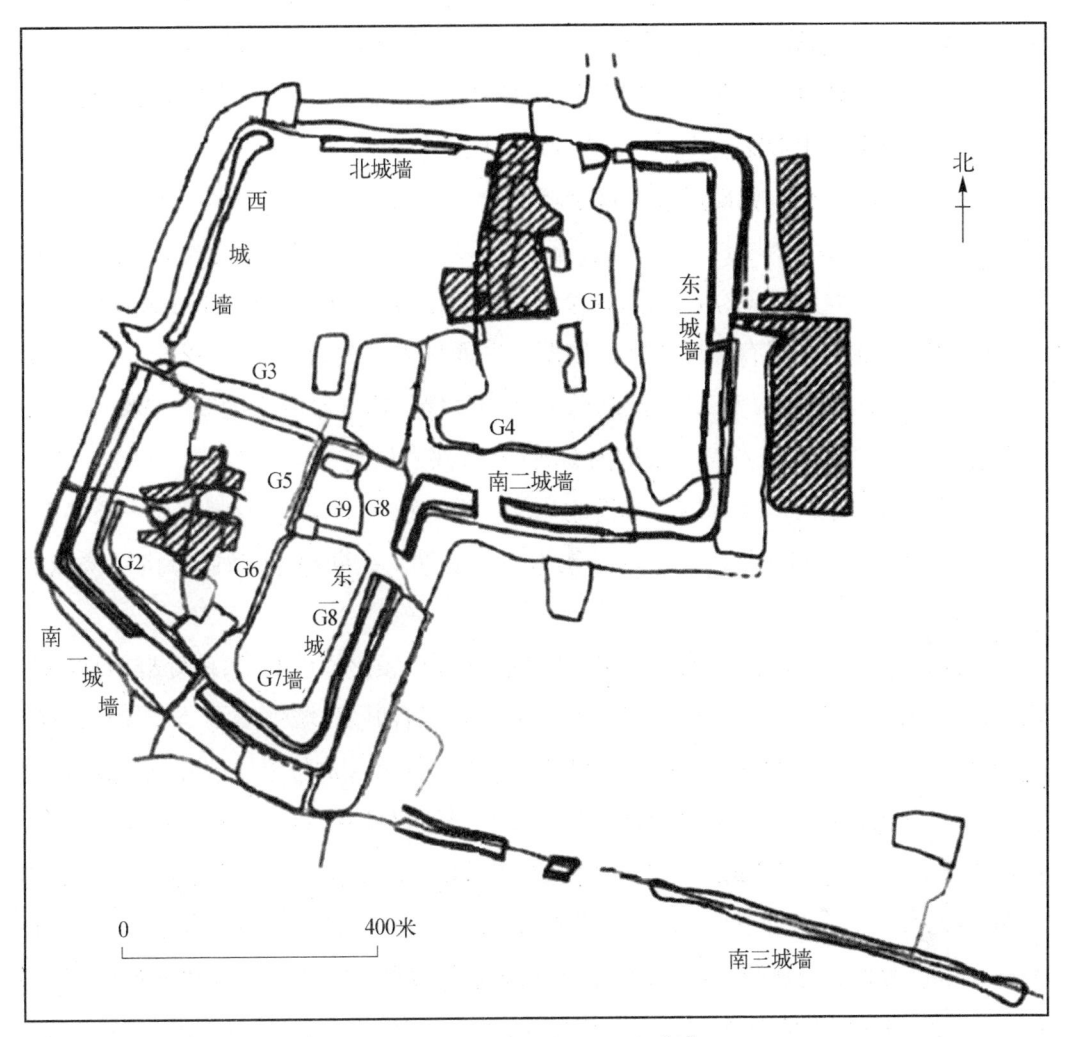

图一 信阳城阳城平面图[1]

沟,且与城外护城河相通[2]。其中,南城内的G2位于西城墙南段和南一城墙西段内侧,G7位于南一城墙东段内侧,G8位于东一城墙内侧,这3条灰沟皆属内壕沟。

叶县古城位于河南省平顶山市叶县西南约25千米的保安镇前古城村一带,城址呈东西向长方形,南北城墙长590米,东西城墙长340米,城墙宽度为8—9米。在城墙内外两侧均发现有壕沟。北墙外壕沟宽13—16米,内侧壕沟大小不明;东墙外壕沟宽22—34米,内壕沟宽1.5米、深0.5米;南墙外壕沟宽10—20米,内壕沟距墙基2米,宽1.5米、深1.4米;西墙外壕沟宽15—31米,内壕沟宽0.8米、深0.4米。该城南

---

[1] 图中9条灰沟的编号全是笔者根据简报原文描述所加,简报原图未标明灰沟编号。
[2] 河南省文物考古研究院:《河南信阳市城阳城址2009—2011年考古工作主要收获》,《华夏考古》2014年第2期。

邻楚长城,可能是东周时期楚国的一座边城,或为文献所载的卷城[1]。

秦咸阳城遗址位于陕西省咸阳市东15千米的窑店镇一带,北依咸阳塬,南临渭河。在此处聂家沟到姬家道沟之间的区域,发现了分布密集、规模宏大的宫殿建筑基址及环绕于周围的夯土城墙遗迹。这个城圈大体呈东西向长方形,周长约2747米。其中,东墙长426米,南墙长902米,西墙长576米,北墙长843米,城墙宽度为5—14米。城址始建于战国时期,应是秦咸阳城的宫城遗址,即咸阳宫所在。在该城西墙和北墙的内外两侧均发现有与城墙平行的壕沟。西墙内外的壕沟深2—2.6米,墙外壕沟部分地段深达4米多,宽1.8—2.4米;北墙内外壕沟的一般深度为2—3米,个别地段深达4米多,宽2.7米左右。壕沟内有淤泥,底部为生土[2]。

曲阜鲁城北东门东部城墙上开设的探沟(TG201)显示,城墙内侧存在一条壕沟,宽度为30米左右,距地表深3.8米,时代为战国晚期。经勘探,这条内壕沟环绕城墙内侧一周[3]。

木渎古城位于江苏省苏州市吴中区木渎镇和胥口镇之间(图二),地处群山环绕的山间盆地中,西南侧是太湖。城址北部五峰地点发现有城墙、城外壕沟、城壕通入城内处的水门、与水门相通的城内水道和内城壕等遗存。护城壕沟位于城墙外侧,与墙体的距离为0—5米,宽10—30米,在拐角处明显变宽,深度为1—2米。沟内填土为深灰色或深黑色淤土,属明显的河相堆积。在D2和D3段城墙之间也就是此处城墙拐折所形成的内凹角处,有一个宽约24米的缺口,是进出城内外的通道。缺口处有一条水道,宽约13米,水道进入城内后分成两支:一支呈东西向,东端起自水门,向西一直延伸至陈家堰头村内;另一支沿D3段城墙内侧通行,是为内城壕,南北长约275米,宽度为5米左右,未见遗物出土。该城始建于春秋晚期,是一座具有都邑性质的大型城址[4]。木渎古城不仅在北部五峰地点挖有内壕沟,在东南部新峰地点也发现有内壕沟的迹象[5]。

---

[1] 赵文军、王宏伟、朱树奎等:《叶县古城遗址考古发掘主要收获》,《楚文化研究论集(第八集)》,大象出版社,2009年,第329—331页。

[2] 陕西省考古研究所:《秦都咸阳考古报告》,科学出版社,2004年,第12页。

[3] 韩辉:《鲁故城考古新收获》,《保护与传承视野下的鲁文化学术研讨会会议手册》,2016年,第13—17页;韩辉、徐倩倩、高明奎等:《曲阜鲁国故城考古工作取得重要成果》,《中国文物报》2017年3月10日。

[4] 中国社会科学院考古研究所、苏州市考古研究所苏州古城联合考古队:《江苏苏州市木渎春秋城址》,《考古》2011年第7期;中国社会科学院考古研究所、苏州市考古研究所苏州古城联合考古队:《苏州木渎古城2011—2014年考古报告》,《考古学报》2016年第2期。

[5] 根据简报插图图五(本文图二)显示,新峰南城墙水门处的壕沟顺应东侧城墙向东拐折的走向,也向东延伸,这段位于城墙内侧的壕沟即属本文所论的内壕沟。详见中国社会科学院考古研究所、苏州市考古研究所苏州古城联合考古队:《江苏苏州市木渎春秋城址》,《考古》2011年第7期。

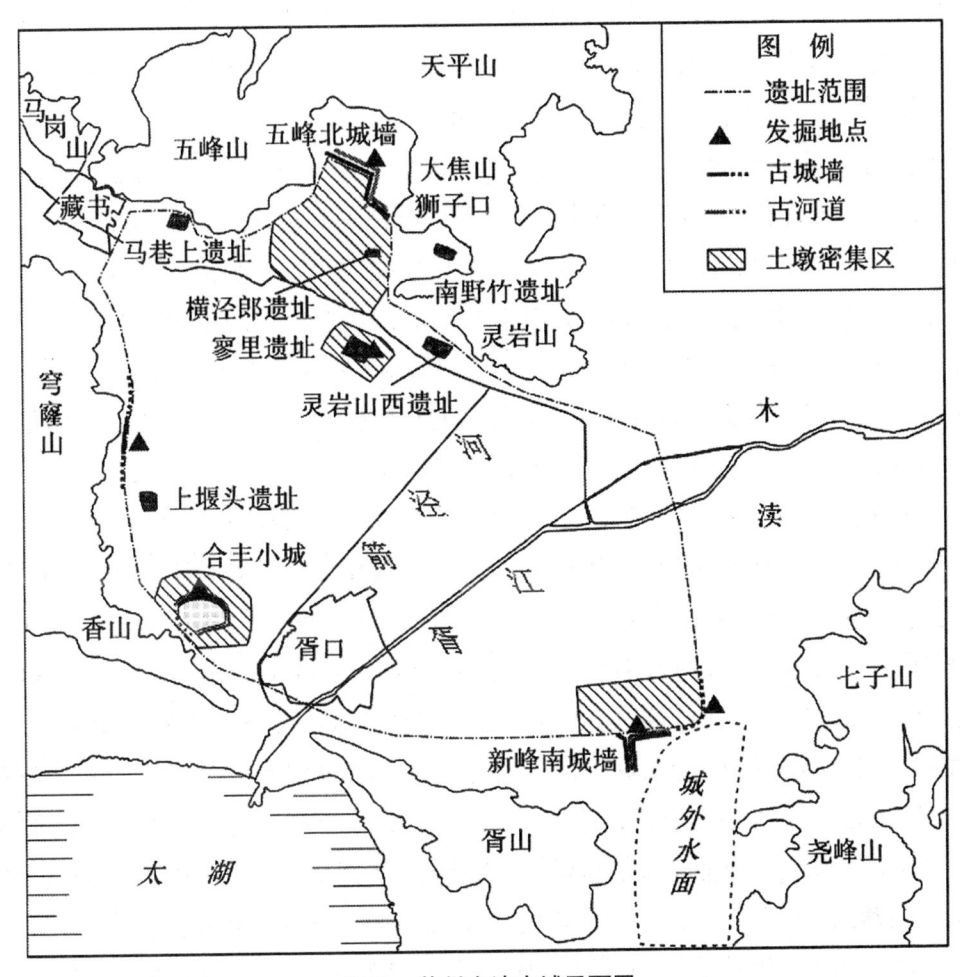

图二　苏州木渎古城平面图

纵观以上所列,邢丘故城和城阳城内壕沟大小不明,其功用暂难探讨。发掘者明确给出了内壕沟相关数据的是叶县古城、咸阳宫、曲阜鲁城和木渎古城,这就为探讨这四城内壕沟的功用提供了材料支撑。

叶县古城除北墙内壕沟情况不明以外,其他三面城墙的内壕沟规模都十分有限,宽度不足2米,深度在1.5米以下,其中东内壕和西内壕的深度分别只有50厘米和40厘米,如此窄浅的壕沟无疑难以担负防御之责。而外壕沟即城外护城壕则远远宽于窄小的内壕沟,宽度达10—34米,足具御敌之能。也就是说,叶县古城的城防重任主要还是由城墙和外壕沟来承担,内壕沟很难起到有效的防御作用。既然防御功能可排除在外,那么内壕沟很可能是作为排水设施而存在的。换言之,以叶县古城为典型代表,这种窄小的内壕沟不具有防御性,其功用很可能与排水密切有关。

秦都咸阳报告虽给出了咸阳宫壕沟规模的相关数据,但把内壕与外壕混在一起介绍,因而内壕沟的具体大小暂不明了。不过从公布的数据范围来看,内外壕都很狭窄,宽度竟然不足 3 米,尽管个别地段可能较深,但这样狭窄的壕沟防御能力非常有限。所以整体而言,咸阳宫的内壕沟也应属排水设施。

较之于叶县古城和咸阳宫,曲阜鲁城的内壕沟则显得规模非凡,宽度达 30 米左右,距地表深 3.8 米,在城内环绕一周,而且时代处于兼并战争大规模开展的战国晚期,因此它的主要功用应是强化防御。当然也不排除具有排水作用,只是应处于从属地位。

在城墙内侧修筑一圈宽阔内壕沟的做法虽然在目前的东周城市材料中较为罕见,但与此类似的布防形式却见于后世文献记载中。南宋陈规在《守城录》中反复多次提到的"里壕"就与鲁城这种内壕沟有很强的相似性。《守城录》载:"又于大城里城脚下作深阔里壕,里壕上向里度地五七丈,可作来往路外,筑里城,排叉木,但多备下敌攻城应敌处。"又云:"当于外壕里修筑高厚羊马墙,与大城两头相副,即是一壕两城。更于大城里开掘深阔里壕,上又筑月城,即是两壕三城。"文中对其功用也有清楚明确的论述:"攻城者或能上大城,则有里壕阻隔,便能使过里壕,则里城亦不可上。若此则不特可御外敌,亦可潜消内患。"这就是说,在大城城墙内侧修挖一道宽深的里壕,再在里壕内侧岸边上修筑一道城墙,这样的里壕、里城可与大城城墙、城外护城壕沟及羊马墙共同构成"两壕三城"的防御体系。一旦敌军攻上大城城墙,城内的里壕、里城又是两道难以逾越的防线,守军可以依托里壕、里城对入城之敌进行阻击、反攻。

鲁城的内壕沟很可能就属于陈规所说的里壕。由于鲁城考古工作尚在进行当中,内壕沟内侧是否存在一道城墙暂不知晓。但即使是将来未发现城墙痕迹,也不足为奇,因为这类城墙通常相对矮小,基槽较浅甚或不挖基槽,时隔千年,很难保存至今。不过也可能因为当时形势紧迫、人力财力有限等种种因素确实未筑城墙,而是在内壕沟内岸修建一道竹木栅栏类的障碍物充当土筑城墙也未可知,只是这类遗迹难以保存下来罢了。特别值得一提的是,2016 年 11 月笔者参观鲁国故城发掘现场时,曾细心留意到北东门东部探沟(TG201)所揭露的内壕沟内侧岸边上存在一堆石头(图三),大小均匀,当时怀疑它们可能是有意堆放,具有防御性质。后来就石块儿发现的普遍性问题向鲁城考古队负责人韩辉先生请教,被告知在此处往东约 200 米的范围内都发现有石头,这就有力证实了先前的判断是正确的。也就是说,这些位于内壕沟内岸上的石头应是用于远距离抛射的礌石。如果暂时抛开壕沟内岸有无防御设施不论,就目前材料而言,战国晚期鲁城的内壕沟与城墙、护城壕沟共同构成"一城两壕"的防御体系,这种"一城内外壕"的构筑形式颇具特色,可有效扩大防御纵深,极大提高鲁城的防御能力。

回过头来再审视叶县古城,该城虽挖有内外壕,但它们并未与城墙构成"一城两壕"的防御体系,城防的重任还是与最常见的普通城市一样,主要落在城墙和外壕

图三 曲阜鲁城内壕沟内岸石块

沟(护城河)的肩膀上。也就是说,对叶县古城城防而言,"一城内外壕"只是一种表面形式,在实际中真正发挥防御作用的还是"一城外壕"。

木渎古城北城墙(五峰地点)内壕沟宽度仅为5米左右,防御能力有限,它的作用可能跟排水有很大关系。一个不可忽略的现象是,古城内的遗存集中分布于山前地带,而盆地中部区域则多为湖泊沼泽。城内还有胥江、木光运河、箭泾河和刘庄河四大水系及众多小型水系,西南侧不远处即为太湖。也就是说,木渎古城内湖泽密布,江河纵横,在这样多水的环境下,内壕沟的排水作用显得十分重要。再考虑到南方地区特殊的地理环境,古城内壕沟可能还具有交通运输的功能。城址北部五峰地点和东南部新峰地点皆设有水门,且与内壕沟相通,应是这种作用的体现。当然,五峰地点内壕沟宽度有限,因此其交通承载力也是十分有限的[1]。

需要重点说明的是,内壕沟无论是作为排水设施,还是用于军事防御、交通运输,都有一个不可否认的共同作用——提供土源。在东周时期不管是修建高大的夯土城墙还是城内大型宫室建筑台基,都需要相当大的用土量,在城墙内侧挖沟取土正可为附近城墙或城内宫室的修筑提供用土。待沟挖成之后,或用于排水、或用来防御、或提供舟楫之利,一举多得,巧妙至极。以上所列诸城内壕沟的挖建皆有提供用土之作

---

[1] 新峰地点水门处两道城墙之间的壕沟宽12.3—13.9米,如果与之相连的内壕沟宽度与它相若甚至比它更宽,那么此处内壕沟的水运能力无疑更强。

用,这是内壕沟最基本的功能。

  挖沟取土这一做法为人们所熟知。曲阜鲁城发掘者就认为,内壕沟与四期(战国晚期)城墙对应,是"修筑城墙取土所致"。这就是说鲁城内壕沟至少具有三个作用:供土、防御和排水。不过有必要进一步思考的是,在这些功用中究竟谁主谁次。鲁城四期城墙位于城墙最外侧和城墙顶部,如果只是为了开辟土源,完全可以从城外挖沟(坑)取土,而无需在城墙内侧挖建一圈宽达 30 米左右的大沟。因为在城墙内侧挖掘大沟,再把大量的土运往城外和墙顶增筑城墙,较之于城外挖沟(坑)运土并不便捷省力,而且此举还会破坏城内原有区划格局,施工时也会严重影响城内人们正常生活。由此可见,提供筑墙用土恐怕不是挖掘内壕沟的主要目的。再结合上文对鲁城内壕沟防御功用的探讨,同时考虑到战国晚期增筑四期城墙是为了提高城墙防御能力这一基本事实,有理由相信军事防御应是鲁城内壕沟的主要功用,提供筑墙用土和排水应属次要功能。

  此外,谈及内壕沟提供筑墙用土的作用,上文提到的城阳城还存在一些疑问。该城遗址平面图显示,南城西墙南段内侧的 G2 并未沿南城西墙全段分布,而是中止于西墙中间。如果建造南城西墙的时候,南段采用内外两侧取土的筑城方法,为什么北段却只采用外侧取土的方法?在长度不足 400 米的南城西墙上,为什么南北两段竟采用如此截然不同的筑城方法引人深思。还是受制于实际因素,G2 向北延伸的情况未被探明以致 G2 在图中呈现出中断现象?再或者 G2 是后期开凿的,当时因为某种原因未能修挖完成才在西墙内侧出现这种半段壕沟的现象?这些问题都有待解答。

  综上所述,就目前材料而言,东周城市内壕沟的功用主要有四个:提供用土、排水、军事防御和交通运输。要特别强调的是,这四个功用并不是相互排斥、彼此对立的。在一般情况下,内壕沟都具有供土和排水两大功用,而那些规模宏大的内壕沟则还具有防御功能,即集供土、排水和防御三大功用于一身,如曲阜鲁城内壕沟。在南方地区一些多水的城市中,内壕沟如果较为宽深,可能还具有一定的交通运输功能,如木渎古城。至于内壕沟是否还有其他功用,随着材料的不断充实需要作进一步探讨。

  最后补充说明的是,东周城市的这种内壕沟还见于史前城址中。河南辉县孟庄龙山文化城址城墙内外皆挖有壕沟,外侧壕沟为护城河,宽约 20 米;内侧壕沟宽 6—8 米,深达 3 米左右[1]。可见,在渊源上内壕沟最迟可往前追溯至龙山文化时期。

---

[1] 河南省文物考古研究所:《辉县孟庄》,中州古籍出版社,2003 年,第 380 页。

从青铜器铭文看齐、鲁两国对外婚姻关系

徐倩倩　戴尊萍
山东省文物考古研究院

　　婚姻关系是两周古国政治文化研究的重要方面,是探索社会习俗、国家关系、贵族礼仪、女性地位等重要的切入点。贵族婚姻因其浓厚的礼仪形式、政治意义备受重视,历来文献中将其作为政治、礼制的重要内容加以记载,现代学者也在文献记载基础上深入研究。如崔明德先生对先秦政治婚姻的系统研究[1]、周红妹先生对于春秋贵族妇女地位的研究[2]等。青铜器铭文作为重要的研究资料,很早就引起学者们重视,例如王献唐先生对于黄县㠱器的分析[3]、郭沫若先生认为杜伯鬲是无"媵"字的媵器[4]、杨树达先生对于曾伯簠的研究[5]等。

　　现代学者的研究更为广泛,有对媵器本身的研究,铭文、器型等均有涉及,亦有以铭文为基础对女性称谓、社会地位的研究,还有对国家婚姻关系的研究等等。例如曹定云先生对于女子称谓的研究[6],曹玮先生通过青铜器铭文对于西周婚姻制度的分析[7],王子超先生对媵器的梳理[8],孙永珍先生对于媵器铭文的研究[9],

---

[1] 崔明德:《先秦政治婚姻史》,山东大学出版社,2004年。
[2] 周红妹:《从〈左传〉看春秋贵族妇女家庭婚姻地位》,北京语言大学硕士学位论文,2009年。
[3] 王献唐:《黄县㠱器》,见《山东古国考》,齐鲁书社,1983年。
[4] 郭沫若:《金文丛考》,转引自陈昭容:《两周婚姻关系中的"媵"与"媵器"——青铜器铭文中的性别、身分与角色研究之二》,《中央研究院历史语言研究所集刊》第七十七本第二分,2006年。
[5] 杨树达:《积微居金文说》,上海古籍出版社,2013年。
[6] 曹定云:《周代金文中女子称谓类型研究》,《考古》1999年第6期。
[7] 曹玮:《散伯车父器与西周婚姻制度》,《文物》2000年第3期。
[8] 王子超:《媵器试论》,见李源河主编:《中原文史萃编》,中州古籍出版社,2002年。
[9] 孙永珍:《两周媵器铭文研究》,首都师范大学硕士学位论文,2006年。

高兵先生对于周代婚姻形态的系统研究[1],曹兆兰先生从金文出发对于女性称谓、地位等进行的一系列研究[2],陈昭容先生对于婚姻关系与女性地位的一系列系统研究[3],谢尧亭先生对于倗、霸联姻国族的探讨[4];胡嘉麟先生对于芮国婚姻关系的探讨[5],郭成磊先生对于楚国婚姻的探讨[6],孙刚先生对于齐系媵器铭文的研究[7],彭瑾先生对于媵器的研究[8],田成浩先生对于鲁国媵器的整理[9]等。另外还有很多学者针对单件器物诸如梁姬罐、杨姞壶、郜子姜首盘等著有研究文章,不再一一列举。

齐、鲁两国在山东地区周代列国中具有重要地位,两国的外交、贵族婚姻等都对周边国家社会进程甚至整个周代王朝格局产生影响,研究齐、鲁两国政治和对外交流的重要性不言而喻,而婚姻往来的研究是其中一个重要方面。本文试对齐、鲁两国目前所见能够反映婚姻往来的青铜器及铭文进行分析,以此视角对齐、鲁两国对外婚姻关系进行认识。

---

[1] 高兵:《周代婚姻形态研究》,巴蜀书社,2007年。

[2] 曹兆兰:《从金文看周代媵妾婚制》,《深圳大学学报(人文社会科学版)》2001年第6期;《金文中的女性享祭者及其社会地位》,《深圳大学学报(人文社会科学版)》2002年第3期;《金文女性称谓中的古姓》,《考古与文物》2002年第2期;《从金文看两周婚姻关系》,《武汉大学学报(人文科学版)》2004年第1期;《金文与殷周女性文化》,北京大学出版社,2004年。

[3] 陈昭容:《从古文字材料谈古代的盥洗用具及其相关问题——自淅川下寺春秋楚墓的青铜水器自名说起》,《中央研究院历史语言研究所集刊》第七十一本第四分,2000年;《周代妇女在祭祀中的地位——青铜器铭文中的性别、身分与角色研究(之一)》,见于李贞德、梁其姿编:《妇女与社会》,中国大百科全书出版社,2005年;《从青铜器铭文看两周汉淮地区诸国婚姻关系》,《中央研究院历史语言研究所集刊》第七十五本第四分,2004年;《两周婚姻关系中的"媵"与"媵器"——青铜器铭文中的性别、身分与角色研究之二》,《中央研究院历史语言研究所集刊》第七十七本第二分,2006年;《从青铜器铭文看两周王室婚姻关系》,见于《古文字与古代史(第一辑)》,2007年;《两周夷夏族群融合中的婚姻关系——以姬姓芮国与媿姓倗氏婚嫁往来为例》,见于《两周封国论衡——陕西韩城出土芮国文物暨周代封国考古学研究国际学术研讨会论文集》,上海古籍出版社,2014年。

[4] 谢尧亭:《倗、霸及其联姻的国族初探》,转引自陈昭容:《两周夷夏族群融合中的婚姻关系——以姬姓芮国与媿姓倗氏婚嫁往来为例》,《两周封国论衡——陕西韩城出土芮国文物暨周代封国考古学研究国际学术研讨会论文集》,上海古籍出版社,2014年。

[5] 胡嘉麟:《从芮国青铜器看芮国的婚媾与邦国关系》,见于《两周封国论衡——陕西韩城出土芮国文物暨周代封国考古学研究国际学术研讨会论文集》,上海古籍出版社,2014年。

[6] 郭成磊:《东周楚国婚姻考》,华中师范大学硕士学位论文,2013年。

[7] 孙刚:《东周齐系题铭研究》,吉林大学博士学位论文,2012年。

[8] 彭瑾:《周代媵器试论》,南京大学硕士学位论文,2014年。

[9] 田成浩:《战国以前鲁国有铭媵器种类、数量分析》,《吉首大学学报(社会科学版)》2015年第S1期。

根据之前学者研究[1],能够表明婚姻关系的青铜器主要是媵器[2],另外还有一部分夫为妻作器、女性自作器可以根据铭文中出现的姓氏、国别来判断相互通婚的国家。据已经发表的资料、金文集录,本文将与齐、鲁两国婚姻关系相关的铭文青铜器汇总成表(见文后附表),且按照时代分别分析。

一、齐　国

西周时期相关青铜器数量较少,春秋时期数量增多。

1. 西周

目前发现的此时期能够表明婚姻关系的齐国青铜器有鼎1、彝1、盘1、簋1、钟1。

陕西张家坡出土的齐姜鼎(齐姜作宝尊鼎,西周早期,《集成》[3]2148),齐姜即来自齐国(图一,1);陕西岐山县祝家庄龙嘴村西出土的齐生鲁方彝盖(……齐生鲁肇贾休多赢……鲁用作朕文考乙公宝尊彝……西周中期,《集成》9896)是名字为鲁的"齐生"为父作器(图一,2),鲁的母亲来自齐国,所以他自称齐生(即甥)。以上两件器物有明确的出土地点,均表明齐和周人有婚姻关系。传世还有齐孂姬簋(齐孂姬作宝簋……西周晚期,《集成》3816;图一,3),齐叔姬盘(齐叔姬作孟庚宝盘……西周晚期,《集成》10142;图一,4),以上两件均是嫁到齐国的姬姓女子作器,表明齐与姬姓国家有婚姻往来。但仅从铭文看,无法判断联姻的国家,或为鲁国或为周王室。

传世有迟父钟(迟父作姬、齐姜穌林□钟……西周晚期,《集成》103),是迟父(姬姓)为自己的女儿(省略私名)以及齐姜两人所作媵器,齐姜为迟父女儿的媵女。迟父的女儿与齐姜往嫁之国应当是非姬姓非姜姓国。

---

[1] 陈昭容、曹兆兰、曹定云等先生均作过详细研究,此处不再赘述。
[2] 陈昭容先生在《两周婚姻关系中的"媵"与"媵器"——青铜器铭文中的性别、身分与角色研究之二》中提出了判断媵器的方法;曹兆兰先生在其《金文与殷周女性文化》中从作器者角度将媵器分为以父母二人名义、以父名义、以母名义、以兄名义、以侄名义等八种。本文对媵器的判断基于两位先生的研究。
[3] 《集成》为《殷周金文集成》的简称;《山东集成》为《山东金文集成》的简称;《铭图》为《商周青铜器铭文暨图像集成》的简称;《铭图(续编)》为《商周青铜器铭文暨图像集成(续编)》的简称。下文及附表同。

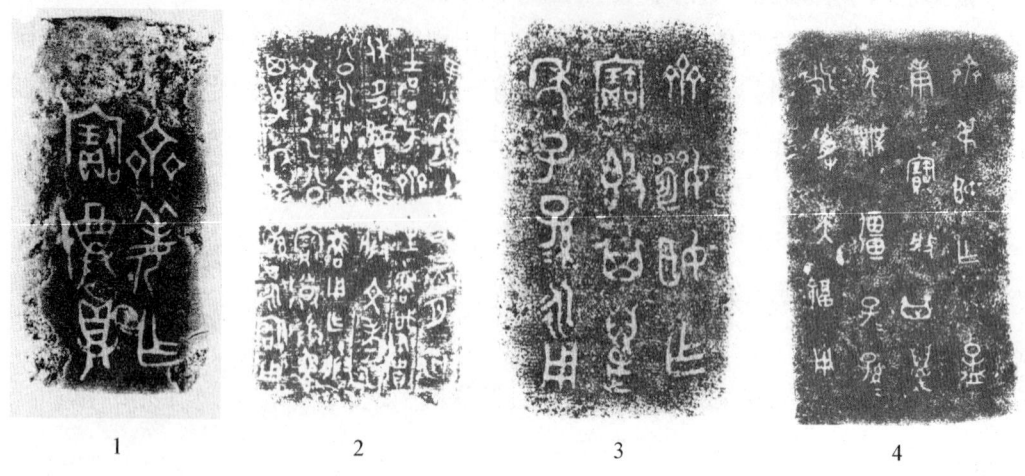

图一 齐国相关西周铜器铭文拓片

2. 春秋

此时期反映婚姻关系的青铜器数量增多,以春秋晚期居多。目前所见有鼎2、鬲4、豆1、敦2、壶3、盂1、盘7、匜4,可分为食器与水器两大类,水器稍多,盘、匜数量最多,壶应当也是与盘相配使用[1]。陈昭容先生曾专门撰文指出媵器中盘、匜等水器较多的原因[2],齐国铜器也有此现象。媵器的数量较多,另外还有夫为妻作器、女性自作器等,还发现一例他国之女嫁到齐国的媵器。

父辈为女作媵器:一部分有明确出土地点,齐侯盂(齐侯作媵子仲姜宝盂……春秋晚期,河南孟津邙山,《集成》10318;图二,1),是齐侯为女儿仲姜所作。齐侯四器(鼎、敦、盘、匜,春秋晚期,河北易县,《山东集成》212页、《集成》4645、《集成》10159、《集成》10283;图三),是齐侯为孟姜所作的成套媵器。赐孙叔子犀盘(赐孙叔子犀为子孟姜媵盥盘……春秋中晚期,诸城都吉台[3];图二,2),是犀为孟姜所作。公子土折壶(公孙竈立事岁饭者月公子土折作子仲姜◯之般壶……春秋晚期,临朐杨善,《集成》9709),是土折为仲姜而作。邾公典盘(邾子、姜首及邾,公典为其盥盘……春

---

[1] 冯峰:《鲍子鼎与鲍子镈》,《中国国家博物馆馆刊》2014年第7期。
[2] 陈昭容:《从古文字材料谈古代的盥洗用具及其相关问题——自浙川下寺春秋楚墓的青铜水器自名说起》,《中央研究院历史语言研究所集刊》第七十一本第四分,2000年。
[3] 山东省博物馆:《山东金文集成》,齐鲁书社,2007年,第674—675页。莒县中楼乡崔家峪曾经出土诸仆故匜,孙敬明、何琳仪先生均考证诸为地名。

秋晚期,长清仙人台 M3[1]),此件器物后文详述。传世器有齐伯里父匜(齐伯里父作周姜媵匜……春秋早期[2]),是伯里父为嫁往周的姜姓女子所作。齐侯子仲姜鬲(齐侯子仲姜媵镏……2件,春秋早期[3]),齐侯为仲姜作器,但是铭文并不能反映仲姜往嫁之国。鲍子鼎(鲍子作媵仲匋姒……春秋晚期;图二,3),吴镇烽先生[4]认为是鲍氏与郑国公族联姻的陪嫁礼器。

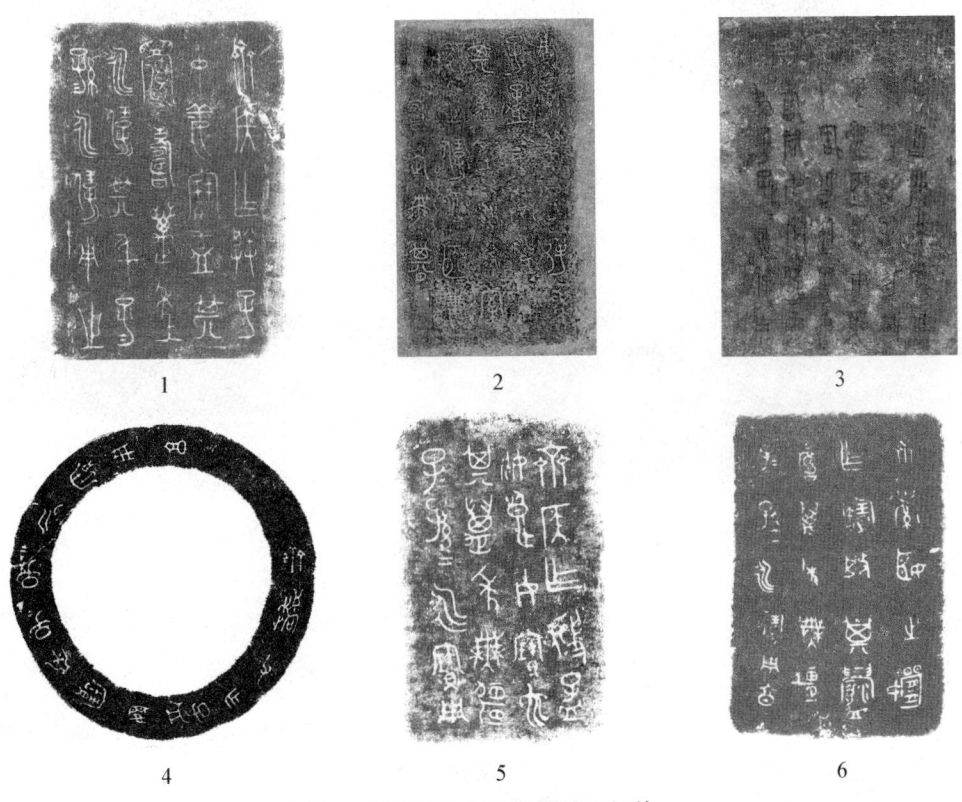

图二 齐国相关春秋铜器铭文拓片

他国媵器:元子仲姞豆(桊可忌作厥元子仲姞媵錞。春秋晚期,临淄区白兔丘[5]),是桊可忌为嫁往齐国的仲姞所作媵器。

夫为妻作器:齐趞父鬲(齐趞父作孟姬宝鬲子子孙孙永宝用享。春秋早期,临

---

[1] 山东大学考古系:《山东长清县仙人台周代墓地》,《考古》1998 年第 9 期。
[2] 孙妙华:《关于齐伯里父匜的几点认识》,《文博》2011 年第 2 期。
[3] 曹锦炎:《齐侯子仲姜鬲小考》,见于《中国考古学会第十五次年会论文集》,文物出版社,2013 年。
[4] 吴镇烽:《鲍子鼎铭文考释》,《中国历史文物》2009 年第 2 期。
[5] 张龙海:《山东临淄出土一件有铭铜豆》,《考古》1990 年第 11 期。

图三 齐侯四器

朐泉头村[1];图二,4),齐趞父为姬姓妻子所作。齐侯盘(齐侯作🅇姬宝盘……春秋,潍坊安丘出土,《集成》10117)、齐侯匜(齐侯作🅇姬宝匜……春秋,潍坊安丘出土,《集成》10242),是齐侯为姬姓妻子所作器。另外还有齐侯作孟姬盘(齐侯作皇氏孟姬宝盘……春秋晚期,《集成》10123)、齐侯作虢孟姬匜(齐侯作虢孟姬良母宝匜……春秋早期,《集成》10272;图二,5),是齐侯为来自姬姓虢国的妻子作器。

女性自作器1件:齐縈姬盘(齐縈姬之嬭作宝盘……春秋早期,《集成》10147;图二,6),作器者以齐縈姬之姪自称,也表明"侄媵婚"的存在。有学者研究《左传》有3处记载"侄从媵",仅发生在齐鲁之间[2],那么"縈姬"的母国应当是鲁国。

有几件青铜器学术界进行过较多讨论。

齐趞父鬲:在临朐泉头村乙墓出土,是齐趞父为其夫人孟姬所作之器,同墓还出

---

[1] 临朐县文化馆、潍坊地区文物管理委员会:《山东临朐发现齐、郯、曾诸国铜器》,《文物》1983年第12期。

[2] 曹晓伟:《春秋时期媵婚研究》,《理论学刊》2014年第4期。

土上曾太子鼎及郘仲盘、郘仲匜[1]，后两件为郘国女子嫁到齐国的媵器。我们分析认为，此墓应当是齐趞父的来自姬姓曾国妻子的墓葬，上曾太子鼎本是上曾太子自作之器，后在女儿出嫁之时作为陪嫁带到此地。此器多圆、方或者三角形的补钉，使用时间较长，或为证明。而同墓出土的郘仲盘、郘仲匜或说明与此姬姓女子同时嫁给齐趞父的应当还有一位郘国女子，应是异姓相媵。陈絜先生认为郘氏是文献失载子姓之国，是殷商王族后裔，地望在今济南附近；还根据传世的郘伯匜（《集成》10221）判断，郘为子姓[2]。

郘公典盘：此件器物的铭文解读争议较多。方辉先生认为"及"为"到达"之义。公典为作器者名，公典应是郘国公族[3]。李学勤先生认为"及"不是连词，而是动词，意思是参预；"典"，当训为礼；"郘子姜首"是作器者，理解为郘人"子姜首"，"子"系美称，"首"是名。是齐女嫁于郘者"及郘公典"[4]。林圣杰先生认为"及"作"到达"，"首"字应当是人名[5]。涂白奎先生认为"及"为"往嫁之词"，"郘子"为郘人之女，郘为姜姓，首为名。"郘子姜首及"，不提国族和姜首的行字，很可能姜首不是元配，所以"及"除有"至"义外，又有"继"义[6]。彭瑾先生认为"郘子姜首"是两个女性的称谓，"郘子"是嫁到郘国的子姓之女，"姜首"则是名字为"首"的齐国女子，郘子姜首盘是齐国人为自己的女儿和郘子两个人所作媵器[7]。我们认为这个解释较为合理，分析简报 M5 的出土器物与 M3、M6 差异较大，而与齐侯四器等非常类似，郘子姜首盘是一器媵两女，且是异姓媵婚的反映。

齐侯子仲姜鬲，两件鬲铭文连读，应为一对。考古中发现较多双联器物，大河村遗址有彩陶双联壶、新近发现杞伯双联鬲[8]、郯城二中 M2 中出土的双联小罐[9]等，

---

[1] 临朐县文化馆、潍坊地区文物管理委员会：《山东临朐发现齐、郘、曾诸国铜器》，《文物》1983 年第 12 期。郘仲盘铭文为：郘仲媵仲女子宝盘，其万年无疆子子孙孙永宝用。郘仲匜铭文为：郘仲媵仲女子宝匜，其万年无疆子子孙孙永宝用。

[2] 陈絜：《郘氏诸器铭文及其相关历史问题》，《故宫博物院院刊》2009 年第 2 期。

[3] 方辉：《郘公典盘铭考释》，《文物》1998 年第 9 期。

[4] 李学勤：《郘子姜首盘和"及"字的一种用法》，见于李圃主编：《中国文字研究》，广西教育出版社，1999 年。

[5] 林圣杰：《公典盘铭文浅释》，见于《中国文字（新廿七期）》，艺文印书馆，2001 年。

[6] 涂白奎：《郘公典盘及相关问题》，《考古与文物》2003 年第 5 期。

[7] 彭瑾：《周代媵器试论》，南京大学硕士学位论文，2014 年。一器媵两女虽然少见，但确实有，如上文提到的迟父钟。

[8] 田率：《国家博物馆新入藏的两周青铜器管见》，《中国国家博物馆馆刊》2015 年第 5 期。

[9] 山东省文物考古研究所、临沂市文物管理委员会、郯城县文物管理所：《郯城县大埠二村遗址发掘报告》，见于《海岱考古（四）》，科学出版社，2011 年。

瓷器中也有双联瓶、双鱼瓶等。我们推测这种双联器物造型或为女性墓中出土器物的特征之一,带有祝福寓意。

通过对上述青铜器铭文的分析,齐国与周王室、鲁、燕、莒、郑、虢、邿、诸、姬姓曾、杞、姞姓燕国等有婚姻往来。

二、鲁　国

发现的相关青铜器时代较为集中,为西周晚期到春秋早中期,春秋早期稍多。媵器中鼎、簠、鬲数量占有一定比例,较为重视食器。

1. 西周

与齐国相比,鲁国西周时期相关铜器发现较多,共 17 件,其中鼎 4、簠 5、鬲 4、壶 1、盘 1、匜 1、尊 1,鼎、鬲、簠等食器比例甚大。

父为女作器 12 件:鲁侯鼎(鲁侯作姬翏媵鼎……2 件,西周晚期;图四,1),鲁侯作姬翏朕簠(鲁侯作姬翏朕簠……2 件,西周晚期),均为泰安城前村出土,是鲁侯为女儿翏作媵器,至于翏的往嫁之国,有学者根据地望认为应是牟国[1]。鲁侯作尹叔姬壶(鲁侯作尹叔姬壶。西周晚期,《集成》9579;图四,3),鲁侯为嫁往尹国的女儿所作。宰驷父鬲(鲁宰驷父作姬雕媵鬲……西周晚期,《集成》707)与伯驷父盘(伯驷父盘作姬沦媵……西周晚期,《集成》10103;图四,4)在邹城出土,为邾国范围,是鲁宰驷父的女儿嫁到邾国的陪嫁。鲁侯作姬番鬲(鲁侯作姬番鬲。西周晚期,《集成》545;图四,2)、鲁司徒马皇父鼎(鲁司徒马皇父作姬此母媵鼎……西周晚期,《铭图(续编)》0193)、鲁司徒马皇父簠(鲁司徒马皇父作姬此母媵簠……2 件,西周晚期,《铭图(续编)》0418—0419),以上几件省略夫国名,不能判断鲁国女子往嫁之国。

夫为妻作器 2 件:鲁侯作姜享彝尊(鲁侯作姜享彝。西周,《山东集成》497 页),从铭文不能判断鲁侯的姜姓妻子的母国国别。鲁侯匜(鲁侯作杞姬番媵匜……西周晚期,《铭图》14923),鲁侯为来自杞国的妻子作器。

母为女作器 3 件:瓢姬鬲(瓢姬作孟妊婌兹羞鬲。2 件,西周晚期[2])。赵平安

---

[1] 程继林、吕继祥:《泰安城前村出土鲁侯铭文铜器》,《文物》1986 年第 4 期。
[2] 泰安市博物馆:《山东泰安市龙门口遗址调查》,《文物》2004 年第 12 期。

先生考证"甑"即为铸[1]。铸为姜姓国,陈槃先生认为铸国在今宁阳县北[2];郭沫若先生考证铸国故地在今山东临沂东南祝丘,后受鲁人逼迫北迁淳于(今安丘),后又迁至长清肥城境地,最后在此被齐国所灭[3]。铸的地望虽有争议,但铸确在山东,在山东青州、桓台、平邑都发现过铸国铜器,传世也有铸侯求钟(《集成》47)。甑姬鬲应是铸姬为自己的女儿(妊姓)所作媵器。龙门口遗址还出土商丘叔簠,赵平安先生认为是卫国器物[4],郑清森先生[5]认为是宋国器物。此遗址文化面貌复杂,今后还需进一步分析。妌仲簠(妌仲作甫妡媵簠……西周晚期,《集成》4534;图四,5),妌仲为嫁往甫国的妡姓女儿所作的媵器。甫国即吕国,"宣王以后改吕为甫……吕即甫"[6],滕州庄里西遗址出土西周早期的甫父簋[7],传世有甫人父匜(西周晚期,《集成》10206)。妌仲簠在鲁故城M48出土,M48为鲁中齐之墓,在M48墓中妌仲簠仅发现一件,器不完整,推测这件簠是非正常途径得来的。

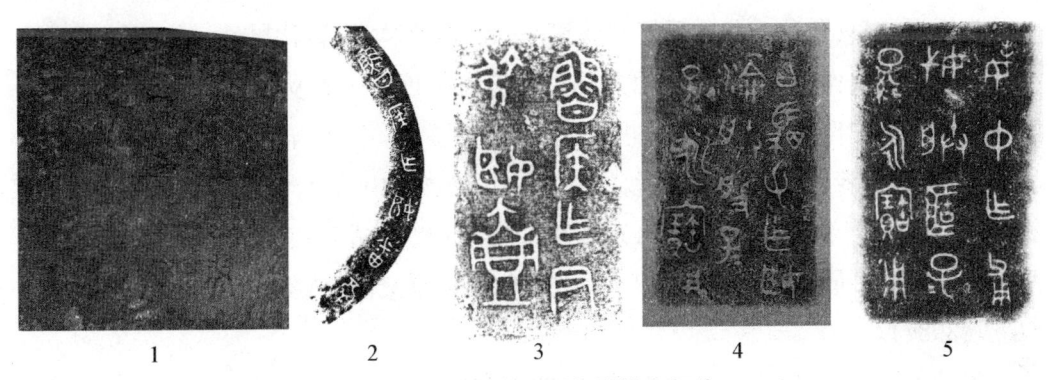

图四　鲁国相关西周铜器铭文拓片

2. 春秋

鲁国此时期的青铜器均属春秋早期,鬲6、簋3、簠4、盘8、匜3,食器数量稍多。

---

[1] 赵平安:《山东泰安龙门口新出青铜器铭文考释》,《中国历史文物》2006年第2期。

[2] 陈槃:《春秋大事表列国爵姓及存灭表撰异(三订本)》,上海古籍出版社,2009年,第852页。

[3] 转引自陈槃:《春秋大事表列国爵姓及存灭表撰异(三订本)》,上海古籍出版社,2009年,第853页。

[4] 赵平安:《山东泰安龙门口新出青铜器铭文考释》,《中国历史文物》2006年第2期。

[5] 郑清森:《山东泰安出土"商丘叔"簠考》,《中国历史文物》2010年第6期。

[6] 转引自陈槃:《春秋大事表列国爵姓及存灭表撰异(三订本)》,上海古籍出版社,2009年,第803页。

[7] 滕州博物馆馆藏,铭文为"甫父作宝尊彝",簋方唇、微敞口、深腹、高圈足,沿下及圈足饰兽面纹,兽面纹仅圆目凸出,躯干及尾部用云雷纹及线条表现,环耳带方形垂珥。应是西周早期器。

父辈为女作器：鲁伯愈父鬲（鲁伯愈父作邾姬☐媵羞鬲……6件，春秋早期，《集成》690—695；图五，1），鲁伯俞父簠（鲁伯俞父作邾姬☐簠……3件，春秋早期，《集成》4566—4568；图五，2），鲁伯愈父匜（鲁伯愈父作邾姬☐媵盥匜……春秋早期，《集成》10244；图五，3），鲁伯俞父盘（鲁伯俞父作邾姬☐媵盘……3件，春秋早期，《集成》10113—10115；图五，4），此组器物是滕县（今滕州）凤凰岭出土，是鲁伯愈父为嫁往邾国的女儿所作的成组媵器。鲁伯大父作孟姬姜簠（鲁伯大父作孟姬姜媵簠……，春秋早期，《集成》3988），出土地点应当属于谭国，孟姬所嫁应当为嬴姓谭国。鲁大司徒子仲匜（鲁大司徒子仲作其庶女厉孟姬媵匜……春秋早期，《集成》10277），大司徒之女嫁往的是厉国[1]。司马南叔匜（司马南叔作夒姬媵匜……春秋早期，《集成》10241），张天恩先生考证此件器物是鲁莒联姻的产物[2]。另有几件传世青铜器或出土地点不明，或铭文省略，无法判断鲁国之女的夫国。鲁伯大父作季姬婧簠（鲁伯大父作季姬婧媵簠……历城北草沟，春秋早期，《集成》3974；图五，5），鲁伯大父作仲姬俞簠（鲁伯大父作仲姬俞媵簠……春秋早期，《集成》3989；图五，6），鲁伯厚父作仲姬俞盘（鲁伯厚父作仲姬俞媵盘。春秋早期，《集成》10086），鲁伯者父盘（鲁伯者父作孟姬嬅媵盘。春秋早期，《集成》10087），鲁正叔盘（鲁正叔之作铸其媵盘……春秋，《集成》10124），鲁少司寇盘（鲁少司寇孙□作其子孟姬簠媵盘匜……春秋，《集成》10154），鲁大宰原父簠（鲁大宰原父作季姬牙媵簠……春秋早期，《集成》3987）。

鲁伯大父器群，鲁伯大父为孟姬姜、仲姬俞、季姬嬉分别作器。这可能是文献中的"娣从媵"现象的反映。文献中有多处此类记载，例如纪侯娶鲁女伯姬，叔姬为娣。鲁庄公有妾齐女哀姜，叔姜为娣。鲁公孙敖娶莒女声己，戴己为娣。有学者统计《左传》中共有40处记载"娣从媵"[3]，说明这一现象普遍存在。

曲阜鲁国故城M202中出土鲁伯者父盘：鲁伯者父作孟姬嬅媵盘[4]，同墓出土铜器有盆、匜，陶器有鬲、盂、豆、罐，发掘者认为M202属于甲组墓，是当地原住民的墓葬。这就容易解释为何媵器还会出现在鲁国故城墓葬中，这件媵器应是鲁国公室同当地原有贵族通婚的证据。

---

［1］马承源《商周青铜器铭文选》认为厉在今河南鹿邑县东。
［2］张天恩：《司马南叔匜小议》，见于《青铜器与山东古国学术研讨会论文集》，上海古籍出版社，2017年。
［3］曹晓伟：《春秋时期媵婚研究》，《理论学刊》2014年第4期。
［4］山东省文物考古研究所、山东省博物馆、济宁地区文物组等编：《曲阜鲁国故城》，齐鲁书社，1982年。

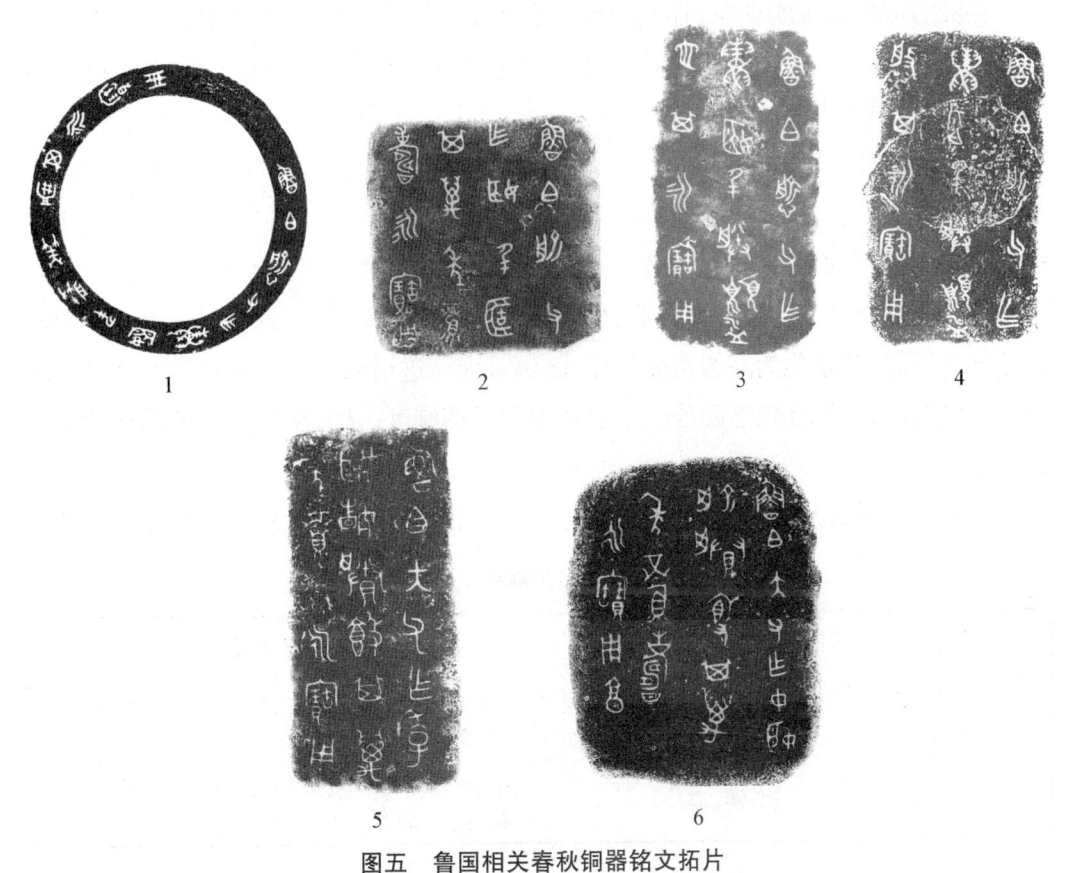

图五　鲁国相关春秋铜器铭文拓片
（1. 集成 690　2. 集成 4566　4. 集成 10114）

传世还有一件鲁姬鬲（鲁姬作尊鬲永宝用，春秋早期，《集成》593），应是女性自作器，但是铭文国语简略，无法判断鲁姬的夫国。

从出土地点判断鲁国同牟国、邾国、谭国存在婚姻往来，从铭文上能够判断鲁国与尹国、铸国、杞国、厉国存在婚姻往来。鲁国有较多媵器多不出现夫国名，铭文完全释读有一定困难。

三、认　　识

综上对齐、鲁两国与婚姻相关的青铜器的分析，春秋时期青铜器数量的增长是共同点。齐国的媵器春秋晚期数量居多，鲁国在春秋早期数量较多。

两国相比，齐国水器数量稍多，但鼎、鬲、敦等食器也有相当的比例。鲁国重视食器，鼎、簠、鬲的数量较多。

媵器有成组出现的现象,齐侯四器组合为鼎、敦、盘、匜,同地点出土、铭文一致,明显成组。仙人台 M5 中出土的鼎、敦与上述齐侯四器中的鼎、敦器形相似,同出盘与壶相配,或均为媵器。以上说明春秋晚期齐国媵器的基本组合应为鼎、敦、盘、匜(或壶),级别高者,器类应更丰富。鲁伯愈父器组共出鬲6簋3盘3匜1共13件,且均带有铭文,这是目前鲁国媵器最多的组合;泰安城前村中有鼎2簋2,传世的鲁司徒马皇父为鼎、簋组合;鲁国确实较为注重食器,这应当是对周人传统的延续。

齐国媵器中有9件是齐侯作器,另有4件是齐侯为夫人作器;鲁国仅有6件明确为鲁侯作媵器,其余均为高级贵族所作,比例甚大。这说明婚姻往来在各国公卿贵族之间也较为流行,嫁女陪送媵器的社会礼仪同赗赙制度一样,在对应的各贵族阶层之间均存在。

通过金文材料及文献记载,我们将与齐、鲁两国存在婚姻往来的国家列表如下:

表一 与齐、鲁两国存在婚姻往来的国家统计表

	铜器铭文反映的国家之间婚姻关系	文献记载的婚姻关系[1]
齐	周王室、燕、莒、郑、诸、楚、虢、姬姓曾、杞	周王室、郑、卫、邢、谭、鲁、晋、宋、郯、胡、燕、蔡、徐、楚、秦
鲁	牟、郳、厉、莒、小邾、铸、谭	齐、杞、莒、薛、宋、纪、须句、楚、陈、牟、鄫、胡、小邾、邾、党氏女(任姓)、吴、郯、莒

齐国以婚姻这种方式对外进行广泛交流,辐射的地理范围广泛,最西有周王室、秦国,南部有楚国,北部有燕、邢国,不仅与周王室及大国联姻,也与莒、郯等周边小国联姻。与周王室、鲁国多次联姻,充分显示其以婚姻为媒介的外交较为活跃。而包括周王室在内的各国都积极与齐国缔结婚姻关系,也证明齐国的大国地位。

与鲁国联姻的国家多在鲁国邻近区域;个别距离稍远,到达黄河下游或者淮河流域。鲁国较为重视与邻近周边国家的姻亲关系,与宋国、齐国多次联姻。重视其邻近的西南、东南方向周边小国。西南方向有郯国、小邾国、甫国、厉国、宋国、胡国等,从枣滕地区一直向西到中原,成为鲁国与周王朝一条特别的联络渠道。郯国、鄫国、莒国则在其东南方向,成为南部的一道防线。

齐、鲁两国充分利用姻亲这种手段,"夫为四邻之援,结诸侯之信,重之以婚姻,申之以盟誓,固国之艰急是为"[2]。与周边各国稳固关系,维持周边政治环境安定,政治意义浓厚。

---

[1] 崔明德:《先秦政治婚姻史》,山东大学出版社,2004 年。
[2] 《国语·鲁语上》。

附表：齐、鲁两国相关青铜器总览

1. 齐国

器 名	数量	时代	出土地点	铭 文	备注	出 处
齐姜鼎	1	西周早期	陕西长安县沣西墓葬	齐姜作宝尊鼎。		《集成》2148
齐生鲁方彝盖	1	西周中期	陕西岐山县祝家庄龙嘴村西	唯八年十又二月初吉丁亥,齐生鲁肇贾休多赢,佳朕文考乙公永启余。鲁用作朕文考乙公宝尊彝,鲁其万年子子孙孙永宝用。		《集成》9896
齐孃姬簋	1	西周晚期		齐孃姬作宝簋,其万年子孙永用。		《集成》3816
齐叔姬盘	1	西周晚期		齐叔姬作孟庚宝盘,其万年无疆子子孙孙永受大福用。		《集成》10142
迟父钟	1	西周晚期		迟父作姬、齐姜穌林□钟。		《集成》103
齐侯子仲姜鬲	2	春秋早期		唯王正月既死霸丁亥,齐侯子仲姜媵鬲,其眉寿万年,永保其身,它它熙熙,老寿无期,永保用之。		曹锦炎,《齐侯子仲姜鬲小考》,《中国考古学会第十五次年会论文集》
齐伯里父匜	1	春秋早期		齐伯里父作周姜媵匜,其万年子子孙孙永宝用。		《文博》2011年第2期
齐侯盂	1	春秋晚期	河南孟津邙山	齐侯作媵子仲姜宝盂,其眉寿万年,永保其身子子孙孙永用之。		《集成》10318
郜公典盘	1	春秋晚期	长清仙人台M3	郜子、姜首及郜,公典为其盥盘,用祈眉寿难老,室家是保,它它熙熙,男女无期。于冬。		《考古》1998年第9期
齐侯鼎	1	春秋晚期	1892,河北易县	齐侯作媵宽圆孟姜善鼎,用祈眉寿万年无疆,它它熙熙,男女无期,子子孙孙永宝用之。	四器同出	《山东集成》第212页
齐侯盘	1	春秋晚期	1892,河北易县	齐侯作媵宽圆孟姜盥盘,用祈眉寿万年无疆,它它熙熙,男女无期,子子孙孙永宝用之。	四器同出	《集成》10159
齐侯作孟姜盥匜	1	春秋晚期	1892,河北易县	齐侯作媵宽圆孟姜盥盂,用祈眉寿万年无疆,它它熙熙,男女无期,子子孙孙永宝用之。	四器同出	《集成》10283
齐侯作孟姜敦	1	春秋晚期	1892,河北易县	齐侯作宽圆孟姜善敦,用祈眉寿万年无疆,它它熙熙,男女无期,子子孙孙永宝用之。	四器同出	《集成》4645

续表

器名	数量	时代	出土地点	铭文	备注	出处
鲍子鼎	1	春秋晚期		鲍子作媵仲匋姒，其获皇男子，勿有阑已，它它熙熙，男女无期，仲匋姒及子思，其寿君毋死，保而兄弟，子子孙孙永保用。		《中国历史文物》2009年第2期
鼄孙叔子犀盘	1	春秋中晚期	诸城都吉台	鼄孙叔子犀为子孟姜媵盥盘，其万年眉寿，室家是保它它熙熙妻□寿考无（期）。	同出盘1鼎1	《山东集成》第674、675页
公子土折壶	1	春秋晚期	1963，临朐杨善	公孙窹立事岁饭者月公子土折作子仲姜 㝬 之般壶，用祈眉寿万年，羕（永）保其身，子子孙孙永保用之。		《集成》9709
元子仲姞豆	1	春秋晚期	1987，临淄区白兔丘	桨可忌作厥元子仲姞媵錞。		《考古》1990年第11期
齐趫父鬲	2	春秋早期	临朐泉头墓葬	齐趫父作孟姬宝鬲，子子孙孙永宝用享。		《文物》1983年第12期
齐侯盘	1	春秋	1116年，潍坊安丘	齐侯作䣄姬宝盘，其万年子子孙孙永保用。		《集成》10117
齐侯匜	1	春秋	1116年，潍坊安丘	齐侯作䣄姬宝匜，其万年子子孙孙永保用。		《集成》10242
齐侯作虢孟姬匜	1	春秋早期		齐侯作虢孟姬良母宝匜，其万年无疆子孙孙永宝用。		《集成》10272
齐侯作孟姬盘	1	春秋晚期		齐侯作皇氏孟姬宝盘，其万年眉寿无疆。		《集成》10123
齐縈姬盘	1	春秋早期		齐縈姬之孀作宝盘，其眉寿万年无疆子子孙孙永宝用享。		《集成》10147

2. 鲁国

器名	数量	时代	出土地点	铭文	备注	出处
鲁侯鼎	2	西周晚期	泰安城前村	鲁侯作姬翏媵鼎，其万年眉寿永宝用。		《文物》1986年第4期
鲁侯作姬翏朕簠	2	西周晚期	泰安城前村	鲁侯作姬翏朕簠，其万年眉寿永宝用。		《文物》1986年第4期
鲁侯作姬番鬲	1	西周晚期		鲁侯作姬番鬲。		《集成》545
鲁侯作尹叔姬壶	1	西周晚期		鲁侯作尹叔姬壶。		《集成》9579

续表

器　名	数量	时代	出土地点	铭　　文	备注	出　　处
宰驷父鬲	1	西周晚期	邹城栖驾峪	鲁宰驷父作姬雕媵鬲，其万年永宝用。	同出盘、匜、鼎、鬲、簋、穿带壶22件	《集成》707
伯驷父盘	1	西周晚期	邹城栖驾峪	伯驷父盘作姬沧媵，子子孙孙永宝用。		《集成》10103
鲁司徒马皇父鼎	1	西周晚期		鲁司徒马皇父作姬此母媵鼎，其万年眉寿，子子孙孙永宝用。		《铭图（续编）》0193
鲁司徒马皇父簋	2	西周晚期		鲁司徒马皇父作姬此母媵簋，其万年眉寿，子子孙孙永宝用。		《铭图（续编）》0418—0419
鲁侯作姜享彝尊	1	西周		鲁侯作姜享彝。		《山东集成》第497页
鲁侯匜	1	西周晚期		鲁侯作杞姬番媵匜，其万年眉寿宝。		《铭图》26册14923
妌仲簋	1	西周晚期	鲁国故城	妌仲作甫妣媵簋，子子孙孙永宝用。		《集成》4534
飘姬鬲	2	西周晚期	泰安龙门口	飘姬作孟妊姞兹羞鬲。		《文物》2004年第12期
鲁伯愈父鬲	6	春秋早期	滕县凤凰岭	鲁伯愈父作邾姬𩰬媵羞鬲，其永宝用。	鲁伯愈父器组鬲6簋3盘3匜1	《集成》690—695
鲁伯俞父簋	3	春秋早期	滕县凤凰岭	鲁伯俞父作邾姬𩰬簋，其万年眉寿永宝用。		《集成》4566—4568
鲁伯愈父匜	1	春秋早期	滕县凤凰岭	鲁伯愈父作邾姬𩰬媵盥匜，其永宝用。		《集成》10244
鲁伯俞父盘	3	春秋早期	滕县凤凰岭	鲁伯俞父作邾姬𩰬媵（沫）盘，其永宝用。		《集成》10113—10115
鲁伯大父作季姬婧簋	1	春秋早期	历城北草沟	鲁伯大父作季姬婧媵簋，其万年眉寿永宝用。		《集成》3974
鲁伯大父作孟姬姜簋	1	春秋早期		鲁伯大父作孟姬姜媵簋，其万年眉寿永宝用。		《集成》3988
鲁伯大父作仲姬俞簋	1	春秋早期		鲁伯大父作仲姬俞媵簋，其万年眉寿永宝用。		《集成》3989
鲁伯厚父作仲姬俞盘	2	春秋早期		鲁伯厚父作仲姬俞媵盘。		《山东集成》第672页，《集成》10086

续 表

器 名	数量	时代	出土地点	铭 文	备注	出 处
鲁伯者父盘	1	春秋早期	曲阜鲁故城M202	鲁伯者父作孟姬媵盘。		《集成》10087
鲁正叔盘	1	春秋		鲁正叔之作铸其媵盘,子子孙孙永寿用之。		《集成》10124
鲁少司寇盘	1	春秋		鲁少司寇孙□作其子孟姬簋媵盘匜,其眉寿万年永宝用之。		《集成》10154
鲁大宰原父簋	1	春秋早期		鲁大宰原父作季姬牙媵簋,其万年眉寿永宝用。		《集成》3987
鲁大司徒子仲匜	1	春秋早期		鲁大司徒子仲作其庶女厉孟姬媵匜,其眉寿万年无疆子子孙孙永宝用之。		《集成》10277
司马南叔匜	1	春秋早期	莒县城东前集	司马南叔作巢姬媵匜,子子孙孙永宝用享。		《集成》10241
鲁姬鬲	1	春秋早期		鲁姬作尊鬲永宝用。		《集成》593

海岱地区周瓦初探

张 森
山东大学文化遗产研究院

在日常生活中,砖瓦是建筑材料中必不可少的一部分,也是考古发现中所见古代建筑材料的重头戏,但是一直以来研究者的目光往往被瓦当、铺地砖等花纹精美的构件所吸引。本文主要将以瓦本身的形制和纹饰为基本线索,在典型遗址的出土材料基础上对海岱地区周代的筒瓦以及板瓦两种主要瓦类进行一定的型式划分,以期为今后的研究工作作一些铺垫。

因为瓦本身制作工艺的时代差距,可以从内面有无布纹来区分出海岱地区汉代的瓦与周代的瓦,而根据类型学的渐变规律,汉代瓦的最初形态与周代瓦的最末形态形制较为相似,故我们可以将周代已发现的瓦平面铺开后与汉代较初形制的瓦相比较,从其中的相似关系对比中进行较为有的放矢的分期工作,这也是笔者本文的主要分期思路。

笔者根据瓦水平放置时的状况,将凸面称为表面,将凹面称为内面,有特殊表现的称为前端(如有无瓦唇、上翘、内收等现象),无特殊表现的称为后端,故侧面又分左侧与右侧,表面内面又根据前后部位分为头部、身部和尾部三部分。

本文主要的分析内容是山东地区周代的几个典型遗址的材料,如曲阜鲁国故城、泗水尹家城、费县防故城、邹城邾国故城、临淄齐国故城。以各个遗址所出土的瓦材料本身的型式变化为出发点,结合其所同出的器物群构建基本的年代框架及其本身的类型演变规律,从而作出一定的分期研究。

一、筒　瓦

鲁故城报告中所见筒瓦共可分为六式[1]，分别为：

Ⅰ式以 T110H21：13 为例，器形整体呈半圆筒形，尾部较头部稍宽，唇部上翘，唇部有抹去的绳纹痕迹，侧面外切，两侧切面上有竖向的切割痕迹，通体饰竖列的粗绳纹，纹路较深，内面素面，可见清晰的泥条盘筑痕迹。

Ⅱ式以 T110H20(上)：31 为例，头部较身部稍宽，大体一致，唇部微翘，有的近平，唇部仍具有抹去后的绳纹痕迹，侧面外切，不经修饰，通体饰粗细深浅不一致的绳纹，较细的粗绳纹居多，绳纹上有涂抹痕迹，内面素面，有泥条盘筑痕迹。

Ⅲ式以 T901④C：12 为例，身部较头部稍宽，头端较小，向下倾斜，唇部减薄微翘，抹光，侧面外切，切痕有全切和半切两种，未见修整，以饰斜列的较细的粗绳纹为多，瓦面上有一棱棱的刮削痕迹，较平，内面有泥条盘筑痕迹和指压纹。

Ⅳ式以 T107J2：13 为例，身部较头部稍宽，头端稍小，唇沿部分分成斜面，唇沿内外有几道指压浅沟，向下倾斜，唇沿表面有抹去的绳纹痕迹。尾端切割后不修整，两侧的切痕以半切为主，由外切割。瓦面有一棱棱的刮削痕迹，较平，饰斜列的粗绳纹或中绳纹，整体较规整。内面前段有指压痕，后部素面，有的有泥条盘筑痕迹。

Ⅴ式以 T754④：2 为例，身部较头部稍宽，唇沿部分抹成斜面，与瓦面有明显分界，是瓦舌出现前的过渡型。瓦面多饰浅绳纹，前部竖列，后部斜列，内面有泥条盘筑痕迹和指压纹，近口部分饰瓦纹，侧面外切，多全切痕。

Ⅵ式以 T703④B 所出为例，身部较头部较宽，瓦舌不很规整（也有部分比较规整的）。舌部下收较小，舌面与瓦面的距离较短，舌面上有的具有抹去的绳纹痕迹，有的抹光。瓦面绳纹较粗，以竖列为主，前部都用工具划断。瓦里有泥条盘筑痕迹和麻点纹，侧面以半切为主，切向为内外切俱有。

根据报告中筒瓦与其他陶器的组合关系，发掘者认为Ⅰ式筒瓦属于鲁故城一期，Ⅱ式筒瓦属于鲁故城二期后段，Ⅲ式筒瓦属于鲁故城五期，Ⅳ式筒瓦未见于分期表，Ⅴ式Ⅵ式筒瓦则为鲁故城六期，其中Ⅴ式早于Ⅵ式，Ⅵ式带有一定的汉初风格。笔者认为鲁故城这六式筒瓦的划分在总体方向上是正确的，其主要的演变规律为瓦唇部

---

[1] 山东省文物考古研究所、山东省博物馆、济宁地区文物组等：《曲阜鲁国故城》，齐鲁书社，1982 年。

图一 鲁故城筒瓦图

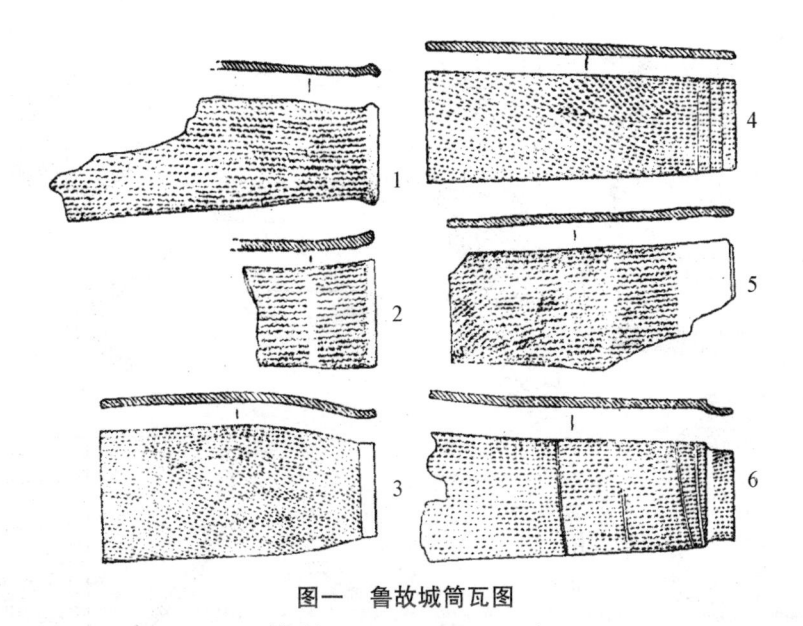

筒瓦(1、2、4、1/7;3、5、6、1/9)
1. Ⅰ式 T110H21：13 2. Ⅱ式 T110H20(上)：31 3. Ⅲ式 T901④C：12
4. Ⅳ式 T107J2：13 5. Ⅴ式 T752④：2 6. Ⅵ式 T703④B

逐渐由上翘转向近平乃至向下发展出子扣式唇部,头部逐渐由宽向窄变小,侧边的切向则由外切为主向内外切俱有转变,塑造方法一直以泥条盘筑为主,但是内壁加工痕迹由指压纹向麻点纹转变。

根据报告中对于各式筒瓦的描述可知,在 T110H21 灰坑的近底部位置处发现了两件残存前半部的Ⅰ式筒瓦,出土时前后相接,同时在 T110H20 的下层也有相同筒瓦的发现。根据瓦材本身使用延续性较强的特点来看,Ⅰ式筒瓦的年代应与同出的较早期陶器的时代相对应,如果比较 H21 中所出器物,可以明显看出其部分陶器如罐、盆、甗的时代可能较晚,但是几件鬲口沿的形态又稍早,故而将Ⅰ式筒瓦根据学界目前对鲁故城一期的主流看法定于西周中期偏早阶段是比较恰当的[1]。

Ⅱ式筒瓦主要出于 T110H20 的上层,根据其共出的器物类型与周边遗址的比较情况来看,也将之年代稍微向后拉至西周中期偏晚阶段比较好。

Ⅲ式筒瓦主要出于鲁故城北部的 T901 第④层,并且在西部的 T311J1 中出土了大量的残片,另有一件完整的筒瓦,两个遗迹的大致年代都属于鲁故城发掘者认定的第五期。而从第五期比较典型的几个遗迹的组合器物来看,如 T901④A：1

---

[1] 许宏：《先秦城市考古学研究》,北京燕山出版社,2000年,第171—182页。

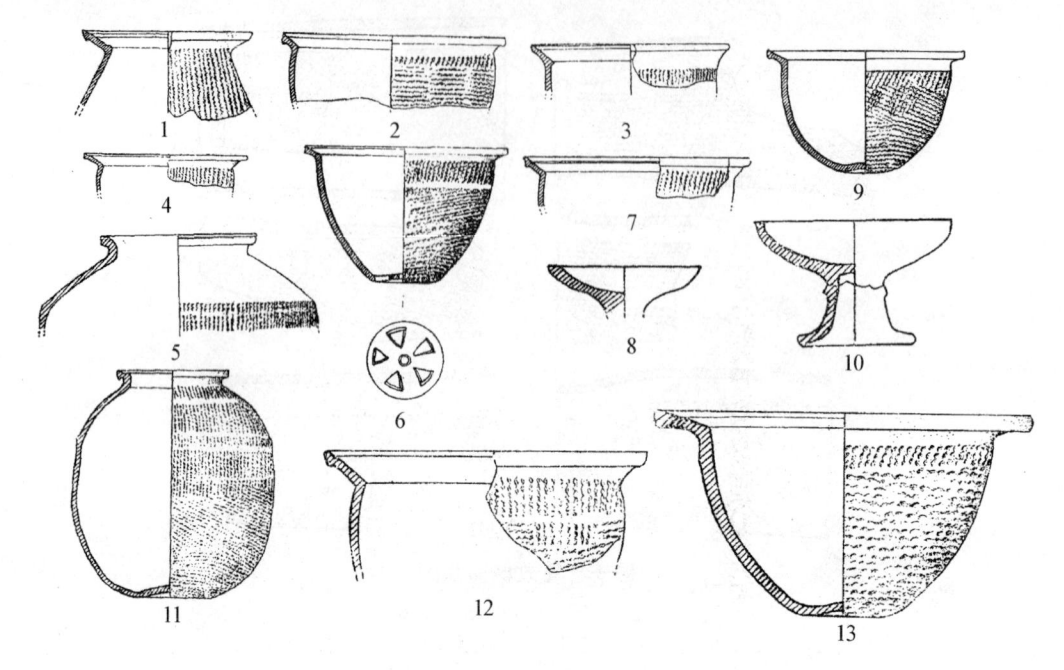

图二　鲁故城Ⅰ式筒瓦同出器物

1. Ⅰ式鬲 T110H21：25　2. Ⅰ式甗 T110H21：21　3. Ⅰ式盆 T110H21：15　4. Ⅱ式鬲 T110H21：11
5. Ⅰ式瓮 T110H21：9　6. ⅡA式甑 T110H21：1　7. Ⅰ式盆 T110H21：16　8. ⅠA式豆 T110H21：19
9. Ⅱ式盆 T110H21：2　10. ⅠB式豆 T110H21：2　11. Ⅰ式罐 T110H21：3　12. Ⅰ式钵 T110H21：8
13. Ⅱ式钵 T110H21：4（其中8、10、12、13四分之一，3、6、11九分之一，其余六分之一）

的Ⅷ式高柄豆的豆盘就要稍浅于春秋晚期章丘宁家埠 M5：4 的豆盘，但是又比战国时期的高柄豆要深；T901④C：1 的Ⅴ式陶瓮的窄沿，广肩，球腹特征也大致属于春战之际的特点，而同属一层的Ⅲ式陶盘也要明显早于战国中期的邹平小巩 M2：15；T311J1 中的绳纹盆也要明显晚于春战之际的 T901⑤A：1 及春秋中期的 T110④：1，故而把Ⅲ式筒瓦定于春秋晚期至战国早期是比较合适的。

Ⅳ式筒瓦虽然在鲁故城报告的陶器分期图中没有标识出来，但是根据报告中的描述，知道Ⅳ式筒瓦出土较多，并且在 T107J2 中有完整标本出土，根据 J2 中的同出器物可知，J2 的时代较为复杂，其中既有战国中期的器物也杂有战国晚期的器物。同时在 T751—T753 的殿基夯土Ⅱ中也存在这类表面饰中绳纹内面有指压纹的瓦，夯土Ⅱ的年代大致为战国早期，根据遗迹的不同属性以及瓦本身的延续性特点来判断，将Ⅳ式筒瓦定于战国早中期阶段是比较恰当的。

Ⅴ式与Ⅵ式筒瓦多出于鲁故城战国晚期至汉代的地层之中，比较鲁故城所出明显的汉代瓦材可知Ⅴ、Ⅵ式筒瓦应处于东周至汉代过渡期间，舌部由萌芽到刚刚出现，并且筒瓦本身制作上并没有使用内模及湿布脱模技术，故而这两式的年代应在战

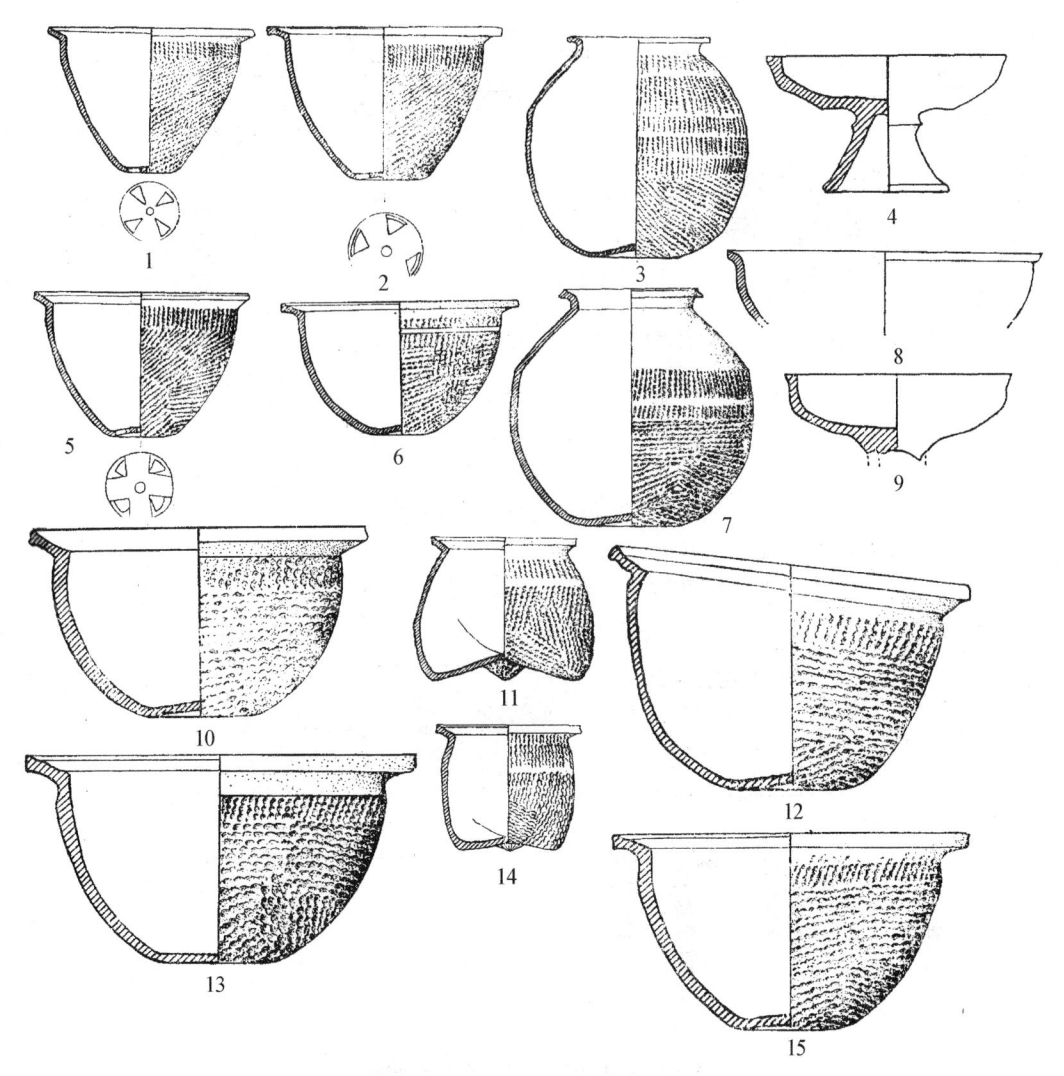

图三 鲁故城Ⅱ式筒瓦同出器物

1. Ⅲ式甗 T110H20(上):2 2. Ⅳ式甗 T110H20(上):4 3. Ⅴ式罐 T110H20(上):6 4. ⅡB式豆 T110H20(上):8 5. Ⅲ式甗 T110H20(上):3 6. Ⅳ式盆 T110H20(上):10 7. Ⅱ式瓮 T110H20(上):7 8. Ⅰ式盘 T110H20(上):21 9. ⅣB式豆 T110H20(上):20 10. Ⅳ式钵 T110H20(上):15 11. Ⅷ式鬲 T110H20(上):6 12. Ⅴ式钵 T110H20(上):11 13. Ⅵ式钵 T110H20(上):13 14. Ⅷ式鬲 T110H20(上):1 15. Ⅵ式钵 T110H20(上):14(其中1、2、3、6九分之一,5、7、15、8六分之一,4、10、9、12、13、14四分之一,11七分之一)

国晚期至汉初阶段比较恰当。

泗水尹家城所发现筒瓦共可分为三式[1]。

Ⅰ式以 T196④:6 为例,长32、宽12.8—15.7厘米。尾部较头部稍宽,瓦舌不明显。表面饰斜细绳纹,瓦头部有涂抹绳纹痕迹,内面有泥条盘筑痕迹,侧面外切。

---

[1] 山东大学历史系考古专业教研室编:《泗水尹家城》,文物出版社,1990年。

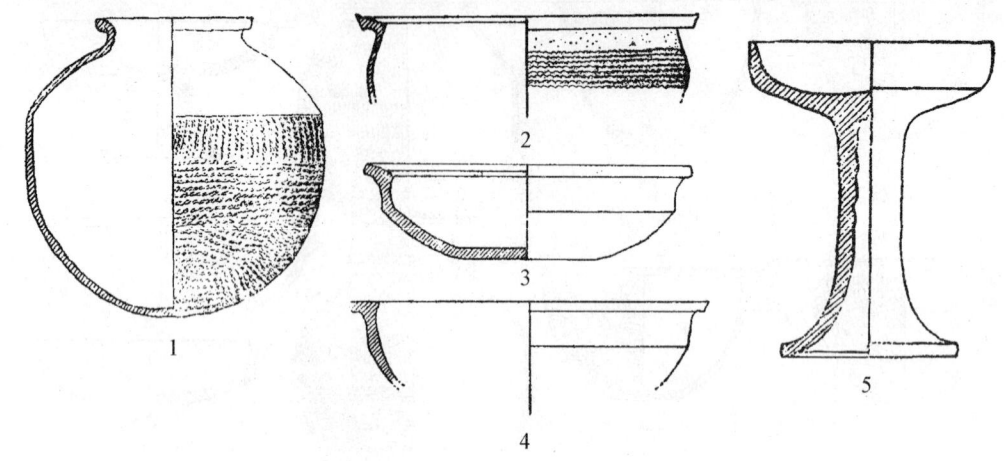

图四 鲁故城Ⅲ式筒瓦同出器物

1. Ⅴ式陶瓮 T901④C：1 2. Ⅸ式陶盆 T311J1：5 3. Ⅲ式陶盘 T901④C：7 4. Ⅳ式陶盘 T901④C：8 5. Ⅸ式陶豆 T901④A：1（其中 1、2 九分之一，3、4 六分之一，5 四分之一）

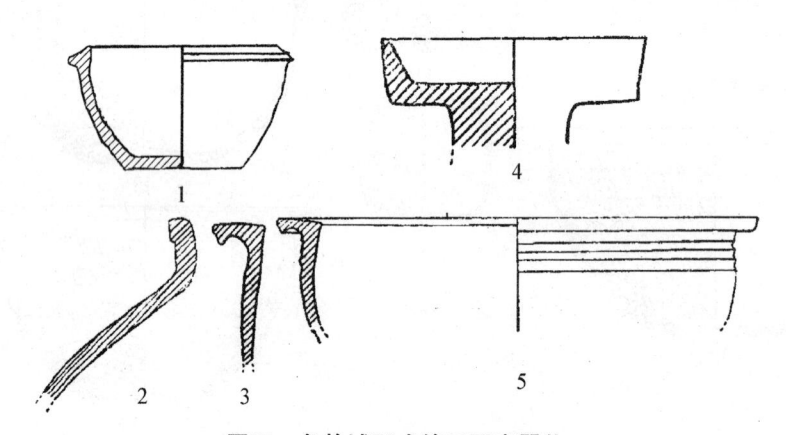

图五 鲁故城Ⅳ式筒瓦同出器物

1. Ⅷ式陶盂 T107J2：1 2. Ⅵ式陶瓮 T107J2：12 3. ⅩA式陶盆 T107J2：1 4. Ⅻ式陶豆 T107J2：3 5. Ⅰ式折腹盆 T107J2：9（其中 1、2、3、5 六分之一，4 四分之一）

Ⅱ式以 T279④：17 为例，残长 34、宽 11.5—14 厘米。尾部稍残，身部较头部稍宽，头部倾斜较显著。器表饰斜细绳纹，头部有涂抹痕迹，表面有一棱棱刮削痕迹，内面素面，较平滑，侧面外切。

Ⅲ式以 T239④：56 为例，长 34、宽 14—16 厘米。身部较头部稍宽，瓦舌明显出现。表面饰竖列粗绳纹，瓦头部有斜向切断痕迹，内面有许多凹坑，侧面内切。

在尹家城所发现的三式筒瓦中，我们可以较容易地看出其第Ⅰ式筒瓦与鲁故城第Ⅳ式较为相似，第Ⅱ式略晚于鲁故城第Ⅳ式但早于鲁故城Ⅴ式，第Ⅲ式与鲁故城第Ⅵ式较为相似。但是因为原报告中没有三式筒瓦的侧面图，故三式筒瓦身部与头部的变化具体如何不得而知。故尹家城筒瓦的主要演变规律在于瓦舌的逐渐明显,以及头部由宽向窄逐渐变小,绳纹逐渐由斜细绳纹向直粗绳纹转变,侧边切面由外切转变为外切内切俱有,这与鲁故城筒瓦的变化规律基本上是一致的。

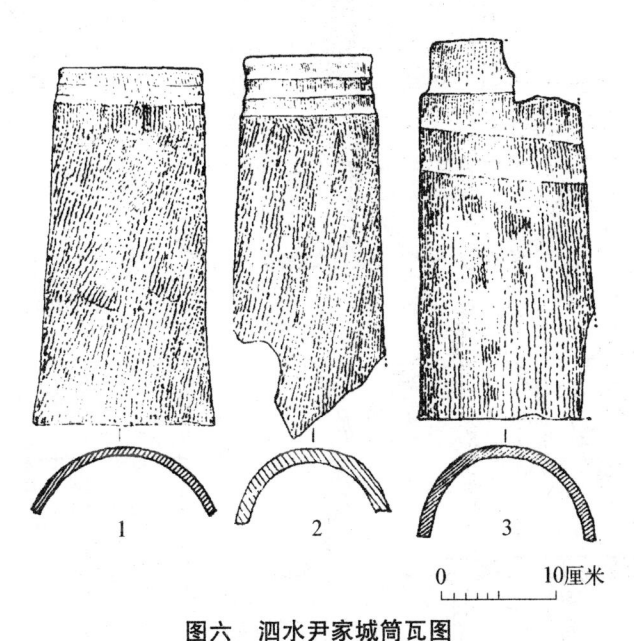

图六 泗水尹家城筒瓦图
1. Ⅰ式筒瓦 T196④:6 2. Ⅱ式筒瓦 T279④:17 3. Ⅲ式筒瓦 T239④:56

根据尹家城报告中所说,可知此三式筒瓦均多出现于④C、④B层及相应的遗迹之中,其同出器物也基本多为战国早期到晚期的标准器物,其中陶豆的早晚演化序列较为清楚,高柄豆盘逐渐由深变浅,其余器物也大多与鲁故城器物第六期陶器基本相当。如果按照器形的相应对照来看,尹家城Ⅰ式筒瓦大致相当于战国早中期,Ⅱ式筒瓦相当于战国中晚期,Ⅲ式筒瓦则为战国晚期至汉初阶段是比较恰当的。

山东费县防故城遗址试掘中所发现的筒瓦共可分为四式[1],分别为:

Ⅰ式以夯2中所见一筒瓦头端残片为例,唇端稍小,瓦身外展,唇沿部分呈斜面并在表面抹出三道瓦棱纹,其后饰交错细绳纹,内面为素面,有指压痕,侧面为外切、半切。

Ⅱ式以采028为例,瓦头部向下开始出现瓦舌的迹象,但是不明显,头部有一道凹弦纹,唇沿成斜面,表面饰绳纹,内面素面,两侧外切。

Ⅲ式以夯1中所见筒瓦为例,出现瓦舌,舌部与身部距离较短,内面素面,未见

---

[1] 防城考古工作队:《山东费县防故城遗址的试掘》,《考古》2005年第10期。

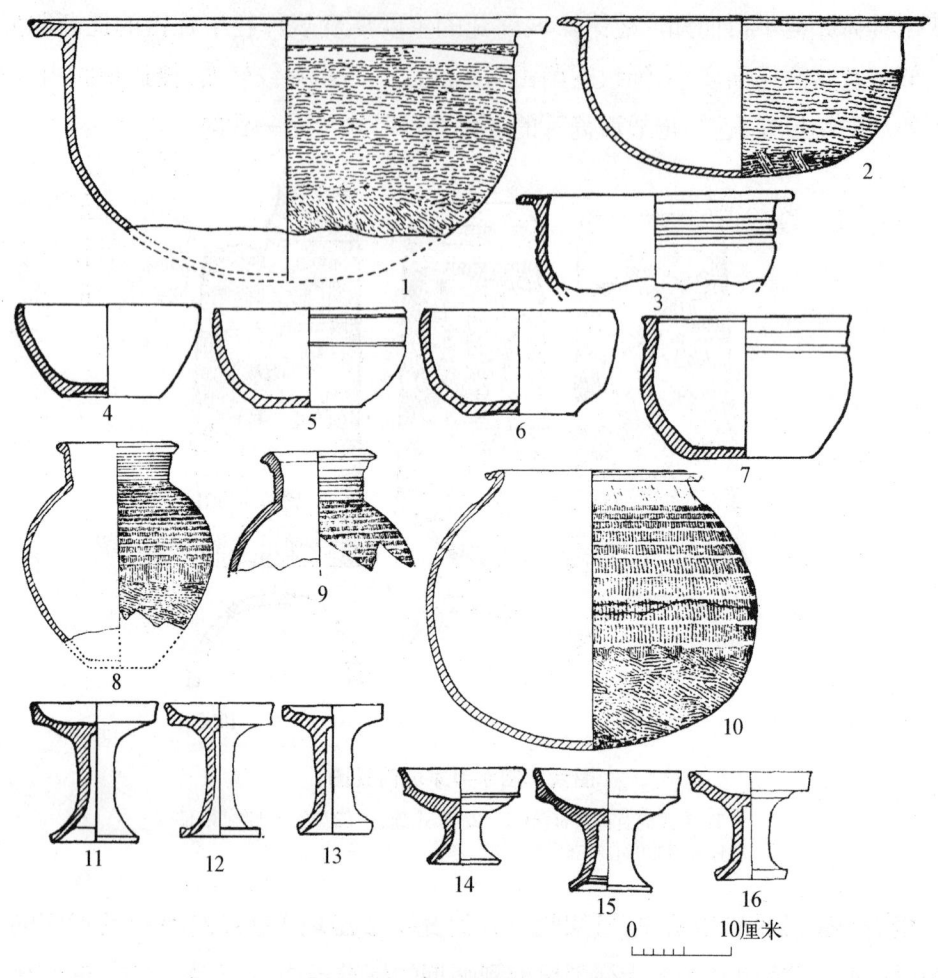

图七　泗水尹家城筒瓦同出器物

1. A型Ⅱ式盆 T300④∶15　2. A型Ⅲ式盆 T299④∶15　3. A型Ⅱ式盂 T255④∶32　4. Ⅰ式钵 T300④∶12　5. Ⅱ式钵 H290∶1　6. Ⅲ式钵 T288④∶6　7. B型盂 H159∶6　8. Ⅱ式壶 T288④∶30　9. Ⅲ式壶 T274④∶28　10. C型瓮 T227④∶4A　11. Ⅰ式豆 H6∶4　12. A型Ⅱ式豆 H196∶1　13. A型Ⅲ式豆 H290∶8　14. B型Ⅰ式豆 T192④∶5　15. B型Ⅱ式豆 H6∶11　16. B型Ⅲ式豆 H290∶9

布纹。

Ⅳ式以采029为例，瓦舌较为明显，舌部较薄较长，头部有几道凹弦纹，表面饰绳纹，内面素面，有麻点纹，两侧外切。

其中可明显看出Ⅰ式筒瓦与鲁故城的Ⅳ式筒瓦类似，Ⅱ式筒瓦与鲁故城的Ⅴ式筒瓦类似，并略晚于Ⅴ式筒瓦，Ⅲ式筒瓦则晚于Ⅱ式筒瓦，亦晚于鲁故城Ⅵ式筒瓦，Ⅳ式晚于Ⅲ式。其变化规律与鲁故城尹家城的筒瓦变化规律较为一致，瓦舌逐渐出现，并逐渐加长加薄，头部由宽向窄逐渐变小，绳纹逐渐由斜细绳纹向粗绳纹转变，侧边切面由外切转变为外切内切俱有，瓦内部由指压纹向麻点纹演变。

·海岱地区周瓦初探·

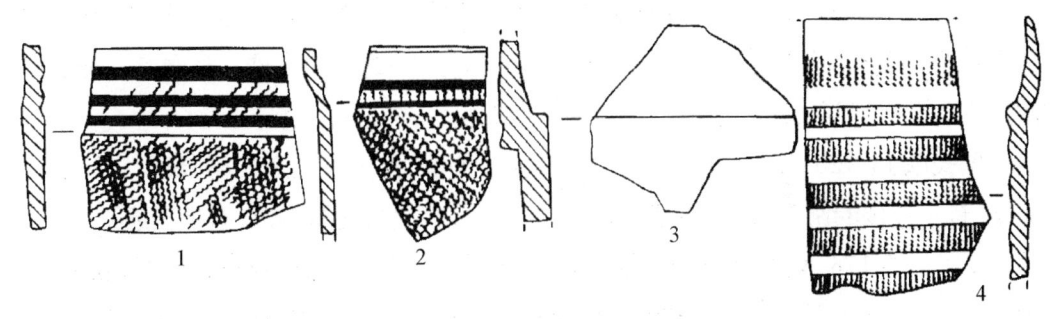

图八 费县防故城筒瓦图

1. Ⅰ式筒瓦夯2∶2　2. Ⅱ式筒瓦采028　3. Ⅲ式筒瓦夯1∶1　4. Ⅳ式筒瓦采029(其中1、2、4约四分之一，3约三分之一)

通过简报中对Ⅳ式筒瓦出土位置的分析，我们也可以看出，Ⅰ式筒瓦所出的夯2被Ⅲ式筒瓦所出的夯1所打破，且夯2中所同出的器物如夯2∶1口沿形状与鲁故城M58随葬的釜形制相仿，大约为战国中期，夯2∶3豆盘又类似于宁家埠战国晚期墓M127中所出陶豆，同时夯2中还包含有春秋至战国晚期的罐、盆、鬲等残片。夯1的年代已到汉初，故而Ⅰ式筒瓦的年代应为战国中期左右，Ⅲ式筒瓦则为战国晚至汉初，与鲁故城及尹家城类似筒瓦的年代大体相当或稍晚，故而采集得到的Ⅱ式筒瓦应大致为战国晚期，而Ⅳ式筒瓦则亦应为战国晚期至汉初，可能与Ⅲ式筒瓦同时。

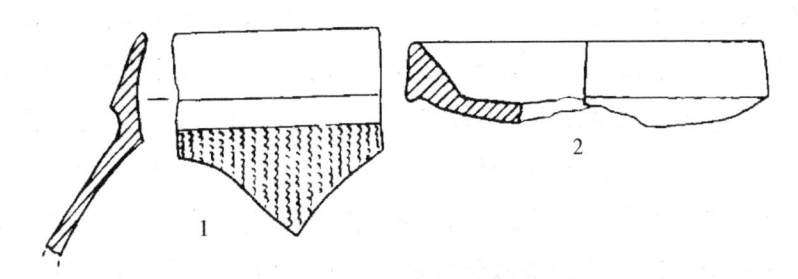

图九 防故城筒瓦同出器物

1. 夯2∶1　2. 夯2∶3(其中1三分之一，2六分之一)

2015年山东大学邾国故城考古队所发现的筒瓦共可分为九式[1]。

Ⅰ式以H448∶95为例，夹砂灰陶，无舌，头部有一道凹弦纹，瓦身饰斜绳纹，部分绳纹被抹，绳纹较细较浅，外切，内面无布纹，有泥条盘筑痕迹。

Ⅱ式以H448∶96为例，夹砂灰陶，无舌，但头部出现向下倾斜趋势，且顶端绳纹被抹，瓦身饰较细较浅绳纹，外切，内面无布纹，有泥条盘筑痕迹。

---

[1] 山东大学历史文化学院考古系、邹城市文物局：《山东邹城市邾国故城遗址2015年发掘简报》，《考古》2018年第3期。

Ⅲ式以 H448：30 为例，泥质灰陶，表面拍印斜向绳纹，无舌，头端稍小，唇沿部分呈斜面，唇沿内外有几道指压浅沟，唇沿表面有抹去的绳纹痕迹。瓦面有一棱棱的刮削痕迹，饰粗绳纹或中绳纹，纹饰斜列，规整，有泥条盘筑痕迹。

Ⅳ式以 J5：20 为例，泥质灰陶，头端稍小，无舌，瓦头有三道凹楞，表面拍印斜向绳纹，有一棱棱的刮削痕迹，侧边内切，内面素面，有泥条盘筑痕迹，有指压痕迹。

Ⅴ式以 H176 A③：2 为例，夹砂灰陶，无舌，头部有一道凹弦纹，并明显收束，且向下倾斜，瓦身表面有直绳纹和斜绳纹交错，绳纹较细较浅，侧边外切，内面无布纹。

Ⅵ式以 H176 A④：1 为例，夹砂灰陶，无舌，头部有一道凹弦纹，头部绳纹被抹，瓦头部收束明显，唇部稍上翘，瓦身表面饰竖直绳纹，绳纹较细较浅，侧边内切，内面无布纹。

Ⅶ式以 H53：10 为例，泥质灰陶，无舌，头部有一道凹弦纹，头部收束，绳纹被抹，唇部上翘明显，瓦身表面通体拍印斜向绳纹，侧边内切，内面素面无布纹。

Ⅷ式以 H176 ①：8 为例，夹砂灰陶，半舌，瓦头有两道凸棱纹，绳纹被抹，瓦身为斜绳纹，绳纹较细较浅，外切，内面无布纹。

Ⅸ式以 H53：14 为例，夹砂灰陶，有舌，瓦舌较为短小，舌部与身部距离较短，瓦身饰斜绳纹，绳纹较细较浅，绳纹被抹四道，外切，内面无布纹。

邾国故城所发现的九式筒瓦中，Ⅰ式、Ⅱ式筒瓦类似于鲁故城Ⅱ式筒瓦但要晚于Ⅱ式，Ⅲ式筒瓦与鲁故城Ⅳ式筒瓦较一致，Ⅳ式筒瓦与尹家城Ⅱ式类似并早于鲁故城Ⅴ式，Ⅷ式筒瓦与费县防故城Ⅱ式类似，Ⅸ式与鲁故城Ⅵ式类似，Ⅴ式、Ⅵ式、Ⅶ式筒瓦应是与Ⅷ式筒瓦同时流行或稍早的另一种筒瓦，大致年代应晚于Ⅳ式。邾国故城筒瓦的主要规律亦大体与其他遗址类似，瓦头部逐渐由上翘向平向下发展，唇部再逐渐上翘，乃至出现舌部，瓦头部由宽渐渐变窄，乃至收束，表面绳纹由细变粗，侧面由外切向内外切俱有转变，内面由泥条盘筑、指压痕迹向麻点纹发展。

邾国故城九式筒瓦的各自年代通过其各自同出器物来判断也与其他遗址类似筒瓦年代相同。Ⅰ式筒瓦、Ⅱ式筒瓦应为春秋晚期至战国早期，Ⅲ式筒瓦大致为战国早中期，Ⅳ式筒瓦为战国中晚期，Ⅴ式、Ⅵ式、Ⅶ式筒瓦则由战国晚期至汉初，Ⅷ式、Ⅸ式筒瓦亦由战国晚期发展到汉初。

临淄齐故城所发现的筒瓦共可分为四式[1]。

Ⅰ式以 65LKH10 ①：93 为例，残长 26，直径 11.8 厘米。头部与身部近乎等宽，瓦身饰竖向绳纹，并有数道涂抹痕迹，侧面外切。

---

[1] 山东省文物考古研究所：《临淄齐故城》，文物出版社，2013 年。

·海岱地区周瓦初探·

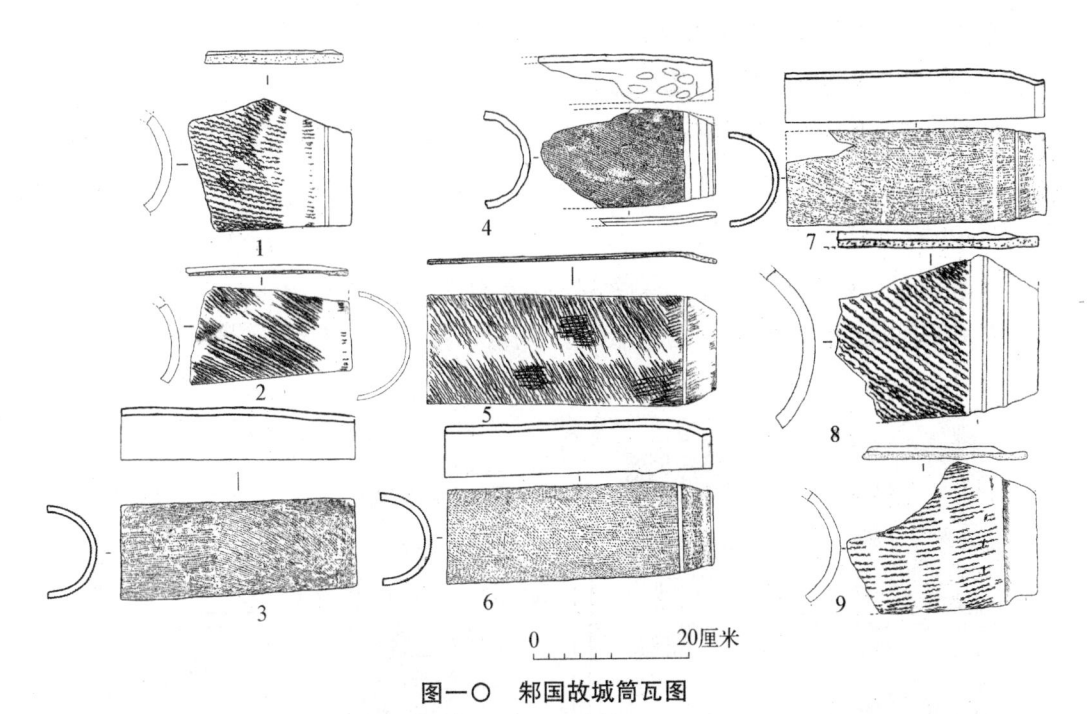

图一〇 邾国故城筒瓦图

1. Ⅰ式筒瓦 H448∶95 2. Ⅱ式筒瓦 H448∶96 3. Ⅲ式筒瓦 H448∶30 4. Ⅳ式筒瓦 J5∶20 5. Ⅴ式筒瓦 H176A③∶2 6. Ⅵ式筒瓦 H176A④∶1 7. Ⅶ式筒瓦 H53∶10 8. Ⅷ式筒瓦 H176①∶8 9. Ⅸ式筒瓦 H53∶14

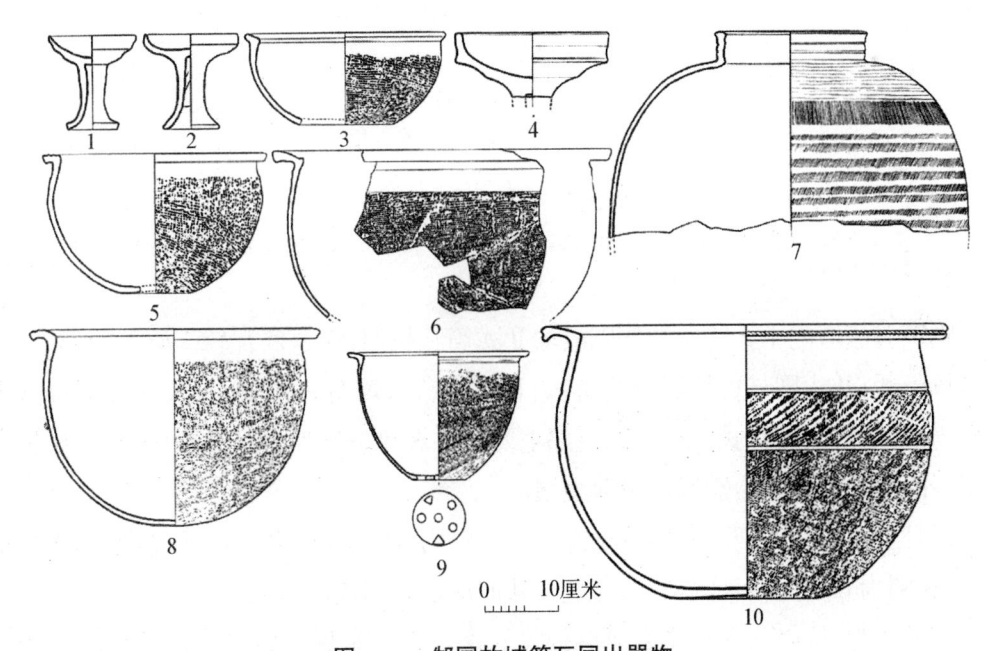

图一一 邾国故城筒瓦同出器物

1、2. 陶豆 H448∶6、21 3、5、6、8. 陶盆 H448∶20、19、15、16 4. 陶豆 J5⑥∶6 7. 陶瓮 J511∶21 9. 陶甑 H448∶7 10. 陶缸 H176A②∶1

Ⅱ式以 65LKH18：9 为例，残长 42、直径 16.5 厘米。整体略呈二分之一筒形，舌较短，舌尖有较浅的压印花边，瓦身饰斜列绳纹，侧面外切。

Ⅲ式以 71LKJ104：2 为例，直径 12.3、残长 27 厘米。泥质灰陶，含有砂砾。瓦舌较厚，瓦舌与瓦身距离较短，身部较头部稍宽，瓦身饰竖向绳纹，时有抹断或截断的印痕，侧面外切。

Ⅳ式以 71LKJ104：1 为例，直径 14、残长 21 厘米。泥质灰陶，瓦舌较长、较薄，头部收束明显，较身部略窄，表面上部饰多条瓦棱纹，下部饰绳纹，外切。

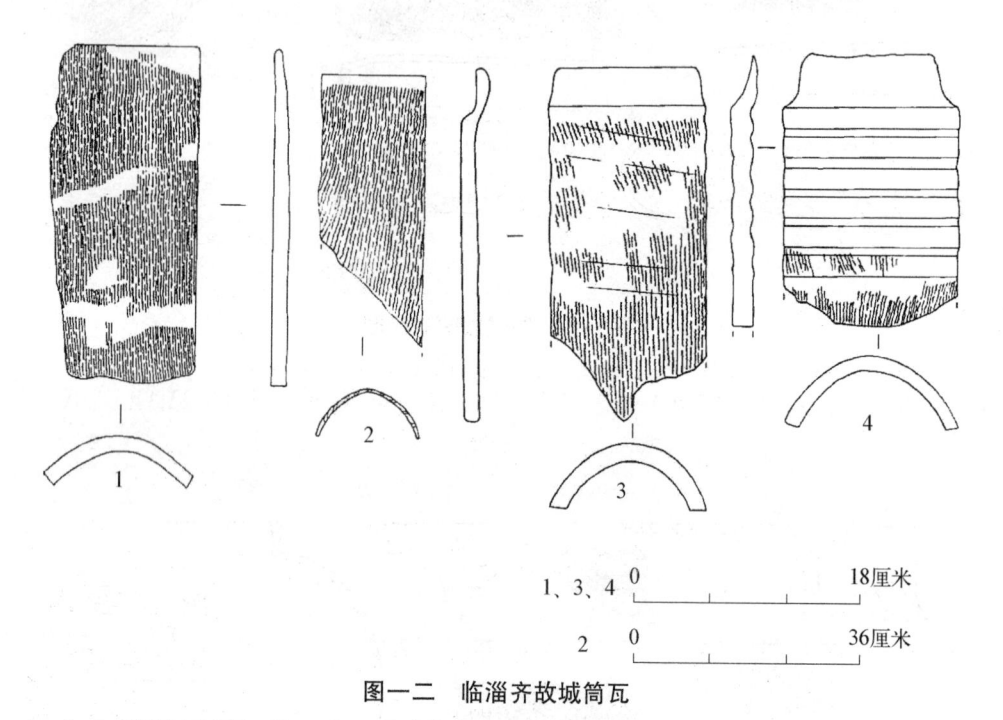

图一二 临淄齐故城筒瓦

1. Ⅰ式筒瓦 65LKH10①：93 2. Ⅱ式筒瓦 65LKH18：9 3. Ⅲ式筒瓦 71LKJ104：2 4. Ⅳ式筒瓦 71LKJ104：1

临淄齐故城的Ⅰ式筒瓦与邾国故城Ⅱ式筒瓦相似，都是筒瓦较为原始的形态，但应略早一些；Ⅱ式则与鲁故城Ⅴ式类似；Ⅲ式与鲁故城Ⅵ式类似；Ⅳ式则与防故城Ⅲ式相当，晚于鲁故城Ⅵ式。其身部舌部主要变化规律也与其余三地类似，另外可见舌出现后的变化规律为由短厚向长薄发展。

同时Ⅰ式筒瓦的同出器物从形态来看大致为春战之际，Ⅱ式已明显进入战国，Ⅲ式、Ⅳ式则为战国晚期至汉初，这与之前其他遗址的年代大致相当。

笔者认为，从筒瓦本身作为建筑构建的这一用途来说，其使用时间较长、更新间隔较长的特征是比较确定的，故而同一时期筒瓦的主要形制特征应是比较确定的，只不过在细节表现上可能有些许差异，如瓦头饰绳纹、一道凹弦纹或两道凹弦纹。因为

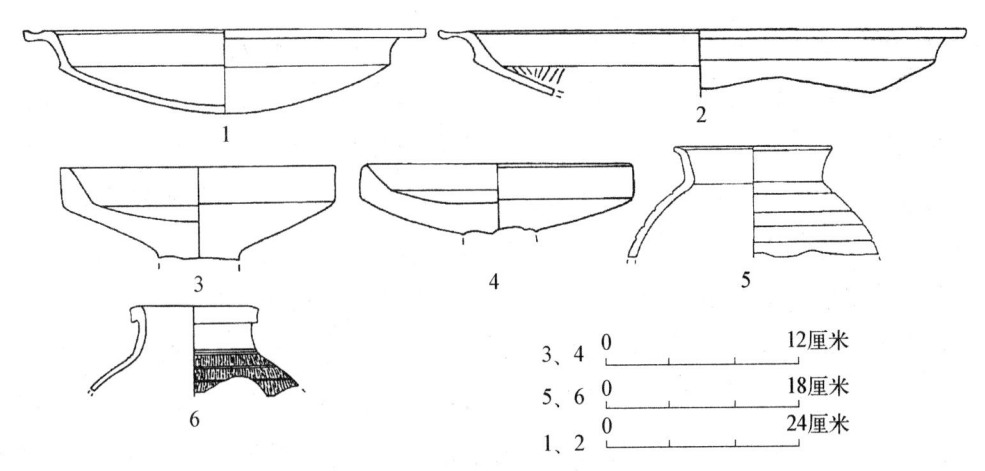

图一三 齐故城筒瓦同出器物

1、2. Ab 型盘 65LKH10①：40、65LKH10①：95   3、4. B 型Ⅴ式 65LKH10①：89、65LKH10①：41   5. 侈口罐 65LKH18：1   6. Bb 型罐 71LKJ104：5

目前所见发表资料较少,并且绘图与描述标准不甚统一,故笔者暂且将海岱地区发现的周代筒瓦简单分为十二式,其主要分期情况如下表:

表一 海岱地区周瓦分期表

式	鲁故城	邾国故城	尹家城	防城	齐故城	时代
Ⅰ	鲁故城Ⅰ式					西周中期早段
Ⅱ	鲁故城Ⅱ式					西周中期晚段
Ⅲ		邾国故城Ⅰ式				春秋晚期
Ⅳ		邾国故城Ⅱ式			齐故城Ⅰ式	春战之际
Ⅴ	鲁故城Ⅲ式					春战之际
Ⅵ	鲁故城Ⅳ式	邾国故城Ⅲ式	尹家城Ⅰ式	防故城Ⅰ式		战国早中期
Ⅶ		邾国故城Ⅳ式	尹家城Ⅱ式			战国中晚期
Ⅷ	鲁故城Ⅴ式				齐故城Ⅱ式	战国中期至晚期
Ⅸ		邾国故城ⅤⅥⅦ式				战国晚期至汉初
Ⅹ		邾国故城Ⅷ式		防故城Ⅱ式		战国晚期至汉初
Ⅺ	鲁故城Ⅵ式	邾国故城Ⅸ式	尹家城Ⅲ式	防故城Ⅲ式	齐故城Ⅲ式	战国晚期至汉初
Ⅻ				防故城Ⅳ式	齐故城Ⅳ式	战国晚期至汉初

其主要演化规律为瓦唇部逐渐由上翘转向近平乃至向下发展出瓦舌,瓦舌出现后由短厚逐渐向长薄发展,头部逐渐由宽向窄变小,切向则由外切为主向内外切俱有转变,内表纹饰由泥条盘筑痕迹带指压纹向带有一定的麻点纹转变,并且同时期会有

大小不同但形制一致的情况出现,可能是为了适应不同体量的建筑。

筒瓦的形态演变,笔者认为与其实用性以及制作技术的发展是密不可分的。首先从实用性的角度来讲,筒瓦一般是与板瓦配套进行使用的,先将板瓦平铺在屋面之上,筒瓦覆盖在相邻的板瓦缝隙之处,前一瓦与后一瓦彼此相接,以起到将水分流到板瓦上并流下屋檐的作用。而筒瓦的变化,即其唇部的上翘转平乃至舌部的出现,头部的变窄可能都是为了使前后两块筒瓦更好地结合在一起。

从制作技术角度来讲,周代筒瓦的制作一般是通过外筑法[1],即首先在陶轮上树立起筒状内瓦模,用泥条一层层围盘瓦坯筒。盘满之后用陶拍从外侧开始逐渐拍匀。再用一个可以弯曲为圆筒的、竖向缠绕满绳索的绳板将其包围起来,形成外模筒。在外模筒外简单击筑,让泥与绳板筒黏合。随后抽出其中的筒状内模,人手入其内筒,将泥坯与外模挤压,所以一般会留下指压痕迹(后期使用陶拍击筑内里提高生产效率,故留有麻点纹),待内壁修整好后去掉绳板,在外侧切割坯体但是不切透,待晾晒欲干时轻拍即可使其断裂,后入窑烧制即可。而筒瓦头部的逐渐向下及缩窄的变化,更有助于制作时脱去内模,也有助于提高生产效率,这与汉代以后采用的内模上覆盖湿布以助于脱去内模的性质是相同的。

二、板　瓦

笔者根据筒瓦的分期思路对板瓦同样进行了探讨。已发表的山东地区的板瓦资料同样集中于曲阜鲁故城、泗水尹家城、邾国故城这几个城址之中。

其中曲阜鲁故城所发现的板瓦共可分为四式[2]。

Ⅰ式有一部分碎片,基本上处于T110H20上层。唇部抹圆,两侧和尾端外切,切面没有进行修整,纹饰多为较浅的细绳纹和中绳纹。内面素面,有指压痕迹。瓦胎厚薄不一,胎质也比较杂乱。

Ⅱ式出土数量很多。以T311J1∶2为例,瓦头和瓦尾的宽度一致,圆唇,瓦唇部微翘,头部的绳纹有被抹去痕迹,瓦面饰中绳纹,侧面与尾端均为外切,切面无修整。瓦面饰斜列绳纹,有刮削痕迹,内面有泥条盘筑痕迹和指压痕。

Ⅲ式出土数量不少。以T107J2∶12为例,长44.5、宽30—33、厚1.2、高6.3厘

---

[1] 秦建明、姜宝莲:《秦汉筒瓦内筑与外筑工艺的变革》,《文物的鉴定与鉴赏》2010年第7期。
[2] 山东省文物考古研究所、山东省博物馆、济宁地区文物组等:《曲阜鲁国故城》,齐鲁社,1982年。

·海岱地区周瓦初探·

图一四 鲁故城Ⅰ式板瓦

图一五 鲁故城Ⅱ式板瓦

米。形制与Ⅱ式基本一致，但形体更大，瓦头内外饰凹弦纹，侧面多由外半切，也有一部分是全切，一般不修整。瓦头瓦尾的里面一般都呈斜面，瓦面一般多饰斜列的中绳纹，有一棱棱的刮削痕，内面有指压痕。

Ⅳ式残片不少，无复原标本。瓦头一般只抹去纹饰，与瓦身无明显界限，侧面多从内半切。瓦面饰粗绳纹，瓦头部多抹痕，饰较宽的瓦纹或均匀平行的凹弦纹，或饰抹纹。瓦头部绳纹多斜列，后部多竖列，有的也互相交错。除饰瓦、弦纹外，往往同时有几道抹纹。内面素面或有凸麻点纹。

鲁故城的四式板瓦中，Ⅱ式与Ⅲ式的形制较为一致，只是形体上有所区别，故其时代应相同，推测其大小不同应是为了适应不同体量的建筑。其主要形制上的变化规律不好总结，但是与筒瓦一样我们可见内面的指压痕迹向凸麻点纹的演变。

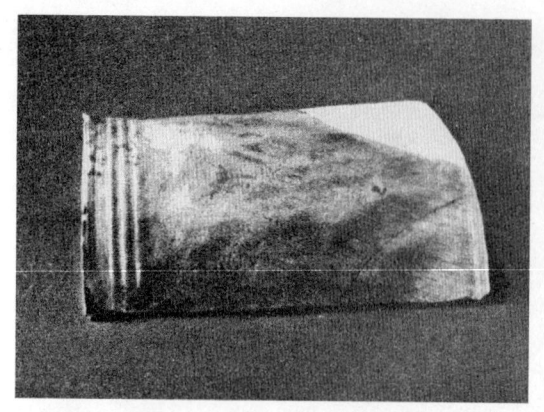

图一六 鲁故城Ⅲ式板瓦

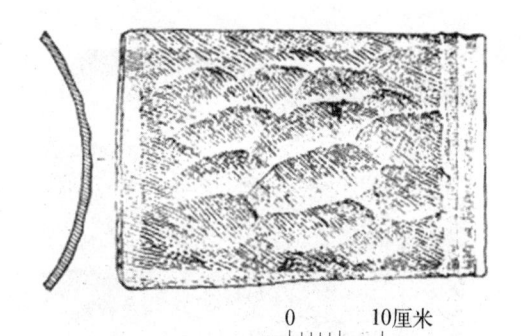

图一七 鲁故城Ⅳ式板瓦　　　图一八 泗水尹家城板瓦(M102∶1)

根据板瓦与其共出的筒瓦及共出器物群判断,Ⅰ式板瓦大致为西周中期偏晚阶段,Ⅱ式板瓦为春战之际,Ⅲ式板瓦为战国早中期,Ⅳ式板瓦则为战国晚期至汉初。

泗水尹家城遗址发现的13件板瓦,只能划分一式[1]。

以 M102∶1为例,长41、宽25.6—27.5厘米,瓦头较窄,尾部较宽,表面经拍打,然后饰以斜细绳纹,头部有两条凹弦纹,内表较平滑,外切。尹家城的这种板瓦与鲁故城Ⅲ式板瓦较为相似。

邾国故城所发现板瓦共分为两式。

Ⅰ式以 H500∶1为例,瓦头有两道不明显的瓦棱纹,瓦身绳纹较浅较细,尾端绳纹被抹,外切,内面无布纹。

Ⅱ式以 J11③∶1为例,夹砂灰陶,上部为十三道明显瓦棱纹,下部为直且深的绳

---

[1] 山东大学历史系考古专业教研室编:《泗水尹家城》,文物出版社,1990年。

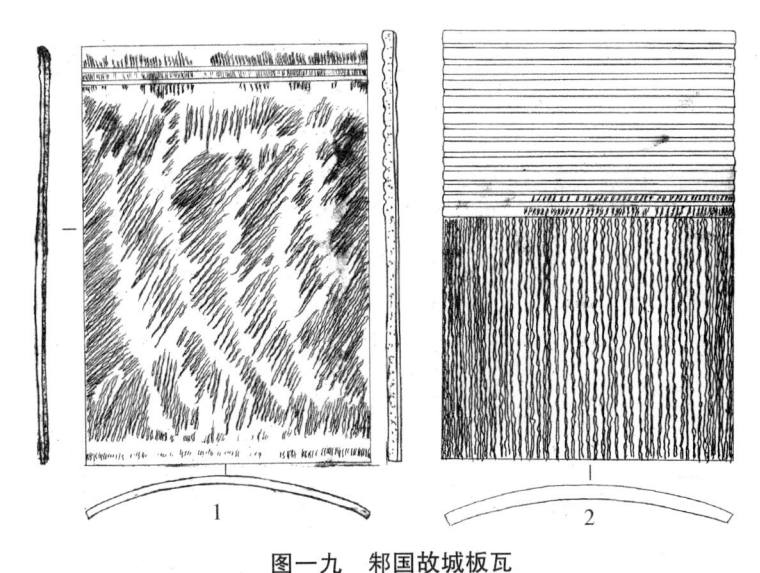

图一九 邾国故城板瓦
1. Ⅰ式板瓦 H500∶1　2. Ⅱ式板瓦 J11③∶1

纹,内切,内面无布纹。

其中我们可以明显看出Ⅰ式板瓦与鲁故城Ⅱ式板瓦类似,Ⅱ式板瓦与鲁故城Ⅳ式类似。其变化规律为瓦棱逐渐加多,绳纹加粗加深,切法由外切转向内切。

因为海岱地区周代板瓦目前所发表的资料较为稀少,且描述大多不甚精确,故笔者无法对其进行更为准确的分期断代工作。因板瓦的使用多是倒放于房顶铺设的泥土之上,绳纹的加深以及瓦棱的增加有助于增加板瓦与泥土的摩擦力,从而更好地固定板瓦。而内切的出现,表明了瓦材切割方式的进步,这一点与筒瓦的规律是一致的。所以笔者较为确定其演变规律为绳纹加深加粗,瓦棱增加,以及切法由外切向内切转化。至于其他演进规律的研究有待于新材料的逐渐公布以及完善。

卞城鲁文化来源及其特点

颜伟明　闫　鑫
泗水县文物事业管理所

《山海经·大荒北经》记载"黄帝生苗龙,苗龙生融吾,融吾生弄明,弄明生白犬",景以恩先生注云"此处'生'亦仅作后裔解",郭璞注云"'弄'一作'卞'",所以,弄明即卞明。鲧是卞明之子,是禹的父亲。《路史·国名纪》载"卞,卞明国,汤伐有卞"。《国语·鲁语》载"鲁有弁、费",韦昭注曰"弁即卞"。甲骨文、金文"卞"字均作"弁"。景以恩先生《炎黄虞夏根在海岱新考》一书中指出:"卞国,黄帝后裔鲧之父卞明国,地在今泗水东古卞邑。"即今位于山东省济宁市泗水县泉林镇卞一村内的卞城遗址[1],遗址内经常出土筒瓦、板瓦和鬲、盆、瓮、罐、豆等陶器残片。其中,周代陶器有豆、鬲、盆、罐等陶片;汉代陶器有盆、罐及大量筒瓦,并出土铁剑。二十世纪九十年代,遗址城墙附近发现道路遗迹现象(现已被民房占压),推测附近有建筑群,为周至汉代古城址。"周礼尽在鲁矣",卞城在周代为鲁国管辖,自然为礼乐之城。春秋时为鲁之卞邑;楚灭鲁,归楚;汉置卞县,属鲁国;魏晋因之,属鲁郡,南北朝时废;隋开皇十六年(596年)置泗水县,治所在今县城驻地。

春秋时期的鲁国疆域大致为"东到今沂水之东,南到今鲁、苏两省交界之处,西到今郓城、钜野、城武、单城县境,北到泰山及汶水之北,以泰山山脉及汶水北岸地与齐为界,广运约二三百里之间"[2]。卞城与鲁国的国都曲阜相距百里,从地理位置上看,鲁国对卞城在政治、经济、文化方面的控制影响力是显而易见的。

《史记·货殖列传》记载:"而邹、鲁滨洙、泗,犹有周公遗风,俗好儒,备于礼,故其民龊龊。颇有桑麻之业,无林泽之饶。地小人众,俭啬,畏罪远邪。"泗为泗水,发源于泉林

---

[1] 2015年6月被山东省人民政府公布为第五批省级文物保护单位。
[2] 童书业:《春秋史》,山东大学出版社,1987年,第102页。

泉群的陪尾山麓。由东向西流经曲阜市和兖州市边境复折西南,于济宁市东南鲁桥镇注入京杭大运河。泗河是中华古文明的发祥地之一,古东夷族群聚居之地。《史记》载:"舜耕历山,渔雷泽,陶河滨,作什器于寿丘,就时于负夏。"寿丘即今曲阜,负夏(负瑕)即今兖州。据此可推测出舜帝在泗水一代生活的足迹。今泉林地区一些古老的地名如雷泽湖、华胥山、华村、华胥湖、华村镇、华村镇北庄村(伏羲庙遗址)等也暗含着伏羲、虞舜在此地的古老传说。至今,泗河流域泗水段2千米内涉及的文物点就有30余处,仅泉林周边地带分布的重要文物点就有21处:分别为卞桥(唐)、卞城遗址(周、汉)、卞一遗址(商、周)、李家庙墓群[1](周、汉)、演马坡遗址(新石器时代)、寺台遗址(新石器时代、商)、城子顶遗址(商、周)、马家村墓群(汉)、王阜庄遗址(周)、后寨墓群(汉)、李家庙遗址(周、汉)、仓上遗址(周、汉)、中里仁遗址(汉、宋)、温家庄遗址(周、汉、宋、元)、张家庄遗址(周)、林泉墓群(汉)、故县墓群(汉)、楚夏寺遗址(周、汉)、王阜庄村西遗址(周)、三角湾遗址(周)、尹家城遗址(龙山文化、岳石文化、商、周、汉、唐、宋)等[2]。其中,周代遗址就有14处。可见,周代鲁之卞邑(泉林一带)定是人口众多,"奄人"、"东夷人"和其他"国人"沿河而居,农耕经济发达,种植谷物和桑麻为首。

　　泗河流域自古有着得天独厚的自然地理环境,经过夏代、商代文明化的洗礼,农耕经济比较发达。周代,鲁国顺应时代的发展变革,保持发达的农耕经济;通过"变其俗,革其礼"后浓厚的周公遗风,宗周礼乐文化在鲁国完整地保存下来,即所谓的"周礼尽在鲁矣"。卞城在鲁国的管理下,宗周礼乐文化为主流文化,并与自身土著文化、殷商文化和东夷文化相互融合,最终回归一统。泗河的源头陪尾山就在卞城遗址向东约2千米处,泗河自东向西流经卞城北城墙遗址。

　　鲁地泉林卞城一代土著居民应是"奄人"、"东夷人",鲁国初期分为"殷民六族",都为鲁国的"国人",他们人口众多,聚族而居。周人统治着"国人",即"奄人"、"东夷人"要遵守周人建立起来的宗周礼乐文化制度,但是他们不会放弃土生土长的自身文化。二十世纪七十年代,曲阜鲁国故城发掘的两周墓葬分为甲组墓和乙组墓,从葬式风格来看,区别明显。说明在周代鲁地"奄人"、"东夷人"本身固有的民俗习惯被长期保持着,有着自身发展变化的过程[3],但在与宗周礼乐文化融合的过程中,要屈尊于宗周礼乐文化。

　　又有《礼记·檀弓上》记载,孔子临终前对弟子们说:"殷人殡于两楹之间……丘也,殷人也。予畴昔之夜,梦坐奠于两楹之间。……予殆将死也。"说明孔子也是殷遗

---

[1] 胡广跃、李广芳等:《山东泗水发现一座东汉墓》,《中国文物报》2017年2月10日。
[2] 第三次全国文物普查不可移动文物普查数据。
[3] 山东省文物考古研究所、山东省博物馆、济宁地区文物组等:《曲阜鲁国故城》,齐鲁书社,1982年,第15页。

民,临终前希望死后用殷人的丧礼,体现出他自己对民族文化强烈的认同感。而宗周礼乐文化是正统文化,孔子是维护和提倡周礼文化的。

到了春秋后期,鲁文化的主流与核心文化就是孔子及其学生创建的儒家学派。它上承宗周礼乐文化,创立了以"仁"、"礼"为核心的儒家伦理思想体系。先师孔子的思想政治主张,大多是在与弟子们的对话、探讨、质疑甚至相互面红耳赤的争辩中形成的。自小生长在卞邑一带的仲子路[1]与早期儒家文化的形成有着密切关系。仲子,名仲由,又字季路,鲁国卞人(今山东省泗水县泉林镇卞桥村),孔门七十二贤之一。拜孔子为师,学诗、礼,时常为孔子赶车,做贴身侍卫。委以重任"堕三都","堕三都"失败后跟随孔子周游列国,深得器重。儒学研究中,仲子文化研究也是一个重要的环节。古文献记载仲子与先师孔子的"学与问"、"言与行"甚多,单是《论语》中提到仲子的就有40多段话。仲子的生平事迹对后世影响深远,"仲子难师"、"百里负米"、"结缨而死"等留给后人的是一笔宝贵的精神财富,它更是研究儒家文化不可或缺的一部分。唐开元二十七年(739年),仲子追封"卫侯";宋大中符二年(1009年),仲子加封"河内公";南宋咸淳三年(1267年)封为"卫公";明嘉靖九年改称"先贤仲子"。孝文化是儒家文化的重要组成部分,孝亲敬老是中华民族的传统美德,学习先贤仲子"百里负米"的优秀品德对当今社会具有更积极的意义。今天,在山东、江苏等地有多处供奉先贤仲子的祠堂,如苏州吴江盛泽仲子庙、淮北濉溪仲子庙、济宁微山仲子庙、济宁泗水仲子庙等比较著名。济宁泗水仲子庙坐落于泗水县泗河街道仲子街济河西岸,始建年代不详,明万历十九年(1591年)由知县谭好善主持重建。在这里敬仰先贤仲子,可以更好地感受卞城儒韵、儒风[2]。

汉代开始,随着"罢黜百家,独尊儒术"逐渐成为统治阶级的意志,以宗周礼乐文化为基础糅合"百家思想"而发展起来的儒家思想成为鲁文化发展新的方向,并在其后两千余年的中国古代思想文化发展中,始终处于中心地位。然而,即使历史朝代的更替也改变不了一个亘古不变的事实:卞城传承着鲁文化,继承了宗周礼乐文化,推崇礼制中的德治精神,强调亲亲尊尊,骨子里流淌着吃苦耐劳、勇于进取的精神,尊重先民遗留的文化传统。泗水县泉林镇卞桥村与泉林村之间泗河上的国家级重点文物保护单位——卞桥[3],始建于晚唐时期,金大定二十一年(1181年)重修,明万历九年(1581年)曾对部分栏板、望柱进行过补配。桥栏板高浮雕图案栩栩如生地展现了

---

[1] 仲子(前542—前480),名仲由,又字季路,鲁国卞(今山东泗水县泉林镇卞桥村)人。孔子得意门生,孔门七十二贤之一。

[2] 颜伟明:《浅议仲子性格之行行如也》,《文物鉴定与鉴赏》2016年第3期。

[3] 2006年5月被国务院公布为第六批全国重点文物保护单位。

卞庄子刺虎、周处除三害、姜太公钓鱼、孔子见老子等人物故事。当地老者口耳相传这些历史故事,谈论起来滔滔不绝。

今天,遗留在我们眼前的卞城遗址(图一)呈不规则的长方形。北、西、南三面边长约800米,东面边长约500米,总面积约40余万平方米。50年代初期,西北、西南、东南三处城墙角尚存,现仅存西北城角及部分北城墙。城墙残高约8米,底宽12米,东西长约100米。夯土层次明显,每层夯土厚8—10厘米,夯窝直径6—8厘米,墙内含陶片及灰土等(图二)。城址东北角为一高台地,高出地表1.5米左右。遗址高台附近发现道路遗迹(现已被民房占压),推测附近有建筑群。遗址内经常出土筒瓦、板瓦和鬲、盆、瓮、罐、豆等陶器残片(图三),出土的周代陶器有豆、鬲、盆、罐等陶片;汉代陶器有盆、罐及大量筒瓦,并出土铁剑。当地老者讲,这里为夏商周时代的卞明国及其后的卞邑城址。

图一 卞城遗址

图二 城墙墙体夹杂的陶片

图三 地表采集的陶器残片

2017年3月,山东省文物考古研究院对卞城遗址进行了考古勘探。勘探结果表明,卞城城址平面呈南北向长方形,南北长1 000米,东西宽970米,方向344°(图四)[1]。西北处城墙保存较好,泉林镇卞一村、卞二村、卞三村、卞四村均处于遗址区内。由于村民民房占压及遗址本体毁坏严重,现残存的城墙及护城河均开口于②层下(图五)[2]。根据城壕底部出土陶片及地上城墙和地下勘探残存城墙建筑形制、夯层内包含陶片,结合文献综合分析,此次勘探确定的卞国故城始建于春秋时期,城址延续至汉代。在卞城遗址以后的保护研究工作中,通过局部试掘来验证此次勘探成果,进而确定年代范围;同时对城址进行系统勘探(包括寻找城门通道、道路、城内夯土建筑基址、手工业作坊等)和考古调查,勘探范围扩大至泗河上游区域[上文提及泗河流域泗水段2千米内涉及文物点30余处,仅卞城遗址周边地带分布的重要文物点就有21处。除尹家城遗址和李家庙墓群(局部)进行过考古发掘外,其余未进行考古勘探和发掘],寻找出能够体现商卞明国到东周时期卞邑的历史性演变的考古遗存来验证传世文献中的记载是重点。

从横向来看,卞城遗址西邻的卞一遗址[3],位于泉林镇卞桥一村村西。地势西高东低,大致可划分为居住区、作坊区、墓葬区,面积约17万平方米。全国第三次文物普查时在遗址地表采集到大量灰陶片,可辨器型有:豆、瓮、罐、筒瓦、板瓦,纹饰以绳纹、素面为主,另采集到陶范四件,由器形判断该处遗址年代大致区间为商代至汉代时期。2000年10月,泗水县泉林镇卞桥一村村民秦庆伟等三人在卞桥一村西菜园挖井过程中发现青铜器(鼎2、壶1、敦1、戈1、剑1、残铜件若干)和陶器(罐1、鬲1),随后三人驱车将其捐献给山东省博物馆,器物初步断定时代为西周晚期。卞一遗址距离卞城遗址约2千米,呈东西走向,与今卞一村、卞二村和卞三村聚集在一起。另外,泗河(由东向西流)流经两处遗址北边。两处遗址紧密相连,可以推测出,鲁国管理下的古卞邑(卞城)在当时是非常有规模的。古卞邑人沿河而居,以桑麻为首的农耕经济发达,他们尊崇宗周礼乐文化,传承并将其发扬光大,最终汇入鲁文化大流。

卞城遗址向西约30千米为泗水尹家城遗址[6]。1973—1986年,山东大学考古

---

[1] 山东省文物考古研究院:《卞国故城墙遗址考古勘探工作报告》,2017年。
[2] 山东省文物考古研究院:《卞国故城墙遗址考古勘探工作报告》,2017年。
[3] 2015年6月被山东省人民政府公布为第五批省级文物保护单位。
[4] 山东省文物考古研究院:《卞国故城墙遗址考古勘探工作报告》,2017年。

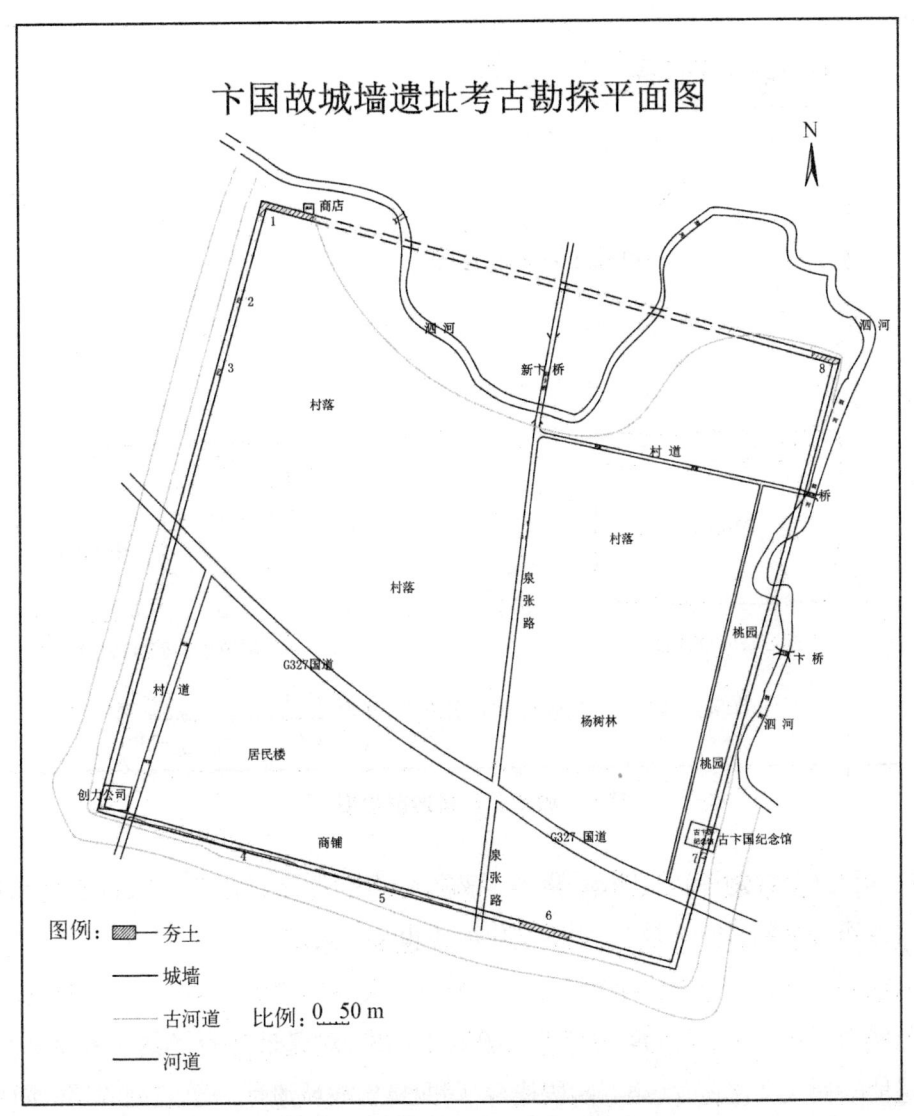

图四 卞城遗址考古勘探平面图[1]

专业师生在泗水尹家城遗址进行了六次发掘。遗址堆积具有地域性,划分为八个层次,从早到晚依次为龙山文化、岳石文化、商代、周代、汉代和唐宋等六个时期。出土器物中,周代遗存比较丰富,其中,春秋时期遗存较少,战国偏多。相比尹家城遗址向西约20千米的曲阜鲁国故城遗址,同时期出土的陶器种类基本相同,如春秋时期的陶鬲、陶盆、陶盂、陶豆、陶罐;战国时期的陶釜、陶壶、陶钵、陶豆、陶瓮、陶罐。从卞

---

[1] 山东省文物考古研究院:《卞国故城墙遗址考古勘探工作报告》,2017年。

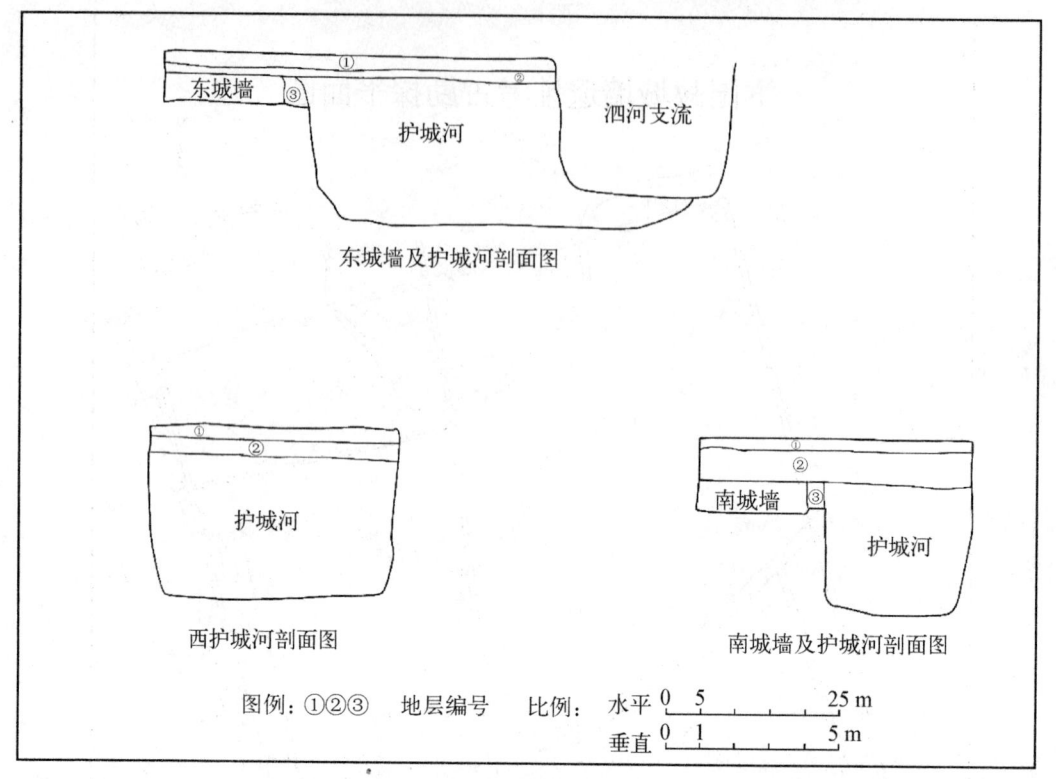

[图: 东城墙及护城河剖面图；西护城河剖面图；南城墙及护城河剖面图。图例：①②③ 地层编号。比例：水平 0—25 m，垂直 0—5 m]

图五　城墙及护城坡剖面图[1]

城、卞一遗址标本(陶片)看，陶鬲、陶豆、陶罐、陶壶的形态特征与尹家城遗址和鲁国故城遗址战国晚期特征一致，表明其文化性质也是一致的[2]。

从纵向来看，卞城遗址向南约 8 千米为泗水天齐庙遗址，1988—1999 年，国家文物局开展全国第四期、第五期田野考古领队培训班，对遗址进行了两次发掘[3]。天齐庙遗址的周代文化遗存(第五阶段遗存)同曲阜鲁故城遗址一至五期的不同阶段相对应[4]。其中，墓葬形制和随葬品同鲁故城甲组墓大致相同，出土陶器大同小异。天齐庙遗址属于周代文化遗存(西周早期至春秋末期)，归属周代鲁文化系统[5]。卞城、卞一遗址周代标本(陶片)与天齐庙遗址第五阶段文化遗存相比较，陶鬲(腿部)、

[1] 2006 年 12 月被山东省人民政府公布为第三批省级文物保护单位。
[2] 山东大学历史系考古专业教研室：《泗水尹家城》，文物出版社，1990 年。
[3] 国家文物局田野考古领队培训班：《泗水天齐庙遗址发掘的主要收获》，《文物》1994 年第 12 期。
[4] 山东省文物考古研究所、山东省博物馆、济宁地区文物组等：《曲阜鲁国故城》，齐鲁书社，1982 年。
[5] 国家文物局田野考古领队培训班：《泗水天齐庙遗址发掘的主要收获》，《文物》1994 年第 12 期。

陶豆(口沿)、陶罐(口沿)等都是大同小异,在周代特定时期同属于鲁文化系统。

礼乐文化是中国历史上产生的第一个独立的文化形态。不能确指其起源于何时,大致萌生于原始酋长部落时期的图腾崇拜。至少从夏代开始,礼乐文化就已进入了大致成熟的发展时期。此后,由夏及商,由商及周,礼乐文化一脉相传,《论语·为政》载:"殷因于夏礼,所损益可知也;周因于殷礼,所损益可知也。"经过长时期的损益选择,"郁郁乎文哉",于周为盛,粲然大备。鲁国是周朝的同姓诸侯国,卞城为鲁之下邑,在鲁国的管理下受到宗周礼乐文化的熏染。卞城鲁文化的基础根深蒂固,宗周礼乐文化在鲁国经过演绎和发展,对后世影响深远。卞城鲁文化的来源大概有下面五种情况[1]:一是古泗河文明,古史传说记载古泗河一代是伏羲、虞舜生活过的地方。二是宗周礼乐文化,这是鲁文化直接传承下来的主体和主流文化。三是殷商文化,鲁地原土著居民有不少殷商遗民,也有不少奄遗民,他们族群众多,作为"国人",自身保持着浓厚的文化传统;奄是殷商的附庸国,殷遗民和奄遗民共同尊奉殷文化,殷商文化被鲁国文化吸收和融合。四是东夷文化,东夷人是鲁地的土著居民,世世代代生息繁衍,有着吃苦耐劳、勇于进取、重义尚武、朴实粗豪的精神文化传统。五是与周边文化的相互融合。可以说,卞城鲁文化是融合了周文化、殷文化和东夷文化而成。融合即是创造。与上述来源相比,卞城人民在大文化(鲁文化)发展的前提下融合自身及周边文化创造出的小文化(卞城鲁文化)才是最重要的。虽然古卞城随着历史朝代的更替,渐渐失去了昔日的辉煌,但是古卞城孕育出来的卞城鲁文化精神得到世代相传。近年来,中央电视台制作了《古卞国探考》,海内外卞氏宗亲来泗水参加寻根祭祖活动,卞城遗址和卞国文化研究受到了国内外专家学者的重视,卞城遗址所蕴含的精神文化得到了完美释放。

今天,泗河文明带已划入《曲阜优秀传统文化传承发展示范区建设规划》(包括南北纵向的孔孟文化轴、东西横向的泗河文明带和曲阜古城区、尼山片区、孟子胡新区等各具特色的九大片区)。示范区的建成意义重大,是推动儒家优秀传统文化融入现实生活,全力打造涵养社会主义核心价值观的重要源泉。泗河文明带(泗水段)建设在发挥历史文化遗产承载功能的同时,将卞城鲁文化中优秀传统文化的传承与创新融入现实生活是建设的首位。

---

[1] 逄振镐:《齐鲁文化研究》,齐鲁书社,2010年。

资源、经略与制盐产业化视野下的齐国东扩

王子孟　王春云
山东大学历史文化学院　山东省文物考古研究院

齐国是周朝建立之初分封于鲁北滨海地区的一个诸侯国。其始封之时,疆域很小,仅为方百里的小国。进入东周时期,得益于不断地对外军事扩张,疆域才有所扩大,尤其表现在对东邻纪国的不断蚕食。有学者曾对齐国于东部扩张的原因进行探讨[1],有借口报仇、谋求纪国土地说,有觊觎纪国疆域内海盐资源说,不一而论。本人拟利用盐业考古材料,结合文献记载,对东周时期齐国东扩与资源经略的关系作浅显梳理,以求教于方家。

一、齐国东扩的文献叙述

齐国封地本是殷诸侯蒲姑氏所居,为东夷族腹地,周围皆是东夷部族。《史记·齐太公世家》载:"封师尚父于齐营丘……太公……黎明至国。莱侯来伐,与之争营丘。营丘边莱。莱人,夷也。"所述正是当时情况。太公传五世至哀公,《史记·齐太公世家》载:"纪侯谮之周,周烹哀公而立其弟静,是为胡公。胡公徙都薄姑,而当周夷王之时。哀公之同母少弟山怨胡公,乃与其党率营丘人袭攻杀胡公而自立,是为献公。献公元年,尽逐胡公子,因徙薄姑都,治临淄。"[2]由西周初期齐国营丘、薄姑、临淄三都的位置

---

[1] 逄振镐:《山东古国与姓氏》,山东人民出版社,2006年,第421页;吴伟华:《鲁北地区考古发现与春秋时期齐国灭纪》,《中原文物》2011年第2期。

[2] (汉)司马迁撰:《史记》,中华书局,1982年,第1481—1482页。

来看,其初封时地域不大,疆域大致位于今天的博兴、广饶、临淄、昌乐间百余里的狭长地带,尽如《孟子·告子下》云:"太公之封于齐也,亦为方百里也。"[1]

终西周至春秋初叶,齐国疆土虽有所拓展,但总体变动不大,其疆域"南至于岱阴,西至于济,北至于海,东至于纪随,地方三百六十里"[2]。至于《史记·齐太公世家》所言"东至海,西至河,南至穆陵,北至无棣,五侯九伯,实得征之",学者多认为这不一定是齐国确切的疆界领地,只是齐国可威慑影响的疆域范围[3]。上述可见,在鲁北滨海地带,齐国最初只掌管着今无棣至广饶一线的沿海地区,那时黄河从今河北武强县东北流、北至天津南界入海,山东古黄河三角洲还未形成。今潍北平原沿海地带,当时为纪国所占,再向东侧则被莱国所占。

纪国是齐国东邻古国之一,姜姓,侯爵,始于夏,传于商。后服于周,周天子重封纪国,为周异姓诸侯国之一[4]。《左传·隐公元年》载"八月,纪人伐夷",纪国,在东莞剧县,今寿光县。汉代剧县故城,在寿光县城南15千米处,即古纪国旧都所在,有故台址,称纪侯台。除都城外,见于史书的纪邑尚有酅(今潍坊昌邑西北)、郱(今潍坊临朐东南)、鄑(今潍坊安丘东南)、鄙(今淄博临淄东)共4邑,可见纪国位于弥河、潍河流域的潍坊地区。

公元前693年(齐襄公五年),《春秋·庄公元年》载:"齐师迁纪郱、鄑、郚。"杜注:"齐欲灭纪,故迁徙其民而夺取其地。"[5]公元前691年(齐襄公七年),《春秋·庄公三年》载:"秋,纪季以酅入于齐。"[6]公元前690年(齐襄公八年),齐襄公逼迫"纪侯大去其国"。至春秋早期末段,齐国完全吞并纪国,纪国的北部沿海地区遂成为齐国领土,齐国疆域向东扩展到潍河流域。公元前567年(齐灵公十五年),齐灭莱后,整个胶东半岛也全部归齐。战国早期,齐的势力又扩展到鲁东南沿海地区。至此,齐国东进态势终告完成。

二、东周时期齐地盐业考古发现

齐地是一个变化的、不断扩展的概念,本文所谈及的齐地特指春秋早期以来的齐

---

[1] 杨伯峻:《孟子译注》,中华书局,1988年,第290—291页。
[2] 黎翔凤撰、梁运华整理:《管子校注》,中华书局,2004年,第424页。
[3] 王志民主编:《齐文化概论》,山东人民出版社,1993年,第4页。
[4] 逄振镐:《纪国史略》,《淄博师专学报》1996年第2期。
[5] 杨伯峻:《春秋左传注》,中华书局,1990年,第156页。
[6] 杨伯峻:《春秋左传注》,中华书局,1990年,第160页。

国疆域。其北部沿海一带自古以来即是中国重要的产盐基地，先秦和西汉文献中多次提到"青州贡盐"、"幽州鱼盐"、"北海之盐"、"渠展之盐"、"东莱鱼盐"、"齐国鱼盐之地三百里"、"齐之海隅鱼盐之地"等名称[1]，言指"盐"为齐国特色之风物。关于齐国盐业的研究也是考古学界和史学界比较关注的问题。

近年来，山东省各级相关文物考古单位与省内外科研机构在齐地北部沿海地区开展了密集的盐业考古调查和发掘工作，取得了一系列重要收获。累计调查面积已达上千平方千米，发现商周时期的煮盐遗址近千处，主要集中在小清河、弥河、潍河下游地带[2]。其中时代属于东周时期的制盐遗址群分布范围十分广大，东至胶莱河东岸的莱州市，向西经昌邑市、潍坊滨海经济开发区、寿光市、广饶县，过小清河，再向北经东营市、利津县、沾化县、无棣县至河北省海兴县、盐山县、黄骅市一带，横跨250余千米。目前已确定了莱州市西大宋、海沧，昌邑市唐央—火道、辛庄、廒里、东利渔，潍坊滨海经济开发区西利渔、烽台、固堤场、韩家庙子，寿光市单家庄、王家庄、官台、大荒北央，广饶县东赵、东马楼、南河崖，东营市刘集、刘庄，利津县南望参、洋江，沾化县杨家、下瞿，无棣县邢家山子，河北海兴县杨埕、黄骅市郭堤等20多处制盐遗址群（图一）[3]。

这些制盐遗址群之间一般彼此相隔2—5千米；单个遗址群规模多在10平方千米以内，其内遗址分布密集，平均约有40—50处；单个遗址规模一般在2万平方米上下，整个齐地北部沿海地区存在盐业遗址上千处。文物考古部门在唐央、东利渔等盐业遗址群进行了考古钻探和试掘工作，发现了成组的地下卤水井和盐灶，出土了大量形态较大的煮盐容器厚唇大口圜底瓮。依据遗迹及器物，可以确认这些遗址就是当时的制盐遗存。另外，此类遗址中与制盐容器伴出的陶器有鬲、釜、豆、盂、盆、壶、盒、高颈罐等，其器物组合及特征与齐国内陆地区完全相同[4]，还发现豆柄上有"城阳"、

---

[1] 燕生东：《山东地区早期盐业的文献叙述》，《中原文物》2009年第2期。

[2] 燕生东、田永德、赵金等：《渤海南岸地区发现的东周时期盐业遗存》，《中国国家博物馆馆刊》2011年第9期；鲁北沿海地区先秦盐业考古课题组：《鲁北沿海地区先秦盐业遗址2007年调查简报》，《文物》2012年第7期；山东省文物考古研究所、山东昌邑市博物馆：《山东昌邑市盐业遗址调查简报》，《南方文物》2012年第1期；山东大学盐业考古队：《山东北部小清河下游2010年盐业考古调查简报》，《华夏考古》2012年第3期；党浩：《齐国制盐业探析——从昌邑盐业调查谈起》，《中国考古学会第十五次年会论文集·2012》，文物出版社，2013年，第638—646页。

[3] 王青：《关于山东北部盐业考古的新思考》，《东方考古（第12集）》，科学出版社，2015年，第150页。

[4] 燕生东、田永德、赵金等：《渤海南岸地区发现的东周时期盐业遗存》，《中国国家博物馆馆刊》2011年第9期。

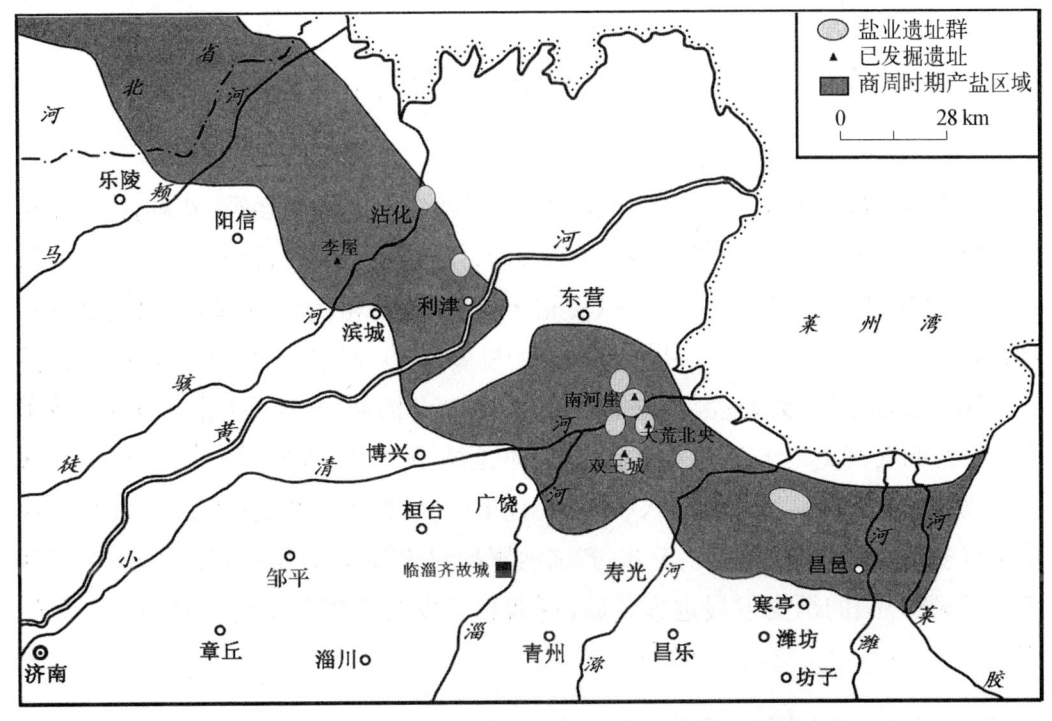

图一　鲁北沿海东周时期盐业遗址群分布示意图

"豆里"的陶文,应是战国时期临淄周围的地名[1]。所以,初步认为这些盐业遗址群的年代可从春秋末期延续至整个战国时期,部分可能到西汉初期,文化内涵上属于齐文化范畴。

以历年调查和发掘材料为基础,从聚落考古研究视角出发,学者们陆续对东周时期鲁北沿海盐业聚落的形态变迁及其背后所反映的社会组织和管理模式进行了探讨。揭示出东周时期(主要是战国)盐业遗址群的分布范围、整体规模、制盐作坊总数,表明该阶段为鲁北沿海地区继晚商、西周之后的第二个盐业生产高峰期;聚落形态与晚商、西周时期一样,均是成群分布,但遗址数量大为增加、分布更为密集,空间分布范围上向北、向东扩张趋势明显;单个遗址和单个遗址群的面积比晚商、西周时期有所增大,大群内可以再划分出小群,各个小群中又分化出了具有管理功能的生活遗址点,其背后体现的应该是盐业生产管控层面的加强[2]。

---

[1] 山东大学盐业考古队:《山东北部小清河下游2010年盐业考古调查简报》,《华夏考古》2012年第3期。

[2] 燕生东:《商周时期渤海南岸地区的盐业》,文物出版社,2013年,第276—278页;王青:《关于山东北部盐业考古的新思考》,《东方考古(第12集)》,科学出版社,2015年,第161页;徐倩倩:《小清河下游商周制盐遗址聚落考古分析》,山东大学硕士学位论文,2011年,第55页。

三、相关问题的分析与讨论

齐国以鱼盐立国,盐业始终与齐国的政治、经济、文化紧密相连。周初,太公始封国,《史记·齐太公世家》记载"太公至国,修政,因其俗,简其礼,通商工之业,便鱼盐之利,而人民多归齐,齐为大国"[1],《史记·货殖列传》和《汉书·地理志》也有同样的记载,表明齐国立国之初即因地制宜、着力发展鱼盐经济,才得以基业稳定、国富民强。到了东周时期,政府逐渐管控盐业的生产和贸易活动,于古代历史上首次实施了食盐官营制度,《史记·齐太公世家》有管仲、鲍叔牙等人"设轻重鱼盐之利,以赡贫穷,禄贤能,齐人皆说"的记载[2],《管子·轻重甲》、《管子·地数》、《管子·海王》篇中也有多条关于盐政的描述。至此,齐国独擅盐利政策,借以富甲强兵,成为东方强国。可见,齐国的历史发展进程背后,攫取和开发盐业资源始终起着举足轻重的作用。

(一)觊觎盐业资源是齐国东进的主要动力

如前文已述,齐国立国之初,即因地制宜、着力发展鱼盐经济,使齐国很快发展起来。经过西周时期数代人持续努力,已成为山东地区实力最强的国家。春秋早期末叶,齐国开始走上对外扩张之路,不断吞并周围小国,一直持续到春秋晚期。据文献记载,在山东地区被齐国吞并的国家有纪、谭、郜、阳、铸、莱等,其中纪国是被吞并的第一个国家,这也开启了齐国东进的历史进程。

关于齐国灭掉纪国,有的学者认为是为了给祖先报仇[3],因为《史记·齐太公世家》有周夷王听信了纪侯的逸言,将齐哀公烹杀的记载。有的学者认为,齐国灭纪可能并非为了报仇,而是觊觎纪国丰富的海盐资源,所谓报仇应该只是借口而已[4]。我们深以为然,齐国东进灭掉纪国,并不仅仅是简单的军事扩张行为,更多的是觊觎其丰富的盐业资源,欲征服并加以利用之。

文献记载表明,齐人在东周以前只掌管着今无棣至广饶一线的沿海地区盐业资源。今潍北平原滨海地带,当时为纪国所占,正属莱州湾南岸浅层卤水的富集

---

[1] (汉)司马迁撰:《史记》,中华书局,1982年,第1480页。
[2] (汉)司马迁撰:《史记》,中华书局,1982年,第1487页。
[3] 逄振镐:《山东古国与姓氏》,山东人民出版社,2006年,第421页。
[4] 吴伟华:《鲁北地区考古发现与春秋时期齐国灭纪》,《中原文物》2011年第2期。

区,其丰富的盐业资源,自然成为齐国觊觎的对象。西周时期的齐国,百废待兴,其盐业资源尚能应付国内经济发展和对外贸易需要。但随着齐国经济的持续发展,其并不丰富的盐资源已难以支撑。为了改变国内资源匮乏的局面,最现实的就是灭掉纪国,占有纪国丰富的海盐资源,灭纪成为齐国政治扩张和经济扩张的必由之路。

考古发现也印证了齐国灭纪的初衷。鲁北沿海地区进行的盐业考古专项调查,发现的晚商到西周的制盐遗址群主要集中在小清河下游地带,多位于同时期的齐国疆域内,这表明齐国最大程度地开发了国内的盐业资源(图二)[1];而如前文所列,东周时期盐业遗址群向东扩展到纪国境内,且遗址数量大幅增加、分布更为密集,遗址时代集中于春秋末期到战国时期,这表明是在齐国灭纪后此地的盐业资源才得到大规模的开发和持续利用。观之,齐灭纪最大原因是想开发利用纪国丰富的盐业资源,齐灭莱,原因也应是如此。所以,觊觎盐业资源是齐国东进的主要动力。

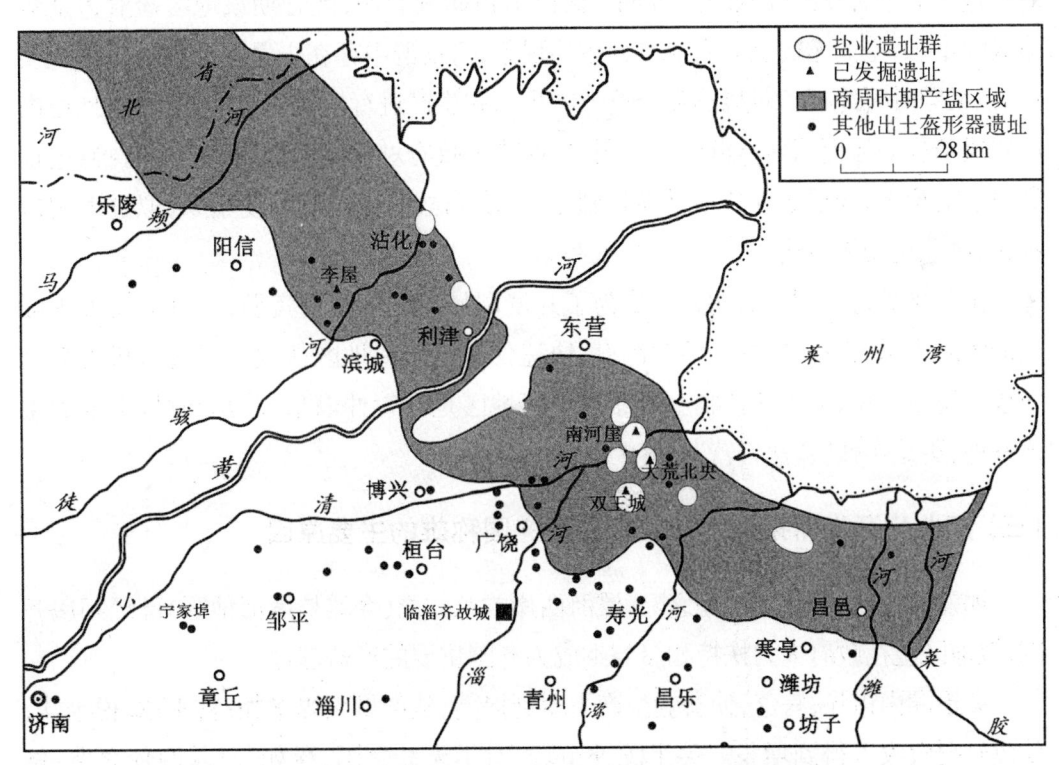

图二　鲁北沿海晚商至西周中期盐业遗址群分布示意图

---

[1] 王青:《关于山东北部盐业考古的新思考》,《东方考古(第12集)》,科学出版社,2015年,第149—150页。

(二)经略新拓疆土盐业资源是实践"食盐官营"制度的典范

东周时期,政府对盐业生产的管控进入到了一个新的阶段,最重要的标志是官府直接介入食盐的生产和运销环节,形成了食盐官营制度。公元前685年(周庄王十二年),齐襄公去世,桓公继位,任用管仲为相。管仲即依据齐国海盐资源丰富的优势,施行"官山海"政策,创制了食盐民制、官收、官运、官销的官营制度。《管子·海王篇》中有这样一段对话:"桓公曰:'何谓官山海?'管子对曰:'海王之国,谨正盐策。'"管子的盐业政策实际上是倡导盐产品专卖,仅就盐专卖来说,国家就能获得一笔数量可观的收入,即所谓"今夫给之盐策,则百倍归于上,人无以避此者,数也"。所以,食盐专卖制度强调政府对盐资源的垄断,主张使用多项手段提高盐利,并通过流通渠道来扩充其商业价值,目的是为政府增加税收。

前文已列,齐地东周时期盐业遗址多集中分布于原属纪国疆域的潍坊滨海地区,时代也多界于春秋末叶到战国时期。聚落考古研究表明,此时期该地区盐业遗址数量大幅增加,空间布局上具有成群分布的现象,遗址群中存在少量主要功能是盐业生产、但又同时可能担负对周围数个遗址的生活和生产进行协调的遗址,盐业遗址群内的层级结构明显而清晰。群内分层明显,反映了政府对盐业遗址强有力的管控;遗址数量空前增加,成群成片分布于新拓疆土内,表明盐业生产的高度繁荣,似进入到规模化、产业化发展时代。

由此可见,齐灭纪,目的显然是为了开发利用这里的盐业资源,并且依仗齐国强大的政府力量,先进的生产、经营制度,快速使潍坊滨海地区盐业生产进入极度繁荣阶段。也就是说,属于新拓疆土的潍坊滨海地区是自管仲以来齐国盐业最主要的生产基地,更是实践"食盐官营"制度的典范。

(三)产业化开发新拓疆土盐业资源是齐国称雄的主要原因

如前文所述,春秋早中期之际,潍河西岸的莱州湾(今潍坊滨海地区)已经归属齐国,该地区也在政府大力扶持和参与下成为齐国重要的产盐基地。

关于国内市场,官营,使盐业生产力得到提高、盐产量大幅增加;官卖,寓税于盐,使政府财政收入得到增长。关于国外市场,对于无盐之国,尽如"君以四什之贾,修河、济之流,南输梁、赵、宋、卫、濮阳",没有盐资源的诸侯国要依靠盐产业发达的齐国供给海盐。《管子·地数》指出:"恶食无盐则肿,守圉之本,其用盐独重。"盐成为"守圉"的根本,可见控制食盐就可以控制对手,盐业也成为一种制约其他诸侯国的手段。

借助对新拓疆土盐业资源的大规模产业化开发利用,齐国得以大力发展对外贸易。盐的对外贸易对于齐国经济、政治影响的扩张都具有重要的作用。扩大了齐国的经济影响,促使齐国财富的增加,带动齐国产业经济和工商业的繁荣。以经济为基础,齐国的政治影响也不断增强。这也是齐国虽偏于东部沿海却能成就春秋霸业、继续战国称雄的原因。

四、结　　论

综上所述,齐国从西周不足百里之小封国,发展成为"地方二千余里,带甲数十万,粟如丘山"的滨海大国,决非单纯依靠军事行动,而是经济、政治、军事、文化等诸因素综合作用的结果,且盐业经济应该起着至为重要的作用。

终西周之世,得益于稳健的盐业立国政策,齐国充分挖掘利用本国的盐业资源,快速发展起来。到春秋时期,随着人口增加和贸易兴起,齐国的发展已经受制于国内盐业资源的匮乏,得享盐业利益的齐国,本能地就会觊觎邻国的盐业资源,意图占有、开发。只有利用新资源扩大盐业生产规模、生产更多产品,才能满足本国发展和对外贸易需要,这也是齐国东进的主要动力。同时,齐国对东邻的军事扩张,使其获得了丰富的海盐资源,方能全力经略、获取大量经济收益,从而增强整个国家的综合实力。所以,经略新拓疆土盐业资源也是齐国在东周时期称雄的主要原因。

邹城馆藏邾国陶文综述

郑建芳
邹城市文物局

一、邾国陶文的发现与出土

邾国陶文的发现可以追溯到清道光年间,清道光二十七年(1847年)邹县(今邹城市)知县吴企宽著《邹县金石志》刊行,其中记载:"莒子恩罐……其腹刻八分体'莒子恩'三字,罐系道光甲辰(1844年)冬日,峄山故邾城得之。"[1]这是目前发现关于邾国陶文最早的文字著录。

新中国成立后,邾国故城作为文物保护单位得到了保护和重视,大批铭文陶器陆续被发现。目前邹城市文物部门馆藏各类陶文已达3 000余件,其数量为春秋战国时期各国之冠。

1950年,邾国故城出土秦诏文陶量1件。高9.4厘米,口径20.4厘米,容量为2 000毫升。腹外壁有篆书秦始皇二十六年统一度量衡诏书2行40字,口沿戳印"骀"字。现藏中国国家博物馆。

1951年,邾国故城出土战国陶量1件。通高33厘米,口径30.6厘米,泥质灰陶,直口、深腹、平底,胎壁较厚。口外饰阴刻弦纹,腹壁饰绳纹一周并对装两柄,器内底印一"禀"(廩)字。

1963年,邾国故城出土秦诏文陶量1件。高9.4厘米,口径20.4厘米,容量为2 000毫升。泥质灰陶,形似圆钵,上口略侈,宽平沿,直壁,平底,腹外壁有篆书秦始皇二十六年统一度量衡诏书2行40字,内底戳印两个"骀"字,口沿戳印"马"字,当为

---

[1] 徐畅:《陶文发现与著录》,《青少年书法》2011年第2期。

驺字之半[1]。

1964年3—4月,中国社科院考古研究所山东工作队对邾国故城进行了调查[2],采集陶文30件。其中陶盆14件,分别印在唇面、颈部、口沿内外等,豆柄14件,盖钮1件,陶质"圆柱"1件,可识文字有"买"、"可"、"兴"、"期"、"祭"、"悼"、"刚"等。

1973年夏,中国社科院考古研究所山东工作队、邹县文物保管所对邾国故城进行了全面调查[3],又征集到为数可观的陶文。并征集到陶瓮1件,颈部有2字;陶罐1件,腹部有1字;陶豆1件,柄部有1字。

1980年5月,金张庄村村民将在邾国故城宫殿区以南发现的2件陶量捐献给文物部门[4]。2件陶量的形式、大小相同。通高32厘米,口径27厘米,泥质灰陶,直口,腹略鼓,平底,通体饰细绳纹,近口部饰四道弦纹,腹部有波浪形附加堆纹一周,腹部两侧各有一圆柱形把柄,底部有一"禀(廪)"字,意为仓廪之意。

1985年5月,金张庄村出土铭文陶罐1件。口径13.5厘米,通高24.5厘米。敞口,直颈,鼓腹,平底,颈部和腹部饰弦纹和绳纹。腹部有陶文"期"字。

1987年初夏,邹城市文物工作人员在金张庄村村民手里征集到2块铭文砖,该砖出土于张庄村邾国故城内的一座古墓葬。砖长25厘米,宽12厘米,厚5厘米,铭文砖2面皆有字,大部分文字清晰可辨。第1块文字初识为"夜之母之葬它(地),兀(其)屯才(在)兀(其)北",另一面"夜之母之葬它(地)";第2块文字初识为"夜之母之葬它(地),兀(其)屯才(在)兀(其)北",另一面"夜之母之葬它(地),兀(其)屯才(在)兀(其)北"。铭文内容包括死者的死因以及大致的方位,是我国早期墓志形式的雏形[5]。同年,金张庄村出土铭文陶罐1件,口径14厘米,通高24厘米。敞口,直颈,鼓腹,平底,颈部和腹部饰弦纹和绳纹。腹部有陶文"敚"字。

1987年9月,纪东村村民发现陶文270件。多数为陶豆豆柄,文字内容有"得"、"毕"、"良"、"河"、"祭"、"公"、"覃"等字。

1988年7月—1989年6月,邹城市文物工作者在开展不可移动文物普查工作中,在纪东村征集陶文800件,在金张庄村征集陶文400件。铭文陶罐8件,口径12.5—14厘米,通高24—26.5厘米,敞口,直颈,鼓腹,平底,颈部和腹部饰弦纹和

---

[1] 鲁文生主编:《山东省博物馆藏珍》,山东文化音像出版社,2004年,第8页。
[2] 中国科学院考古研究所山东工作队:《山东邹县滕县古城址调查》,《考古》1965年第12期。
[3] 中国社科院考古研究所山东工作队:《山东邹县古代遗址调查》,《考古学集刊(第三集)》,1983年。
[4] 朱承山:《邾国故城出土的两件陶量》,《文物》1982年第3期。
[5] 胡海帆、汤燕:《中国古代砖刻铭文集》,文物出版社,2008年。

绳纹,腹部有陶文"豉"、"陶衰"、"工"、"母亓"等字。

2007年5月,金张庄村村民在修路时发现陶文105件。均为陶豆柄,文字内容有"祭"、"兴"、"孛"、"灶"、"刺"等字。

2015年3月—6月,山东大学历史文化学院考古发掘队对邾国故城进行了田野考古发掘工作。本次发掘是迄今为止首次对邾国故城遗址进行大规模主动性考古发掘。考古发掘确认该遗址包含旧石器时代、春秋、战国、秦、西汉等时期的文化遗存,揭露了许多重要遗迹现象,包括东周至汉代的灰坑、水井、窖穴、窖藏、窑炉、房址、墓葬等,出土了铭文陶罐、陶豆和一批陶豆柄[1]。

二、邾国陶文的时代与特点

邾国故城陶文大多数未进行科学发掘,缺少具体的层位记录,它们的来源,大部分是群众在农田基本建设工程中,发现后主动捐献的。邾国故城陶文的断代存在着一定困难,研究这批陶文的具体时代,只能依靠所采集的残存陶器的形制、质地、书体和文字的制作方法来进行分析判断。通过对数百件邾国陶文实物的分类整理发现,邾国故城的陶文以东周为主,汉代次之,秦代较少。

东周陶文:主要见于陶豆豆柄,少数见于陶盆口沿、陶罐口或肩部、陶瓮肩部外侧。其中陶豆又以春秋时期数量居多,战国时期数量较少。陶器多为泥质灰陶,少量为夹砂灰陶。陶文印制方法是在陶器胚胎未干时直接用戳印按压上去,由于按压时用力不均匀,故形成笔道深浅、粗细的差别。陶文印面分为无边框式和有边框式两种,有边框式印文形状有长方形、正方形、圆形、椭圆形、不规则形。文字以阴文为主,即印章为阳刻,戳印在陶器上反为阴文;阳文少见,即印章为阴刻,戳印在陶器上反为阳文。2字以上印文读序一般为从上到下,自右往左,符合当时的书写、阅读习惯。较为特殊的为自左往右,仅见"百羊"1例。印文字体为大篆,主要是阴文,少数阳文,少见边框。内容主要有戳记符号、工匠姓氏、陶工里籍、窑场名记、器具用途等。另有少量刻划的文字。从其笔法、刀法、章法的处理以及所反映的艺术风格上,可分为严谨和肆意两类。严谨类笔画规整,字形统一,变化较少,篆书浑穆古朴之趣浓厚,颇具金石意味。肆意类文字则较随意、爽利,变化较大,结体疏密有致、气势开张、雄浑庄严。有的字则笔画瘦劲,结体宽松自然,沉雄而流畅(图一)。

---

[1] 王青、路国权:《山东邹城邾国故城遗址首次大规模主动发掘》,《中国文物报》2015年10月23日。

毕　　成　　创　　刺　　悼

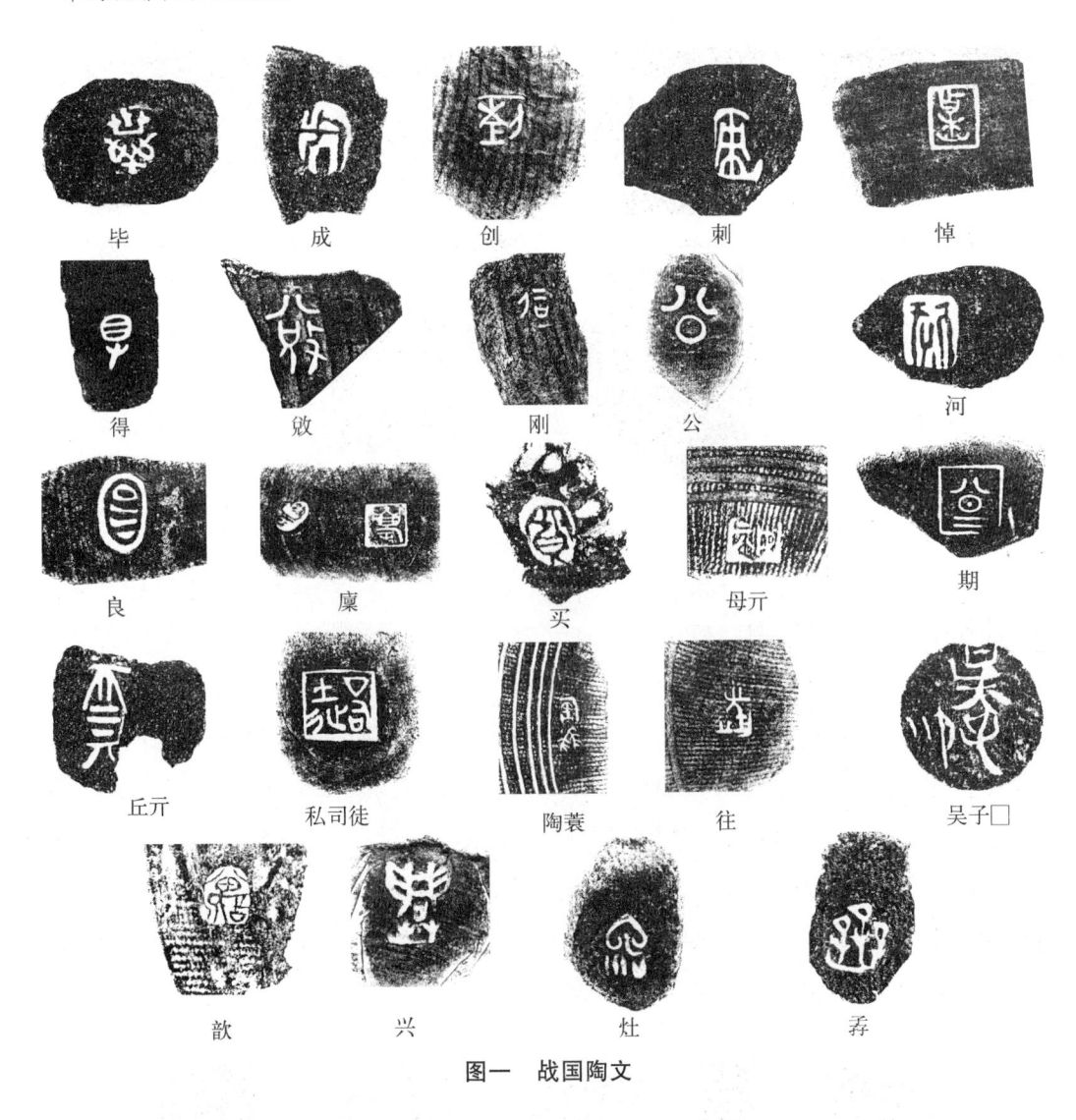

得　　敚　　刚　　公　　河

良　　廪　　买　　母亓　　期

丘亓　　私司徒　　陶襄　　往　　吴子□

歆　　兴　　灶　　弄

图一　战国陶文

秦代陶文：主要是诏文，见于陶质量器上。秦代陶文可分为钤印和刻划两种。刻划陶文笔画劲健、挺拔。钤印的陶文一般字迹清晰、笔画均匀、结体端庄、边框整齐。已发现的秦代陶文布局均为四字一组，未见单字，多有边框。从其书法风格上来看，属秦代小篆，字体方正，笔画圆润。在笔法处理上不拘一格，富有明显变化，笔画较少的字刻制时笔画明显加粗，反之则笔画较细，这样整个章法和谐，具有强烈的艺术感染力。内容为秦陶量诏文，释文如下，"廿六年皇/帝尽并兼/天下诸侯/黔首大安/立号为皇/帝乃诏丞/相状绾法/度量则不/一歉（嫌）疑者/皆明一之/"。在秦代陶文中还发现"䮷"字陶文，独立成字，小篆结体，字体遒劲圆润，具有圆润厚重、苍古端庄的韵味。右半"㕚"字笔画略细，所占空间较小，左半"马"字笔画略粗壮，所占空间反而大，形成章法上险绝的效果。"䮷"字陶文的发现印证了秦代设立"䮷县"的历

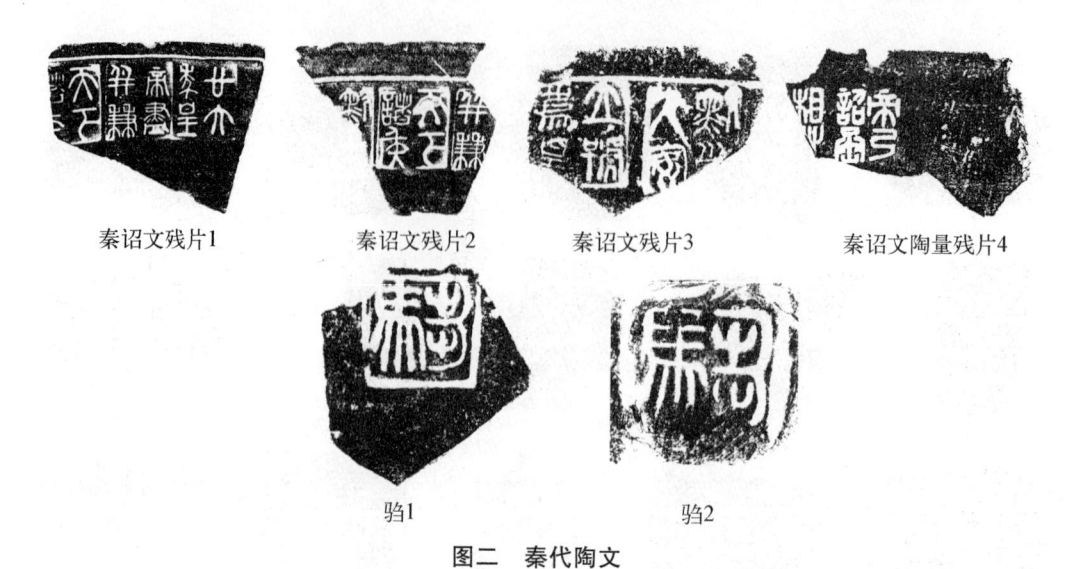

秦诏文残片1　　秦诏文残片2　　秦诏文残片3　　秦诏文陶量残片4

驺1　　　　　　驺2

图二　秦代陶文

史,具有重要历史价值(图二)。

汉代陶文:主要见于陶盆沿、瓮口肩外侧、罐口、器座和砖瓦上。以刻划法为主,钤印法极少。刻划法又分为两种:一是在湿陶坯上用硬质细棒刻划而成,字口两侧常有被细棒挤压而隆起的泥土痕迹。陶文字迹清晰,由于是直接书写,故更能接近笔意,书风变化较大,与东周和秦代陶文有明显差异。一是在陶器烧成以后,用锋利的工具刻字。由于陶器质地坚硬,刻划多不方便,笔画长短及走向不易控制,因而形成的风格与陶坯未干时书写的风格不尽相同,笔画起落不十分分明,结体比较自然,这种刻法和书风在汉代铜器铭文中常见(图三)。

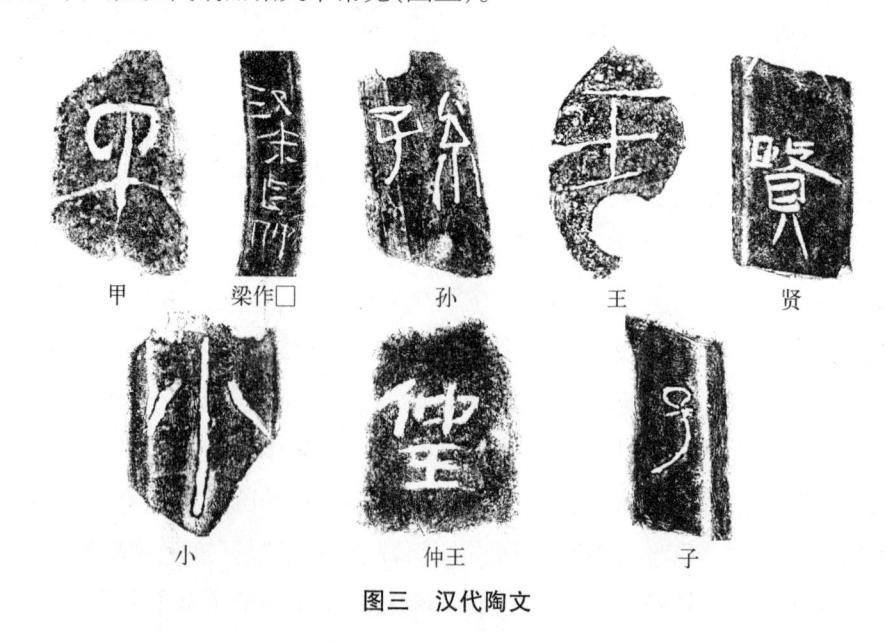

甲　　梁作□　　孙　　王　　贤

小　　仲王　　子

图三　汉代陶文

邾国陶文以民营制陶业作坊的产品为主,多见于陶盆、陶瓮、陶罐、陶豆等器物,尤以陶豆、陶盆为主。陶文字体格式主要为单字,究竟属于人名、地名还是其他名,很难一一分清楚。但这里面有些字仍可大致估计其性质,有的应是制陶作坊业主和工匠的姓氏,如"王"、"孙"、"梁"、"万"、"吴"等;有的应是制陶作坊业主和工匠的名字,如"成"、"刚"、"良"、"启"、"得"、"兴"、"生"等;有的显然是地名,如"邾"、"驺",即邾城和驺国;有的应是官营制陶业的文字,如"稟"字,是邾国仓廪所用量器上的标识字。另有少量格式是非常特殊的两字、三字陶文,两字陶文均为邾国民营制陶业所常见的人名,又分为两种情形:一是由两个不同单字组成,或上下,或并列,如"不敢"、"丘亓"、"丘单"、"母亓"、"百羊"、"田卣"、"公辟"、"陶衺"、"郘敚"等;还有一些格式非常特殊的两字陶文,虽有两个不同单字组成,但其中一字或倒置,或侧置,尤其以"祭"字最为常见,如"祭得"、"祭孝"、"期彰"、"期鼓"等。二是由两个相同单字组成,如"孬孬"、"咨咨"等。三字陶文发现有"私司徒"、"吴子□"、"祭卣田"、"祭亿万"等。

邾国官营制陶业的陶文发现数量相对较少,单字仅发现"稟"、"驺"。邹城博物馆珍藏一件"稟"字完整战国陶量,"稟"字印在陶量内底部。"驺"字多印在秦代陶量上,秦代陶量有秦始皇二十六年诏文,印款是用四字方印连续打在陶量的外壁上,合成始皇二十六年诏书的全文。

对照已发现的邾国东周、秦、汉陶文资料,邾国陶文有以下值得注意的特点:

陶文形体虽然基本上已经统一,但仍存在一些异形字,字形结构变化随意性大,手写体、俗体字较多。陶文字体偏旁部首有的已经固定,有的上下左右随意错位,有的存在随意增减现象。陶文存在一些假借字和合文字。战国陶文多为大篆体,部分容易释读,也存在一些不易释读的文字。从邾国陶文的文字结构可以看到东周至秦汉时期,字的偏旁部首基本上已经固定,笔画多少基本上已经定型,异形文字已明显减少。

三、邾国陶文的著录与研究

陶文自清道光时期被发现后,就引起了学术界的广泛注意,出现了一些研究著作和文献汇编。邾国陶文的著录研究起于清代。第一个收藏和研究者是清代著名金石学家陈介祺(1813—1884),字寿卿,号簠斋,潍县(今山东潍坊)人。道光二十五年(1845年)进士,官至翰林院编修。他嗜好古物,鉴精藏富,治学严谨,曾多次派人前往各地,或委托当地古董商人代为收购山东陶文。他先后收集陶文4 800件,随拓随释,或略作题记,或记明出土地点,或予以较准确断代,辑录成册,名为《簠斋藏陶》。

书中收录所谓"鲁陶文",主要是邾国故城的陶文。器物以豆、罐为主,亦有个别较完整陶豆,其余多是带有戳印的豆柄局部。此外,较能反映陈介祺对陶文认识及研究的是现藏于山东省博物馆的《簠斋陶文释存》,收陶文题拓近 900 件,是王献唐先生在原山东省图书馆购得,装订成册的。该书为稿本,一直未能刊行。

首先对邾国陶文进行详细研究的是吴大澂(1835—1902),字清卿,号恒轩,吴县(今江苏苏州)人。清代著名金石考古学家、书画家,善画山水、花卉,书法精于篆书,皆得力于金石鉴赏修养,历任广东、湖南巡抚等官。吴大澂与陈介祺交好,得以早睹陈所收集的陶文拓本,他根据从陈介祺处所得到的陶文拓本逐一进行考释,其考释成果往往以精美的篆书题跋在拓本上,或散见于与友人的往来书信中。清光绪三年(1877 年),他在所得陶文拓本 800 余种的基础上,编著《三代古陶文字释》(四卷)一书,书中共释陶文 481 字,重文 457 字,基本上是按照所得拓本时间先后顺序编排,实为拓本考释的誊录,后由于其他原因此书未能刊印。五年后,又著《读古陶文记》一卷,是现存最早的一部关于陶文的专著。清光绪九年(1883 年)初刊的《说文古籀补》以集录古钟鼎彝器所见文字为主体,兼收石鼓文、古币、陶文,其中,收录部分邾国陶文。

在邾国陶文的收集和研究上最先建立功勋的,为清末王懿荣和刘鹗。王懿荣(1845—1900),字正儒,一字廉生,福山(今山东烟台福山区)人,晚清历任翰林院编修、国史馆协修、会典馆纂修帮总纂官等职。一生"好古成魔",尤其酷爱金石文字,凡是古籍书画和三代以来的铜器、印章、钱币、残石、瓦当、陶文,无不精心收集珍藏,并誉满京城,京城内外的古董商知其好古物,一遇有罕见之品,就登门求售,以获善价。刘鹗(1857—1909),字铁云,又字蝶云、公约,号老残,别署鸿都百炼生,丹徒(今江苏镇江)人,自幼聪颖过人,一生中做过许多事情,对于文物考古及收藏亦极有兴趣。刘鹗除了从王懿荣手中买得陶文外,自己也通过多种渠道大量收购,前后收得 1 000 余件。清光绪三十年(1904 年)刘鹗从已获得的陶文中,精选出 500 余品,精心墨拓,编辑出版《铁云藏陶》3 册,书中收录部分邾国陶文,这是我国历史上第一部公开著录陶文的著作,被称为"陶文有专书之始"。

清光绪年间孙文楷所著《古陶文字》和孙文楷、孙文澜所著《木庵古陶文字》也是邾国陶文研究的重要成果。孙文楷(1847—1912),字模山,益都(今山东青州)人。早年专心于古玺印、古陶文字研究,经常前往荒野寻觅搜罗并多方收购陶文,每得一器,必悉心拓墨,广征群籍,考其文字,晨夕探究,积久成书,名为《古陶文字》。此书内记年号者,为清光绪甲申、乙酉、丙戌、丁亥,推知成书应在光绪十三年(1887 年),历时四年,早于《木庵古陶文字》约十五年。书中共收录各类文字拓片 168 件,其中邾国陶文 30 件。

孙文澜（？—1935），字观亭，号木庵，幼从堂兄孙文楷治金石学，富收藏，晚年与王献唐友善，往来甚密，交情笃厚。清光绪三十二年（1906年）与孙文楷合著的《木庵古陶文字》在学界影响很大，稿本依次收陶文140件，瓦当6件，墓砖铭2件，封泥38件。其中，孙文楷考释陶文69件，孙文澜考释22件，王献唐增订考释31件。著名学者王献唐评价此书时曾说道："丹徒刘铁云曾印《铁云藏陶》，搜罗既未周备，又多间入邾国陶器，皆无考释。潍县陈簠斋有拓本释文八百余纸，现藏山东省图书馆，随手札疏，亦未成书。益都孙木庵先生与簠斋交游，精鉴别，喜收古器物，著有《齐鲁古印笺》。所居密迩临淄，与弟观亭，收藏陶文甚伙。每得一字，即拓墨考释，积久为书，所收类属陶文精品，世不经见，释文尤多刃解。兹以原器墨本影印上方，分录考释于下，厘为二卷。前此治齐、鲁陶器文字专释成书者，殆以木庵为第一人矣。"[1]其中，"鲁陶器文字"即含邾国陶文。

辛亥革命以后，陶文的著录和研究更加受到学术界的重视，并有《邹滕古陶文字》、《古陶文舂录》、《季木藏陶》等几种印本陆续问世。

民国初年，时任山东省图书馆馆长的著名学者王献唐对邾国陶文资料以及实物，重新进行了整理、鉴别和考证，使陶文研究上升到一个新的高度。王献唐（1896—1960），字献堂，初名家驹，后改名王官，号凤笙，山东日照人。一生学术功力深厚，在金石学、文字小学、音韵、训诂、版本、目录学等方面都广有涉猎，造诣很深，尤其是金石学研究，成绩非凡。他精心保护金石文物，倾心收集各地陶文，或求之于收藏家后裔，或购之于商贾小贩，足迹遍布山东，乃至全国。他曾谈到青年时期到邾国故城收购陶文的趣闻："我二十九岁那年（该年应是1925年），担任山东省图书馆馆长期间，经常通过古董商人之手收购一些金石文物。我听说邹县峄山下纪王城经常有文物出土，于是就决定亲自去实地看看。""有一天，我雇了一辆人力车坐到津浦路的两下店，再往东去，找到村子里倒卖文物的小古董商人，向他了解情况。这个商人说，近年没有发现什么值钱的东西，目前他手中只有一些秦瓦量碎片，而且字迹残损，恐怕也卖不了多少钱。指的是'皇帝尽并兼天下诸侯'的'皇帝'二字，被重重地铲了一刀，以致字迹模糊不清。这应是秦末农民大起义后，度量衡是日常生活必需，不能不继续使用，但对其上有捺印的诏文却可无所顾忌了，否则谁有这样的胆量？古董商人知识不足，当然不懂，我却如获至宝。因此也不便说穿，给了一个合适的价钱就带回来了。""那次访问纪王城，我随便说了个姓某名某，没道出真名，临走的时候，那个古董商人跟我说：'听说省城里有个王献唐，他老先生很有学问，也经常收购古董，我很想见见。你认

---

[1] 王献唐：《五镫精舍印话》，齐鲁书社，1985年。

识吗?'我暗自发笑,连声说:'认识、认识,经常去请教。'其实,我那时才29岁,又是什么'老先生'呢! 后来,这个人也果然到济南来了,我们见到了面,他拍手大笑:'哈哈,哈哈! 原来你就是那个王献唐!'"[1]王献唐先生这个发现非常重要,经过也极其有趣,他一生学问渊博,不到而立之年,却对邾国陶文如此珍爱,并亲临收购。民国二十三年(1934年),他将收集到的邾国、滕国陶文编辑出版《邹滕古陶文字》3册,该书中特别注意了陶文出土地点和分布区域,为后世研究邾国陶文奠定了基础。

民国二十四年(1935年)刊行的顾廷龙《古陶文舂录》,书中收录了大量邾国陶文,它是最早的一部古陶文字典。顾廷龙(1904—1998),字起潜,号陶誃,江苏苏州人,著名古籍版本、目录学家。他搜集、整理战国陶文,亲手摹录字形并加以考释,编成了一部对古文字研究有价值的工具书,他曾写道:"余夙好古文字,以陶文未有专录,刻意搜访。……于是手抚舂录,分别部居,汰其复重,选其完整,慎校阙蚀,严区真赝,凡传摹之字概不敢卒然收入,诚恐毫厘之失遂成千里之谬。"[2]《古陶文舂录》收录了多个藏家的陶文,突破了仅限于一家之藏的取材范围,体例完全按照《说文》部首的次序编排,并采用了未识之字列入附编的新体例,计正编考释陶文405字,附编考释陶文451字。该书是最早的一部古陶文字典。

民国三十二年(1943年)孙浔、孙鼎所编的《季木藏陶》是极负盛名的一种陶文出版物。《季木藏陶》是周季木的陶文拓本集。周季木(1893—1937),名进,安徽东至人,金石学家,精于文物鉴定,富收藏。他收集陶文有独特眼光,往往自辟蹊径,不追随别人,曾得陶文4000余件,保存了大批古文字资料。抗日战争时期,周季木之婿孙师白(名浔)及其弟孙师匡(名鼎)将陶文拓本影印成册得以出版。书中单列邾国、滕国陶文为一章。

四、邾国陶文的价值与意义

邾国陶文的大量发现和面世,不仅对于战国、秦汉史的研究具有重要的意义,而且对于古文字学发展史研究也是一批珍贵的资料。其古拙灵动的线条、饱经沧桑的历史痕迹、先秦文字的朴拙意态,将两千多年前的书法雕刻活灵活现展现在世人面

---

[1] 刘敦愿:《王献唐先生曾经如是说——记邾国故城出土秦瓦量残片事》,《文物天地》1992年第5期。

[2] 顾廷龙:《顾廷龙文集》,北京图书馆出版社、上海科学技术文献出版社,2002年,第35页。

前,达到意与古人近的境界,让人生发思古之幽情。

邾国陶文大都是战国、秦朝和汉朝时期的文字,尤以战国时期数量最多,这正是中国古文字发展变化的重要时期。由此可以看出,这一时期文字由繁到简,由战国大篆、秦代小篆到汉代隶书的发展演变过程,这个过程不是一蹴而就的,而是循序渐进的,因此也存在着偏旁部首互易、笔画繁简不一、一字形体多种的现象。

邾国陶文从其出土地点、时代、数量、器型种类、文字格式、文字书法等各个方面都体现了陶文内容的丰富广泛,不仅在古文字研究方面非常重要,而且对于探讨东周、秦汉时期邾国的历史,探讨山东鲁南地区政治、经济和社会文化发展史均具有重要的价值。

邾国陶文资料是丰富的,随着邾国故城考古发掘工作获得国家文物局的审批,田野考古工作科学有效地推进,今后还会有更多、更详实的陶文资料发现,不遗余力地对陶文继续开展整理研究工作,无疑是一件非常有意义的事情,也是责无旁贷的一种责任。

徐海地区西周时期考古
新进展及初步研究

原 丰
徐州博物馆

徐海地区指江苏苏北地区的徐州、连云港一带。位于淮河支流沂、沭、泗诸水的下游,区域上属于以泰沂山系为中心,包括周围冲积平原和低山丘陵的一个相对独立的地理单元。《史记·夏本纪》载:"海岱及淮维徐州:淮、沂其治……浮于淮、泗,通于河。"由此可知,早在夏王朝之时,人们已经认识到淮河、沂河、泗水、黄河等水系之间互相通达。海岱地区多年来的考古成果表明这一区域自新石器时代文化以来即同根同源,经过夏商两朝的向东扩张和经营,西周王朝建立之后,实行"封诸侯,建藩卫"的分封制度,尤其是周公东征,平定"三监"及武庚叛乱之后,东方诸方国包括现徐海地区基本完全纳入了周王朝统治之下。

徐海地区周文化遗存的考古调查和发掘工作起步较早,1959—1962 年,南京博物院在苏北地区组织开展过多次考古调查[1],20 世纪 90 年代初南京博物院、徐州博物馆又在该区域开展相关的考古调查工作[2]。根据目前取得的资料,徐海地区包含有西周文化遗存的遗址主要有徐州铜山高皇庙、蔡丘、贾汪子房、江庄、后郁;邳州黄楼、梁王城;新沂钓台、洪墩;连云港二涧村、陶湾、尾矿塌、大村、土船顶、九龙口;东海县焦庄、庙墩、钓鱼台、苏湖;赣榆下庙墩;沭阳万北、马墩等遗址。结合调查,考古工作者陆续对铜山丘湾、高皇庙,东海焦庄、庙墩等遗址做了一些发掘工作。但由于这

---

[1] 见诸报道的主要有如下 4 篇调查材料:南京博物院:《1959 年冬徐州地区考古调查》,《考古》1960 年第 3 期;江苏省文物工作队:《江苏新海连市和东海县新石器时代、商、汉遗址》,《考古》1961 年第 6 期;南京博物院:《江苏赣榆新石器时代至汉代遗址和墓葬》,《考古》1962 年第 3 期;南京博物院:《江苏邳海地区考古调查》,《考古》1964 年第 1 期。

[2] 南京博物院、徐州博物馆:《1991 年徐州考古调查简报》,《东南文化》1997 年第 4 期。

些发掘工作时间较早,且多属试掘性质,对遗址文化面貌认识有限,且较为混乱,以致对这一区域西周时期文化面貌的深入研究缺少基础资料支撑。

进入 21 世纪以来的十余年,徐海地区尤其是徐州地区在基本建设工程中开展了一系列抢救性考古发掘工作,并有目的性地开展了沂沭泗下游商周时期遗存的考古调查工作,取得了很多新成果。其中贾汪焦庄、庙台子遗址,新沂聂墩遗址,邳州梁王城遗址等的发掘均取得了较为重要的考古成果。本文重点结合最新的考古发掘收获,对徐海地区西周文化遗存作一初步研究,不当之处,敬请指正。

一、贾汪焦庄遗址

焦庄遗址是近年来徐海地区周代考古比较重要的发现[1]。遗址位于徐州市贾汪区,为一处平面形状近圆形的土丘,西侧有一条小河,面积约 5 000 平方米。2013 年,徐州博物馆对该遗址进行了正式考古发掘,实际发掘面积 732 平方米,文化层厚 1—1.7 米,可分为 12 层。共清理各类遗迹 107 处,包括灰坑 69 座、房址 19 座、墓葬 18 座、灰沟 8 条。

根据地层堆积和出土遗物情况可以将该遗址分为三期,第一期遗存包括地层堆积的第⑨—⑫层及房址、灰坑、墓葬等遗迹,出土遗物常见鬲、罐、簋,以口缘向上折起的宽沿细锥状足粗绳纹陶鬲为代表,年代相当于商代晚期。第三期遗存分布于遗址外围区域,堆积保存较差,出土遗物常见鼎、豆、盆或盂,以折腹浅盘细高柄陶豆、宽折沿弧腹盆为代表,年代相当于春秋晚期。

第二期遗存包括第④—⑧层及房址、灰坑等遗迹,形成西周中晚期的聚落遗存,出土遗物多为陶器残片,还有石器、骨器及蚌器、螺壳等。陶器以夹砂灰陶、灰褐陶为主,器型多鬲、罐,另有豆、甗、盆、钵等。鬲多侈口,折沿明显,鬲足袋状,足跟常有抹平现象,通体满饰纵向细绳纹,上腹部有凹弦纹隔断绳纹的现象。该期遗存年代相当于西周中晚期。

第二期遗存的重要发现是一处大型的房屋建筑,该建筑开口于第⑤层下,编号 F2(图一)。共清理柱洞 79 个,从柱洞分布情况看,整个建筑平面形状近方形,东北—西南向,占地面积约 400 平方米,室内面积约 180 平方米。有两个门道,一处位于东

---

[1] 资料现存于徐州博物馆,部分材料发表于徐州市文物局、徐州市文物考古研究所:《溯·源:"十二五"徐州考古》,江苏凤凰美术出版社,2016 年,第 11—22 页。

北角,宽约3.5米;另一处位于东南角,宽约5米。每面有排列整齐的2—3排柱洞,大部分柱洞有柱坑和柱子内外两圈,柱坑形状多为圆形、长圆形,直径多在0.6—1米,最长径达1.5米,残深0.2—0.8米,最深达1米。柱坑填土一致,为黄褐色,土质坚硬,有明显夯筑痕迹,夯层厚约10厘米,一些柱坑内发现小石块,为加固柱子之用。柱子均为圆形,有残朽的木头痕迹,直径约0.2米(图二)。F2虽然没有发现墙体、居住面,但从仅存的倒塌堆积可以看出,该房址应该是采用草拌泥结构。与房址同时期的遗迹主要是灰坑。灰坑多为圆形或近圆形,其性质大致有两种,一是取土所致,这类坑多位于房址外侧,不规整,比较随意;二是草木灰坑,位于房内,坑都很浅,填土为火烧后形成的草木灰,这类坑应与房址的使用有关。还有一类灰坑早于房址F2,多为窖穴,形状规整,坑壁有明显的工具痕迹,如H6、H7,修筑房址时已经填平。

图一　焦庄遗址F2全景　　　　图二　焦庄遗址F2D4柱坑解剖

F2位于整个遗址的中心位置,除灰坑外,尚没有发现其他遗迹。从F2柱洞情况分析,其特征一致,分布集中,无论柱坑尺寸、柱子掩埋深度、柱坑的夯填过程,还是柱洞分布密度,都表明该建筑规模较大,明显经过细心规划,精心营建,不是一个或几个家庭所拥有的,应是为集体需要而建造的一处公共建筑。

从焦庄遗址第二期遗存的发掘情况可以判断,当时遗址所在为一处聚落或村落活动中心,而F2正是其主要活动场所。

二、贾汪庙台子遗址

庙台子遗址位于贾汪区泉东村北部,为一高出周围地表约1米的台形遗址,西侧有一条小河,面积约8 000平方米。2002年、2010年对遗址进行了两次考古发掘,累计发掘面积350平方米。该遗址文化层厚1.5—2.6米,可分为7层。清理遗迹包括房址、灰坑、灰沟、墓葬等，均为西周时期遗存。因发掘资料尚未完全公布，具体分期情况不明，已发布资料显示遗址上层（开口于耕土层下）为一处西周中晚期聚落遗存，主要是规模较大的联排式房屋建筑[1]（图三）。

联排式房屋建筑呈东西向分布，布局清晰，有南北两排，两排房址共用一道东西向隔墙。共揭露房址9间，南侧房址保存略好，共清理4间；北侧房址保存较差，墙体多已不存，共清理5间。房址面积大小不一，大的约20平方米，小的约10平方米。残存墙体、居住面、门道、柱子、倒塌堆积和室内遗物。墙体为木骨泥墙结构，墙宽约0.2米，保存最高处约0.3米，墙体内木柱残痕清晰可见。墙面、居住地面修筑平整，表面再以细泥涂抹加工，光滑平整。部分房址门道清楚，大致可以推断南侧房址门道多朝南，北侧房址门道多朝北，部分房址之间有门道相通。房址顶面情况不明，从残存倒塌堆积可以看出，应为草拌泥结构。一些房址内发现有陶器遗物，修复完整的有罐、鬲、盆、盂、瓮等，在F7内还发现有炭化麦遗存。

图三　庙台子遗址排房建筑

F6位于排房建筑基址的西南部，是其中保存最好的一间房址（图四）。四面残存有高0.2—0.3米的墙体，平面近方形，东西长3.32米、南北宽3.16米，面积10.5平方米，墙宽0.16—0.26米。墙上有清晰的圆形柱洞，形制大小基本相同，直径0.12米，柱洞内可见有明显的朽木痕迹。门道宽约0.7米，向东与F5相接。房内南部和东北角发现有残存的陶器，主要有红陶罐、灰陶豆、陶盆等。

图四　庙台子遗址F6

庙台子遗址出土遗物丰富，陶器以夹砂灰陶、灰褐陶为主，常见鬲、罐、盂等，尤其是联排房址内发现的陶器遗存，如窄折沿分裆袋足红陶鬲、宽折沿折肩绳纹罐、敞口

---

[1] 资料现存于徐州博物馆，部分材料发表于徐州市文物局、徐州市文物考古研究所：《溯·源："十二五"徐州考古》，江苏凤凰美术出版社，2016年，第11—22页。

折沿弧腹平底盂、小口折沿鼓肩深腹罐或瓮等都具有典型的西周中晚期陶器风格(图五)。除此之外,遗址中还发现有叶脉纹陶拍、陶纺轮、青铜小刀、卜甲、骨锥、骨镞及石镰等遗物。

图五　庙台子遗址陶器

三、新沂聂墩遗址

聂墩遗址位于沭河流域的新沂市瓦窑镇,整体形状为一漫坡状土墩,土墩中心高出周围地表约2米,遗址面积约6 000平方米。文化层堆积最厚约3米,可分为11层,除第②层为汉代文化层外,第③—⑪层均为西周文化层。2016年徐州博物馆、新沂市博物馆联合对遗址进行抢救性考古发掘,其中以西周中晚期遗存为主体堆积,发掘面积300平方米,共清理各类遗迹68处,包括房址12座、灰坑53座、灰沟3条。房址是此次发掘的重要发现,也是该遗址西周聚落遗存的主体。所有房址均为地面式建筑,其中F2、F12因仅残存基槽或部分柱洞,形状不能确定;其余10座房址形状明确,F1为长条形排房建筑,F3—F11为圆形单体建筑。

1. 长条形排房建筑

仅发现1座,即F1(图六)。开口于第⑥层下,呈东北—西南向,房址向东被晚期遗迹破坏不存,残长11.9米,残宽8.4米,总面积约70平方米。清理遗迹包括房址垫土、红烧土倒塌堆积、墙体、居住面、灶坑及房址内陶器残留,根据残存墙体和居住面判断该房址由4间组成,西侧3间、东侧1间,每间房址大小

图六　聂墩遗址F1

基本一致,但无法判断门道位置。房址基础以厚约 0.2—0.3 米较为纯净的灰褐土为垫层,墙体为木骨泥墙结构,下有浅基槽,墙体厚约 0.3—0.4 米,内外两侧以细泥涂抹,光滑平整。从房址倒塌堆积可以判断其墙体及房屋顶面均为草拌泥结构。房址内发现一处长方形灶坑,长 0.5、宽 0.3 米,内有烧结的草木灰痕迹。房内残存有陶器,但多已残破,可辨器形有鬲、豆、甗、盆、罐等。

2. 圆形房址

共发现 9 座,均为单体建筑,门道向东或向南。多数房址发现有基槽和柱洞,个别房址仅发现有柱洞遗存。

F3,开口于第⑤层下,方向为 120°(图七)。平面呈圆形,直径约 3.46 米,房址面积约 9.5 平方米。由基槽与 25 个柱洞构成,基槽直壁平底,宽约 0.23 米,深约 0.3 米,基槽内填土呈浅灰褐色,土质坚硬。基槽内共发现单圈柱洞 23 个,分布较为均匀,柱洞直壁平底,直径 0.06—0.16 米,深 0.12—0.35 米,柱洞内填土为浅灰色,土质松软。门道位于房址东南部,门道两侧各有一柱洞,比基槽内柱洞稍大一些,直径 0.2 米。

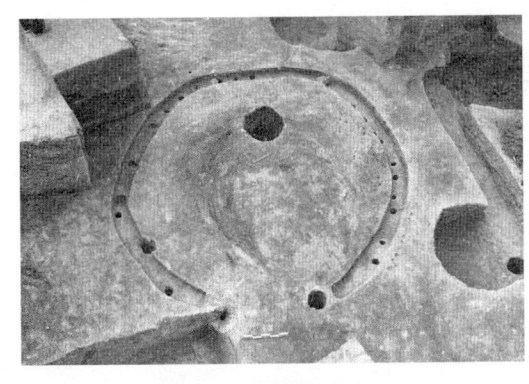

图七　聂墩遗址 F3　　　　　图八　聂墩遗址 F5

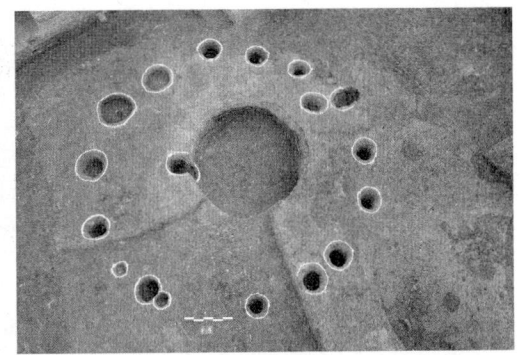

F5,开口于第⑤层下,方向 230°(图八)。平面呈圆形,由 18 个双圈柱洞组成一圆形房址,没有发现基槽痕迹。F5 直径约 2.94 米,面积约 6.8 平方米。柱洞均由柱坑、柱子两部分组成,柱坑均为圆形,直壁平底,直径 0.20—0.42 米,深 0.24—0.32 米;柱子圆形,直壁圜底,直径 0.1—0.16 米。门道设于房址西南部,宽约 0.72 米。房内有中心柱洞 1 个,直径 0.4 米。

遗址中还清理了数量较多的灰坑,以直壁平底为主,有部分弧壁圜底坑。H19 开口于第④层下,平面呈圆形,近直壁,平底,坑壁清晰。直径约 1.8 米,深 0.78 米。坑内堆积为灰褐色土,夹杂浅褐色斑块,内夹杂大量草木灰、木炭颗粒及灰陶残片,土质疏松。可辨器形有鬲、罐及鹿角等物。

从堆积特点、层位关系及出土遗物分析，聂墩遗址可分为早晚两期。早期堆积为灰黑色，呈层状分布，内夹杂大量草木灰颗粒、炭屑及贝、蚌、螺等水生动物外壳遗存，土质疏松。堆积内发现遗迹较少，仅有少量灰坑，可能为生活垃圾堆积区。出土陶器器型有鬲、簋、豆、罐、甗等，陶鬲折沿，沿夹角较小，足多空锥状；陶簋圈足较高，腹部较浅；陶豆口部微内敛，豆把粗短；流行腰部饰附加堆纹的陶甗。该期堆积大致相当于西周中期。

晚期堆积为灰黄色，呈块状分布，土质坚硬。发现遗迹较多，主要为房址和灰坑，前述房址多为该期遗存。其中F1略早，F1废弃之后，在其东部营建了大量圆形单体建筑，F3—F9均略晚于F1，这些房址集中分布在一起，从长条形排房建筑变为圆形单体建筑，应是聚落内部发生变化的结果。出土陶器以夹砂灰陶为主，有部分夹砂红陶，主要器类与早期基本一致，器形发生了改变。陶鬲折沿近平；陶簋宽折沿弧腹，圈足更高；这一时期陶罐形制更加多样，双耳罐出现并流行。该期堆积大致相当于西周晚期。

四、邳州梁王城遗址

梁王城遗址位于邳州戴庄镇李圩村西，面积超过100万平方米，2004—2009年，南京博物院、徐州博物馆、邳州博物馆联合对该遗址进行了大规模的考古发掘[1]。遗址西部的"金銮殿"高台面积约20 000平方米，文化层堆积厚约3—5米，共可分为12层，内涵丰富，从新石器时代到宋元时期均有不同程度的堆积遗存。其中第⑦、⑧两层为西周时期堆积，这一时期堆积呈灰绿色，有明显水沁形成的淤沙、淤泥痕迹，堆积内多含有草木灰颗粒，土质疏松。发掘揭露出大量西周时期的墓葬、灰坑、窖穴、房址等，从获取的考古发掘资料看，遗址没有统一的功能分区，各类遗迹杂处在一起，即墓地和居住区没有明确划分的区域。目前西周墓地揭露较为完整，共发现墓葬71座，兽坑12座[2]，是目前徐海地区唯一一处大规模揭露的保存较好的西周墓地。

---

[1] 南京博物院、徐州博物馆、邳州博物馆：《梁王城遗址发掘报告·史前卷》，文物出版社，2013年。

[2] 南京博物院、徐州博物馆、邳州博物馆：《江苏邳州梁王城遗址西周墓地发掘简报》，《东南文化》2016年第2期。

墓葬相对集中地分布在南北两区域,间杂有马坑、牛坑、狗坑等各类兽坑,以马坑最多,共有10座。墓葬均为竖穴土坑墓,墓坑规模不大,多比较狭长,长0.9—2.5米、宽0.3—1.2米、深0.1—0.9米。墓葬以东西向为主,多向东,少量向西或向北。葬式以仰身直肢葬为主,多为单人葬,仅发现两例合葬墓,一座为成年男女合葬,一座为女性与婴儿合葬。一些墓葬残留有清晰的板灰痕迹,应有木质葬具,多为单棺,其中M169、M178葬具剖面呈弧形,从其整体形状推测可能为船形棺。共有6座墓葬墓底发现腰坑,坑内殉狗。有将近一半的墓葬中出土有随葬品,多放置于墓主人头部,随葬器物数量最多的有14件,以陶器为主,包括鬲、簋、豆、罐(罍)等,另有贝、蚌类装饰品。

从出土陶器看,这批墓葬随葬器物以单鬲或鬲、簋、豆、罐组合最为常见,不见鬲、罐组合。根据墓葬层位和出土陶器分析,可将该墓地墓葬分为三期,分别相当于西周早期、西周中期和西周晚期,大多数墓葬集中在西周早中期。第一期墓葬陶鬲除1件素面外,其余均为绳纹鬲,绳纹稀疏略浅,鬲整体呈长方形,折沿斜直,夹角较大,袋足瘦长;陶簋深腹,矮圈足,腹部纹饰多样,除绳纹外,还常见弦纹、三角划纹和网格纹等;陶豆敛口、浅弧腹;陶罐(罍)流行在肩腹部饰三角划纹、弦纹及堆贴泥饼。第二期墓葬陶鬲整体近方形,折沿由斜直向平折发展,沿夹角较小,裆部由高变低,出现腹部饰扉棱的仿铜鬲,绳纹深而规整;陶簋腹部变浅,圈足加高;陶豆直口、浅折腹,圈足增高;有各种类型的陶罐,基本不见三角划纹。第三期墓葬数量较少,所见陶簋宽折沿、圈足瘦高,陶豆形制同第二期相近,外壁有多周弦纹(图九—图一一)。

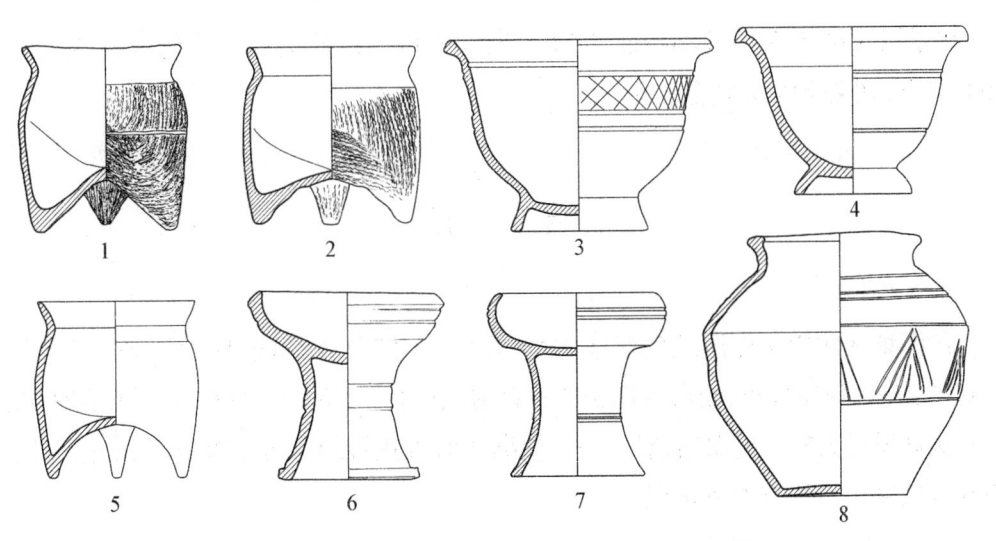

图九 梁王城遗址西周墓地第一期遗存出土陶器
1. M29 2、3. M186 4、5. M25 6. M34 7、8. M183

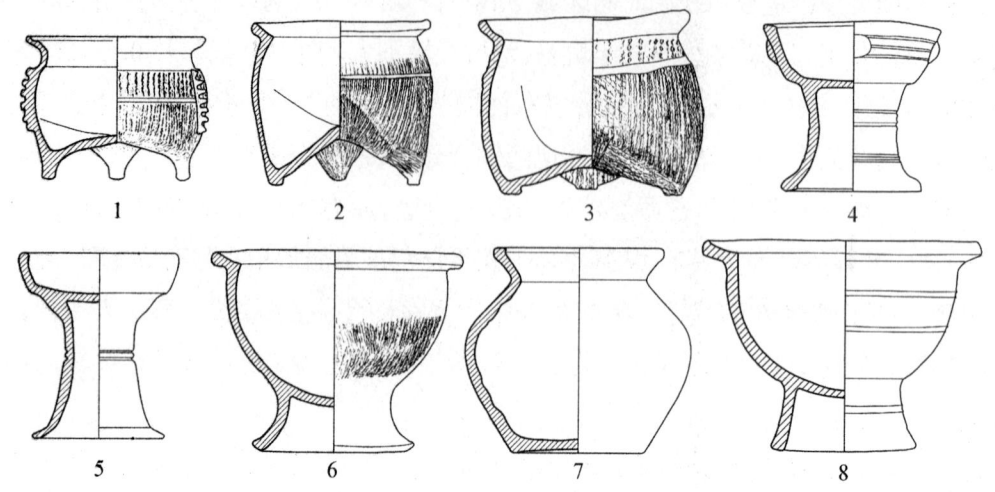

图一〇 梁王城遗址西周墓地第二期遗存出土陶器
1、3、7. M27 出土　2、4、5、6. M31 出土　8. M45 出土

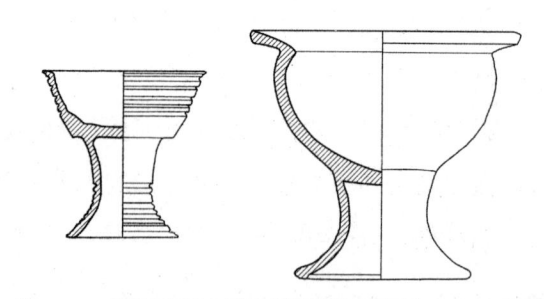

图一一 梁王城遗址西周墓地第三期遗存出土陶器
均为 M80 出土

根据墓葬形制和随葬品特征,初步判断梁王城遗址的这批墓葬包含有商遗民墓葬的特点,其文化因素主要来源为商文化。

结　　语

徐海地区西周文化遗址数量多、分布范围广,但总体看,遗址面积多在 5 000—8 000 平方米,规模较小,新沂双塘镇的钓台遗址面积约 13 000 平方米,是目前所知这一区域规模最大的一处聚落遗址[1]。根据目前所获得的考古发掘资料,对徐海地区西周时期文化面貌有如下认识。

---

[1] 2016 年南京博物院、新沂博物馆对钓台遗址进行了试掘,发现有墓葬、灰坑等西周时期遗迹。

1. 遗址堆积成因和形成过程有明显的共性。遗址形状均为近圆形的漫坡状土墩或台地，多数遗址位于河流附近，应与获取水源有关，焦庄、庙台子、子房等遗址西侧河流现在仍然存在，聂墩遗址经过调查和勘探，在遗址西侧也有一条古河道。上述经过发掘的四处遗址，文化层堆积中均发现了不同程度因水患而形成的水沁迹象。

2. 这些遗址大多为中小型的聚落居住址，发现遗迹主要为房址、灰坑、灰沟等居住遗存，聚落内有婴幼儿墓葬，但多数遗址没有发现与其相对应的成人墓地。到目前为止，尚没有发现西周时期的高等级墓葬。

3. 大多数遗址年代集中在西周中晚期，还没有发现明确的西周早期文化层堆积。在贾汪焦庄遗址发掘中发现，西周中期地层直接叠压在晚商地层堆积之上，而梁王城遗址西周墓地的埋葬习俗更多地表现出殷遗民特点。这样的文化缺环反映了西周王朝统治初期，还没有完成对徐海地区的真正统治。

4. 徐海地区西周时期房址流行长条形排房建筑或长方形建筑，木骨泥墙结构，多有大量的红烧土倒塌堆积，聂墩遗址发现的圆形单体建筑尚属首次发现。出土文物以鬲、簋、豆、罐、甗、盆等西周文化遗物为主，同时也有素面陶鬲、空锥状陶模具、三角状叶脉纹陶拍等土著特征遗物。整体文化面貌呈现出周文化统治下的聚落形态。

徐国与山东周代古国关系考

钱益汇
首都师范大学历史学院

一

徐国被认为是中华民族的三大来源之一,东夷集团的主要代表[1]。在商代晚期,它是帝乙、帝辛时主要的征伐对象和掠夺财富的目标。西周初年,它是鲁国的劲敌之一,在周穆王时曾经称王于淮泗之上,并率东夷族人向周王室进攻,被穆王合诸侯之兵所败。春秋时,它成为齐、楚、吴三大国之间的缓冲国,不时遭到大国的征伐,终于在公元前512年,由于收留吴公子掩余触怒了吴王阖闾而被灭国。徐君率群臣奔楚,此后徐国便从历史上消失了[2]。徐国铜器种类较为齐全,有鼎、盂、盘、缶、镈、钟、钲、剑、戈、炉等,包括礼器、乐器、兵器、日常用品等。徐国深受商文化之影响,郭沫若认为徐国是"商文化之嫡系"[3],徐器中保留了许多商代器形。如觯出现于殷代中期,通行至西周早期,此后即罕见[4]。而徐国至春秋晚期仍然流行,如春秋中期偏晚的徐国"义楚觯"[5]。

商周时期,徐国长期活动于山东南部地区,与诸国交往互动。关于其迁徙路线和

---

[1] 徐旭生《中国古史的传说时代》中认为中华民族有华夏、苗狄、东夷三大来源,见该书第二章"我国古代部族三集团考"(广西师范大学出版社,2003年)。

[2] 蒋赞初:《古徐国小史序》,李世源:《古徐国小史》,南京大学出版社,1990年。

[3] 郭沫若:《两周金文辞大系图录考释序》,《两周金文辞大系图录考释》,科学出版社,1957年。

[4] 朱凤瀚:《古代中国青铜器》,南开大学出版社,1995年,第121页。

[5] 陈公柔:《徐国青铜器的花纹、形制及其他》,马承源主编:《吴越地区青铜器研究论文集》,香港两木出版社,1997年,第265—266页。铭文内容为"义楚之祭觯",拓片见《殷周金文集成》6462。

政治变迁,徐中舒[1]、李修松[2]、杨东晨[3]等先生有细致考证。而系统梳理徐国与山东地区周代古国之间的关系,有利于更好地认识早期徐国史、政治变迁及与楚、吴等周边文化的互动与交流。

二

商代的徐国即卜辞中所提"余方",为商之方伯。周代为徐,《左传·昭公元年》(公元前541年)载:"于是乎虞有三苗,夏有观、扈,商有姺、邳,周有徐、奄。"奄是商末周初山东古国,主要活动区域在曲阜一带。周灭商后,鲁公作为周人的嫡系,为很好地控制东方局面,周王命鲁公"因商奄之民,命以伯禽而封于少皞之虚"[4]。

周初的徐国在东夷中国势最为强大,严重威胁着周王朝的安全,曾数次合殷和淮夷力量伐周。周初徐国就参与了三监之乱,遭到周公和成王的镇压,但实力尚在。

伯禽封于鲁国之后,就面临着徐戎和淮夷的威胁,周王派伯禽征伐,所以作费誓,以征伐徐戎,解其东境之威胁。《尚书·费誓》:"鲁侯伯禽宅曲阜,徐、夷并兴,东郊不开,作《费誓》。"孔安国传:"徐戎、淮夷并起,为寇于鲁,故东郊不开。"《尚书正义》曰:

> "鲁侯伯禽于成王即政元年始就封于鲁,居曲阜之地。于时徐州之戎、淮浦之夷并起,为寇于鲁,东郊之门不敢开辟。鲁侯时为方伯,率诸侯征之,至费地而誓戒士众。史录其誓辞,作《费誓》。"

此处的徐夷在西周初年占据着鲁国东部之地,费地应当距离其重要活动区域不远。《尚书正义》认为:"此戎夷在鲁之东,诸侯之制,于郊有门,恐其侵逼鲁境,故东郊之门不开。"关于费地,孔安国传曰:《费誓》是"鲁侯征之于费地而誓众也。……费,鲁东郊之地名。"《尚书正义》曰:

> "《甘誓》、《牧誓》皆至战地而誓,知'费'非战地者,'东郊不开',则戎、夷去鲁近矣。此誓令其治兵器,具糗粮,则是未出鲁境,故知'费'是鲁东郊地名,非战处也。"

---

[1] 徐中舒:《蒲姑、徐奄、淮夷、群舒考》,《四川大学学报(哲学社会科学版)》1998年第3期。
[2] 李修松:《徐夷迁徙考》,《历史研究》1996年第4期。
[3] 杨东晨:《论徐夷的迁徙和融合》,《中南民族学院学报(哲学社会科学版)》1995年第5期。
[4] 见《左传·定公四年》(公元前506年)。

《尚书·费誓》:"徂兹淮夷、徐戎并兴。……甲戌,我惟征徐戎。"孔安国传:"今往征此淮浦之夷、徐州之戎,并起为寇。"王引之《经传释词》卷八:"徂读为且,且,今也。言今兹淮夷徐戎并兴也。"《周礼·司寇·雍氏》注:"伯禽以出师征徐戎。"《史记·鲁周公世家》也记载了鲁国伯禽立国初平淮夷和徐戎之乱的事情。

"伯禽即位之后,有管、蔡等反也,淮夷、徐戎亦并兴反。于是伯禽率师伐之于肸,作肸誓,曰:'陈尔甲胄,无敢不善。无敢伤牿。马牛其风,臣妾逋逃,勿敢越逐,敬复之。无敢寇攘,逾墙垣。鲁人三郊三隧,峙尔刍茭、糗粮、桢干,无敢不逮。我甲戌筑而征徐戎,无敢不及,有大刑。'作此肸誓,遂平徐戎,定鲁。"

《鲁公伐郐鼎》:"王令公伐郐,攻战克敌,徐方以静,易公宝鼎、大曲、彤矢、仆马、衮冕以章公休,世为周甫。"《说文解字》:"郐,郑下邑地,从邑,余声。鲁东有郐城,读若塗。"《淮南子·道应》:"塗作徐。"这次战争后,徐夷受到很大的打击,旧地被荒,国民被封给鲁国。《诗经·鲁颂·閟宫》:"保有凫绎,遂荒徐宅。……莫敢不诺,鲁侯是若。"正义曰:"言安有凫山、绎山,遂有是徐方之居……若王伯有命,则莫敢不应诺顺从。此皆由鲁侯之功,于是顺服也。"朱熹集传:"宅,居也,谓徐国也。"高亨注:"徐夷旧居之地。"凫山和绎山均在今天的山东邹县之内,也是徐国的旧居之地,周王将徐国旧地封给邾国。同时将徐人封给鲁国,《左传·定公四年》(公元前506年):

"分鲁公以大路、大旗,夏后氏之璜,封父之繁弱,殷民六族,条氏、徐氏、萧氏、索氏、长勺氏、尾勺氏,使帅其宗氏,辑其分族,将其类丑,以法则周公。用即命于周。是使之职事于鲁,以昭周公之明德。"

可见,鲁国在周初分封之时就与徐国联系紧密,在被封的殷民六族中就有商代徐国遗民。这一带的徐夷是自虞夏至殷末仍然未徙留居的土著徐人[1]。

在淮泗之间仍有徐国。《春秋·庄公二十六年》杨伯峻注"徐,国名,嬴姓。古徐子国在今安徽省泗县西北五十里",为汉代徐县所在地,《括地志》指出"徐城县北四十里有大徐城,即古徐国"。近年来在江苏邳州梁王城发现的自岳石文化到春秋战国的堆积大致与徐国及其后裔活动持续的时间相当,地望与古徐城的位置相当[2]。成王时期战败的徐国残余部众除入鲁以外,其余应从山东南部地区迁居至

---

[1] 李修松:《徐夷迁徙考》,《历史研究》1996年第4期。
[2] 南京博物院、徐州博物馆、邳州博物馆:《邳州梁王城遗址2006—2007年考古发掘收获》,《东南文化》2008年第2期。

淮泗之间。

周穆王之时，徐国率领东南九夷伐周。《后汉书·东夷传序》："后徐夷僭号，乃率九夷以伐宗周，西至河上。"《竹书纪年》载："穆王十三年，徐戎侵洛。冬十月，造父御王入于宗周。""十四年，王师楚子伐徐戎，克之。"此战后，徐戎势力大为削弱，向周纳贡臣服。厉王时，徐夷复叛，虢仲簋记载周王派虢仲征之，师寰簋、无㠱簋等记载厉王派虢仲伐淮夷无果，十三年亲征淮夷之事。《诗经·大雅·常武》记载，周宣王时"率彼淮浦，省此徐土"，郑玄笺："省视徐国之土地叛逆者。""徐方绎骚，震惊徐方。"高亨注："徐方，徐邦。""濯征徐国"最后迫使徐方来庭进贡，归服周天子。此后终周之世，未见徐国再叛。

尽管山东之徐在周初被灭，残余退到淮泗之地，但直到春秋早期徐国仍活动于山东南部地区。1965年秋在山东费县以北上冶台子沟出土了一件铜鼎[1]，通高21.5厘米，口内径22厘米，腹深10厘米，重3.2千克。平沿外折，两耳四股绳索纹，立于平沿之上，浅腹圜底，马蹄形三足，腹饰变形蝉纹一周，纹饰下有铭文9字：

"郐子汆之鼎，百岁用之。"[2]

《殷周金文集成》定铜鼎年代为春秋中期，不确。该鼎的形制与1962年山西芮城M1出土的铜鼎[3]近似，朱凤瀚先生定其年代为春秋早期一段[4]。金文"郐"字皆释为徐国之徐，成为识别徐器的主要依据[5]。现确知的徐国铜器时代皆在春秋时期，其铭文中的国名，无一例外地写作"郐"。在春秋、战国时期，多见在用作地名、姓氏的文字上加注邑旁。裘锡圭在《战国玺印文字考释三篇》中列举了大量的例子，如：吕作邵，左作邳，鲁作鄐，齐作鄑，曹作鄯，梁作酀等[6]。其他如曾作鄫等。

从周初立国，徐国势力就一直活动于鲁国东部及东南方向。到春秋早期，在鲁国势力范围内仍可见徐国活动迹象，主要见于费县周围，但是明显呈向东南迁徙的趋势。费县多数遗址分布于河流及其支流的两岸地带，多为东周遗址，如费县故城位于上冶镇古城村，面积近420万平方米；防城遗址位于方城镇古城村，面积达到10万平方米[7]。另在费县东北4千米处有崮子遗址，出土有春秋早期的莒式豆，加上在费

---

[1] 心健、家骥：《山东费县发现东周铜器》，《考古》1983年第2期。
[2] 见《山东省志·文物志》铜器；《殷周金文集成》2390；《金文总集》0921。
[3] 邓林秀：《山西芮城东周墓》，《文物》1987年第12期。
[4] 朱凤瀚：《古代中国青铜器》，南开大学出版社，1995年，第867页。
[5] 董楚平：《吴越徐舒金文集释》，浙江古籍出版社，1992年，第255页。
[6] 裘锡圭：《战国玺印文字考释三篇》，《古文字论集》，中华书局，1992年，第469页。
[7] 费县文物管理所：《山东费县古遗址调查纪要》，《考古》1986年第11期。

县上冶台子沟发现的徐国"郳子余鼎",说明至迟春秋早期,徐国仍活动在山东费县北上冶镇一带,而崮子遗址东北18千米左右的防城遗址文化面貌多为鲁文化面貌[1],说明费县一带是莒、鲁和徐国的势力交汇之地。

春秋早期以后,徐国势力逐渐淡出此地,费地也为鲁所有。鲁国从春秋早期开始营建费县防故城。《春秋·鲁隐公九年》记载,"公会齐侯于防"。考古工作者曾在费县发现鲁国春秋早期墓葬和城墙[2],说明鲁国于春秋早期在此筑城设防。《左传·僖公元年》(公元前659年):"公赐季友汶阳之田及费。"杨伯峻注:"费故城在今山东省费县西北二十里。"《左传·昭公三十二年》:"(季友)有大功于鲁,受费以为上卿。"《史记·鲁周公世家》:"厘公元年,以汶阳鄪封季友。季友为相。"此后季氏以费邑为中心逐步经营,"季氏以此为根据地而执鲁政"[3]。到战国时自立费国,直至战国晚期公元前256年左右为楚所灭。

三

周初徐国与鲁国相争,被鲁国赶出鲁国东部和东南部地区。春秋时期,徐国主体势力虽然已经退出山东南部,但是仍然保持了与山东古国的联系和交流。春秋中晚期,徐国作为楚、齐、吴争霸的缓冲地,备受各国夹击并依附于楚、齐、吴,势力日渐衰落。根据近年与徐国相关考古发现和研究,很多学者认为江苏徐州北部和邳州一带是春秋时期徐国的中心地带。位于邳州城北部的春秋时期梁王城遗址被认为"至少是春秋中、晚期徐国的都城遗址",春秋晚期的鹅鸭城遗址可能是"吴灭徐时,徐王章禹所处的都城"。邳州九女墩墓群也被学者看成是徐国贵族墓群[4]。徐国以苏北一带作为政治中心,斡旋于各国政治与军事旋涡中,分别与山东地区的齐国、莒国、郯国、小邾国等保持着重要的文化互动与交流。

根据《左传》记述信息的统计,春秋中期,徐国与山东齐国和莒国有交往,其中齐国6次,莒国2次(表一)。春秋晚期,徐国继续与齐国交往2次,郯国1次,小邾1次,直到昭公三十年(公元前512年):"冬十有二月,吴灭徐,徐子章羽奔楚。"

---

[1] 防城考古工作队:《山东费县防故城遗址的试掘》,《考古》2005年第10期。
[2] 防城考古工作队:《山东费县防故城遗址的试掘》,《考古》2005年第10期。
[3] 童书业:《春秋左传研究》,上海人民出版社,1983年,第371页。
[4] 孔令远:《徐国的考古发现与研究》,四川大学博士论文,2002年。

表一　春秋时期徐国与山东周代其他国家交往频率表

年代分期	春秋中期			春秋晚期		
关系国	次数	同期比例	变化比例	次数	同期比例	变化比例
齐国	6	66.7%	75.0%	2	40.0%	25.0%
莒国	2	22.2%	100.0%	0	0.0%	0.0%
郯国	0	0.0%	0.0%	1	20.0%	100.0%
小邾	0	0.0%	0.0%	1	20.0%	100.0%

(一) 徐国与齐国

齐国与徐国之间在春秋时期存在多种交流,既有敌对也有友好互助,这取决于当时徐国和齐国的政治格局。从春秋早期到春秋晚期,虽然两国距离遥远,但齐徐之间仍然发生过很多次战争。《春秋·庄公二十六年》(公元前668年):"秋,公会宋人、齐人伐徐。"《春秋·昭公十六年》(公元前526年):"十有六年春,齐侯伐徐。"《左传·昭公十六年》(公元前526年):

"二月丙申,齐师至于蒲隧,徐人行成。徐子及郯人、莒人会齐侯,盟于蒲隧,赂以甲父之鼎。叔孙昭子曰:'诸侯之无伯,害哉!齐君之无道也,兴师而伐远方,会之,有成而还,莫之亢也。'"

除战争外,齐国与徐国也有多次很好的合作,甚至亦有姻亲关系。春秋时期齐国多次为救徐国而出兵征伐他国。《春秋·僖公十五年》(公元前645年):

"楚人伐徐。三月,公会齐侯、宋公、陈侯、卫侯、郑伯、许男、曹伯盟于牡丘,遂次于匡。公孙敖帅师及诸侯之大夫救徐。""秋七月,齐师、曹师伐厉。"

《左传·僖公十五年》(公元前645年):"秋,伐厉,以救徐也。"《左传·僖公十六年》(公元前644年):"夏,齐伐厉,不克,救徐而还。"《左传·僖公十七年》(公元前643年):"十七年春,齐人为徐伐英氏,以报娄林之役也。"

春秋时期的徐国夹处楚国、齐国和吴国之间,处境艰难,徐国为保其国,徐国之女曾远嫁齐王,徐地亦有此类民间传说,传古时梁王远嫁女儿给齐王,为方便看望女儿,梁王特地修河直通齐国。《左传·僖公十七年》(公元前643年)载:"齐侯之夫人三,王姬、徐嬴、蔡姬,皆无子。"

齐国和徐国因为利益关系时战时和,时好时叛,这种错综复杂的关系还可以从考古资料和出土的金文资料看出。位于江苏徐州北部的梁王城遗址在1995年的发掘中,在第④层发现一件具有典型齐文化特征的半瓦当,年代为春秋时期[1]。当是齐国和徐国在春秋时期交往的历史见证。

郳钟镞于1976年出土于山东栖霞杏家庄墓群,长9.3厘米,宽1.1厘米,现藏于栖霞文物管理处[2]。铭文两字,"郳钟",镞身瘦长,双翼后伸延长,几乎与脊平行,形制与汲县山彪镇M1:140[3]近似,年代定为战国早期[4]。山东栖霞地区在战国时期是齐国文化的重要区域,而徐国兵器出土于该墓群,可能该墓主在春秋晚期参加齐国征伐徐国的战争,战后将徐国兵器带回本地,死后随葬。

(二) 徐国与異、莒、邾等古国的关系

除齐鲁外,徐国与山东的其他小国亦有多种交流。春秋早期,徐国与山东異国曾有密切的关系,存世春秋早期"異甫人匜"铭文内容很好地说明了这一点。

"異甫人,余余王□叔(莒)孙,兹作宝匜,子子孙孙永宝用"[5]。

"余"与"徐"属于余字声系[6],《广韵》曰,"徐"古音似鱼切,平鱼,邪。而《集韵》载,"余"古音详余切,平鱼,邪。二者读音在古代近似。《老子》十五章:"孰能浊以止,静之徐清。"汉帛书甲本徐作余。《国语·郑语》:"北有卫、燕、狄、鲜虞、潞、洛、泉、徐、蒲。"《资治通鉴·汉纪二六》胡三省注引徐作余。可见,春秋早期的余虽没有邑旁,仍然可以释为徐,"余王"即"徐王"。另外,铭文内容格式属于南方青铜器铭文特点,属于"某某之孙"或"某某之曾孙"或"某某之子"一类,"器主常在自己的名字前冠以先世的名号,最多见的是某人之孙、某人之子,少数还记有其他血缘关系,以至君臣关系的"[7]。而此类格式多属于徐国铜器铭文,徐人名前以徐王某某之孙、徐王某某之子为修饰语最为常见[8]。如《宜桐盂》中"邾王季粮之孙宜桐"[9],《叔巢钟》中"余攻王

---

[1] 盛储彬、姚景洲:《梁王城遗址揭示出一批重要遗迹与遗物》,《中国文物报》1996年8月4日。
[2] 山东省博物馆编著:《山东金文集成》,齐鲁书社,2007年,第923页。
[3] 郭宝钧:《山彪镇与琉璃阁》,科学出版社,1959年,第28页,图15。
[4] 朱凤瀚:《古代中国青铜器》,南开大学出版社,1995年,第276页。
[5] 见于贞松10.40.1;小校9.64.1;山东纪6;通释39.459;汇编304;周金文选107.5;集成10261;总集6861。
[6] 高亨:《古字通假会典》,齐鲁书社,1989年,第834页。
[7] 李学勤:《春秋南方青铜器铭文的一个特点》,马承源主编:《吴越地区青铜器研究论文集》,香港两木出版社,1997年。
[8] 孔令远:《徐国的考古发现与研究》,四川大学博士论文,2002年,第67页。
[9] 郭沫若:《两周金文辞大系图录考释》,上海古籍出版社,1999年,录165。

之玄孙"[1]等铭文。所以此匜铭文显然是徐国铜器铭文风格,反映的是徐国与舁国之间的姻亲关系。

关于徐国和群舒的关系,学术界主要有异源和同源之说。杨伯峻、曹锦炎、董楚平、张钟云等先生主张徐与舒不同源。徐为嬴姓,舒为偃姓,段注《说文解字》云,"偃、嬴,语之转耳",认为二者的发生地本在一处。杨向奎先生认为,"徐城当为群舒发源之地,故所谓群舒亦即群徐"[2]。徐旭生先生指出,"徐、舒二字,古不只同音,实即一字,群舒即群徐"[3]。郭沫若认为盈、偃均瀛声之转也,徐、舒为二者,乃徐人叠受周人压迫,由淮水流域迁到江南,后人沿用徐人称谓,故徐、舒为两国[4]。徐中舒先生认为徐与群舒同为从齐、鲁南迁之民族[5]。何光岳先生也认为群舒是由徐方分迁出来的一些子爵的小国,它们是东夷集团皋陶之偃姓[6]。李修松先生认为徐舒同族,只是徐国居于淮北,而舒居于淮南,因方言不同而导致[7]。在徐国墓葬浙江绍兴M306[8]中可见典型群舒文化因素兽面鼎和瓠形盉。而兽面鼎和瓠形盉应该是徐人和群舒地区的特征性器物[9]。可见,群舒与徐国有着非常亲密的关系。

在山东地区多处遗址发现群舒文化因素。山东沂水刘家店子M1出土的2件铜缶[10]以及山东栖霞吕家埠M1发现的铜缶[11]与安徽舒城河口镇的铜缶[12]基本一致,另外在沂水刘家店子发现的瓠形盉,沂水李家庄[13]和临沂中洽沟出土的兽首铜匜[14],还有山东栖霞吕家埠M1和M2铜鼎耳部外饰三道粗弦纹,间饰圆点纹。这些特征均属于典型的群舒文化因素,对鲁东南地区青铜文化产生了一定影响[15]。沂源

---

[1] 冯时:《叙巢钟铭文考释》,《考古》2000年第6期。
[2] 杨向奎:《夏民族起源于东方考》,《禹贡(半月刊)》,第7卷第6、7期。
[3] 徐旭生:《中国古史的传说时代》,文物出版社,1981年,第181页。
[4] 郭沫若:《两周金文辞大系考释》第三卷,求文堂,1935年。
[5] 徐中舒:《蒲姑、徐奄、淮夷、群舒考》,《四川大学学报(哲学社会科学版)》1998年第3期。
[6] 何光岳:《东夷源流史》,江西教育出版社,1990年,第80—88页。
[7] 李修松:《徐夷迁徙考》,《历史研究》1996年第4期。
[8] 浙江省文物管理委员会等:《绍兴306号战国墓发掘简报》,《文物》1984年第1期。
[9] 郑小炉:《试论徐和群舒青铜器——兼论徐、舒与吴越的融合》,《文物春秋》2003年第5期。
[10] 山东省文物考古研究所、沂水县文物管理站:《山东沂水刘家店子春秋墓发掘简报》,《文物》1984年第9期。
[11] 栖霞县文物管理所:《山东栖霞县松山乡吕家埠西周墓》,《考古》1988年第9期。
[12] 安徽省文物考古研究所、舒城县文物管理所:《安徽舒城县河口春秋墓》,《文物》1990年第6期。
[13] 山东省文物管理处、山东省博物馆:《山东文物选集·普查部分》,文物出版社,1959年,第45页。
[14] 临沂市博物馆:《山东临沂中洽沟发现三座周墓》,《考古》1987年第8期。
[15] 郎建锋:《山东沂水刘家店子春秋墓铜器三题》,《江汉考古》2016年第4期。

姑子坪 M2 出土折肩陶鬲 M2：6 和陶罐 M2：16[1]形制同于安徽霍邱堰台遗址出土折肩陶鬲 T0811⑤：3 和陶罐 M36：1[2]，同属于群舒因素。

除栖霞吕家埠外，其余均为莒文化核心区的鲁东南地区。鲁东南地区出土的"莒式鬲"与江淮地区出土的淮式折肩鬲存在较大的相似性，但也存在一定差异性。临沂中洽沟采集的折肩陶鬲(采：1、2)与安徽淮式鬲近似，但有所差异。从铭刻内容看，徐与邾、莒等国极为接近，用韵也大体相同，说明它们之间文化的同一性[3]。若徐国与群舒同源，鲁东南的莒文化区出现群舒因素似可看成徐国在春秋时期与鲁东南地区古国开展文化互动与交流的重要证明。

春秋中期，徐国仍然试图通过征伐他国来达到恢复国力的目的，但是结果都事与愿违。《左传·文公七年》(公元前 620 年)记载："冬，徐伐莒，莒人来请盟，穆伯如莒莅盟，且为仲逆。"徐国曾经攻伐莒国，但是遭到失败，此后国力一蹶不振，所以当徐国遭遇楚国的进攻时，只能依赖友国齐国的帮助。

为维持其局面，春秋晚期，徐人多与山东周代古国结盟，如徐曾与山东邾国、郳国结盟。《左传·昭公十九年》(公元前 523 年)载："邾人、郳人、徐人会宋公。乙亥，同盟于虫。"杨伯峻注："虫，邾邑，当今山东济宁县境。"邾国国君娄考公去世后，徐国曾经派人来吊丧。《礼记·檀弓下》：

"邾娄考公之丧，徐君使容居来吊含，曰：'寡君使容居坐含，进侯玉，其使容居以含。'有司曰：'诸侯之来辱敝邑者，易则易，于则于，易于杂者，未之有也。'容居对曰：'容居闻之：事君不敢忘其君，亦不敢遗其祖。昔我先君驹王西讨，济于河，无所不用斯言也。容居，鲁人也，不敢忘其祖。'"

春秋晚期，徐国在东吴、西楚的挤压下，国势渐弱，最后灭于吴国。《左传·昭公三十年》："吴子……灭徐。徐子章禹断其发，携其夫人以逆吴子。吴子唁而送之……奔楚。"

四

徐国在商末周初活动于鲁国东南部一带，周初因参加三监之乱而受到周王朝的

---

[1] 山东大学考古系等：《山东沂源县姑子坪周代墓葬》，《考古》2003 年第 1 期。
[2] 安徽省文物考古研究所：《霍邱堰台——淮河流域周代聚落发掘报告》，科学出版社，2010 年。
[3] 商志䫖、唐钰明：《江苏丹徒背山顶春秋墓出土钟鼎铭文释证》，《文物》1989 年第 4 期。

镇压,但实力犹存。在鲁国伯禽受封曲阜之后,徐国为乱于鲁东地区,伯禽受命于周王,作《费誓》,平徐国之乱,解除东部之忧,此后定鲁。徐国旧居之地被封于郯国,而徐国之民多归于鲁国。直至春秋早期,徐夷势力才彻底从鲁国东部退出。残余部众南迁至淮泗之地,依托苏北之地,逐渐强大。周穆王、周厉王时合九夷为乱于周,周宣王平徐国叛乱,此后徐国势力大减,向周王朝称臣纳贡。

春秋时期,徐国降为小国,先为齐国附庸,后臣服于吴国,受楚国保护,最后灭于吴国。徐国与莒国、郯国等山东古国因同属夷众,保持着文化相似性。周初徐国从山东南迁至淮泗之地,春秋时期徐文化因素也影响着鲁东南地区和胶东地区。春秋时期的徐国沦为齐国、楚国、吴国附庸,在不同时期不同的政治格局中,徐国与山东齐、鲁、郯、莒、莱诸国保持着不同的关系,在大国的夹缝中求得国家的安宁和基本生存。从周初到春秋晚期,徐国势力的发展与衰亡是周代政治和军事格局下的最生动体现。

试论东周时期海岱地区青铜器中的吴越文化因素

吴伟华

河南省文物考古研究院

东周时期不同区域的青铜文化在发展过程中也在不断地进行着交流与互动,出现了你中有我,我中有你的局面。位于东方的海岱地区,区域内青铜文化也出现了一些外来文化因素,其中包含有来自南方的吴越文化因素。这些吴越文化因素是探讨东周时期海岱地区与吴越地区文化交流、两地关系的实物资料,具有十分重要的价值。对此,有的学者曾对个别具有吴越文化特点的青铜器进行了分析[1];也有学者较详细地搜集了海岱地区具有吴越文化特点的青铜器,并对其特征进行了讨论[2]。这些成果对于我们认识海岱地区吴越青铜文化因素具有重要的意义。然而仍存在有一些不足之处,如海岱地区出土的具有吴越文化特点的青铜器,学界多以吴越青铜器笼统称之,除了带有铭文的之外,其国别多未明晰。此外,这些器物传入海岱地区的方式及所反映出的吴越与海岱地区的关系亦尚未进行深入的探讨。基于此,本文拟在前人研究的基础上,对海岱地区青铜器中的吴越文化因素作进一步探讨,分析其形制特征,讨论其国别,并对其出现于海岱地区的背景作分析。敬请方家指正。

---

[1] 刘延常、张庆法、徐传善:《山东新泰周家庄东周墓葬出土大量吴国兵器》,《中国文物报》2003年11月5日。任相宏、张庆法:《吴王诸樊之子通剑及相关问题探讨》,《中国历史文物》2004年第5期。刘延常、曲传刚、穆红梅:《山东地区吴文化遗存分析》,《东南文化》2010年第5期;刘延常、徐倩倩:《山东地区越文化遗存分析》,《东方考古(第9集)》,科学出版社,2012年。

[2] 郎剑锋:《吴越地区出土商周青铜器研究》,山东大学博士学位论文,2012年。

一、海岱地区青铜器中的吴文化因素

从目前的考古发现看,海岱地区青铜器中具有吴国特点的器物多属于春秋晚期,见于海岱南部和东南部地区(图一)。其中,又以新泰周家庄墓地[1]最为丰富。

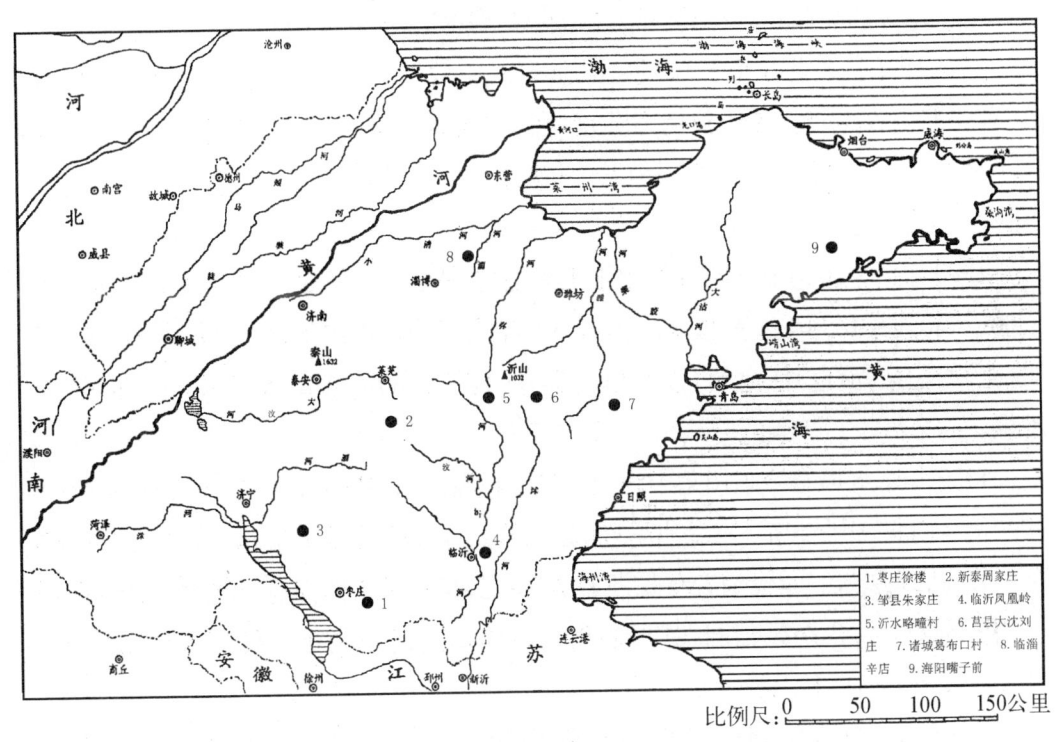

图一 海岱地区吴国青铜文化因素分布图

新泰周家庄墓地位于新泰市青云街道办事处周家庄村南,北距金斗山约2千米,东至平阳河约2千米。该墓地地势西北高,东南低,南北长约300米,东西长约150米,面积约5万平方米。2002—2004年,山东省文物考古研究所与新泰市博物馆对该墓地进行了发掘。发掘区位于墓地中北部,约1万平方米。本次发掘清理墓葬总计80座,出土了一批青铜器。其中,有兵器300多件,包括剑、戈、矛、镞等。

依据铸造工艺的不同,这些兵器可以分为两类:一类铸造精良,含锡量高,硬度大,表面带有银白色的地子锈,部分铜剑剑身有菱形暗纹,剑格镶嵌宝石,剑首有同心

---

[1] 山东省文物考古研究所、新泰市博物馆:《新泰周家庄东周墓地》,文物出版社,2014年。

圆,此类是典型的吴国兵器,数量约占三分之一;另一类没有暗纹,铸造技术稍逊于第一类。在第一类兵器中,M11 出土的剑尤其特殊。该剑呈柳叶状,前部略内收,刃部稍内曲,剑柄作三角形(图二,1)。通长 46.3、茎长 6.7、腊宽 4.3 厘米。剑身两侧铸有铭文 14 字:"攻敔(吴)王姑发者反(诸樊)之子通自乍(作)元用。"任相宏先生考订剑主为吴王诸樊之子通,铸于诸樊为王的十三年间(公元前 561—前 548 年)[1]。此说可从。

海岱地区的吴国兵器在其他地区亦有零星出土,见诸报道的主要有:

1991 年邹县东北 3 千米城关镇朱山庄发现吴王夫差剑一枚[2]。剑身瘦长,起脊,前部略内收,末端聚锋,剑柄为圆首,圆茎,双箍。通长 60、宽 5、柄长 9 厘米。剑身近柄处有铭文 2 行 10 字:"攻敔(吴)王夫差自乍(作)其元用。"(图二,2)从形制看,此剑属春秋晚期。

1983 年沂水诸葛公社略疃村出土工卢王剑一枚[3]。该剑与周家庄 M11 出土剑形制近同,剑身长 30、宽 4 厘米。剑身两侧有铭文 16 字:"工卢(攻吴)王乍(作)元巳(祀)用囗乂(治也)江之台(涘)北南西行。"(图二,3)工卢即攻吴。此剑亦属春秋晚期。

1982 年临沂凤凰岭东周墓中出土一批青铜器[4]。其中,矛(坑 56 号)长窄叶,中腰两侧缘内收,脊凸起成棱,銎略呈椭圆形,銎上有一对圆形铆孔,尾部作半圆形双尾叉。长 30.07 厘米。年代为春秋晚期偏早(图二,4)。矛通体饰菱形暗纹,与新泰周家庄出土的吴国兵器作风相同;其形制与南京浦口三河乡长山子铜器窖藏所出矛相同[5],属于吴国兵器无疑。

1999 年莒县大沈刘庄发现一座墓葬,出土兵器十件,计有剑、戈、矛等[6]。其中,矛与临沂凤凰岭东周墓出土矛形制近同,此外,亦通体饰菱形暗纹。残长 26.1 厘米(图二,5)。其年代与临沂凤凰岭东周墓出土矛之年代相同,属春秋晚期偏早。

---

[1] 任相宏、张庆法:《吴王诸樊之子通剑及相关问题探讨》,《中国历史文物》2004 年第 5 期。
[2] 胡新立:《山东邹县发现一件吴王夫差剑》,《文物》1993 年第 8 期。
[3] 沂水县文物管理站:《山东沂水县发现工卢王青铜剑》,《文物》1983 年第 12 期。
[4] 山东省兖石铁路文物考古工作队:《临沂凤凰岭东周墓》,齐鲁书社,1987 年。
[5] 南京市文物保管委员会:《南京浦口出土一批青铜器》,《文物》1980 年第 8 期。
[6] 莒县博物馆:《山东莒县大沈刘庄春秋墓》,《考古》1999 年第 1 期。

图二 海岱地区出土吴式青铜器

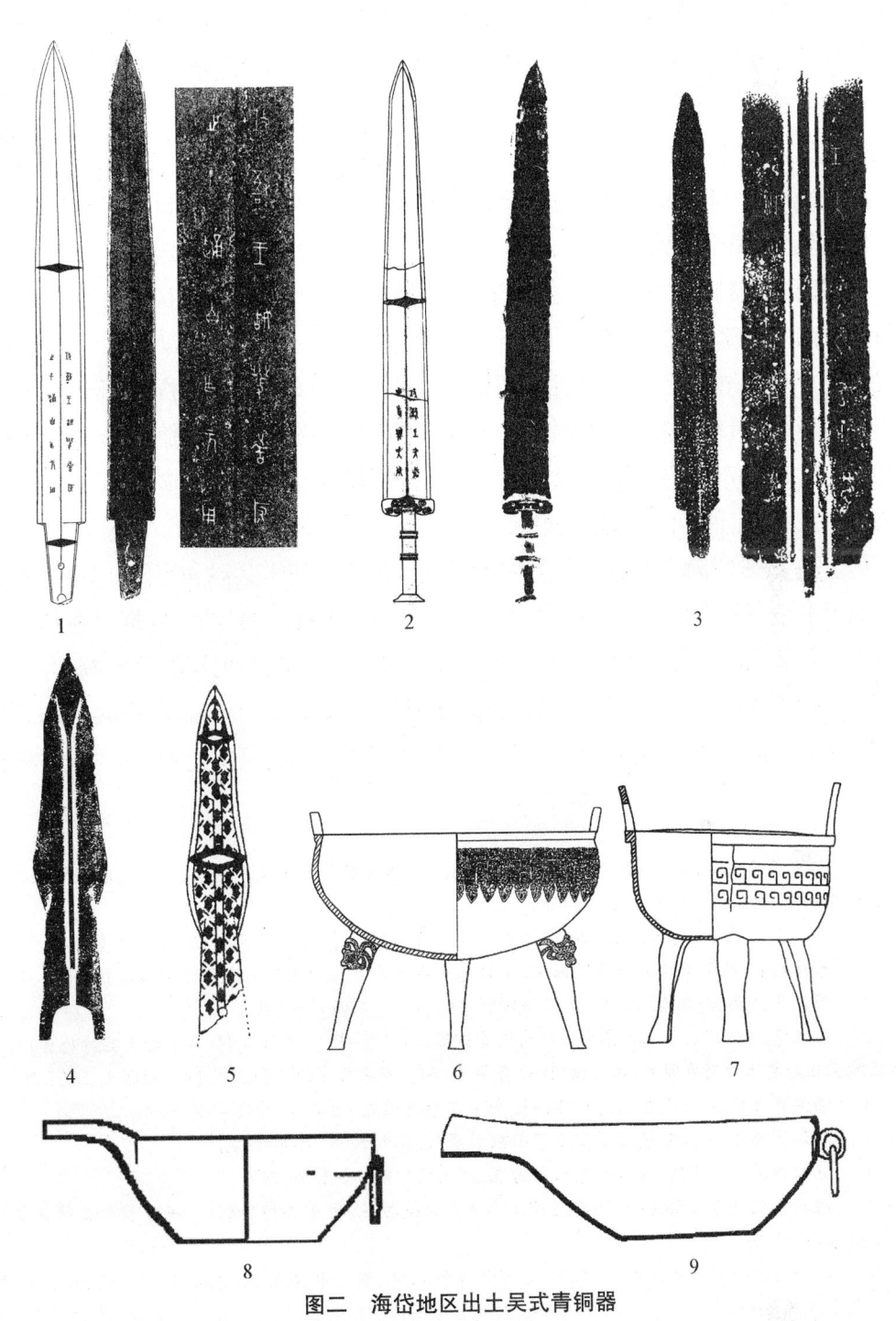

1. 新泰周家庄 M11 出土吴王诸樊之子通剑 2. 邹县朱山庄出土吴王夫差剑 3. 沂水诸葛公社略疃村出土工卢王剑 4. 临沂凤凰岭东周墓出土矛 5. 莒县大沈刘庄出土矛 6. 枣庄徐楼东周墓 M2:24 鼎 7. 海阳嘴子前 M1 出土鼎 8. 诸城葛布口村墓出土匜 9. 临淄辛店 M2Q:18 匜

除了上述兵器之外,海岱地区具有吴文化特点的青铜器还可举出鼎、匜两类器物。

枣庄徐楼东周墓 M2∶24 鼎[1],立耳,浅腹微倾垂,圜底,细蹄足外撇。年代为春秋晚期(图二,6)。该器与江苏六合程桥 M3 出土鼎[2]形制相同。六合程桥墓地属于与吴国公室贵族联姻的臧氏家族,当非吴人[3],但所出铜器具有较强的吴文化特点。

海阳嘴子前 M1 出土鼎[4],蹄足外撇,亦具有越式鼎的特征(图二,7)。该件器物的年代较早,属于春秋中期中叶。

诸城葛布口村墓出土匜[5]、临淄辛店 M2Q∶18 匜[6]等,半管状浅流上仰,前端平折,平底,环形鋬(图二,8、9)。两器年代分别为战国中期偏早与偏晚。此种形制目前发现的年代最早的见于吴越地区,如镇江谏壁王家山墓[7]、苏州虎丘新塘村墓[8]出土匜,其年代为春秋末叶。此种形制被楚国所借鉴,在战国早期楚墓中多见,如淅川和尚岭 M2∶67[9]、淅川徐家岭 M10∶128[10]及襄阳蔡坡 M4∶10[11]。伴随着楚国的北上扩张,此种匜传入海岱地区。

从上述资料看,海岱地区青铜器中的吴文化因素分属于兵器和容器。其中,兵器占据绝大多数。新泰周家庄东周墓地出土具有吴文化特点的兵器,发掘报告指出绝大多数应是战利品[12];任相宏先生认为当是在新泰周家庄采用吴国兵器制作技术,或是由吴国工匠所制[13]。无论是战利品,还是在新泰周家庄所铸,这些兵器均采用了吴国兵器铸造工艺,系吴式兵器无疑。其他地区出土具有吴文化特点的兵器,从铭

---

[1] 枣庄市博物馆、枣庄市文物管理委员会办公室、枣庄市峄城区文广新局:《山东枣庄徐楼东周墓发掘简报》,《文物》2014 年第 1 期。

[2] 南京市博物馆、六合县文教局:《江苏六合程桥东周三号墓》,《东南文化》1991 年第 1 期。

[3] 朱凤瀚:《臧孙钟与程桥墓地》,《王玉哲先生八十寿辰纪念文集》,南开大学出版社,1994 年。

[4] 海阳市博物馆、烟台市博物馆:《海阳嘴子前》,齐鲁书社,2002 年。

[5] 齐文涛:《概述近年来山东出土的商周青铜器》,《文物》1972 年第 5 期;山东诸城县博物馆:《山东诸城臧家庄与葛布口村战国墓》,《文物》1987 年第 12 期。齐文公布的鼎和豆皆 4 件,简报更正为 5 件。

[6] 临淄区文物局:《山东淄博市临淄区辛店二号战国墓》,《考古》2013 年第 1 期。

[7] 镇江博物馆:《江苏镇江谏壁王家山东周墓》,《文物》1987 年第 12 期。

[8] 苏州博物馆考古组:《苏州虎丘东周墓》,《文物》1981 年第 11 期。

[9] 河南省文物考古研究所、河南省丹江库区考古发掘队、淅川县博物馆:《淅川下寺春秋楚墓》,文物出版社,1991 年。

[10] 河南省文物考古研究所、南阳市文物考古研究所、淅川县博物馆:《淅川和尚岭与徐家岭楚墓》,大象出版社,2004 年。

[11] 湖北省博物馆:《襄阳山湾东周墓葬发掘报告》,《江汉考古》1983 年第 2 期。

[12] 山东省文物考古研究所、新泰市博物馆:《新泰周家庄东周墓地》,文物出版社,2014 年,第 489 页。

[13] 任相宏、张庆法:《吴王诸樊之子通剑及相关问题探讨》,《中国历史文物》2004 年第 5 期。

文和铸造工艺来看亦是典型的吴国兵器。由此可知,吴国兵器在春秋晚期传入了海岱地区,但从海岱地区的考古发现来看,吴国先进的兵器铸造技术在海岱地区并未得到传播,对海岱地区诸侯国兵器的铸造工艺并未产生影响[1]。

文化的传播主要是借助于两种方式来实现的。一种是和平的手段,如婚姻、会盟等;另外一种是战争。根据文献记载可知,海岱地区青铜器中吴文化因素主要是借助于战争的方式,具体而言即是伴随着吴国的北上扩张而传入的。

《史记·吴太伯世家》载,吴为姬姓封国,地处宁绍平原。从春秋中期开始吴国实力显著增强,积极本土扩张,并侵入到海岱地区。《左传·成公七年》载"七年春,吴伐郯,郯成",两地以战争的方式拉开了交往的序幕。成公七年,即公元前584年,为春秋中期末叶,此为文献中吴与海岱地区国家交往的最早记载。

春秋晚期吴国与海岱地区国家有较频繁的交往,其方式多是会盟。《春秋·成公十五年》(公元前576年):"冬十有一月,叔孙侨如会晋士燮、齐高无咎、宋华元、卫孙林父、郑公子鳅、邾人会吴于钟离。"杨伯峻《春秋左传注》曰:"杜注谓吴是夷,以前未尝与中原诸国往来,今始来通,故由晋率领诸侯大夫而会之,因用二'会'字。"《左传·成公十五年》亦曰:"十一月,会吴于钟离,始通吴也。"参加此次会盟的海岱地区国家有齐、鲁、邾。除了上述会盟之外,吴国与鲁国还共同参加了三次会盟[2]。

中原地区弭兵会议(公元前546年)之后,吴国忙于对付楚国与越国,无暇北顾,因而与海岱地区国家的交往较少。春秋晚期中叶后,吴国国力日渐强盛,公元前505年击败楚国,使楚国被迫迁都。公元前494年,吴国又打败越国,越国向吴国俯首称臣。

在战胜楚、越两大强国之后,吴国开始向海岱地区扩张,矛头直指鲁国。《左传·哀公七年》(公元前488年):"夏,公会吴于鄫。吴来征百牢。"次年,因鲁国攻打臣服于吴的邾国,吴国再次伐鲁,攻克武城、东阳,并驻军泗水边上。在强大的军事压力下,鲁被迫与吴结盟。

吴国向海岱地区扩张与齐国发生了冲突。《左传·哀公十年》(公元前485年):"公会吴子、邾子、郯子伐齐南鄙,师于鄎。齐人弑悼公,赴于师。吴子三日哭于军门之外。徐承帅舟师,将自海入齐,齐人败之,吴师乃还。"第二年,吴国再次联合鲁国攻打齐国,"五月,公会吴伐齐。甲戌,齐国书帅师及吴战于艾陵,齐师败绩,获齐国

---

[1] 海岱地区的兵器在铸造工艺上未受吴国的影响,但有的在形制上具有吴国兵器的特点。如海岱地区的无首、宽格长剑是受吴国剑影响产生的器物。参见梁法伟:《山东地区出土东周时代铜兵器研究》,山东大学硕士学位论文,2006年,第60页。

[2] 三次会盟的时间分别是襄公五年、十年、十四年。这三次会盟中,齐、曹、莒、邾、滕、薛均参加,此外,鄫参加了第一次会盟;杞和小邾参加了第二次会盟;向参加了第三次会盟。

书"(《春秋·哀公十一年》)。

艾陵之战后,吴国称霸之心增强。《国语·吴语》载:"不稔于岁,乃起师北征。阙为深沟,通于商、鲁之间,北属之沂,西属之济,以会晋公午于黄池。"参加此次会盟的有吴王夫差、鲁哀公、晋定公及周王室代表单平公。会上晋与吴争歃血次序的先后,最终,吴先于晋歃血,作了名义上的霸主。

在吴国北上争霸的时候,越国国力逐渐复兴。越王句践趁吴王夫差参加黄池会盟之机,"乃发习流二千人,教士四万人,君子六千人,诸御千人,伐吴。吴师败,遂杀吴太子"(《史记·越王句践世家》)。吴王派人送厚礼向越求和,越国考虑到暂时无法灭掉吴国而答应了吴国的请求。其后,吴国逐渐衰微,最终于公元前475年为越国所灭。

从上述文献所记可知,吴国与海岱地区国家交往最为频繁的时期为春秋晚期,这也是两地关系最密切的时期。由于吴国与海岱地区国家交往的时间较短,再加上会盟与战争两种交往形式自身所存在的缺陷,吴文化与海岱地区文化的融合缺少环境和时间。因此,海岱地区所出土的具有吴文化因素的青铜器多系吴国兵器,是随着吴国势力向海岱地区军事扩张而进入海岱地区的,海岱地区仿造吴国的兵器十分罕见。总而言之,吴文化对海岱地区青铜器基本上未产生明显的影响,其意义更多的是丰富了海岱地区青铜文化的内涵。从上述器物我们可以看到吴国势力进入到海岱地区之后,基本上限于海岱南部和东南部,且控制时间较短,吴国未曾越国泰沂山脉进入到海岱北部地区,这与文献记载相一致。

二、海岱地区青铜器中的越文化因素

海岱地区东周青铜器中越文化因素相对较少,分布比较分散(图三)。从用途来看,这些器物可分为容器、乐器与兵器三类。

(一) 容器

1. 鼎

曲阜鲁国故城 M58 出土鼎[1],附耳,腹上部竖直,下部微鼓,平底,三细高足外

---

[1] 山东省文物考古研究所、山东省博物馆、济宁地区文物组等:《曲阜鲁国故城》,齐鲁书社,1982年。

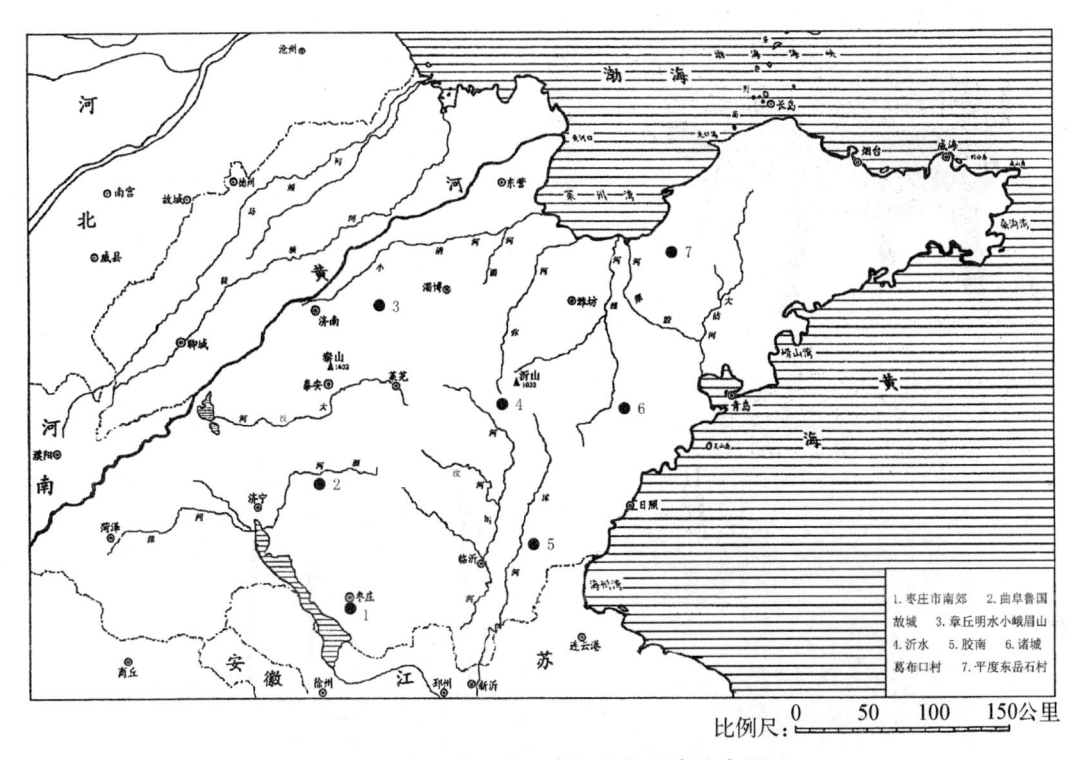

图三 海岱地区越国青铜文化因素分布图

1.枣庄市南郊 2.曲阜鲁国故城 3.章丘明水小峨眉山 4.沂水 5.胶南 6.诸城葛布口村 7.平度东岳石村

撇(图四,1),年代为战国中期偏早。该器与淮阴高庄战国墓出土鼎(1:103)[1]形制相同,属于典型的越式鼎。可能属于越国嫁女之媵器[2]。

2. 罍

诸城葛布口村墓出土罍,腹部较圆鼓,平底,兽形足(图四,2)。该器与海岱地区常见的罍形制明显有别,而与上述淮阴高庄战国墓出土罍[3]形制相同。年代为战国中期偏早。因此,此件罍应属于越式罍。

3. 匜

平度东岳石村 M16 出土刻纹匜[4],残碎较严重(图四,3)。长岛王沟 M2 出土刻

---

[1] 淮阴市博物馆:《淮阴高庄战国墓》,《考古学报》1988年第2期。
[2] 郎剑锋:《吴越地区出土商周青铜器研究》,山东大学博士学位论文,2012年,第157页。
[3] 淮阴市博物馆:《淮阴高庄战国墓》,《考古学报》1988年第2期。
[4] 中国科学院考古研究所山东发掘队:《山东平度东岳石村新石器时代遗址与战国墓》,《考古》1962年第10期。

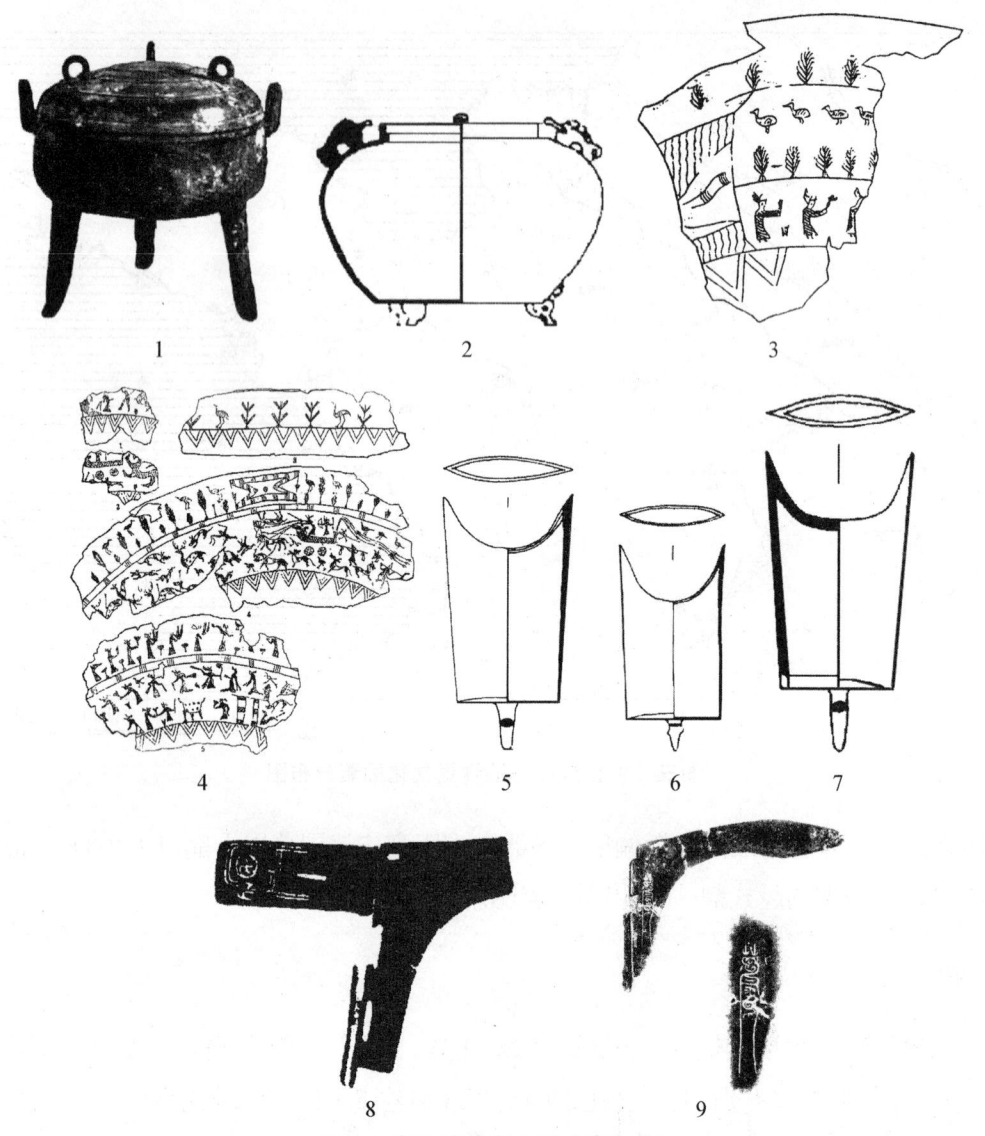

图四 海岱地区出土越式青铜器

1. 曲阜鲁国故城 M58 出土鼎　2. 诸城葛布口村墓出土罍　3. 平度东岳石村 M16 出土刻纹匜　4. 长岛王沟 M2 出土刻纹铜器残片　5、6. 20 世纪 80 年代章丘明水镇小峨眉山出土句鑃　7. 1992 年章丘明水镇小峨眉山出土句鑃　8. 枣庄市文物管理站拣选戈　9. 沂水县文物管理站拣选戈

纹铜器残片[1](图四,4),从形制看亦应为匜。两墓所出之刻纹匜的年代均为战国中期偏早。从目前的材料看,此种线刻工艺最早见于上述江苏六合程桥东周墓。进入战国时期,越国青铜器中亦可见此种工艺,如淮阴高庄战国墓出土的七件铜盘上的纹饰均采用线刻工艺。因此,海岱地区出土的上述刻纹铜器应来自越国。

---

[1] 烟台市文物管理委员会:《山东长岛王沟东周墓群》,《考古学报》1993 年第 1 期。

(二) 乐器

乐器目前仅可举出句鑃一类器物。20世纪80年代,章丘明水镇小峨眉山出土了一批青铜器,其中包括甬钟四枚、句鑃二十二枚[1]。句鑃分为两型。A型:长铣,柄为扁圆柱状,器体较扁,壁较薄,素面(图四,5);B型:柄为一面平一面圆的柱体,中部有一周凸棱(图四,6)。甬钟与潞城潞河M7∶5[2]形制相同,属于战国早期,句鑃当与之同时。1992年又发现一批青铜器,包括十件句鑃,其中七整三残[3](图四,7)。形制与上述A型相同,亦属战国早期。

句鑃是一种乐器。考古出土的句鑃,有的带有铭文"句鑃"。此种器物多见于南方国家,集中见于吴越地区。关于其国属,学界多认为是吴越之器。最近,有学者作了进一步考证,指出句鑃是越国乐器,属于越族的特色乐器[4]。如此,章丘明水小峨眉山出土的上述句鑃亦当来自越国。

(三) 兵器

海岱南部地区出土的兵器,有的根据铭文内容亦可确认为越国兵器。

1983年枣庄市文物管理站拣选一件有铭戈,出土于枣庄市南郊的泥沟、坊上一带[5]。直内,长胡三穿,援部残,内较长,中部有一长方形孔(图四,8)。属战国早期。援及胡部均有铭文,一面残存五字,一面残存四字半,字体为鸟虫书,其中有"堇"字可辨。从文献记载可知,在越国版图中有地名曰堇。《国语·越语》:"句践之地,南至于句无,北至于御儿,东至于鄞,西至于姑蔑,广运百里。"越国有赤堇山,位于今绍兴东南十五千米,为欧冶子为越王铸剑之处。《越绝书·外传记宝剑》载:"赤堇之山,破而出锡。"因此,这件戈当在越国堇地或是堇山铸造,属越国兵器无疑。

1982年沂水县文物管理站拣选戈、剑各一[6]。戈内残,长胡三穿(图四,9)。从形制看,属战国早期。胡上有铭文:"蒙",字体作鸟虫书。"蒙"作为地名,其地望不详。但战国时期越国兵器流行鸟虫书铭文,因此,此件器物应属于越国。

---

[1] 常兴照、宁荫堂:《山东章丘出土青铜器述要兼谈相关问题》,《文物》1989年第6期。
[2] 山西省考古研究所、山西省晋东南地区文化局:《山西省潞城县潞河战国墓》,《文物》1986年第6期。
[3] 宁荫棠、王方:《山东章丘小峨嵋山发现东周窖藏铜器》,《考古与文物》1996年第1期。
[4] 朱国伟:《句鑃国属新考》,《南方文物》2012年第2期。
[5] 李锦山:《枣庄市拣选一件战国铭文铜戈》,《文物》1987年第11期。
[6] 沂水县文物管理站:《山东沂水县发现战国铜器》,《考古》1983年第9期。

除了上述器物之外,有学者还指出胶南县博物馆收藏的剑、矛,多属于越式兵器[1]。惜文中未配相关图片,兵器形制不详。

综上所述,目前海岱地区出土的具有越文化特点的青铜器均系越国青铜器,尚未发现由海岱地区国家铸造包含有越文化特点的青铜器,表明越国青铜文化传入海岱地区之后并未与该地区青铜文化融合。这与吴国青铜文化因素传入海岱地区之后的情况基本相同。

根据文献记载可知,海岱地区所见越国青铜器亦是伴随着越国向海岱地区的军事扩张而传入的。

越国位于宁绍平原西部。《史记·越王句践世家》载:"越王句践,其先禹之苗裔,而夏后帝少康之庶子也。封于会稽,以奉守禹之祀。文身断发,披草莱而邑焉。后二十余世,至于允常。允常之时,与吴王阖庐战而相怨伐。允常卒,子句践立,是为越王。"由此可知,越王先祖为少康庶子,受封于会稽。其后句践称王,时在春秋晚期末叶。公元前306年越国被楚国所灭。东周时期越国亦创造出了独具特色的青铜文化,其先进的兵器铸造工艺与吴国同样名扬列国。

越国毗邻吴国,越国趁吴国向中原、海岱地区扩张之机积极发展实力,最终灭掉吴国。灭吴之后,越效法吴国积极北上扩张。《史记·越王句践世家》载:"句践已平吴,乃以兵北渡淮,与齐、晋诸侯会于徐州,致贡于周。周元王使人赐句践胙,命为伯。句践已去,渡淮南,以淮上地与楚,归吴所侵宋地于宋,与鲁泗东方百里。当是时,越兵横行于江、淮东,诸侯毕贺,号称霸王。"

越国势力北上后,与海岱地区国家的交往逐渐增多,其中与鲁国、邾国的关系尤其密切。《左传·哀公二十一年》(公元前474年):"夏五月,越人始来。"杜注:"越既胜吴,欲霸中国,始遣使适鲁。"《左传·哀公二十三年》(公元前472年):"秋八月,叔青如越,始使越也。越诸鞅来聘,报叔青也。"鲁国与越国建立了外交关系,其后两国的关系日渐密切。鲁哀公二十四年(公元前471年),"闰月,公如越,得大子适郢,将妻公而多与之地。公孙有山使告于季孙。季孙惧,使因大宰嚭而纳赂焉,乃止"。三桓兴起之后,逐渐掌握了鲁国的政权,公室被架空。鲁哀公二十七年春,季康子卒,哀公打算趁此机会借助越国的力量除掉三桓[2]。《孟子·离娄下》:"曾子居武城,有越寇。"武城接近费地,而费是鲁季孙氏私邑。因此,越寇武城实际上是越国帮助鲁哀公铲除"三桓"之举[3],由此足见越国

---

[1] 林华东:《越国迁都琅邪辨》,《中央民族学院学报》1989年第1期。
[2] 《左传·哀公二十七年》。
[3] 钱穆:《先秦诸子系年》,中华书局,1985年,第109—110页。

与鲁国关系之密切程度。

越与邾的关系表现在两方面：其一，直接干预邾政事。《左传·哀公二十二年》（公元前473年）："夏四月，邾隐公自齐奔越，曰：'吴为无道，执父立子。'越人归之，大子革奔越。"《左传》载哀公七年（公元前488年），鲁国攻打邾国，俘获了邾隐公。邾大夫茅夷鸿前往吴国求救。哀公八年（公元前487年），吴国以救邾为名，出兵伐鲁。鲁国慑于吴国实力，不得以与吴国结盟并释放了邾隐公。后来，吴国以邾隐公无道为由，派大宰子余帅兵讨伐，将邾隐公囚禁，并安排太子革取代邾隐公。哀公二十二年，在越灭吴前夕，邾隐公奔越，向越王控告吴废其君位。于是越国把邾隐公送回邾国，恢复其君位。《左传·哀公二十四年》（公元前471年）："邾子又无道，越人执之以归，而立公子何。"邾隐公复位之后无道，于是越国将其拘捕带回越国，立公子何（太子革之弟）为邾君。邾国国君的废立皆被越国所左右，邾国俨然已成为越国的附庸。

其二，越国调停邾与鲁的边界纠纷。《左传·哀公二十七年》（公元前468年）："越子使舌庸来聘，且言邾田，封于骀上。"杨伯峻注曰："鲁曾侵夺邾国之土田，越以霸主身份派舌庸来与鲁谈，协定以骀上为鲁、邾交界处。骀上，据杜预《土地名》，即襄四年《传》之狐骀，在今山东滕县东南二十里。"在越国的调停下，"二月，盟于平阳，三子皆从。康子病之，言及子赣，曰：'若在此，吾不及此夫！'武伯曰：'然。何不召？'曰：'固将召之。'文子曰：'他日请念'"（《左传》哀公二十七年）。越、邾、鲁在平阳会盟，鲁国三桓季康子、叔孙文子及孟武伯三人随从鲁哀公同行。季康子对于这次会盟引以为耻，感叹说，要是有子赣在，鲁国将不会落到这一步，孟武伯及文子皆赞同此看法。由此可见，此次越国调停邾、鲁两国边界纠纷是应邾国之请求并偏袒邾国的，越国成为邾国的保护国[1]。

越国称霸之后，为了巩固霸业，将其都城由会稽迁至琅琊[2]。越国的统治中心

---

[1] 孟文镛：《越国史稿》，中国社会科学出版社，2010年，第272页。

[2] 越国迁都琅琊的时间有三说：其一是前525年，《越绝书·外传吴地传》载"句践徙琅琊到建武二十八年，凡五百六十七年"；其二是前472年，《吴越春秋·句践伐吴外传》载"（句践二十五年），越王既已诛忠臣，霸于关东，徙都琅琊，起观台，周七里，以望东海"；其三是前468年，《竹书纪年》载"贞定王元年癸酉，于越徙都琅琊"。钱穆《越徙琅琊考》认为越迁都琅琊是在句践二十九年，即《竹书纪年》所记贞定王元年。此处从钱说。关于越国新都琅琊的位置，历来存在不同的说法。其中，山东胶县南一说最为流行，但此说亦存在一定的问题。越迁都之时，莒国仍然存在，而且胶县近临齐国，很显然越国不可能将都城迁移到莒国之北。此外，从考古发现看，胶南县琅琊发现越文化遗存较少。所以，胶南琅琊当非越国新都城所在地。最近有人提出琅琊在连云港（金傲生、伊旭松、张天怡：《万里征程解越国迁都之谜》，《浙江日报》2006年6月23日）。在连云港市西南3千米处锦屏山九龙口发现了一处古城址，周长约5千米，城三面环山，东朝大海。城中部有一高台，长约300米，宽约150米。该城址符合句践迁都的形势，城中高台亦符合"城中起高台以望东海"的记载。此外，该城址周围有大量越文化遗存。因此，九龙口当是越国新都琅琊。钱穆先生认为越都琅琊，当在赣榆、日照一带滨海之地（《先秦诸子系年》卷二《越徙琅琊考》）。所以，连云港之说应大致不误。

因此从南向北转移，越国对海岱地区的影响显著增强。《淮南子·齐俗训》曰："越王句践劗发文身，无皮弁搢笏之服，拘罢拒折之容，然而胜夫差于五湖，南面而霸天下，泗上十二诸侯，皆帅九夷以朝。"《国语·吴语》亦载："越灭吴，上征上国，宋、郑、鲁、卫、陈、蔡执玉之君皆入朝。"其后，越国相继灭掉滕国和郯国[1]。

进入战国时期，中原地区的魏国与海岱地区的齐国崛起，成为当时的强国，称霸一方。与此同时，越国自身的实力在衰弱。《吕氏春秋·顺民》载："齐庄子请攻越，问于和子。和子曰：'先君有遗令曰：无攻越。越，猛虎也。'庄子曰：'虽猛虎也，而今已死矣。'"此段文献记载齐田和与大臣庄子讨论攻打越国的对话。从对话内容可知，越国曾经盛极一时的国势已经不复存在了。在这种形势之下，位于北方的琅琊自然不再适合作国都。越王翳三十三年（公元前379年），越国把都城从琅琊迁至吴[2]，越国势力逐渐退出了海岱地区，其后虽有伐齐之举，但直至亡国未能再进入海岱地区。

从上述越国向海岱地区扩张的历程来看，越国向海岱地区扩张的时间始于战国初年，与海岱地区国家交往基本上是在战国早期，这与海岱地区出土越国青铜器的年代大致吻合。显然，海岱地区具有越文化特点的青铜器是伴随着越国的扩张步伐传入的。由于越国与海岱地区相距较远，再加上越国控制海岱南部地区的时间相对较短，因此，海岱地区出土的具有越文化特点的青铜器不甚丰富，从形制看，均系典型的越国青铜器。与吴国相同，越国先进的兵器铸造技术没有在海岱地区得到传播，未对海岱地区青铜兵器的铸造产生影响。

三、结　　语

本文对东周时期海岱地区青铜器中的吴越文化因素进行了分析，并对其传入海岱地区的方式进行了分析。其主要认识可以概括如下：

其一，海岱地区出土具有吴文化特点的青铜器多为兵器，个别为容器。其中，兵器系采用吴国兵器铸造技术铸造而成，应是在吴国铸造，亦可能是吴国工匠在海岱地区铸造。先进的吴国兵器铸造技术在海岱地区未得到传播，海岱地区仅有个别兵器形制受到了吴国兵器的影响。海岱地区出土的具有越文化特点的青铜器包括容器、乐器与兵器，均系典型的越国青铜器。其分布范围较广，但数量较少，应系战争之故

---

[1]《竹书纪年》云："于粤子朱句三十四年灭滕。""于粤子朱句三十五年灭郯。以郯子鸪归。"
[2]《索隐》引《竹书纪年》曰："翳三十三年迁于吴。"

遗留在海岱地区。越国兵器铸造技术亦未在海岱地区得到传播。

其二，吴越两国为近邻，青铜文化面貌多有相同。如容器中的撇足鼎为两国共有的器物。此外，两国兵器铸造工艺先进，单从铸造工艺上不易区分，此为学界所公认。海岱地区青铜器中的吴越文化因素，其国别的判定主要是依据铭文内容，无铭文的，则是依据其年代。根据吴越两国北上扩张的年代看，年代为春秋晚期的属于吴国；年代为战国时期的则应属于越国。

其三，海岱地区青铜器中出现的吴越文化因素是吴越两个国家北上扩张，侵入海岱地区的结果。根据文献记载，从春秋晚期至战国早期吴越两国相继北上争霸。海岱地区出现具有吴越文化特点的青铜器，其年代与吴越北上的时间相吻合。由于海岱地区与吴越地区相距较远，再加上两国称霸时间较短，对海岱南部地区控制的时间均不长，因此，吴越青铜文化与海岱本土青铜文化缺少融合的时间与环境，基本上未产生实质上的融合。吴越青铜器的出现，其意义主要是丰富了海岱地区青铜文化的内涵，而未对海岱地区青铜文化的发展产生明显的推动作用。这也说明，在东周时期单纯的军事扩张所起到的作用主要是促进文化的传播；一个地区本土文化与外来文化的融合，主要是在和平时期或战争间歇期来完成的。

考古视野下的郑文化研究
——以郑都新郑出土陶器材料为中心

樊温泉

河南省文物考古研究院

郑文化是周代郑人及相关人群创造和使用的、自身特征明显的考古学文化遗存，其反映物质文明、精神文明等诸多内容，换言之，郑文化是指最初由郑人在郑国境内创造的一种文化，这种文化具有较多不同于其他文化的自身特征，并伴随着历史进展不断变化。据此，郑文化可早至西周末年桓公封于郑，消亡于韩灭郑以后的一段时间。而新郑作为郑国和韩国后期政治、经济、文化中心，长达539年之久。新郑地区尤其是郑韩故城内外的地上与地下保存的大量东周时期文化遗存，无疑为该地区东周时期郑文化研究提供了珍贵的实物资料。

一、背景简介

整个新郑市境的地势为西高东低，西部为浅山区，东部为平原，属暖温带大陆季风性气候，温度适中。郑都位于新郑市区城关附近的双洎河(古洧水)与黄水河(古溱水)交汇处，这两条河呈东西环绕之势从故城两侧缓缓流过，既保证都城用水之需，便于交通，又能防旱抗涝，同时也是自然防御屏障。都城平面呈不规则三角形，城垣周长20千米，城内面积16平方千米，俗称"四十五里牛角城"。城内有一条南北走向的隔城墙，将故城分为东西二城，西城为宫城，主要为政治中心，宫殿区和大多贵族府邸都在西城集中分布；东城面积较大是为郭城，是当时的经济中心，分布着郑国贵族墓葬区、手工业作坊区、居住区、宗教礼仪性祭祀区等(图一)。

迄今，已发现的郑国墓葬数量众多，种类齐全，且多分布在城内，均为竖穴土坑墓。郑

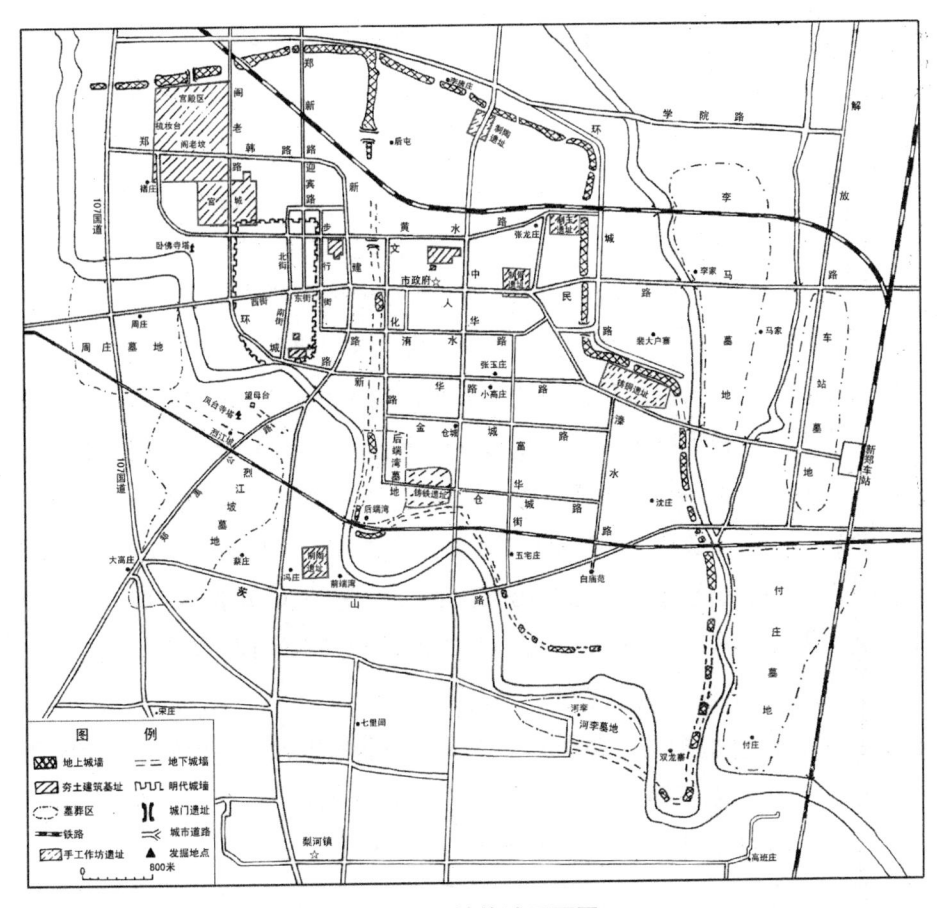

图一 郑韩故城平面图

国贵族墓葬,已发现的有西城东南的李家楼郑公大墓、东城西南的后端湾贵族墓葬区、东城东部的贵族墓地等。中小型墓葬发现的有东城李马墓地,西城西侧周庄墓地,西城南侧烈江坡—蔡庄—大高庄墓地,东城内新郑市防疫站、市直幼儿园、热电厂、兴弘花园、沈庄墓地等。这些墓地相对位置的选择,自墓葬形成之初即已存在,而墓葬形制,包括平面形制、墓道、腰坑、壁龛。不同的墓葬布局、形制受思想观念、时代变迁等多种因素的影响。

二、器物分组

本文主要对新郑兴弘花园、热电厂[1]、郑韩电器[2]等几个主要墓地所出陶器,

---

[1] 河南省文物考古研究所:《郑韩故城兴弘花园与热电厂墓地》,文物出版社,2007年。
[2] 河南省文物考古研究院:《新郑双楼东周墓地》,大象出版社,2016年。

从器物形态和组合上进行整理,体现出该地区在特定历史时期的文化面貌。

新郑地区西周墓葬的随葬陶器,其中日用陶器有鬲、盂、豆、罐、釜等 5 类,仿铜陶礼器有鼎、罍、壶、舟、盘、匜等。东周墓葬的随葬陶器约 17 类:鬲、盂、罐、豆、釜、尊、四系壶、鼎、敦、罍、盖豆、壶、盘、匜、舟、簠、盒等。其中日用陶器有鬲、盂、豆、罐、釜等 5 类,仿铜陶礼器有尊、四系壶、鼎、敦、罍、盖豆、壶、盘、匜、舟、簠、盒 12 类。

通过分析,我们发现日用陶器鬲盂罐豆为新郑地区主要的组合形式,一直存在于西周晚期至春秋晚期。鬲盂豆组合则从春秋早期开始出现并与鬲盂罐豆组合并存至春秋晚期;战国早期以后,这两种组合的完整形式皆不见,仅有个别器类存在,或与仿铜器同出。鬲盂豆这种组合形式的出现和流行整体上晚于鬲盂罐豆(图二)。

仿铜陶礼器流行第一组:以 A 陶鼎,A、B 陶罍(陶尊),陶敦为核心,配以陶舟、A 陶盘、A 陶匜的组合,少数有 Ba 陶盖豆、陶簠等器类,以 A、B 陶鼎,A、B 陶罍,陶尊,陶敦,陶舟,A 陶盘,A 陶匜为代表。第二组:以 C 陶鼎、C 陶罍、陶尊、陶敦、Ab 陶盘、Aa 陶匜为代表。第三组:以 D 陶鼎、C 陶罍、陶尊、陶盏、Bb 陶舟、Ab 陶盘、Aa 陶匜为代表。第四组:E 陶鼎为核心的组合(图三)。

依据这些器物,我们把其中属于郑文化因素的器物单独分析比较,从而梳理出郑文化形成和发展的较为清晰的脉络,大致可分为六期十段:

第一期　　西周晚期

第二期　　两周之际

第三期　　春秋早期,分为早、晚两段

第四期　　春秋中期,分为早、晚两段

第五期　　春秋晚期,分为早、中、晚三段

第六期　　战国早期

三、典型陶器文化因素分析

(一) 日用陶器

1. 陶鬲

陶鬲,由于其用途、形态上的特殊性,使其成为诸多陶器中最能反映考古学文化面貌、特征的代表性器物。而同一器物群中不同形态的陶鬲往往暗示构成这一器物群的不同的考古学因素,因此对陶鬲的研究具有重要的意义。

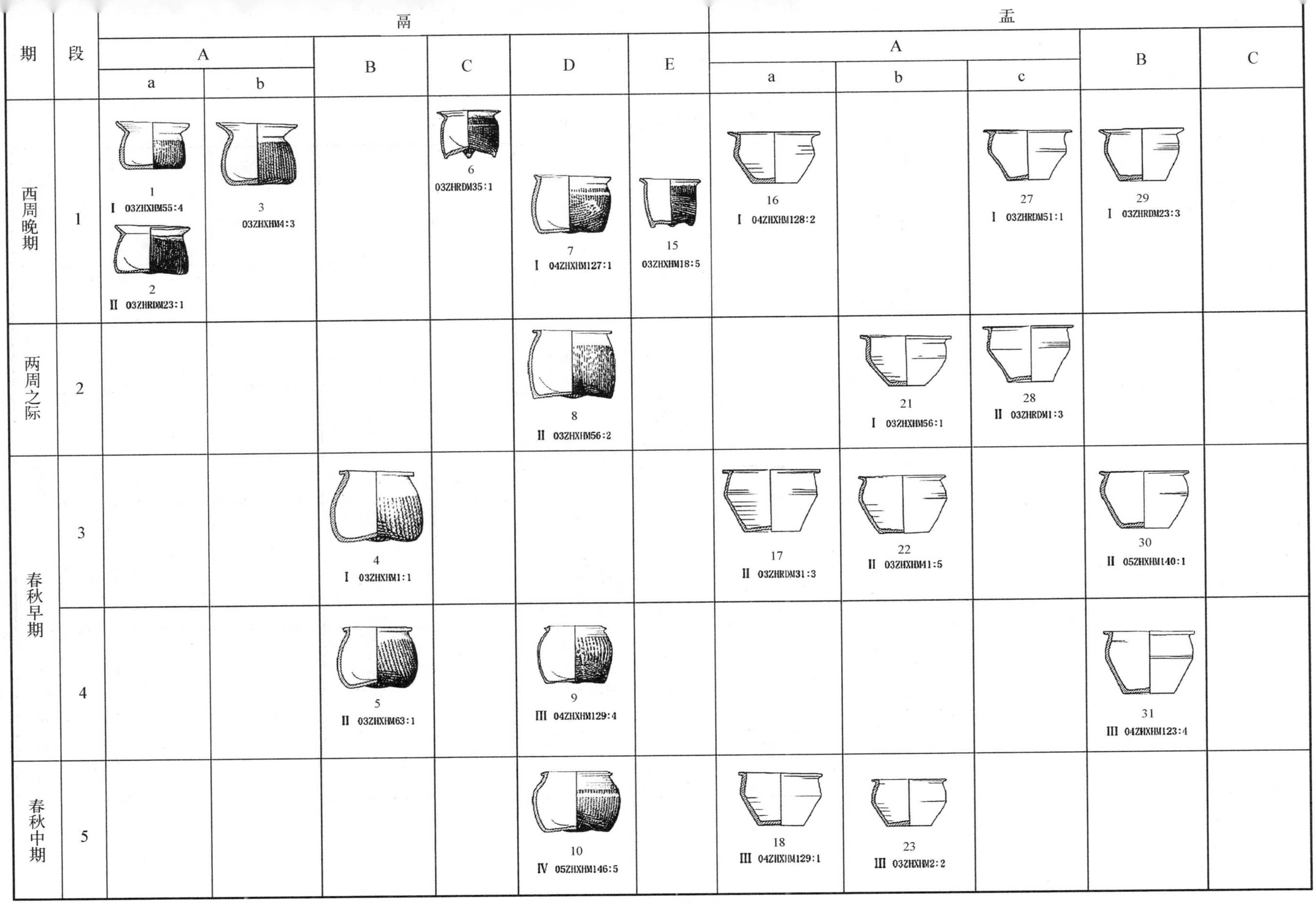
期
段
鬲
盂
A
a
b
B
C
D
E
c
西周晚期
两周之际
春秋早期
春秋中期
1
2
3
4
5
1
Ⅰ 03ZHXHM55:4
2
Ⅱ 03ZHRDM23:1
3
03ZHXHM4:3
6
03ZHRDM35:1
7
Ⅰ 04ZHXHM127:1
15
03ZHXHM18:5
16
Ⅰ 04ZHXHM128:2
27
Ⅰ 03ZHRDM51:1
29
Ⅰ 03ZHRDM23:3
8
Ⅱ 03ZHXHM56:2
21
Ⅰ 03ZHXHM56:1
28
Ⅱ 03ZHRDM1:3
4
Ⅰ 03ZHXHM1:1
17
Ⅱ 03ZHRDM31:3
22
Ⅱ 03ZHXHM41:5
30
Ⅱ 05ZHXHM140:1
5
Ⅱ 03ZHXHM63:1
9
Ⅲ 04ZHXHM129:4
31
Ⅲ 04ZHXHM123:4
10
Ⅳ 05ZHXHM146:5
18
Ⅲ 04ZHXHM129:1
23
Ⅲ 03ZHXHM2:2

图二：1　日用陶器分期图

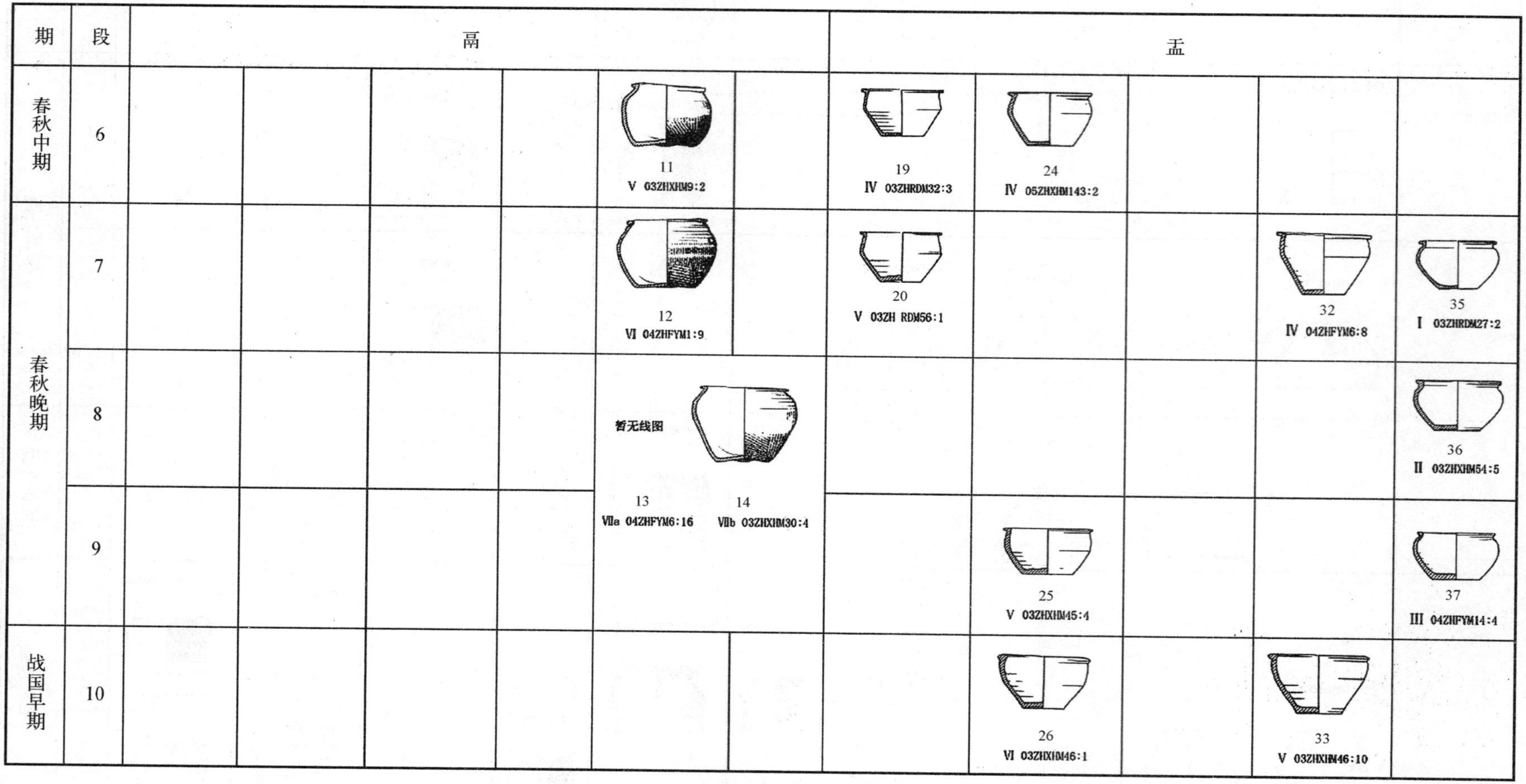

期	段	鬲			盂			
春秋中期	6	19 IV 032HR0M32:3	20 V 032H RDM56:1		24 IV 052HXIM143:2			
春秋晚期	7	11 V 032HXIM9:2	12 VI 042HFYM1:9				35 I 032HR0M27:2	
	8	13 VIIa 042HFYM6:16	14 VIIb 032HXIM30:1			32 IV 042HFYM6:8	36 II 032HXIM54:5	
	9				25 V 032HXIM45:4		37 III 042HFYM14:4	
战国早期	10				26 VI 032HXIM46:1	33 V 032HXIM46:10		

图二：2 日用陶器分期图

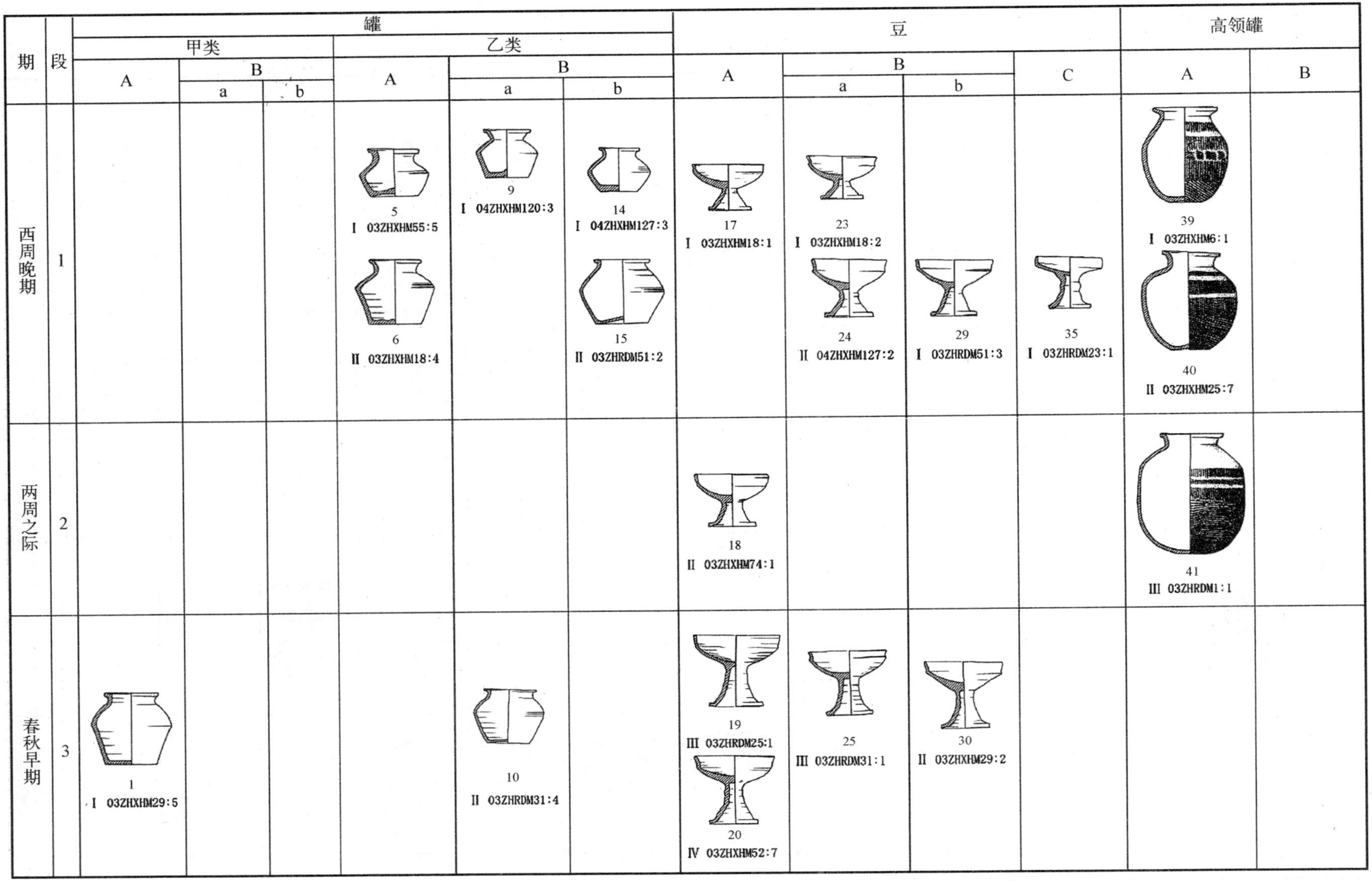
期
段
罐
甲类
乙类
豆
高领罐
A
B
a
b
C
西周晚期
两周之际
春秋早期
1
2
3
5
I 03ZHXHM55:5
6
II 03ZHXHM18:4
9
I 04ZHXHM120:3
14
I 04ZHXHM127:3
15
II 03ZHRDM51:2
17
I 03ZHXHM18:1
23
I 03ZHXHM18:2
24
II 04ZHXHM127:2
29
I 03ZHRDM51:3
35
I 03ZHRDM23:1
39
I 03ZHXHM6:1
40
II 03ZHXHM25:7
18
II 03ZHXHM74:1
41
III 03ZHRDM1:1
1
I 03ZHXHM29:5
10
II 03ZHRDM31:4
19
III 03ZHRDM25:1
20
IV 03ZHXHM52:7
25
III 03ZHRDM31:1
30
II 03ZHXHM29:2

图二：3　日用陶器分期图

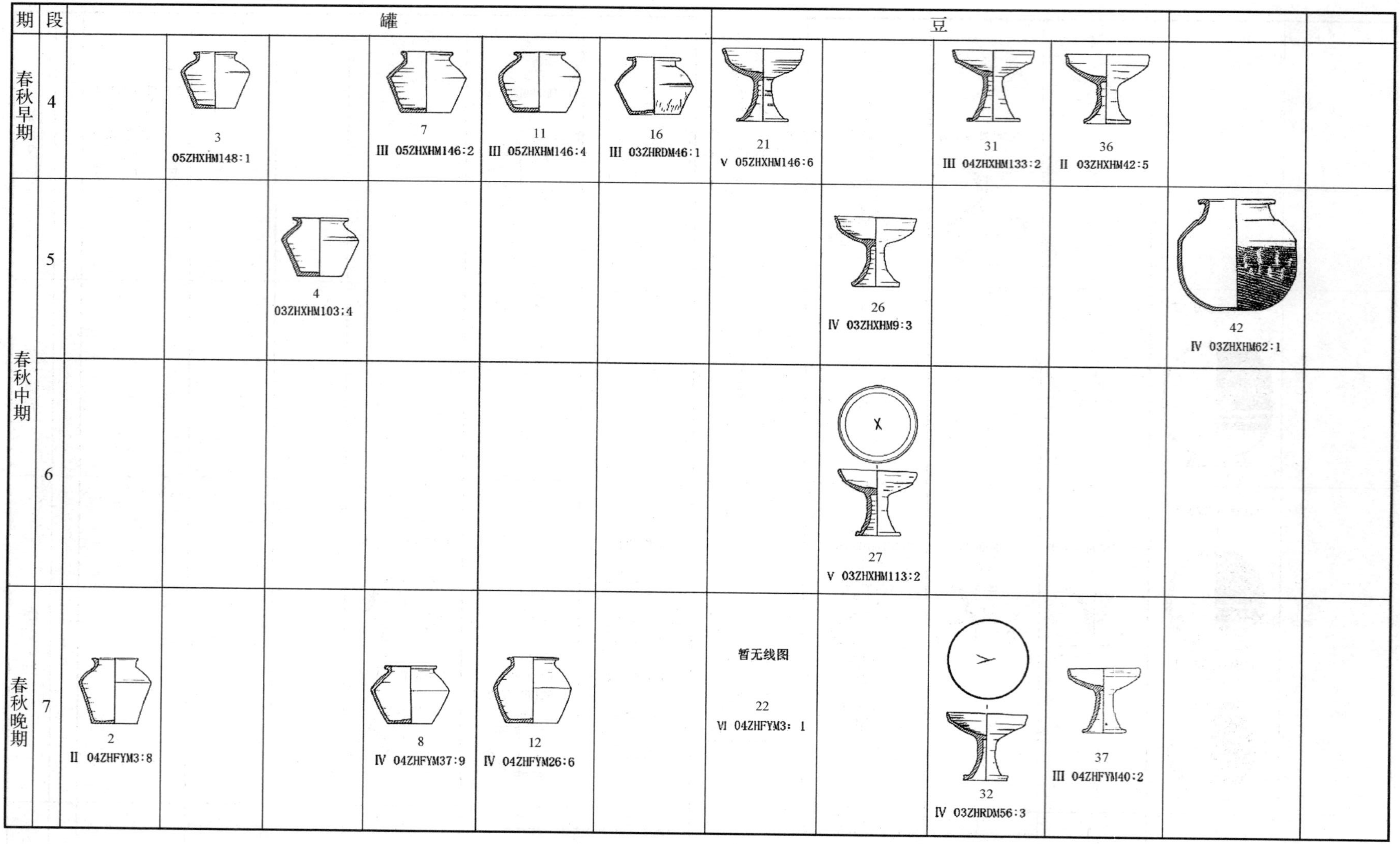
期
段
罐
豆
春秋早期
4
3
05ZHXHM148:1
7
III 05ZHXHM146:2
11
III 05ZHXHM146:4
16
III 03ZHRDM46:1
21
V 05ZHXHM146:6
31
III 04ZHXHM133:2
36
II 03ZHXHM42:5
春秋中期
5
4
03ZHXHM103:4
26
IV 03ZHXHM9:3
42
IV 03ZHXHM62:1
6
27
V 03ZHXHM113:2
春秋晚期
7
2
II 04ZHFYM3:8
8
IV 04ZHFYM37:9
12
IV 04ZHFYM26:6
暂无线图
22
VI 04ZHFYM3: 1
32
IV 03ZHRDM56:3
37
III 04ZHFYM40:2

图二：4 日用陶器分期图

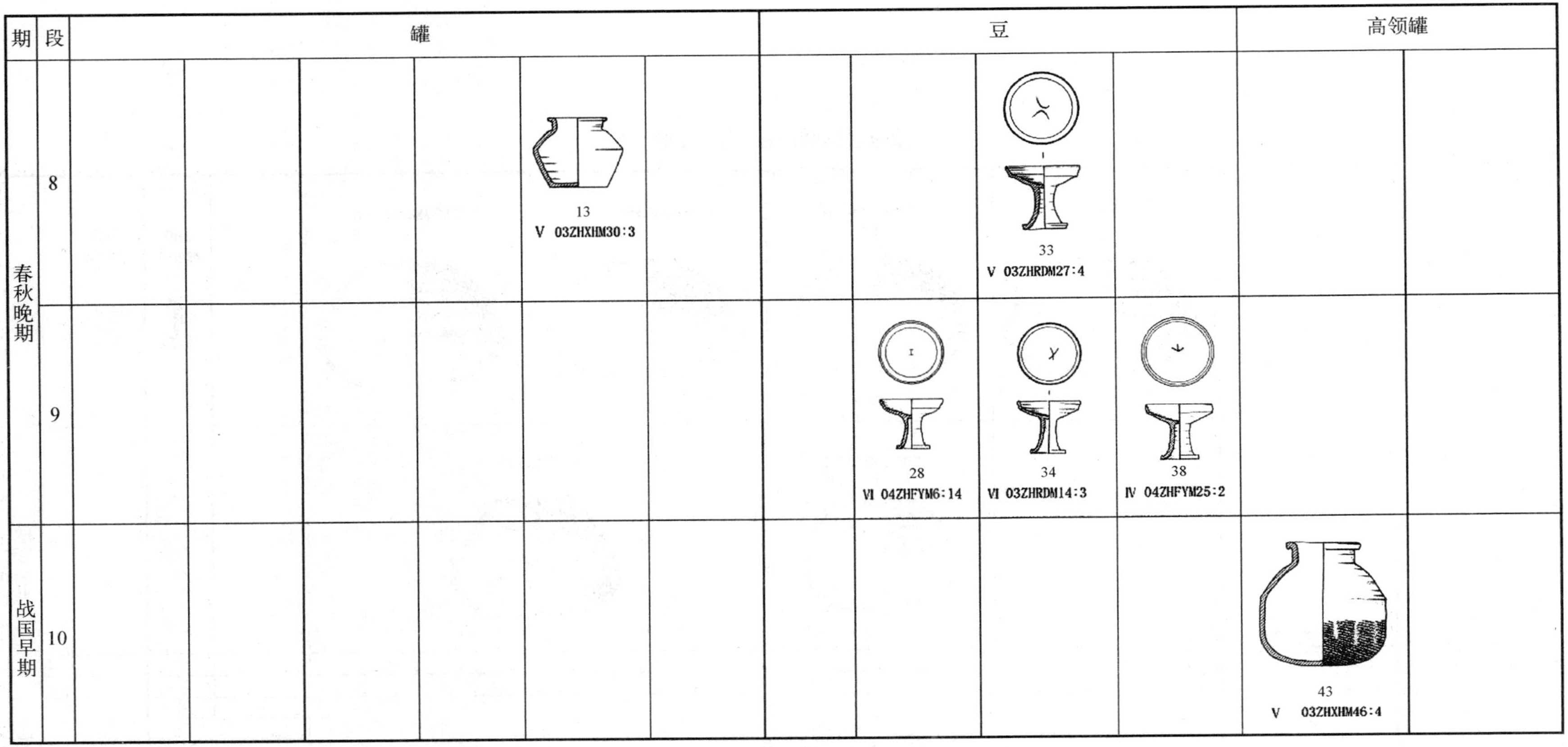

图二：5 日用陶器分期图

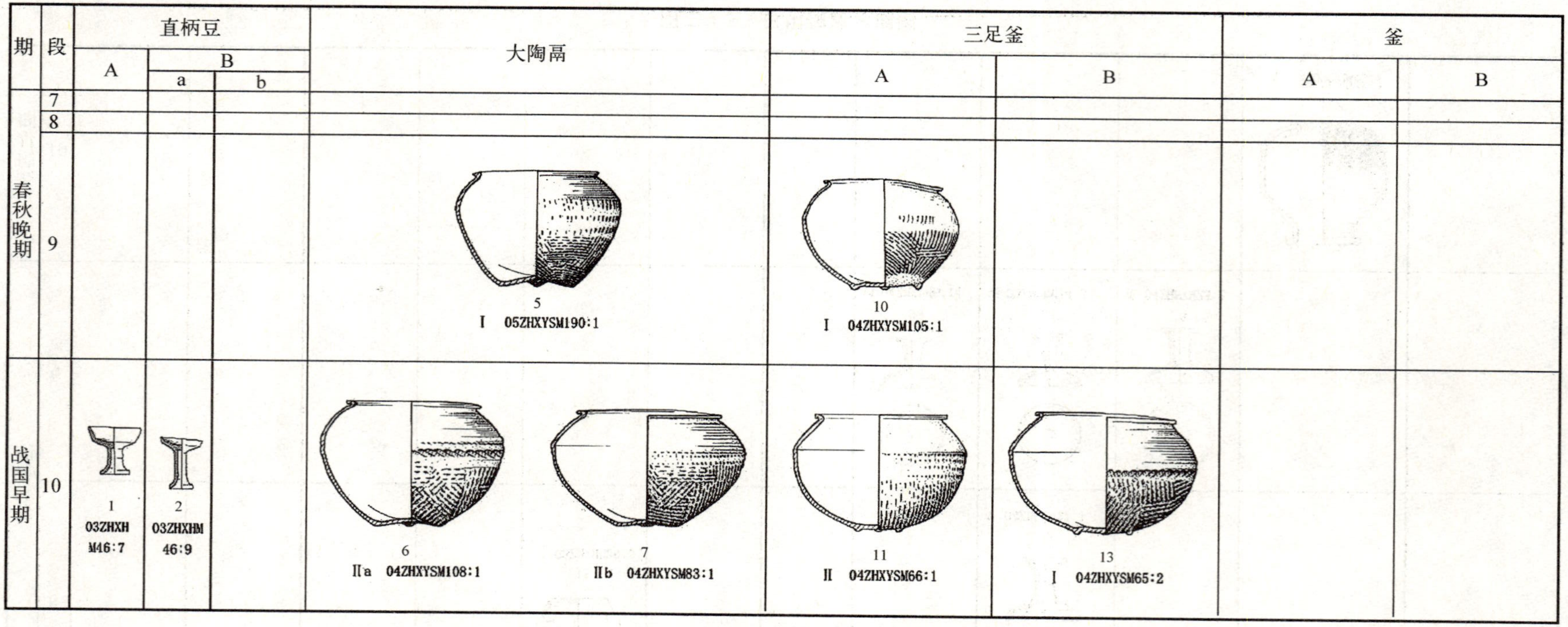

期	段	直柄豆			大陶釜		三足釜		釜	
		A	B a	B b			A	B	A	B
	7									
	8									
春秋晚期	9				![5] I 05ZHXYSM190:1		![10] I 04ZHXYSM105:1			
战国早期	10	![1] 03ZHXHM46:7	![2] 03ZHXHM46:9		![6] IIa 04ZHXYSM108:1	![7] IIb 04ZHXYSM83:1	![11] II 04ZHXYSM66:1	![13] I 04ZHXYSM65:2		

图二：6 日用陶器分期图

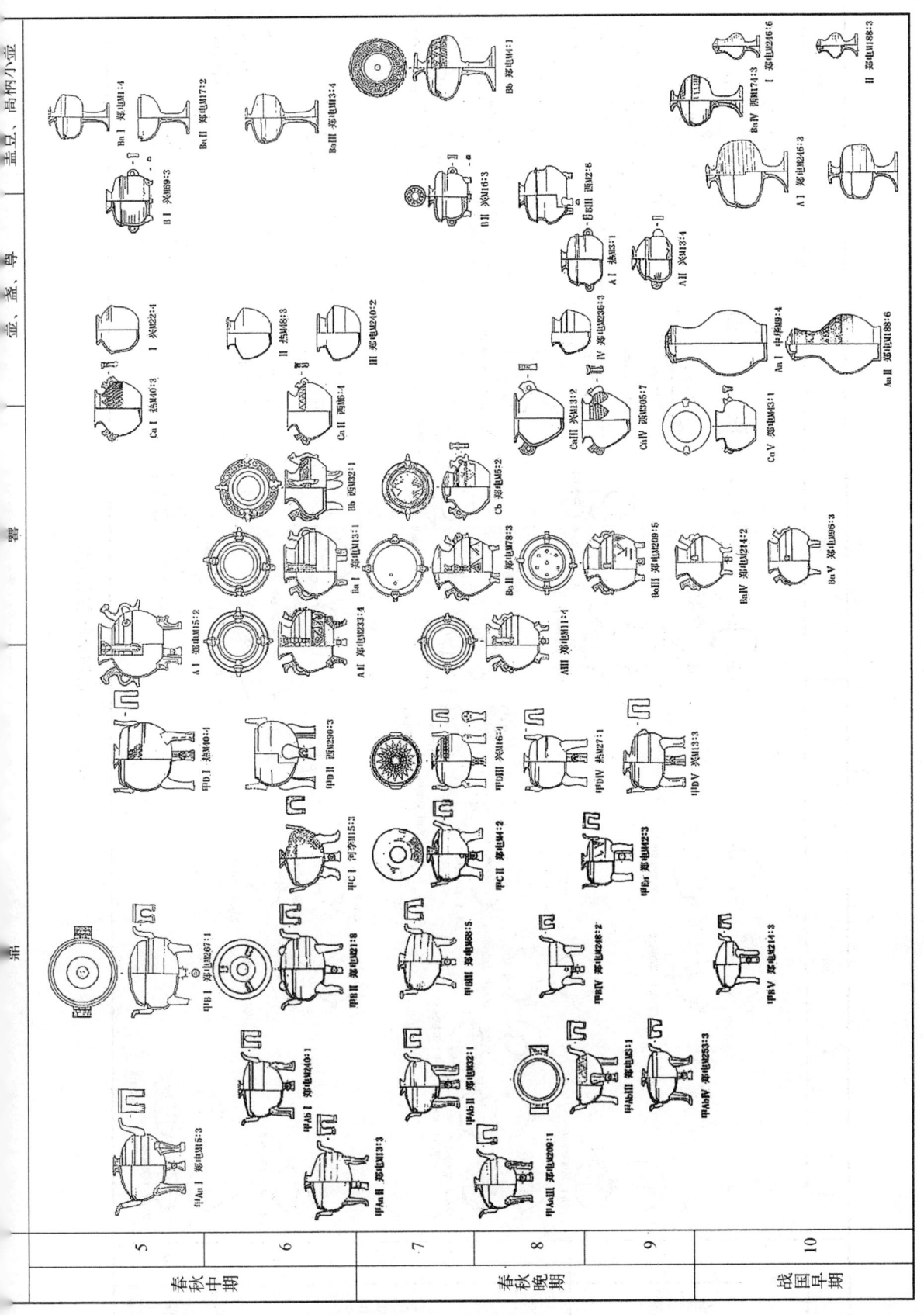

图三：1 仿铜陶礼器分期图

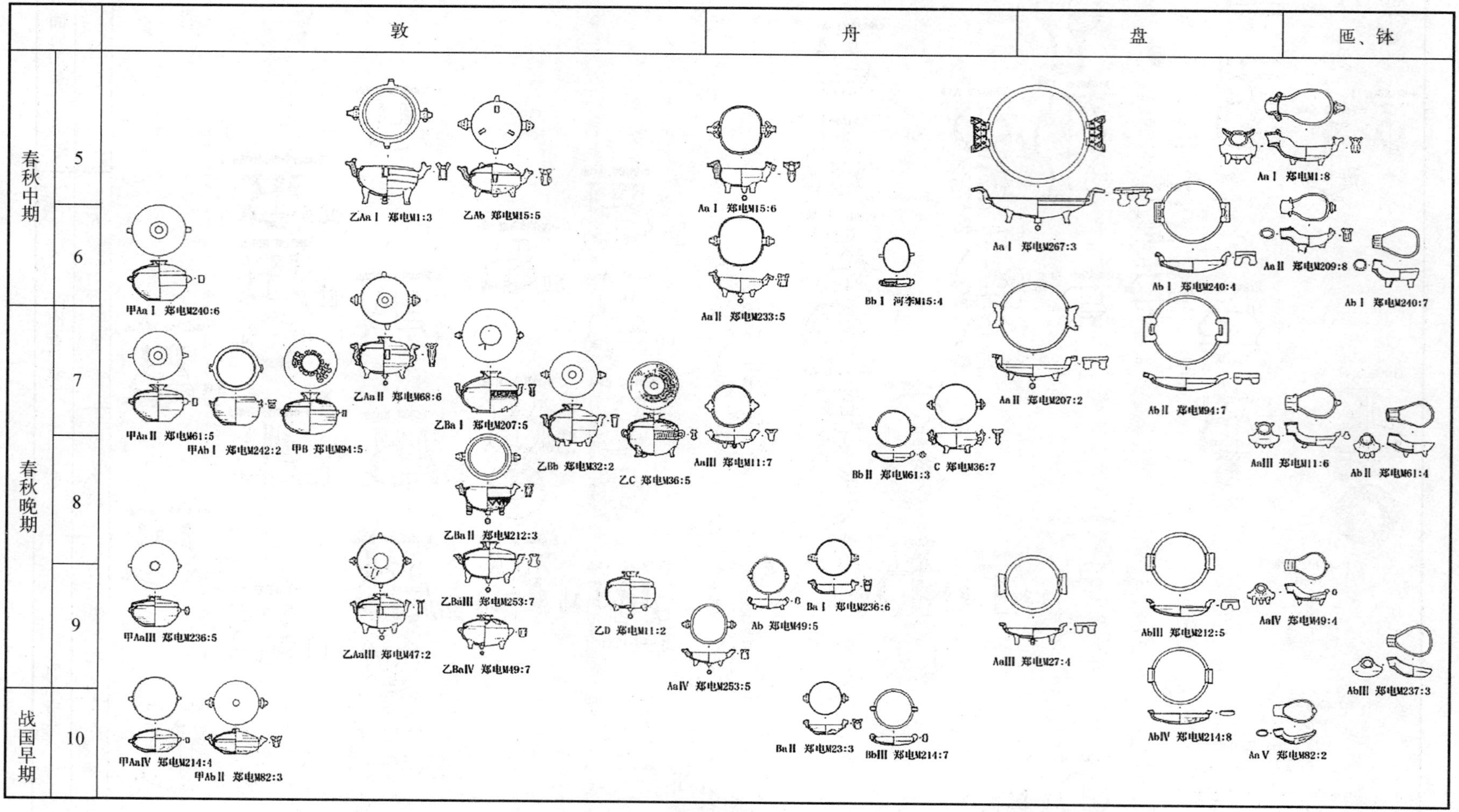

图三:2 仿铜陶礼器分期图

A 型鬲

据所能查到的资料，A 型鬲至少可以上溯到商代晚期。"洛阳北窑西周墓"[1]出土的 I 式折沿分裆鬲应是此型鬲的早期形态，时代为西周早期。西周晚期可以说是 A 型鬲的流行时段。邹衡先生《试论殷墟文化分期》[2]一文中对此型鬲（Aa 型）的演变序列做了研究，从殷墟文化晚期到西周第一期的演变序列是比较可信的。

所以，可以肯定地讲，A 型鬲是直接承袭殷商文化而来，为西周时期的商族文化。虽然新郑地区在商周时期一直为郐国的领地，但由于实力较小，因而没有形成自己独特的文化体系。从对本地以往出土资料的初步分析看，西周时期，新郑地区存在着以 A、Ba 型豆为代表器物的宗周文化和以 A 型鬲为代表的商族文化，在同一墓葬随葬品中，商族文化和宗周文化因素一般是共存的。

B 型鬲

春秋时期，郑灭郐，迁都于新郑，A 型鬲随着这种政治上的更迭而消失，B 型鬲流行，A 型鬲与 B 型鬲之间或许存在一种前后发展的关系。此型鬲只存在于春秋早期早段，晚段后不见。

C 型鬲

目前所能见到的唯一一件与此型鬲特征相近的陶鬲出现在陕西岐山贺家村西周 M5。由于资料太少，对其属性暂无法进行判断。

D 型鬲

（二）仿铜陶礼器

春秋中晚期到战国早期，是以 A、B、C、D 陶鼎、陶罍（或陶尊）、陶敦、陶舟、A 陶盘、A 陶匜为代表的郑文化因素为主。

从随葬品的组合和精美程度来看，在此种文化状态下，存在着两种略有区别的情况：一种是 A、B 鼎，A、B 罍为核心的组合情况；另一类则是以 C、D 鼎，C 罍为核心的组合情况。前者组合基本上较为齐全，鼎、罍、敦、舟、盘、匜等制作精美，特别是罍、敦、舟等的附件装饰较为繁缛，爬兽制作生动形象。而后一种情况则组合多不全，制作水平上要略逊于前一种。可以看出在同一文化下的等级差别。

该时期郑文化的墓葬占据了绝大多数，但同时也存在少数一些差异明显的墓葬，即以 E 型鼎为代表的本土文化，这可能是郑统治下的本土遗民文化。

---

[1] 洛阳市文物工作队：《洛阳北窑西周墓》，文物出版社，1999 年。
[2] 邹衡：《试论殷墟文化分期》，载《夏商周考古学论文集》，文物出版社，1980 年。

在这几种形制的陶器当中鬲占绝对数量,为本地春秋时期的主体文化。从时间上看,新郑地区它出现于春秋早期,郑州、禹州等地它存在的时间大致从春秋中期晚段一直延续到战国早期,这一时期该地区为郑国的政治范围。界定一种考古学文化必须满足三个条件,即存在于一定时间、一定空间,且必须具有明显的自身特征。因此这种春秋时期在本地大量存在且有一定流行地域和自身特点的人类遗存就是一种新的考古学文化。

春秋时期,郑国为五霸之一,它完全具有产生自身文化的雄厚基础。因此,我们认为这种新的文化就是郑文化。郑文化一旦产生便具有很强的生命力和延续性,即使公元前375年以后,郑国的政治体灭亡了,它仍然存在并有所发展。

四、郑风影响

新郑地区地处中原腹地,自古就是交通要道,且战争频发,因此也是各种文化杂糅的地方,郑文化、韩文化、三晋文化、楚文化、秦文化,以及邬、虢等小国遗风或多或少都在此地有所反映。尤其是韩灭郑迁都后使郑、韩文化紧密联系在一起。

一种文化一旦形成便都具有相当强的排他性,因而也就获得了相当强的生命延续力。即使其赖以产生和存在的社会文化环境产生了变化,如受到外族的侵略、征服或某外来文化的强烈影响等,一般都仍然会相当顽固地力图保持自己的文化特色,力图遵循自己固有的发展规律而延续下来。在王朝更替过程中,考古学文化虽发生了变化,但文化变迁存在滞后性和差异性。从器物方面而言,郑文化根基浑厚,韩灭郑后,郑国的政治统治结束,但韩文化不能立即取代郑文化,因此D型鬲、大鬲和三足釜及仿铜陶礼器组合继续存在和发展。

但从葬俗葬制而言,随着韩文化的不断成熟,韩文化成为主体文化,表现出这一时期的地域特色。具有韩文化特色的墓葬形制变化推动了腰坑趋于消亡的倾向,尤其是中期以后壁龛兴起与流行,逐渐取代了腰坑葬器。腰坑的祭祀功能弱化,而追求死后生活的意愿较为强烈。

总体而言,从文化面貌和发展轨迹来看,韩文化代替郑文化经历了复杂而漫长的过程。但值得一提的是,郑国和韩国这两个活跃在东周历史舞台上的重要诸侯国,均经过数次迁徙,最后皆以新郑为都。未来,更多与之有关的文化渊源,等待我们进一步去探索和发掘!

追寻晋国都城

吉琨璋

山西省考古研究所

晋国从最初的叔虞封唐算起到三家分晋,立国前后六百余年,期间,国都数次迁移,见之于典籍的有叔虞所封之唐、燮父所迁之晋、成侯南徙之曲沃、穆侯所迁之绛、庶嫡之争时期的翼、献公所城之绛、景公所迁之新绛(新田)等。其中,燮父所迁之晋、景公所迁之新田已为考古材料所证实。

一

西周初年,周成王把同母弟叔虞封到古唐国。

关于叔虞的身世、得名及后来的封唐,在典籍中有绘声绘色的记载,《左传·昭公元年》记载,中国历史上有着史诗般传奇色彩的人物周武王"梦帝谓己:'余命而子曰虞,将与之唐,属诸参,而蕃育其子孙。'及生,有文在其手曰'虞',遂以命之。及成王灭唐,而封大叔焉。"《史记·晋世家》则言:"武王崩,成王立,唐有乱,周公诛灭唐。成王与叔虞戏,削桐叶为珪以与叔虞,曰:'以此封若。'史佚因请择日立叔虞。成王曰:'吾与之戏耳。'史佚曰:'天子无戏言。言则史书之,礼成之,乐歌之。'于是遂封叔虞于唐。"

这就是流传很广妇孺皆知的"叔虞封唐"与"桐叶封弟"的故事,有学者对这些故事的真实性提出疑惑,我们倒觉得,晋国确实存在,而且半个世纪以来的考古成果实实在在说明西周时期的晋国就在今天的山西南部一带,如此,故事的真实与否倒显得并不太重要了,相反,为晋国的产生披上一层"晋乃天授"朦胧的面纱不更显出历史的魅力吗?

古唐国是个古老的部族，很可能与新石器时代晚期的唐尧部落有关，商代晚期，作为一个部族或小国，臣服于商王朝，位于山西南部。与其同时，在晋南还有很多这样的小国，古唐国只是其中之一。西周建立，这些小国又臣服周，但保留有自己原有的国体，不久，唐国叛乱，周公发兵平叛灭唐，将之改为周王室封国，叔虞就是在这种情况下被封到了唐的，仍沿用原来的国号唐和都城。

古唐国在何处，古唐国的都城又在哪里呢？

据史载，叔虞所封在"河、汾之东方百里"、"大夏之墟"，叔虞被册封时被告诫要"启以夏正、疆以戎索"，这些都为历史、考古学家们寻找唐地、唐都提供了基本的思路。学者们依据史料归纳出一些古唐国遗址应具备的基本条件：其一，必定地处"河汾之东方百里"之区域，也即今"霍山以南、绛山以北、汾水以东、浍水以西方圆数百里的范围"。其二，该遗址应该同时具备龙山文化、夏文化、晚商文化、西周早期文化至春秋时期晋文化。其三，面积不能过小，遗址范围内应有较大型的建筑基址。

史载，叔虞的继承者是其子燮父，燮父在位期间，做了至今令山西儿女骄傲的事情，就是将国号改为"晋"，这就是晋的由来！但是，燮父是单纯的更改国号还是同时迁都呢？史籍于此却语焉不详，留下了千古之谜，幸赖近半个世纪的考古探索，对天马—曲村遗址的发现及内涵的认定解决了这一问题。

早在二十世纪六七十年代，晋南一带的古文化遗存就引起了考古学家们的浓厚兴趣，从七十年代末开始，北京大学和山西省考古研究所合作对这一带区域进行了以寻找晋国早期都城为主要目标的广泛的田野调查，纳入视野的有翼城的苇沟—北寿城遗址、南梁古城遗址和曲沃与翼城交界处的天马—曲村遗址。最后，确定了以天马—曲村遗址为重心的工作方向，经八十年代、九十年代至今的多次大规模发掘，基本摸清了这个遗址的性质和文化内涵。

遗址规模宏大，延续的时间较长，以西周到战国文化遗存最为丰富。在遗址内有埋葬晋国西周时期9位国君的墓地，其中，晋侯燮父的墓葬为晋侯墓地最早一组墓葬。遗址的内涵表明，这里在西周初期就兴起，西周晚期至春秋初期是鼎盛时期，春秋以降，逐渐衰落。学术界主流意见认为，这里就是晋国西周时期的都城所在地，始于西周早期的燮父，终于春秋早期。

既然天马—曲村遗址是燮父改晋后的都城所在地，那么，是否会进一步是叔虞所封之唐呢？考古学家们认为可能性不大，因为迄今为止，并没有在该遗址发现商代晚期和周初的遗存，这就很难说该遗址和唐能拉上关系，这说明，唐恐怕还要到天马—曲村遗址以外的地方寻找。

近些年，临汾盆地东南缘的一些地方也陆陆续续出土商代晚期的青铜器，考古工作者在浮山、尧都区等地相继进行了大规模调查,发掘一些晚商时期的遗址和墓葬,有浮山桥北商代墓地、临汾庞杜商代墓地。特别是在浮山桥北发掘了带有墓道的高等级墓葬,惜乎被盗一空,为我们确定墓地性质和认定墓主人造成很大困难,这里还有新石器时代晚期、夏代以及西周时期的遗存。毋庸讳言,这些都非常重要,是我们探索唐的重要线索,但是,迄今为止我们还拿不出确切的证据说明究竟哪一个遗址就是古唐国,不能确定古唐国的具体位置,但相信假以时日,一定能拨云见日,让古唐国、唐都浮出水面重见天日。

关于叔虞始封唐的时间,《国语·晋语四》记载齐姜对流亡在齐国的晋文公重耳曰"吾闻晋之始封也,岁在大火",及重耳入晋,到河上迎接他的董因也以同样的理由力劝曰"岁在大火……唐叔以封",这间接给出了叔虞封唐的时间。"岁在大火"是一种天文现象,发生过很多次,但发生在武王灭商建立西周后的几年里的,只有两次,分别是公元前1039年和1027年。如果上述这条史料可靠,再结合史籍中桐叶封弟故事,晋之始封在成王之世,那么,公元前1039年可以作为叔虞封唐的参考时间,其正确与否,还有待于新的考古材料。

二

燮父改晋是不争的史实,燮父迁都也为考古材料证实,燮父夫妇的墓葬已经被发现发掘,那么,燮父所迁之都在哪里呢?

这些年出现的一件西周早期青铜器尧公簋铭文内容记述了燮父改唐为晋的史实。其中"令唐伯侯于晋,惟王二十八祀",包含三层意思,一是唐改晋,二是燮父爵位由伯晋升为侯,三是燮父改晋的具体时间。

"晋"是今天山西的简称,其使用最早源于燮父,考其由来,或以为晋之地名固已有之,燮父迁往此地,就以之为国号;或以为是因尧墟南有晋水而得名;或以为是叔虞到了封地后,勤于治理,得"异亩同颖",向周王室晋献嘉禾,因以为晋;或以《说文》论之,"晋,进也,日出万物进";或以字形论之,其上为矢,下为箙,整体为箭入(或出)囊形也,等等吧,不一而论,无论何由何据何论,最终的结果是确立"晋"为国号,并在以后的几百年享誉华夏。

大量的考古材料表明,天马—曲村遗址就是晋国西周时期都城,其起于晋侯燮父,终于晋献公。

遗址位于曲沃县东北与翼城交界处,这里北距塔儿山(又名崇山、桥山)约15千米,南距浍河 8 千米,与绛山(又名紫金山)隔浍河相望,汾河在其西约 12 千米,滏水由遗址东北过来从南边流过,向西注入汾河。遗址周边地区相对平坦,东西横亘的桥山,耸立于遗址的北方,像一座屏风挡住了冬季的西北寒风,整个地势从山脚向南缓坡而下,至曲村北坡势渐失,趋于平坦直至滏河北岸。遗址分布在曲村、天马、北赵、三张四个自然村之下及村子之间的一大片广阔的地带,东西 3 800 米,南北 2 800 米,面积大约 11 平方千米,如果把滏河南岸的羊舌岭上晋侯墓地算上,遗址的面积就更大了。

遗址内涵丰富,有新石器时代的仰韶文化、龙山文化遗存,夏代的东下冯类型文化遗存和周秦汉等时期文化遗存。其中,属于周代的晋文化遗存最为普遍,几乎见于整个遗址,不仅有居住址、城址,而且还有包括晋侯墓在内的各级别墓葬,是遗址的主要内涵。

晋文化居住址主要见于曲村以东至上述另三个村庄之间的地带,时代从西周早期到战国晚期,尤以西周和春秋中期遗存最多见。1980—1989 年共发掘面积约 3 712.75 平方米,各区所见晋文化遗迹众多,有房子、水井、陶窑、灰坑、烧坑、灰沟等。出土晋文化遗物十分丰富,包括青铜器、铁器、玉器、石器、骨器、陶器。典型器物有时代特征很强的鬲、盆、豆、罐等。

墓地主要集中在两个地点:一处在曲村以北(包括曲村镇北部),东西长约 800 米,南北宽约 600 米的范围内,在此范围内,中小型墓葬分布密集,即所谓的晋国"邦墓"区。另一处为晋侯墓地,即"公墓"区,位于天马—曲村遗址区中心部位,北赵村南 500 米处,二者相距约 1 200 米。晋国邦墓区和晋侯墓地正好位于缓坡地带和平坦地带交界处。

这两处墓区之间还有大量墓葬分布,据地面踏查和钻探调查以及近年来盗墓情况推测分析,现已发掘的墓地面积仅相当于整个墓地的一小部分。遗址区内西周、春秋时期墓葬总数可能逾 20 000 座。

1980—1989 年,对邦墓区共进行了 6 次大规模的发掘。清理西周、春秋时期墓葬 641 座、车马坑 6 座。其中,铜器墓共 47 座,随葬青铜礼器最为普遍,出土完整铜礼器共 147 件,种类分为鼎、鬲、甗、簋、盉、盆、爵、觚、觯、尊、卣、勺、盘、匜、壶、钟和支架等,其他随葬品还有青铜兵器、工具、车马器等。玉、石礼器有璧、瑗、环、璜、鸟璜、鱼璜、琮、圭、璋、版、柄形饰、牙饰、玲、戈、剑及装饰品等。

晋侯墓地的发掘是二十世纪我国商周考古的一件大事,此项成果曾在 1992、1993 年度连续两次被评为全国十大考古新发现之一,并在世纪末入选二十世纪中国考古百项重大发现,在学术界引起了强烈反响并备受国人关注。墓地九十年代初被盗,1992—2007 年,北京大学、山西省考古研究所进行了 7 次大规模发掘,共发现晋侯及夫人墓 9 组 19 座,晋侯的弟弟或未即位的太子墓 1 组 2 座。其中,M64 组是一位晋侯和两位夫人,其余均是一位晋侯和一位夫人。每组晋侯和夫人墓的周围都有数座陪葬墓和 1 座车马坑。

整个墓地东西长约 170 米,南北宽约 130 米。墓葬大致可分 3 排,北排 4 组,均为晋侯及夫人墓葬,由东往西依次是 M9、M13 组,M6、M7 组,M32、M33 组,M93、M102 组;中排 3 组,东面是 M114、M113 组,西面是 M91、M92 组,中间是没有墓道的一组墓 M112、M138;南排 3 组,由东往西依次是 M1、M2 组,M8、M31 组,M64、M62、M63 组。各墓均为南北向略偏东,M93 晋侯之夫人墓 M102 无墓道,M93 晋侯墓及南排最西一组中晋侯之夫人墓 M63 为南北两个墓道,M112、M138 组无墓道,余皆在方形或长方形墓室南面设一条墓道。各组内晋侯及夫人墓墓位安排,除 M114、M113 组及 M9、M13 组是晋侯墓居右(西)、夫人墓居左(东),余均为侯墓居左(东)、夫人墓居右(西)。墓主人之头向,除 M91、M92 为头向南,余皆朝北。在每组墓的近旁,有数目不等的陪葬墓和祭祀坑,共发现陪葬墓 18 座。

晋侯墓地出土大量文物,青铜器、玉器是晋侯墓地的两大特色,青铜器有大量铭文,出现的晋侯名字有 6 个,其中,M8 有晋侯稣。《史记·晋世家》载"十八年,釐侯卒,子献侯籍立",索隐云《系本》及谯周皆作"稣",二者吻合。以此为基点,结合对其他铜器铭文的研究及对墓葬形制、青铜器、陶器的型式观察,我们大致推定 9 组墓葬是西周时期至春秋早期的九代晋侯及夫人墓葬,依时代先后排序依次为:

M114(晋侯燮父)

M9(晋武侯)

M6(晋成侯)

M33(晋厉侯)

M91(晋靖侯)

M1(晋僖侯)

M8(晋献侯)

M64(晋穆侯)

M93(晋文侯或者殇叔)。

每组晋侯墓均陪葬有车马坑,最大的车马坑是 M8 组晋侯及夫人即晋献侯夫妇的陪葬车马坑,距今约有 2 800 余年,东西 21 米、南北 14 米,殉马 105 匹,用车 48 辆,这个车马坑是迄今全国所见到的两周时期最大的车马坑。

那么,天马—曲村遗址作为晋国都城的具体时间年限呢?

据遗址出土的考古材料,对灰坑、墓葬出土的人骨、兽骨的 AMS 测年,其属于西周早期第 1 段的 J7H147 出土兽骨测年,拟合后日历年代为公元前 1024—983 年,J4M6081 出土的狗骨测年,拟合后日历年代为公元前 1015—951 年,相对年代应该为西周早期偏晚。晋侯墓地最早的一组墓葬 M114、M113 是燮父及夫人的墓葬,没有测年数据;其子晋武侯 M9、M13 组人骨的 AMS 测年数据,拟合后日历年代分别为公元前 935—855 年和公元前 930—855 年,结合出土文物的考古学分期,其时代为西周早期偏晚。

尧公簋铭文"唯王廿又八祀",其中的"王",学界多认为是周成王。据夏商周断代工程,周成王于 1042 年继位,如果以上诸数据、讨论能够成立,燮父改晋并迁都的时间就可能是在公元前 1014 年前后。

这样的初步结论也和居住区遗址和邦墓区墓葬、灰坑出土的人骨、兽骨的 AMS 测年数据基本吻合。因此,我们或许可以初步将公元前 1014 年作为燮父改晋元年,亦即天马—曲村遗址作为都城的开始的参考数据之一,当然,这样的结论还需要更多的考古材料支持。

天马—曲村遗址的使用一直延续到战国早期,但遗址的繁盛期是在西周时期,春秋早期以后遗址明显衰落。

北赵晋侯墓地最晚的一组墓葬 M93、M102 被认为是晋文侯或殇叔之墓,据对 M93 出土牺牲的 AMS 测年数据,拟合后日历年代为公元前 789—768 年。

2005—2006 年发现的羊舌晋侯墓地,被认为是紧接着北赵晋侯墓地的又一处晋侯墓地,所不同的是,这里是一处大型墓地,公墓和邦墓在一起,仅有很小的间隙分开,目前这个墓地尚没有测年数据。从考古学的角度,其时代与北赵晋侯墓地有明显的衔接关系,整个羊舌墓地也是围绕天马—曲村遗址开辟的另一处墓地。通过对已经发掘的二十余座墓葬进行观察,其时代应在春秋早期,说明,至少在春秋早期,天马—曲村遗址仍作为都城使用。羊舌墓地发现了 2—3 组晋侯级别的墓葬,已经发掘的一组 M1、M2,可能是晋文侯及夫人的墓葬,其西约 50 米还有一组带南北墓道的墓葬,两组墓葬的时代均应是春秋早期,结合我们发掘的数十座中小型墓葬,我们认为,这是一处春秋早期的墓地。

根据前面的讨论,晋国从燮父迁都于此,其后一直繁荣直到春秋早期以后衰落,期间没有间断,晋国嫡庶之争时期的翼也应该就是指这里(关于这一点在后面还有讨论),没有变更,直到晋献公迁绛。献公迁绛在公元前 668 年,这样的话,天马—曲村遗址作为晋国都城前后持续的时间将近三个半世纪。

既然天马—曲村遗址是西周时期晋国的都城,那么,当时这个都城的名称呢?有一个出土资料值得我们注意,在曲村邦墓区 M6214 出土的铜器中,觯上铭文出现一个地名"新邑"。这是在曲村发掘的众多铭文中唯一有明确地名的资料,为我们探索天马—曲村遗址在西周时期的名称提供了有意义的线索。

三

关于"翼"。

翼在史料中出现很突然,并且是作为晋国的都城名称出现的。翼在《左传》一共九见,第一次是隐公五年(公元前718年),最后一次是鲁成公十八年(公元前573年)。前八次集中在公元前718—704年这一段时期,这一时期正是晋国历史上著名的嫡庶之争时期,斗争的双方是居于晋之都城翼的晋国正统国君嫡系一支晋侯和居于曲沃的庶系一支。比较有意思的是,翼恰恰就是在这个时候出现的,并且在庶系并嫡以后的一百多年仅出现一次,即在鲁成公十八年(前573年),晋厉公被弑,以车一乘葬于翼东门。那么,这个翼是晋国原来的都城,还是另迁之都呢?

我们注意到,《左传》等史籍在记述晋国67年嫡庶之争时,史官分别用翼和曲沃,这样的称谓是为了区分斗争的双方,既是作为地名,又是指政治中心,还是代表一方政治势力,也就是说,翼是对嫡系一支的特殊称谓,曲沃是对庶系一支的特殊称谓。按照这个思路,翼,就应该还是指晋国原来的都城及以原来都城为政治中心的嫡系一支,即燮父所迁、所建并一直沿用下来的晋之都,如果这个推断能成立,那么,翼仍是指天马—曲村遗址。公元前668年献公迁绛,翼被废,作为废都,当然还有人居住,所以,在鲁成公十八年晋厉公被弑葬于翼东门之外,其时晋都在绛,这也恰恰说明翼、绛并非一地。

翼时期的晋国国君有晋昭侯、晋孝侯、晋鄂侯、晋哀侯、小子侯、晋侯缗。

四

曲沃在晋国的历时上有着非常重要的地位。在以庶夺嫡的过程中,曲沃是庶系一支的政治中心,扮演重要角色,其后一直是晋国宗庙所在地。

《左传》中有关曲沃的记载较多,最早是鲁隐公五年,即公元前718年,事涉晋国政治中的嫡庶之争事件。晋昭侯封叔父成师于曲沃,而且,当时的曲沃就大于都城翼。成师的庶系一支以曲沃为根据地与嫡系一支进行了长达67年的斗争,最终,庶系灭掉嫡系成为晋国正统,晋武公在灭嫡系之后被周王室认可,成为晋国的正统国君。其后,曲沃作为晋国的另一个政治中心、晋国公室的宗庙所在地,一直贯穿晋国的后期历史,每一位从外面回国继位的国君都要到曲沃认祖归宗。史料记载,晋文公死后殡葬曲沃,那么,其前面的桓叔、庄伯、武公、献公及身后的数代晋国国君恐怕也都葬在曲沃。据《史记·晋世家》,至晋国末期,卿家势力强大,晋君仅仅保有的两个地方就是绛和曲沃。

史载,秦时,曲沃属左邑桐乡。汉武帝元鼎六年,路过此地时闻南越破,改桐乡为闻喜。

古曲沃在哪里呢?

古曲沃的地望,目前,在晋南地区纳入考古学家们视野的遗址位于今闻喜的上郭、邱家庄一带。

这里与天马—曲村遗址的直线距离约50千米,其间间隔有绛山(紫金山)。二十世纪八十年代,北京大学和山西省考古研究所对这个遗址进行了多次调查和发掘,遗址规模宏大,有居住址和高等级的墓葬,出土很多精美的文物。现藏于山西博物院的著名的刖人守囿挽车就出自这里,据传,现藏于台北故宫博物院的子犯编钟也是出自上郭一带。子犯是晋文公时重臣,结合晋文公殡葬在曲沃的史料,也许能从另一个方面揭示古曲沃的地望。

古曲沃是否做过晋国都城?

史料上有成侯南徙曲沃一说,晋成侯是西周时期晋国国君,前面讨论过,晋国西周时期的都城一直居于天马—曲村遗址,成侯南徙曲沃并以此为都,成为无本之木、无水之源,实难成立。况且,晋成侯及夫人的墓葬在天马—曲村遗址内的北赵晋侯墓地也已发现,我们在其他地方也没有发现其他迹象,所以,在没有新的考古材料出来之前,我们暂不考虑。

晋武公三十八年(公元前678年)继位为晋国国君到晋献公九年(公元前668年)城绛的十年间,晋国是否以曲沃为都,史料没有明言。

在曲沃的主要人物有成师(桓叔)、庄伯、晋武公。

五

关于"绛"。

《左传》中最早记载"绛"是在鲁庄公二十六年,即晋献公九年,也即公元前668

年,"夏,士蒍城绛"。对此,《史记》年表云晋献公九年,始都绛,自此以后,晋国以绛为都,直到公元前585年,"晋人谋去故绛",迁都新田。

据《诗谱》,早在西周时期,穆侯以绛为都,但据考古资料,穆侯夫妇墓葬见于天马—曲村遗址内的北赵晋侯墓地,并且穆侯前后的献侯、殇叔(或文侯)墓葬均在此,这说明穆侯应该没有迁都。看来,同"成侯南徙曲沃"道理一样,此说仍然暂时得不到考古资料的支持,在新的考古材料没有出来之前暂从其无吧。

武公在并翼前一直居于曲沃,并翼的第二年,被周天子命为诸侯,始都晋国,献公继位,直到十年后才城绛,期间,武公、献公是居翼还是曲沃,不得而知。晋献公九年,亦即公元前668年令"士蒍城绛",说明绛原本就存在,很可能是一个一般性的邑,献公扩大规模,以之为都的。

绛作为晋国都城,时间为83年。在绛都的晋国国君有晋献公、晋惠公、晋怀公、晋文公、晋襄公、晋灵公、晋成公。

关于绛的地望,目前,考古上还没有找到。据史料,晋惠公四年,即公元前647年,晋国歉收向秦国借粮,秦国输粟于晋,自雍及绛,史称泛舟之役。其路线,大致是在秦国都雍城装船,顺渭河而下,进入黄河,再溯流而上,进入汾河,再转入浍河,然后卸船上岸。可见,绛都应该距浍河不远,是一条非常重要的线索。

2004年,山西省考古研究所曾组织在今天的绛县南樊、大交一带做过调查,没有发现能与绛都匹配的大型遗址。2008年,在曲沃北董西堡发现盗掘古墓活动,曲沃文物局进行了初步的勘探并清理了几座被盗墓葬,确定这里是一个大型的春秋时期墓地。在清理的几座墓葬中,有一座墓葬出土的玉器之精美程度令人瞠目,玉质、造型和等级也只有北赵晋侯墓地和羊舌晋侯墓地出土的玉器与之媲美。这为我们提供了一个线索,北董一带位于浍河、黑河之间的高地,南临绛山,地势开阔平坦,不失为建都的理想场所。

六

公元前585年,晋人把都城迁到了新田,尽管,在迁都前的廷议中,群大夫建议迁到"郇瑕氏之地",即今天的临猗一带,但晋景公最终还是采纳了韩献子的意见,迁都新田,新的都城仍名为绛。这一年是晋景公十五年。

半个世纪以来的考古发掘证明,新田就在今天的侯马市西部和新绛县东部交界一带。

这里正处在汾河拐弯的地方，南流的汾河由此掉头向西注入黄河。而由东面来的浍河也在此汇入汾河，形成一个汾浍三角洲，新田遗址就分布在这片土地上。新田遗址面积近40平方千米，背凭汾河，前临浍水，南望绛山，地势开阔平坦，土厚水深。晋国君臣选定这里作为都城可谓眼光远大，谋十世之利。

新田遗址的发现要追溯到二十世纪五十年代，山西文管会崔斗辰先生在侯马市西的白店村一带发现了陶片。白店村是老村，原名裴店，这里出土的宋金时候的墓志足以证明。五十年代末，侯马建市，基建规模大增，由此掀开了发现新田、考古新田的大幕，特别是五十年代末到六十年代初，由国家文物局组织的侯马考古大会战，为进一步搞清新田遗址内涵提供了契机，一个春秋时期的大都城呈现在人们面前。

让我们来盘点一下这半个世纪的考古成就吧，并以此纪念那些曾在这块热土上付出劳动洒下汗水的一代考古学人。

在汾河拐弯的地方，亦即今天的侯马市牛村、平望、台神村一带是古城群遗址，在这里发现了三座规模较大的古城遗址，以考古学的命名原则，分别命名为牛村古城、平望古城、台神古城。三座古城呈品字形分布，时代各有差异，每座古城平面基本呈正方形，边长都在1500米左右，城内遗迹众多，断崖上灰坑累累，陶片俯拾即是，城门、城内道路街区各有显现。其中，以平望古城的规格最高，至今，在古城中心偏西位置还矗立着一座大型夯土台基，存高8.5米，正方形，三层，底边边长75米，是当时的宫殿基址，其巍峨之状可以想象当年的宏伟气势，见证了春秋时期晋国霸业的辉煌。

在古城群东面的开阔平原上，还散布着数座小一些的古城，有马庄古城、呈王古城、北邬古城、北郭马古城，对古城群起着拱卫作用，与汾、浍的天然屏障合起来形成一道完美的军事防御体系。新田的这种古城模式，影响了以后由晋国衍化出来的韩赵魏三家古城格局，其邯郸古城、新郑古城在战国时期也是独具特色的。

以古城群为核心，周围分布着众多新田时期的重要遗址和遗迹。

在牛村古城的南门外，亦即今天的侯马市平阳机械厂一带，是晋国的铸铜作坊遗址。在这里，发掘出数万块铸造青铜器的陶范，囊括了这一时期能见到的青铜礼器、兵器、乐器，有鼎、豆、壶、甗、编钟、剑、戈等。当时的晋国铸铜业非常发达，不仅供应晋国，甚至周王室和其他诸侯国都使用晋国铸造出来的铜礼器。至今，在太原晋阳赵卿墓、晋东南一带的大型墓葬等地出土的青铜礼器，都能在这里找到当时铸造时使用的陶范，譬如，长治分水岭东周墓地出土的铜牺立人擎盘，就有发现。这里出土的陶范精美绝伦，纹饰繁缛细腻，代表了当时的艺术走向和水准，引领着当时的艺术方向。

铸铜遗址偏南不远，有晋国的石圭作坊，制作石质的礼器，还有制骨、制陶作坊。

在古城群的东面约2千米的地方，今天的侯马市程王路工人文化宫一带，是晋国的庙寝遗址，发现多处夯土建筑基址，规模大小不一，是晋国供奉祭祀祖宗的地方。

在古城群的周围有多处不同时期的墓地。西南方向，今天的新绛县柳泉、中村南一带，是大型的墓地，包括晋国国君和高级贵族、平民的墓葬；在平望古城的西边有与古城同时期的墓地；在浍河南岸的侯马市上马村一带，是一个卿族墓地，时代甚至要早过晋迁都新田，在其附近的台地上还发现有较早的遗址，最早可以到西周晚期，应该是晋迁都新田生活在这一带的晋国居民；在古城群东约5千米的乔村一带，又是一个大型墓地，发现墓葬数千座，发掘了一千座，时代从战国延续到汉代，应该是三家分晋后遗存，见证了秦风东渐的战国风云。

在整个新田遗址还发现了十多处祭祀遗址。除过大型夯土基址前零星的祭祀坑以外，还有三处比较大型的祭祀遗址，一处是西南张祭祀遗址，在浍河南岸到紫金山间的山坡上，祭祀坑成排成组，每坑宽约二、三十厘米、长约七、八十厘米，深浅不一，最深者达十多米，坑内有祭祀的牺牲，如牛羊马等，还有精美的玉器。一处是在浍河北岸的褫祁村、东高一带，二十世纪九十年代修建铜厂和大运高速时发现，也是成排的祭祀坑，整齐划一，庄严肃穆，出土精美的玉器。一处是在浍河北岸的侯马市电厂一带，二十世纪七十年代，在这里发掘出东周的盟誓祭祀遗址，出土的玉石器上有大量朱书文字，内容反映了公元前598年前后晋国卿族兼并的历史。

在新田时期的晋国国君有晋景公、晋厉公、晋悼公、晋平公、晋昭公、晋倾公、晋定公、晋出公、晋哀公、晋幽公、晋烈公、晋孝公、晋静公。

综上所述，大约在公元前1039年前后叔虞封唐，公元前十一世纪初燮父改晋并迁都到天马—曲村遗址一带，晋献公在公元前668年迁都到绛，公元前585年晋景公迁都新田，公元前403年韩赵魏三家分晋，公元前376年晋静公被迁至屯留废为庶人，晋绝不祀。叔虞之唐及以后的晋国存在时间约为六个半世纪，前后迁都至少有四、五次之多，为我们留下了辉煌的文化遗产。

宜阳韩都故城考古调查新收获

吴业恒　吕劲松　陈南南
洛阳市文物考古研究院

前　言

宜阳韩都故城位于今河南省洛阳市宜阳县韩城镇东关村与城角村一带，是战国早期韩国的都城，也是当时著名的商业城市和军事重地。韩国本都平阳(今山西临汾市西北)，东周威烈王二年(前424年)韩武子迁都宜阳，到韩景侯(前408—前407年在位)时又迁都阳翟(今河南禹州市)，故宜阳韩都古城遗址是韩武子时期(前424—前408年)韩国的都城所在地(图一)。

宜阳韩都故城的考古工作开始于二十世纪八十年代，当时的主要工作是对城圈、城门、城内的道路等进行调查和测绘。根据调查情况，他们认为宜阳韩城是由宫城、郭城两部分组成，宫城位于城址西北角，是中国古代两城制的雏形。北城墙呈曲尺形，保存较好，南城墙大部分被洛河冲毁，保存较差。此外，还认为北部城墙发现的马面遗迹是中国古代最早的马面遗存等[1]。

2013年宜阳韩都故城被公布为第七批全国重点文物保护单位后，为编制宜阳韩都故城文物保护规划提供科学依据，2014年，经国家文物局批准，我院开展了对宜阳韩都故城全方位的考古调查与勘测。经过近三年的考古工作，我们对宜阳韩城遗址有了更进一步的认识。

---

[1]　赵安杰：《战国宜阳故城调查简报》，《中原文物》1988年第3期。

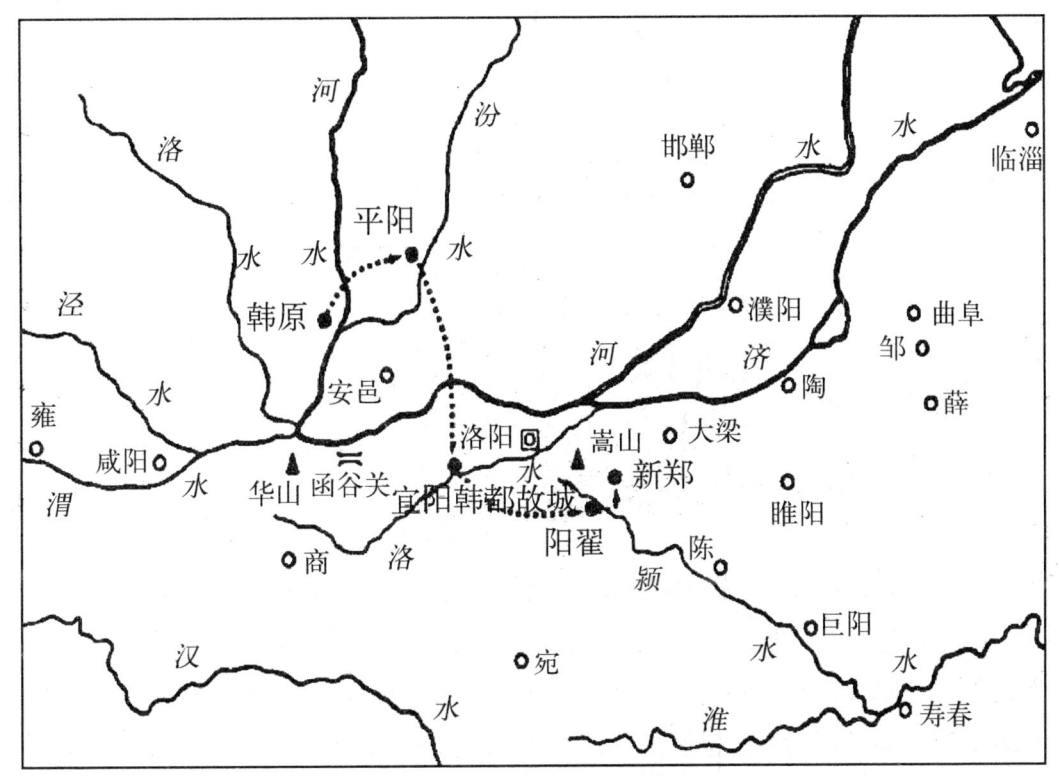

图一　宜阳韩都故城地理位置图

一、考古调查情况

因宜阳韩都故城面积较大,为便于田野工作的开展和相关数据的记录,我们对遗址进行了整体的规划,建立了三维测绘坐标系统,设定了坐标原点,将调查区分为A(西南)、B(西北)、C(东北)、D(东南)四个区。并在每个探区内以100米×100米为基础划分出小的探区。在每个探区内以2米为间距布梅花孔进行勘探,并及时对疑似点进行复核和测绘。为准确掌握遗址区内的遗迹现象和地貌特征,我们在勘探过程中及时对周围地貌特征和发现的遗迹现象利用RTK进行了测量,采集了高精度的地形地貌数据和遗迹现象数据,以便于为后期的考古发掘和研究提供科学依据。三年来,我们勘探调查的区域主要位于B区,以及A区、C区的一部分(图二)。

(一) 地层堆积

因城址北高南低,各区域地层堆积厚度差别较大,一般来说,南部地层堆积较厚,

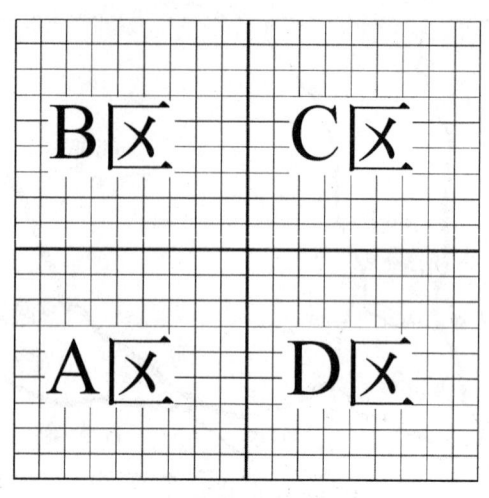

图二　调查分区示意图

北部较薄。以B区地层堆积为例：B区地层总体分布南北差异较大。第①层耕土层，厚0.3米；南北基本一致，土质疏松；包含物主要有植被根系、陶片等。第②层为浅褐色土，厚0.3—1.1米不等；南北区域差别较大，土质较松；包含物主要有陶片、砂石、烧土、礓石等。第③层为黄褐色土，厚0.5—0.8米；土质较硬；包含有少量陶片。第③层以下为浅黄色生土。遗迹现象均开口于第②层和第③层之下。

（二）遗迹

此次考古调查发现的主要遗迹有夯土、沟、墓葬、灰坑、活土坑、道路、窑址等。

（1）夯土遗存主要有城垣、地下夯土墙、水渠护堤、马面等(图三)。

城垣主要调查了北城垣全部和东、西城垣的一部分。北城垣全长2 122米，均系夯筑。东起城角村东北角，向西延伸1 356米至马营村南，折而向南延伸425米后，又折而向西延伸341米至宜河河畔。城墙靠近韩城河河畔处被现代民居所叠压。西段夯土夹杂有大量东周时期的陶片，东段夯土较为纯净。城墙南北两侧包含物也不尽相同，存在多次修补的痕迹。目前北墙有两处缺口，分别位于北墙中部和西部。经调查勘探，西部缺口为水流冲刷所致，中部缺口与城中发现的南北向道路衔接，缺口两侧还发现有凸出的马面遗迹，推测该处应为宜阳韩都故城北城门遗址所在。

东城垣北起城角村东北角，向南延伸，全长约2 220米。北部地表尚存，南部已被破坏仅存地下部分。北部残存的城墙高约0—5米，夯土墙的夯土呈黄褐色，土质较硬且较纯净，夯土内较少发现陶片，含有大量的礓石和卵石，与北墙东段相似。目前在东墙共计发现两处缺口，应为东墙上的两处城门。在东墙北部裸露的城墙上还发现有夯筑

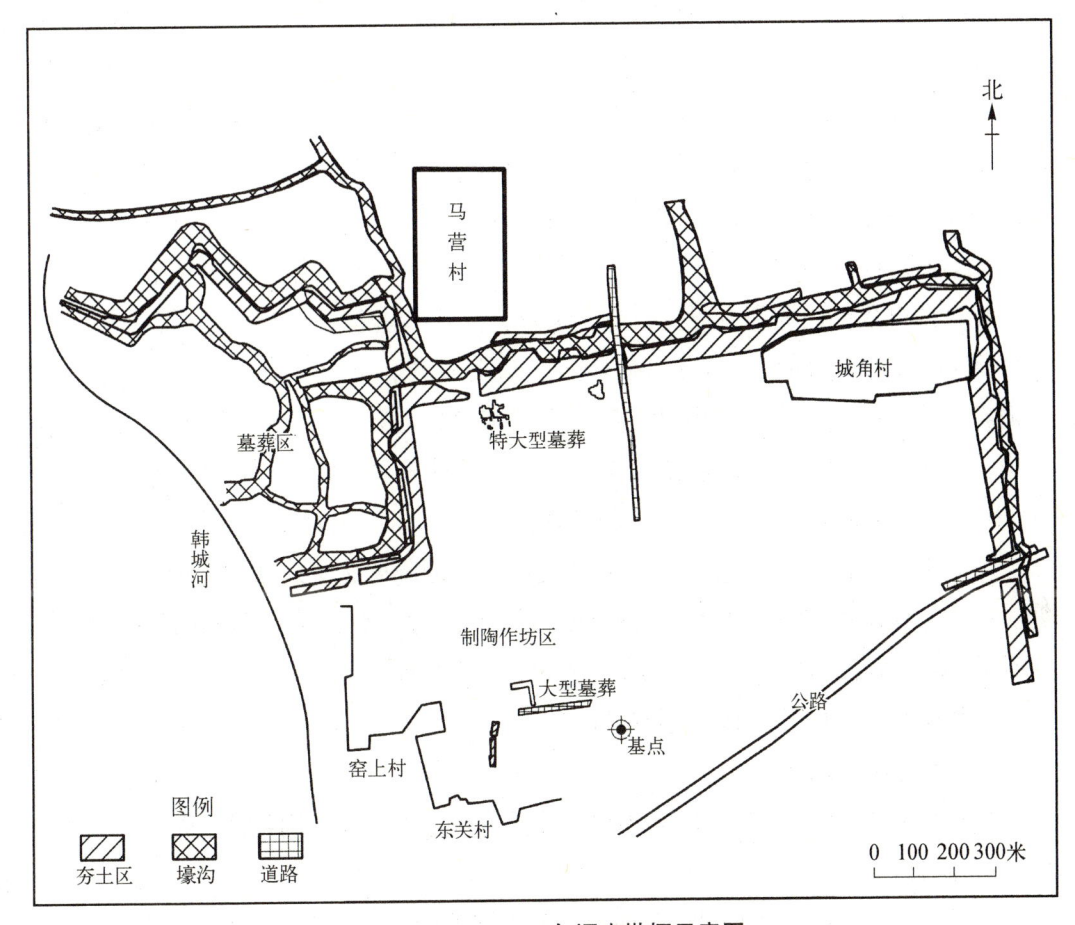

图三 2014—2016 年调查勘探示意图

时的夹棍穿孔,直径 0.06—0.10 米、穿孔上下行距 1.02—1.20 米、左右间距 0.65—1.02 米,分布较均匀。穿棍方式与东周王城北墙上发现的"穿棍"遗迹较为相似。

2016 年,我们对东北部城门遗址进行了考古发掘,发现东西向道路一条,道路宽 8 米、厚 1.5 米,使用年代从东周一直延续到隋唐时期,与宜阳韩都故城遗址兴废年代基本一致。此外还发现门阙、排水渠等遗迹,大部分保存极差。但从道路、门阙等遗迹分析,此处为城门遗址无疑。

西城垣位于韩城河东岸窑上村西,1984 年调查时尚可看到"高约 2 米的夯土墙,上宽 3、基部宽约 7 米"。由于当地民居的建造取土,城墙已被破坏,早期调查发现的城墙现在已经看不见。

南城垣自故城东南城角向西延伸,目前仅在南墙的中部存有高约 0.5—1.0 米的夯土,残长约 710 米。

此外,在城址西北部还发现曲尺状夯土墙遗存,夯土墙位于城址的西北部马营村西,由北墙西段拐角处向北延伸后呈曲尺形向西北延伸,全长 737 米。夯土墙局部裸露,土质较硬,由浅褐色土、黄褐色土及浅黄色土混合夯筑,含陶片、碎礓石、灰烬等。裸露部分高 1—2 米、宽 11—38 米、底深 2.0—3.2 米、夯层厚约 0.1—0.2 米。另外该夯土墙南端与北墙之间有豁口,豁口下填土均为淤土,宽约 60 米,东西走向,应为护城河的西北拐角处。在豁口中部偏北位置发现一处残存的不规则形夯土区,长约 10 米、宽约 8 米,用途不明。

此次调查我们还发现五段地下夯土遗存,开口距地表 1.2—2.3 米。第一、二段位于墓葬区东南拐角,曲尺形,西端接韩城河,与大城城墙平行,向东 370 米北拐,依然与地表城墙平行至城墙西北角,长 475 米、宽 15 米。第三、四、五段位于北部护城河北岸,自西向东分别长 303 米、243 米、187 米,整体宽 6—11 米,距地表深 4.6—8.5 米,中间一段最宽处达 25—36 米。夯土纯净致密,应为护城河堤护。

马面主要分布在北城墙和东城墙外,其中北城墙外发现九处,东城墙外发现两处。这些马面遗存规模大小不一,最小的残长 10.0 米、宽 15 米、开口距地表 2.8 米、底深 7.1 米。最大的长 53.0—99.0 米、宽 38.0 米、距地表 0.6—2.0 米、底深 3.2—5.8 米。多数整体在长 50 米、宽 30 米左右。

(2) 护城壕与水系

截至目前,考古调查共发现大小壕沟十余条,这些壕沟分别构成护城壕、引水渠以及自然沟渠。

护城壕　目前在城址西、北、东部均发现护城壕遗迹。壕沟与城垣距离不等,且宽窄不一,深浅不等。北墙外壕沟多被淤平,但壕沟处地势仍较两侧低洼一些。经勘探北墙外壕沟长约 1 450.0 米、宽约 17.0—63.0 米、西部底深约 9.0—10.0 米、中部底深约 11.0—12.0 米、东部底深 8.0—9.0 米。北墙西部马营村南仍有部分壕沟尚存。南临城墙,北侧为厚约 3 米的淤土。口宽 34.5 米、底宽 26.2 米,沟底距现存北城垣顶部 7.2 米。东墙外壕沟均被淤平,经勘探城壕紧邻墙基,开口宽 42—49 米,底深约 7.0—8.0 米。

另外在遗址西北部的夯土墙外亦发现有壕沟。该处壕沟由遗址西北部韩城河东岸开始沿遗址西北部的夯土墙呈曲尺形延伸。长 800 米、宽 35—45 米、开口距地表 0.8—1.0 米、东段底深 6—7 米、西段底深 10—12 米,沟内含褐色淤土、瓦砾、碎礓石。东端与北墙外现存壕沟交汇。

水渠　此次调查发现水渠一条。位于遗址北墙西段的外侧,由北墙最西端起沿北墙西段呈曲尺形向东、向北延伸,至北墙东西段转折处向东折 22 米后不见。开口距地表 1.0—1.6 米、全长 700 米、宽 4.0 米、深 4.2—4.8 米。沟内土为褐色淤土,包含有陶片、礓石等,底部多见水锈、砂石。水渠两侧夯筑有护堤,护堤宽约 2.0 米,夯筑规整。该水渠的进一步走向及功用需继续进行勘探和考古发掘,以待了解。

(3) 道路遗存

调查发现三条主要道路,编号依次为 L1、L2 和 L3。此外还发现一些不连续的路土遗存。

L1 纵贯遗址西北部墓葬区南北。长 570 米、宽 6 米、踩踏面厚约 0.1—0.2 米。南部与大城相接处有一豁口,因被现代水泥路面叠压,北部被夯土阻断,无法了解其具体情况。L1 开口与东周时期墓葬相同,存在被竖穴方坑墓打破的现象,时代不晚于东周。

L2 位于大城中北部,南北向。残长 500 米、宽 3 米。南部尚未勘探。北部穿过大城北部城墙的豁口,被护城河阻断,跨过护城河以后,继续向北延伸。该处道路直接叠压于现代道路下,其时代尚不明确,有待于进一步的考古工作。

L3 位于大城中部,东西向。东城门发现一段,残长 200 米、宽 8 米,穿过东城门出探区。东寺庄以北发现一段,长 250 米,西部已被破坏,向东未勘探。其向东延长线与东门发现路土在一条直线上,两者可能为同一条道路。据考古发掘,L3 使用时间自秦汉延续到隋唐时期,与韩城兴废时间基本吻合。

(4) 墓葬

经调查勘探发现的战国墓葬区主要分为两部分:一部分位于遗址北墙西段与遗址西北部夯土墙所形成的封闭区域内,一部分位于遗址中北部偏西。另外在城北调查时发现有大量的盗洞存在,因未勘探墓葬形制,性质等情况尚不清楚,北墙外或仍存在有墓葬区。

中小型墓葬区　由于先前普遍认为宜阳韩都故城西北部为城址的宫城区,我们的勘探调查工作也由此处开始。经 2014—2015 年的勘探调查,我们在此处发现中小型墓葬近两千座,且大多数为竖穴方坑墓。由开口层位和墓葬形制推断这些墓葬的时代为战国。同时在该区域未发现与宫城相关的遗迹现象存在,由此我们否定了以前的认识,并初步推断其为遗址的公共墓葬区。壕沟与墓葬均开口于②层下,由于未进行发掘,且有一部分战国墓葬打破壕沟,因此壕沟的功用及性质尚不明确。

大型墓葬区　发现两处,南部大型墓葬区位于大城中西部,东寺庄村北,2015 年勘探发现,共发现大型墓葬六座,形制相近,规模相当,排列有序,呈曲尺形分布。墓葬开口距地表 0.8—1.0 米、长约 18—19 米、宽 9—10 米、深 5.2—6.5 米,占地面积均在 200 平方米左右。墓葬区北侧约 10 米发现有长 98 米、宽 1.5—3.5 米的壕沟。壕沟西段变浅不见,西段北侧勘探发现有长 8 米、宽 7 米的夯土区。夯土区向北有两条堆石遗迹,长 7 米、宽 1.2 米。推测该处应为一建筑遗迹。该遗迹向南约 70 米亦发现一处长 22 米、宽 1 米的堆石遗迹。该墓葬区东侧约 23 米处为一条宽 14—42 米的壕沟。南侧约 30 米处即为贯穿遗址东西的 L3。在曲尺形分布区域南部发现活土坑一座，平面呈椭圆形，长 33 米、宽 14 米，或与这批大型墓葬存在关联（图四）。

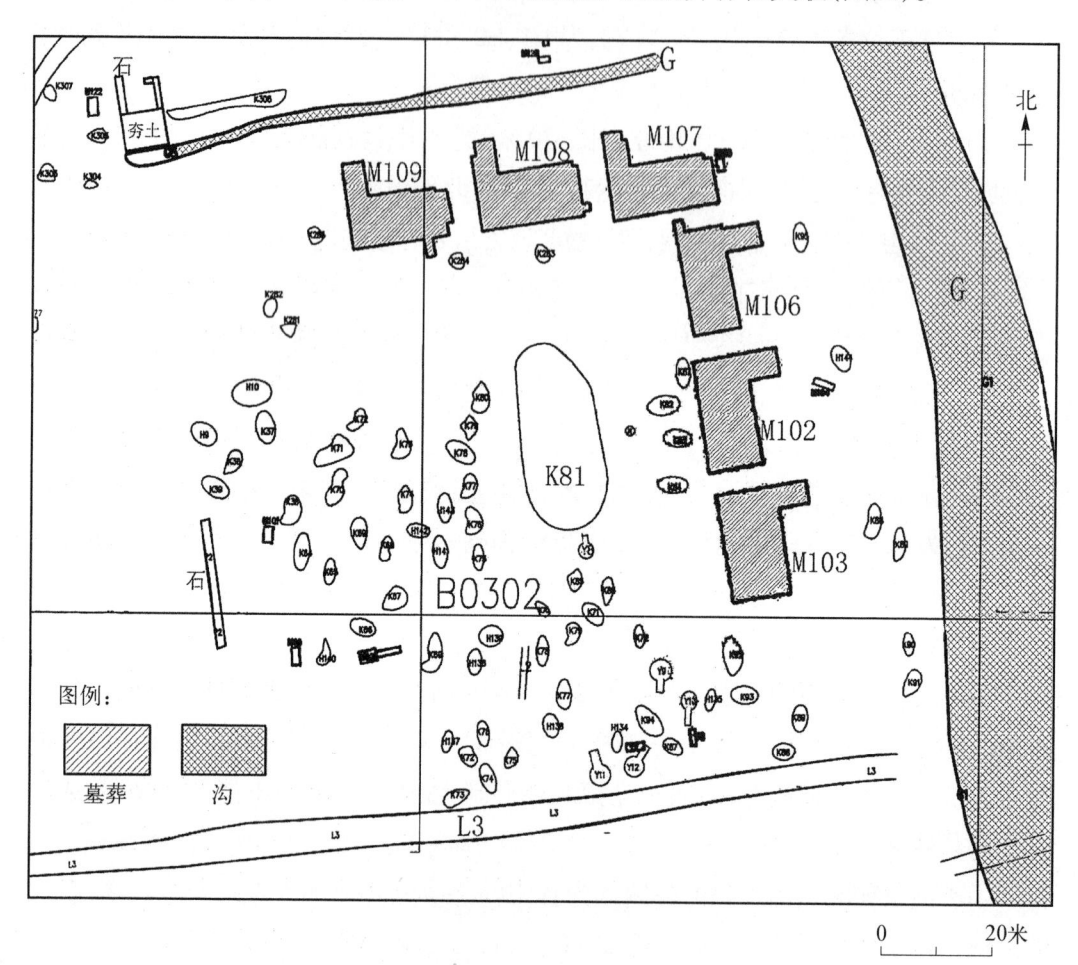

图四　宜阳韩都故城大型墓葬区（局部）

北部大型墓葬区位于城址中北部，毗邻北城墙南侧，已发现三座，呈东西并列分布，均为竖穴土坑。三座墓葬平面均为不规则形，底部深度不一。最西侧墓葬跨度南北长 34 米、东西宽 25 米、底深 1.7—7 米。西侧第二座墓葬跨度东西 34 米、南北 47 米、深 2.0—7.2 米。东侧墓葬跨度东西 29 米、南北 40 米、深 1.2—7.2 米。从调查情况分析，墓葬时代也为东周时期。

（5）灰坑

此次调查共发现各时期灰坑一千余座，其中西北角中小型墓葬区内发现新石器时代灰坑六百余座。灰坑平面多为不规则形，多数口深 1.0—1.6 米、底深 1.7—3.2 米。灰坑内含陶片、烧土粒、炭灰等，个别灰坑采集有粗绳纹夹砂灰陶和兽骨。灰坑较多被墓葬打破，从采集遗物分析为新石器时代遗址。其他区域发现灰坑四百余座，形状多不规则,据采集遗物分析均为战国秦汉时期灰坑。

(6) 陶窑

调查发现陶窑一百余座。大部分保存较为完整。陶窑主要位于遗址的中西部大型墓葬区的南北两侧。南北两侧各约五十座,北侧分布较为集中,南侧分布相对分散。窑址的周围发现有大量的灰坑、活土坑,内含较多的建筑材料、陶片以及烧土颗粒等。

二、考古发掘收获

考古调查期间,我们对部分区域进行了解剖发掘,主要发掘地点有两处。一处为勘探发现的东城门处,主要发现有道路、车辙、夯土墙等,据发掘情况,东城门遗址保存较差,南部被现代公路打破、北部为现代防洪渠扰乱,除道路遗存保存较好以外,其他遗存保存较差。道路遗存堆积较厚,从堆积情况分析,从东周时期一直使用到隋唐时期,延续使用时间达1000余年,也与城址兴废时间大体相同。另外,我们还对城址中西部疑似夯土遗存进行了解剖发掘,推翻了其为夯土的认知,同时还清理了一座烧窑、五座灰坑、一条壕沟等。陶窑由操作坑、火膛和窑室三部分组成。操作坑由于部分位于探方外未发掘。发掘部分总长5.1米,操作坑长1.85米、宽1.15米、距地表深2.48米;火膛长1.1米、入口宽0.52米、后部宽1.94米、火膛高1.84米、底部较操作坑深0.61米;窑室平面呈近方形,长1.94米、宽1.78—1.96米、高1.46米,周壁有厚约10厘米的烧结面。顶部为弧顶。后部底部有三个出烟口,出烟口向后延伸后合为一个烟囱,向上逐渐缩小。出土遗物有大量陶片,主要有泥质灰陶、夹砂灰陶等,可辨器型主要有泥质茧形壶、陶瓷、陶拍、夹砂陶釜、夹砂陶罐、陶范等。由于陶窑内出土有较多烧熘的残次陶釜、罐,推断该陶窑主要用于烧制生活用品。同时经勘探附近还有大量形制相似的陶窑,推测该区域应为遗址的制陶作坊区。灰坑填土多为灰褐色土,内有较多的陶片,主要有泥质灰陶、夹砂灰陶等,纹饰主要有绳纹、弦纹等,可辨器型有陶盆、陶罐、陶釜、陶豆、板瓦等。壕沟开口于③层下,平面呈长条形,东西两端延伸出探方,口深0.7—0.85米,发掘部分长5米、宽3.4米、底深2.1米。沟内填土可分为两层:第①层厚0.5—0.9米,呈浅灰色,土质较硬,含有微量的烧土颗粒、礓石等,发现有数片泥质灰陶和夹砂红陶残片,残损严重,器型不可辨;第②层厚0.55—0.9米,填土致密较硬,呈灰褐色,夹杂有大量的生土块,含微量炭灰颗粒,较多的礓石颗粒,近底部有厚5—8厘米的淤土,遗物有数片泥质灰陶和夹砂灰陶,烧制温度较低,残损严重,器型不可辨。

出土遗物均为陶器,质地主要有泥质灰陶、夹砂灰陶、夹砂红陶等;纹饰主要有粗绳纹、细绳纹、弦纹等；可辨器型有罐、釜、盆、茧形壶、豆、瓮、陶拍、板瓦、瓦当等。这些器物依据其用途可分为建筑材料、生活用品和工具三大类。建筑材料主要有板瓦、筒瓦、瓦当等(图五)。板瓦有外绳纹内素面和外绳纹内麻点两种，外部纹饰大多为直、斜绳纹。筒瓦可分为外绳纹内素面、外绳纹内麻点和外绳纹内布纹三种，外绳纹有粗细、斜直之分，多为直绳纹，部分瓦首饰有两道凹弦纹。

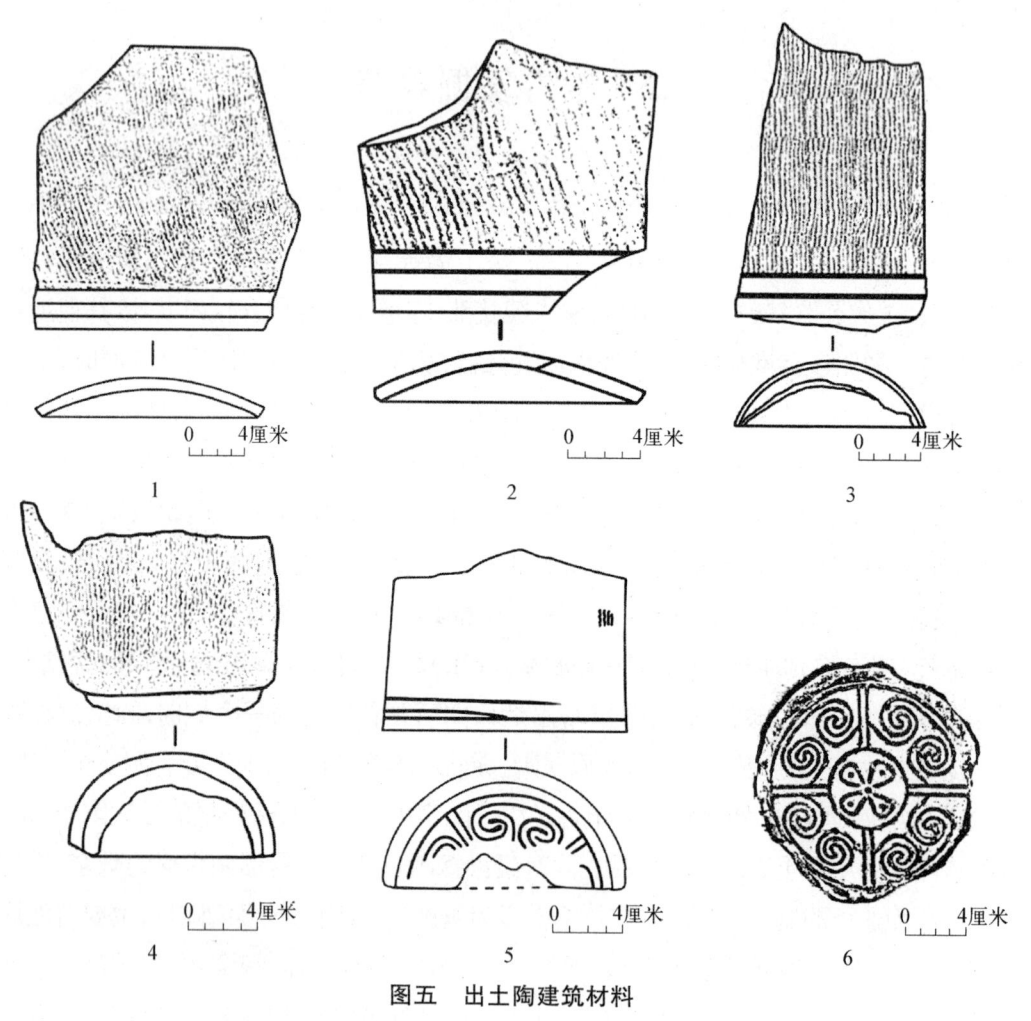

图五 出土陶建筑材料
1. 板瓦(Y1：9) 2. 板瓦(Y1：26) 3. 筒瓦(Y1：18) 4. 筒瓦(T0904③：5)
5. 筒瓦瓦当(T0903②：1) 6. 瓦当(H4：1)

瓦当均为泥质灰陶，为带界格云纹瓦当。一件为圆形，两件为半圆形。中心为四叶纹，四叶上各饰一乳钉；外饰两圈弦纹，弦纹间用双直线分成4格，每格内各饰一蘑菇状云纹，云纹尾线与界格线相连。

生活用品以陶器为主，主要有陶罐、釜、盆、茧形壶、豆、瓮、陶拍等(图六、七)。

图六 陶器生活用品

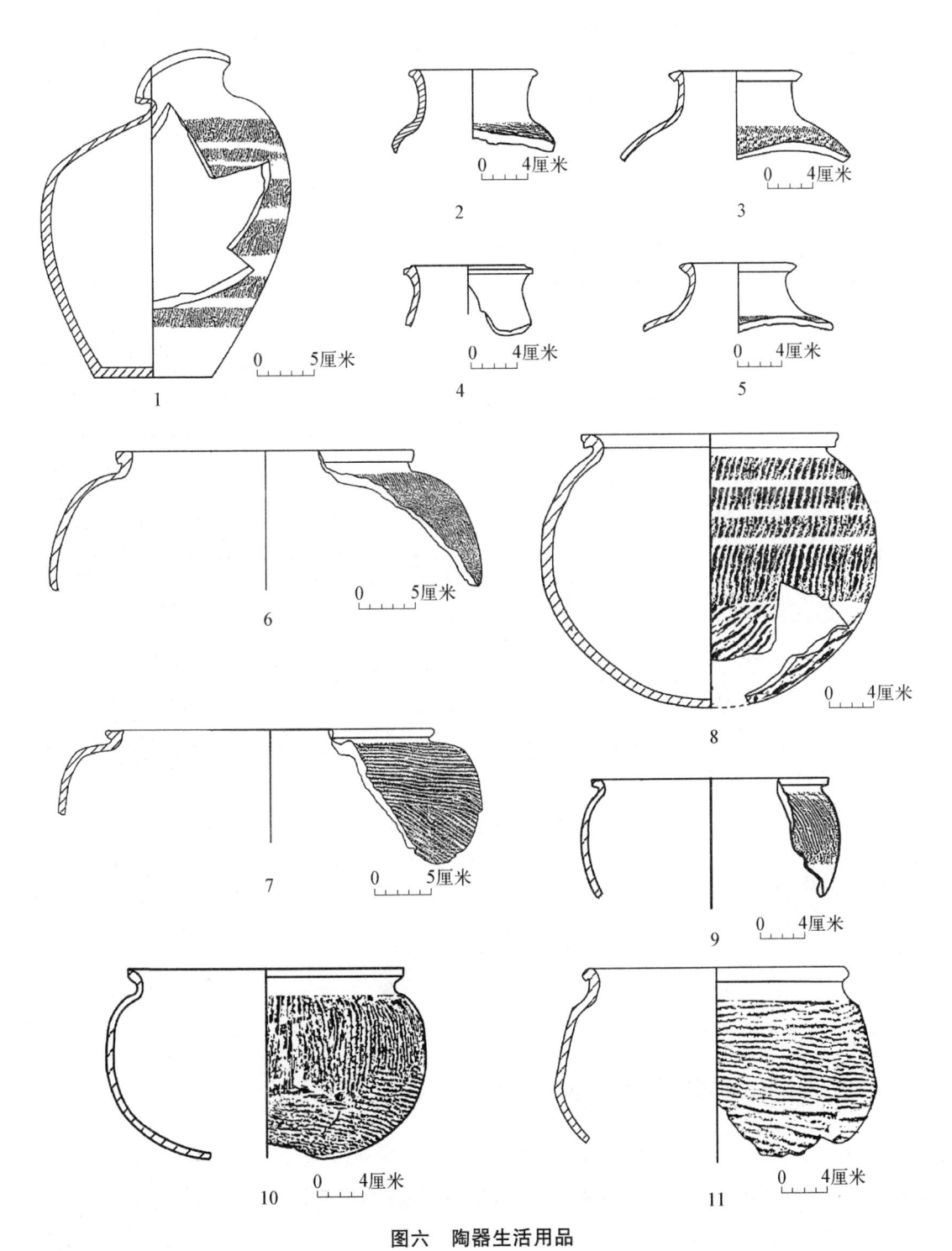

1—7. 陶罐(Y1∶1、6,H1∶2,Y1∶7,H1∶3,Y1∶2、3) 8—11. 陶釜(Y1∶12、13、14、15)

图七　陶器生活用品

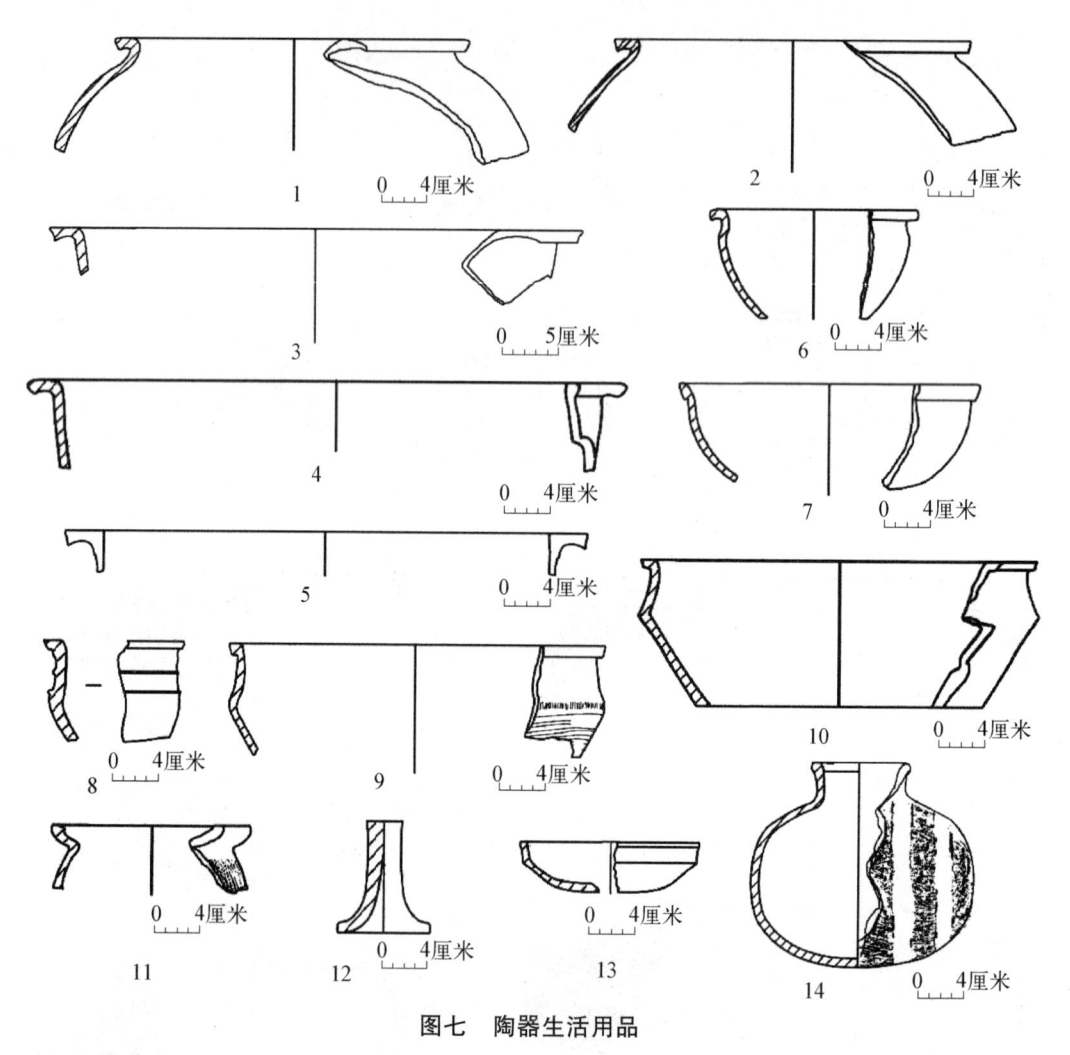

1、2. 陶瓮（Y1：4、27）　3—10. 陶盆（Y1：17, T0903②：2, 3, T0904③：1, Y1：19, Y1：20、21, T0904②：4）　11. 陶鬲（Y1：8）　12、13. 陶豆（T0904③：2、3）　14. 茧形壶（Y1：10）

三、结　语

（一）夯土遗存及城壕年代分析

从调查情况分析，韩城遗址存在两个时期的夯土城墙遗存。

第一期：北墙外夯土，与大城北墙夯土走向一致，开口距地表 2.0—3.2 米，宽 10—13 米，长 670 米，夯层厚 0.1—0.2 米。向北延伸到大城西北角被北侧护城河打破。同时从勘探情况看夯土较为纯净，包含物较少，结合层位关系，推测这段城墙可能为宜阳韩都故城较早的城墙遗存。北墙外夯土与北墙之间的排水渠及两侧夯筑堤护，全长 700 米，开口与北墙外夯土开口层位同,推测其时代相当。第二期:现存城垣及其附属马面、城门遗址等。残宽15—25米,地面残高2—8米,夯层厚0.2米。据夯土中采集遗物包含有较多的外绳纹内麻点、外绳纹内素面、外绳纹内布纹的筒瓦、板瓦残片推测,时代不早于汉代。城门遗址可能存在连续使用。关于城壕的年代分期,目前尚无确凿的证据,有待今后的考古发掘。

(二) 关于护城河及其水源问题

据调查,宜阳韩都护城河西、南利用宜水和洛河天然河道。北、东开挖人工护城河。人工护城河入水口有两个,西北入水口在今韩王台以北,水源主要依靠拦截后山自然水,可能只是护城河的补充水源。小城北部发现的蜿蜒曲折的夯土遗存可能是为拦截山水而修建的堤护。西部入水口位于宜水东岸。据勘探,护城河底部海拔高度在230—233.5米之间,今韩城河水面高度约232.5米。若考虑到河流沉降及下切等因素,据相关研究资料,黄河流域中下游地区河流下切速度约为0.99 m/Ka,宜阳韩城距今已2400多年,则当时宜水水面海拔应在235米左右,高于护城河底部。只要对宜水稍加拦截,宜水就可自西向东横贯城址北部和东部。

(三) 关于墓葬区的认识

在此次考古调查之前,大家普遍认为西北角的小城为宫城。多年来我们也有很多疑惑,历年来所谓的"宫城区"常常是盗墓多发区域,我们多次抢救性发掘墓葬都在这一区域。通过此次调查,该区域除了新石器时代灰坑和大量东周时期长方形竖穴土坑墓之外,未发现建筑遗存,也由此推断此处应为战国时期韩国的公共墓葬区。城北几座封土冢被认为是韩武子及其陪葬贵族墓地,2012年我们在配合郑卢高速施工过程中发掘了其中两座墓冢,出土遗物均为汉代遗物;我们对目前城北最大的封土冢也进行了钻探查证,据形制分析也应该为汉冢。此次调查在大城西北部发现的大型墓葬区已发现大型墓葬六座,呈曲尺形分布;特大型墓葬三座,东西并列分布。据墓葬形制初步推断为东周时期墓葬,这些迹象表明,该区域极有可能为韩国贵族墓地所在。

(四) 宜阳韩都故城和郑韩故城的关系

公元前453年,赵、魏、韩三家分晋,标志着春秋之终,战国之始。三家分晋后,赵、魏、韩的都城均位于山西境内,分别是赵都晋阳(今太原)、魏都安邑(今运城)、韩都平阳(今临汾)。之后随着政治的发展,赵、韩、魏三家先后迁都。韩国先将都城由平阳迁到宜阳,随后迁到阳翟,灭郑后又将国都迁至新郑。这种迁徙的原因就在于三晋处于"天下之中",成为各国诸侯争夺的焦点与枢纽,迁都正是为了创造地缘优势,以图在战国争霸中占据有利地位[1]。历史上关于迁都宜阳的记载相对较少,而且记载混乱,部分记载甚至相互矛盾和冲突。这就造成了韩国是否迁都宜阳,自汉以来众说纷纭,莫衷一是。徐团辉曾发表文章对这些记载进行了归纳,并对其进行了分析,认为"韩国迁都宜阳、阳翟的记载是可信的,宜阳和阳翟是韩国在保持平阳都城地位的前提下,为服务灭郑战争,建立的临时性都城"[2]。目前关于平阳、阳翟的材料较少,关于韩国都城的比较主要限于宜阳故城和郑韩故城之间。

从选址上分析,宜阳韩都故城位于洛宜汇流之处,西望崤山、南接熊耳、东近王城,依山傍水,地势险要,更是当时的交通要道。新郑是韩国都城中规模最大的一座,建都可追溯到春秋时期的郑国。位于河南新郑城关附近,东临河水、西南两面有双洎河,西南有陉山和风后岭相卫。由上可见二者均处于河流交汇之处的高地之上。究其原因,近河可解决城内军民的日常用水问题,便于农业生产,兼具水运交通功用;同时更可为城市防御提供便利,其一可依靠河流天然防御,其二可为护城壕提供便利水源。

关于韩城遗址的平面布局,由于韩都故城尚未勘探完毕,其宫城区所在目前尚不明了,但是在郭城内中西部勘探时发现有宽约8米的夯土墙垣。墙垣东侧的东寺庄据当地村民相传为"紫禁城",当地居民在建房时亦发现有较大的石柱础,由此推测宫城区很有可能就在这一区域。若上述推断成立,宜阳故城和郑韩故城应均为内城外郭的双城制布局形态,但是二者在城郭形态上还是有较大差异的。宜阳故城的宫城位于郭城中部偏西,郑韩故城则筑墙将原郑城分为东西两城,宫城、宗庙等均位于西城内。依据刘庆柱先生对东周"双城制"的分型,宜阳故城属于大小两城相套,而郑韩故城则为大城小城相套,另有一城作为前一城的附城(附郭)[3]。后者的这种变化应主要源于宜阳韩都故城为平地起建,城市布局类似于东周王城的双城制,而郑韩故城则是在郑城的基础上加以改造利用,尤其是利用东西双城来加强宫城的防御,以及对郑遗民的管理。同时在改造郑城时也出现了韩人破坏郑国地脉和风水的现象[4]。例如毁坏郑国宫殿建筑,在其原址从事手工业活动[5],在郑国的社稷遗址中埋葬小孩,挖坑、打井、建窑等[6]。这也是二者在布局上不同的原因之一。

---

[1] 何海斌:《三晋都城迁徙及其地缘战略初探》,山西师范大学硕士学位论文,2009年。
[2] 徐团辉:《韩国迁都宜阳、阳翟考辨》,《华夏考古》2015年第2期。
[3] 刘庆柱:《中国古代都城遗址布局形制的考古发现所反映的社会形态变化研究》,《考古学报》2006年第3期,第281—312页。
[4] 徐团辉:《战国时期韩国三大都城比较研究》,《中原文物》2011年第1期。
[5] 蔡全法:《郑韩故城与郑文化考古的主要收获》,河南博物院编:《群雄逐鹿——两周中原列国文物瑰宝》,大象出版社,2003年,第206页。
[6] 蔡全法、马俊才:《新郑中行商周及汉代遗址》,《中国考古学年鉴》,文物出版社,1998年,第170—171页。

墓葬区的规划以及陵区的营建都是都城规划的重要组成部分。由目前勘探情况看宜阳韩都故城的公共墓葬区和贵族墓葬区均位于遗址的西北部，公共墓葬区位于城外，贵族墓葬区位于城内。同时此次勘探发现的墓葬区位于遗址的西北部。郑韩故城韩国的侯王陵墓主要分布在城周围的西北部和西南部。《汉书·郊祀志》载"东北神明之舍，西方神明之墓也"，也就是说西北方为冢墓所在之处。这可能与人们对日月星辰的崇拜有关，更多的则是与地势有关[1]。

韩都宜阳故城作为韩国都城仅经历了16年，究其原因是因为宜阳虽为都城但是其定位更偏向韩国入主中原，争霸天下的军事据点，军事性质更强。《战国策·韩策》载："三晋已破智氏，将分其地。段规谓韩王曰：'分地必取成皋。'韩王曰：'成皋，石溜之地也，寡人无所用之。'段规曰：'不然，臣闻一里之厚而动千里之权者，地利也。万人之众而破三军者，不意也。王用臣言，则韩必取郑矣。'王曰：'善。'果取成皋。至韩之取郑也，果从成皋始。"由此可见，三家破晋后，韩王已有了入主中原，破郑称霸的战略方针。阳翟和宜阳均属于这一战略方针中的一部分，主要服务于称霸的军事行动。也因此二者作为都城的时间都较短。而新郑故城则是入主中原相对稳定后的韩国政治、军事、文化中心，是一座综合性的都城，作为国都的时间也更长久。

四、存在问题

此次调查虽然修正了一些认识，但因韩城遗址自战国一直沿用到魏晋时期，时间长达近千年，面积较大，遗址内各类遗存相互打破叠压，目前勘探以及发掘仅为一小部分，尚难窥遗址全貌，甚至发掘工作还未见战国早期遗迹、遗物。目前发掘发现的遗迹遗物主要为战国中晚期遗物，且发现的文化遗物多数具有秦文化因素，尤其以茧形壶、陶釜等最具特征。说明战国中晚期秦文化对当地文化的影响较大，目前洛阳地区的秦文化遗迹公布的资料相对较少，而宜阳地区正是秦文化东扩出三晋地区后的第一站。对该区域秦文化的研究和探讨，对于研究秦文化外扩的路线和文化因素的演变有着重要意义。

同时城址内部功能布局以及核心的宫城或衙署建筑区位置等问题尚不清晰。这些研究都有待于下一步的考古工作。只有更详细地了解该遗址，我们才能深入研究遗址的性质、内涵，制定更为科学合理的保护规划。

---

[1] 张国硕：《夏商时代都城制度研究》，河南人民出版社，2001年，第194—198页。

楚都纪南城宫城区最新发现与认识

闻 磊 周国平
湖北省文物考古研究所

楚纪南故城位于荆州市荆州区北部，南距今荆州城约五千米。城址南起安家岔，北至枣林铺，东临邓家湖（与长湖相连），西近王场。地理坐标为东经112°09′—112°12′、北纬30°24′—30°26′，海拔约28—33米。城内有松柏、纪城、徐岗、新桥四个行政村。1961年，楚纪南故城被列入第一批全国重点文物保护单位。为了进一步加强大遗址的保护、管理和合理利用，惠及民生，2005年，楚纪南故城遗址保护规划纲要和保护总体规划的编制被列入国家《"十一五"期间大遗址保护总体规划》中，属100处在中华文明史中占有重要地位的重要大遗址之一（图一）。

一、最新发现

根据《纪南城考古遗址公园考古工作计划》的安排，结合纪南城遗址保存现状，湖北省文物考古研究所组织人员首先从夯土台基分布密集的核心区展开勘探和发掘工作。经过2011—2015年的全面勘探以及对一些重点区域的发掘，获得了一批新资料，对宫城区相关问题的研究取得了新突破。

（一）宫城范围得以明确

以二十世纪七十年代勘探显示的东、北宫墙为线索，通过勘探追踪发现了宫墙东南拐角及两段西宫墙：宫墙东南拐角往西长约15米、宽约12米，拐角往北长约30

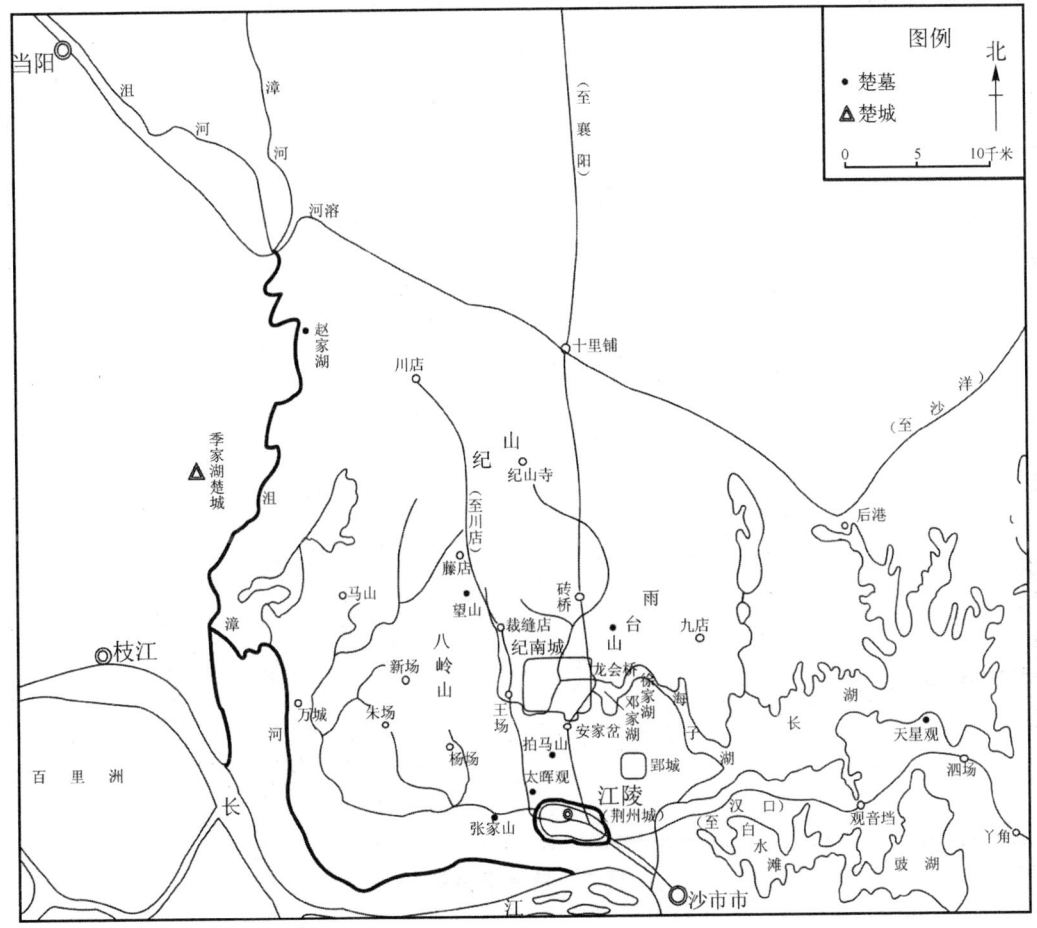

图一　纪南城地理位置示意图

米、宽约10米,保存厚度约80厘米;西宫墙北段长约120米,2015年我们对该段宫墙进行了局部解剖发掘,结合勘探数据,该段宫墙整体宽度在10—14米之间,残存厚度5—25厘米;西宫墙南段长约36米,宽度、残存厚度基本与北段一致。据此,整个宫城区范围得以明确:平面呈长方形,南北长906、东西宽802米,面积达726 612平方米。虽然东南西三面没有证据表明宫门的大小数量,但是,1975年北宫墙的勘探显示有两个缺口,疑为宫门(图二)。

(二) 夯土台基辨识明晰

通过勘探土样分析,对1975年所定台基进行了甄别:确认松26号为明清时期台基。松32号仅作为松31号窑场使用,发现一批取土坑,填充大量红烧土和碎瓦片,不见夯土。松25号应是南北相连的两个台基,新增北侧台基编号为松62号。

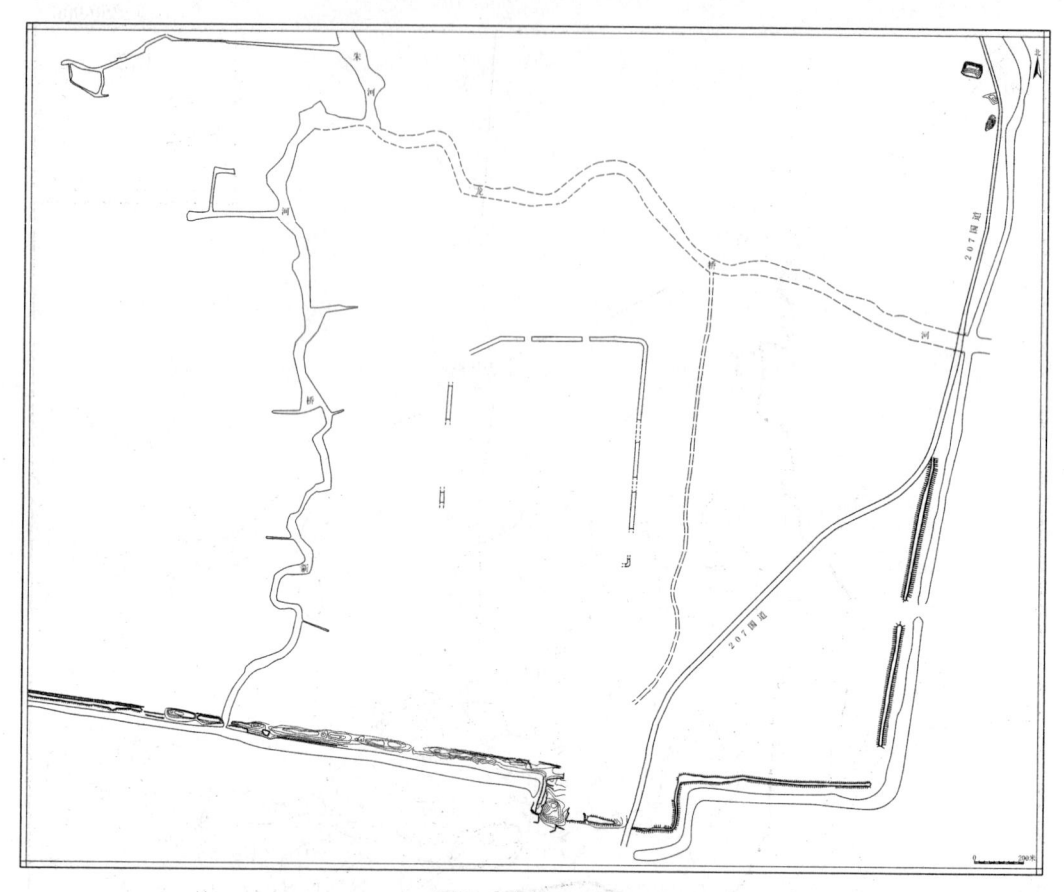

图二　宫墙平面图

松11、12号,松15、16号,松13、14号三组六个台基实际上只是三个台基,因为后期破坏将其挖断分开。另外,松17、23号均遭到毁灭性破坏,被挖成水塘;松18、19号被现代房屋占压,松21号被乡村道路占压,无法了解其真实性。但据1975年勘探夯土分布情况分析,松18、19号位于松15号西侧,相距很近,可能与松15号属于一个整体;松17号西、南、北侧环有水沟,与城内明清时期台基形制一致,属于这一时期台基的可能性较大(图三)。

(三) 夯土台基附属窑场的发现

通过2011年对松30号台基的补充发掘及勘探,发现其南部至少分布有五座窑址,顺着火龙堤呈东西向排列。同时,发现了与之相应的取土坑和附属遗迹水井(IJ15、16)、小型房基(IF3、4)。发掘出的IY1、IY2均为平面椭圆的馒头形,自窑床以上均被破坏,破坏面非常平整,似人为毁坏。取土坑内以烧土碎瓦片和五花土填充,

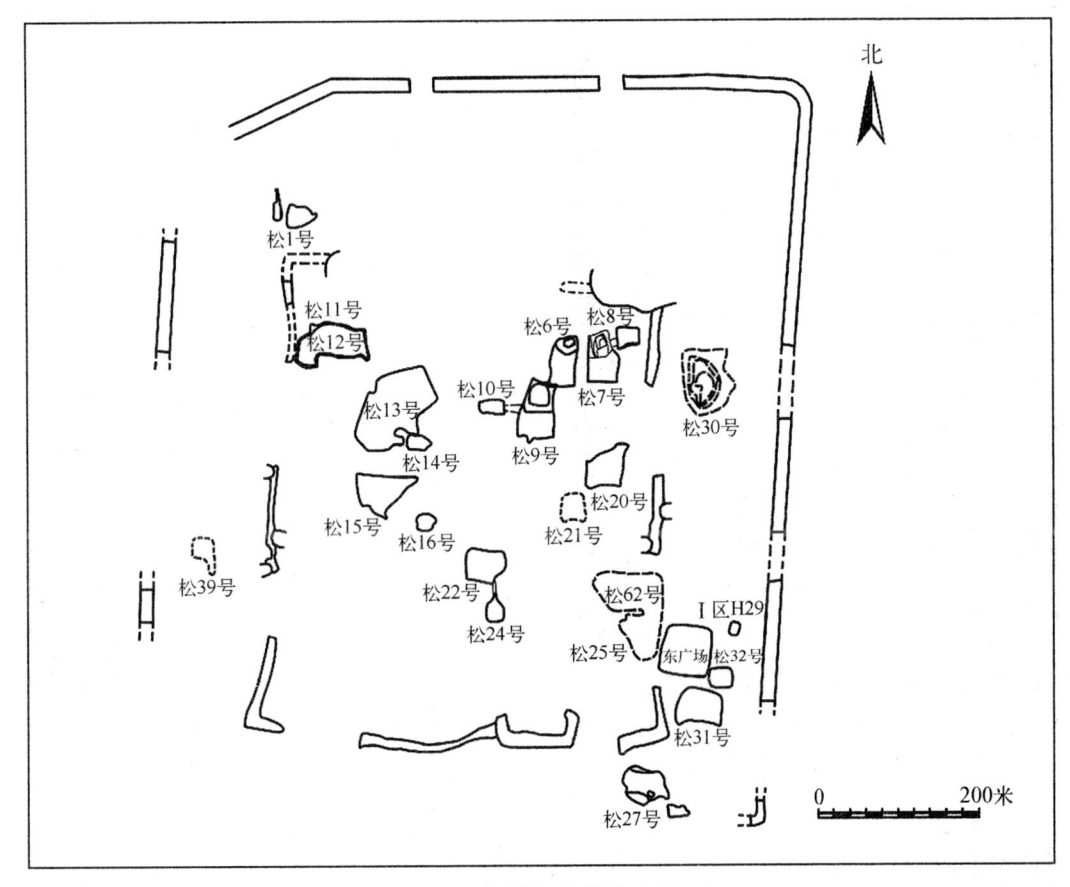

图三 宫城区台基分布图

大多能看到夯筑的痕迹和夯层[1]。之后通过勘探,在宫城区多个夯土台基附近均发现了各自的窑场,具体列表如下(表一)。

表一 宫城区夯土台基附属窑场分布表

台 基 号	台基位置	窑场位置	所属期别	备 注
松11、12号	核心区西北部		第二期	暂未发现
松13、14号	核心区西北部	松13号东部	第二期	
松15、16号	核心区西北部	松15号东南侧(松16号)	第二期	

---

[1] 湖北省文物考古研究所:《荆州纪南城遗址松柏区30号台基2011—2012年发掘简报》,《江汉考古》2014年第5期。

续表

台 基 号	台基位置	窑场位置	所属期别	备 注
松9、10号	核心区东北部	松9号南部	第二期	
松6号	核心区东北部	南部	第一期	未发现第二期烧土
松7、8号	核心区东北部	松7号南部	第二期	
松20、21号	核心区东南部	松20号北侧	第二期	
松22、24号	核心区东南部	松22号夯土下	第二期	
松25、62号	核心区东南部	松62号夯土下	第二期	
松1号	护卫区西北角			不见窑场
松30号	护卫区东北部	南部	第一、二期	发掘两座
松31、32号	护卫区东南部	松31号北侧(松32号)	第二期	
松27号	护卫区东南部	东南侧	第二期	
松39号	护卫区西南部			台基破坏严重未发现窑场

(注：本表中所列核心区与护卫区以环形界沟为界，内为核心，外为护卫。)

（四）两期夯土得到确认

1974—1976年在松30号台基发掘出上下叠压的两期房址(F1、F2)，据此通过重点勘探，我们在宫城区东部的松30、6、7、9、24、25号六个台基上相继发现了上、下两期夯土堆积，其余均只发现了第二期夯土堆积。

2015年我们借助松24号台基西侧原有被破坏断面对其进行了解剖(2015·Ⅰ·TG1)。本次清理大部分区域我们仅发掘至第③层(第二期夯土层)层面即停止，由于晚期墓葬破坏严重，在第二期夯土面上并未发现残存建筑遗迹。在台基原有断面处我们清理出一个完整的剖面，证实了两期夯土的真实性，同时在两期夯土之间发现一层有意识铺垫形成的黑色灰泥层(即第④层)，分布范围不规则，大部叠压在第⑤层(即第一期夯土层)上。该层内包含大量碎瓦片和陶器残片，可能是为了增加两期夯土之间的摩擦力。此外，第④层下发现两个灰坑，出土较多碎片和少量动物碎骨、残铜矛、铜镞等，推测具有宗教奠基的意味。此外，通过城内普探我们发现第二期夯土遗迹下大都有水泡淤积痕迹，多灰白黏土，包含较纯净(图四、五)。

图四　2015·I·TG1 解剖结束完整剖面照（西—东）

图五　2015·I·TG1 第④层密集出土碎瓦片照

（五）相近台基之间发现"连廊"

调查中发现，东西向排列的松9、10号，松7、8号，南北向排列的松22、24号三组台基之间有一条土埂相连接，经过勘探，确认二者之间有第二期夯土，平面比两边的台基略低，因此，我们有理由相信这几组台基二者之间有连廊，同时，根据1975年勘探图可知，南北向排列的松20、21号，松62、25号之间也应该有连廊。松6号东侧曾经被一座东汉墓打破，现代又修了一条简易水泥路，也许松6号东侧还有一个小台基与之相连。据此，东西向排列相连的有松9、10号，松6、?号，松7、8号三组，其中松10号、松8号分别比松9号、松7号小而低。南北向排列的有松20、21号，松22、24号，松62、25号三组，各组南北两个台基大小基本相等（图六、七、八）。

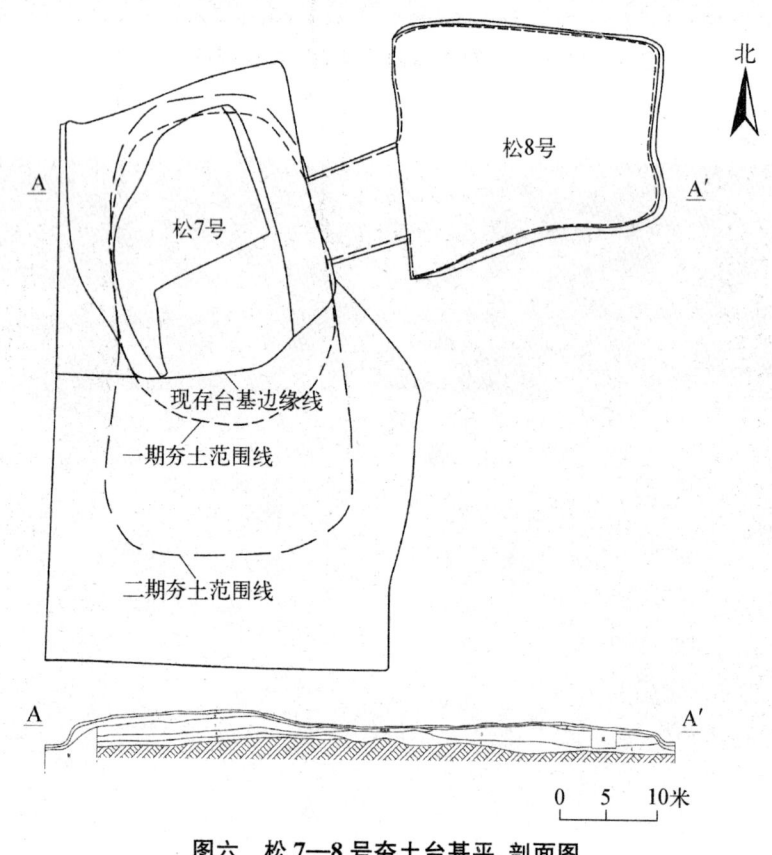

图六　松7—8号夯土台基平、剖面图

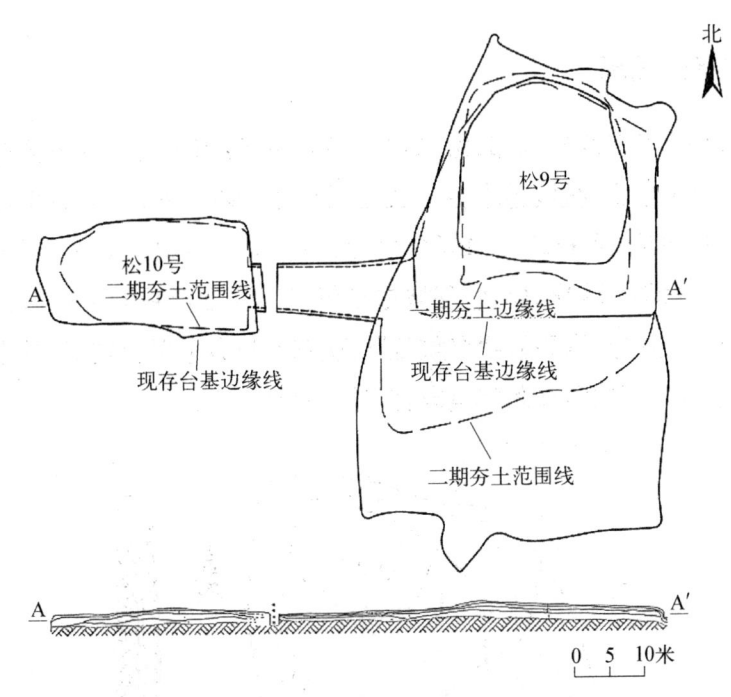

图七 松9—10号夯土台基平、剖面图

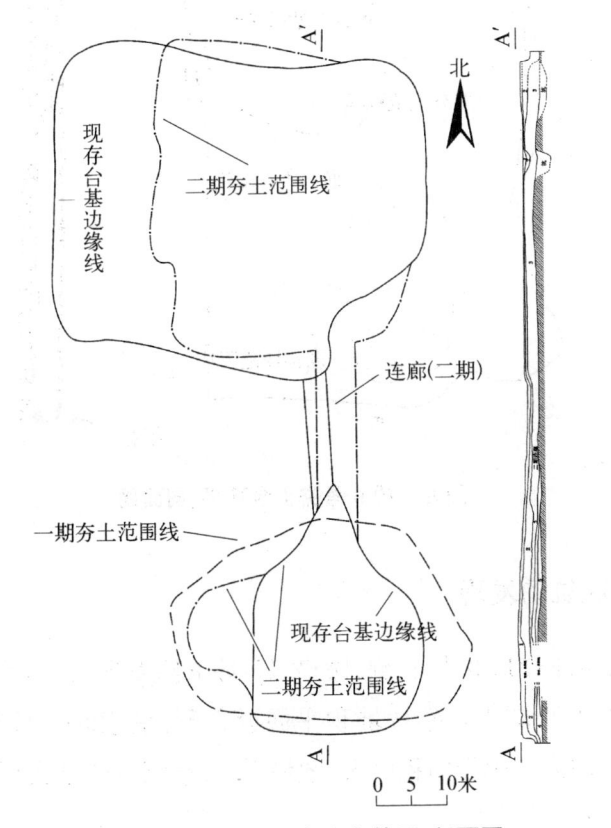

图八 松22—24号夯土台基平、剖面图

（六）殿前广场的发现

第二期台基松 6、7、9 号南部，松 12(11)、13(14)号东部有一片较低的缓坡，勘探发现有很薄的夯土堆积，缓坡地带夯土表面明显低于西部和北部，面积较大，形状均为长方形。与此同时，松 12(11)、13(14)号西、北、南三面均为陡坎，松 6、7 号北、西面，松 9 号北、东面都是陡坎，显然，缓坡地带就是这几个台基的进出口，我们称之为殿前广场。松 15 号夯土堆积遭到严重破坏，现有台基夯土保存较薄，基本夷为平地，无法看出高低，按同理推测其东部也应有广场（图九、一〇）。

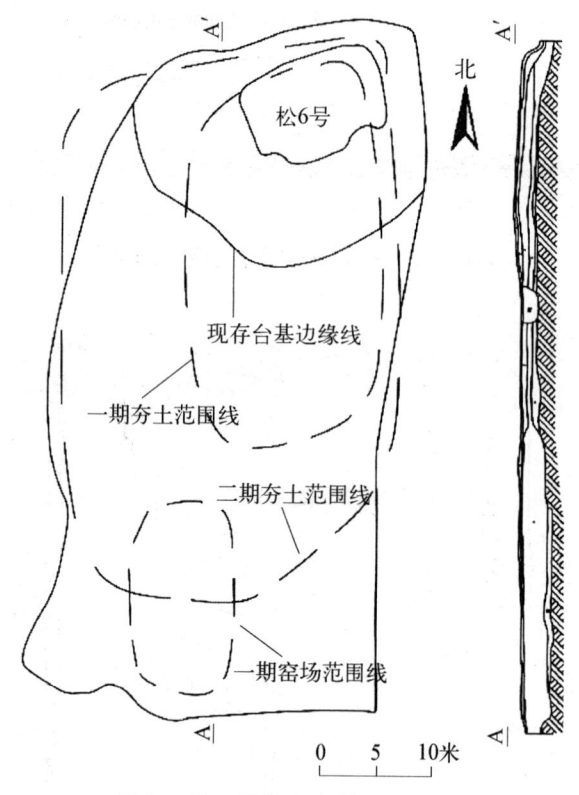

图九　松 6 号夯土台基平、剖面图

（七）东广场与灰坑的发现

在宫城区东部，松 31、32 号北侧、松 62、25 号东侧发现有一片黄土堆积，开口在第②层下，叠压在淤积层上。整片堆积平面近方形，呈东北—西南方向，边长约 60 米，厚度为 5—30 厘米。由于面积巨大、地势平坦，推测可能是大型活动的聚集场所，我们将其命名为"东广场"。

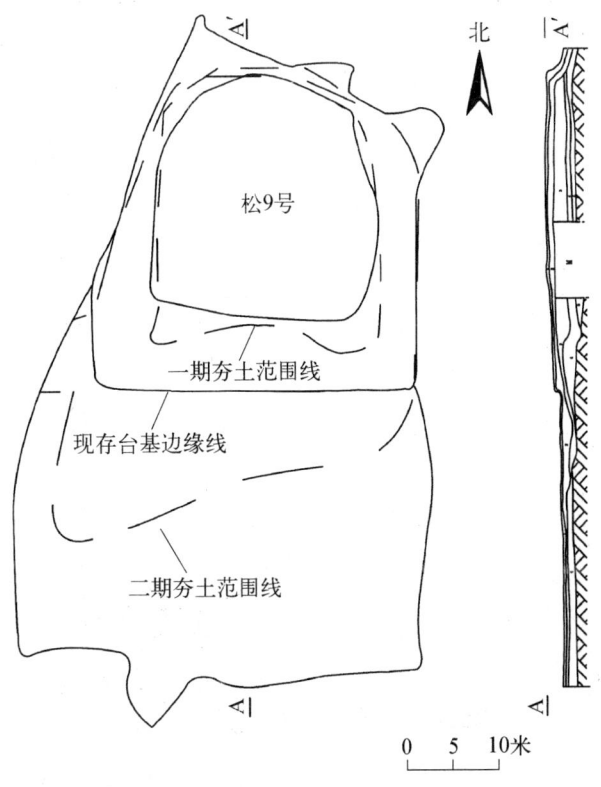

图一〇 松 9 号夯土台基平、剖面图

（图中标注：北；松9号；一期夯土范围线；现存台基边缘线；二期夯土范围线；0 5 10米）

在广场东北部发现一个与其方向一致的灰坑，编号纪南城 I 区 H29。灰坑平面近长方形，长约15、宽约10米，深度0.5—0.9米。坑内填土可分为2层：第①层为灰白细沙土，结构疏松，深15—25、厚10—45厘米，基本无包含物；第②层多为黑灰黏土，结构疏松，深40—70、厚15—75厘米，夹杂大量草木灰、炭粒及少量红烧土颗粒和陶片。结合东广场，我们认为H29可能是集会时燃烧篝火或者开展某种祭祀形成的，其下层的灰烬层是燃烧的证据，而上层的灰白沙土应是人为灭火进行的填埋（图一一）。

(八) 环形界沟的重大发现

自2013年始，我们在开展地面勘查时，首先在宫城区东南角和西南角发现有两个拐角的水沟，两个拐角之间有一条平直的东西向水沟，很有规律性，怀疑在宫城区内有环形壕沟。通过两年多的进一步勘探，分别找到了西北、东北拐角以及北部中段，东部中段和西部中段，从而，一个长方形的完整水沟系统呈现在我们面前，我们将其正式命名为环形界沟。

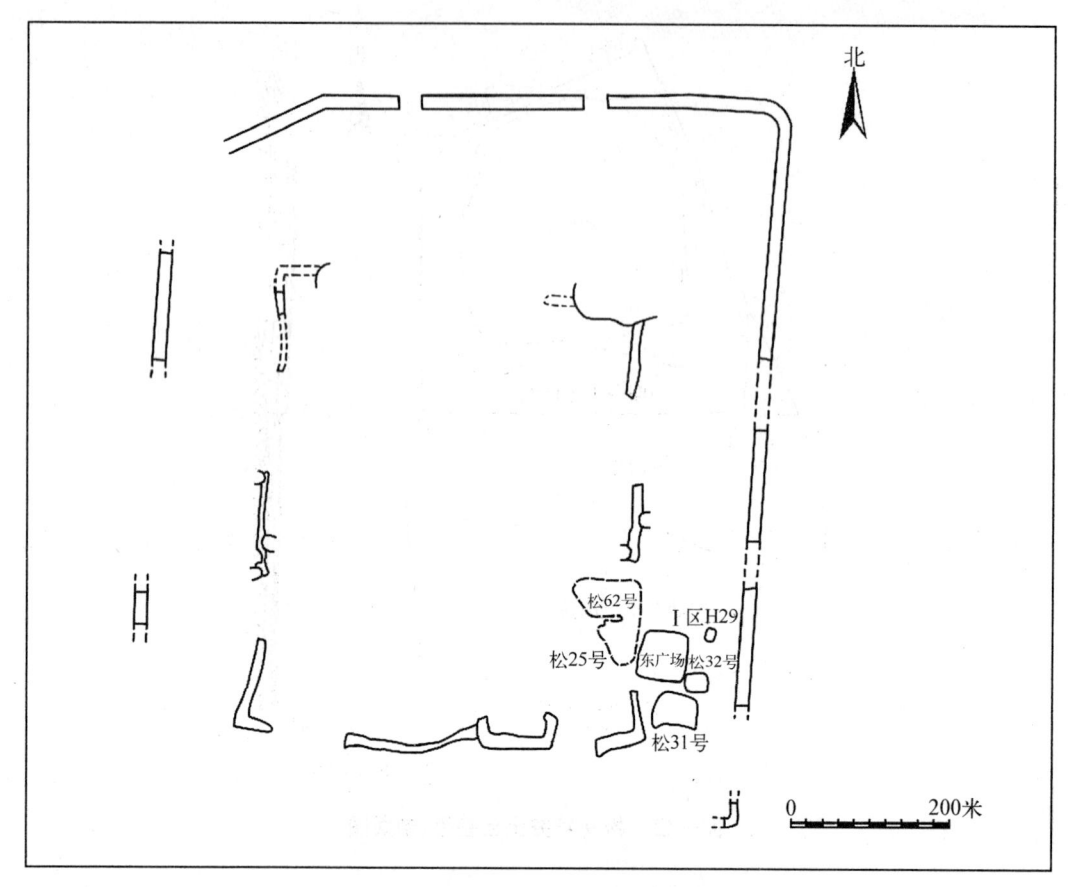

图一一　东广场及 I 区 H29 平面位置图

  环形界沟南部地表保存较为完整,向西有一条"吴家长沟"连通新桥河;东边中段、西边中段、东北角、南边中段分别被明清建筑台基外的水沟打破;西北角在明清时期掩埋地下,北边东段被压在房屋之下,无法勘探,宽度不明;东边北段在1975年勘探图中有显示,后来被掩埋。

  环形界沟基本位于宫城区中心,北边距北宫墙230米,东边、西边分别距东、西宫墙135米左右。平面整体呈长方形,东北、西北角为直角,西南角为锐角,东南角为钝角。南北长565—575、东西宽463—525米,面积约27万平方米,相当于整个宫城区面积的三分之一。每段界沟宽窄不一,在7—18米之间,深约1.6米。

  环形界沟东、南、西三边各有两缺口,北边有一大缺口:西边北缺口宽126、南缺口宽81米;南边西缺口宽98米,东缺口被明清台基(原松26号)外水沟打破,宽度不详;东边北缺口宽107米,南缺口宽163米;北边大缺口被现代窑厂和明清水沟破坏,现宽294米。如果北宫墙两个缺口成立并认定为宫门,那么,宫城区应该是八个宫门,环形界沟七个缺口就是与宫门对应的七个门,其中北边缺口对应北宫墙两个门。

当然,由于暴露地表的界沟常年积水,沟内勘探无法进行,加上历经2 000多年造成的轻微破坏,使得每段界沟测量数据不够准确(图一二)。

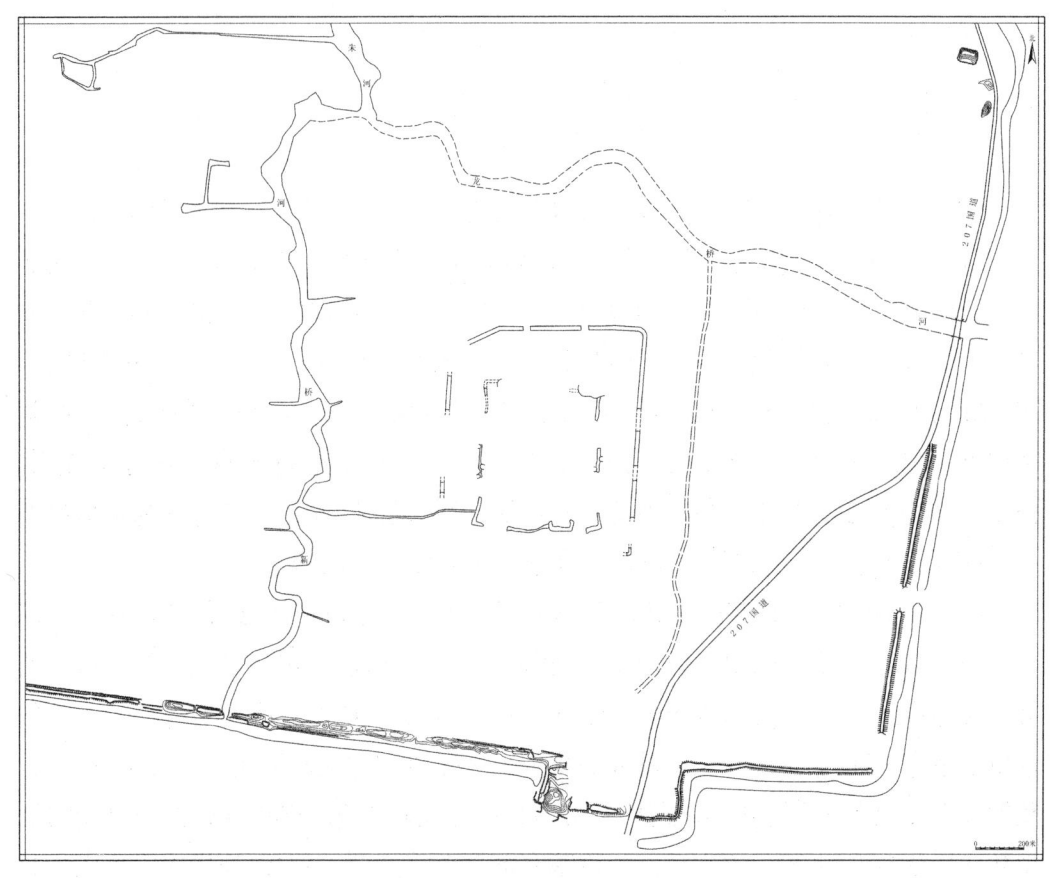

图一二 环形界沟平面图

2015年,我们对环形界沟南边西缺口(2015·H·TG2)进行了局部解剖,旨在找到环形界沟相互连通的涵管,但并没有发现。仅在第②层下发现上下叠压的两条南北向排水管道,残长仅50—60厘米。结合宫城区及周边区域的高程数据,我们怀疑环形界沟围绕区域内的排水是由地面顺着地势排出区外的。2016年,对环形界沟西北段(2016·H·TG4)进行解剖,证明其始用年代应与纪南城宫城区年代一致,推测为战国中期偏晚。延续使用,直至明清时期部分沟段被填埋。

关于环形界沟的成因及功能,我们推测四点:第一,宫城区内夯筑如此多的夯土台基,需要取土,既要节省运输成本和建筑时间,又不能在宫城区附近挖坑,于是有了界沟。第二,环形界沟最大的功能是将宫城区划分成了宫殿区和护卫区、活动广场,起到了分区的作用。第三,水沟分布在宫城区四周,其深宽都能容纳降水,利于宫城区的排水,保持地面干燥。第四,宫城区内有了一个完整的环形界沟,使得宫城区形成了一个园林式建筑群，沟内普遍种植蒲草和芦苇，也起到了绿化作用。可以说，挖建环形界沟是规划者独具匠心的设计。

二、几点认识

（一）夯土台基附属窑场的发现，证明楚国都城烧造建筑用瓦就地取材，省时省力，节省了运输成本，加快了建设速度。宫城区窑场平面分布有着某种规律性，西北一群除松11、12号暂时没有发现窑场外，松13、14号，松15、16号的窑场都在东部或者东南部，东北一群的松9号、松6号、松7号以及松30号的窑场均在台基南部，东南一群的松22、24号、松20、21号、松62、25号以及松31号的窑场均在北部，各组都比较集中，方向一致，应该是便于统一管理集中烧造建筑材料所致。同时也说明，松30号与东北群，松31号与东南群有着更加密切的联系，是否可以解释为环形界沟外的松30、31号除了具有防卫功能外，还兼有为东北、东南群服务的功能。

（二）从两期夯土台基的确认以及第一期夯土台基分布规律分析，凡是有第一期夯土的台基均有第二期，可以得出结论，两期建筑的布局设计规划是相同的。第一期夯土普遍很薄，且位于现有水田面以下65厘米左右。宫城区高程一般为31—32米，这里地下水较高，第一期夯土台基表面均位于高程30米左右，与地下水位基本相当，长期浸泡在地下水中。我们仅在松6号、松30号发现有第一期窑场，根据窑场的发现数量和分布推测，第一期六个夯土台基夯筑起来后，只有少数台基建成了宫殿。此外，通过城内普探我们发现第二期夯土遗迹下大都有水泡淤积痕迹，多灰白黏土，包含较纯净。同时，在纪南城西垣中北段、西南角、东南角均发现有被水冲毁的缺口，说明纪南城曾经可能遭受过洪水的侵袭。我们推测纪南城在夯筑第一期台基过程中可能突遭变故，个别已建成的建筑毁弃；第二期夯土台基建设并没有改变原有的设计规划，而是在第一期的基础上进行了加高夯筑，完成了整个城址的建设，形成了完整的格局。

（三）环形界沟、东广场和Ⅰ区H29的发现，使得宫城区第二期夯土台基功能明确，解释更为合理。

环形界沟将宫城区分隔为宫殿区和护卫区，其中松12(11)、13(14)、15(16)、6、7、8、9、10、22、24、20、21、25、62号等十四个台基分布在环形界沟内，组成了宫殿区，而环形界沟与宫墙之间分布有松1、39、30、27、31(32)号五个台基，组成了护卫区。我们不难看出，宫殿区内的台基分布有较大规律性，可以将其分为三群，分别代表各自的功能：

西北部的一群三个松 12(11)、13(14)、15(16) 号最高大,所处地势最高,可能是宗庙所在,传世文献显示楚人非常重视对神灵和祖先的祭祀,同时楚地以农业为主,楚国以农兴国,所以,楚国的祭祀对象主要是神灵、祖先和社稷,那么西北群三个台基是否分别代表祖庙、神庙和社庙? 从松 12 号、松 13 号殿前广场朝向东边来看,楚王族是从东进入宗庙祭祀,根据周礼"左祖右社"的礼制,松 13 号位于正中应是神庙,松 12 号位左,为祖庙,松 15 号列其右,就是社庙。东北部一群三组五个台基松 6、7、8、9、10 号,现在地表能看出并经勘探确认松 7、8 号,松 9、10 号之间均有连廊相通,呈东西排列,并为一大一小,一高一低。松 6 号东侧原本也可能有一个小台基与之相连,其布局类同松 7、8 号,松 9、10 号。这一组可能是寝宫所在,松 9 号在三组台基中最大,又处于最前面,应该是王宫,后面的松 6、7 号则是后宫。而与之相连略显矮小的松 10 号、松 8 号等应该是为宫内主人服务的侍从住处。位于宫殿区东南部的一群三组呈品字形分布,包括松 22、24 号,松 20、21 号,松 62、25 号共六个台基。据勘探和以往资料分析,这三组台基均呈南北向排列,通过连廊两两相通,高低大小基本相等。我们将这一群台基的性质推断为朝堂,是楚王召见大臣处理政务的地方。同时,东北群是寝宫,东南群是朝堂,正符合礼制中"前朝后寝"的格局。

纪南城东北的九店东周墓,其年代与城址相当,曾出土竹简《日书·相宅篇》,记载了楚人浓厚的方位凶吉观念,其认为东北、东南方向为吉,西北、西南方向为凶,这与我们对宫殿格局的分析基本吻合,从另一个侧面印证了我们推测的可信度。"盖西北之寓,亡长子",纪南城宫殿区西北群为宗庙,可以用祖神镇住西北的凶兆;"盖东[北]之寓,君子处之,□大□□□爽",宫殿区东北群适合楚王、王后居住,正好为寝宫所在地;"盖西南之寓,君子处之,幽思不出",宫殿区西南部为一片空地,不见任何建筑台基;"盖东南之寓,日以处,必有□出□",宫殿区东南群为楚王处理政务之所[1]。

这里还有一个特别有意思的事情,宫殿区台基从布局和规律性归纳后分为三群,每群又都为三组或者三个台基,显然这不是巧合,而是故意所为。但是,文献不曾有记载,也不见有学者就此类问题进行过论述,是否可以认为这与楚人某种宗教信仰有关? 这种信仰应该与数字"3"有很大关系,好比古人对 9、8 有着某种特殊的崇拜意义一样。

位于环形界沟与宫墙之间的五个台基分布在四面,东边有两个,其余三面均为一个。如果四面各有一个是守卫住地,那么东边的松 30 号和松 31 号必有一个具有其他功能。在松 25 号东边发现的东广场和Ⅰ区 H29,均为东北—西南方向,恰好与

---

[1] 湖北省文物考古研究所、北京大学中文系:《九店楚简》,中华书局,2000 年。

松30号的F1方向一致,而宫城区宫墙、环形界沟和宫殿区的夯土台基均为正南北向。是否可以认为松30号和东广场以及I区H29有着密切的关系,具有某种共同的功能？我们分析,东广场应该是集会所在地,I区H29是开展某种祭祀形成的。因此,松30号、东广场和IH29也许都是集会或者祭祀场所(图一三)。

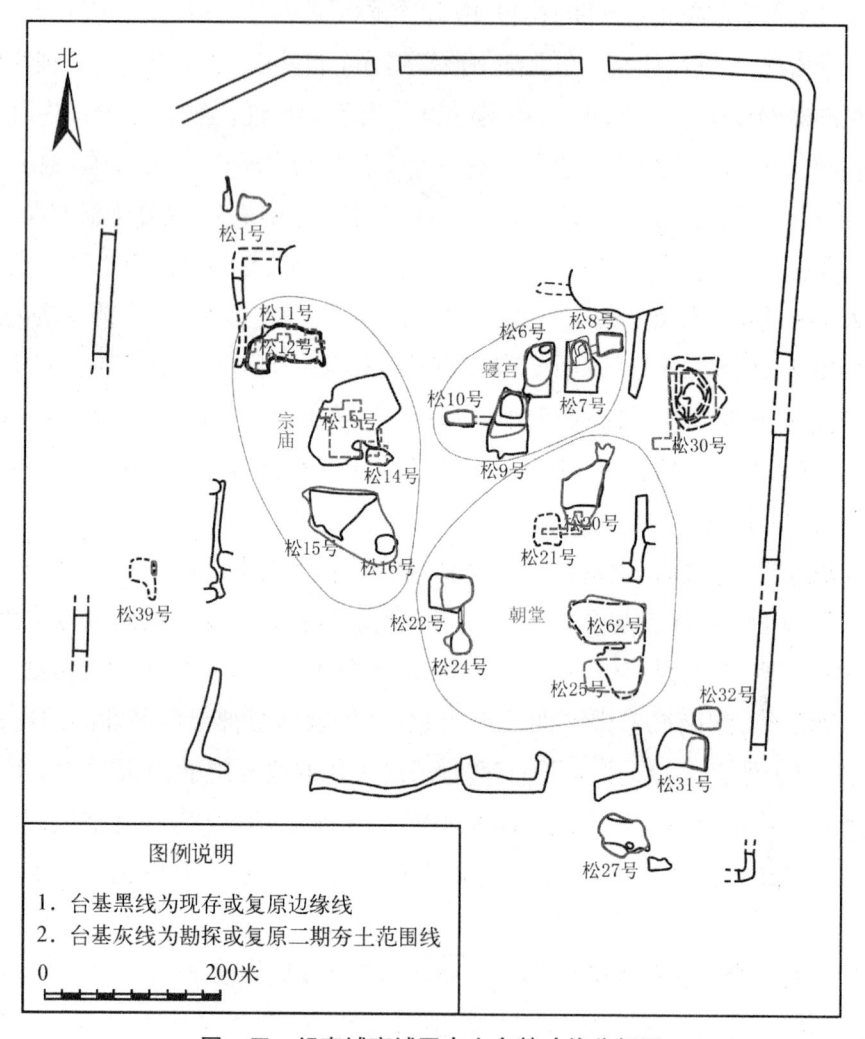

图一三 纪南城宫城区夯土台基功能分析图

（四）殿前广场的存在为我们探寻宫城区道路交通提供了线索。前面已经提到松12、13、15号东面,松6、7、9号南面可能存在殿前广场,从几个宫殿的出入口,加上环形界沟南边东缺口以及南城墙凸出位置的城门可以肯定,从宫城区进出纪南城的主要道路应该从东北群寝宫穿过东南群朝堂通往南城门。楚王族成员从东边住地往西进入西北群的宗庙开展祭祀活动。遗憾的是,由于纪南城地下水位较高,加上纪南城在明清时期有过非常大的人类活动和多次洪水侵袭,勘探中并未发现该区域的道路遗迹。

三、结　　语

既有的发现一方面给我们的研究提供了新材料、新线索，另一方面也对今后工作的开展具有重要参考价值，引导我们对相关迹象进行深入思考以求得准确把握。随着纪南城大遗址保护工作的推进，势必有更多的发现充实我们对这座楚都的研究，让我们拭目以待！

铜器铭文与楚简中所见"鲁侯"

蒋鲁敬

荆州博物馆

武王灭商后,"遍封功臣同姓戚者,以蕃屏周"[1]。《史记·周本纪》:"封弟周公旦于曲阜,曰鲁。"《鲁周公世家》:"封周公旦于少昊之虚曲阜,是为鲁公。""周公不就封,留佐武王。"鲁国作为周分封在东方的重要姬姓诸侯国,自伯禽就封,至顷公亡于楚,皆都于曲阜,延续了八百年左右。随着鲁国铜器的不断发现[2],有铭铜器中"鲁侯"或有记载,日益增多的楚简资料中亦有涉及"鲁侯",本文尝试对铜器铭文及楚简中所见的"鲁侯"作收集整理。

---

[1] 有关周初的分封还见于《左传·僖公二十四年》《昭公九年》《昭公二十六年》等文献,新近公布的清华简《系年》第四章亦有记载:周成王、周公既迁殷民于洛邑,乃追念夏商之亡由,旁设出宗子,以作周厚屏。参看清华大学出土文献研究与保护中心编、李学勤主编:《清华大学藏战国竹简(二)》,中西书局,2011年,第144页。西周的封国与西周国家的形成之关系,李峰先生认为"西周国家新地缘政治构架的形成和一个真正稳定性力量的出现全赖以周地方封国的建立"。参看李峰:《西周的灭亡:中国早期国家的地理和政治危机》,上海古籍出版社,2007年,第78页。

[2] 鲁国发现的青铜器较少,可能有以下原因:①境内铜矿资源缺乏。据山东省地质局调查,山东省铜矿主要分布在东半部,即临沂—日照—胶县—昌潍—烟台一线。鲁国境内铜矿资源匮乏,且距矿源较远,所用铜料大多依靠输入。这直接限制了鲁国铜器的数量。②已发掘的鲁国贵族墓地资料尚未发表。这也影响了鲁国铜器的数量。③鲁侯墓还未发现,高级贵族墓也发现甚少。如发现完整的侯墓或高级贵族墓葬区,铜器数量应不在少数。④鲁故城战国时期的7座面积120—200 m²的大墓皆被严重盗掘。而且鲁国春秋中期以后的铜器极少有铭文者,所以盗出的铜器已无迹可寻,直接影响了鲁国铜器的数量。⑤还有一种可能,鲁国高级贵族墓葬早年就被盗掘,大量铜器盗出后即被熔铸成其他物品,如钱币等。参看毕经纬:《海岱地区商周青铜器研究》,陕西师范大学博士学位论文,2013年,第290页。

一、有私名或谥号

1. 鲁侯熙

1927年，鲁侯熙鬲（《殷周金文集成》00648，下文简称《集成》）在陕西宝鸡戴家湾被盗掘出土，原藏美国卢芹斋，现藏于美国波士顿美术博物馆[1]，是目前所见仅有的一件明确记载鲁侯私名的西周早期铜器。内壁铸铭文3列13字：

> 鲁侯熙作鬶，用享鬻氒文考鲁公。

金文中凡称"某侯"都是生称，侯上一字是所君的国名[2]。

鲁侯下一字是其私名，乃鲁炀公熙之名。《史记·鲁周公世家》："鲁公伯禽卒，子考公酋立。考公四年卒，立弟熙，是谓炀公。"此器的鲁侯是炀公熙，熙是考公之弟、伯禽之子，故此铭的"文考鲁公"乃指鲁公伯禽[3]。鲁国第一代国君伯禽称"鲁公"亦可以《诗经·鲁颂·閟宫》为证：

> 王曰："叔父，建尔元子，俾侯于鲁。大启尔宇，为周室辅。"乃命鲁公，俾侯于东，锡之山川，土田附庸。

郑玄云："叔父，谓周公也。成王告周公曰：叔父，我立女首子，使为君于鲁。谓欲封伯禽也。"[4]

2. 鲁庄公

《曹沫之陈》是《上海博物馆藏战国楚竹书（四）》的最后一篇，完整简45支，残简20支。在第2简简背有篇题《曹蔑（沫）之戝（陈）》，记录鲁庄公与曹沫论政、论兵。曹沫即见于《左传·庄公十年》的"曹刿"。简文以"鲁庄公将为大钟，曹沫入见"开篇，

---

[1] 吴镇烽：《商周青铜器铭文暨图像集成》第6卷，上海古籍出版社，2012年，第270页。《山东金文集成》还收有一件"鲁公鬲"拓本，有铭3列9字"熙作鬶，享鬻氒考鲁公"。或认为"鲁公鬲"与"鲁侯熙鬲"实属同一器之铭。"鲁公鬲"所漏之字，或是当时未去锈而没有发现，或是当时拓工上纸技术较差，使每行行首之字未能拓上。参看王永光：《陕西宝鸡戴家湾出土商周青铜器调查报告》，《考古与文物》1991年第1期。

[2] 盛冬铃：《西周铜器铭文中的人名及其对断代的意义》，《文史》第十七辑，第36页。

[3] 陈梦家：《西周铜器断代（三）》，《考古学报》1956年第1期。

[4] 十三经注疏整理本：《毛诗正义》，北京大学出版社，2000年，第1661页。

仅此简谓"鲁庄公",其余简文皆省称为"庄公"[1]。

《史记·鲁周公世家》:"(桓公)十八年春……公死于车……立太子同,是为庄公。……(庄公)三十二年……八月癸亥,庄公卒。"与《左传》载庄公在位三十二年相合。

鲁庄公之"庄"字简文作 ▨ ,与郑庄公: ▨ (清华简《系年》简10)、楚庄王 ▨ (清华简《系年》简74)、晋庄平公: ▨ (清华简《系年》简91)等"庄"字形近。

3. 鲁哀公

鲁哀公见于《上海博物馆藏战国楚竹书(二)》的第三篇《鲁邦大旱》。此篇简文有6支简,2支完整,4支残。在第6简末有墨节,为该篇的终结记号[2]。简1以"鲁邦大旱,哀公谓孔子"开篇,由于竹简残断,"哀公"之称仅此一见。

据《春秋》载,哀公十三年:"九月螽……十又二月螽。"皆无传,螽,具体灾害不详。哀公十五年:"秋,八月,大雩。"雩,求雨的典礼。哀公十六年,孔子亡。简文所云的大旱发生在哀公十五年夏秋之际,可补《经》、《传》之不足[3]。

4. 鲁穆公

鲁穆公在楚简中两见,郭店简《鲁穆公问子思》篇径称谥号"鲁穆公",清华简《系年》则用氏+爵位+名"鲁侯显"[4]。两篇简文中称谓的不同,可能是源于其文献的性质差异,《鲁穆公问子思》属于诸子类中的儒家文献,而后者《系年》则属于史籍文献[5]。

(1) 郭店简《鲁穆公问子思》

郭店楚墓竹简《鲁穆公问子思》篇由8支竹简组成,竹简以"鲁穆公问于子思曰"开篇,全篇"鲁穆公"仅此一见。其中,"穆"字不同于典籍文献中用"缪"字。

据《史记·鲁周公世家》,鲁"元公二十一年卒,子显立,是为穆公",在位三十三年。《孟子·告子下》"鲁缪公之时,公仪子为政,子柳、子思为臣"。《汉书·艺文志》

---

[1] 马承源主编:《上海博物馆藏战国楚竹书(四)》,上海古籍出版社,2004年,第241页。
[2] 马承源主编:《上海博物馆藏战国楚竹书(二)》,上海古籍出版社,2002年,第203页。
[3] 马承源主编:《上海博物馆藏战国楚竹书(二)》,上海古籍出版社,2002年,第204页。
[4] 清华简《系年》第二十二章"晋公献齐俘馘于周王。遂以齐侯贷、鲁侯显、宋公田、卫侯虔、郑伯骀朝周王于周",简文此处称诸侯国君的方式是氏+爵位+名。大概是由于《系年》为楚地史书,回避楚国国君之名。参看刘光胜:《清华简〈系年〉与〈竹书纪年〉比较研究》,中西书局,2015年,第79页。
[5] 有关楚系简帛典籍的史料分类参看杨博:《简述楚系简帛典籍的史料分类》,简帛网,2013年1月7日。

"子思二十三篇",班固云:子思"为鲁缪公师"[1]。

鲁穆公之"穆"字简文作 ![字], 与秦穆公: 、楚穆王: 、郑穆公: 等"穆"字形近。

(2) 清华简《系年》

大概成书于战国中期楚肃王时的清华简《系年》,记录了自武王克商,一直到战国早期三晋与楚大战,楚师大败的历史大事,为认识西周至战国早期的诸多古史问题提供了珍贵资料,是近现代秦以前史书绝无仅有的重要发现[2]。《系年》共有二十三章,但是对于鲁国史事的记载非常少,仅见于第十四章和第二十二章,其中,第二十二章记有鲁穆公私名。

《系年》第二十二章:

> 楚声桓王即位,元年,晋公止会诸侯于任,宋悼公将会晋公,卒于鼬。韩虔、赵籍、魏【119】击率师与越公翳伐齐,齐与越成,以建阳、郚陵之田,且男女服。越公与齐侯贷、鲁侯侃(显)【120】盟于鲁稷门之外。越公入飨于鲁,鲁侯御,齐侯参乘以入。……遂以齐侯贷、鲁侯羴(显)、宋公田、卫侯虔……【124】

简文中鲁穆公私名两见。《史记·鲁周公世家》:"元公二十一年卒,子显立,是为穆公。"《索隐》引《系(世)本》"显"作"不衍","侃"、"显"、"衍"音近。简124穆公私名"显"作"羴",属于楚简中常见的人名异写[3]。

二、无私名或谥号

1. 鲁侯爵

现藏故宫博物院时代在西周早期的鲁侯爵(《集成》09096),尾部铸铭文2列10字[4]:

---

[1] 参看陈伟等著:《楚地出土战国简册(十四种)》,经济科学出版社,2009年,第175页。
[2] 李学勤:《〈系年〉出版的重要意义》,氏著《初识清华简》,中西书局,2013年,第157页。
[3] 清华大学出土文献研究与保护中心编、李学勤主编:《清华大学藏战国竹简(二)》,中西书局,2011年,第193、195页。
[4] 或认为有11字,参看吴镇烽:《商周青铜器铭文暨图像集成》第17卷,上海古籍出版社,2012年,第129页。或认为有12字,参看中国社会科学院考古研究所编:《殷周金文集成释文》第五卷,香港中文大学出版社,2001年,第303页。

鲁侯作爵,郘[夷]用尊[㎜]盟。

唐兰认为此铭文中鲁侯与鲁侯熙为同一人[1]。或据鲁侯爵为周初形制,考订铭文中鲁侯为伯禽[2]。《山东金文集成》则认为此器的年代属于春秋早期[3]。

2. 明公簋

明公簋(《集成》04029),又名鲁侯尊[4]。现藏上海博物馆,内底铸铭文4列22字:

唯王命明公遣三族伐东国,在狋,鲁侯有稽功,用作旅彝。

铭文中"东国",可能如韦昭《国语·吴语》注所说"东国,徐夷、吴、越"。此器伐东国的主帅是鲁侯伯禽,《史记·鲁周公世家》:"伯禽即位之后,有管、蔡等反也,淮夷、徐戎亦并兴反。于是伯禽率师伐之于肸。"《尚书·费誓·序》:"鲁侯伯禽宅曲阜,徐、夷并兴,东郊不开,作《费誓》。"《尚书·费誓》:"徂兹,淮夷徐戎并兴。……甲戌,我惟征徐戎。"《史记·鲁周公世家》:"宁淮夷东土,二年而毕定。"即班簋(《集成》04341)"三年静东国"。对于铭文中所记事件,学者基本无异议[5],但是对于铭文中人物的认识分歧较大。

陈梦家认为,明公即矢令方彝(《集成》09901)的明公、周公子明保、明公尹。明公是周公之子,其官是保,食邑于明,他和周公长子伯禽不是一人[6]。郭沫若认为,明公即鲁侯伯禽[7]。

矢令方彝(《集成》09901)中的明公,唐兰认为是君陈(周公的第二个儿子)的儿子,在昭王时成为执政中的最高权势者[8]。根据鲁侯尊中所述"伐东国"之事与文献中的"平定管蔡之乱、宁淮夷东土"来看,明公簋铭文中"明公"显然要早于矢令方彝中

---

[1] 唐兰:《西周青铜器铭文分代史征》,中华书局,1986年,第152页。
[2] 马承源主编:《商周青铜器铭文选(三)》,文物出版社,1988年,第32页。
[3] 山东省博物馆:《山东金文集成(上册)》,齐鲁书社,2007年,第340页。
[4] 或定名为"鲁侯簋",参看吴镇烽:《商周青铜器铭文暨图像集成》第10卷,上海古籍出版社,2012年,第289页。
[5] 参看陈梦家:《西周铜器断代(二)》,《考古学报》1955年第2期;郭沫若:《郭沫若全集·考古编》第8卷,科学出版社,2002年,第11页;马承源主编:《商周青铜器铭文选(三)》,文物出版社,1988年,第35页。
[6] 陈梦家:《西周铜器断代(二)》,《考古学报》1955年第2期。
[7] 郭沫若:《郭沫若全集·考古编》第8卷,科学出版社,2002年,第11页。
[8] 唐兰:《西周青铜器铭文分代史征》,中华书局,1986年。

的"明公",故铭文中的"鲁侯",可能是第二代鲁侯考公酉[1]。

3. 鲁侯鼎、鲁侯簠

1982年,在泰安市东南20千米的城前村一座土坑竖穴墓内出土有鼎2、簠2、壶1。据当地群众反映,以前在此挖出过1件铜鼎,与这2件鼎相同,整理者据此认为,该墓铜器组合可能为鼎3、簠2、壶1。鼎腹内壁铸铭文3列15字:

鲁侯作姬翏媵鼎,其万年眉寿永宝用。

簠盖内顶和座内底对铭,各3列15字:

鲁侯作姬翏媵簠,其万年眉寿永宝用。

根据出土器物形制,整理者判断墓葬年代在西周晚期至春秋初期。铭文中的"姬翏"当为人名。姬姓,翏名。姬翏当是某一代鲁侯之女,这批铜器应是鲁侯用作陪嫁的器物。从地望看,此墓处古牟国境内。据古书记载,牟是周代的一个小国,春秋初成为鲁国的附庸。因而,姬翏可能嫁给了牟国的国君[2]。铭文辞例与蔡侯匜(《集成》10195)"蔡侯作姬单媵匜"相同,都是姬姓诸侯嫁女所作媵器,其人名结构相同,名在姓后[3]。

《春秋·桓公十五年》:"邾人、牟人、葛人来朝。"杜预注:"牟国,今泰山牟县。"《左传·僖公五年》:"公孙兹如牟,娶焉。"据此可知,牟,在桓公、僖公时与鲁联系较密切。铭文中"姬翏"不用夫家之氏,大概此时牟已为鲁国附庸。东周时期,诸侯国间政治关系的巩固常常依赖联姻、会盟等[4],此批媵器的制作,大概即是缘于鲁侯为巩固与牟的联系而嫁女于牟之国君。

4. 鲁侯鬲

鲁侯鬲(《集成》00545)原藏程洪溥,口沿铸铭文6字:

鲁侯作姬番鬲。

"姬番",西周晚期人,名番,某代鲁侯之女[5]。与上述鲁侯鼎、鲁侯簠(《文

---

[1] 马承源主编:《商周青铜器铭文选(三)》,文物出版社,1988年,第35页。
[2] 程继林、吕继祥:《泰安城前村出土鲁侯铭文铜器》,《文物》1986年第4期。
[3] 吴镇烽:《金文人名汇编(修订本)》,中华书局,2006年,第461页。
[4] 参看陈英杰:《西周金文作器用途铭辞研究》,线装书局,2008年,第536页。
[5] 吴镇烽:《金文人名汇编(修订本)》,中华书局,2006年,第278页。

物》1986年第4期)中"姬翏"人名结构相同,都是名在姓后。该铭当是西周晚期某代鲁侯为出嫁的名"番"的女儿所作媵器[1],可能如下揭鲁侯壶(《集成》09579)一样省略"媵"。

5. 鲁侯壶

鲁侯壶(《集成》09579)内壁铸铭2列7字:

鲁侯作尹叔姬壶。

尹叔姬,是姓上加了行第"叔"以后,又加氏名"尹"。如膳夫旅伯鼎(《集成》02619)中的"毛仲姬":

膳夫旅伯作毛仲姬尊鼎。

吴镇烽先生认为,尹叔姬是西周晚期姬姓妇女,鲁侯的姑或姊[2]。西周晚期的尹氏铜器铭文多见。

6. 鲁侯壶

1995年4月,河南登封告成镇发掘5座春秋墓,M1出土铜器187件,其中,2件铜壶有铭文,1件盖、器同铭,2列4字:

鲁侯作壶。

另一件在器口下内壁有一处明显的刮削痕迹,被刮掉的铭文隐约可见,1列4字:

鲁侯作壶。

整理者根据出土铜器组合、形制特征,判断M1的时代为春秋前期,墓主至少为郑国大夫一级的贵族。或认为这批墓葬即是郑国公叔段子孙的墓地。对于"鲁侯壶"出土于M1内,可能与《左传》等文献中记载的春秋初期郑国称霸中原的攻伐战争有关,应该是受贿或战争掠夺所得,正因如此,才试图刮去铭文[3]。

---

[1] 鲁侯鬲的年代,《殷周金文集成释文》定在西周晚期。参看中国社会科学院考古研究所编:《殷周金文集成释文》第一卷,香港中文大学出版社,2001年,第489页。

[2] 吴镇烽:《金文人名汇编(修订本)》,中华书局,2006年,第81页。

[3] 郑州市文物考古研究院、登封市文物管理局:《河南登封告成春秋墓发掘简报》,《文物》2009年第9期;张莉:《登封告成春秋郑国贵族墓研究》,《中国历史文物》2007年第5期。

2件铜方壶与晋侯墓地M93、虢国墓地M2001出土的铜方壶近似,是西周末至春秋早期的典型代表器物[1],故铭文中的"鲁侯"也是西周末至春秋早期的某代鲁侯。

7. 鲁侯盉盖

现藏旅顺博物馆的时代在西周早期的鲁侯盉盖(《集成》09408),盖内铸铭文2列6字:

> 鲁侯作姜享彝。

姜,鲁侯的夫人,史载齐、鲁婚媾,此姜当为齐女嫁于鲁者[2]。吴镇烽先生认为姜是西周早期姜姓妇女,鲁侯的夫人[3]。

8. 鲁叔四器

(1) 叔卣、叔尊

朱凤瀚先生在《叔器与鲁国早期历史》一文,公布了一组分别由海外不同私人收藏家所藏的与西周时鲁国早期历史有关的铜器及其铭文[4]。董珊先生撰文对这组铜器铭文进行了补充,指出这组器物的器主之名为"叔",又属西周鲁国,故可称为"鲁叔四器"。叔卣的器、盖对铭,与叔尊的内底铭文相同。叔卣底铭文[5]:

> 侯曰:叔!不显朕文考鲁公夂(垂)文遗工,不譬(肆)厽(厥)海(诲)。余令女(汝)自雩(雩)虩来海(诲)鲁人为余宽(宫),有妹(筑)具(俱)成,亦唯小羞(宿—寝)。余既肯(省),余既处,亡(无)不好。不龖(忏)于朕海(诲)。
>
> 侯曰:叔!若=(诺!诺!)自今往,弜(弼—必)其又达(赖)女(汝)于乃万(巧),賞(赏)女(汝)贝、马用。自今往,至于啻(亿)万年,女(汝)日其賞(赏)勿并(替—替),乃工(功)日引。
>
> 唯三月叔易贝于原,叔对扬辟君休,用乍(作)朕剌考宝尊彝。

朱凤瀚先生根据形制、纹饰与铭文字体诸方面特征,推定尊、卣的年代属康王晚

---

[1] 郑州市文物考古研究院、登封市文物管理局:《河南登封告成春秋墓发掘简报》,《文物》2009年第9期;张莉:《登封告成春秋郑国贵族墓研究》,《中国历史文物》2007年第5期。
[2] 马承源主编:《商周青铜器铭文选三》,文物出版社,1988年,第242页。
[3] 吴镇烽:《金文人名汇编(修订本)》,中华书局,2006年,第238页。
[4] 朱凤瀚:《叔器与鲁国早期历史》,《新出金文与西周历史》,上海古籍出版社,2011年,第17页。
[5] 董珊:《新见鲁叔四器铭文考释》,复旦大学出土文献与古文字研究中心网站,2011年8月3日。

期至昭王时期。铭文中"侯"称其父为"丕显朕文考鲁公",与传世鲁侯熙鬲(《集成》00648)铭文"厥文考鲁公"皆称鲁公为"文考",鲁侯熙即鲁炀公,故此"侯",作为伯禽之子,应是指炀公[1]。

《史记·鲁周公世家》:"炀公筑茅阙门。"《集解》引徐广曰"茅"字"一作'第',又作'夷'"。《世本》曰:"'炀公徙鲁',宋衷曰'今鲁国'。"结合器形所反映的年代以及铭文来看,"有姝(筑)具(俱)成,亦唯小羞(宿—寝)"正是讲鲁炀公徙鲁之后建筑宫寝之事[2]。

(2) 叔卣乙

朱凤瀚先生在《敔器与鲁国早期历史》一文,还公布了一件带提梁的组合盒形器[3]。董珊先生认为所谓的"提梁套盒"应该本是两件提梁卣,提梁卣的器身可分为三部分,其腔内原应套有漆木桶为胆,其用途最可能是为酒保温。其中一件丢失了器盖和器口两部分。器形完整的那件卣,器底与盖内对铭,可称为"叔卣甲"。失盖的那一件则可称为"叔卣乙",其器底铭文[4]:

侯曰:叔!女(汝)好(孝)友。朕诲(诲)才(在)兹鲜(胖):女(汝)生鼞(继)自今,弜(弼—必)又不女(汝)井(刑)。易(锡)女(汝)贝用。唯六月,叔易(锡)贝于寝(寝),叔对扬辟君休,用乍(作)朕文考宝尊彝。

朱凤瀚先生指出,因器形、铭文字体已入穆王,故其铭文中的"侯"应是鲁炀公之子——魏公溃[5]。

9. 鲁侯鼎(鲁侯方鼎)

鲁侯鼎(《商周青铜器铭文暨图像集成》01427,以下简称《铭图》)又称鲁侯方鼎,2011年5月见于西安。椭方体,直口方唇,颈部收束,口沿上有一对立耳,下腹向外略有倾垂,四条饰浮雕兽面的柱足,颈部四角及中部各有一道短扉棱,其间饰垂冠回首体呈S形的夔鸟纹,以云雷纹衬底。吴镇烽先生将其时代定在西周中期前段。

---

[1] 朱凤瀚:《敔器与鲁国早期历史》,《新出金文与西周历史》,上海古籍出版社,2011年,第17页。
[2] 董珊:《新见鲁叔四器铭文考释》,复旦大学出土文献与古文字研究中心网站,2011年8月3日。
[3] 朱凤瀚:《敔器与鲁国早期历史》,《新出金文与西周历史》,上海古籍出版社,2011年,第17页。
[4] 董珊:《新见鲁叔四器铭文考释》,复旦大学出土文献与古文字研究中心网站,2011年8月3日。
[5] 朱凤瀚:《敔器与鲁国早期历史》,《新出金文与西周历史》,上海古籍出版社,2011年,第17页。

内壁铸铭文2列5字[1]：

鲁侯作奠鬻。

10. 鲁侯鼎

见于海外收藏的"鲁侯鼎"同铭2件(《铭图》01573、01574)。平沿方唇，口沿上有一对立耳，分裆，下具三柱足，腹较浅，足较高，口上有盖，盖面略作弧形凸起，中部有一个环钮，两侧各有一个长方缺口，与两耳相套。盖面饰两道弦纹，颈部饰两道弦纹，其间为浮雕蝉纹。鼎甲通高22、两耳相距17.5 cm；鼎乙通高23、两耳相距19.3 cm。时代大致在西周早期前段。盖、器同铭，各铸2列6字[2]：

鲁侯作宝尊彝。

部分铭文字体，如"鲁"、"彝"字分别与鲁侯爵(《集成》09096)、鲁侯熙鬲(《集成》00648)中对应之字形体接近。这种与西周早期鲁国铜器字形近似的特征大概也是其时代较早的佐证。

11. 我簋

我簋(《铭图》5321)，2011年11月出现在西安。直口鼓腹，腹部有一对兽首耳，下有垂珥，盖面隆起，沿下折，盖上有圈状捉手，矮圈足连铸三个兽面小足。盖面及口下均饰窃曲纹，腹部饰瓦沟纹，圈足饰变形夔龙纹。盖、器同铭，各91字(合文2，重文1)，器底铭被锈遮掩，盖内铭文较清楚：

唯王七年正月初吉甲申，王命我遗鲁侯，白頵蔑𦥑老父我历，赐圭瓒、彝一肆，䰜尊以举备，易小子寗一家，师曰引以友五十夫。我拜稽首，敢对扬朕公子鲁侯不显休，用作吕姜□宝尊簋，其用夙夜享于宗室，用祈屯鲁，世子孙孙永宝用。

吴镇烽先生将该器年代定为西周中期后段[3]，朱凤瀚先生认为簋的形制存在于西周中期偏早至春秋早期时段内，年代在懿王至幽王期内，并根据《史记·鲁周公世家》"厉公三十七年卒，鲁人立其弟具，是为献公。献公三十二年卒，子真公濞立。真公十四年，周厉王无道，出奔彘，共和行政"，指出伐(我)簋铭文中

---

[1] 吴镇烽：《商周青铜器铭文暨图像集成》第3卷，上海古籍出版社，2012年，第117页。
[2] 吴镇烽：《商周青铜器铭文暨图像集成》第3卷，上海古籍出版社，2012年，第247、248页。
[3] 吴镇烽：《商周青铜器铭文暨图像集成》第12卷，上海古籍出版社，2012年，第21页。

所见"鲁侯"应是鲁献公[1]。王占奎先生则认为器主"我"可能是后来的鲁武公敖[2]。

12. 鲁侯簋

海外某收藏家于 2014 年在美国购藏的鲁侯簋有 2 件(《商周青铜器铭文暨图像集成续编》0353、0354),一件器盖和内底均铸铭文,其中,盖内铭文 6 字,器内铭文 7 字;另一件只有器内铸铭文 7 字。两器形制纹饰相同:侈口束颈,鼓腹,一对兽首半环形耳,下有钩状垂珥,圈足沿下折,其下又连铸四条高足,其上饰兽头,盖面呈弧形鼓起,顶部有圈状捉手。盖沿和其颈部均饰长尾鸟纹,颈的前后增饰浮雕兽头,圈足饰一道粗弦纹。器、盖均铸铭的一件其铭文如下:

器铭:

> 鲁侯作𢦏宝尊彝。

盖铭:

> 鲁侯作宝尊彝。

吴镇烽先生将两件簋的年代定在西周早期后段[3]。

小　结

根据我们收集到的资料,对以上铜器铭文与楚简中所见的"鲁侯",按照有无私名或谥号作了简单梳理。借助已有的研究成果,上述铜器铭文及楚简中所见的"鲁侯"与《史记·鲁周公世家》所记鲁侯世系的对应关系,可简单列表如下:

---

[1] 朱凤瀚:《关于西周金文历日的新资料》,《故宫博物院院刊》2014 年第 6 期。朱凤瀚先生认为簋铭中的"我"为"伐",将器名命名为"伐簋"。

[2] 王占奎:《我簋试谈》,山东省文物考古研究所:《保护与传承视野下的鲁文化学术研讨会论文集》,2016 年。

[3] 吴镇烽:《商周青铜器铭文暨图像集成续编》第 1 卷,上海古籍出版社,2016 年,第 451—453 页。

表一 铜器铭文及楚简所见"鲁侯"与《史记·鲁周公世家》鲁侯世系对照表

鲁侯私名或谥号	来　源
伯　禽	鲁侯爵(《集成》09096)
考公酋	明公簋(《集成》04029)
鲁侯熙	鲁侯熙鬲(《集成》00648)、叔卣、叔尊(《鼓器与鲁国早期历史》)
魏公濆	叔卣乙(《鼓器与鲁国早期历史》)
鲁庄公	上博简《曹沫之陈》
鲁哀公	上博简《鲁邦大旱》
鲁穆公	郭店简《鲁穆公问子思》、清华简《系年》

清华简《系年》齐鲁地名四考

侯乃峰

曲阜师范大学历史文化学院

《清华大学藏战国竹简(二)》仅收《系年》一篇,竹简保存状况较好,共有138支简,全部内容可以分成二十三章。原整理者对《系年》进行了卓有成效的研究,释文堪称精审,注释详略得当,要言不烦,然在某些细节问题上偶有可以补充商榷之处。笔者在阅读《系年》过程中,对其中所见的四个先秦时期齐鲁地区的地名有一些补充意见,现提出以供研究者参考。

一、"句俞之门"考

《系年》第二十章第112—113简有如下一段话:

> 晋幽公立四年,赵狗率师与越公朱句伐齐,晋师闳长城句俞之门。

原整理者注:

> "闳"字疑从戈门声,为动词"门"专字,训为攻破。《左传》文公三年:"门于方城。"长城,齐长城。句俞之门,疑读为"句渎之门"。俞,喻母侯部;渎,定母屋部;喻四归定,侯屋对转。《左传》桓公十二年有"句渎之丘",杜注:"句渎之丘即谷丘也。或以为宋地,或以为曹地。""句俞之门"可能与"句渎之丘"相关[1]。

---

[1] 清华大学出土文献研究与保护中心编、李学勤主编:《清华大学藏战国竹简(二)》,中西书局,2011年,第180、182、186、188页。

按：原整理者将"长城"之后的"句俞"读为"句渎"的说法可信。《系年》第二十三章第126、128简的"狋关"即当读为见于《史记·楚世家》的"榆关"[1]，可以与此相互印证。关于"俞"声字与"賣（即渎右部所从的声符）"声字相通的问题，裘锡圭先生也曾论及，其文中所举的古代一种细布名称有"緰此、緰䘓、緰赀、俞此"等写法，汉简作"窦此"[2]，也可以作为"俞"读为"渎"的例证。

既然"句俞"可以读为"句渎"，则将简文的"句渎之门"与"句渎之丘"联系起来无疑是有道理的。

但原整理者在引用文献时当是偶然疏忽，误将"或以为宋地，或以为曹地"当成杜预的注语。其实，《左传》桓公十二年"句渎之丘"下杜注为"句渎之丘，即谷丘也"[3]，并无"或以为宋地，或以为曹地"之语。多出的这句话，当是整理者根据前人的注疏或杨伯峻先生《春秋左传注》桓公十二年经文"谷丘"下的注文"谷丘，宋邑，据《方舆纪要》，在今河南省商丘县东南四十里。一说在今山东省菏泽县东北三十里，但其地近曹国，恐非"[4]之语所作的概括之辞，而误植到引号内。其中的"一说"，当是源自《水经注卷八·济水》："濮水又东与句渎合，渎首受濮水枝渠于句阳县东南，迳句阳县故城南，《春秋》之谷丘也。《左传》以为句渎之丘矣。"[5]《水经注》中的"句渎"当是水流名，此水流名的本义很可能就是指"沟渎"而言。"句（沟）渎"指水沟、沟渠，所在多有，故历史上同名者较多。"句阳县"为西汉时所置，治所在今菏泽市（原菏泽县），故"一说"当出自《水经注》。或许与这句话误植在引号中被当作杜注有关，加之体例方面的限制，原整理者没有对"句渎之丘"的地望予以进一步考证说明。其实，据《左传》等相关典籍的记载，"句渎之丘"的地理位置还是有迹可循的。

《左传》桓公十二年的"句渎之丘"，对应《春秋》经文的"谷丘"。杜预于"谷丘"下注云"谷丘，宋地"，于"句渎之丘"下注云"句渎之丘，即谷丘也"[6]。杨伯峻先生《春秋左传注》于"句渎之丘"下注云"句渎之丘即谷丘。急读之为谷，缓读之为句渎"[7]。既然《春秋》经文的"谷丘"与《左传》的"句渎之丘"正相对应，则"句渎"的

---

[1] 清华大学出土文献研究与保护中心编、李学勤主编：《清华大学藏战国竹简（二）》，中西书局，2011年，第197页。
[2] 裘锡圭：《说从"官"声的从"贝"与从"乏"之字》，《文史》2012年第3辑（总第100辑），第18页。
[3] （晋）杜预集解，李梦生整理：《春秋左传集解》，凤凰出版社，2010年，第57页。
[4] 杨伯峻：《春秋左传注（修订本）》，中华书局，2009年，第133页。
[5] （北魏）郦道元著，陈桥驿校证：《水经注校证》，中华书局，2007年，第205页。
[6] （晋）杜预集解，李梦生整理：《春秋左传集解》，凤凰出版社，2010年，第56、57页。
[7] 杨伯峻：《春秋左传注（修订本）》，中华书局，2009年，第134页。

合音为"谷"、"句渎之丘即谷丘"的说法当属可信。不过,也有研究者根据出土的战国玺印中所见地名既有"句犊(渎)"又有"句丘",倾向于认为"句丘"即"谷丘",怀疑"谷(句)丘"当是因为位于"句渎"之旁而得名,所以"谷(句)丘"可以说成"句渎之丘"[1]。其实,这种合音之例在典籍中还有一些。如《左传》僖公五年"寺人披",杨伯峻注云:"'披',《晋世家》作'勃鞮','披'乃急言,'勃鞮'之合音也。"宣公四年"著于丁宁",杨伯峻注云:"钲盖丁宁之合声。"[2]《左传》定公四年"申包胥",《战国策·楚策一》作"棼冒勃苏",朱亦栋曰:"案棼冒,乃包字之切音,勃苏乃胥字之切音,棼冒勃苏即包胥也,与《左传》之蚡冒同而异。"朱起凤曰:"棼冒之合音为包,勃苏之合音为胥。《左传》、《国语》、《史》、《汉》及其他传记,并作申包胥,惟《楚策》作棼冒勃苏。楚为南蛮,宜作蛮语也。"[3]又如《尔雅·释器》:"不律谓之笔。""不律"的合音即是"笔"。《说文》:"叵,不可也。从反可。""不可"的合音即是"叵"。由此可见,这种合音的现象在先秦两汉时期是确实存在的。因此,我们还是倾向于相信"句渎"合音为"谷"之说。而且,我们还怀疑"句渎"本义当是指"沟渎",其合音"谷"本当是指山谷之"谷"(《左传》原作禾谷之谷,二字可以通用),犹如"窟窿"合音为"孔"。《管子·度地篇》:"山之沟,一有水一毋水者,命曰谷水。"《汉书·律历志》"取竹之解谷"注引孟康曰:"谷,竹沟也。"可见"沟渎"之于"谷"意思极为接近,山谷之"谷"很可能就是由双音节词"沟渎"合音生成的。退一步说,即便合音之说不可信,《左传》桓公十二年的"句渎之丘"与经文的"谷丘"当指同一个地方也是没有任何问题的。

"句渎之丘"在《左传》中除见于桓公十二年外,还出现在如下几处:

襄公十九年:夏五月壬辰晦,齐灵公卒。庄公即位,执公子牙于句渎之丘。以夙沙卫易己,卫奔高唐以叛。

襄公二十一年:齐侯使庆佐为大夫,复讨公子牙之党,执公子买于句渎之丘。公子鉏来奔。叔孙还奔燕。

襄公二十八年:崔氏之乱,丧群公子,故鉏在鲁,叔孙还在燕,贾(引注:与上"买"字似当有一误,或者二字分别属于同一人的名与字)在句渎之丘。

哀公六年:囚王豹于句渎之丘。

---

[1] 李家浩:《战国官印丛考》,黄德宽主编:《安徽大学汉语言文字研究丛书·李家浩卷》,安徽大学出版社,2013年,第113页。

[2] 杨伯峻:《春秋左传注(修订本)》,中华书局,2009年,第305、681页。

[3] 诸祖耿:《战国策集注汇考》,江苏古籍出版社,1985年,第773页。

杜预注《左传》桓公十二年所见的"句渎之丘(谷丘)"为"宋地",而以上出现的四处"句渎之丘",却显然当是齐地。杨伯峻先生《春秋左传注》于襄公十九年"句渎之丘"下亦引清人高士奇的说法注云:"当在齐境。"[1]这未免让人怀疑是不是杜预误将齐国境内的地名当作宋地了。不过,考虑到先秦时期的地名有不少异地同名的现象,比如上述战国玺印中所见的地名"句犊(渎)",其文字风格属于三晋体系[2],可见印文所指的"句犊(渎)"亦非齐地。所以,这个问题由于材料限制暂时无法展开讨论。

既知齐地有"句渎之丘",而据《春秋》和《左传》"句渎"合音为"谷"的说法,则"句渎之丘"与当时齐国的"谷"地当有关系,甚至就当是指同一地。"谷"作为地名,《春秋》经、《左传》多见,而且确定无疑是属于齐地。如:

《春秋》庄公七年经:冬,夫人姜氏会齐侯于谷。

《左传》庄公三十二年:三十二年春,城小谷,为管仲也。(参昭公十一年)

《左传》僖公二十六年:公以楚师伐齐,取谷。……寘桓公子雍于谷,易牙奉之以为鲁援。

《左传》文公十七年:齐侯伐我北鄙,襄仲请盟。六月,盟于谷。……襄仲如齐,拜谷之盟。

《春秋》宣公十四年经:冬,公孙归父会齐侯于谷。(《左传》同)

《左传》成公五年:夏,晋荀首如齐逆女,故宣伯餫诸谷。

《左传》成公十八年:书曰"齐杀其大夫国佐",弃命、专杀、以谷叛故也。

《春秋》襄公十九年经:晋士匄帅师侵齐,至谷,闻齐侯卒,乃还。(《左传》略同)

《左传》昭公十一年:齐桓公城谷而寘管仲焉,至于今赖之。(参庄公三十二年)

《左传》哀公二十四年:昔臧文仲以楚师伐齐,取谷。(参僖公二十六年)

《左传》哀公二十七年:(齐陈成子)乃救郑。及留舒,违谷七里,谷人不知。

以上所见的"谷"地可以确定是位于齐国境内。《系年》第七章第41简"楚成王率诸侯以围宋伐齐,成谷"[3],其中的地名"谷"也当是齐地。《水经注卷八·济水》"又

---

[1] 杨伯峻:《春秋左传注(修订本)》,中华书局,2009年,第1049页。

[2] 李家浩:《战国官印丛考》,黄德宽主编:《安徽大学汉语言文字研究丛书·李家浩卷》,安徽大学出版社,2013年,第113页。

[3] 清华大学出土文献研究与保护中心编、李学勤主编:《清华大学藏战国竹简(二)》,中西书局,2011年,第153页。

北过谷城县西"下注云:"济水侧岸有尹卯垒,南去鱼山四十余里,是谷城县界。故《春秋》之小谷城也。齐桓公以鲁庄公二十三年城之,邑管仲焉。"[1]也表明"谷"属于齐国。据上所述,《系年》简文的"句俞(渎)之门",也即"谷之门",其所在亦当与齐国的"谷"地有关。又简文明言"长城句俞(渎)之门",则可知此地必当距离齐国长城不远,或者说就是在齐国长城关隘口上。

杨伯峻先生以为春秋时期齐国的"谷"地在今山东省东阿县南之东阿镇[2],其说可信。东阿镇今属济南市平阴县辖区,地处平阴县平阴镇西南 21 千米处的谷城山南麓,春秋时期齐国于此置谷邑,东汉时期于此邑置谷城县。先秦时期,平阴是齐长城的西起点,其地理位置的重要性可想而知。战国三晋系屬羌钟铭文(《殷周金文集成》157—162)云:"征秦迮齐,入长城,先会于平阴。"所说的由晋国方向攻打齐国的战争形势与简文基本一致。由此铭文可知,从三晋方向攻打齐国要越过长城才可到达平阴,而春秋时期的"谷"地(今东阿镇)恰好位于既靠近齐国长城又接近平阴之处,正好可以与简文的"长城句俞(渎)之门"相互对应。

综上可知,简文"句俞之门"当读为"句渎之门",也即"谷之门",当是齐国长城附近或长城上的一个关门之名。简文的"句俞(渎)"与《左传》桓公十二年所见的杜预注为宋地的"句渎"似是异地同名关系。其地所在当与春秋时期齐国境内的"谷"地有关(邻近"谷"地或者说就在"谷"地),既不在今河南商丘,也不在今山东菏泽,而当在今山东省平阴县平阴镇西南 21 千米处的东阿镇。

又,《左传》襄公十八年记载:

> 冬十月,会于鲁济,寻溴梁之言,同伐齐。齐侯御诸平阴,堑防门而守之,广里。

杜预注:

> 平阴城在济北卢县东北,其城南有防,防有门,于门外作堑,横行广一里,故经书"围"[3]。

或以为《左传》此段记载即为齐国筑长城之始。我们怀疑简文所谓的"长城句俞(渎)之门"(也即"谷之门")似乎与齐侯此时所建的"防门"不无关系,甚至两者很有可能就是同物异名,即"防门"在筑造之初是因其具有防御作用而得名,而"句俞(渎)

---

[1] (北魏)郦道元著,陈桥驿校证:《水经注校证》,中华书局,2007 年,第 207 页。
[2] 杨伯峻:《春秋左传注(修订本)》,中华书局,2009 年,第 171、1044 页。
[3] (晋)杜预集解,李梦生整理:《春秋左传集解》,凤凰出版社,2010 年,第 470、471 页。

之门"(也即"谷之门")是因其旁有"句(沟)渎"或位于"谷"地而得名。

二、"汧 水"考

《系年》第二十二章第119—123简有如下一段话：

> 楚声桓王即位，元年，晋公止会诸侯于任，宋悼公将会晋公，卒于鼬。韩虔、赵籍、魏【119】击率师与越公翳伐齐，齐与越成，以建阳、郣陵之田，且男女服。越公与齐侯贷、鲁侯衍【120】盟于鲁稷门之外。越公入飨于鲁，鲁侯御，齐侯参乘以入。晋魏文侯斯从晋师，晋师大败【121】齐师，齐师北，晋师逐之，入至汧水，齐人且有陈疐子牛之祸，齐与晋成，齐侯【122】盟于晋军。

原整理者注释云：

> 建阳，即开阳。……简文开阳当在今山东临沂北，详见《水经注·沂水注》。郣陵当与开阳相近。

> 汧水，开阳在今临沂北，疑即汧水之阳，简文汧水当是沂水的支流[1]。

按：原整理者对"汧水"的释读以及对简文整体文意的理解恐有可商之处。

由简文可知，虽然晋国三家与越共同伐齐，但在"齐与越成"的情况下，却没有提到晋国，仅记载"越公入飨于鲁，鲁侯御，齐侯参乘以入"，这足以说明晋与越当时并没有合兵一处。否则，"齐与越成"时而不提晋国未免于理不合。而且，在"齐与越成"的情况下，晋国仍大败齐国，这更可说明越国与晋国是兵分两路攻打齐国的。如此，在注释"汧水"时与"建阳(开阳)"联系起来恐怕就有问题了。

我们怀疑"汧水"是指"岘水"。《清华大学藏战国竹简(一)》中《皇门》第1简的"覸"[2]，显然当是一个双声符字，"开"、"见"上古音皆属见母元部字。因此，"汧"读为从"见"声的"岘"不存在问题。

《水经注·沭水注》云："沭水又东南流，左合岘水，水北出大岘山，东南流迳邳乡东，东南流注于沭水也。"[3]"岘水"因"大岘山"而得名。大岘山上有个春秋战国

---

[1] 清华大学出土文献研究与保护中心编、李学勤主编：《清华大学藏战国竹简(二)》，中西书局，2011年，第192、193、194页。

[2] 清华大学出土文献研究与保护中心编、李学勤主编：《清华大学藏战国竹简(一)》，中西书局，2010年，第164页。

[3] (北魏)郦道元著，陈桥驿校证：《水经注校证》，中华书局，2007年，第614页。

时期赫赫有名的穆陵关,是齐鲁两国的分界点,齐长城修筑成之后,也是齐国南部长城上的重要关隘。《齐乘》云:"大岘山,即穆陵关也。……为齐南天险。"岘水是"穆陵关北之水"[1],任何进攻齐国的外国军队只有攻破齐长城上的穆陵关隘口才能到达岘水。

因此,简文述及晋师大败齐师,"入至汧水",即到达"岘水",则可表明晋国攻破了齐国南部天险穆陵关,进入到齐国境内,故而郑重其事载于史册。

三、"邿陵"考

上引第 120 简文中的"邿陵",据文意推测当位于今山东省东南部,我们怀疑有可能是指"渠丘"。《系年》第二章第 11、12 简的"高之巨尔"即读为"高之渠弥"[2],故"巨"读为从"巨"声的"渠"没有任何问题。传统训诂中"陵"、"丘"二字常可互训。如《周易·渐》"鸿渐于陵",李鼎祚《周易集解》引虞翻曰:"陵,丘。"《汉书·地理志上》"营丘",颜师古注引应劭曰:"陵,亦丘也。"《尔雅·释丘》"释丘",邢昺疏:"土有自然而高,小于陵者名丘也。"又如《经典释文》引《广雅》曰:"小陵曰丘。"

渠丘,见于《左传》成公八年:"晋侯使申公巫臣如吴,假道于莒。与渠丘公立于池上,曰:'城已恶。'"成公九年:"冬十一月,楚子重自陈伐莒,围渠丘。渠丘城恶,众溃,奔莒。戊申,楚入渠丘。"又见于昭公十一年:"齐渠丘实杀无知。"据后人考证,春秋时期有两个"渠丘":昭公十一年所说的"渠丘"是公孙无知的封邑,位于今淄博市桓台县;成公八、九年所说的"渠丘"本是莒国城邑,遗址在今山东省日照市日照镇西 25 千米莒县境内[3],距离临沂市不远。莒县原属临沂市,1992 年设立日照市时划归日照。若简文中的"邿陵"确实是指"渠丘",则自当对应齐国国都临淄东南方向原为莒国城邑者。简文所述的战争发生之时,越国已经迁都琅琊(今山东临沂、日照、青岛、诸城一带),这时逐渐蚕食属于齐国的

---

[1] (元)于钦纂修:《齐乘》,中华书局编辑部:《宋元方志丛刊》第一册,中华书局,1990 年,第 515、534 页。

[2] 清华大学出土文献研究与保护中心编、李学勤主编:《清华大学藏战国竹简(二)》,中西书局,2011 年,第 138 页。

[3] 唐敏、尹敬梅等编:《山东省古地名辞典》,山东文艺出版社,1993 年,第 173 页。又可参:谭其骧主编:《中国历史地图集》第一册,中国地图出版社,1982 年,第 26—27 页。

原莒地疆土是很有可能的。

四、"任"地地望补说

上引第 119 简"晋公止会诸侯于任"的"任"地,原整理者提出了两种说法:

> 任为晋邑,在今河北任县东。一说在今山东济宁东南,古泗水边上,地在宋、鲁之间[1]。

若以上对"洭(岘)水"、"郘陵(渠丘)"的地理位置所说不误,则可知晋与越共同伐齐是兵分两路,即分别从齐国南部和东南部进攻齐国。由此推测,"任"地所在当以第二种说法为妥,即"任"地当在今山东济宁东南,也就是今济宁市东南方的任城区,此是古任国所在。《左传》僖公二十一年记载:"任、宿、须句、颛臾,风姓也,实司大皞与有济之祀,以服事诸夏。"其中的"任"即是指此小国。

因为据简文所述的当时形势来看,晋与越结盟伐齐,参加会盟者除晋、越之外还有宋国。简文的"任"地若是处于今山东济宁市东南方的任城区,则距离三个国家的路程远近基本持平,而且会盟地相对于齐国的方向与晋、越两国进攻齐国的方向基本一致,故可推知当时的"任"应以位于此地为妥。若是以为"任"地在今河北任县东,则地处晋国境内,而距离宋、越两国甚远,且位于齐国的西北方向,于情理不合,似有不妥。

附记:初稿承蒙裘锡圭先生审阅指教,谨致谢忱。其中若有不当及谬误之处,责任概由笔者自负。

---

[1] 清华大学出土文献研究与保护中心编、李学勤主编:《清华大学藏战国竹简(二)》,中西书局,2011 年,第 193 页。

从清华简《金縢》篇看周公事绩与《豳风》毛序

薮敏裕

日本岩手大学教育学部

清华简(一)收录《周武王有疾周公所自以代王之志(金縢)》(下文简称清华简《金縢》篇)[1]，文章叙述周公为了祈祷武王病愈而愿以身相代，后纳祷辞于"金縢之匮"。这个传说也见于今本《尚书·金縢》篇，两者多有相似，但也颇有不同[2]。《史记·鲁周公世家》(下文简称《鲁世家》)自开篇至"周公卒"的部分也有与《尚书·金縢》篇和清华简《金縢》篇相重复的内容，但在叙述金縢传说之前添加了三至四年间的周公事绩。正如学者们所讨论的那样，三者文本近似，不论孰先孰后，三者之间的继承关系是显而易见的。

本文以《鲁世家》周公"摄行政当国(摄政)"为中心，探讨上述三种文本对周公事

---

[1] 清华大学出土文献研究与保护中心编、李学勤主编：《清华大学藏战国竹简(一)》，中西书局，2010年。《金縢篇》的命名从清华简(一)。文字的隶定与假借字原则上从清华简释文，为行文方便，径用假借字或通行字。

[2] 清华简的整理者云："本篇简文的内容与传世今本《金縢》篇有一些重要的不同。"赤塚忠《书经·易经(抄)》(平凡社，1972年，第591页)云："这种孔子删书说在宋代受到质疑之前一直处于支配地位，认为《书》的内容集中体现了孔子学说。但是，毋庸置疑，这与事实不相符合。我认为，虽然不同的传承者之间会有少许变化，但《尚书》是在历史事实的基础上，由儒家、墨家等学者累积集成而形成的，这种情形在文化史上具有重要意义。虽说战国时代的所有《书》不会原样不变地传承到汉代，但它们都是汉代《尚书》的祖型。"这是楚简发现之前的见解，颇具卓识。李学勤《清华简九篇综述》(《文物》2010年第5期)认为清华简《金縢》篇与《尚书·金縢》篇属于不同的传承系统。陈民镇、胡凯集释《清华简〈金縢〉集释》云："笔者以为，要判断孰优孰劣、孰先孰后为时尚早。可以肯定的是，清华简《金縢》内容之原始性、早期性，为我们提供了新的探索路径。"

绩的不同理解[1]。具体探讨三者采用了以下解释的哪一种：1. 周公作为家臣服务成王（周公家臣说）；2. 周公摄政代行王权（周公摄政说）；3. 周公即位称王（周公即位说）[2]。《毛诗·豳风》毛序把豳风八首诗均与周公事绩联系起来解释，我们在上述成果的基础上，进一步探讨应该如何考虑这种解释的成立年代。

一、《尚书》今古文问题

有关《尚书》文本的形成存在诸多问题，陈梦家在《尚书通论》一书自叙中曾说："但此二十九篇《尚书》和三百篇《诗》，在经典中号称难读，而以《尚书》为尤甚。一则《尚书》本身的文字艰涩难以通读，二则关于《尚书》在经学史上的纷纠及其书篇的流传、结集的许多问题，历来论述之书为数浩繁，而又琐碎。"他主张汉晋之际的《尚书》有以下七种传本[3]。

1. 伏生本（《史记·儒林传》，西汉今文本）
2. 壁中本（《汉书·楚元王传》，西汉古文本）
3. 孔氏本（《史记·儒林传》，西汉古文本）
4. (河间)献王本（《汉书·儒林传》，西汉古文本）
5. 中秘本二种（《汉书·艺文志》、《汉书·儒林传》，西汉古文本）
6. 杜林本（《后汉书·杜林传》，东汉古文本）
7. 孔传本（东晋古文本？）

伏生本是以今文（隶书）写成的《今文尚书》，传于欧阳生（欧阳和伯）、张生，再传分为欧阳高、夏侯胜（大夏侯）、夏侯建（小夏侯）三家。武帝时，欧阳氏本立于学官，宣帝时三家均得立。伏生本含《太誓》一篇，上述各家均二十九篇。此外，熹平石经《尚

---

[1] 关于三种文本的比较，杨振红《从清华简〈金縢〉看〈尚书〉的传流及周公历史记载的演变》（《中国史研究》2012年第3期）一文已有所涉及。此文围绕今文、古文问题为中心展开比较，关于与金縢之匮相关的周公显灵即天疾风雷雨的原因，探讨了不按王礼葬周公的今文家说（"葬仪说"）以及成王信馋致使周公奔楚的古文家说（"信馋说或奔楚说"）。

[2] 顾颉刚：《周公摄政称王》[《文史（第二十三辑）》，中华书局，1984年]一文，收集并讨论了周公传说。全文分四部分，其目录如下：一、战国、秦、汉时人记载周公执政称王或摄王的传说，二、西汉时两次模仿周公辅成王的事件和王莽利用周公的偶像夺取皇位的经历，三、东汉以下经学家为了卫护皇权企图推翻周公称王史实的各种新解释，四、近代学者重新揭出周公执政称王的史实。就周公的政治地位，他指出存在战国、秦、汉时"执政称王或摄王"与西汉"周公辅成王"等不同的说法。

[3] 陈梦家：《尚书通论》，中华书局，1985年，第35—47页。

书》文本一般认为是欧阳氏本[1],但熹平石经仅存少数残石,《今文尚书》完整文本已不存于世。

汉代又在孔子旧宅壁中、皇家图书馆以及民间发现了以古文(秦以前的字体)写成的《古文尚书》。上述2至7即是这种古文字体文本,其中2至5文本的具体内容不得而知。尚存于世的是6杜林本及7孔传本两种文本,其中6杜林本的篇数与上述《今文尚书》29篇相同,一般认为是以《今文尚书》转写成古文字体的文本。三体石经即是6杜林本[2],但仅存残石,完本不传于世。7孔传本是东晋豫章内史梅赜奏上的《古文尚书》58篇,为唐《五经正义》所采用,今本《十三经注疏》中的《尚书》即此文本。据清阎若璩《古文尚书疏证》,其中的25篇为伪古文。本文所讨论的《金縢》篇不属于东晋时期的伪古文。现存《尚书》完本只有7孔传本,继承1伏生本的熹平石经、与6杜林本相关的三体石经均是断简残篇。

受陈梦家说启发,加藤常贤在《真古文尚书集释》序文中倡导今文尚书、古文尚书、真古文尚书三分说[3]。他所说的今文尚书基本与陈梦家说1相同,存在于陈乔枞《三家遗说考》等文献中。古文[4]尚书为武帝之子鲁恭王坏孔子宅时所发现,以古文字体写成的《尚书》,此亦即真古文尚书[5],同于陈梦家所说的2壁中本。就尚书的成书问题,加藤氏的观点如次:继承自先秦的真古文尚书四十五卷(五十八篇),其中十六卷(二十四篇)仅存篇名,其他二十九卷(三十四篇)流传于世,前者为真古文逸篇,后者为真古文尚书,魏晋时期根据前者的篇名伪造了伪古文逸篇,今本《十三经注疏》古文尚书四十五卷(五十八篇)包括根据篇名伪造的伪古文逸篇十六卷(二十四篇)和真古文尚书二十九卷(三十四篇),清阎若璩《尚书古文疏证》证明了篇名同于真古文逸篇的尚书为魏晋时期的伪古文尚书,因此今本《古文尚书》中剔除伪古文逸篇之后其余诸篇即为真古文尚书,亦即传承自先秦的真尚书。但是,随着清华简《金縢》

---

[1] 马衡:《汉石经集存》(艺文印书馆,1976年,第24—25页)云:"《书》之立于学官者,有欧阳、大、小夏侯三家。新出残石于《秦誓》之后,有《书序》七行,存尧典、汤誓、西伯戡饥、鸿范、召诰、君奭、甫刑等序残字。……据此,以证汉石经《尚书》之为欧阳本。"

[2] 参见刘起釪:《尚书学史》(中华书局,1989年,第155页)的"《尚书》今、古、伪古各本篇数卷数演变状况表"。此书是目前《尚书》文献学研究的集大成之作。

[3] 加藤常贤:《真古文尚书集释》,明治书院,1964年,第15—17页。

[4] 关于古文的定义,他采用了王国维说,认为古文是见于《隶释》所收三体石经的字体,即战国时期东方诸国(今山东省范围)所通行的字体。

[5] 这仅是加藤氏的判断,真实状况难以判定。

篇的出现,加藤说有必要重新探讨[1]。虽然清华简《金縢》篇是以古文写成的《金縢》篇,但它与加藤氏所言的真古文即今本有一些重要不同。换句话说,现在《金縢》篇存在今本与清华简两种文本,其中清华简无疑为战国时期文本,今本《尚书·金縢》篇极有可能传承自清华简[2]。

二、清华简《金縢》篇、《尚书·金縢》篇与《鲁世家》中的周公像

在此,我们以《鲁世家》所言"(周公)摄政"为中心,将《鲁世家》、《尚书·金縢》篇、清华简《金縢》篇三种文本进行比较[3]。

表一 清华简《金縢》篇、《尚书·金縢》篇与《鲁世家》文本比较表

内容	清华简(1—15)《周武王有疾周公所自以代王之志(金縢)》	今本《尚书·金縢》篇(a)书序"武王有疾,周公作《金縢》。"	《鲁世家》(①—⑭)
周公祈祷武王病愈	**武王克殷+3年** 1. 武王既克殷三年,王不豫,有迟。 2. 二公告周公曰:"我其为王穆卜。" 3. 周公曰:"未可以戚吾先王。"周公乃为三坛同墠,为一坛于南方,周公立焉,秉璧植珪。 4. 史乃册祝告先王曰:"尔元孙发也,遘害虐疾,尔毋乃有备子之责在上,惟尔元孙发也,不若旦也,是佞若巧能,多才多艺。	**武王克殷+2年** 1. 既克商二年,王有疾,弗豫。 2. 二公曰:"我其为王穆卜。" 3. 周公曰:"未可以戚我先王。"公乃自以为功,为三坛同墠,为坛于南方,北面,周公立焉。植璧秉珪,乃告大王、王季、文王。 4. 史乃册,祝曰:"惟尔元孙某,遘厉虐疾。若尔三王,是有丕子之责于天,	**武王克殷+2年** 1. 武王克殷二年,天下未集,武王有疾,不豫,群臣惧。 2. 太公、召公乃缪卜。 3. 周公曰:"未可以戚我先王。"周公于是乃自以为质,设三坛,周公北面立,戴璧秉圭,告于太王、王季、文王。 4. 史策祝曰:"惟尔元孙王发,勤劳阻疾。若尔三王是有负子之责于天,以旦代王发之身。旦巧能,多

---

[1] 前引杨振红《从清华简〈金縢〉看〈尚书〉的传流及周公历史记载的演变》一文的结论之一是"汉代古文《尚书》较之今文《尚书》更接近原初的《尚书》本",把今本《古文尚书》与原初的《尚书》区别开来。

[2] 虽然有学者主张清华简《金縢》篇与今本《尚书·金縢》篇属于不同系统,但是两者内容如此相近,后者继承前者并有所修改,这一观点在现状下是较为妥当的。前引杨振红先生一文认为清华简《金縢》篇不是经书,这一可能性或许存在,需作进一步研究。

[3] 为了便于文本比较,我们按照清华简《金縢》篇的内容,分为1—15层次,其他两种文本近似内容标注同样数字。《尚书·金縢》篇所特有的内容标注a,其他文本近似内容也标注a。《鲁世家》所特有的内容标注①—⑭符号,与《金縢》篇无关内容省略。

续表

周公祈祷武王病愈	能事鬼神。命于帝廷，溥又四方，以定尔子孙于下地。尔之许我我则晋璧与珪。尔不我许,我乃以璧与珪归。" ① a 5. 周公乃纳其所为功自以代王之说于金縢之匮,乃命执事人曰："勿敢言。"	以旦代某之身。予仁若考,能多材多艺,能事鬼神。乃元孙不若旦多才多艺,不能事鬼神。乃命于帝庭,敷佑四方,用能定尔子孙于下地,四方之民,罔不祗畏。呜呼,无坠天之降宝命,我先王亦永有依归。今我即命于元龟,尔之许我,我以其璧与珪归俟尔命。尔不许我,我乃屏璧与珪。" ① a 乃卜三龟,一习吉。启钥见书,乃并是吉。公曰："体,王其罔害。予小子新命于三王,惟永终是图。兹攸俟,能念予一人。" 5. 公归,乃纳册于金縢之匮中。王翼日乃瘳。	材多艺,能事鬼神。乃王发不如旦多才多艺,不能事鬼神。乃命于帝庭,敷佑四方,用能定汝子孙于下地,四方之民罔不敬畏。无坠天之降葆命,我先王亦永有所依归。今我其即命于元龟,尔之许我,我以其璧与圭归,以俟尔命。尔不许我,我乃屏璧与圭。" ① 周公已令史策告太王、王季、文王,欲代武王发,于是乃即三王而卜。 a 卜人皆曰吉,发书视之,信吉。周公喜,开篇,乃见书遇吉。周公入贺武王曰："王其无害。且新受命三王,维长终是图。兹道能念予一人。" 5. 周公藏其策金縢匮中,诫守者勿敢言。明日,武王有瘳。
武王死后,周公居东,贻成王诗	成王元年 6. 就后武王陟,成王犹幼在位。 ② 7. 管叔及其群兄弟乃流言于邦曰："公将不利于孺子。" 8. 周公乃告二公曰："我之□□□□亡以复见于先王。"	成王元年(周公元年) 6. 武王既丧。 ② 7. 管叔及其群弟乃流言于国曰："公将不利于孺子。" 8. 周公乃告二公曰："我之弗辟,我无以告我先王。"	成王元年(周公元年) 6. 其后武王既崩。 ② 成王少,在强葆之中。周公恐天下闻武王崩而畔,周公乃践阼代成王摄行政当国。 7. 管叔及其群弟流言于国曰："周公将不利于成王。" 8. 周公乃告太公望,召公奭曰："我之所以弗辟而摄行政者,恐天下畔周,无以告我先王太王、王季、文王。三王之忧劳天下久矣,于今而后成。武王蚤终,成王少,将以成周,我所以为之若此。"

续 表

武王死后,周公居东,赠成王诗	③	③	③ 于是卒相成王,而使其子伯禽代就封于鲁。周公戒伯禽曰:"我文王之子,武王之弟,成王之叔父,我于天下亦不贱矣。然我一沐三捉发,一饭三吐哺,起以待士,犹恐失天下之贤人。子之鲁,慎无以国人。"
	④	④	④ 管、蔡、武庚等果率淮夷而反。周公乃奉成王命,兴师东伐,作大诰。遂诛管叔,杀武庚,放蔡叔。收殷余民,以封康叔于卫,封微子于宋,以奉殷祀。
	成王4年 9. 周公宅东三年,祸人乃斯得。	**成王3年(周公3年)** 9. 周公居东二年,则罪人斯得。	**成王3年(周公3年)** 9. 宁淮夷东土,二年而毕定。诸侯咸服宗周。
	⑤	⑤	⑤ 天降祉福,唐叔得禾,异母同颖,献之成王,成王命唐叔以馈周公于东土,作馈禾。周公既受命禾,嘉天子命,作嘉禾。
	10. 于后周公乃遗王诗曰《雕鸮》。	10. 于后,公乃为诗以贻王,名之曰《鸱鸮》。	10. 东土以集,周公归报成王,乃为诗贻王,命之曰《鸱鸮》。
	11. 王亦未逆公。	11. 王亦未敢诮公。	11. 王亦未敢训周公。
	成王4年 ⑥	**成王3年(周公3年)** ⑥	**成王7年(周公7年)** ⑥ 成王七年二月乙未,王朝步自周,至丰,使太保召公先之洛相土。其三月,周公往营成周洛邑,卜居焉,曰吉,遂国之。
	⑦	⑦	⑦ 成王长,能听政。于是周公乃还政于成王,成王临朝。周公之代成王治,南面倍依以朝诸侯。及七年后,还政成王,北面就臣位……作此以诫成王。
	⑧	⑧	⑧ 初,成王少时……
	⑨	⑨	⑨ 周公归,恐成王壮……

续表

武王死后,周公居东,赠成王诗	⑩	⑩	⑩ 成王在丰,天下已安,周之官政未次序,于是周公作周官,官别其宜。作立政,以便百姓。百姓说。
	⑪	⑪	⑪ 周公在丰,病,将没,曰:"必葬我成周,以明吾不敢离成王。"周公既卒,成王亦让,葬周公于毕,从文王,以明予小子不敢臣周公也。
周公显灵	成王4年 12. 是岁也,秋大熟,未获。天疾风以雷,禾斯偃,大木斯拔。邦人□ 13. □□□弁,大夫緟,以启金縢之匱。王得周公之所自以为功以代武王之说。 14. 王问执事人,曰:"信。噫,公命我勿敢言。"王布书以泣,曰:"昔公勤劳王家,惟余冲人亦弗及知,今皇天动威,以章公德,惟余冲人其亲逆公,我邦家礼亦宜之。" 15. 王乃出逆公至郊。是夕,天反风,禾斯起,凡大木之所拔,二公命邦人尽复筑之。岁大有年,秋则大获。 ⑫ ⑬ ⑭	成王3年(周公3年) 12. 秋大熟,未获,天大雷电以风。禾则尽偃,大木斯拔,邦人大恐。 13. 王与大夫尽弁,以启金縢之书,乃得周公所自以为功代武王之说。 14. 二公及王乃问诸史与百执事。对曰:"信。噫!公命我勿敢言。"王执书以泣曰:"其勿穆卜。昔公勤劳王家,惟予冲人弗及知。今天动威,以彰周公之德,惟朕小子其新逆,我国家礼亦宜之。" 15. 王出郊,天乃雨,反风。禾则尽起。二公命邦人,凡大木所偃,尽起而筑之。岁则大熟。 ⑫ ⑬ ⑭	成王7年(周公7年)+X 12. 周公卒后,秋未获、暴风雷(雨),禾尽偃,大木尽拔。周国大恐。 13. 成王与大夫朝服以开金縢书,王乃得周公自以为功代武王之说。 14. 二公及王乃问史、百执事,史、百执事曰:"信有,昔周公命我勿敢言。"成王执书以泣曰:"自今后其无繆卜乎。昔周公勤劳王家,惟予幼人弗及知。今天动威以彰周公之德,惟朕小子其迎,我国家礼亦宜之。" 15. 王出郊,天乃雨,反风,禾尽起。二公命国人,凡大木所偃,尽起而筑之。岁则大孰。 ⑫ 于是成王乃命鲁得郊祭文王。 ⑬ 周公卒,子伯禽固已前受封…… ⑭ 伯禽即位之后……

首先,在第 6 层次,清华简《金縢》篇云"成王犹幼在位",讲述武王"陟"(驾崩)后成王幼年即位。《尚书·金縢》篇"陟"改为"丧",未言成王即位。《鲁世家》改"丧"为"崩",亦未言成王即位,接着说"成王少,在强葆之中。周公恐天下闻武王崩而畔,周公乃践阼代成王摄行政当国",这是三者中唯一言及"(周公)摄政"的文本。清华简明言成王即位,采用周公家臣说,今本《尚书》及《鲁世家》未言成王即位。三种文本在第 7 层次中均言管叔等散布周公意欲篡位的流言。

在第 8 层次,《尚书·金縢》篇载周公对二公(太公望、召公奭)云"我之弗辟,我无以告我先王",伪孔传云"辟,治也",理解为周公言如果我不依法治理则无颜面对先王。《尚书》亦取周公家臣说的可能性很大。但是,《鲁世家》则云"我之所以弗辟而摄行政者,恐天下畔周,无以告我先王太王、王季、文王",叙述周公不离成王左右"摄行政"的目的是恐怕天下反叛而对不起太王(古公亶父)、王季、文王,可见采用周公摄政说。《鲁世家》接着叙述伯禽封鲁(③)及管叔之乱的平定(④)。清华简《金縢》篇在这部分有缺字,意义不明。

第 9 层次叙述周公在东方(成周?)平定管叔之乱,清华简《金縢》篇云"宅东三年",《尚书·金縢》篇云"居东二年"。《鲁世家》则云周公奉成王命东征淮夷(④),又接着说"宁淮夷东土,二年而毕定。诸侯咸服宗周",叙述周公两年平定淮夷,诸侯皆朝见宗周,而第⑤部分则把晋国的建国传说与周公关联起来。第 10 层次,三种文本均言周公作《鸱鸮》诗赠成王。第 11 层次,清华简《金縢》篇云"王亦未逆公",言成王未能出迎周公,而《尚书·金縢》篇云"王亦未敢诮公",《鲁世家》云"王亦未敢训周公",均言成王未敢责难周公。

在第 12 层次,清华简《金縢》篇与《尚书·金縢》篇叙述天大风雷电,谷物、大树尽倒。而《鲁世家》在进入这个层次之前,插入⑥至⑪部分的内容。在第⑥部分,径言"成王七年",与清华简及《尚书》相比,直接跨越三至四年时间。第⑦部分讲周公摄政,"及七年后,还政成王,北面就臣位",武王驾崩七年之后,周公还政于成王,又增加了周公死去的记载。作为史书的《鲁世家》增加了清华简《金縢》篇与《尚书·金縢》篇所不见的新传说,把大风雷雨导致谷物大树尽倒的现象归结为亡故周公在天之灵的谴告,成王迎周公之灵进行郊祭[1]。但在清华简《金縢》篇中,这个故事发生在周公生前,第 13 及 14 层次讲成王见金縢之书,在成周(洛阳)的周公冤情得以昭雪,第 15 层次"王乃出逆公至

---

[1] 泷川龟太郎:《史记会注考证》(东方文化学院东京研究所,1932 年,第 17 页)云:"中井积德曰,此'迎'字不通,本文已异。王孔解无所当。愚按:迎,《书·金縢》作'逆',王亲迎周公也。《史记》事在周公已卒后,则迎周公神也。宜依文解之。"

郊",讲述成王至宗周(丰镐)郊外出迎周公。《尚书·金縢》篇云"王出郊",省"逆"字,也把故事设定为周公生前,不能断定是赴郊外迎接周公还是举行郊祭。

综上,清华简《金縢》篇明言武王死后成王即位,采用周公家臣说的可能性较大。讲述周公受到管叔谗言,赠成王《鸱鸮》诗,之后大风雷电导致谷物大树尽倒的天谴发生,成王得见金縢之书后回心转意,至郊外迎接周公,天反风谷物尽起,召公、太公令邦人复原树木,此年大丰熟。这一系列灵验故事均发生在武王驾崩后第四年。而《鲁世家》则云武王死后,周公"践阼"代成王摄行国政,采周公摄政说。讲述周公受到管叔谗言,赠成王《鸱鸮》诗,四年后"还政"成王,周公死去,然后发生周公在天之灵的谴告,郊祭之后,天反风谷物尽起,令邦人复原树木,年大丰熟。这一系列灵验故事均发生在武王死后第三年或第四年至第七年之间。《尚书·金縢》篇不言周公"践阼"、"摄政",也省略了成王在位的表述,或许取周公家臣说,内容自周公受谗至天谴发生与清华简《金縢》篇相同,在举行郊祭还是出迎郊外这一点上表述不明。上面是在周公"摄政"这一点上三种文本的不同,总结如下表,罗马数字表示假设成王即位后的在位年数。

表二 清华简《金縢》篇、《尚书·金縢》篇与《鲁世家》文本异同表

清华简《金縢》篇	《尚书·金縢》篇	《鲁世家》
武王陟	武王丧	武王既崩
1 成王犹幼在位		1(周公)代成王摄行政当国
4 宅东三年	3 居东二年	3 宁淮夷东土二年而毕定
4 天疾风以雷	3 天大雷电以风	
4(成)王乃出逆公至郊	3(成)王出郊	
4 大获	3 大熟	
		7 周公乃还政于成王
		7 周公卒
		7 暴风雷雨
		7(成)王出郊
周公家臣说	周公家臣说	周公摄政说

三、金文所见周公事绩

上文比较了清华简《金縢》篇、《尚书·金縢》篇、《鲁世家》三种文献所见的周公传

说，本节探讨西周金文资料中所见的周公。成王时代的"堕方鼎"(《集成》2739)[1]铭文云：

> 唯周公于征伐东尸(夷)，丰公、尃(薄)古(姑)咸弌。公归禩(获)于周庙。戊辰，酓(饮)秦酓(饮)，公赏堕(坰)贝百朋，用乍(作)尊鼎。

铭文讲述周公征伐东夷，剿灭丰国与博姑之后胜利归来，献祭周庙，庆祝凯旋，论功行赏，赏赐给堕贝一百朋，堕作铜鼎以示纪念。不论这场战事是否发生在管蔡之乱时，这则铭文都证明了周公东征事件无疑是历史事实。此外，成王时期的"小臣单觯"(《集成》6512)铭文云：

> 王后叞(反)[2]克商，在成师，周公赐小臣单贝十朋。用乍(作)宝尊彝。

铭文记述周公(受成王命)克商之后，在成周赏赐给小臣单贝十朋。这则铭文证明了成王命令周公征商(或是管蔡之乱时)这一历史事实。可见，金文资料虽不见周公摄政的记载，但可以证明周公是成王时有才干的家臣，取得不少战绩。

1976年发现于陕西扶风县的西周中期"史墙盘"(《集成》10175)铭文中，有关于西周王世的描述。相关内容如次：

> 曰古文王，初鳌(庚)龢于政，上帝降懿德大屏(屏)，匍(抚)有上下、迨(会)受万邦。鼗(讯)圉武王，遹征四方，达(挞)殷畯民，永不(丕)巩(恐)狄虘(狙)，微伐尸(夷)童。宪圣成王，左右毂(绥)毁(糠)刚鲧，用肇敳(彻)周邦。渊哲康王，匍尹意(亿)强。宏(宏)鲁邵(昭)王，广敝(笞)楚荆，唯窭(贯)南行。祗覜(景)穆王，井(型)帅宇诲(谋)。

铭文首先赞颂文王、武王，接着叙述成王、康王、昭王、穆王的功绩。可知西周初年王位继承顺序是文王、武王、成王，不见周公继承王位的记载。又，2003年发现于陕西宝鸡眉县杨家村的西周晚期"逑盘"(《二编》939)[3]铭文中，叙述了从文王、武王至厉王十一世谱系，与《史记·周本纪》完全相同。相关内容如次：

> 逑曰：不(丕)显朕皇高且(祖)单公，趄=(桓桓)克明悊氒(厥)德，夹召文王、武王达(挞)殷，膺受天鲁令(命)，匍有四方，并宅氒(厥)堇(勤)疆土，用配上帝。

---

[1] 中国社会科学院考古研究所编：《殷周金文集成(修订增补本)》，中华书局，2007年。简称《集成》，下文不再出注。

[2] 叞(反)字的考证据李守奎：《据清华简〈系年〉"克反邑商"释读小臣单觯中的"反"与包山简中的"钣"》，《简帛(第九辑)》，上海古籍出版社，2014年。

[3] 刘雨、严志斌编著：《近出殷周金文集录二编》，中华书局，2010年。简称《二编》。

雩朕皇高且(祖)公弔(叔),克逨匹成王,成受大令(命),方狄不亯(享),用奠四或(国)万邦……

综上可见,当时人记载的王位继承顺序是文王、武王、成王,西周金文资料中,周公虽然地位很高,却不见即王位或摄政的记录。

四、清华简《金縢》篇与传世文献所见周公

如上节所述,西周金文中可见周公据王命赏赐家臣的记录[1],但见不到他即王位或摄政辅成王的记载。战国中期的清华简《金縢》篇除金縢传说外,多与西周金文相合。下面我们探讨传世文献所见的周公形象,主要看这些文献采用下述三种说法的哪一种:武王驾崩后周公以家臣身份辅佐成王(周公家臣说)、周公摄政代行王权(周公摄政说)、周公继承王位(周公即位说)。

首先看与清华简大致同时成书的《孟子》。《公孙丑下》篇云:

> 见孟子,问曰:"周公何人也?"曰:"古圣人也。"

此处评价周公为圣人。《滕文公上》篇云:

> 吾闻用夏变夷者,未闻变于夷者也。陈良,楚产也。悦周公、仲尼之道,北学于中国。北方之学者,未能或之先也。彼所谓豪杰之士也。子之兄弟事之数十年,师死而遂倍之。

讲述楚国的陈良来北方学习"周公、仲尼之道",《孟子》此处亦把周公与孔子并称圣人。又,《公孙丑上》篇云:

> 且以文王之德,百年而后崩,犹未洽于天下;武王、周公继之,然后大行。今言王若易然,则文王不足法与?

此处明言武王与周公继承文王之政。虽把周公当作文王治世的继承者,但不见周公辅成王的表述。再者,《万章上》篇云:

> 万章问曰:"人有言:'至于禹而德衰,不传于贤而传于子。'有诸?"孟子曰:

---

[1] 西周金文多见贵族赏赐家臣的事例,例如西周早期"伯虞父卣"中休父赐伯虞父马(《集成》5390)、西周早期"竞卣"中白犀父赏赐竞玉璋(《集成》5425)、西周中期"几父壶"同仲赏赐几父"仆四家、金十钧"(《集成》9721)等。

"否,不然也……匹夫而有天下者,德必若舜禹,而又有天子荐之者,故仲尼不有天下。继世以有天下,天之所废,必若桀纣者也,故益、伊尹、周公不有天下。"

此段讲述有天子资格者必须兼备德行以及天子的推荐才可以拥有天下,周公虽有德但没有天子的推荐,所以不能为天子。《孟子》的政治思想是天命思想,特别强调天子之位的继承由天意而定,明言周公没有继承王位。可以认为《孟子》采用周公家臣说,与孔子素王说(无冠帝王)相近似,周公因无天子推举而未能继承王位。《孟子》所见的周公观与清华简的周公像大致相同。

接着看与清华简同时或稍后的《荀子》[1]中的情况。《儒效》篇云:

大儒之效:武王崩,成王幼,周公屏成王而及武王,以属天下,恶天下之倍周也。履天子之籍,听天下之断,偃然如固有之,而天下不称贪焉……教诲开导成王,使谕于道,而能揜迹于文武。周公归周,反籍于成王,而天下不辍事周;然而周公北面而朝之。

此处以周公为例讲述大儒的功绩,云周公"履天子之籍",蔽成王而继武王以治理天下的目的是怕天下叛周。以周公为圣人是孔子以来儒家的传统看法,《荀子》对周公即天子位而创立周文化根基的事绩给予很高评价。《儒效》篇后半部分再列此传说云:

客有道曰:孔子曰:"周公其盛乎!身贵而愈恭,家富而愈俭,胜敌而愈戒。"
应之曰:是殆非周公之行,非孔子之言也。武王崩,成王幼,周公屏成王而及武王,履天子之籍,负扆而立,诸侯趋走堂下。当是时也,夫又谁为恭矣哉!

此处引述孔子评价周公之言,云周公的功绩在恭敬、谨慎、戒备,强调周公"履天子之籍"。《荀子》中周公即位说确凿无疑,与同为儒家文献的《孟子》不相协调。从西周金文、《孟子》的周公家臣说以及清华简《金縢》篇明言武王驾崩后成王立刻即位而不言周公即位或摄王等诸文献综合考虑,周公即位说或许自《荀子》才出现[2]。

另一方面,《礼记·文王世子》篇与《礼记·明堂位》篇均取周公摄政说。《礼记·

---

[1] 关于《荀子》的成书,暂从赤塚忠说,他在《荀子研究的二三问题》(《赤塚忠著作集第3卷·儒家思想研究》)中云:"《荀子》书中除荀子的文章之外也有荀子学派学者的修改或增补,最终编纂和排序的是汉代刘向。刘向的编纂仅仅部分改变了顺序,并没有篡改原文。"

[2] 《荀子·儒效》篇云:"故有俗人者,有俗儒者,有雅儒者,有大儒者。不学问,无正义,以富利为隆,是俗人者也。逢衣浅带,解果其冠,略法先王而足乱世术,缪学杂举,不知法后王而一制度,不知隆礼义而杀诗书。"《荀子》不认为"先王"所作的《书》绝对正确,主张"后王"制定的"礼仪"比"先王"的《诗》、《书》更加重要。

文王世子》篇云：

> 仲尼曰："昔者周公摄政，践阼而治，抗世子法于伯禽，所以善成王也。闻之曰：为人臣者，杀其身有益于君则为之，况于其身以善其君乎？周公优为之！"是故知为人子，然后可以为人父；知为人臣，然后可以为人君；知事人，然后能使人。成王幼，不能莅阼，以为世子，则无为也，是故抗世子法于伯禽，使之与成王居，欲令成王之知父子、君臣、长幼之义也。

《礼记·明堂位》篇列举以周公在位七年为前提的第六年与第七年的功绩，云：

> 昔殷纣乱天下，脯鬼侯以飨诸侯。是以周公相武王以伐纣。武王崩，成王幼弱，周公践天子之位以治天下。六年，朝诸侯于明堂，制礼作乐，颁度量，而天下大服。七年，致政于成王。成王以周公为有勋劳于天下，是以封周公于曲阜，地方七百里，革车千乘，命鲁公世世祀周公以天子之礼乐。

《文王世子》篇明言"周公摄政，践阼而治"，《明堂位》篇则言"周公践天子之位"，是同一个意思的不同表述形式。

又，汉代成书的《韩诗外传》卷三云：

> 周公践天子之位，七年，布衣之士所贽而师者十人，所友见者十二人，穷巷白屋先见者四十九人，时进善者百人，教士千人，宫朝者万人。成王封伯禽于鲁，周公诫之曰……

此处亦云"周公践天子之位"，义同于《礼记·文王世子》的周公摄政践阼。可知，《韩诗外传》亦取周公摄政说。

此外，西汉末年成书的《说苑·尊贤》篇云：

> 周公摄天子位七年，布衣之士，执贽所师见者十二人，穷巷白屋所见者四十九人，时进善者百人，教士者千人，官朝者万人。

此处也与《礼记·文王世子》篇相同，不用"践"字而用"摄"，取摄政辅佐成王的周公摄政说。再者，《韩非子·难二》篇云：

> 管仲非周公旦，周公旦假为天子七年，成王壮，授之以政，非为天下计也，为其职也。

此处言"假为天子"，其内容与周公摄政说近似。

综上，在战国至西汉的传世文献中，取周公即位说的是《荀子》，取周公摄政说的有《礼记·文王世子》篇、《礼记·明堂位》篇、《韩诗外传》、《说苑》等。《韩非子》的表述和内容比较特殊。

前述《孟子》、清华简《金縢》篇与西周金文一样完全不见周公即位说。但另一方面，《鲁世家》却言"成王少，在强葆之中。周公恐天下闻武王崩而畔，周公乃践阼代成王摄行政当国……及七年后，还政成王，北面就臣位"，该如何考虑这种周公摄政说的成立年代呢？这大概受到西汉时期纬书所见周公评价的影响，例如：西汉文帝时期师从伏生的张生、欧阳生所撰《尚书大传》云"又曰：帝命周公践阼，朱草畅生"，郑玄所注纬书、成书与《史记》略近的《尚书中候·摘雒戒》云"曰若稽古，周公旦，钦惟皇天，顺践阼即摄七年，鸾凤见，蓂荚生，青龙御甲，玄龟背书"。

我们认为，周公传说从西周金文、《孟子》所见的周公家臣说，发展到《荀子》的周公即位说，再进一步分化为《礼记·文王世子》篇、《礼记·明堂位》篇、《韩诗外传》、《尚书大传》、《尚书中候》、《说苑》等所见的周公摄政说。

五、清华简《金縢》篇与《豳风》毛序

如前所述，从周公家臣说到周公即位说以及周公摄政说的演变大概发生于战国至汉代。《毛诗·豳风·毛序》取周公摄政说，该如何考虑其成立时代呢？《豳风·毛序》内容如下：

《七月》，陈王业也。周公遭变，故陈后稷先公风化之所由，致王业之艰难也。

《鸱鸮》，周公救乱也。成王未知周公之志，公乃为诗以遗王，名之曰鸱鸮焉。

《东山》，周公东征也。周公东征，三年而归。劳归士大夫美之，故作是诗也。一章言其完也，二章言其思也，三章言其室家之望女也，四章乐男女之得及时也。君子之于人，序其情而闵其劳，所以说也。说以使民，民忘其死，其唯《东山》乎？

《破斧》，美周公也。周大夫以恶四国焉。

《伐柯》，美周公也。周大夫刺朝廷之不知也。

《九罭》，美周公也。周大夫刺朝廷之不知也。

《狼跋》，美周公也。周公摄政。远则四国流言，近则王不知，周大夫美其不失其圣也。

《毛序》认为《豳风》中的所有诗均与周公相关。周的始祖后稷居邰，公刘迁至豳地，古公亶父再迁至岐山之麓。豳是公刘至古公迁岐期间的根据地。目加田诚在《诗经译

注篇·七月篇考》中云[1]:

> 为什么称之为《豳风》呢？有人认为《七月》诗是周公陈述先祖在豳地的艰苦之诗,此说难以信从。顾炎武云周世并不存在豳国。这不同于国风中多数地名使用旧名,而应与"南"是某种音乐一样,豳诗或许是一种曲调。

他对周公与《七月》篇的关系持有疑问,推测豳诗是伴随某种曲调演奏的诗。赤塚忠在《中国古代歌谣的产生及其展开》中说[2]:

> 不难想象周王朝有专门执掌歌舞音乐的职务。这些舞乐与祭祀有关,所以担任此类职务人应是圣职者……《周礼·春官》乐官之职列出大司乐以下十九种职务,周王朝或许存在选官制度,但这些职务本来都是世袭的。虽说难以确切把《诗经》所有诗分出与哪些职业集团有关,但正如朱熹所指出的那样,豳颂、豳雅、豳风确实与特殊的职业集团有关。

赤塚氏认为,豳人本来是从事乐歌的专业集团,服务于王朝宫廷的祭礼,其后也为贵族集团服务。不论豳人是否从商代就是从事音乐歌舞的乐官,但在《周礼》成书时无疑存在这种观念。《周礼·春官宗伯·龠章》条云:

> 掌土鼓、豳龠。中春,昼击土鼓、吹《豳》诗,以逆暑。中秋,夜迎寒,亦如之。凡国祈年于田祖,吹《豳》雅,击土鼓,以乐田畯。国祭蜡,则吹《豳》颂,击土鼓,以息老物。

郑玄注曰《七月》篇第二章称豳风、第六章称豳雅、第八章称豳颂。但《周礼》并未言及《七月》篇与周公有关。可见《周礼》的制作者并没有把周公当作《七月》篇的作者。

另一方面,成书于西汉文帝时期的《尚书大传》取周公摄政说,其作者云"交址之南有越裳国。周公居摄六年,制礼作乐,天下和平"(《太平御览》卷七八五四夷部所引),又云"周公将作礼乐,优游之三年,不能作……周公曰,示之以力役,且犹至,况导之以礼乐乎？然后敢作礼乐"(《毛诗·周公谱疏》所引),又云"周公摄政,一年救乱,二年克殷,三年践奄,四年建侯卫,五年营成周,六年制礼作乐,七年致政成王"(《隋书·李德林传》所引),屡见周公"作乐"之说。且三章章六句的《豳风·破斧》篇云:

> 既破我斧,又缺我斨。周公东征,四国是皇。哀我人斯,亦孔之将。

---

[1] 目加田诚:《诗经译注篇》,丁子屋书店,1949年,第542页。

[2] 赤塚忠:《中国古代歌谣的产生及其展开》,《赤塚忠著作集第五卷·诗经研究》,研文社,1986年,第118页。

既破我斧,又缺我锜。周公东征,四国是吪。哀我人斯,亦孔之嘉。
既破我斧,又缺我銶。周公东征,四国是遒。哀我人斯,亦孔之休。

每章第三句均为"周公东征",虽然这里的"周公"不一定是周初的周公旦,但这是《豳风》与周公相关联的原因之所在。我们认为,在西汉文帝时期的时代背景下,周公与《豳风》诸诗被联系起来,这直接影响了《豳风·毛序》的成立。

结　　语

综上所述,本文以周公家臣说、周公摄政说、周公即位说三种解释为中心,探讨了《尚书·金縢》篇、清华简《金縢》篇、《鲁世家》三者的异同。清华简《金縢》篇极可能取周公家臣说,把一系列金縢传说均设定在武王驾崩第四年。另一方面,《鲁世家》取周公摄政说,设定金縢传说发生于武王驾崩第四年或第三年至第七年期间。但是,《尚书·金縢》篇虽亦取周公家臣说,至金縢传说发生于武王驾崩第四年与清华简《金縢》篇相同,但在举行郊祭或是迎至郊外这一点上暧昧不明。大概清华简《金縢》篇的表述是最初的情形,而周公即位说与周公摄政说均是后起的说法。

西周金文完全不见周公即位说或周公摄政说,战国中期《孟子》也是同样情况。至战国末期的《荀子》始出现周公即位说("履天子之籍")[1],这是不见于今本《尚书》和清华简《金縢》篇的说法。在《鲁世家》中始见周公摄政说("周公乃践阼代成王摄行政当国"),这大概受到师从荀子弟子辈伏生的张生、欧阳生所撰《尚书大传》以及号称孔子所作、实为汉代文献的《尚书中候》等汉文帝时期思潮的影响。

《豳风·毛序》取周公摄政说,从受到汉文帝时期《尚书大传》的影响看,应成立于文帝时期以后。但这是仅限于《豳风·毛序》而言的观点,至于《毛序》整体的情况则需另加讨论。

(翻译:刘海宇,岩手大学平泉文化研究中心教授)

---

[1]《荀子》的周公即位说大概与荀子本人的思想有关,本文未及详论。暂待今后进一步的研究。又,前引赤塚忠《书经·易经(抄)》(第591页)云:"虽不明确切的叙述时间,但《庄子·天道》篇有孔子'翻十二经以说老聃'的寓言,《天下》篇有邹鲁之士多明《诗》、《书》、《礼》、《乐》的说法,可知荀子之时儒家讲习《书》者渐多。"

由清华简《系年》再看周初"三监"

——兼论西周的诸监问题

张念征

烟台大学人文学院　中国学术研究所

武王克商之后，封武庚于殷商旧地，采取"以殷治殷"的政策，并设"三监"，即管叔、蔡叔、霍叔，对武庚及其民众进行监管。因此，"三监"之职责应是监视殷代遗民和纣子武庚。自《尚书大传》以来，"三监"问题众说纷纭，现将传世文献中的有关记载选列于下：

武王崩，三监及淮夷叛。

——《尚书·大诰》序

武王杀纣，立武庚，继公子禄父。使管叔、蔡叔监禄父，禄父及三监叛。

——《尚书大传》

武王克殷，乃立王子禄父，俾守商祀，建管叔于东，建蔡叔、霍叔于殷，俾监殷臣。

——《逸周书·作洛解》

管蔡启商，惎间王室，王于是乎杀管叔而蔡蔡叔。

——《左传·定公四年》

封商纣子禄父殷之余民。武王为殷初定未集，乃使其弟管叔鲜、蔡叔度相禄父治殷。……管叔、蔡叔群弟疑周公，与武庚作乱，畔周。周公奉成王命，伐诛武庚、管叔，放蔡叔。

——《史记·周本纪》

自殷都以东为卫，管叔监之；殷都以西为鄘，蔡叔监之；殷都以北为邶，霍叔监之。是为三监。

——《帝王世纪》

> 河内本殷之旧都，周既灭殷，分其畿内为三国，《诗·风》邶、庸、卫国是也。邶以封纣子武庚；庸，管叔尹之；卫，蔡叔尹之；以监殷民，谓之"三监"。
>
> ——《汉书·地理志》

> 邶、鄘、卫者，商纣畿内方千里之地。……周武王伐纣，以其京师封纣子武庚为殷后。庶殷顽民被纣化日久，未可以建诸侯，乃三分其地，置三监，使管叔、蔡叔、霍叔尹而教之。自纣城而北谓之邶，南谓之鄘，东谓之卫。
>
> ——《毛诗谱》

清华简《系年》公布之后，第三章出现关于"三监"的记载，原文如下：

> 周武王既克殷，乃设三监于殷。武王陟，商邑兴反，杀三监而立录子耿。成王屎伐商邑，杀录子耿[1]。

一、"三监"的构成及地望

关于"三监"的构成，主要有两种说法，一种以郑玄为代表，认为是管叔、蔡叔、霍叔；一种以班固为代表，认为是武庚、管叔、蔡叔。历代学者多撰文阐述，如顾颉刚先生认为"周武王克商之后，分商的王畿为三区，把北面的一区……封给纣子武庚，又把东面的一区……封给自己的弟弟管叔，西面的一区……封给亲弟蔡叔。他们都负有管理殷民的责任，是为'三监'"[2]。刘起釪先生认为"三监"是"在邶、鄘、卫三国统治殷民的统治者，名义上不是为监视武庚的，因而《汉书·地理志》根据旧说以'三监'为武庚、管、蔡是没有错的"[3]。而无论"三监"的人物构成如何，都应该肯定其与管叔、蔡叔、霍叔、武庚之间的关系，对此，清代学者也有论述：

> 《史记》……与《左传》文合，无霍叔。其尤显然无疑者。《管蔡世家》称，封叔鲜于管，封叔度于蔡，下云：二人相纣子武庚，称封叔处于霍，则不言是，然则叔霍未尝监殷民矣。
>
> ——崔述《丰镐考信录》

> 三监是管、蔡、商也。……先儒多同此说，惟郑玄以三监为管、蔡、霍，独为异

---

[1] 清华大学出土文献研究与保护中心编、李学勤主编：《清华大学藏战国竹简（二）》，中西书局，2011年，第141页。
[2] 顾颉刚遗著：《"三监"人物及其疆地》，《文史（第二十二辑）》，1984年，第1页。
[3] 刘起釪：《周初的"三监"与邶、鄘、卫三国及卫康叔封地问题》，《历史地理》1982年第2辑。

耳。谓之"监"者,当以殷之畿内被纣化日久,未可以建诸侯,且使三人监此殷民,未是封建之也。三人虽有其分,互相监领,不必独主一方也。

——孔颖达《尚书正义》

但是有学者根据《系年》,否定三叔、武庚与"三监"的关系,认为"武王克商后通过设置'三监'的方式来监视和控制封于'商邑'的以录子圣(王子禄父)为首的商室贵族,而以分封功臣子弟的方式,在所征服的原商属地设置军事据点,从而形成对新征服地区的军事占领和控制……因而管、蔡、霍等诸叔之'封'同'三监'之设的性质是不完全相同的,周初的'三监'应同'三叔'无关"[1]。这种观点相当于全面否定了传世文献的记载以及清代以来各家学者的研究,是值得商榷的。《左传·僖公十二年》记齐国:"有天子之二守国、高在。"杜注:"国子、高子,天子所命为齐守臣,皆上卿也。"春秋时期,王纲解纽,诸侯实力增长,天子的掌控力逐步下降,以王官监管诸侯势在必行。《礼记·王制》曰:"天子使其大夫为三监,监于方伯之国,国三人。"这里的"三监"是朝廷派往地方上监管方伯之国的官员。无论是"二守"还是"三监",都是后世之称,与武王所封三叔相较,在爵位等级、职能性质上都是完全不同的,只可看作是周初"三监"的演变,而不能混为一谈。且《左传》成书于战国,《礼记》已到汉代,对于一些制度和称谓的描述,也非周初之含义。其实,清华简《系年》并没有否定"三监"与传统四人的关系,简文中说"杀三监而立录子耿",从语义来看,很明显的一点,被立的"录子耿"是人,那被杀的"三监"也只能是人,而不会是什么"监国制度"。至于《系年》未言明"三监"具体所指,很有可能是因为"三监"在当时是一件众所周知的事情,如常说的"四季"、"五行"等,且《系年》属于编年体史书,记录时本就比较简明,在有限的空间中,作者或认为没有必要作详细的解释,就以集合名词概而述之。因此,根据清华简《系年》,"三监"应为管、蔡、霍三叔。关于简文"杀三监",李学勤先生指出:"至于商邑叛乱'杀三监',当然不是杀了三叔,所指大约是参与监管的周人官吏军士。"[2]如果"三监"没有死于殷商叛乱,后面应该还会有关于其活动的记载,毕竟三人都是周王的直系亲属,是周王对殷政策的重要执行者,在国家政权中占据关键地位,但目前除《系年》外,其他考古材料中还未见有关于"三监"的直接记载[3]。另外,传世文献中也没有出现过用"三监"一词来指代

---

[1] 路懿菡:《从清华简〈系年〉看周初的"三监"》,《辽宁师范大学学报(社会科学版)》2013年第6期。
[2] 李学勤:《初识清华简》,中西书局,2013年,第93页。
[3] 清华简《金縢》篇有简文"管叔及其群兄弟乃流言于邦",但未言明"管叔及其群兄弟"与三监是否存在直接关系,对此后文还有详论。

"参与监管的周人官吏军士",两者似乎没有内在联系,这样的表述也略显牵强。所以,简文"杀三监"应是指三叔在叛乱时被殷商遗民所杀。

"三监"实指管、蔡、霍三叔,其所封之地也自然是殷民活动频繁的地区。首先是叔鲜封于管。1959年,在安阳殷墟后冈的一处商末祭祀坑中出土了一件"戍嗣子鼎",其铭文有"丙午,王赏戍嗣子贝廿朋,在闌(管)宗"。可见商代已有管地之名称,且就位于商都附近。武王时器"利簋"有铭"辛未,王在闌(管)师"。于省吾先生认为"闌"字是管之初文,且为管叔之封地[1]。《逸周书·文政解》曰:"惟十有三祀,王在管。"《史记·管蔡世家》曰:"管叔鲜、蔡叔度者,周文王子而武王弟也。"《正义》引《括地志》云:"郑州管城县,今州外城即管国城也,是叔鲜所封国也。"杜预注:"管在荥阳京县东北。"管地的大致范围应在今天的郑州、洛阳一带。其次是叔度封于蔡。《史记·管蔡世家》曰:"武王已克殷纣……封叔度于蔡。"《集解》引《世本》曰叔度"居上蔡"。关于蔡国始封之地,现在有不同看法,尚景熙先生在调查河南上蔡县的蔡国故城后,认为这里就是叔度的封地[2]。也有学者认为蔡国始封之地不在今上蔡县,而是"应在今卫辉市鄘城无疑"[3]。而无论是上蔡还是卫辉,蔡叔的封地都位于商人的主要活动范围内。最后是叔处封于霍。商代时就已有霍地之名称,并且与商王朝关系密切。《尚书·禹贡》:"既修太原,至于岳阳。"郑康成注曰:"岳阳县,太岳之南。……太岳在河东故县骳东,名霍太山。"[4]且《左传》、《周礼》、《水经》等文献皆注霍地在山西,何光岳先生考证霍氏一族的起源发展,并认为"霍叔处乃封于真姓霍国故地,即是在山西霍县"[5]。晋南地区作为商人活动比较集中的地区,目前已经发现了夏县东下冯商城和垣曲商城两座商代城址。除霍叔之外,周人在这个地区也还分封了其他姬姓诸侯,如杨、荀、晋、韩等。并且晋南作为周族的起源地,"原是皇帝东进的路线"[6],霍叔被封于此,自然承担着监管殷民、拱卫王室的职责。但作为"三监"之一,管、蔡二叔均在商朝王畿附近,而霍叔封地却在王畿之外的山西地区,看似不甚合理,实则不然。李民先生就有很好的解释,他认为武王灭商之后各受封的姬姓诸侯有一个普遍特点,就是本人没有亲自就国,而是由子侄代替,如伯禽代周公封鲁,克代召公封燕等。而管、蔡、霍三叔"均未就国,他们仍在中央王朝任职,由中央王朝派其

---

[1] 于省吾:《利簋铭文考释》,《文物》1977年第8期。
[2] 尚景熙:《蔡国故城调查记》,《中原文物》1980年第2期。
[3] 陈昌远:《有关古蔡国的几个历史地理问题》,《中国历史地理论丛》1998年第3期。
[4] 孙星衍:《尚书今古文注疏》中华书局,1986年,第139页。
[5] 何光岳:《霍国考》,《安徽史学》1988年第3期。
[6] 江林昌:《中国上古文明考论》,上海教育出版社,2005年,第159页。

领兵驻于原来殷王朝的王畿,谓之'三监'"[1]。

二、"三监"的活动

大部分传世文献及先贤硕儒都认为,"三监"在监视殷民的过程中,联合殷民发动叛乱,最终或被诛杀,或被流放。清人孙星衍云:"周公归,摄政。三监及淮夷畔,周公乃东伐之,三年而后归耳。"[2]江林昌先生认为是"武庚乘机拉拢管叔、蔡叔,又联合东方的徐、奄、薄姑等方国旧族,起兵叛乱"[3]。《系年》的记载是"商邑兴反,杀三监而立录子耿"。"三监"并没有发动叛乱,而是死于叛乱,这与传世文献大相径庭,甚至是颠覆了《尚书》、《史记》等文献中三叔为叛国之臣的形象。关于这个问题,有两点需要分析。第一,武庚作为与"三监"密切相关的人物,传世文献和《系年》的记载都表明,他在商邑发动了叛乱,这是合理的。武庚作为纣王之子,既是商王朝的合法继承人,也属于周初的受封对象,武王虽然将其封于商畿旧址,统治商代臣民,但他势必不甘于屈居人下,伺机起兵以报亡国之仇,这才有了"商邑兴反";第二,说"三监"参与商族的叛乱,值得思考。根据《系年》,"三监"即为管、蔡、霍三叔,这三人都是武王的胞弟,与武王同宗同族,是武王最信任的人,《国语·晋语》曰"同姓则同德,同德则同心,同心则同志",因此才将监管武庚殷民这样重大的使命委派三人,同时也是对同姓亲族的分封。徐中舒先生认为管叔等人联合武庚叛乱的原因是继承问题,因为"武王死后,管叔是武王弟弟中最大的,按照过去氏族社会兄终弟及制的惯例,他就有资格继承王位"[4]。这就需要讨论两个问题。其一,"兄终弟及制"是商代前期的王位继承法,甲骨卜辞已有确证。这一继承之法的改变始于孔甲,即《国语·周语》所谓"玄王勤商,十有四世而兴,帝甲乱之,七世而陨",也就是改兄终弟及制为父死子继制。而"周因于殷礼",最终确立了"立嫡以长不以贤,立子以贵不以长"的嫡长子继承制度,所以在有周一代,管、蔡、霍三叔不属于王位的合法继承人。后武王崩而成王立,因其年幼乃至周公"立成王而已摄之,后又反政焉。摄政者,所以济变也;立成王者,所以居正也"[5]。当时"天下未定,国赖长君",周公"躬握天下之权"却"无利天下之心"。

---

[1] 李民:《蔡国始封与蔡姓始祖溯源》,《史学月刊》2003年第9期。
[2] 孙星衍:《尚书今古文注疏》,中华书局,1986年,第342页。
[3] 江林昌:《中国上古文明考论》,上海教育出版社,2005年,第150页。
[4] 徐仲舒:《先秦史讲义》,天津古籍出版社,2008年,第322页。
[5] 王国维:《殷周制度论》,《王国维遗书·观堂集林》卷十,上海古籍书店,1983年,第4页。

若三叔发动叛乱，也是惧周公摄政之举不利于成王，篡夺王位之说恐怕证据不足。其二，如果三叔真的发动叛乱，他们完全没有必要联合武庚。首先，西周的行政管理是以血缘关系为纽带的宗法分封制度，外姓之人很难参与其中，三叔作为姬姓贵族，是皇室宗亲，位高权重，去联合一个亡国之君的儿子，这很难成立。另外，武王克殷，虽然没有歼灭商族，但王畿的军事力量几乎消失殆尽，武庚被封于殷地，手中必然无兵，而武王派去监视武庚殷民的三叔一定携兵带将，让他们去联合一个"光杆司令"，这也很难说通。我们认为，三叔联合武庚发动叛乱的可能性不大。如今，《系年》的记载也恰好印证了这一点。

关于三叔有不臣之心的问题，清华简《金縢》篇有相关记载，兹摘录于下：

> 就后武王陟，成王犹幼在位，管叔及其群兄弟乃流言于邦曰："公将不利于孺子。"
>
> 周公宅东三年，祸人乃斯得[1]。

宅东，犹言"居东"，《尚书大传》曰："一年救乱，二年克殷，三年践奄。"祸人，即罪人。成王年幼即位，周公摄政，这一举措引起了统治阶级内部一些人的猜疑和不满，尤其是以管叔为首的姬姓亲族，而周公的态度也非常坚决，就是以武力来镇压这些散播谣言、威胁王权的祸人。《史记·鲁周公世家》曰"我之所以弗辟而摄行政者，恐天下畔周，无以告我先王"，这才有了三年东征。《系年》和《金縢》的记载似乎矛盾，实则不然。关于管叔等人散播不利于周公的谣言，可能有两个原因，一是他们认为周公摄政威胁了成王的统治，恐其取成王而代之，另一个是他们以周公摄政会威胁成王统治为借口，来实现自己取成王而代之的目的。无论是哪一个原因，简文的记载是"流言于邦"，而没有确切说明管叔等人已经起兵造反，也并不能完全说明管叔等人是要夺权篡位，毕竟造谣和谋反是两个概念。对照《系年》和《金縢》，对这一段的史实可以作如下梳理：武王灭商之后，将管、蔡、霍三叔封于商邑以监管武庚和殷商遗民，是为"三监"。武王死后，年幼的成王即位，周公行摄政之举，引起了管叔等人的不满，开始散播谣言说周公将不利于成王，同时，以武庚为首的殷遗民发动叛乱并杀死了三叔，周公出兵东征，杀死了武庚，平定了叛乱。早在2009年，耿铁华先生发表《管叔蔡叔论》一文，认为武庚成功地利用了管叔等人与周公的矛盾，趁机带领殷民发动叛乱，而管叔等人未曾参与其中[2]。只是其观点鲜受关注，如今清华简《系年》的发现，无疑

---

[1] 清华大学出土文献研究与保护中心编、李学勤主编：《清华大学藏战国竹简（一）》，中西书局，2010年，第157页。

[2] 耿铁华、宋娟：《管叔蔡叔论》，《社会科学战线》2009年第1期。

说明耿先生的分析是极具先见性的。

三、"三监"的性质

"三监"的性质是各家讨论的另一焦点。一种意见认为,"三监"与管、蔡、霍三叔及武庚没有关系,并非特指某三个人,也不是专门为了监视武庚和殷民所设立的官职,而是一种监视地方诸侯的"监国制度"。如周书灿先生指出:"周初三监,并非为监制武庚而设,其为周朝统治者对殷商王畿的一种临时分而治之的统治方法。"[1]另一种意见认为,"三监"是周王派去监视殷民的诸侯,如杜勇先生指出:"由于国君治民可谓之'监',故统治者治其国事亦可引申为'监'。……周代的'监'实谓国君统治臣民之义,'三监'也不例外。……说明西周并不存在什么周王向诸侯国派遣监国使臣这种监国制度。"[2]这显然更具合理性[3]。武王初定天下,如何控制并消灭殷商的反动势力成为了一个亟待解决的问题,分封无疑是最好的方法。除武王置"三监"外,在西周早期还有几次重要的分封。首先是成王封其弟康叔,清华简《系年》第四章记载如下:

> 周成王、周公既迁殷民于洛邑,乃追念夏商之亡由,旁设出宗子,以作周厚屏,乃先建卫叔封于康丘,以侯殷之余民[4]。

"康丘"简文原作"庚丘",位置"应在殷故地邶、鄘、卫之卫地范围内"[5],即今天河南卫辉市淇县一带。康叔即为卫国的第一任国君,也就是《史记》中所称的"卫康叔"。成王十分重视对于康叔的分封,屡派周公对其告诫,如《尚书·康诰》曰:"小子封,恫瘝乃身,敬哉!天畏棐忱,民情大可见,小人难保,往尽乃心,无康好逸豫,乃其乂民。"主要就是告诉康叔,一方面要励精图治,勤于政事,勿生二心;另一方面要小心

---

[1] 周书灿:《中国早期四土经营与民族整合》,合肥工业大学出版社,2011年,第140页。
[2] 杜勇:《从三监看武王大分封的性质》,《人文杂志》1999年第1期。
[3] 有学者认为,当时周人还未具备建国于东的规模与气象,"三监"为戍守殷地的周朝军队,并且"与殷商旧人联合了东方的部落反了"。参看许倬云:《西周史(增补二版)》,生活·读书·新知三联书店,2012年,第134—135页。
[4] 清华大学出土文献研究与保护中心编、李学勤主编:《清华大学藏战国竹简(二)》,中西书局,2011年,第144页。
[5] 清华大学出土文献研究与保护中心编、李学勤主编:《清华大学藏战国竹简(二)》,中西书局,2011年,第145页。

谨慎,防止殷民再次叛乱,以免重蹈三叔之覆辙。成王置康叔于殷都旧地,建立封国,以治理殷之遗民,与武王设三监的政策应该是不谋而合。《史记·周本纪》正义曰:"武庚作乱,周公灭之,徙三监之民于成周,颇收其余众,以封康叔为卫侯,即今卫州是也。"孔安国云:"以三监之余民,国康叔为卫侯。"这不仅说明成王封康叔与武王设三监有共同之处,而且武庚殷民叛乱使得成王在以姬姓诸侯监管商遗民的问题上更加谨慎,《尚书》的《康诰》、《酒诰》、《梓材》等篇中反复出现周公对康叔的劝诫,也就理所应当了。另外,传统观点认为,管、蔡、霍三叔封于邶、鄘、卫三地,三地皆属卫地范围,现在看来就不甚合理了,且《帝王世纪》、《汉书·地理志》、《毛诗谱》等汉代及以后的文献多持此说,再次说明了因为年代相隔甚远,文献记载的内容并非其本来意义。

另一次有代表性的分封,当是成王时封大臣吕丁于许,清华简《封许之命》篇有详细记录,简文节录于下:

> 余既监于殷之不若,稚童兹忧,靡念非常,汝亦惟就章尔虑,祇敬尔猷,以永厚周邦,勿废朕命,经嗣世享[1]。

许慎曰"吕叔作藩,俾侯于许"。吕丁为姜姓,曾辅佐武王,在灭商之时立下丰功,成王封吕丁,很重要的一点就是"监殷之不若"而"以厚周邦",与封康叔时的"旁设出宗子,以作周厚屏"如出一辙。而且姜姓作为最重要的一个非姬姓政治集团,在整个西周时期都起着举足轻重的作用,将吕丁封为一地诸侯并负责监视殷遗民,诚如简文所曰"稚童兹忧,靡念非常",充分表明了成王对其的信任和重视,并希望他能"勿废朕命,经嗣世享"。

根据前文对"三监"人物及活动的分析,我们认为"三监"应该是武王灭商之后专为监视武庚以及殷商遗民而分封的姬姓诸侯,任伟先生称三监"都是监视仍在殷王都立国、俾守商祀的武庚之国。'三监'与武庚之国可以说是国与国、邦与邦的平行关系"[2]。这与监国制度是不同的。《周礼·大宰》曰:"乃施典于邦国,而建其牧,立其监。"郑《注》曰:"监,谓公侯伯子男,各监一国。"《尚书·梓材》曰:"王启监,厥乱为民。"孙星衍曰:"王教诸侯使监视,其治皆为民也。"[3] 监为统治、治理,"三监"之监也就是封国的国君。武王在攻灭商都之后,没有立即杀死武庚,而是将他分封在商畿一带,继续领导殷民,这就是武王"以殷治殷"的政策,通过安抚以化解殷人的反抗情绪。

---

[1] 清华大学出土文献研究与保护中心编、李学勤主编:《清华大学藏战国竹简(五)》,中西书局,2015年,第118页。

[2] 任伟:《从"应监"诸器铭文看西周的监国制度》,《社会科学辑刊》2002年第5期。

[3] 孙星衍:《尚书今古文注疏》,中华书局,1986年,第386页。

武王封管、蔡、霍三叔于商邑附近,来监督武庚殷民,即《系年》所谓"乃设三监于殷",武王将自己的三个兄弟同时封于殷地,以达到"封建亲戚,以藩屏周"的目的,三叔作为畿内诸侯,其在政治、军事、地理等方面的关键性不言而喻,同时也承担着监管殷民、防其叛乱的重要职责,这符合周代的宗法分封制。三叔和武庚虽然都是武王分封的对象,性质上却完全不同,三叔是姬姓贵族,武庚是投降归顺的商王朝族亲,但其职责有相同的地方,就是治理殷民,相对于三叔,武庚又成了被监管的对象。军事管制与封土授民双管齐下,是武王审时度势的高明手段。武王死后,三叔又对周公摄政表示不满,散播谣言,在还没来得及采取进一步行动的时候,被叛乱的武庚殷民所杀,也就是《系年》所记载的"商邑兴反,杀三监而立录子耿"。另外,关于"三监"和监国制度,我们认为不能等同,至少在西周初年,天下初定,国家军事的控制能力不足,面对亟待处理的殷遗民问题,在没有先例的情况下,统治阶级内部想要在短时间内制定出一个比较成型的管理措施,是比较困难的,而分封姬姓贵族进行监管,应该是一个比较合理的方法,这不仅符合分封制的基本原则,也适应了当时的历史环境。因此,王国维先生有述:"武王克殷之后,立武庚置三监而去,未能抚有东土也。逮武庚之乱,始以兵力平定东方,克商践奄,灭五十国。"[1]这与我们上文讨论的结果基本是相契合的。

四、试论铭文中所见"某监"、"监某"

除上文提及的"三监"外,青铜铭文中也发现有"某监"或"监某",现将器铭摘录于下。为便讨论,均用宽式:

  应监甗:应监作宝尊彝。   (《集成》883)

  鄂监簋:鄂监作父辛宝彝[2]。

  仲几父簋:仲几父使几使于诸侯、诸监。   (《集成》3954)

  善鼎:令汝佐胥曩侯,监䶣师戍。   (《集成》2820)

  管监父己鼎:闌(管)监引作父己宝䵼彝。   (《集成》2367)

  应监甗:应监作宝尊彝,其万年永用。   (《铭图》3329[3])

以上器物中,应监甗(《集成》收录)、鄂监簋属西周早期,仲几父簋、善鼎、管监父

---

[1] 王国维:《殷周制度论》,《王国维遗书·观堂集林》卷十,上海古籍书店,1983年,第2页。
[2] 田率、邵玉兰、齐晨等:《新见鄂监簋与西周监国制度》,《江汉考古》2015年第1期。
[3] 吴镇烽:《商周青铜器铭文暨图像集成》,上海古籍出版社,2012年。

己鼎属西周中期,《铭图》中收录的应监甗属西周中晚期。此外,1964年山东黄县芦头镇韩架村出土一件西周早期的铜鼎,铭文为"庘(句)监作宝尊彝"[1]。1981年陕西扶风沟原村出土一件西周晚期的铜珥(即剑鞘末端的装饰物),两面均有铭文,连读为"艾监叔赵父作旅其宝用"[2]。可见"某监"、"监某"的称谓在有周一代延续,其含义应不尽相同。

以应监甗为例。此器最早见于1958年江西余干县黄金埠,郭沫若、李学勤等先生均作过研究[3],与此同时,还有一批包括应公鼎、应公簋在内的传世器物,根据陈梦家先生的研究,这一系列应公器均为"一时之作,当在西周初"[4],概不会晚于康王一世。1986年,河南省文物考古研究所开始对位于平顶山市新华区滍阳岭上的应国墓地进行发掘,发现有众多的公侯、大夫和贵族墓葬,其中最早的M232在康王时期,推测墓主为武王庶子应叔,也是应国的始封之君[5]。据此我们可以有三点认识:其一,应国位于殷商王朝统治的重要区域,是拱卫成周的重要屏障;其二,早期的应国器物,无论是"应监"还是"应公",最早是出于同一个族属,至少是同一地区[6];其三,无论"应监"和"应公"是否同为一人,至少说明西周初年就已有了监与公两种称谓的并存。有学者认为"应监"是周王派去监管应国的官吏[7],似有悖周制。周人的行政管理体制以血缘关系为纽带和基础,血缘的亲疏决定了政治地位的高低,如《诗·小雅·常棣》曰:"凡今之人,莫如兄弟。死丧之威,兄弟孔怀。原隰裒矣,兄弟求矣。脊令在原,兄弟急难。每有良朋,况也永叹。兄弟阋于墙,外御其务。每有良朋,烝也无戎。"诗中所谓兄弟不仅能在危难时刻伸手相助,而且能够同仇敌忾,以御外侮,可见周人对于兄弟关系是非常看重的。《左传·僖公二十四年》谓:"邘晋应韩,武之穆也。"应侯是武王的儿子,与成王是为手足,作为姬姓诸侯,拥有很高的信任度和地位,成王不太可能派人去监管自己兄弟的封地,且文献中对此也没有明确的记载。最初

---

[1] 李步青、林仙庭:《山东省龙口市出土西周铜鼎》,《文物》1991年第5期。
[2] 罗西章:《扶风沟原发现叔赵父珥》,《考古与文物》1982年第4期。
[3] 郭沫若:《释应监甗》,《考古学报》1960年第1期;李学勤:《应监甗新说》,《江西历史文物》1987年第1期。
[4] 陈梦家:《西周铜器断代》,中华书局,2004年,第78页。
[5] 河南省文物考古研究所、平顶山市文物管理局编:《平顶山应国墓地Ⅰ》,大象出版社,2012年,第85—91页。
[6] 朱心持先生认为此甗应是"在别处早年出土的,因三款足有一足曾断,后经焊接。此器经过家藏,可能在某个时候,物主须暂时离开黄金埠,携带不便,又埋于地下"。参看朱心持:《江西余干黄金埠出土铜甗》,《考古》1960年第2期。
[7] 伍仕谦:《论西周初年的监国制度》,《人文杂志》(先秦专号)1984年第2期;耿铁华:《西周监国制度的几件铜器》,《考古与文物》1985年第4期。

建封应国,最重要的职责之一就是监管殷遗民,这与设置三监的目的相同。且"监"字本身就有君主之含义[1],因此早期器物才有"应监"之名,其反映出的是应侯的另一个身份或职能。

鄂监簋所反映的情况则略有不同。商代已有鄂国之名,是颇具实力的诸侯国。《史记·殷本纪》曰:"以西伯昌、九侯、鄂侯为三公。九侯有好女,入之纣。九侯女不憙淫,纣怒,杀之,而醢九侯。鄂侯争之强,辨之疾,并脯鄂侯。"武王克商,只是灭掉了商王朝的中央统治力量,大量散落于各地的部落方国,仍对周王朝的统治构成极大威胁。虽然周公东征平定了一部分叛乱,但淮水、长江一线的殷遗民依然蠢蠢欲动。鄂侯不是早期周王分封的诸侯,其地理位置和战略意义都十分重要。从此簋铭文看,鄂监称其先考为"父辛",这符合商人使用日名的习惯,且簋的形制也带有商末遗风,因此"从鄂监簋的文化特征上判断鄂监的身份具备商遗民的可能"[2]。我们可以推测,商朝灭亡之后,本是殷商后裔的鄂侯归顺周朝,成为"西周国家的同盟和地方代理者之一"[3],周王将其重新分封,作为周王朝经营南土、镇压叛乱的重要力量。但囿于鄂侯身份特殊,周王必定会派人前往监督管理,从地理位置上看,鄂国南边紧邻申、吕两国,东北方向还有许国,这三国是周王朝在豫西南地区最重要的姜姓诸侯,他们能够有效监视鄂侯的行动,而鄂侯被封于此,也符合周初"以殷治殷"的政策。因此"鄂监"即是"鄂侯",其一方面作为殷商后裔,是被监管的对象,另一方面,作为分封的部落方国,也承担着监管殷民的职责。

西周在成康两世之后,国家实力不断增强,行政管理体制逐步完善,宗法分封的系统也日臻成熟。由于早期对殷民的大规模分化和迁移,这时殷人的势力逐渐削弱,已再无能力与周王朝抗衡,对于分封的诸侯,不再需要他们专门行使监管殷民的职责。"监"开始逐步从"侯"中脱离出来,"仲几父簋"铭文"诸侯、诸监"就是很好的证明。"监"的种类也不断增多,比如出现了"军监"。所谓军监,大概就是一种由中央派遣监管地方诸侯并带有军事性质的官职,孙作云先生在分析"善鼎"时认为:"豳师为驻军地点,称为'戍',并有夐侯在这里作'监',并派善佐助之,则此地为驻军地点。可以说是绝无疑问的了。"[4]西周中后期后,大规模的分封导致王室土地流失,天子对

---

[1] 杜勇:《从三监看武王大分封的性质》,《人文杂志》1999年第1期。
[2] 田率、邵玉兰、齐晨等:《新见鄂监簋与西周监国制度》,《江汉考古》2015年第1期。
[3] 赵东升:《论鄂东南地区西周时期的考古学文化格局及政治势力变迁》,《华夏考古》2013年第2期。
[4] 孙作云遗作:《说豳在西周时代为北方军事重镇——兼论军监》,《河南师大学报(社会科学版)》1983年第1期。

诸侯的管控力逐渐下降,中央派遣官员进行监管,可以有效规范地方诸侯的行为,加强王室对地方的统治力度,以防止诸侯行叛乱之举。如周王在管地设置的"管监"。管地在商朝王畿的范围之内,当初武王将管叔封于此地,现在又有"管监"之名,很可能就是管叔的后人。特别是管叔死于武庚之乱,对周人是一个极大的警示,因此天子派遣其后人在此地继续监管审视殷遗民,以防再生祸乱。

概言之,通过分析"三监"及周代青铜铭文中出现的"某监"、"监某",我们认为西周初期的"监"与"侯"在本质上是相同的,都是周王分封在各地以监管殷遗民为主要职责的诸侯。周人以小邦灭大国,面对庞大的领土和人口,采取合理的管控措施是当务之急,但自身政治军事实力还比较有限,短时间内又无法制定出一套有效的体系,加上夏代就形成的以血缘组织为基础的国家行政机制,于是周人双管齐下,首先"打破商族的血缘团体,将其衍化为不同的成分,有计划地分散到各地,然后又将周族血缘内的兄弟分封到各地,对商族及本地土著民实行分层管理控制"[1]。当然,周人也分封了一批商人后裔,如鄂国、宋国等,采取"以殷治殷"的策略,并分派血缘诸侯进行监管。因此,周人对于诸侯诸监的设置,在很大程度上稳固了国家政权,震慑了商人的反动势力,作为"西周王朝对四土经营的一项重要战略性措施,它反映了西周王朝的国家结构及政治制度方面尚具有颇多原始性"[2]。

五、余 论

武王封三叔以监管武庚殷民。关于"监"字,传世文献中还见有辞气婉转之表达[3],如《逸周书·克殷解》:"立王子武庚,命管叔相。"《史记·周本纪》:"武王为殷初定未集,乃使其弟管叔鲜、蔡叔度相禄父治殷。"郑玄《毛诗谱》称为"尹而教之"。表面说辅佐,实质为监视,这种婉转的表达,可能是文学作品中的独特现象。西周晚期,"监"已不是单纯的监督管控,其内涵有所发展。如《诗·大雅·崧高》,其描写的是周宣王封申伯的热烈场景,诗曰"王命召伯,定申伯之宅。登是南邦,世执其功。……王命召伯,彻申伯土田。王命傅御,迁其私人。……王命召伯,彻申伯土疆。以峙其粻,式遄其行"。申伯是周厉王妻申后之胞弟,为姜姓诸侯,宣王将其封于河南登封一带。

---

[1] 江林昌:《中国上古文明考论》,上海教育出版社,2005年,第153页。
[2] 张凤朝、史广峰:《西周诸监的军事地理意义》,《中国历史地理论丛》1999年第4期。
[3] 顾颉刚先生认为"'监武庚'说乃是'傅相武庚'说的发展",参看顾颉刚遗著:《"三监"人物及其疆地》,《文史(第二十二辑)》,1984年,第8页。

在申伯筑宫城、建寝庙、辟疆土的过程中,一直有周王朝的官员如傅、御等在旁辅助,宣王更是令召穆公"彻申伯土田",召伯虎很可能就是扮演了"监"甚至是"军监"的角色,其目的更多的是辅佐。当时国势衰微,宣王大封申伯镇守南土,是应对南阳盆地复杂形势的重要手段。召伯虎曾领兵伐淮夷(《诗·大雅·江汉》),此时又命其治理申伯疆土,代行其政,由"监"而"相","监"、"相"合一,这可能才是后世监国制度的一个雏形。

注:本文在写作过程中,学术研究所的代生老师多次给予修改和指导,特别是在关于清华简和周初监国制度的问题上,代老师提供了十分宝贵的意见,特此说明,并表示诚挚谢意。

从春秋中晚期齐鲁金文形体特征比较看鲁文化的重礼性*

张俊成

曲阜师范大学历史文化学院

商周时期山东地区古国林立,直至春秋时代仍有很多古国见于《左传》等文献的记载,因而山东古国史的研究一向为学界所重视。山东被称为齐鲁大地,这是因为西周初年"齐"和"鲁"两个诸侯国被封于山东境内。齐鲁文化的研究一直是山东古国史研究的热点问题,取得了丰硕的成果,作为传统文化重要组成部分的齐文化与鲁文化,有着各自不同的特点。对于齐鲁文化的差异性很多论著都有所谈及,其中鲁文化的重礼性特征更是受到了学者的广泛讨论[1]。研究鲁国的重礼性特征除了借助传世文献外,考古资料也是重要的参考依据[2]。我们试从春秋中晚期齐鲁两国金文形体对比的角度出发,对鲁文化的重礼性特征进行讨论,不揣谫陋,撰成此小文,以就教于方家。

齐鲁两国的金文属于齐系金文的范畴,"齐系金文"是指铸刻在以齐国为中心包括鲁、邾、郳、任、莒、杞、滕、薛、郜、铸、祝等诸侯国所铸造的青铜器上的文字。据现有的出土资料,其起止时间上承春秋中叶,下迄秦统一以前。齐系金文作为两周金文的重要组成部分,与其他区域文化的铜器铭文相比,具有突出的自身特色风格并成为中

---

* 本文为国家社科基金项目"齐系金文整理与研究"(批准号:16BZS014)阶段性成果。

[1] 安作璋、王志民、张富祥:《齐鲁文化通史(远古至西周卷)》,中华书局,2004年;杨朝明:《鲁文化史》,齐鲁书社,2001年;王钧林:《鲁文化的来源与特点》,《齐鲁文化研究》,2005年;邵先锋:《齐文化与鲁文化之异同论》,《管子学刊》2007年第4期。相关文章较多,不备举。

[2] 学者多有论及鲁故城的规范设计与《周礼·考工记》关于都城营造的记载"匠人营国,方九里,旁三门,国中九经九纬,经涂九轨,左祖右社,面朝后市"有诸多契合之处,这也体现了鲁文化的重礼性特征。

国东方文字体系的典型代表。

讨论鲁金文形体特征之前,我们先对春秋时期齐国金文的特征进行一些概述,以资比较[1]。春秋时期的齐国金文大致可分为两期,一期为春秋早期至春秋中期早、中段,二期为春秋中期晚段至晚期。春秋早中期的齐国铜器无论在器形、纹饰、文字等方面都和西周中晚期的铜器存在很大的继承性。就文字而言,在字形、书风方面都和西周中晚期的文字存在继承性。此期文字方正,结体疏朗,显得端庄凝重,布局较为整齐、规范,笔画呈现出西周时期玉箸体的特征,这些都体现了对西周铭文的继承。本期具有代表性的齐铭有齐侯子行匜(《集成》10233)、齐侯匜(《集成》10272)等。

试举典型字例"宝"字说明。"宝"字是两周金文常见字形,西周晚期"宝"字所从"贝"字下部多封口,如西周晚期的王伯姜鬲、乐鼎、散伯簋等"宝"字写法。齐侯子行匜、齐叔姬盘、齐縈姬盘等春秋早、中期铭"宝"字的形体、书体均保持了西周晚期铭文"宝"字的写法。

(王伯姜鬲,《集成》606)　　(乐鼎,《集成》2419)

(散伯簋,《集成》3779)　　(齐侯子行匜《集成》10233)

(齐叔姬盘《集成》10142)　　(齐縈姬盘《集成》10147)

需要特别指出的是,春秋早中期的齐国铭文风格并非完全继承西周中晚期铭文风格,而是在继承的基础上有所变革,呈现出过渡性特征。如春秋中期的齐太宰归父盘,从书风上便呈现出由方正到狭长的过渡趋势,笔画渐趋细而渐线条化,结体变得较为紧凑,该盘铭中"隹"、"王"、"亥"等字的写法均有将笔画拉长而形成与西周晚期文字异趣之势。本期的齐国铭文虽然呈现一定的地域化特征,但就整体而言继承性仍然远远大于变革性,只是表现出了一些齐风格的端倪,真正具有严格意义上的齐国风格的铭文还未形成。

(齐太宰归父盘,《集成》10151)

春秋中期晚段至晚期的齐国金文,在字形方面具有鲜明的区域特色,是典型的齐国铭文风格的形成时期。本期齐国铭文从字形看趋于瘦长,向纵势长形发展;笔画流畅,笔势开阖有致。竖笔往往长垂而迂曲。本期铭文结体紧凑,同第一期结体疏朗的铭文特征大相径庭。有代表性的齐铭有齐侯四器齐侯敦(《集成》4638、4639)、公典

---

[1] 关于齐国金文的分期研究,请参看拙文《齐国铜器铭文分期研究》,《殷都学刊》2010年第4期。

盘(亦称"郜子姜首盘",《新收》1043)、齹镈(《集成》271)、齐侯盂(《集成》10318)、鼄子鼎(《中国历史文物》2009年第2期图二)等铭。

春秋中晚期齐国金文还有另外一种风格,字形较方、笔画舒张,风格比较豪放。以国差𦉢(《集成》10361)、洹子孟姜壶(《集成》9729)等铭文为代表。关于二者的形体差别,朱凤瀚先生认为两种形式中,前者当是一种有意加工的艺术字体,后者则是接近于平时流行的手写体,或称作俗体[1]。从以上可以看出,从春秋中期开始,同西周晚期的金文形体风格相比齐国金文形体的变化是比较大的。

春秋时期的鲁国青铜器主要出土于鲁国都城及邻近地区,鲁国故城墓地共揭露两周墓葬129座,其中东周墓31座。鲁故城两周墓分为甲、乙两组,其中甲组墓出土了22件铜器,乙组墓出土了46件铜器[2]。此外,1969年在今曲阜城外西北角的护城河北岸发现铜簋6件和铜铺2件[3]。1970年在历城北草沟出鼎簋各1件[4]。上述青铜器的年代属春秋初期至中期偏早阶段。

春秋早期近于西周,各国铜器的铭文不同程度上保留了西周晚期金文的一些特征,春秋早期鲁国的青铜器铭文也保留了西周中晚期铜器铭文的特征,这种保留程度甚至远远大于其他诸侯国。字形作长方形,书风端庄凝重,布局整齐、规范。如春秋早期的鲁伯厚父盘(《集成》10086)、鲁伯愈父鬲(《集成》695)等都鲜明地体现了这一风格,这些铜器和西周晚期的鲁青铜器,诸如鲁仲齐甗(《集成》939)、鲁侯壶(《集成》9579)在书风和字形结体上几乎一致。

春秋中期以后的鲁国铜器数量不多,1932年曲阜林前村出土的鲁大司徒厚氏元铺、匜,铺腹较浅,柄较粗,微束腰,有盖,盖顶作莲瓣形,应是春秋中期偏晚至晚期的作品[5]。

春秋中晚期的其他鲁国铜器,还有以下诸件:1964年河北唐县东岢龙村出土的鲁归父敦[6](《集成》4640);鲁大左司徒元鼎(《集成》2592)等。

目前发现的鲁国青铜器铭文大多属春秋早期,春秋中晚期的铜器数量不多,无法全面了解这一时期鲁国金文的整体风格,但从目前为数不多的春秋晚期铜器铭文的

---

[1] 朱凤瀚:《中国青铜器综论》,上海古籍出版社,2009年,第640页。
[2] 山东省文物考古研究所、山东省博物馆、济宁地区文物组等:《曲阜鲁国故城》,齐鲁书社,1982年,第215页。
[3] 齐文涛:《概述近年来山东出土的商周青铜器》,《文物》1972年第5期。
[4] 朱活:《山东历城出土鲁伯大父媵季姬簋》,《文物》1973年第1期。
[5] 朱凤瀚:《中国青铜器综论》,上海古籍出版社,2009年,第1659页。
[6] 王敏之:《河北唐县出土西周归父敦》,《文物》1985年第6期。

书风和字形结构上可以看出鲁国金文在春秋中晚期依然较多地保留了西周晚期金文的风格。我们从对齐系金文中具有代表性的齐国和鲁国金文进行对比的角度对此进行一些探究。

齐鲁两国虽然毗邻，但在文化上呈现出不同的面貌，体现在金文书体风格上也有诸多不同。上已言及，春秋中期开始齐国金文已呈现出区域性特征，字形趋于瘦长，向纵势长形发展；笔画流畅，笔势开阔有致；竖笔往往长垂而迂曲。代表金文如齐侯盂、公典盘、鼄子鼎等。而此时的鲁国金文则更多保留了西周晚期金文风格，铭文布局工整规范，字形作长方形但不瘦长，字形大小相同；笔画粗细均匀，呈现出"玉箸体"的特征，整体上呈现出庄重肃穆、稳重敦厚的风格。这时期体现这一典型风格的金文有鲁大司徒厚氏元簠、鲁大司徒子中伯匜、鲁归父敦等（图一）。

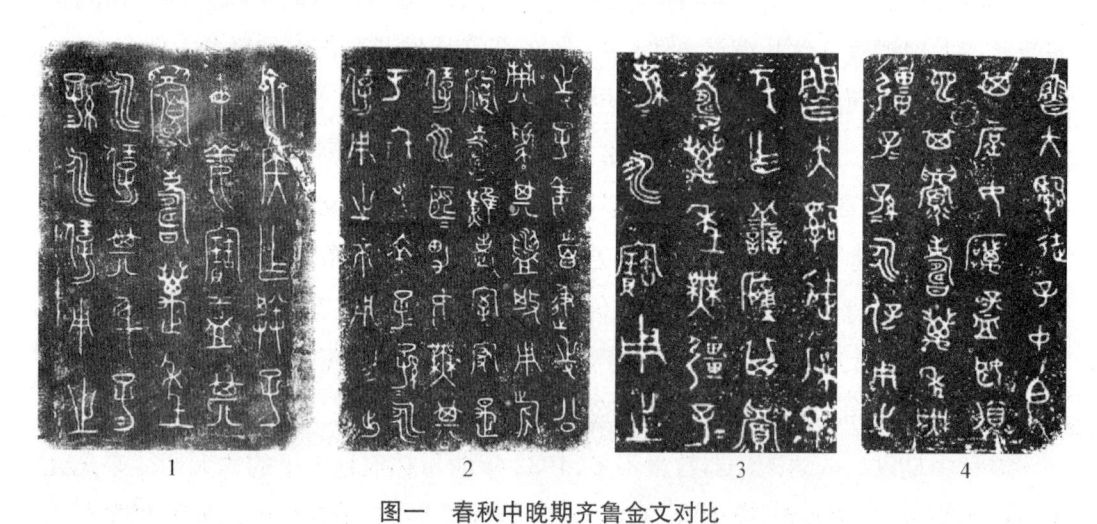

图一　春秋中晚期齐鲁金文对比
1. 齐侯盂　2. 公典盘　3. 鲁大司徒厚氏元簠　4. 鲁大司徒子中伯匜

齐鲁金文的差别不仅体现在书体上，还体现在字形结构上[1]。我们选取齐侯盂、鲁大司徒厚氏元簠、鲁大司徒子中伯匜铭文中的"其"、"赍"、"万"、"宝"、"保"进行比较，可以明显看出齐鲁金文字体结构上的差异。

其：　　（齐侯盂）　　　　（鲁大司徒厚氏元簠）

---

[1] 当然齐鲁金文在一些写法上也有共同特殊的字形写法，如杨树达、裘锡圭先生指出的"老"字头，齐国铭文中的老、寿二字从"▨"旁（杨树达：《齐太宰归父盘跋》，《积微居金文说》，中华书局，1997年，第212页；裘锡圭：《文字学概要》，商务印书馆，1988年，第57页），这是山东地区区别于别国铭文书体的一个重要特征。金文中老、考、孝、寿等字一般多从老省，写作"▨"，唯独山东列国从▨。另外齐国金文中还有一些不见于其他国家的文字形体：如昌字作"▨"（甘城右戈，《集成》10998）、闢字作"▨"、安字作"▨"，丘字作"▨"、者字作"▨"等，造字作"▨"、"▨"、"▨"，保字加"缶"（十年陈侯午敦，《集成》4648）等。

㝬： ▢（齐侯盂） ▢（鲁大司徒厚氏元簠）

万： ▢（齐侯盂） ▢（鲁大司徒厚氏元簠）

宝： ▢（齐侯盂） ▢（鲁大司徒厚氏元簠）

保： ▢（齐侯盂） ▢（鲁大司徒子中伯匜）

对于以上齐鲁金文形体不同的现象，朱凤瀚先生认为这说明列国政治上独立性增强与地域上割据之状态加深了文化上的隔阂，即使地域邻近亦未可免[1]。此说得之，不过除此之外，我们认为齐鲁金文在书风和结构上的不同除了政治独立和地域割据造成的文化隔阂外，还和鲁文化的重礼性有密切关系。

目前发现的西周时期鲁国金文主要是西周晚期的，为了更好地了解鲁文化的重礼性，我们把春秋中晚期和西周晚期、春秋早期鲁国金文的形体进行纵向比较。我们选取鲁司徒仲齐盨(西周晚期，《集成》4440)、鲁伯愈父匜(春秋早期，《集成》4567)、鲁大司徒子中伯匜(春秋中晚期)、鲁归父敦(春秋晚期，《集成》4640)进行比较(图二)。

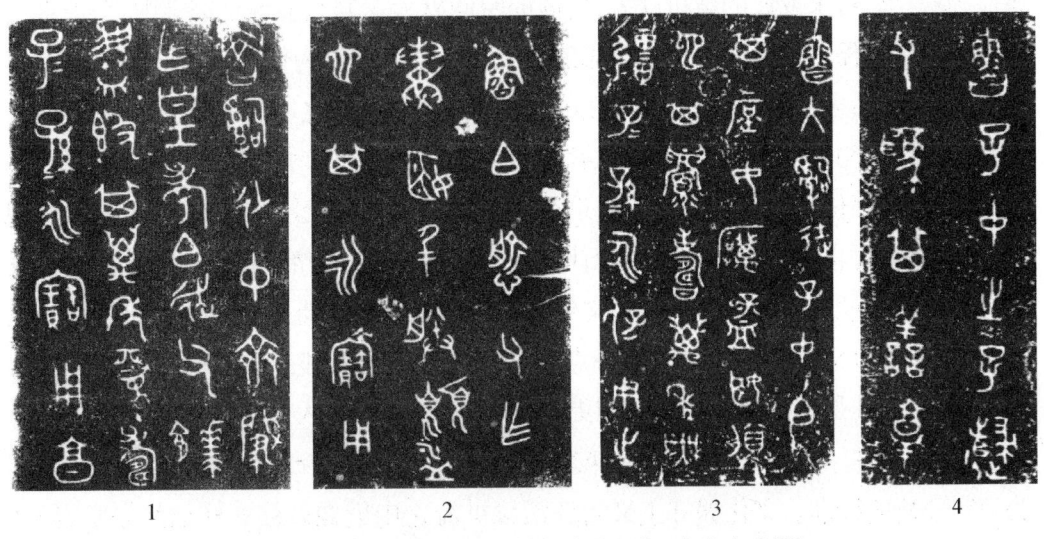

图二 鲁金文对比(西周晚期、春秋早期、春秋中晚期)
1. 鲁司徒仲齐盨 2. 鲁伯愈父匜 3. 鲁大司徒子中伯匜 4. 鲁归父敦

从以上铭文可以看出，鲁国金文从西周晚期到春秋晚期在书风上基本保持了一致性，体现出舒朗、方正、庄重肃穆的风格，没有走向齐国金文狭长化发展的道路。另外，在字形结构上也基本保持一致，比如在"其"、"㝬"、"寿""万"、"宝"、"保"等常见字上较之西周晚期字形结构也没有发生较大变化。

---

[1] 朱凤瀚：《中国青铜器综论》，上海古籍出版社，2009年，第640页。

鲁金文字形风格的相对持续性和鲁文化的重礼性有密切联系[1]，鲁文化坚持以周文化为导向，有根深蒂固的礼乐传统。鲁国"有周公遗风，俗好儒，备于礼"（《史记·货殖列传》）。早在西周时期，鲁国就已经是西周东部地区的文化中心，成为周代文明在东方的代表。西周晚期，西戎入侵，周王室大量典籍簿册被毁。东迁之后的春秋时期，王室式微，学在四夷，由于鲁国保留了大量的礼乐典籍，此时鲁国更是成为整个西周礼乐文化的中心，鲁文化体现的即是典型的周代文明。《礼记·明堂位》载："凡四代之服、器、官，鲁兼用之，是故鲁王礼也，天下传之久矣。"晋国韩起出使鲁国，在考察了鲁国文物典籍方面的情况后，慨叹"周礼尽在鲁矣"（《左传·昭公二年》）。

学者论及齐鲁文化的特点时，一般认为鲁文化偏保守、齐文化代表积极[2]。杜维明则认为："我完全不赞成鲁文化代表保守的观点，鲁文化以孔子为代表，它主张'述而不作'，大家认为是很保守的，就是说鲁文化只接受以前的，自己不创作。其实不是这个意思。鲁文化有几千年的发展历史，从周公，到尧舜禹，对过去的历史采取负责任的态度，通过对历史的梳理使得自己的资源变得更加丰富，这就为发展创造出条件，换言之，将来发展的契机就大，发展的空间就大。怎么能说是保守呢？"[3]重礼性是不是代表保守性是一个值得反思的问题。以儒家文化为代表的鲁文化以道德伦理主义为本位，主张治国立民"为政以德"、"道之以德，齐之以礼"（《论语·为政》）。以孔子为代表的儒家学派，缘于春秋社会动荡、礼崩乐坏的时代背景，通过对传统和现实的反思，强化德政、突出伦理、注重礼治，不仅试图构建起具有儒家特色的理论架构和治国体系，也为当时的统治者设计出一整套德礼为本的治国方案，以维护社会良性运作的统治秩序。这种重礼性的文化秉承是否能以保守概括之是值得思考的。退一步说，即使鲁文化有所谓保守性特点，但"每个时代的人都会遇到一个如何对待传统的问题，尤其是在社会转型的时期更是如此。近代以来，人们对待传统时就出现了'激进'和'保守'对立的立场。百余年来，人们业已习惯于用激进的眼光看待问题，作为评判事物的标准。文化保守主义者在滚滚洪流之中就像砥柱一样依然矗立，虽然挡不住东流之水，但其意义却不容忽视而常常容易被忽视。钱穆先生发出的对待历史传统要持有'温情与敬意'的呼声，在'进步'主义面前显得十分微弱。直至今天，人们才渐渐体悟到保守传统有着何等的重要。在时代潮流面前保持清醒需要坚韧的毅

---

[1] 朱凤瀚先生指出这和保存周礼最多有关，没有展开讨论，参见氏著：《中国青铜器综论》，第640页。

[2] 逄振镐：《关于齐鲁文化的先进性与保守性问题》，《管子学刊》1992年第4期；王钧林：《论邹鲁文化》，《东岳论丛》1997年第1期。

[3] 刘兆阳、逄春阶：《鲁文化不代表保守》，大众网，2007年8月17日。

力和超常的智慧。今天如此,春秋时代何尝不是如此?"[1]所以,在对传统秉承与持守的基础上,再进行适合具体时代实际的理论与实践创新,又何尝不是任何时代文化发展的不二选择。

---

[1] 宋立林:《柳下惠对原始儒家的影响试析》,《惠风和畅:全国首届和圣柳下惠学术研讨会论文集》,中国言实出版社,2007年。

两周金文与滕国官制

孙敬明

潍坊市博物馆

《春秋·隐公七年》(前716年):"滕侯卒。"杨伯峻注:"滕,国名,周文王子错叔绣,武王封之,居滕。今山东省滕县西南十四里有古滕城,即滕国也。自叔绣至滕宣公十七世,乃见于《春秋》;滕隐公卒于鲁哀公之十一年,滕隐公以后,尚有六世为君,孟轲犹得见滕文公。《战国策·宋策》谓宋康王灭滕。孔《疏》引《世族谱》谓齐灭滕。金正炜《战国策补释》主宋灭滕说。"[1]

《左传·隐公十一年》(前712年):"春,滕侯、薛侯来朝,争长。薛侯曰:'我先封。'滕侯曰:'我,周之卜正也;薛,庶姓也,我不可以后之。'"杨伯峻注:"卜正,官名,为卜官之长。《周礼·春官》有太卜,当即此。"

由此可见,滕国肇封元君乃文王之子,其国运从西周初年绵延至战国后期,为宋或齐或楚所灭。按其存世时间,这在山东众多古国中应属较为长久者;而其国家政治命运的传继和宗法制度的延续,均需以完善的职官制度为核心之统治机构才可实现。然于其职官制度如何,文献典籍疏于记载,故难寻觅,本文则从考古发现新出土和旧所著录之两周青铜器铭文,来作初步探讨。

一、公

对于西周时的所谓五等爵制,大都具有理想之成分,周代并未严格实行,对此王

---

[1] 杨伯峻:《春秋左传注》,中华书局,1981年,第52页。以下凡称引杨注,皆出自此。仅称公年数,不迭作注释。

国维先生已早有论述。杨伯峻先生《春秋左传注·隐公元年》(前722年),开篇即云:"自《孟子·万章下》言有公、侯、伯、子、男五等诸侯爵位,《礼记·王制》《白虎通·爵篇》相继言之,然考之两周彝器铭文,知铭文国君之名称不但与《春秋》歧异,即在彝铭本身,虽同一国名,彼此互殊者仍甚多。杨树达先生《积微居小学述林·古爵名无定称说》言之凿凿有据。鲁有四器称鲁侯,一器称鲁公。《尚书·费誓》为鲁侯伯禽誓师之辞,开首即云'公曰'。考之《春秋经》,于诸侯之葬皆称'公',《左传》于诸侯亦尝称'公',则'公'为当时对诸侯之统称。"按之两周金文诸侯称伯、子者亦多见,与《春秋经传》或存歧异。《春秋·隐公元年》(前722年):"秋七月,天王使宰咺来归惠公、仲子之赗。"杨伯峻先生注:"天王,周平王。周王,《经》文或称'天子'……或称'王'……或称'天王'。统计称'天子使'者一,'王使'者三,'天王使'者十二,其实一也。"可见东周时期周王的称谓本不统一,而于诸侯自然也就更多变化。

(一) 吾作滕公鬲

1978年山东滕县姜屯公社庄里西村西约200米处,一座墓葬出土青铜鬲一件,铭文曰"吾作滕公宝尊彝"[1];铜簋两件,铭文同曰"新司作棄簋"[2]。该墓葬时代为西周早期,三件有铭文青铜器的时代也为西周早期。所以有的研究者或认为铜鬲铭文之"公"与下揭之同是庄里西村西出土的滕侯簋铭文之"滕公"同,即西周肇封文王子错叔绣[3]。我们认为这位为滕公作宝尊彝的滕侯,应属于错叔绣的继位者,即第二位滕侯。

关于周代金文中的"公",刘源先生梳理诸家观点指出:"殷代的公见于甲骨卜辞,但其内涵不太清楚,其本义可能指长者。最近有学者提出是旁系先王的尊称。据现有卜辞来看,我们可推断殷代作为祭祀对象的公是指部分地位不高的殷先王。西周的公,总体上看是一种对长者的尊号,而非爵称。公多作王室最高执政大臣的称号。如据金文记载,诸王世有周公、召公、毕公、明公、益公、毛公、同公、武公等公,均是天子之下地位最高的王室贵族。矢令方彝、毛公鼎等器铭显示,从西周早期到晚期,公均掌管王室大小政务、总率王室大臣(如王室的司马、司土和司工)和四方诸侯、统领卿事寮和太史寮。这类公基本是生称,但也有个别用作死称……西周贵族对其君长亦尊称公,如燕国贵族圉称燕侯为'公君'(圉方鼎,《集成》2505,西周早期)……西周

---

[1] 陈青荣、赵缊:《海岱古族古国吉金文集》,齐鲁书社,2011年,第3152页。以下简称《海岱》。
[2] 万树瀛、杨孝义:《山东滕县出土西周滕国铜器》,《文物》1979年第4期。
[3] 王恩田:《滕国考》,《东夷古国史研究(第一辑)》,三秦出版社,1988年,第261页。

的侯生称公的现象不多见,材料较多者应为应公,其称公的时代集中在西周早期。据《逸周书·王会解》记载,成王时成周之会,有'应侯、曹叔、伯舅、中(仲)舅'的贵族序列,如此条材料可靠,西周早期应侯的身份并非王室最高执政大臣,仍为外服之侯,或因地位重要、显赫而被尊称为公。"[1]

我们认为吾作滕公鬲的时代要早于滕侯作滕公簋,换言之即吾作滕公宝尊彝之"滕公"应属于生称;而滕侯所作"滕公"宝尊彝,则是在这位"滕公"故去且新的滕侯继位之后。如本文开篇所引《左传·隐公十一年》(前712年):"春,滕侯、薛侯来朝,争长。薛侯曰:'我先封。'滕侯曰:'我,周之卜正也;薛,庶姓也,我不可以后之。'"由此亦可见滕国对名号、职官地位和宗法制度尤其看重,所以才有与薛争长之举措。

齐国第一位国君太公,西周金文称作"甲齐公",李学勤先生认为山东高青陈庄出土青铜器铭文之"祖甲齐公"是作器者奉祀先人。很明显,先人只是一人,其亲称为"祖",日名为"甲",封地为"齐",爵号为"公"[2]。李零先生认为"两周时期的各大诸侯虽以外服而称侯,死后却一律称公。如《春秋》经传的'公'(如鲁隐公、齐桓公、晋文公),都是死后的称谓,生时,只称侯,不称公。这里的'齐公'生前是否称公,像很多王朝重臣一样,不得而知,并不一定是'齐太公'的生称"[3]。

鲁国的国君第一代周公生称"周公",第二代国君伯禽生称"公"或"鲁公"。我们在探索鲁国官制时曾谓:"鲁国之君依次称谓:周公——鲁公——(鲁侯),因周公、伯禽父子均曾为周王室高官,王室对之礼遇优渥,故得生称'公';而到第三代则称'侯'。《史记·鲁周公世家》:'封周公旦于少昊之虚曲阜,是为鲁公。周公不就封,留佐武王……周公卒,子伯禽固已前受封,是为鲁公。鲁公伯禽之初受封之鲁……鲁公伯禽卒,子考公酉立。考公四年卒,立弟熙,是谓炀公。'之后,相继有:幽公、魏公、厉公、献公、真公、武公、懿公、伯御、孝公、惠公、隐公、桓公、庄公、闵公、僖公、文公、宣公、成公、襄公、昭公、定公、哀公。从金文看,姬旦称'周公',而不称'鲁公',《史记》所记周公之后唯有伯禽称鲁公,以其国名命公名,这与西周金文所记相契合。而自伯禽生称'鲁公'之后,鲁诸公,皆属卒后追称某公。与周公、鲁公生称公迥然有别。"[4]由此

---

[1] 刘源:《五等爵制真实性之考察——殷代至春秋》,《早期国家政治制度研究》,科学出版社,2015年,第213—214页。

[2] 李学勤:《论高青陈庄器铭"文祖甲齐公"》,《东岳论丛》2010年第10期,转载《海岱考古(第四辑)》,科学出版社,2011年,第367页。

[3] 李零:《读陈庄遗址出土的青铜器铭文》,《海岱考古(第四辑)》,科学出版社,2011年,第371页。

[4] 孙敬明:《两周金文与鲁国官制研究》,《海岱学刊》待刊。

还可看出,滕国因错叔绣为文王之子,所以得到生称"公"的优渥礼遇,这是在西周初期严格的宗法制度之下的称谓,与后来尤其春秋时期自称"王"、"公"的情形有天壤之别。而且饶为有趣的是,第二位滕国之君的称谓是"滕侯",这与鲁国的第三位国君生称"鲁侯"的情形亦尤相似。

另外,滕国也有追称君主为"滕公"的铭文。

(二) 滕侯簋

1982 年与滕侯方鼎同于山东滕县姜屯公社庄里西出土,铭文曰"滕侯作滕公宝尊彝"(《海岱》第 3151 页)。这两件铜器时代均为西周早期。刘源先生指出"如上文所述,西周的侯有死称公的现象,这里再举一条典型材料:山东滕县西周早期墓出土之滕侯簋铭文(《集成》3670)载'滕侯作滕公宝尊彝',其中滕公当是死称,指上一代滕侯"[1]。

(三) 伯陞卣

1980 年山东滕县姜屯公社庄里西出土伯陞卣,器、盖异铭,盖铭文曰"作宝彝",器内底铭文曰"伯陞享京,享滕公作厥文考父辛宝尊彝"(《海岱》第 3153 页)。原有铭文"滕公"二字磨泐,此前均存阙,今补苴之。器物的时代为西周前期。从铭文看作器者祭祀文考滕公,显然属于卒后追称"公"。

(四—八) 滕虎簋

五件(《海岱》第 3167—3172 页。也可能为四件,或原属器、盖对铭,而后分录)均传世品,其中罗振玉旧藏三件(第一、四、五件),铭文相同曰"滕虎敢肇作厥皇考公命仲宝尊彝";第二件现藏故宫博物院,器盖同铭,然格式迥异,盖铭从右上读起,器铭与之正相反;第三件为簋盖,铭文与第四件簋身者相同。时代为西周中期偏早。五件簋铭文统称"皇考公命仲",其中"公"应为滕国之君卒后追称,"命仲"或为这位滕公之字或号。

(九) 诸儿戈

1994 年上海博物馆征集,铭文曰"滕鹿公之孙,乔叔之子,诸儿为其酉戈,专

---

[1] 刘源:《五等爵制真实性之考察——殷代至春秋》,《早期国家政治制度研究》,科学出版社,2015 年,第 214 页。

邑"(《海岱》第3181页)。时代为春秋战国之际。由此可见直到此时滕国君主故去，子孙仍然追称谓之"公"，但是并不像西周时期追称"滕公"，而称"滕鹿公"，此亦可简称"鹿公"。这与《春秋》经传所记周公伯禽之后，鲁国诸公的称谓相似。再如战国陈侯因资敦铭文曰"唯正六月癸未，陈侯因资曰：皇考孝武桓公恭戴，大谟克成……高祖黄帝毓嗣桓文"(《海岱》第1158页)。这位"桓公"之称也有别如"齐公"，却类似滕国之"鹿公"。

（十）司马楙编镈

1982年山东滕县庄里西出土，凡四件，铭文连读，曰"唯正孟岁十月庚午，曰古滕皇，皇祖心公，严上天命，哀命初夏用悼，肇谨祭王明祀，滕文考惠叔，亦师刑法。尊滕公正德，作司马于滕，还羌非敢司马楙作宗毓用享于皇祖文考，用祈吉庥，繁楙子孙万年永保"(《海岱》第3163—3166页)。与之同时出土钮钟九件。属于战国早期，应该在楚国灭滕之前。铭文所称"滕皇"、"心公"、"滕公"皆属追称。

齐国的君主从西周肇封太公开始，到春秋初年，依次为：太公（甲齐公）、丁公、乙公、癸公、哀公、胡公、献公、武公、厉公、文公、成公、庄公、厘公。

鲁国从周公开始到春秋初年，依次为：周公、鲁公、考公、炀公、幽公、魏公、厉公、献公、真公、武公、懿公、伯御、孝公、惠公、隐公。

滕国金文所见第一代生称"滕公"，第二代生称"滕侯"，以后历代多称"滕侯"，而卒后追称仍为"滕公"；春秋战国之际则或有称"鹿公"者，这与文献所记齐国最初四代国君以日为名的情形有所差异，而与鲁国以事迹行状而作谥号者，有相似之处。

二、侯

商代甲骨文中已经有"侯"、"伯"之称，陈梦家先生《殷虚卜辞综述》中有关政治疆域论述中，揭列诸"侯"有24家，疆域有在边域也有在邦境内的[1]。这些诸侯与殷商王朝的关系与西周的封建诸侯不同，但有历史的延续参照性。周灭殷封建诸侯，又经用兵绥靖东方，有许多亲戚、功臣与古国之遗而得受封为诸侯，尽管疆域有大小、关系有亲疏，但名义上都是诸侯。

---

[1] 陈梦家：《殷虚卜辞综述》，中华书局，1988年，第328—329页。

(一) 滕侯方鼎

1982年山东滕县姜屯公社庄里西村西约250米处，一座墓葬出土青铜器鼎、鬲各两件，簋、壶各一件。其中一件方鼎器、盖对铭，铭文曰"滕侯作宝尊彝"[1]。时代为西周早期。

(二) 滕侯簋

1982年与滕侯方鼎同于山东滕县姜屯公社庄里西出土，铭文曰"滕侯作滕公宝尊彝"(《海岱》第3151页)。这两件铜器时代均为西周早期。

(三—五) 滕侯簋(盨)

山东枣庄山亭区东江邾国墓地出土两件，铭文相同，曰"滕侯苏作厥文考滕仲旅簋，其子子孙孙万年永宝用"(《海岱》第3158页)。原释读铭文，对"苏"、"考"与"万年"存阙，经仔细观摩《小邾国遗珍》第99页图片[2]，可辨识出"苏"字。再互证于初由清代山东金石学家吴式芬收藏，而今庋藏上海博物馆的相同器物滕侯苏簋(盨)铭文(《海岱》第3173页)，即可补足新出土两件铜盨铭文。凡此三件铜簋(盨)均乃滕侯苏所作，时代为西周晚期。这三件铜盨自铭曰"簋"，此类现象，还见于鲁国，如鲁伯愈盨。器盖对铭，铭文曰"鲁伯愈用公龚，其肇作其皇考皇母旅盨簋，愈夙兴用追孝，用祈多福，愈其万年眉寿永宝用享"(《海岱》第2595—2596页)。1977年出土于曲阜鲁国故城春秋墓葬，时代为西周晚期。器形为盨，但铭文自称"盨簋"，可见"簋"与"盨"可通用。不仅如此，沂水刘家店子莒国大墓出土四件铜盖豆，然铭文均自称"公簋"(《海岱》3823—3826页)。还有新见于香港的眞侯簋，与沂水刘家店子莒国大墓出土的铜豆形制相同，但是铭文自称曰"簋"[3]。可见山东古国鲁、莒与滕对簋、盨、豆的器物名称有相似的习惯。

(六) 滕侯旲敦

1982年山东省滕县洪绪公社杜庄村出土，铭文曰"滕侯旲之御敦"(《海岱》第3160页)。时代为春秋晚期。

---

[1] 滕县博物馆:《山东滕县发现滕侯铜器墓》,《考古》1984年第4期。

[2] 枣庄市政协台港澳侨民族宗教委员会、枣庄市博物馆合著:《小邾国遗珍》,中国文史出版社,2006年,第99页。

[3] 孙敬明:《新见眞侯簋与同类器名考》,《中国文物报》1998年6月3日。

(七) 滕侯昃戈

1980年山东省滕县西寺院村出土,铭文位于胡部上达戈身,曰"滕侯昃之造"(《海岱》第3161页)。这是有明确出土时间地点的滕侯昃兵器,报道者释为"滕侯昊之造",称"同铭戈藏中国历史博物馆,为春秋时滕隐公所造"[1]。戈铭"造"字从"舟"、从"告",属于典型海岱区域文字特点,时代为春秋晚期。

(八) 滕侯昃戈

据称山左出土,铭文位于胡部上达戈身,曰"滕侯昃之造戈"(《海岱》第3162页)。现藏国家博物馆。

铭文"造"从"舟"、从"告",并从"酉",结体新颖而独特;"戈"从"金",与齐国者相同。据称此戈与滕侯耆戈并出山左。

(九) 滕侯昃戈

上海博物馆藏,铭文曰"滕侯昃之"(《海岱》第3176页)。铭文位于胡部,因下部残失,铭文不全,而铭文"之"下应为"戈"。时代为春秋晚期。

(十) 滕侯耆戈

山左出土,现藏台北故宫博物院,铭文曰"滕侯耆之造戈"(《海岱》第3177页)。胡下部稍缺,尚存"戈"字上部。时代为春秋晚期。

(十一) 滕侯耆戈

1942年安徽寿县城北出土,铭文曰"滕侯耆之造"(《海岱》第3178页)。"造"字从"金"、从"告",亦属海岱区系文字特点。时代为春秋晚期。

上所揭列滕侯昃所造带铭文铜戈三件,为数居于公开发表的有关春秋时期山东诸侯国君所铸造铭文兵器之首;战国时期齐威王所造带铭文铜戈四件(《海岱》第1162页—1165页),当时海岱诸侯无出乎其右者;若从天下着眼,则以战国燕昭王(匽王职)所铸造带有铭文的戈、剑数量最多。齐威王与燕昭王都是大有作为的诸侯,由此或可推想这位滕侯昃亦属有作为之君。

由上所揭列十余篇带有"滕侯"之铭文,可以看出:从西周初期开始滕国之君即

---

[1] 滕县博物馆:《山东滕县发现滕侯铜器墓》,《考古》1984年第4期。

生称"滕侯",经历西周晚期;以迄春秋早中晚期,金文所见之君都生称"滕侯",并且从春秋初期滕侯与薛侯争长的历史典故,可见滕国是一个恪守周王朝礼制宗法的国家。

但是《春秋》经传对滕侯的称谓有别:

如,《春秋·桓公二年》(前710年):"滕子来朝。"杨伯峻注:"滕子即隐公十一年之滕侯,公、侯、伯、子、男皆古国君之通称,故或称'滕侯',或称'滕子',亦犹僖公二十七年《经》云'杞子来朝',而文公十二年《经》云'杞伯来朝'。或书'杞子',或书'杞伯',其实一也。"

《春秋·文公十二年》(前615年):"秋,滕子来朝。"《左传·文公十二年》:"秋,滕昭公来朝,亦始朝公也。"

《春秋·昭公三年》(前539年):"三年春王正月丁未,滕子原卒。夏,叔弓如滕。五月,葬滕成公。"杨伯峻注:"《公羊》'原'作'泉'。原即滕成公。"

再看,《春秋·定公四年》(前506年):"三月,公会刘子、晋侯、宋公、蔡侯、卫侯、陈子、郑伯、许男、曹伯、莒子、邾子、顿子、胡子、滕子、薛伯、杞伯、小邾子、齐国夏于召陵,侵楚……杞伯成卒于会……秋七月……葬杞悼公。"

《春秋·哀公二年》(前493年):"滕子来朝。"《汇纂》云:"滕朝止此,诸侯来朝亦止此。"

《春秋·哀公四年》(前491年):"葬滕顷公。"《春秋·哀公十一年》(前484年):"秋七月辛酉,滕子虞毋卒。冬十有一月,葬滕隐公。"

由上《春秋》、《左传》对滕侯的称谓,可见春秋隐公时称"滕侯",桓公时称"滕子",文公时《春秋》亦称"滕子"、而《左传》则称"滕昭公",昭公时生称"滕子"、卒称"滕成公",定公、哀公时生称"滕子"、卒称"滕顷公"或"滕隐公"。《春秋》对列国诸侯的称谓,自有其深意,正所谓《春秋》笔法,即称谓有别,如亲临《春秋·定公四年》诸侯盟会者十八人,宋国君称公,而晋国、蔡国与卫国者称侯,郑、曹、薛、杞者称伯,刘、陈、莒、邾、小邾、顿、胡、滕者称子,许则称男,齐国非诸侯而由国夏代表,书名故列于末后。应属《春秋》、《左传》作者依据《周礼》和诸侯国的地位,及其与鲁国的关系而分别类此以加称谓。如《左传·文公十二年》(前615年)称:"秋,滕昭公来朝,亦始朝公也。"而此前后者俱称"滕子",唯此称"公",盖出于对滕侯尊敬鲁国而始朝鲁的举动之褒勉!尽管对列国诸侯生前之称谓分别高下,但是在其卒后均得称"公"。

三、伯

两周金文所见,西周晚与春秋时期,诸侯之称谓较之西周早期、中期大有变化,所谓"公"、"侯"、"伯"、"子"称谓比较随意,还有称"君"或"王"者。

仅以山东古国为例:

如邾国有伯、公、君之称:鼌伯鬲(《三代》5.34.4)、鼌公华甬钟(《三代》1.62.2)、邾公钰甬钟(《三代》1.19.2)、鼌公牼甬钟(《三代》1.48.2、1.49.1、1.49.2、1.50.1)、鼌君求钟(《三代》1.8.1)、枣庄山亭东江出土邾君庆壶四件(《海岱》第3270—3273页)、鼌伯御戎鼎(《三代》3.37.1)。

莱国称伯:莱伯鬲三件(《海岱》第20—22页)。

異国公、侯、伯分称:異公壶(《海岱》第624页),異侯鼎(《海岱》第293—294页),異伯盨、異伯盘匜等六件(《海岱》第295—310页)。还有西周早期繁簋铭文"公令繁伐于異伯",这是其他诸侯国称"異伯"(《海岱》第1045页)。

郜国公、伯、子分称:郜季故公簋两件(《山东金文集成》第295—296页)、郜伯鬲三件(《海岱》第1627—1631页)、郜伯鼎两件(《海岱》第1642—1644页)、郜子仲簠两件(《海岱》第1624—1626页)。

杞国称伯:杞伯鼎三、簋六、壶、盆、盘各一件(《海岱》第1833—1850页)。

铸国公、侯、子分称:铸公簋两件(《海岱》第1939—1940页);铸侯求钟一件(《海岱》1953页);铸子簠、鼎、鬲各一件,簋两件(《海岱》第1928—1931、1933—1938页);铸子盨、铸子匜各一件(《海岱》第1959—1960页)。

薛国侯、子分称:薛侯壶、鼎、盘、匜各一件(《海岱》第3333、3342、3344—3345页),滕州出土薛子仲安簋三件(《山东金文集成》第647—468页)。

邳国称伯:邳伯罍两件(《山东金文集成》第393—395页)。

宿国称伯:宿伯鼎一件(《山东金文集成》第129页)。

成国称伯:成伯孙父鬲、成伯邦父壶各一件(《海岱》第2503—2505页)。

曹国公、伯分称:曹公盘、簋各一件(《海岱》第2195—2196页),曹伯狄簋一件(《海岱》第2188页)。

单国称伯:单伯鬲一件(《海岱》第2354—2355页)。

莒国公、侯分称:公壶一、公簋四、公戈一(《海岱》第3822—3826、3828页),莒侯簋一件(《海岱》第3866页)。

齐国公、伯、侯分称,称公者高青陈庄出土七件,称侯者较多。称"齐伯"者见于西周早期晤簋盖铭文"王在康宫,格齐伯室"(《海岱》第1051页),属于其他诸侯国所称。

鲁国公、侯、伯分称,其中称"公"者仅周公与伯禽,余者称侯或伯。称侯者:鲁侯簋(《海岱》第2620—2621页)、鲁侯熙鬲(《海岱》第2623页)、帅隹鼎(《海岱》第2628页,铭文曰:"帅隹懋既,念王母勤匋,自作后王母,侯赏厥文母鲁公孙用鼎,乃鹥子帅佳,王母唯用自念于周公孙子,曰'余身毋庸有忘。'")、鲁侯爵(《海岱》第2624页)、鲁侯盉盖(《海岱》第2625页)、鲁侯壶(《海岱》第2631页)、鲁侯鬲(《海岱》第2635页)、鲁侯鼎、鲁侯簋(《海岱》第2564—2567页)。称伯者:鲁伯愈父诸器。见于载录的滕县出土的两周之际之鲁伯愈父盘、匜、鬲、簋等器,约二十余件,而《海岱》收录鲁伯愈父之器十三件(《海岱》第2582—2592、2644—2648页),本文姑且遵从此数。鲁伯愈盨(《海岱》第2595—2596页)、鲁伯大父簋(《海岱》第2594、2655—2656、2657页)、鲁伯诸父盘(《海岱》第2593页)、鲁伯车鼎(《海岱》第2651、2661页)、鲁伯敢匜(《海岱》第2652页)。

伯陞卣

1980年山东滕县姜屯公社庄里西出土,器、盖异铭,盖铭文曰"作宝彝",器内底铭文曰"伯陞享京,享滕公作厥文考父辛宝尊彝"(《海岱》第3153页)。原有铭文"滕公"二字磨泐,此前均存阙,今补苴之。时代为西周早期。滕国西周初期第一位国君生称"滕公",第二位生称"滕侯"。从伯陞卣铭文书体看,时代似是西周昭穆王时期,这位滕伯铸作铜卣为的是祭祀自己的文考滕公,而"滕公"显然是已经去世的滕国君主的追怀称谓,并非生前就称"滕公"。不知出于何因,这位应该称"滕侯"的国君却自称"伯"。这对本国君主而言,产生称谓之变较为特殊,但是律之列国则是较普遍的情形。当然,此时称"伯",抑或出于周王室的缘故?

四、大　宰

《西周金文官制研究》曰:"宰见于殷墟卜辞及殷代金文……已经著录的金文材料共十三条,除上述两条材料属西周早期外,基本上都属于西周中晚期,这似乎表明宰这一职官在西周早期的政治生活中还不是一种活跃的重要人物。到西周中晚期,它们在政治生活中越来越起重要的作用。至于大宰一名,在西周金文中尚未发现。凡是大宰的材料,都是东周器……宰的职掌情况据铭文可归纳为以下两点:1.管理王家内外,传达宫中之命(蔡簋);2.在锡命礼中作傧右或代王赏赐臣下(师遽方彝、师望簋等)。西周之宰虽然参与一些礼仪活动,但他们的最基本的职能是管理王家的事务……后世之宰,也还往往是家臣……《礼记·曲礼》:'问大夫之富,曰:有宰,食力'。这说明东周时期大夫也有宰。散盘的宰德父是西周时诸侯大夫有宰的明证。"[1]

《春秋·隐公元年》(前722年)："秋七月,天王使宰咺来归惠公、仲子之赗。"杨伯峻注:"天王,周平王。周王,《经》文或称'天子'……或称'王'……或称'天王'。统计称'天子使'者一,'王使'者三,'天王使'者十二,其实一也。宰咺,宰,官名。《周礼》有太宰,卿,一人;小宰,中大夫,二人;宰夫,下大夫,四人。此宰不知是何宰。孔颖达《正义》以为宰夫,章炳麟《春秋左氏疑义答问四》以《周礼·天官》宰夫之职论证之,其说可信。"周王室有宰,鲁国亦有宰,且分宰与大(太)宰。《周礼》所谓之"小宰",通称曰"宰"。如邹县七家峪出土的鲁宰驷父鬲、山亭东江2号墓出土的鲁宰虢簠[2]和传世的鲁宰昶鼎(《海岱古族古国吉金文集》第2653页)等。随着社会的发展,宰的地位逐渐在提升,管理王室、诸侯之宫廷内外、传达命令,直至掌摄宫廷庖厨之事。东周时期太宰一职逐渐增多,所见如:齐太宰(齐太宰归父盘《三代》17.14.1)、鲁太宰(鲁太宰原父簠《三代》1.68)、邾大(太)宰(邾太宰簠两件《山东金文集成》第383—384页)以及邛大(太)宰(江太宰孙叔师父壶《日精华》4.301)、邢太宰(邢姜太宰簠《社会科学战线》1982年第2期)等。尽管如此,东周时期也并非所有诸侯国皆有太宰之职,而设立太宰之职司,掌管宫廷之事务,则是国家政治机构上层建筑建立完备的重要条件之一。

鲁国大宰之职司,不仅见于金文,而且还见于《左传·隐公十一年》(前712年)"羽父请杀桓公,将以求大宰"。杨伯峻注:"大同太,大宰亦作太宰。大宰之名见于诸经传记者,以侯国言之,其义有二。一为一般官职名,一为冢宰、执政、卿相之义……《鲁世家》亦云:'公子挥诣,谓隐公曰:百姓使君,君其遂立,吾请为君杀子允,君以我为相。'皆以相释大宰,得其义矣。"《国语·齐语》:"桓公自莒反于齐,使鲍叔为宰。"韦昭注:"宰,太宰也。"可见春秋时期列国的太宰政治地位较高。

滕大宰得匜

香港中文大学文物馆藏,铭文曰"滕大宰得之御匜"(《海岱》第3174页)。时代为春秋中晚期。此铭"大宰",即文献所记之"太宰"。由上所揭列青铜器铭文与文献所记列国宰与太宰之职司,可见太宰在诸侯国上层统治机构中的地位与作用。山东古国齐、鲁、邾、滕均有太宰之职司,由此可见四国职官于太宰之职设置相同。尽管邾、

---

[1] 张亚初、刘雨:《西周金文官制研究》,中华书局,1986年,第40—42页。以下简称《官制》。
[2] 枣庄市政协台港澳侨民族宗教委员会、枣庄市博物馆合著:《小邾国遗珍》,中国文史出版社,2006年,第45—46页。

滕为小诸侯国,但太宰之职与齐鲁大国相同。

上揭滕侯昃敦铭文曰"滕侯昃之御敦"(《海岱》第3160页)。时代为春秋晚期,与滕大宰得匜铭文"滕大宰得之御匜"时代相同。两器各属滕侯昃与太宰得,铭文均称"御某",尽管此时的"御"之字义,与汉唐以后有别,但太宰得与滕侯昃同用"御"字,或亦证明滕国太宰的政治地位较高。

五、司　徒

《官制》谓:"司土,即司徒,西周早期和中期作司土,西周晚期才出现司徒……在春秋时期的铭文中目前所见有七条关于司徒的材料(鲁大司徒厚氏元豆,《三代》一〇·四八—五〇;鲁大司徒元盂,《录遗》五一二;鲁大司徒子仲白匜,《三代》一七·三九·二;鲁大左司徒元鼎,《录遗》八七;乐大司徒瓶,《博古》一〇·三七—三八),基本上都是鲁国之器。在这些器中,司徒都不作司土,而都写成司徒。司土是一种古老的写法。土之作徒单纯是同音假借字,还是另有一定的思想意识内涵,这个问题是应该引起我们的重视的。司土,注重的是物,是土;而司徒,注重的则是人,是徒众。这恐怕不是单纯文字通假的问题。《白虎通·封公侯篇》云:'司徒主人,不言人言徒者,徒众也,重民众'。《国语·周语》'司徒协旅',韦昭注:'司徒掌合师旅之众',这些文献记载对徒字的解释无疑是值得我们注意的。由西周铭文看西周司徒的职掌是:1. 管理土地(裘卫鼎、裘卫盉);2. 管理农业生产(盠方彝);3. 管理藉田(载簋);4. 管理廪、虞、牧等农副业(免簠、免簋);5. 册命时作傧右(此簋、无叀鼎、扬簋);6. 带兵出征(司土斧)……《周礼·地官·司徒》序官云:'乃立地官司徒,使帅其属而掌邦教,以佐王安扰邦国'。'大司徒之职,掌建邦之土地之图与其人民之数,以佐王安扰邦国'。这些记载说明司徒之官掌管者为人民、土地及教化之事。司徒是《周礼》所说的六官之一,掌管的范围十分广泛。他的下属主要是管理农、林、牧、猎、渔等项的职官。"[1]总之,司徒的职司非常复杂,同时既有王室的,亦有诸侯的司徒。杨树达称,散氏盘有司工、司徒、司马,"盖古县邑皆有司徒司马司工,不必天子诸侯之国始有之也"[2]。

山东古国齐、莒、莱、薛等均无司徒。邾国青铜器铭文未见此职司,但是王恩田先生编《陶文图录》第857页收录邾国陶文三件(3·5·2—3·5·4),印文同为"右司

---

[1] 张亚初、刘雨:《西周金文官制研究》,中华书局,1986年,第8—9页。
[2] 杨树达:《积微居金文说》,科学出版社,1959年,第160页。

徒",时代为战国早期,王恩田先生释之为"私司徒"。鲁国金文所见有关"司徒"的篇章最多,不仅有司徒、大司徒还有大左司徒。如:鲁司徒伯吴簠(《海岱》第2642—2643页),鲁司徒仲齐盘、匜、盨(《海岱》第2568—2580页),鲁大司徒厚氏元簠三件(《海岱》第2604—2610页),鲁大司徒元盂(《海岱》第2611页),鲁大司徒子仲白匜(《海岱》第2662页),大左司徒元鼎两件(《海岱》第2603、2663页)。

滕司徒戈

山东省博物馆藏,铭文曰"滕司徒□之戈"(《海岱》第3179页)。时代为春秋晚期或春秋战国之际。可见滕国与鲁国、邾国地域相近,尤其滕鲁两国皆出自姬周,职官礼制多遵循《周礼》。滕司徒戈铭文与滕侯昃戈、滕侯耆戈之辞例格式相同,凡此既能体现滕国司徒的地位,也可看出滕国文字语言之规范。滕、鲁、邾三国相邻,而在山东古国金文中唯见此三国有"司徒",颇耐人寻味。

六、司　马

《官制》曰:"司马是职掌军事的职官……司马曾见于周初的《牧誓》、《梓材》、《立政》诸篇。它的产生,可能要早于西周。在殷墟卜辞中,我们经常能见到叫做马、马亚及马小臣的武官。他们驰骋疆场,逐鹿中原。所以,有的学者曾经指出:'马受令征伐与射猎,很可能是马师,后世司马之官或从此出'(《殷墟卜辞综述》五〇九页)。但是我们要指出这样一种情况。这就是,以现有金文资料讲,司马在西周早期竟然连一条材料也没有发现……司马是三有司之一,司徒、司马、司空,职位较为重要,所以秦汉以后就以此为三公。在《周礼》中,司马是六卿之一,地位就很重要。'国之大事,在祀与戎',所以兵戎之事在我国古代史上一直占有显著的位置……西周中晚期有关司马的铭文有十四条,其中王室司马十条,诸侯司马四条……春秋时期,在文献上,有不少关于司马的记载,但铭文材料却仅有两三条,有的称司马(司马南叔匜《山东选》一〇八),有的称大司马(大司马孛述簠,二器,《三代》一〇·三·二一三)。"[1] 经检《三代吉金文存》所谓"大司马孛述簠",应为"大司马季述簠"。而且从铭文书体推考,应属于齐鲁一系文字,再从大司马之职司与季述姓名揆之,此器应即鲁国所有。

山东古国见于金文有司马之职的:邾国有春秋时期邾大司马戈两件(《海岱》

---

[1] 张亚初、刘雨:《西周金文官制研究》,中华书局,1986年,第12—13页。

第 3113—3114 页)、鲁国有司马南叔匜一件(《山东文物选集·普查部分》第 108 页)。

司马楙编镈

1982 年山东滕县庄里西出土,凡四件,铭文连读,曰"唯正孟岁十月庚午,曰古滕皇,皇祖心公,严上天命,哀命初夏用悼,肇谨祭王明祀,滕文考惠叔,亦师刑法。尊滕公正德,作司马于滕,还羌非敢司马楙作宗毓用享于皇祖文考,用祈吉庥,繁楙子孙万年永保"(《海岱》第 3163—3166 页)。与之同时出土钮钟九件。揣摩铭文语意,似是司马楙的父辈"滕文考惠叔""尊滕公正德,作司马于滕",而司马楙继承其文考惠叔之职为司马。由此可见,滕至战国早期司马之职还可世袭。

山东古国金文所见,不仅滕、鲁、郳三国有"司马",而且还只此三国有"司徒",滕、鲁、郳三国地域密迩,正如《左传·哀公七年》(前 488 年)郳隐公所谓"鲁击柝闻于郳",故彼此政治职官尤多相似,或盖由鲁而影响及滕与郳。

由上所见滕国两周金文二十二篇,得悉西周初年滕国肇封元君错叔绣生称"公",尔后继位者生称"侯"、卒称"公",其间亦鲜有生称"伯"者;滕侯公室职官内官有太宰,权力地位较高;三司之卿仅见司徒与司马,且司马之职或可世袭。山东古国唯滕、鲁、郳三国有司徒、司马之职司,而天下诸侯唯鲁官两周职官种类最多[1],或滕与郳皆从仿鲁国之官职欤?

岁次丙申八月初吉于潍水之湄九龙山知松堂

---

[1] 孙敬明:《两周金文与鲁国官制研究》,《海岱学刊》待刊。

史密簋所见僰国地望新探

朱继平
杭州师范大学历史系

二十世纪八十年代陕西安康出土的史密簋铭文自发表后即备受瞩目[1]，相关撰述迄今已见十数篇，极大地推动了对该篇铭文的解读。然就铭中所见协助周人东征的僰国，由于未能清晰厘定"僰"字音义，目前各家认识一直滞留在猜测层面而未有明确结论。近年新出资料的不断丰富与相关古文字研究的持续深入，已为落实"僰"字古音并为探讨该国历史地理问题提供了重要线索。本文拟在前辈学者研究基础上，综合传世文献与出土资料，对僰国地望提出己见。不足之处，祈请方家赐正。

一

史密簋铭所载"僰"国，亦见于师寰簋铭。师寰簋属传世器，其年代一般认为在西周晚期厉、宣前后[2]。史密簋于1986年出土于陕西安康县境，综合各家说法，可知年代当在西周中期偏晚[3]。据簋铭记载，面对诸夷广伐东国，作器者史密受王命率

---

[1] 李启良：《陕西安康市出土西周史密簋》，《考古与文物》1989年第3期；张懋镕：《史密簋发现始末》，《文物天地》1989年第5期。

[2] 《集成》04313—04314。诸家断代，参见黄鹤：《西周有铭铜器断代综览》，吉林大学博士学位论文，2013年，第515—516页。

[3] 史密簋年代有恭懿、宣王、孝王、懿王诸说。恭懿说参见李启良：《陕西安康市出土西周史密簋》，《考古与文物》1989年第3期；吴镇烽：《史密簋铭文考释》，《考古与文物》1989年第3期。宣王说参见张懋镕、赵荣、邹东涛：《安康出土的史密簋及其意义》，《文物》1989年第7期。孝王说参见李学勤：《史密簋铭所记西周重要史实考》，《中国社会科学院研究生院学报》1991年第2期。懿王说，参见张永山：《史密簋铭与周史研究》，《尽心集——张政烺先生八十庆寿论文集》，中国社会科学出版社，（转下页）

"族人、釐(莱)伯、棘展(殿),周伐长必"。而在师寰簋铭中,师寰"率齐师、曩(纪)、釐(莱)、棘、展(殿)左右虎臣,征淮夷"[1]。两篇铭文皆见"东国"、"齐师"、"莱伯"等地理、国族概念,可知铭文所记战事在地理范围上当与西周中晚期的东国相关,"棘"地亦应属于这一区域。

目前,学界对棘国地望的认识可归为两类。一类结合传世文献,考证"棘"读为"偪"或"匐",即文献所见妘姓偪阳[2],故地在今枣庄峄城区偪阳故城[3]。另一类又可细分为两说。一说据《说文》、《礼记·王制》郑玄注等,读"棘"为"棘",指故地在今临淄西附近的齐棘邑或棘里[4]。另一说释"棘"为"㦱"(即"历"),通作"鬲",指故地在今德州故鬲城的古鬲国[5]。从这些研究考察路径可知,相关认识皆从分析"棘"字读音与构形入手而得出,表明弄清"棘"字的早期音读与字形显然是深入探求西周金文所见棘国史迹的前提。比较而言,上述关于棘国的论说除第三种在字形、读音上缺乏可信证据外,其余二说均对"棘"字读音、字形有所阐释,且论断各有其合理性。但结合新出材料分析,两说皆不无可商之处。

关于以棘音"偪"或"匐",指今枣庄境内妘姓偪阳国一说,结合相关研究可知主要症结在于以棘对应偪阳一处。早在二十世纪八十年代,刘雨、蔡运章两位先生曾先后指出,文献所见妘姓偪阳当指金文"辅伯"之"辅"[6]。二十一世纪初,徐师少华先生在重申此说基础上,进一步结合新见考古发现论证西周时期的偪阳仍处关中,春秋初

(接上页)1996年,第197—198页;杨宽:《西周史》,上海人民出版社,2003年,第562页。今按,该簋口沿下所饰窃曲纹带仍处于夔龙纹向窃曲纹转化的形态,显示其时代应不会晚至宣王时期,而应限定在西周中期偏晚。在上述诸说中,张永山据文献所见纪侯谱齐哀公事之王世,结合金文所见师俗活动时间,推测史密簋为懿王世器,可行性较大,今从其说。

[1] "展",初有释为"夷"作国名者。刘钊先生从字形出发,综合文献、金文和新出简牍文字指出字从尸从自,可释为"脽"的古字而读为"殿",意指当时齐师、莱、棘等作为后军协同作战,可信。参见氏著《谈史密簋铭文中的"展"字》,《考古》1995年第5期。

[2] 李学勤:《史密簋铭所记西周重要史实考》,《中国社会科学院研究生院学报》1991年第2期;张永山:《史密簋铭与周史研究》,《尽心集——张政烺先生八十庆寿论文集》,中国社会科学出版社,1996年。

[3] 中国社会科学院考古研究所北京队、枣庄市博物馆:《山东枣庄偪阳故城遗址调查》,《东方考古(第7集)》,科学出版社,2010年,第425—433页;国家文物局主编:《中国文物地图集·山东分册》下册,中国地图出版社,2007年,第177页。

[4] 吴镇烽:《史密簋铭文考释》,《考古与文物》1989年第3期;李仲操:《史密簋铭文补释》,《西北大学学报》1990年第1期;王辉:《史密簋释文考地》,《人文杂志》1991年第4期。

[5] 陈秉新、李立芳:《出土夷族史料辑考》,安徽大学出版社,2005年,第215—216页。

[6] 刘雨:《金文荸京考》,《考古与文物》1982年第3期;蔡运章:《郙王萜剑乃偪阳国史初探》,《中原文物》1983年第3期。

年前后方东迁至今山东境内[1]。其说在字形、读音上持论周详,可资凭信。据此而论,史密簋、师袁簋二铭中于西周中晚期参与伐东夷的㚔国,在时代和地望上显然与当时仍处关中的偪阳国是无法对应的。且由二铭可知,当时跟随王师征讨夷族的地方势力有齐师、莱、㠱(纪)等,有证据表明它们皆在鲁北淄潍流域,与其配合作战的㚔国若指鲁东南今枣庄境内的偪阳,似与鲁北相距过远,从而与铭文所记军事地理形势不甚相符。这是因为,若置㚔于鲁南,那么这两次战争的战线将从淄潍流域中下游一直延伸至沂沭流域中下游,几乎纵跨今山东省南北境,中间还要跨越沂山、穆陵关等山地和隘口,其战线之长,行军路线之难,放之后世亦属不易,以之对应西周时期的某次战事,终有未安[2]。不过,此说据文献论"㚔"音"偪"或"匐",却为深入解析㚔国地望指明了重要方向,不容忽视。为此,有必要重返传世典籍中关于㚔字读音的记载。

《说文·人部》云"㚔,犍为蛮夷,从人,棘声",这是文献中将㚔、棘二字读音相关联的最早说法。《礼记·王制》"西方曰棘,东方曰寄"下,郑玄亦注"棘,当为㚔。㚔之言偪,使之偪寄于夷狄",进一步强化了㚔、棘之间的关联。但细审可知,郑玄并未明言"棘,当为㚔"之关联是基于读音还是字形。据其后文从字义上解释"㚔之言偪"一句来分析,其说似偏重于字形。今按,上引许慎说所谓"犍为",指的当是汉犍为郡,《汉书·地理志》载其郡下辖有㚔道县[3]。因此,后世注家皆据以将"㚔"理解为古国名[4],㚔人指居住在这里的西南夷[5]。上引郑注后半段所表达的当归属此类。又《吕氏春秋·恃君》载:"㚔人野人。"高诱注:"㚔,当读如匍匐之匐。"可知,此说与前引《说文》、郑玄说明显不同。

将上述两种说法结合可知,东汉时人对㚔字读音的认识实有两说:一音棘,二音匐。由此分析,前引偪阳说注意到了高诱"匐"音说却未回应许、郑二家之言,至于以㚔为临淄西之棘邑的另一派观点,则取许、郑二家之言而未兼顾高诱注。偪阳说的主要问题已如前述,那么棘邑说又如何呢? 相对而言,棘邑说将㚔置于临淄西境,在地

---

[1] 徐少华:《南阳新出"辅伯作兵戈"的年代和族属》,《考古》2009年第8期。
[2] 高广仁、邵望平对此已有疑义,并推测㚔或属齐所领"五侯九伯"之一,为鲁北土著小国。参见氏著《海岱文化与齐鲁文明》,江苏教育出版社,2005年,第308—309页。
[3] 《汉书》卷二八上《地理志》,犍为郡,中华书局,1962年,第1599页。
[4] 《汉书》卷二八上《地理志》,颜师古注引应劭曰:"故㚔侯国也",中华书局,1962年,第1599页。
[5] 参见《文选》卷九《长杨赋》"羌㚔东驰",注引服虔曰:"㚔,夷名也",上海古籍出版社,1986年,第409页。《史记》卷一一七《司马相如列传》"夜郎西㚔中",《集解》引徐广曰:"㚔,羌之别种也",中华书局,1982年,第3044页。《水经注》卷三三《江水》,㚔道"县本㚔人居之",今据郦道元著、杨守敬、熊会贞疏:《水经注疏》,江苏教育出版社,1989年,第2774页。《汉书》卷四五《伍被传》,"羌、㚔贡献"下颜注"㚔,西南夷也",中华书局,1962年,第2168页。《史记》卷一一六《西南夷列传》,"㚔僮"下《正义》曰"今益州南戎州北临大江,古㚔国",中华书局,1982年,第2993页。

望上较偪阳说显然更合理一些,过去我们亦曾从之[1]。不过,已有古文字学家指出,"僰"字上古音在并母职部,与见母职部的"棘"字声母相差很远,"僰"字不大可能以"棘"作声符[2]。可见,就上古音系而言,以"僰"音"棘"而相通假之说,其实是有问题的,那么据此而得出的僰指棘邑之推论,自然也就值得进一步商榷了。

另一方面,从相关文献记载的年代来分析,无论是以僰音棘还是音匐,其说皆属汉人之论,上距史密簋、师寰簋所属的西周中晚期已近千年,其间汉字形音变化甚剧,以汉人说法来确定西周时期的"僰"字音读,其间的缺环不言自明。因此,要最终弄清楚僰字的上古读音,恐怕还需要寻找更多的中间证据。那么,汉代之前的僰字古音能否找到更早的资料呢? 答案是肯定的。

山西曲沃晋侯墓地出土铜器铭文中亦有"僰"字,见于 M33、M91、M92 所出晋侯僰马相关铜器铭文。资料整理者认为,"晋侯僰马"其人当为 M33 墓主,可对应史籍所载晋厉侯福(亦作辐)[3]。此后,学界对"晋侯僰马"的身份多有讨论。其中黄锡全先生结合僰、匐、服音近相关文献记载指出,"僰马"当为"服人",为晋成侯之名[4]。据《史记·晋世家》,晋成侯名"服人",其子厉侯名"福",司马贞《索隐》引《系本》作"辐"[5]。故又有学者结合黄文所论僰、匐、服音同字通之说,重申了"僰马"对应晋厉侯"福(或辐)"的观点[6]。正当两说相持不下之际,2002 年在"晋侯墓地出土青铜器国际学术研讨会"上,李伯谦等学者在晋侯墓地 M31 所出一件铜盘底部发现了"僰马"、"成侯"等铭文字样,后经 X 光透视拍照、除锈、打磨,最终确认了该盘是僰马为其父成侯所作,由此"晋侯僰马"为晋成侯之子,即《晋世家》所载晋厉侯福得以确认,此前相关学者所论"僰马"与"辐(或福)"或为一字一名、或为同一音之不同记音方式的推测也随之得到证实[7]。

既然僰马盘铭已证"僰马"对应"福(或辐)",那么无论二者是一字一名还是同一

---

[1] 参见拙著《从淮夷族群到编户齐民:周代淮水流域族群冲突的地理学观察》,人民出版社,2011年,第 96—97 页。

[2] 参见陈剑:《西周金文"牙僰"小考》,《甲骨金文考释论集》,线装书局,2007 年,第 54—58 页。

[3] 北京大学考古学系、山西省考古研究所:《天马—曲村遗址北赵晋侯墓地第五次发掘》,《文物》1995 年第 7 期。

[4] 黄锡全:《关于晋侯墓地几位晋侯顺序的排列问题》,《跋涉集》,北京图书馆出版社,1998 年,第 150 页。

[5] 《史记》卷三九《晋世家》,中华书局,1982 年,第 1636 页。

[6] 田建文、谢尧亭:《问疑晋侯墓》,《晋侯墓地出土青铜器国际学术研讨会论文集》,上海书画出版社,2002 年,第 134 页。

[7] 李伯谦:《僰马盘铭文考释》,《古代文明研究通讯》第 34 辑,2007 年,第 31—35 页。

音的不同记音方式,皆可表明僰马之"僰"在读音上有可能与福、辐相近。据《史记·晋世家》记载,晋厉侯为第五代晋君,其子为晋靖侯,而在靖侯十八年时发生了厉王出奔事。那么以常理推断,晋厉侯在世年代应约在西周中期后段或中晚期之际。对这一点,晋侯墓地所出僰马诸器形制可为物证[1]。可见,作为人名的"晋侯僰马"之"僰"与作为国名的"僰",在时代上是完全可以对应的。因此,有理由相信"僰"字古音当与福、辐二字所从的"畐"声相关,从而可在某种程度上与前引高诱僰音匐一注相印证。当然,在"僰马"与"福(或辐)"的关联中毕竟存在两字与一字的差别,故迳以僰读如畐声仍需要更直接的证据。

西周金文中另有作为赏赐之物的"牙僰"之"僰",见于西周晚期的师克盨[2]、癫壶[3]铭,字形与用作国名、人名的"僰"略有差异,即下增"止",当解为"僰"之繁构。关于该字的释读,较早阶段杨树达从刘心源说隶其为"僰",读为"襮",指衣领[4]。此说影响甚广,从者如云[5]。今人陈剑先生据金文常见"牙僰"与"巿"、"鳥"同赐且三者排序相对固定的现象,从相关字形在读音上的关联等角度,有力论证了"牙僰"即文献之"邪幅"[6],已为学界所公认。因此,"牙僰"与"邪幅"的对应可进一步证明,"僰"古音当读如"幅",正与前述"僰马"对应"福"、"辐"一致。

以上分析表明,西周金文中的"僰"与福、辐、幅音近相通,后三字皆从畐得声,故僰古音当读如畐声。前已引《吕氏春秋》高诱注"僰,当读如匍匐之匐",据《说文》"匐,伏地也。从勹,畐声"可知,文献记载与出土金文资料是完全相符的,是知汉晋时期有关"僰"字读音二说中,唯有高诱一说能够反映"僰"字的上古音读。据此推知,上述作为人名的"僰马"与"福(或辐)"之间的对应关系很可能更多应从读音层面上予以理解,两者或属疾读、缓读之别。至于郑玄注,仅"僰之言偪"一句部分可资参考,其与许

---

[1] 如僰马盘,由铭文可知是晋厉侯在继位之前为其父成侯所作,其形制与花纹即表现出西周中期至晚期前段的风格。参见李伯谦:《僰马盘铭文考释》,《古代文明研究通讯》2007年总第34期,第31页。

[2] 《集成》04467—04468。

[3] 《集成》09723—09724。

[4] 杨树达:《积微居金文说(增订本)》,中华书局,1997年,第59页。以下简称《积微》。

[5] 伍仕谦:《微氏家族铜器群年代初探》,《古文字研究(第五辑)》,中华书局,1981年,第116—117页;马承源:《商周青铜器铭文选(三)》,文物出版社,1988年,第211页;陈汉平:《西周册命制度研究》,学林出版社,1986年,第238—239页;尹盛平主编:《西周微氏家族青铜器群研究》,文物出版社,1992年,第27页;方述鑫等编著:《甲骨金文字典》,巴蜀书社,1993年,第593、159页;张世超等撰著:《金文形义通解》,中文出版社,1996年,第132页;王辉:《古文字通假字典》,中华书局,2010年,第229页等。

[6] 参见陈剑:《西周金文"牙僰"小考》,《甲骨金文考释论集》,线装书局,2007年。

慎以"棘"从棘声之说当属后起。因此,由郑、许二说引申而来的以僰指临淄附近棘邑的说法,在读音上缺乏立论基础,实不可取。此外,"匍匐"后世文献引作"扶服"[1],先秦两汉古文字中"畐"常用为"福"[2],典籍中亦可见偪与伏、傅、福音近相通之例[3]。因此,前揭李学勤、黄锡全等先生以僰音近匐、服是可信的。

二

由上引"僰"字相关金文资料可知,西周金文中"僰"可用作国名,亦用为胫服名或人名,这当是随着汉字体系的不断发展,与字义对应的分化字不断增多：师克盨、瘐壶铭中表胫服的"僰"被"幅"取代,晋侯僰马器铭中用于人名的"僰"被"福(或辐)"取代。这种同一字形用于音同义不同之字义的现象,林沄先生称为借形记音[4]。那么,循着这一字形演变路径,是否可推测作为国名的"僰"字在后世亦有着相应的分化字呢？换言之,传世文献中可否存在一个与金文"僰"字对应的东土国族呢？前文已分析指出,从史密簋所载一系列相关地名在地理上的逻辑关联可知,簋铭所见战事当发生在鲁北淄潍流域及相邻区域,而据相关文献可知在邻近该地区的范围内恰有一重要城邑——齐博邑——值得深切关注。

《左传·哀公十一年》载齐伐鲁郊,为报此役:"(鲁)公会吴子伐齐。五月,克博。壬申,至于嬴。……甲戌,战于艾陵。……大败齐师,获国书、公孙夏、闾丘明、陈书、东郭书,革车八百乘,甲首三千,以献于公。"《国语·吴语》、《史记·吴世家》对该役均有记载[5]。博邑,杜预注为齐邑,韦昭注"齐别都",可证此邑属

---

[1]《诗·大雅·生民》"诞实匍匐",《经典释文·生民》:匐"本亦作服",今据陆德明撰,黄焯汇校:《经典释文汇校》,中华书局,2006年,第210页上。又《礼记·檀弓下》"扶服救之",《经典释文·檀弓下》:扶服"本又作匍匐音同",中华书局,2006年,第372页上。

[2] 王辉:《古文字通假字典》,中华书局,2010年,第248页。

[3]《周礼·冬官·考工记·辀人》"不伏其辕",郑玄注"故书伏作偪。杜子春云:偪当作伏",今据《周易注疏》卷四〇,《四部精要》第1册,经部一,阮元十三经注疏本,上海古籍出版社,1992年,第913页下。又《春秋》襄公十年"遂灭偪阳",《春秋左传正义》卷三一,《四部精要》第2册,阮元十三经注疏本,上海古籍出版社,1992年,第1946页下。《谷梁传》作"傅阳",《春秋谷梁传注疏》卷一五,《四部精要》第2册,阮元十三经注疏本,上海古籍出版社,1992年,第2427页上。《汉书》卷二十《古今人表》则作"福阳",中华书局,1962年,第922页。

[4] 林沄:《古文字学简论》,中华书局,2012年,第33页。

[5] 参见《国语·吴语》和《史记·越王勾践世家》及同书《伍子胥列传》、《仲尼弟子列传》、《春申君列传》诸篇。

齐。东周时期的齐博邑,秦称博阳[1],汉为博县,属泰山郡[2]。其地望,杨伯峻据张云璈说,指出在泰安东南三十里旧县村[3]。考古工作者在今泰安市邱家店镇旧县村西400米发现一座战国至汉代的城址,即博县故城[4]。然而"博"、"棘"二字在形体上差异甚殊,它们之间的对应关系可信吗?出土文献恰就此提供了重要信息。

战国玺印有"■坿师鈢"[5],"坿"为齐文字"市"字的特定写法,可证该印为齐玺,"■坿师"指■邑市官之长[6]。战国齐印另有"■里"[7],山东邹地陶文亦见地名"■"[8]。对此■、■、■三字,过去曾隶写为郭、敷或敫。严格来说,这三个字形的主体部分当从"甶",作"尃",与从"甫"的郭、敷是有区别的。甶,甲骨文作齒,从田从中,一般认为是"圃"字初文[9]。何琳仪先生指出,先秦古文中甶字形体早晚变化颇明显:在演化过程中曾增"又"繁化为"専",所从"中"亦有声化为"父"形的现象,至小篆中,"甶"讹作"甫",故《说文》以"尃"从甫声,写作"尃"[10]。据此可知,尃、専二字早期形体有所差别,不过后期二者已然合流。从这一点来看,将上述■、■、■诸字隶作郭、敷或敫,也不算有误。

从构型上分析,"郭"乃"専"字右增邑旁而来,这种造字方式在先秦文字中习见,故"郭邑"即"専邑",当指齐之博邑[11]。至于"敷里"、"敷"地,《说文》曰:"敷,敂也。从攴,専声。"据豳公盨铭"天命禹専土"[12],《尚书·禹贡》作"禹敷土",可知敷、専相通,専为敷之本字[13]。是可证敷里即専里、敷即専,其与上述"郭坿"当皆与齐専邑有关。另一

---

[1] 楚汉之际的平齐之役中,博邑作"博阳",见于《史记·项羽本纪》及同书《田儋列传》篇。周振鹤先生指出,博阳之"阳"乃表述美称之地名通用语,一地名赘加"阳"字后,与原义无别,博阳、博县、博三者实为一地。参见氏著《西汉政区地理》,人民出版社,1987年,第31、100页。
[2] 《汉书》卷二八上《地理志》,中华书局,1962年,第1581页。
[3] 杨伯峻:《春秋左传注》,中华书局,1990年,第1661页。
[4] 国家文物局:《中国文物地图集·山东分册》下册,中国地图出版社,2007年,第485页。
[5] 故宫博物院编:《古玺汇编》0152,文物出版社,1982年,第26页。以下简称《玺汇》。
[6] 裘锡圭:《战国文字中的"市"》,《考古学报》1980年第3期。
[7] 《玺汇》3122。
[8] 王恩田:《陶文图录》3.263.1—2,齐鲁书社,2006年,第1115页。
[9] 于省吾编:《甲骨文字诂林》,中华书局,1999年,第2119—2120页。
[10] 何琳仪:《战国古文字典》,中华书局,2007年,第597—598页。
[11] 何琳仪:《战国古文字典》,中华书局,2007年,第599页。
[12] 保利艺术博物馆编:《豳公盨——大禹治水与为政以德》,线装书局,2002年。
[13] 裘锡圭:《豳公盨铭文考释》,《中国历史文物》2002年第6期。

方面,博邑之"博"从尃,战国秦汉简牍中不乏博、尃二字通假之例[1]。战国赵三孔布上所见"上尃"、"下尃",有学者指出当读为赵国地名"上博"、"下博"[2],可进一步佐证在用为地名时,"博"本作"尃",秦汉时期"博阳"、"博县"、"上博"诸地之"博"应为后起字[3]。《说文·寸部》曰:"尃,布也。寸部,从甫。"甫从父得声,尃、甫(父)声同[4]。前文已指出,"僰"字古音与幅、匐、服相近,那么从甫(父)声的"尃"的古音与服、畐声相近的"僰"字在读音上是十分接近的。可见,以博邑对应僰国在读音上亦持之有据。

三

既然"僰"与"尃"古音相近可通,可证史密簋铭中协助周人的僰国当确有可能对应东周齐之博邑。那么需要追问的是,这一对应是否与史密簋铭所见战争形势相符呢?尽管史密簋出土时铭文遭剔损,致个别语句释读不清,但结合相关研究来看,关于该铭所涉军事地理问题实际可找到以下相对明确的地理坐标。

首先,在诸家相关论述中,基本没有分歧的有铭中所见"齐师"、"釐伯",师寰簋中的"冥"亦与此相关。由近年高青陈庄所出引簋铭文可知,"齐师"当指驻扎在齐国临淄附近的军队[5]。"釐"即"莱",釐伯即莱国之君。春秋时期"东莱黄县"有莱国[6],故地在今山东龙口故黄城[7],陈槃先生早年曾指出西周时期莱地当近齐,大

---

[1] 郭店楚简《五行》篇:"共(恭)而尃交,豊(礼)也。"这里的"尃",《古文四声韵》引《义云章》作"博",参见荆门市博物馆:《郭店楚墓竹简》,文物出版社,1998年,第153页。马王堆帛书《五行》篇亦写作"博",参见国家文物局古文献研究室编:《马王堆汉墓帛书(一)》,文物出版社,1980年,第18页。

[2] 何琳仪:《战国古文字典》,中华书局,2007年,第598页。

[3] 1994年上海博物馆入藏一件"者儿戈",年代约为春秋战国之际,铭末二字或可释为"尃邑"。若此说可从,则可证春战之际博邑之"博"确写作"尃"。详见李朝远:《新见者儿戈考》,《古文字研究(第二十三辑)》,中华书局,2002年,第94—99页。不过李先生也指出,此释为"尃"两部分字形相距过远,是否确是"尃"字,仍有待深究。

[4] 曾宪通:《吴王钟铭考释——薛氏〈款识〉商钟四新解》,《古文字研究(第十七辑)》,中华书局,1989年,第127页。

[5] "齐师"在金文中数见。李学勤先生曾论史密簋、师寰簋铭中的齐师为齐国三军,后结合陈庄引簋铭重申此说,同时指出妊小簋铭中的"齐师"则指齐都邑。参见《高青陈庄引簋及其历史背景》,《文史哲》2011年第3期。相似论说,亦见张懋镕、赵荣、邹东涛:《安康出土的史密簋及其意义》,《文物》1989年第7期;张懋镕:《史密簋与西周乡遂制度——附论"周礼在齐"》,《文物》1991年第1期。

[6] 《春秋·宣公七年》"公会齐侯伐莱"下杜注,今据《春秋左传正义》卷二二,《四部精要》第2册,阮元十三经注疏本,上海古籍出版社,1992年,第1873页上。

[7] 杨伯峻:《春秋左传注(修订本)》,中华书局,1990年,第690—691页。

致在今胶莱河东岸的昌邑、平度之间[1]。其说与史密簋、师寰簋二铭所见战争地理相符,可从。至于师寰簋中的"冀",一般认为即文献所载姜姓纪国,考古调查及相关研究表明其故地当在今寿光南孙家集镇吕宋台遗址一带,位于淄河西岸[2]。因此结合两铭分析,齐师、莱伯与纪皆为当时协助周人伐诸夷的东土地方势力,它们都集中分布在今鲁北淄潍流域内,这当可提示史密簋铭所见战事在地域上应与淄潍流域密切相关。

以此为前提,再来看史密簋铭中周夷交战地"长必"。目前学界对长必地望的认识,主要有四种看法。李学勤先生读"必"为"柲",推测其地约在鲁南[3]。李仲操先生读"长必"为"长勺",故地在今莱芜东北[4]。王辉先生读"必"为"宓",通"密",认为"长必"由古密水得名,地应在潍水流域,从其表述来看似有将长必与春秋高密邑关联之意[5]。张永山先生则认为长必当在沂水流域[6]。以上诸说中,长勺说在字形、读音上臆测成分居多,明显不可信。沂水流域说乃据当时战争形势推衍所得,相关论证附加了较多假设性前提,故其结论可信度亦有限。鲁南说则是以桒指偪阳为前提得出的,上文已证此前提不确,其推论亦不可从。比较而言,王先生以长必属潍水流域、或指春秋高密说,先从读音证必、柲、宓、密音同相通,再据文献淄潍流域多有从密水得名之地来推测长必可能范围,在论证方法上持据最为充分,且与齐师、莱伯与纪所属淄潍流域亦相符。另一方面,将长必置于潍水上游的高密故城,与考古所见西周时期鲁北周夷文化分界线大致在今淄河——潍水间的事实亦相符[7]。因此,我们认为王说的可信度是很大的。

比较而言,受铭文剥损影响较明显的是史密簋铭所见诸夷地望的解读。即使如

---

[1] 陈槃:《春秋大事表列国爵姓及存灭表撰异(三订本)》,上海古籍出版社,2007年,第742—744页。

[2] 过去学界曾长期据《水经·巨洋水注》,认为纪国故地在今寿光东南的纪台城,位于淄河以东。然考古调查与文献研究可知,周代姜姓纪国故地应在淄河以西,以东的纪台城应是汉晋时期剧县故城之所在。参见王恩田:《纪、冀、莱为一国说》,《齐鲁学刊》1984年第1期;拙文《周代东土纪国地望补正》,《杭州师范大学学报(哲学社会科学版)》2015年第5期。

[3] 李学勤:《史密簋铭所记西周重要史实考》,《中国社会科学院研究生院学报》1991年第2期。

[4] 李仲操:《史密簋铭文补释》,《西北大学学报》1990年第1期;亦见氏著《再论史密簋所记作战地点——兼与王辉同志商榷》,《人文杂志》1992年第2期。

[5] 王辉:《史密簋释文考地》,《人文杂志》1991年第4期。

[6] 张永山:《史密簋铭与周史研究》,《尽心集——张政烺先生八十庆寿论文集》,中国社会科学出版社,1996年。

[7] 研究表明,西周时期鲁北周夷文化分界线逐渐由西周早中期的淄河一线向东推进到潍水一线。参见王青:《海岱地区周代墓葬研究》,山东大学出版社,2002年,第137页,图五十。

此,对铭中所见"杞夷"与时被周人称作南夷的"▨",仍可据文献与考古资料来探求其地望。先来考察字形确切且有文献可据的"杞夷"。

张懋镕等资料发表者认为,簋铭所见"杞夷"当指周初封于雍丘,故地在今河南杞县的姒姓杞国[1]。然传世文献既载周人封夏之后裔于杞,则有周一代周、杞关系当较亲密,何故在西周中后期突然兵戎相见?且杞为夏后,周人历来有以夏人后裔自居的传统,史密簋"杞夷"一称显然与此不符。再者,今杞县虽可归入周东国范畴,然其地西近洛邑,东有鲁国,北为卫国,南有许、陈,可谓强邻环峙,向以国力弱小号称于世的杞国,怎能跳出上述政治势力的包围而与僻处东国腹地的莒、虎等夷族联合叛乱?即使退一步讲,假设这种联合叛乱可能发生,从地缘关系的角度分析,协助周室进行征讨的也应是地近杞国的鲁、卫等诸侯,又怎会是距杞地甚远的鲁北齐、莱诸国?可见,以史密簋所见"杞夷"为雍丘之杞一说带来的龃龉甚多。为弥缝雍丘说带来的诸多问题,屡有学者根据春秋时期雍丘杞国东迁的文献记载与新泰所出杞器等考古发现,认为杞国东迁事件或先于春秋时期[2]。然其论亦不乏推测,缺乏说服力。可见,史密簋铭中的"杞夷"当另有来源。其实,早在八十年代王恩田、何浩两位先生先后提出,两周时期曾长期并存有"周杞"和"商杞"两个杞国。雍丘之杞为周杞,为周人所封,与之并存的还有商人所封之商杞。由《左传》可知,商杞与鲁为邻,而考古发现则有线索表明其故地当在今新泰以西。由于商杞长期与东方夷族杂处,文化上多受影响而带有浓厚的夷风,故一向被周人视为夷属[3]。可见,今山东境内早至商代就有一个与东夷关系密切的杞国,以之为史密簋中的杞夷,正可解决上述以周杞对应杞夷所造成的诸多疑难。

再来分析南夷后的"▨"。有学者将其释为"卢",以其当江汉或淮南之卢(或庐)[4]。

---

[1] 张懋镕、赵荣、邹东涛:《安康出土的史密簋及其意义》,《文物》1989年第7期。
[2] 李学勤:《史密簋铭所记西周重要史实考》,《中国社会科学院研究生院学报》1991年第2期;钱益汇:《杞国都城迁徙及相关历史地理问题疏证》,《首都师范大学学报(社会科学版)》2011年第4期。
[3] 王恩田:《从考古材料看楚灭杞国》,《江汉考古》1988年第2期;何浩:《楚灭国研究》,武汉出版社,1989年,第272—274页。王先生关于商杞的论证,亦见氏著《人方位置与征人方路线新证》,《胡厚宣先生纪念文集》,科学出版社,1998年,第105—106页;《山东商代考古与商史诸问题》,《中原文物》2000年第4期,第13—14页。
[4] 王辉:《史密簋释文考地》,《人文杂志》1991年第4期;李学勤:《史密簋铭所记西周重要史实考》,《中国社会科学院研究生院学报》1991年第2期,第103—108页;张懋镕:《卢方·虎方考》,《文博》1992年第2期,第19—22页;张永山:《史密簋铭与周史研究》,《尽心集——张政烺先生八十庆寿论文集》,中国社会科学出版社,1996年,第193—194页。

释"膚"者则以其指今山东境内的莒国,具体地望则有莒县、胶州两说[1]。按,王国维先生早已指出"卢"、"筥"(即莒)本为一字,"筥侯"即金文所见"籚侯"[2]。郭沫若、杨树达等从其说[3]。同时,今山东莒县、沂水、莒南等地所出东周莒器铭文中,"莒"皆作"簠"或"籚",其字形皆从"膚"得声。可见,以膚为莒在字形上是可信的。结合目前考古资料分析,今胶州西庵村及附近周王庄村已先后发现具有较强本地文化特色的晚商至西周早中期遗存[4],以今莒县为中心的沂沭中下游区域则尚未发现年代早于西周晚期的莒文化遗存[5]。从这一点来看,史密簋铭中所见西周中期的莒国地处今大沽河下游胶州西南境的可能性当较大。杜预《世族谱》载莒"初都计,后徙莒,今城阳莒县是也"[6],何浩先生曾据之认为春秋初年莒国中心地已由大沽河下游西移至沭河流域[7],显然是合理的。

  以上分析表明,史密簋及与之相关联的师衰簋二铭中协助周人征战的东土地方势力——齐师、莱、纪——分布在今淄博至平邑之间,跨越淄水至潍水两大河流。当时侵扰齐之边鄙并被称为"南夷"的莒及与之联合叛乱的杞夷,则分在今胶州、新泰两境,恰位于上述齐师、莱、纪三者的东南和西南两端。最后,双方在春秋高密(地望在

---

[1] 参见李仲操:《史密簋铭文补释》,《西北大学学报》1990年第1期;孙敬明:《史密簋铭笺释》,《故宫学术季刊》第九卷第四期,1992年。

[2] 王国维:《观堂集林》,河北教育出版社,2002年,第538—539页。又,今所见史密簋铭文最初拓片实先后有两个版本:第一个版本为张懋镕等发表在《文物》1989年第7期,另一版本由李启良发表在《考古与文物》1989年第3期上。据张懋镕后来的文章可知,第一个拓片制作时,史密簋"尚未除锈,有些字看不真切"(参见《史密簋与西周乡遂制度》,第26页)。孙敬明据李文所供清晰的第二个拓片指出,"南夷"后一字下部应从"夕"而非张氏1989年文所谓"⊌"(第66页),因此他认为此字当为"膚",指莒国(参见《史密簋铭笺释》,《故宫学术季刊》第九卷第四期,1992年,第85页)。今比对两篇铭文拓片,孙说可信,则"南夷"后一字释为卢或庐的问题实不存在。

[3] 郭沫若:《两周金文辞大系图录考释》,上海书店出版社,1999年,录187、考173。《积微》,第221、238—239页。

[4] 参见山东省昌潍地区文物管理组:《胶县西庵遗址调查试掘简报》,《文物》1977年第4期。按,考古学者多认为西庵村周代墓葬属莒文化遗存,参见王青:《海岱地区周代墓葬研究》,山东大学出版社,2002年,第168页;刘延常:《莒文化探析》,《东南文化》2002年第7期;禚柏红:《莒文化研究》,《东方考古(第6集)》,科学出版社,2009年,第215页。此外,近年在邻近区域又发现年代可早至商周之际的周王庄遗址,显示这里应是一个非常重要的晚商至西周早期的高等级聚落。参见牟成梓:《胶州古村落挖出商代青铜器填补考古空白》,《青岛早报》2016年11月16日。

[5] 王青:《海岱地区周代墓葬研究》,山东大学出版社,2002年,第168页;禚柏红:《莒文化研究》,《东方考古(第6集)》,科学出版社,2009年,第215页;毕经纬:《海岱地区出土东周铜容器研究》,《考古学报》2012年第4期。

[6] 参见《春秋·隐公二年》"莒人入向"下孔颖达《正义》引,今据《春秋左传正义》卷二,《四部精要》第2册,阮元十三经注疏本,上海古籍出版社,1992年,第1718页下。

[7] 何浩:《楚灭国研究》,武汉出版社,1989年,第275—276页。

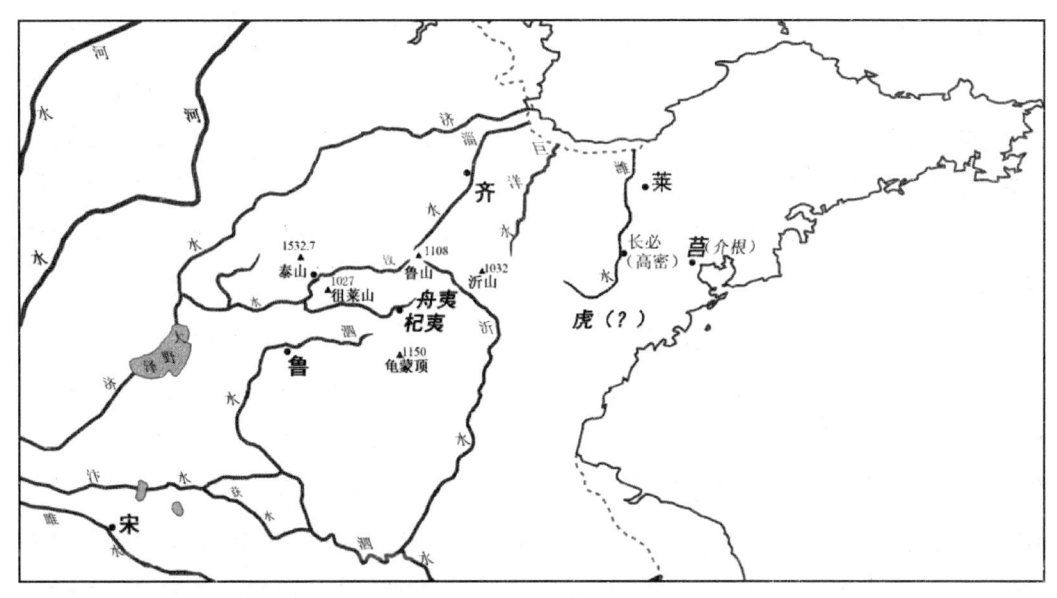

图一 史密簋铭所见战争形势

今高密县西南四十里高密故城遗址[1])发生冲突战。从图一所见史密簋铭战争形势分析,今新泰境的杞夷地处大汶水上游支流柴汶河流域,位置明显偏处东南,其与齐师、莱、长必、莒诸地之间不仅有淄水、潍水相隔,还有最高海拔在1 000米以上的鲁山和沂山山地。特别是这些山地已将大汶水上游的杞夷和莒、长必所在的潍水、大沽水流域分隔成了两个空间区块。初步审视这种地理形势,即会产生两点疑问:一是杞夷和莒两地相距较远,二者如何联合侵扰齐国边鄙?二是杞夷如何远距离跨越鲁、沂山地前往位于汉晋高密故城的长必一带参与交战?

然需要指出的是,经淄水上游与大汶水上游之间的河谷,在杞夷、舟夷和齐都临淄间存在一条十分便捷的通道,即《诗·齐风·南山》所谓"鲁道",《水经·汶水注》则称其为"莱芜谷道"[2]。近年我们对此莱芜谷道进行了多次实地踏查,直观的田野经验也充分证明,杞夷经此莱芜谷道向东北到达齐都临淄附近,当是极为便利的。另一方面,据辛德勇先生关于战国至秦汉"城阳"位置及平齐之役灌婴行军路线的考辨研究可知,杞夷所属的泰莱盆地与沂水上源、潍水上源一带的往来交通尽管不似莱芜谷道那样便捷,但亦非不可能,且此东西向通道表

---

[1] 李储森:《山东高密城阴城调查简报》,《考古与文物》1991年第5期。
[2] 《水经》卷二四《汶水注》,今据《水经注疏》,江苏古籍出版社,1989年,第2057页。有关莱芜谷道详情,可参严耕望遗著、李启文整理:《唐代交通图考(六)》,中研院历史语言研究所专刊,2003年,第2128—2135页。

现出极为突出的战略意义[1]。可见,杞夷东出莱芜盆地到达潍水上源今高密故城一带,当亦非不可能。因此,基于杞夷、莒两夷族所在地域的地形与交通,史密簋铭中,周人在率领齐师、莱与莒、虎在潍水上游短兵相接的同时,还需要一个可防范泰莱盆地杞夷北上攻齐和东进以联合莒等族的战略盟友,这应是当时周人在战略布防上需要着意考虑的一个关键问题。而前述在读音上可与史密簋铭所见"敷"对应的齐国博邑,其地望正位于今泰安市东南旧县村一带,恰与杞夷同属莱芜盆地。

从地理位置上看,博邑故地所在的博城遗址南临大汶水,西北距泰山山地仅十余千米,大汶水上游三条支流——石汶、瀛汶、牟汶——在其东北不远处汇合。可见,此邑扼守大汶水与泰山山地隘道,可谓地处交通要冲,战略位置极其重要。前引《左传·哀公十一年》鲁、吴伐齐之役中,吴鲁联军依次经过博、嬴、艾陵三邑,说明博是此联军北上攻齐所经首个要邑,作为齐鲁两国东线交通的南端枢纽,极易成为各方势力冲突之地。辛德勇先生在复原楚汉时期的平齐之役地理进程时曾分析指出,齐相国田横在临淄失守后逃奔至博,韩信派灌婴至城阳追击、擒获齐守相田光,紧接着又追击退守于博的田横。双方相继在嬴(故地在今莱芜西北羊里镇城子县村北[2])、博二邑交战,两战皆败的田横最后只得沿汶水谷地逃奔到当时活动在巨野泽故梁地的彭越。此后,灌婴又北上攻千乘之田吸,最后东至高密参与潍水决战[3]。由此观之,灌婴的行军路线是以临淄为起点,先后经城阳、嬴、博、千乘,最后至高密,博邑在此役中正起到了北通齐都临淄、东连齐国南鄙的战略转承意义。此后,直到宋开宝五年移县治于岱岳镇(即今泰安市岱岳区)之前,该城一直是当地的行政中心之所在[4]。因此,从战略防御层面来考虑,以齐之博邑对应西周东土敷国,亦与史密簋铭所载战事相符。

以上通过厘清"敷"字读音与"博邑"本作"尃邑"的字形,并结合相关国族与地名所见战争形势分析,当知史密簋铭所见西周敷国与东周齐之博邑应相对应,故地当指

---

[1] 辛德勇:《韩信平齐之役地理新考》,《历史的空间与空间的历史——中国历史地理与地理学史研究》,北京师范大学出版社,2006年,第136—152页。

[2] 穆彰阿、潘锡恩等撰修:《大清一统志》卷一七九,泰安府一,古迹"嬴县故城"条,上海古籍出版社,2008年,第583页。故址在今莱芜市羊里镇城子县村北侧,参见国家文物局主编:《中国文物地图集·山东分册》下册,中国地图出版社,2007年,第658页。

[3] 辛德勇:《韩信平齐之役地理新考》,《历史的空间与空间的历史——中国历史地理与地理学史研究》,北京师范大学出版社,2006年,第143—150页。

[4] 穆彰阿、潘锡恩等撰修:《大清一统志》卷一七九,泰安府一,古迹"博县故城"条,上海古籍出版社,2008年,第582页。

今山东泰安市东南邱家店镇旧县村的博县故城遗址。娥国地望的确认及相关字形的厘清,又可为进一步寻求商周时期娥国史迹及相关金文材料提供重要线索。囿于主旨和篇幅,此不赘述。

2017 年 4 月改定

附记:本文得到国家社科基金项目"海岱地区先秦时期考古学文化的互动与族群变迁研究"(15BKG002)资助,此致谢忱。

以鲁为首的姬姓诸国在东方地区的受封[*]

燕生东

教育部人文社会科学重点研究基地山东师范大学齐鲁文化研究院

周武王翦灭殷商,《左传·昭公九年》:"及武王克商,薄姑、商奄,吾东土也。"从政权法理延续而言,周人就拥有了商王朝在东方地区的领土统辖权。后来周公辅佐成王,平定东方叛乱;康王时期继续对东征伐,镇服了东方诸国。期间,周人陆续东封姬姓王室诸子弟、诸功臣谋士、姻亲贵族及先圣王之后裔于东方地区各地,以蕃屏周,股肱周室[1]。《左传·昭公二十六年》:"昔武王克殷,成王靖四方,康王息民,并建母弟,以蕃屏周。"封建诸国大约经过了武王、成王、康王三代。《左传·僖公二十四年》:"昔周公吊二叔之不咸,故封建亲戚以蕃屏周。管、蔡、郕、霍、鲁、卫、毛、聃、郜、雍、曹、滕、毕、原、酆、郇,文之昭也。邗、晋、应、韩,武之穆也。凡、蒋、邢、茅、胙、祭,周公之胤也。"不仅把周初东封归功于周公,还提及了位于东方地区的姬姓封国主要有文王之子鲁、曹、滕、郕、郜以及周公后裔茅等。《潜夫论·五德志》也云:"姬之别封众多,管、蔡、成(郕)、霍、鲁、卫、毛、聃、郜、雍、曹、滕、毕、原、酆、郇,文之昭也。"据周汉文献记载,分封到东方地区的姬姓邦国还有极等。文献记载和考古资料表明,分封到东方地区的邦国除姬姓外,还有功臣谋士、姻亲和先圣王后裔邦国,如姜姓纪、逄、向、州、鄣,妊姓薛、邳、秦、祝(铸),姒姓鄫、费、斟鄩等。分封到山东地区的邦国数量在20个左右,是周代分封国数量最多的地区之一,像鲁、齐两大著名邦国就分别在泰山南

---

[*] 本文为国家社科基金项目"东方地区商代考古研究"(13BKG008)、泰山学者青年专家李华团队、教育部人文社会科学重点研究基地重大项目"东夷文化、齐鲁文化与中华文明的起源、早期发展"阶段性成果。

[1] 顾颉刚:《康王以下的东征和北征》,《文史》第29辑;《周公东征胜利后东土的新封国》,《中国史学集刊(第一辑)》,江苏古籍出版社,1987年。

北两侧[1]。

一、山东地区最重要姬姓封国鲁

周公乃武王之弟,参与了灭商,又辅佐成王平定天下叛乱,和睦了兄弟,稳定了局势。所以,《左传·定公四年》就说:"昔武王克商,成王定之,选建明德,以藩屏周。故周公相王室以尹天下,于周为睦,分鲁公以大路大旗,夏后氏之璜,封父之繁弱。殷民六族,条氏,徐氏,萧氏,索氏,长勺氏,尾勺氏……分之土田陪敦,祝宗卜史,备物典策,官司彝器,因商奄之民,命以伯禽,而封于少皞之墟。"《诗经·鲁颂·閟宫》也云:"(成)王曰:'叔父!建尔元子,俾侯于鲁;大启尔宇,为周室辅'。乃命鲁公,俾侯于东;锡之山川,土田附庸。"周公留在镐京辅佐成王,由其长子伯禽受封就国。由于周公在王朝初期的特殊地位和稳定局势中发挥的独特作用,受封赐内容非常丰富,代表的各种权力也比较多,不仅有山川、土田、附庸、商族诸氏群,有祝、宗、卜、史官吏,还有先王礼器,车马旌旗、官司彝器、文献典籍等。此外,鲁国所处的地理位置非常重要,这里曾是商奄旧都,少皞之墟。疆域也较为广阔,《上海博物馆藏战国楚竹书(四)·曹沫之陈》载:"昔周室之邦鲁,东西七百,南北五百(里)。"

西周时期鲁国对外还拥有征伐权,曾一度代替周王征伐徐戎、淮夷诸国,"至于海邦,淮夷来同……保有凫峄,遂荒徐宅"(《诗经·鲁颂》)。周初,管、蔡诸国叛乱,淮夷、徐戎跟着造反,鲁侯伯禽率师攻伐至费(肸)(《尚书·费誓》)。西周金文也提及周初鲁侯参与征伐东方诸国,"囧工尊"(又名"明公簋",《殷周金文集成》4029)记录周成王命令明公率领三族攻伐东方诸国,鲁侯参与作战,并立下优越战功;"禽簋"(《殷周金文集成》4041)记载了周成王攻伐埜(蓋)侯,鲁侯伯禽佑振祝;"义盉盖"(《殷周金文集成》9453)提及周穆王来到鲁国,接见、飨宴东方地区邦君、诸侯,并举行大射礼。据《春秋》等文献,春秋时期,鲁国还代替周王接受周围同姓和异姓邦国如滕、薛、邹、小邾、费、郯、极、颛臾等的定期朝拜。这些足以证明西周时期鲁国为镇守东方的第一大国[2]。

鲁国都城位置,傅斯年先生曾认为周初在河南鲁山一带,后迁至山东曲阜。周汉文献说鲁国都城位于商奄一带、少皞之墟,古今学者多认为在今曲阜鲁国故城一带。

---

[1] 燕生东:《晚商文化在东方地区的分布态势与周初东封》,《考古与文物》2016年第5期。
[2] 刘敦愿:《西周时期齐鲁两国的地位及其互相转化》,山东古国史研究会编:《东夷古国史研究(第一辑)》,三秦出版社,1988年。

但历年来鲁国故城考古资料显示，这里并未见到西周早期至中期前段的遗迹、遗物，说明鲁国早期都城不可能在曲阜[1]。《世本》提及曲阜作为鲁国都城为鲁国第三代国君炀公迁徙而来（即"炀公徙鲁"），新出土的叔器也提及了鲁都城问题，朱凤瀚先生认为炀公自曲阜北部的"穷桑"迁徙而来[2]。

在兖州、汶上、济宁三县交界处一条东北—西南走向的黄土高地上，在面积达上百平方千米范围内，已发现商周时期遗址数十处。周汉文献上说这里为鲁国诸君埋葬之地，这一带还发现了受鲁国管制的殷民六族之一的周初索氏铜器群[3]。如是，鲁国早期都城应在汶上、兖州一带，后来迁至曲阜。

二、山东地区其他重要姬姓封国曹和滕

曹国，《左传·僖公二十四年》、《世本》、《史记·管蔡世家》等均云始封君为文王之子、武王同母之弟振铎。《史记·周本纪》上说商纣王自焚后，"武王弟叔振铎奉陈常车，周公旦把大钺，毕公把小钺，以夹武王"，振铎驾驭仪仗车，与周公旦、毕公共同簇拥着武王进入殷宫殿。《逸周书·王会》记成周之会，"天子南面立……唐叔、荀叔、周公在左，太公望在右……内台西面者正北方，应侯、曹叔、伯舅、仲舅"，振铎能够同周公、齐公、应侯、唐叔、荀叔等一起参加成周之会，地位应相当高。关于曹国的封地，学者多认为在鲁西南地区定陶县一带。

滕国，《世本》载，"滕，姬姓，侯爵。错叔绣、文王子"，滕国始封君为文王子错叔绣。《左传·隐公十一年》提及滕国、薛国朝见鲁国，争前后，滕侯说："我，周之卜正也。"滕国始封君错叔绣曾为周王朝负责卜筮的内服王官。周汉文献记载，滕国在今滕州姜屯镇滕城村一带的滕国故城，据调查和最近钻探材料，滕国故城址分为大城和小城，大城呈长方形，周长2 795米。小城在大城中央，略呈长方形。现存大城南墙长850米，东墙长555米，北墙长800米，西墙长590米，轮廓清楚。小城城墙基本保存较差，小城东北角有一土台，俗称文公台，呈不规则长方形，东西约60米，南北约45

---

[1] 山东省文物考古研究所、山东省博物馆、济宁地区文物组等编：《曲阜鲁国故城》，齐鲁书社，1982年；对曲阜鲁故城城墙和城内堆积年代的再分析可参考王恩田：《曲阜鲁国故城的年代及其相关问题》，《考古与文物》1988年第2期；近二三十年来，山东省文物考古研究所和济宁文物部门在配合基建与大遗址保护中，对鲁故城进行了多次试掘和发掘，始终未见西周早期和中期前段的遗迹和遗物。

[2] 朱凤瀚：《叔器与鲁国早期历史》，《新出金文与西周历史》，上海古籍出版社，2011年。

[3] 郭克煜等：《索氏器的发现及其重要意义》，《文物》1990年第7期。

米,高约6—7米,台东侧和北侧断崖处有西周文化堆积,传为滕国的宫殿遗址,在小城北部,钻探出多处大型夯土台建筑,小城南北各一城门。就时代而言,大城为战国时期,小城为春秋及西周时期[1]。在滕国故城北3千米的庄里西,发现了滕国贵族墓地,时代从西周早期延续至战国中期[2]。出土过一批西周早期滕侯及贵族青铜器,如吾甗("吾作滕公宝尊彝")、滕侯方鼎("滕侯作宝尊彝")、滕侯簋("滕侯作朕公宝尊彝")。最近出土一组鸶器的铭文涉及了滕国分封、国君称谓等问题[3],朱凤瀚、韩巍等先生由此认为山东地区的滕国为二次受封,由错叔绣长子所建[4]。

三、山东地区其他姬姓邦国与位置

郕国,《左传》上说是文王之子所建,《世本》:"郕氏,周文王子所封。"《史记·管蔡世家》:"武王已克殷纣,平天下,封功臣昆弟……封叔武于成。"郕国始封君为文王子叔武。郕国都城的位置,学者多认为位于"今山东泰安地区宁阳县东北九十里"[5]。

郜国,《左传》上说是文王之子所建,《世本》上也说,郜国为"周文王子所封国,在济阴,以国为氏"[6],《潜夫论》云"姬之别封众多……郜……文之昭也"。关于郜国都城位置,杜预认为"郜"即姬姓郜国,位于汉魏时期济阴成武县的北郜城[7],鲁西南今成武县成武镇有郜国都城遗址。

茅国,《左传》上说是周公之子所建,《世本》也云"周公子所封"[8]。关于茅国的

---

[1] 中国科学院考古研究所山东工作队:《山东邹县滕县古城址调查》,《考古》1965年第12期;最近,滕州市文物部门进行了详细钻探。

[2] 如滕县文化馆:《山东滕县出土西周滕国铜器》,《文物》1979年第4期;滕县博物馆:《山东滕县发现滕侯铜器墓》,《考古》1984年第4期。山东省文物考古研究所、滕州博物馆多次进行过发掘,清理面积数千平方米,发现数百座两周墓葬。

[3] 李鲁滕:《鸶鬲鼎及其相关问题》,《齐鲁文博:山东省首届文物科学报告月文集》,齐鲁书社,2002年;滕州市博物馆:《1989年山东滕州庄里西西周墓发掘报告》,《中国国家博物馆馆刊》2012年第1期;王峰、李鲁滕:《近见鸶器铭文略考》,《中国国家博物馆馆刊》2012年第1期。

[4] 朱凤瀚:《滕州庄里西滕国墓地出土鸶器研究》,《中国古代青铜器国际研讨会论文集》,香港中文大学文物馆出版社,2010年;韩巍:《读〈首阳吉金〉琐记六则》,朱凤瀚主编:《新出金文与西周历史》,上海古籍出版社,2011年。

[5] 杨伯峻编著:《列子集释》第一卷,中华书局,1985年。

[6] 秦嘉谟等辑:《世本八种》秦嘉谟辑补本第七卷上。

[7] 杨伯峻编著:《春秋左传注》桓公二年,中华书局,1990年。

[8] 秦嘉谟等辑:《世本八种》秦嘉谟辑补本第七卷上。

都城,据《左传·僖公二十四年》,杨伯峻认为茅国"故城当在今山东省金乡县茅乡,后属邾"[1],具体位置在金乡与成武县之间。

极国,《春秋·鲁隐公二年》(前721年)"司空无骇入极",清人顾栋高、今人陈槃皆认为极国为姬姓。学者多认为极位于"今山东兖州府鱼台县西"[2]。

四、这些姬姓诸国东封的目的

集中布局在鲁中南、鲁西南的周室王族子嗣姬姓封国鲁、滕、曹、郜、郕、茅、极等,其中鲁国最为强大,看来,该地区应形成了以鲁国为中心的姬周集团(图一)。而位于济水、淄河、潍河流域的齐、纪、逄、州等周王室姻亲姜姓邦国,大体组成了以齐国为中心的姜姓集团。姒姓邦国鄫、弗、杞等主要位于山东南部、河南东部一带,大体处于这些姬周诸邦国的外围;妊姓薛、邳、铸、秦等邦国也位于姬周邦国的周边地区[3]。

据研究,中商时期,商文化和商王朝势力进入鲁西南、鲁中南。该地区靠近商王朝政治经济中心,聚落分布密集,聚落和人口数量最多,还出现了多处高等级聚落,这里应是商王朝在东方地区经略的重点之一[4]。鲁西南地区晚商时期聚落与人口数量明显增多;晚商前段,商文化退出古泗水东侧,但晚商后段,商王朝势力重新进入该地区,出现20多处高等级聚落,这里又成为商王朝重点经营区域[5]。

鲁国都城及核心区域还是商奄所在地。古本《竹书纪年》记载了商王南庚迁奄、阳甲居奄之地、盘庚自奄迁于殷(北蒙)之事。《太平御览》卷八十三皇王部引《纪年》"南庚更自庇迁于奄,阳甲即位,居奄",《太平御览》卷八十三皇王部引《纪年》"盘庚旬自奄迁于北蒙,曰殷",《水经注·洹水注》引《竹书纪年》"盘庚即位,自奄迁于北蒙,曰殷",《尚书·盘庚》正义与《尚书·祖乙书序》正义引《汲冢古文》"盘庚自奄迁于殷",奄曾作为商王南庚、阳甲的都城,后来盘庚才从奄迁至殷(北蒙)。奄地,学界则多认为在今曲阜一带。商奄在周初参加武庚叛乱,后被周公所灭,其地成为鲁国伯禽所封之处。《左传·定公四年》:"因商奄之民,命以伯禽而封于少皞之虚。"杜预注:"商奄,

---

[1] 杨伯峻编著:《春秋左传注》僖公二十四年,中华书局,1990年。
[2] 陈槃:《春秋大事表列国爵姓及存灭表撰异》极国条,上海古籍出版社,2009年;谭其骧:《中国历史地图集》第一册,中国地图出版社,1982年。
[3] 燕生东:《晚商文化在东方地区的分布态势与周初东封》,《考古与文物》2016年第5期。
[4] 燕生东、丁燕杰:《商文化前期在东方地区的发展特点》,《中原文物》2016年第6期。
[5] 燕生东:《商文化后期在东方地区的发展》,《海岱考古(第十辑)》,科学出版社,2017年。

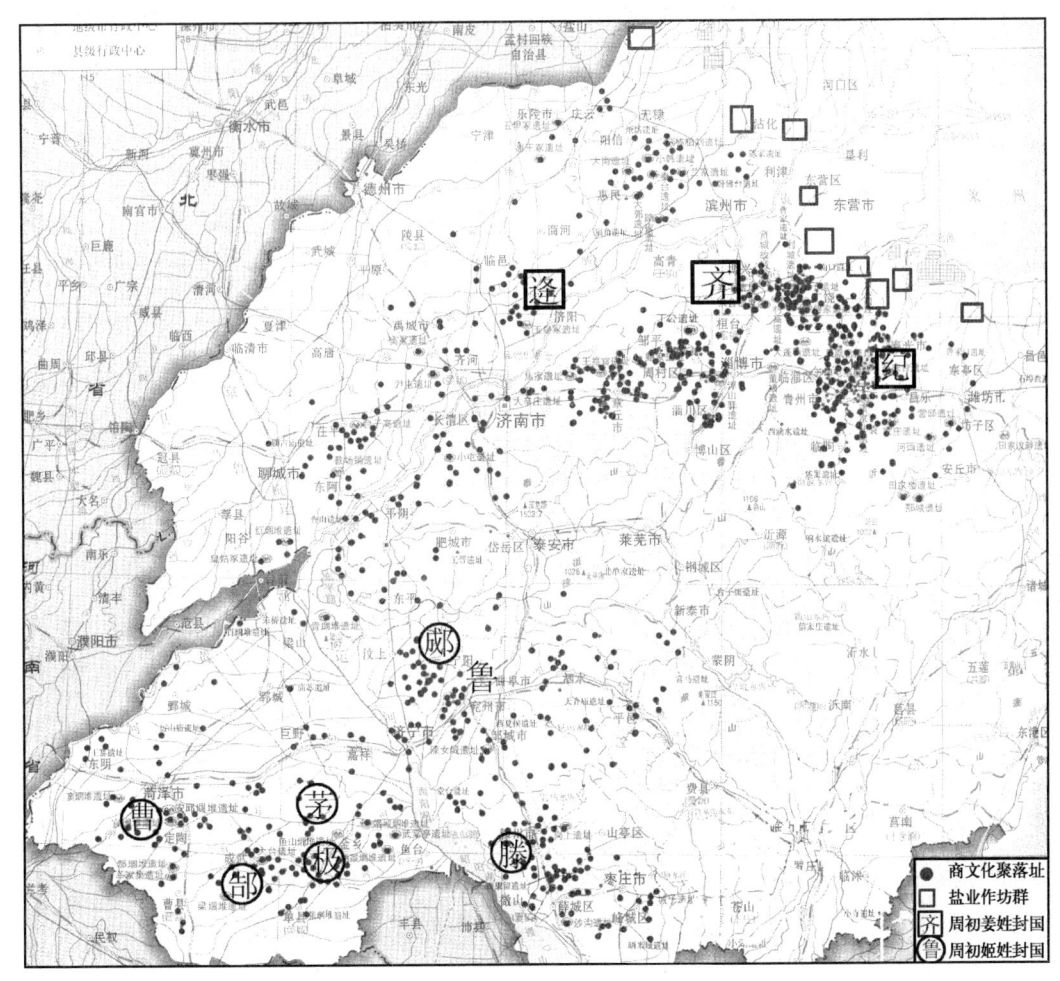

图一　东方地区周初姬姓与姜姓封国位置与晚商文化分布态势

国名。"《后汉书·郡国志》鲁国下注:"古奄国。"在周代文献里,商奄是东方的大国,周初曾跟随武庚和三监反叛,受到周人的征伐,如《尚书》中的《大诰》、《成王政》、《将薄姑》、《多士》、《周官》等序及正文内说,武王崩后,商奄等跟从三监和武庚造反,成王在周公、召公的辅助下,践奄,迁其君至薄姑。顾颉刚先生认为,奄既为商都,到盘庚迁殷后,商人也不会放弃这块地方,一定会把王族的子弟封在那里,作为商王朝的屏藩;奄既是殷属大国,所以在殷亡后成为反周的主要力量[1],周王朝把鲁国分封至此,显然也是为了控制商奄之民。尽管几十年来的考古钻探、发掘工作表明,在曲阜鲁国故城内未见周代早、中期的遗存,也未发现中商乃至商文化末期的遗存,但商奄所在地

---

[1] 顾颉刚:《三监及东方诸国的反周军事行动和周公的对策》,《文史》第26辑;顾颉刚:《奄和薄姑的南迁——周公东征史事考证四之四》,《文史》第31辑。

应不出鲁中南的曲阜、兖州、汶上等一带。《左传·定公四年》说鲁国不仅统辖商奄之民,还管控着殷民六族,条氏、徐氏、萧氏、索氏、长勺氏、尾勺氏。显然,鲁国的分封是为了控制鲁中南一带的殷遗民。

总之,从这些姬姓邦国受封的位置而言,均集中位于晚商文化聚落分布比较密集的鲁中南、鲁西南地区,这里曾是商文化从中、晚阶段连续、稳健发展的区域。鲁国都城是商奄都城所在地;曹国、郜国、极、茅所在地曾是商微子的封地,南部紧靠承继商王族祭祀的宋国;滕国紧邻商末的望族"史"氏。而以齐国为首,包括纪、逄、州的姜姓国家,主要位于晚商文化分布最为发达,人口最为集中,商势力较强的济水、潍河、淄河流域(即鲁北地区)。那里也是殷墟时期商文化最发达的地区之一。如是,说明这些周初分封在东方地区的姬姓和姜姓等邦国具有监督和羁縻殷商遗民的目的和功能(图一)。

值得一提的是,鲁中南、鲁西南姬姓诸邦中只有位于东部的鲁、滕受封为侯(滕国以南的薛也为侯,薛为妊姓姻亲国,来源于商末已经迁来该地的史族氏。而鲁北地区姜姓诸邦只有位于东部的齐、纪受封为侯)。就目前材料来看,位于鲁中南的侯邦鲁、滕,位置处于周王朝东土的边界区,其东部为鲁东南,东南及南部为徐淮地区,文献上说那里是周代东夷和淮夷族群居住区。据朱凤瀚先生研究,西周封国国君受王命所称"侯"是王朝派驻边域的外服军事职官之称,为负担其军事职能,有开疆扩土之权,因而有较强武力,实力也远超出非侯封国[1]。看来,鲁、滕等侯邦受封至此,其目的一是为周王朝守卫边域,二是防备东部和东南部的东夷与淮夷族群。

---

[1] 朱凤瀚:《关于西周封国君主称谓的几点认识》,《两周封国论衡——陕西韩城出土芮国文物暨周代封国考古学研究国际学术研讨会论文集》,上海古籍出版社,2014年。

鲁国史研究的几个问题

陈 东

曲阜师范大学

曲阜位于中国山东省西南部,史称少昊之墟、商奄旧地,为西周(前1046—前771年)、东周(前770—前256年)时期鲁国都城所在,是中国古代思想家、教育家、儒家创始人孔子(前551—前479年)的故乡。为适应曲阜鲁故城文化遗址保护与管理的需要,随着近年来孔子及儒学复兴热潮的高涨,地下考古文化遗址及文物的不断出土与发现,作为其背景文化史的鲁国史研究也不断得以深入。若干出土文献的问世加深了对传统文献的解读,若干考古遗址的发掘与发现填充了传统文献记载的空白,两周时期鲁国史真相变得越来越清楚。与此同时,随着鲁国史知识内容与外延扩大,各种历史疑问与矛盾也越来越多,越来越突出。有些传统历史文献记载的矛盾尚未得到很好解决,考古发现又提出了不少新的难题。在古鲁国史研究中,文献与考古二重证据尚未能完全统一,仍然充满着许多未解之谜。

一、关于鲁国始封

鲁国是西周初年所建重要封国之一。有关鲁国建国的历史资料见于《诗经》、《左传》、《尚书》、《孟子》、《礼记》、《世本》、《竹书纪年》、《国语》、《史记》、《汉书》等传统文献,可谓丰富。其中《左传》与《史记》的记载有明显矛盾之处。

《左传》定公四年记载:"昔武王克商,成王定之,选建明德,以藩屏周。故周公相王室以尹天下,于周为睦。分鲁公以大路、大旂,夏后氏之璜,封父之繁弱,殷民六族:条氏、徐氏、萧氏、索氏、长勺氏、尾勺氏。使帅其宗氏,辑其分族,将其类丑,以法则周公。用即命于周,是使之职事于鲁,以昭周公之明德。分之土田陪敦,祝宗卜史,备物典策,官司彝器,因商奄之民,命以《伯禽》,而封于少昊之虚。"也就是说《左传》认为:鲁国之封建在周成王时期,至少是在周公东征灭奄之后,始封者为伯禽。《史记·鲁周公世家》则记载:在周武王伐纣的当年(武王十一年),"封纣子武庚禄父,使管叔、蔡叔傅之,以续殷祀。遍封功臣同姓戚者。封周公旦于少昊之虚曲阜,是为鲁公。周公不就封,留佐武王。"以长子伯禽代为赴鲁就封。《史记》明确说是周武王封周公于鲁,伯禽只是代父赴鲁。

对于《史记》所言武王克商当年即封建齐、鲁、燕诸国,学者多持怀疑态度,以为武王伐纣后不久,周的统治能力尚不能达到上述各地,封鲁最早也当是周公东征以后事。但司马公言之凿凿,又不可能全然无据。为了调和二者之间的矛盾,近代以来产生了两次封鲁或鲁国迁封说。最早提出鲁国迁封说的是吴桂华(1877—1927,字秋辉,笔名侘傺生,室名侘傺轩,山东临清县人)的《周公封鲁考》,"大意周、召二公分陕,陕以东,周公主之。周初建国,疆域远不及泰岱。周公始封,乃在河南之鲁阳(鲁山之阳),绝非远地(奄国)之曲阜。建国后东征,灭商践奄,子孙始据奄而国之,庸资镇慑。国因鲁名,而地实非故鲁地(鲁阳)也。此说傅孟真(斯年)极誉扬之。"[1]傅斯年先生根据《诗经·鲁颂·閟宫》"王曰叔父,建尔元子,俾侯于鲁。……乃命鲁公,俾侯于东"以及"居常与许,复周公之宇"等诗句,进一步推断周武王时伯禽代周公先"侯于鲁"(今河南鲁山),周成王时又作为鲁侯"侯于东"(山东曲阜)[2]。此说虽在一定程度上弥合了《左传》与《史记》的不同,解决了始封君与始封时间的问题,但又产生了始封地不同的问题,使问题更加复杂化。

关于鲁国建国,上述三说至今并存不废,有的学者坚持成王封伯禽[3],有的学者依然坚持武王封周公于鲁[4],也有不少学者赞同二次封鲁之说[5]。田野考古调查及发掘在河南鲁山一带没有发现周初疑似文化遗存,曲阜鲁故城考古发掘也没有找到周初伯禽所建城址。三说都缺乏让人信服的有力证据,有关争论恐怕还将长期持续下去。

传世及出土青铜器铭文中有几件与鲁国始建国,特别是与伯禽有关。"大祝禽鼎"铭文只有4字,学者大多认为系伯禽所作,证明伯禽封鲁之前曾为周王朝"大祝"

---

[1] 吴秋辉遗稿、张乾一辑校、袁兆彬校补:《侘傺轩文存》,齐鲁书社,1997年,第526页。
[2] 傅斯年:《大东小东说》,《中央研究院历史语言研究所集刊》第二本第一分,1930年。
[3] 任伟:《西周封国考疑》,社会科学文献出版社,2004年。
[4] 李衡眉:《周公旦为鲁始封之君说》,《先秦史论集续》,齐鲁书社,2003年。
[5] 郭克煜等:《鲁国史》,人民出版社,1994年。

之官,此为历代文献所未载[1]。也有学者认为"大祝禽"乃祝之首领"禽",并非周公之子伯禽[2]。

"禽簋"铭文23字,因文中有"周公"与"禽"字而备受重视。郭沫若先生认为乃记成王伐楚之事,"周公"即周公旦,"禽"即伯禽[3]。陈梦家先生进一步补充纠正说是记载了周公东征伐奄事[4]。但吴其昌先生认为此"周公"乃周公子明保,非周公旦[5]。唐兰先生进一步指出此"禽"即"大祝禽",非周公子伯禽[6]。

"明公簋"22字铭文记载明公伐东国事。郭沫若先生认为"明公"与"鲁侯"为一人,即伯禽[7]。陈梦家先生认为"明公"乃周公子明保,"鲁侯"才是伯禽[8]。唐兰先生认为此"鲁侯"当为鲁幽公[9]。也有学者认为"明公"即周公子明保,"明"为封国号,"鲁侯"或即为鲁考公酉[10]。

1986年《文物》第1期刊登了陕西省文物管理委员会的《西周镐京附近部分墓葬发掘简报》,声称发现了伯禽墓。《简报》认为1981年在陕西省长安县花园村发掘的15号墓(花园M15:13),从地理位置、车马坑之巨大(三车八驾马)、青铜器之众多、随葬有诸侯祭地用玉琮等方面,推断此墓为鲁公伯禽之墓。《史记·鲁周公世家》记载成王遵周公遗嘱葬周公于毕。《东野志》"周公林"条称:"周公在丰病,将没,曰:必葬我成周,以明我不敢离成王。公卒,成王葬公于毕,从文王,以明予小子不敢臣周公也。今陕西西安府咸阳县城北十二里为毕郢原,原有文王陵,陵东有周公墓,墓后有鲁公伯禽墓。盖鲁公封鲁,薨后仍归葬于毕,以从周公也。"[11]联想到《礼记·檀弓上》载:"太公封于营丘,比及五世,皆反葬于周。"鲁国受封初年也可能反葬于周,伯禽确实有可能葬在周原而不是鲁国。但《简报》的主要根据是该墓出土两件铜鼎上的"禽"字铭文,并由此推断出土有两件"伯作鼎"的M17墓为伯禽之子鲁考公酉之墓,各组铜器中出现的"亚束"徽饰为鲁国族徽。这些推断显然过于大胆。同期《文物》刊

---

[1] 陈梦家:《西周铜器断代》,中华书局,2004年,第95页。
[2] 唐兰:《西周青铜器铭文分代史征》,中华书局,1986年,第39页。
[3] 郭沫若:《两周金文辞大系图录考释》,科学出版社,2002年,第40页。
[4] 陈梦家:《西周铜器断代》,中华书局,2004年,第27页。
[5] 吴其昌:《金文历朔疏证》,北京图书馆出版社,2004年,第229页。
[6] 唐兰:《西周青铜器铭文分代史征》,中华书局,1986年,第37页。
[7] 郭沫若:《两周金文辞大系图录考释》,科学出版社,2002年,第38页。
[8] 陈梦家:《西周铜器断代》,中华书局,2004年,第24页。
[9] 唐兰:《西周青铜器铭文分代史征》,中华书局,1986年,第214页。
[10] 陈佩芬:《夏商周青铜器研究·西周卷》,上海古籍出版社,2004年,第136页。
[11] 吕兆祥:《东野志》,《四库全书存目丛书》史部第79册,齐鲁书社,1996年,第79页。

登的李学勤先生的文章则认为花园村两墓的青铜器基本上分属于昭王、穆王两世,墓葬年代不会早过周穆王时期[1]。直接否定了花园村 M15 墓为伯禽墓的可能。

《左传·定公四年》载成王封伯禽于鲁时,赐予其殷民六族:条氏、徐氏、萧氏、索氏、长勺氏、尾勺氏,此后六族所在不知所踪。1973 年在山东省兖州县嵫山区李宫村一带收集到三件索氏青铜器,其中两件有铭文。郭克煜先生等由此推断伯禽受赐之索氏族很可能即迁置于此地[2]。有学者进一步推断西周晚年索氏由兖州一带南迁到了今郑州之西荥阳一带[3]。但是也有学者认为兖州索氏器之"索"当为"紉"[4],叶县索氏器之"索氏"当为"八系氏",即许氏[5],与殷民六族之索氏无关。

总之,鲁国初封是在周武王时期还是周成王时期,首代国公是周公还是伯禽,初封地鲁是在河南还是山东,都还没有明确的结论。

二、关于鲁都之迁徙

《左传》记载伯禽因商奄之民都少昊之墟;《史记》记载周公封于少昊之墟曲阜;《说苑·至公》记"周公卜居曲阜,其命龟曰:作邑乎山之阳,贤则茂昌,不贤则速亡";都是说鲁国自建国之始就都于曲阜。然裴骃《史记集解》引《世本》曰:"炀公徙鲁。"宋忠曰:"今鲁国。"也就是说鲁国建国后至第三代国君鲁炀公时才迁都于曲阜。如何解释上述文献记载的矛盾,历代学者聚讼纷纭,莫衷一是。

一种观点坚持鲁国自伯禽建都曲阜,至鲁顷公被楚所灭,800 多年鲁城位置没有变化,《世本》所言未必可信[6]。或者认为《世本》"炀公徙鲁"其实是《史记》"炀公筑茅阙门"之讹,只是都城完缮,并非迁都另处[7]。

另一种观点认为《世本》所载当有根据,伯禽所都与炀公所徙自当不同。至于伯禽时鲁都之所在,与炀公所徙之鲁城,学者之间又有不同的意见。元至正十年(1350年)《曲阜历代沿革碑》(原立于曲阜城东北 4 千米旧县县衙院内)记载:"《尔雅》曰:大

---

[1] 李学勤:《论长安花园村两墓青铜器》,《文物》1986 年第 1 期。
[2] 郭克煜等:《索氏器的发现及其重要意义》,《文物》1990 年第 7 期。
[3] 李元芝等:《叶县、保利博物馆藏索氏劫簋铭文与年代》,《中原文物》2009 年第 6 期。
[4] 高江涛:《索氏铜器铭文中"索"字考辨及相关问题》,《南方文物》2009 年第 4 期。
[5] 许齐平:《八系氏刟簋考证》,《中原文物》2008 年第 5 期。
[6] 张学海:《浅谈曲阜鲁城的年代和基本格局》,《文物》1982 年第 12 期。
[7] 任伟:《西周封国考疑》,社会科学文献出版社,2004 年,第 37 页。

陆曰阜。应劭曰：曲阜在鲁城中，委曲长七八里（在今西城内）。此曲阜之所由名也。又按颖滨《古史》：神农氏始都陈，后居曲阜。《帝王世纪》曰：黄帝生于寿丘，寿丘在鲁东门之北。又少昊邑于穷桑（穷桑在鲁城北）以登帝位，徙都曲阜县东北六里。此曲阜县历世，其来尚矣。……周兴，以少昊之墟封周公子伯禽为鲁侯（按《地志》云：曲阜县外城即伯禽所筑故鲁城。注云：今袭庆府仙源县也。）三世至炀公徙鲁，鲁即曲阜之西城也。历世三十有四，适顷公三十四年，为楚所灭。"[1]《曲阜历代沿革碑》将"少昊之墟"与"曲阜"割裂开来，以为伯禽始封于"少昊之墟"，炀公始迁"曲阜"。碑文说伯禽初封之地"少昊之墟"在"曲阜县东北六里"，显然是指今旧县之"寿丘"。碑文引应劭说"曲阜在鲁城中，委曲长七八里"，并注明"在今西城中"，毫无疑问就是指今周公庙高地。这一观点在现代学者中仍有继承，认为伯禽初封当在少昊之墟，即鲁北穷桑。"炀公徙鲁"即指鲁都城由穷桑迁于曲阜[2]。清人龚景瀚提出：鲁都有两城，一为曲阜，一为奄城。"伯禽及子考公皆都曲阜。考公之弟炀公始迁于奄城。传十数世入春秋后，鲁迁曲阜。盖在僖公时"[3]。有的学者则认为"伯禽代周公就封是在河南鲁山。周公东征后成王才封伯禽于曲阜。但由于东夷势力并没有彻底征服，即便在曲阜曾长期驻军，也没有完全定居下来并建都于此，还是以山东、河南之间一带地区作为他的根据地"。至炀公"克渊克夷"后，才正式定都曲阜[4]。

由鲁山迁曲阜说者多举西周青铜器"沈子簋"铭文为证。据郭沫若先生考证：沈子名它，是炀公之子，因克蔑有功，受封于沈，为鲁国附庸。"沈子簋"铭文即沈子受封之后，在封邑宗庙昭告炀公的告辞。在告辞中，首先追述了先王先公克殷之事，接着又追述其父炀公"克渊克夷"之功；最后又叙述沈子自己克蔑受封之事[5]。铭文表明：炀公时曲阜一带尚有渊、夷等反抗势力还没有真正归附。这里"渊"假为奄，即指位于今曲阜之奄国。故而在炀公"克渊克夷"，今曲阜周围地区彻底稳定以后，才有"炀公徙鲁"之举[6]。

"沈子簋"据传1931年出土于洛阳，现藏比利时布鲁塞尔皇家美术历史博物馆。此簋铭文历来号称难读，郭沫若、平心、陈梦家、唐兰、李学勤、马承源、刘雨、张亚初等

---

[1] 孔繁银：《曲阜的历史名人与文物》，齐鲁书社，2002年，第396页。
[2] 曲英杰：《先秦都城复原研究》，黑龙江人民出版社，1991年，第263页。
[3] 龚景瀚：《澹静斋文钞》卷一《鲁都考》，《清人文集地理类汇编》第七册，浙江人民出版社，1990年。
[4] 《鲁国史》编写组：《鲁国建都曲阜问题——鲁国史专题研究之一》，《破与立》1978年第6期。
[5] 郭沫若：《两周金文辞大系图录考释》，科学出版社，2002年，第38页。
[6] 郭克煜等：《鲁国史》，人民出版社，1994年，第47页。

专家学者都曾予以考释,但至今难以通读。据最近学者的解读:沈子它是从周公一族中分出的小宗,其父"已公"是不是炀公熙并不能确认。"克渊克夷"、"克蔑"等断句释文也只是郭沫若先生的见解,似乎并没有得到学界广泛的认同[1]。

朱凤瀚先生认为䚄尊、䚄卣铭文进一步证实了"炀公徙鲁"的存在。据朱凤瀚先生考订,䚄尊、䚄卣铭文记载:鲁炀公继位后,即命令䚄来曲阜教"诲鲁人",施行法规,改变其不良风俗。足见此时鲁都曲阜内的居民仍未完全服从于鲁侯,社会治安也存在不好的状况。经过䚄的努力,对曲阜城内鲁人的治理取得了明显成效,鲁炀公遂来到此都城内,经过视察并亲身居住,完全肯定了䚄的工作,故而高兴地予以赞扬和赏赐。铭文中炀公说"余既省,余既处,亡(无)不好,不处于朕敏(诲)",说明鲁炀公只是刚来此居住,也就是说在此之前鲁侯常居住地并不在曲阜[2]。董珊《新见鲁叔四器铭文考释》[3]、周宝宏《鲁叔器铭文考释》[4]等论文虽然对铭文中心内容解释不一,但都一致认为是西周初年鲁炀公时器,内容涉及鲁公宫室建筑。

1977年3月—1978年10月,山东省文物考古部门对曲阜鲁故城进行了大规模的勘探及试掘,综合鲁故城遗址、墓葬和城址三方面的资料,考古报告"初步认定鲁故城就是伯禽受封的曲阜。自西周初年开始,在整个两周时期乃至西汉前期,曲阜城的位置没有什么变动,至少在西周晚期以后并无变动,是确凿无疑的"。但报告也承认,在发现的宫殿基址中,最早的属于东周时期,没有发现西周时期的基址。"至今仍存留在地面之上的残墙断垣,很多就是春秋战国时期的遗迹。其下包裹着西周晚期的城垣,估计也可能有西周前期的城垣。……相信通过今后的工作,将能在现城垣的下面或附近,找到西周前期城垣的确凿证据"[5]。

2011—2014年,配合曲阜鲁国故城考古遗址公园的建设工作,山东省文物考古研究所又再次对鲁故城宫城遗址及南东城门遗址进行了发掘。据有关发掘人员推断鲁故城南东门门阙及城墙始建于西周晚期,延续至战国晚期或汉初。鲁故城周公庙宫殿区早期遗址为春秋战国基址,其上叠压两汉建筑遗址,也没有找到西周早期乃至中期的建筑遗址。上述考古发掘不但未能解决西周初年伯禽封国与炀公徙鲁之争,

---

[1] 单育辰:《再论沈子它簋》,《中国历史文物》2007年第5期。
[2] 朱凤瀚:《䚄器与鲁国早期历史》,《新出金文与西周历史》,上海古籍出版社,2011年,第1—20页。
[3] 董珊:《新见鲁叔四器铭文考释》,复旦大学出土文献与古文字研究中心网站,2011年8月3日。
[4] 周宝宏:《鲁叔器铭文考释》,《中国文字研究(第十八辑)》,第27—33页。
[5] 山东省文物考古研究所、山东省博物馆、济宁地区文物组等:《曲阜鲁国故城》,齐鲁出版社,1982年,第212页。

反倒将现今鲁城的确切年代降到了西周末年乃至春秋时期。

笔者大胆推测鲁都在历史上经过三次迁徙：伯禽都少昊之墟穷桑；炀公都商奄旧城；春秋前期鲁僖公时期(前 659—前 627 年)始迁至今曲阜鲁城。东汉王延寿《鲁灵光殿赋》开头便说："鲁灵光殿者，盖景帝程姬之子恭王余之所立也。初，恭王始都下国，好治宫室，遂因鲁僖基兆而营焉。"也就是说东汉王延寿认为西汉鲁恭王的灵光殿是建在鲁僖公宫殿基址之上的，而没有说是伯禽或炀公旧址。周公庙宫殿遗址的发掘也证实了两汉建筑确实是叠压在春秋战国基址之上。

《公羊传·闵公二年》："庄公死，子般弑，闵公弑，比三君死，旷年无君。设以齐取鲁，曾不兴师徒，以言而已矣。桓公使高子将南阳之甲，立僖公而城鲁，或曰自鹿门至于争门者是也，或曰自争门至于吏门者是也，鲁人至今以为美谈，曰犹望高子也。"齐人曾帮助鲁僖公修建鲁城。自鹿门至争门，或自争门至吏门，显然不是简单的修正而是新建。史载鲁城城门有鹿门、稷门，北东门甚至直接称"齐门"，大概都与鲁僖公初年齐国帮助鲁国修筑城墙有关[1]。当然，新鲁城的建设也不是短时期所能完成的。《左传》记载鲁僖公十九年春，"遂城而居之"，当为正式迁都新城。《春秋·僖公二十年》，春，"新作南门"，"五月乙巳，西宫灾"。《左传·僖公二十一年》，"夏，大旱。公欲焚巫尪。臧文仲曰：非旱备也。修城郭，贬食省用，务穑劝分，此其务也"。仍以修建完善城郭为急务。

如果然如上所推测，探索少昊之墟穷桑(伯禽所都)与商奄故城(炀公所徙)则成为研究早期鲁国史的重要课题。

《后汉书·张衡传》注引皇甫谧《帝王世纪》曰："少昊邑于穷桑，都曲阜。故或谓之穷桑帝。地在鲁城北。"《御览》卷一五五引《帝王世纪》云："少昊氏自穷桑登位。故《春秋传》曰：'世不失职，遂济穷桑。登帝位在鲁北，后徙曲阜。'于周为鲁。在《禹贡》徐州蒙羽之野，奎娄之分，降娄之次。周以封伯禽。故《春秋传》曰：'命伯禽而封少昊之墟。'是以《书叙》称'鲁公伯禽宅曲阜'是也。"今少昊陵遗址在鲁城东北，或者即是古少昊之墟，伯禽初封之地。

日本宫内厅书陵部所藏《括地志》残卷记述唐代曲阜县有三重故城遗址。一是北魏所建曲阜县治"小石城"；二是"外城，即鲁城"；三是"第三外城，即鲁郭城"。关于"第三外城"，《括地志》残卷引白褒《鲁国地理记》云："第三外城，即鲁郭城，鲁侯伯禽

---

[1] 齐有鹿门、稷门。《左传·昭公十年》："国人追之(栾、高)，又败诸鹿门。"杜预注："鹿门，齐城门。"《左传·昭公二十二年》："莒子如齐莅盟，盟于稷门之外。"杜预注："稷门，齐城门也。"《史记·田仲敬完世家》、《集解》引刘向《别录》："齐有稷门，城门也。谈说之士会于稷下。"

之所筑也。白褒《鲁国地理记》曰：鲁城东西十二里，南北八里，周旋卅里。洙、泗二水经其西北。鲁诸公葬于城中，兼有亳社之地也。"白褒为晋代人，其所记鲁城尺度，按晋代1尺0.242米，1里435.6米计算，"鲁城东西十二里，南北八里，周旋卅里(当为四十之误)"，鲁第三外城东西长近5 200米，南北3 400余米。而现在考古勘探的古鲁城东垣2 531米，南垣3 250米，西垣2 430米，北垣3 560米，周垣11.5千米。可见《鲁国地理记》所记鲁第三外城远大于考古发现的古鲁城。即使白褒所记沿用前代记载，按照略小于晋尺的汉尺长度标准换算，所得结果仍然比勘测所得古鲁城大。因此有学者认为：《括地志》残卷所记"外城，即鲁城"，即现在考古所发现的春秋战国时期鲁故城；所记"第三外城，即鲁郭城"，亦即《鲁国地理记》所记"鲁城"，当为西周初年鲁国始封时所筑外郭城，面积远较春秋鲁故城大，具体位置则有待考古进一步确证[1]。如此，今少昊陵一带也有可能包括在"第三外城"之内。

商奄故国之所在，也有不少学者作了探索，但似乎还没有明确的结论。日藏《括地志》残卷载"奄里"："《史记》：汉初《礼经》出于鲁奄中。张华云：鲁奄里，即奄国之地也。"《汉书·艺文志》载："《礼》古经者，出于鲁淹中。"苏林注："里名也。"《后汉书·郡国志》注引《皇览》："奄里伯公冢，在城内祥舍中。民传言鲁五德，奄里伯公葬其宅。"《魏书·礼志》："汉氏兴求，拾掇遗篆。淹中之经，孔安所得。"《旧唐书·张柬之传》："汉初，高堂生传《礼》，既未周备。宣帝时少傅后苍因淹中孔壁所得五十六篇著《曲台记》。"或作"奄"或作"淹"，"奄"与"淹"通。龚景瀚认为曲阜和奄城相距不过三四华里远，皆在今鲁城内。但至今为止的考古钻探与调查，在鲁城内甚至曲阜境内均未发现与奄都相应的商代遗址，在滕州、兖州等地则发现有不少大面积商代遗址群。胡秉华先生认为这"或许是寻找奄国都城故址所在的几把重要钥匙"[2]。

日本藏《括地志》残卷记载："淹水，东南邹县界流入，屈曲西南流六十二里，又入邹县界。俗名潦水，音历予反。未详。"这是文献中首次关于"淹水"(即蓼水)的记载。"淹"，曲阜一带又读为"潦"(涝)，后讹变为"蓼"(或作辽)。《大明一统志》记"蓼河，在邹城北三十里。源发九龙山东南蓼沟，西北流入白马河"[3]。今蓼河主流发源于邹县大束乡的葛炉山，向西北流，由南辛镇东、西魏庄之间入曲阜境，至陵城镇古路套村入沂河，全长30千米[4]。古淹水所在，或者与"商奄"地名有关。笔者怀疑鲁国所都商奄故城或者就在淹水(今蓼水)流域(今曲阜陵城镇一带)。

---

[1] 杨为刚：《〈括地志〉残卷所存曲阜城史料考辨》，《历史地理》第23期，第373—375页。
[2] 胡秉华：《奄国史初探》，《东夷古国史研究(第二辑)》，三秦出版社，1990年，第34—35页。
[3] 李贤：《大明一统志》，三秦出版社，1990年影印本，第370页。
[4] 孔俏：《曲阜地名志》，山东友谊出版社，1998年，第480页。

总之,关于鲁国故都,比较明确的是现代考古钻探的鲁故城是春秋时期鲁僖公所建鲁城。伯禽始封少昊之墟、炀公所徙商奄故城之所在依然不明。

三、关于鲁公墓地之所在

鲁诸公墓地之谜,明末清初学者已有言及。《曲阜县志》载:"鲁诸公墓:在鲁城东十五里,防山之麓,修陇蔓延,高下不绝。《魏书·地形志》:鲁县有伯禽冢、鲁文公冢。《寰宇记》云:伯禽墓,高四丈四尺,在县东七里。鲁文公冢,高五丈五尺,在县南九里,冢北有石人四,兽二。《一统志》云:曲阜县东八里有鲁诸公冢。伯禽葬其西,文公葬其南。今陶乐集东南有三冢,翁仲二,无刻文。杨焕谓为周鲁陵。又防山岭上亦有冢焉。而《东野志》乃云:伯禽归葬于毕,以从周公,在咸阳北十二里,为毕郢原。原有文王陵,陵东有周公墓,墓后有鲁公伯禽墓。桓以下九公则葬于阚。今汶上县西南三十里阚乡泽也。坟墓屹若丘山,华表柱石镌题明确,载在志乘。今考:定公元年秋七月,葬昭公,季孙使役如阚,公氏将沟焉,以荣驾鹅之言而止。乃葬昭公于墓道南。孔子之为鲁司寇也,沟而合诸墓。杜注:阚,鲁群公墓所在也。桓公十一年,公会宋公于阚。杜注:鲁地,东平须昌县东南。今山东兖州府汶上县西有阚亭,在南旺湖中。阚信为鲁群公葬处。但谓元公肇封以后俱回葬毕郢,至隐公以下九世葬阚,与《寰宇记》诸书皆异,则未知何据耳。"[1]

如上所言,《史记·鲁周公世家》对周公墓所在有明确记载。至于伯禽以下鲁诸公墓地,历史文献则无明确记载。《左传·定公元年》秋七月,葬鲁昭公,"季孙使役如阚,公氏将沟焉"。杜预注:"阚,鲁群公墓所在也。季孙恶昭公,欲沟绝其兆域,不使与先君同。"这是史书上第一次明确表述鲁公墓地所在。遗憾的是杜注并没有明确此阚地之所在,也没有明确其证据所在,由此为后世学者的争论埋下了种子。

其实,《春秋》、《左传》关于"阚"的记载共有4条:桓公十一年、昭公二十五年、昭公三十二年和定公元年。清人高士奇认为四处"阚"皆为一地,皆指今汶上县西南南旺湖,其地即鲁先公葬处。"桓十一年'公会宋公于阚'。杜注:鲁地,在东平须昌县东南。臣谨按:昭二十五年'叔孙昭子如阚'、三十二年'公在乾侯,取阚'、定元年'季孙使役如阚'。杜氏云:阚,鲁先公墓所在也。自隐桓以下皆葬此。……今汶上县西

---

[1] 乾隆版《曲阜县志》卷五十"古迹、塚墓"。

南三十五里有南旺湖,湖中有阚亭。其地高阜六七,即鲁先公葬处。"[1]郭克煜先生等著《鲁国史》指出:"鲁国先君的坟墓并不在今曲阜,而是在今曲阜以西一百多里外的汶上县南旺附近(古称阚邑)。古人对祖先墓地的安排非常重视,伯禽死后,他的子孙之所以不把他们葬在曲阜,而是葬在西部较远的地方,必然是先君去世时,他们对西部的统治似乎更加稳固。这也反映出鲁国自西向东迁移的痕迹来。"[2]显然是同意高士奇的见解。

日本学者竹添光鸿氏认为"阚"有二地。桓十一年传"公会宋公于阚"、昭公二十五年传"叔孙昭子如阚"、昭公三十二年经"取阚"为一地,原为邾国之邑,鲁昭公三十二年始取为鲁有。定公元年传"季孙使役如阚公氏"之"阚"另为一地,乃鲁侯坟墓之地[3]。竹添氏《左氏会笺》注释《左传》定公元年"季孙使役如阚公氏"条更进一步指出:"阚,是先公葬地。《春秋》言氏犹如言家,故谓公之墓地为公氏,言是公死之家宅也。此阚与昭二十五年、三十二年阚邑盖异地。墓地不宜太远。郑简公日中而塴可见也。叔孙昭子如阚,远鄙也。若在公墓之邑,须闻乱而弛归耳。此去国都远矣,断非墓地。"杨伯峻《春秋左传注》显然是采取了竹添氏的意见,在传定公元年"季孙使役如阚公氏"条下注云:"阚,鲁之群公墓地名,以其为公墓所在,故曰阚公氏。或以阚字断句,误。"然两者皆未明言鲁公墓所在之阚的具体位置。

笔者认为竹添氏所言非常有道理,汶上县之阚地不会是鲁公墓地所在。首先,昭公二十五年"叔孙昭子如阚"之"阚"绝不会是鲁公墓地所在。因为《左传》记载:昭公二十五年叔孙氏如"阚"之时,昭公伐季氏,失败后昭公"与臧孙如墓谋,遂行",杜预注:"辞先君,且谋奔所。"说明昭公与臧孙氏是在先君墓地谋划出国奔逃之事的,这与《礼记·檀弓下》所载"去国则哭于墓而后行"正符。昭公出逃之后叔孙氏才归自"阚"。叔孙氏如"阚",昭公与臧孙氏如"墓",为同时出现,显然二者非一地。其次,汶上之阚在曲阜之西北五十多千米,距离都城曲阜太远。春秋诸侯国公墓一般都在都城附近,以便诸侯会葬。鲁昭公死于晋邑乾侯,定公元年七月殡棺已由坏隤反鲁。坏隤,杨伯峻《春秋左传注》注释:在今曲阜县境内。由此来看昭公殡棺再折回鲁国边邑"阚"埋葬的可能性不大。再者,鲁公墓不会在鲁都城西部,因为《左传》昭公五年明

---

[1] 高士奇:《春秋地名考略》卷二"阚"。
[2] 郭克煜等:《鲁国史》,人民出版社,1994年,第47页。
[3] 竹添光鸿《左氏会笺》昭公三十二年经"取阚"条云:"此取盖从言易之例也。桓十一年公会宋公于阚,即昭公二十五年叔孙昭子如之阚。鲁又有阚,鲁侯坟墓之地,定元年如阚公氏是也。此阚则公羊曰郜娄之邑也。凡经义难知者左氏必释之。若昭公诱鲁邑而经书取阚,乃大义所关,左氏不容不释。而此经无传,则亦以为鲁取他国之邑也。"

确说"葬鲜者出西门","卿丧自朝,鲁礼也"。卿大夫尚且如此,国君治丧更不会出西门。虽然柩车所自出不代表墓地所在,但考虑到诸侯国君之墓多在东方或北方,鲁国故城内墓葬区周人墓葬多在北部,殷人墓葬多在西部,鲁国国君墓葬在鲁城西部的可能性不大。最后,《礼记·檀弓上》载"古也墓而不坟"。《周易·系辞传下》记:"古之葬者,厚衣之以薪,臧之中野,不封不树,丧期无数。"汶上"阚泽乡"现存所谓"鲁九公墓"至今尚有高大的坟茔存在,与西周时期墓而不坟的葬式不合,怀疑其为东汉某国王墓地所在。

《太平寰宇记》载:"伯禽墓,高四丈四尺,在县南七里。鲁文公冢,高五丈五尺,在县南九里。冢北有石人四,兽二。"[1]以地理位置判断当指今曲阜城东南之姜村大墓。姜村大墓现地面仍保留巨大封丘。前几年济宁破获姜村大墓盗墓犯罪团伙,据说被盗物品有金缕玉衣等。如确实如此,此处当为东汉东海王某王墓,而非周鲁公墓所在。

据《嘉祥县志》记载:嘉庆十二年(1807年)大雨,山东嘉祥境内鲁宅山中忽陷一古墓,县令封培得玉片数种、铜册两版。后经嘉祥籍学者曾衍东(1750—1830)辨识,知铜简为周宣王赐鲁武公(前825—前816年)册命。此铜简现已不知所终,只在县志中存留其隶定文字。《史记》于西周时期鲁公事迹记载简略,唯独武公时事稍详。如果此铜册是真,今山东嘉祥县鲁宅山一带就可能有鲁武公墓。至今尚未能判定其真伪,估计假的可能性非常大。

日藏《括地志》残卷引白褒《鲁国地理记》记载"鲁诸公葬于城中",当有所据。西周时期国君之墓多在城郭之外[2]。但东周以后,礼制衰落,多有葬于城郭之内者。1977—1978年曲阜考古钻探在鲁城西部发现五、六处墓地,发掘两周墓葬128座。虽然没有发现鲁公墓,但也不能断定鲁公墓不在城内。明、清《曲阜县志》载:"鲁诸公墓:在鲁城东十五里,防山之麓,修陇蔓延,高下不绝。"[3]防山在今春秋鲁故城东,但如确实有白褒《鲁国地理记》所描绘的第三外城,或者防山一带也包括在第三外城之内。地面考古调查防山墓地为春秋战国时期墓地,推断当为鲁僖公(徙都鲁城)之后的诸国公墓地。

总之,关于鲁国公墓地,笔者倾向否认汶上"阚"与嘉祥鲁宅山的可能,认为在曲阜防山或陵城的可能性更大。真实与否,尚需考古发掘的最终验证。

---

[1] 乐史:《太平寰宇记》卷二十一"兖州",中华书局,2007年,第437页。
[2] 孙诒让《周礼正义·冢人》:"凡邦国公私墓地盖非一处,宜相地形为之,大都在东、北两方……然则墓地方位,或东或北,盖无定所。要必在城郭外尔。"
[3] 乾隆版《曲阜县志》卷五十"古迹、冢墓"。

考古经史情结与鲁文化

钦白兰　丰　杨

北京外国语大学杭州橄榄树学校　　鲁国故城国家考古遗址公园管理处

古代金石学与现代考古学一脉相承。然今天考古及展示重点关注的是"物质",但古金石学却展现了中华文化"经史情结"的特点。特别是,古人对考古发掘出的铁器进行经史描述,其背后的文化思维与今天考古所做的报告是不一样的。考古学专家闫志认为,古代金石学背后的文化思维与现代考古学理论一致,但今天考古实践者忽视了史学、经学背景[1]。民国以降,西方考古学理念与知识进入中国后,所谓的"金石学"越来越远离现代"学问"的中心。然而,书法教育家陈振濂认为,古文化当中的金石学作为国学的一部分也正在慢慢兴起与重振。那么,中华优秀传统的"经史"学背后有着怎样的文化思维? 它能否给当今政府考古与大遗址文化展示工作一些启发呢?

据现有材料,我们以鲁国故城宫城遗址(周公庙区域)中"戈"的发现为例,来探究金石学所具备的文化思维与遗产实践方式。《山左金石志》在"周金"条目下有一个"戈"的考古记载:右戈曲阜颜氏得之周公庙土中。孔户部(继涵)以侧布按汉法准之,重十九两六钱四分九厘重,今等八两三钱。视郑氏注云三锊为一斤四两者,不足者三钱五分一厘。援长今营造尺四寸八分,内长二寸四分,胡长三寸六分,而所谓内倍之,胡三之,援四之,皆与经合。惟其广二寸,则以周尺度之财寸微强[2]。

这段史料是古人在鲁国故城宫城遗址(周公庙区域)内发现的铁器的记载。其文字记录了被称作"戈"的器物的出土和古人进行考究的过程。这段记载至少能够表达四层与今不一样的意义:

---

[1] 闫志:《金石学在现代中国考古学中的表达》,《华夏考古》2005年第4期。
[2] (清)毕沅、阮元:《山左金石志》卷二,清嘉庆刻本。

第一，古人发掘古物方式不一样。记载中，"戈"的出处就与今天考古发掘不一样。"曲阜颜氏得之周公庙土中"，这是说，"戈"乃曲阜当地颜氏家族的人从周公庙区域土中得到的。它到底是无意发现还是农作挖土得到，抑或其他可能情况，这都不可得知。但是有一点是肯定的，这与今天专门系统、技术和科学化考古实践挖掘得到的器物不一样。古人自然获得古物，不会有意对土地原生态的地貌进行人为改变。然而，今天考古往往是以"挖掘"为工作前提的。此外，这又带出一个非常重要的问题：为什么两千年以来古人没有去挖掘？这种行为产生背后有怎样的思维？就这个问题，法国思想家福柯在其著作《词与物》中，曾经有意说明现代医学行为如何造成科学思维形成，科学思维又如何操纵现代医学行为。也就是，西医通过一种非常精细地对人体的观察，区分不同种类病情，从而采取"头痛医头，脚痛医脚"的做法[1]。类似医学学科的兴起，现代考古学也十分注重对遗址进行显露性观察，故需先"挖掘"以观察遗址。与今人不同，这段记载表明古人着重一种遗址的感受，偶然拾得，不需去有意考察与挖掘遗迹。

第二，古人不会以当代人标准去衡量古物。上面写到孔户部（继涵）对此物品称重量。孔继涵（1739—1783，曲阜人）是清代著名的藏书家、金石学家、刻书家。简单来说，孔继涵对所得考古物品的处理是，以汉法先称其重量，然后与现代称出重量相比。他首先在古意标准下去称其重量，这种做法展现了孔继涵对古物的敬重，将考古工作环境在时间上追溯了一千多年。最终，也就得出以上"十九两六钱四分九厘重，今等八两三钱"的说法。可见，古金石学也有关物质科学形态（即重量）的确立，但这份物质意义考证是与"史"息息相关的，而"史"是围绕文化意义源头"经"去解读这个器物的。这也是为何明代学者张自烈用汉法去解释《周礼·考工记》中的戈戟"皆重三锊"。这里的"三锊为一斤，盖沿汉金选之"[2]，也即是上述孔继涵"按汉法准之"，依《周礼》来计算重量。故这里有重量的《周礼》礼制意义，其所言"汉法"与经文形成呼应。简而言之，古时与今天考古学物质本身考渊是不同的。古代物质考古的重点是放在古今意义呼应上面的[3]。

第三，古人对古物本身考究与解读不同。古物意义考察使用《周礼》注里面的话来解读，即"视郑氏注云"。用这种器物解读，去呼应《周礼·考工记》"冶氏"经文注疏，可彰显整个经文意义。简单来说，就是文物意义来自对经文的注释，而经文注释

---

[1] Foucault, M. & Rabinow, P. (1991). *The Foucault Reader*. Pantheon. p.276.
[2]（明）张自烈：《正字通》卷十一，清康熙二十四年清畏堂刻本。
[3]（汉）郑玄：《周礼疏》附释音周礼注疏卷第四十，清嘉庆二十年南昌府学重刊宋本十三经注疏本。

的意义来自整篇经文。上述文字引用郑玄《周礼·考工记》解释实际出自其对"攻金之工"中"冶氏"的注疏。那"攻金之工"又是什么意思?《考工记》载:"百工之事,皆圣人之作也。烁金以为刃,凝土以为器,作车以行陆,作舟以行水,此皆圣人之所作也。"郑玄注解说:"言圣人创物之意也。从天有时至此天时也,言材虽美工又有巧,不得天时则不良也。"从这两句话可看出,《考工记》所言技术品实际是圣人所作,其因符合天时而十分美好。"冶氏"是什么意思?《考工记》亦载:"攻金之工,筑氏执下齐,冶氏执上齐……金有六齐……四分其金而锡居一,谓之戈戟之齐。"从字面上可见,"冶氏"指掌管铜锡合金六种比例的人。那么,这个记载还说明与今天一样,古人对文物物质形态也有很细腻的关注,但其目标完全不一样。古代关注物质重点是为了与"礼"(即《周礼》)的意义互通。再深入一点看,这里"戈"的记录方式主要引用郑玄解释"重三锊"这句经文[1]。郑玄解释"锊,量名也……则三锊为一斤四两"[2]。参照这个周代的重量计算方式,上述金石记载说"不足者三钱五分一厘",也就是说,当时出土的"戈"比原来的重量少了。之后,该记载还细致表达了《考工记》尺寸标准下的长度测量。《考工记》载"戈广二寸,内倍之,胡三之,援四之"[3],也就是上述所言"援长今营造尺四寸八分,内长二寸四分,胡长三寸六分"。那么,暂且不论长度如何计算,我们可以感受到,当今科学考古的对象与目标都是"物质"。而古代金石则是在物质基础上对"礼"分寸的把握与思考。"而所谓内倍之,胡三之,援四之,皆与经合","与经合"也是说明古物物质形态与经文符合。"惟其广二寸,则以周尺度之财寸微强",还说明出土物尺寸考究解读应从经文语境下做注疏。

第四,古人对古物形貌与意义的记录,可唤起读者对道义的思考。《考工记》载"冶氏(犹冶工)为杀矢"[4]。由此可知古人制造"戈",有名杀矢。在这种语境下,"戈"的考古记录还唤起对刑法的道义思考。《说文解字》云"锊,锾也者"[5]。故郑玄引用《尚书》解释"重三锊",其言"吕刑有墨罚。疑赦其罚百锾,及大辟千锾,许氏以此锊与《尚书》锾为一"[6]。这里是说,《尚书》中所言吕刑中刑法所使用的"锾"与此"锊"相同。《考工记》载"戈广二寸,内倍之,胡三之,援四之,已倨则不入,已句则不

---

[1] (汉)郑玄:《周礼》卷十一,四部丛刊明翻宋岳氏本。
[2] (汉)郑玄:《周礼》卷十一,四部丛刊明翻宋岳氏本。
[3] (汉)郑玄:《周礼》卷十一,四部丛刊明翻宋岳氏本。
[4] (汉)郑玄:《周礼》周礼卷十一,四部丛刊明翻宋岳氏本。
[5] (清)段玉裁:《说文解字注》卷十四篇上,清嘉庆二十年经韵楼刻本。
[6] (汉)郑玄:《周礼疏》附释音周礼注疏卷第三十六,清嘉庆二十年南昌府学重刊宋本十三经注疏本。

决。长内则折前,短内则不疾,是故倨句外博,重三锊"[1]。胡、援皆指"戈"的各个部分。简单翻译是说,戈宽二寸,内长比宽加一倍,胡长是宽的三倍,援长是宽的四倍。援太向上仰就不便啄击,援太向下勾也不能割断创处。内太长就容易折断援,内太短啄击就不迅捷,因此使援与胡间角度稍向外张。整个"戈"重三锊。这里无论是对戈长度还是宽度的考究关系《尚书》中的刑法意义。换句话说,一个物质重量解读就可把《周礼》和《尚书》大义带出来了,这将激发读者对道义的思考。

综上所述,以对"戈"的考古记载为例,我们一方面展现了古今考古思维呈现出的截然不同的遗产实践行为。也就是,古人重视经史,并将其遗产意义附着于考古物,以物读经,以经阐物。现代人则以"物质"(考古遗址)为对象进行科学研究。另一方面,今天考古对物质的重视与考察,也在一定程度上隐去了遗产的精神价值。与今人不一样,古人以"文化"心态去考古,以物显史,以史彰经。这种中国古人经物互阐、详备考古的方法,应该可为当今考古实践和未来20年的鲁国故城国家考古遗址公园建设提供启迪。

---

[1] (宋)林希逸:《考工记解》卷上,清文渊阁四库全书本。

鲁卿季文子评传

刘 伟

曲阜师范大学历史文化学院

季文子(？—前568)，即季孙行父，是春秋时期的鲁国名臣。季文子在鲁文公时便已有活动记录，后来在鲁国久执国政，连相鲁宣公、鲁成公、鲁襄公三君，是对鲁国发展具有重要影响的人物。以下笔者不揣浅陋，结合《史记》、《左传》与《国语》中相关文献记载对季文子的生平活动以及身后评价作一简单评述，并把其作为史学描述的具体对象，探讨历史文献记载的特定功能性和目的性，以就教于方家。

一

季文子之所以能够长期在鲁国执政，最重要的是其世族背景。鲁国的军政大权自僖公以后便为三桓所控制，而季文子所属的季孙氏正是三桓之首。季文子的祖父便是桓公之子、季孙氏的开创者季友。《左传·昭公三十二年》载史墨之语云："昔成季友，桓之季也，文姜之爱子也。始震而卜，卜人谒之曰：'生有嘉闻，其名曰友，为公室辅。'及生，如卜人之言，有文在其手曰'友'，遂以名之。既而有大功于鲁，受费以为上卿。至于文子、武子，世增其业，不废旧绩。"这段颇有些玄妙的记载概括了季氏兴起的大略情况，显然是身后之人所为。但从相关文献资料来看，《左传》中卜人所说的"世增其业，不废旧绩"，则需要辩证地看待了。

在文公时期，季文子就已经活跃在鲁国的政治舞台上了。但从相关文献记载来看，季文子在国内政治生活中最重要的活动，不是如何治国与发展，而是与政敌的权力斗争。三桓掌权引起了鲁国其他世族的不满，东门氏率先起来发难。《左传·宣公十八年》云：

公孙归父以襄仲之立公也,有宠,欲去三桓,以张公室。与公谋而聘于晋,欲以晋人去之。冬,公薨。季文子言于朝曰:"使我杀嫡立庶以失大援者,仲也夫!"臧宣叔怒曰:"当其时不能治也,后之人何罪?子欲去之,许请去之。"遂逐东门氏。

由于立君有功,东门氏在宣公时期煊赫一时,襄仲与公孙归父相继受宠,三桓的势力在这时期受到压制。公孙归父还企图一举消灭三桓,但由于宣公猝死而未能如愿。季文子则趁机反击,他以襄仲杀死文公嫡子(与齐姜之子恶)而立宣公、从而失去了齐国的支持为借口,驱逐了东门氏,夺回了鲁国的军政大权。季文子此举在当时就有鲁国以臧宣叔为首的臧孙氏的反对,在后世更是屡遭诟病。如沈钦韩认为季文子的借口是"失大援之语,行父之诡词欺众耳"[1]。杨伯峻也赞同沈氏之说[2]。韩席筹认为季文子也参与了襄仲杀嫡立庶之事,"吾谓仲之弑逆,虽启自文公,实行父助之也"。又说"宣叔深知行父党襄仲,欲假公义以济私情,既面斥其非矣。而又逐东门氏者,畏季氏之威权,而欲曲全其宗也"[3]。

事实上,季文子驱逐东门氏的行动是春秋时期君权下移过程中的必然事件。宣公为东门氏所立,也试图依靠东门氏掌握鲁国大权,但季氏显然更有经验,再加上他已以贤能闻于国中,得到民众的支持,因此赢得这场权力斗争是很自然的。顾栋高也对此评论说"今归父以逆贼之子而欲图行父忠贤之后,且当时行父与蔑(仲孙蔑,同时的鲁卿)俱有贤声,国人岂能服乎?国人不服,必不能去,而君臣之间必不相安,此鲁之失计一也"[4]。

也就是从季文子开始,季氏才真正控制了鲁国。但正如顾栋高所说的那样,季氏独大令同为三桓而力量最弱的叔孙氏深感不安。于是,季文子在度过了十几年的稳定时期后又要面对叔孙侨如之乱。叔孙侨如,又称宣伯,是三桓中叔孙氏的继承人。在成公时期,叔孙侨如也是鲁国最重要的大臣之一,在《左传》中多有关于他政治、军事和外交活动的记载,他的夺权行动也经过了相当周密的谋划,企图内外联手,双管齐下。在国内,他通过和自己关系暧昧的成公之母穆姜向成公施加压力,想借成公之手驱逐季文子和孟孙氏首领孟献子;在国外,他积极活动,企图以做附庸来换取晋国的支持而扣押季文子。但他的如意算盘最终落空了:成公在穆姜面前力保季文子,

---

[1] 《左传补注·卷五》,《清经解续编》第三册,上海书店,1988年。
[2] 杨伯峻:《春秋左传注》,中华书局,1981年,第778页。
[3] 韩席筹:《左传分国集注》,江苏人民出版社,1963年,第69—70页。
[4] 顾栋高:《春秋大事表》卷二十一,《鲁政下逮表叙》,中华书局,1993年。

并派孟献子加强防备;又派子叔声伯去晋为季文子求情,晋卿范文子深明大义,力陈己见,季文子最终安然无恙,叔孙侨如则不得不仓皇出逃[1]。

对于叔孙侨如的这次未遂政变,无论是时人还是后人都是站在季文子这一边的。叔孙侨如的谋划在季文子的威望面前不堪一击。韩席筹对此评论说"夫侨如特一便佞小人耳,非有庆父之材、归父之志也。使诚得志于鲁,去季孟而取其室,废公而立幼主,挟国母之势,专鲁国之权,吾知其众叛亲离,周公之祀,必殄于侨如之手。然而未亡者,赖声伯之忠勇、范文子之力持正义耳"[2]。韩氏指出了叔孙侨如阴谋破产的原因,一是侨如本人品行不端导致众叛亲离,二是未得到晋国方面的全力支持。但韩席筹却"忽略"了一点,正是季文子的政治活动赢得的国际声望才使他得到了列国君臣的认可,从而在这场艰难的政治角逐中涉险过关。从前页所引之言来看,韩席筹对季文子的评价不高,由这种"先见"出发,他在这里"忽略"季文子的成功之处便是可以理解的了。顾栋高与韩氏相比便客观了许多,他认为季文子和孟献子都是当时鲁国的贤卿,"声望犹出侨如远甚。一旦侨如通于穆姜,欲藉晋力以去季孟,并欲废公。此时公视季孟如唐之五王,而视侨如与其母乃韦后与三思尔。非特国人与之,并公亦且委心听任,如同舟之遇风"[3]。由此可见,季文子虽有专政鲁国之嫌,但在国内事务上的成绩还是让人信服的,这也是他能在政治斗争中取胜的关键所在。

但或许是这两次政治风波使季文子更加意识到权力的重要性,使得他在随后的一个时期中加强了自己的权威地位,并做出一些"非礼"的事情来。《左传》中有下面几段记载:

> 二月,季文子以鞍之功立武宫,非礼也。听于人以救其难,不可以立武。立武由己,非由人也。(《左传·成公六年》)

> 夏,齐姜薨。初,穆姜使择美槚,以自为榇与颂琴,季文子取以葬。君子曰:"非礼也。礼无所逆。妇,养姑者也。亏姑以成妇,逆莫大焉。《诗》曰:'其惟哲人,告之话言,顺德之行。'季孙于是为不哲矣。且姜氏,君之妣也。《诗》曰:'为酒为醴,烝畀祖妣,以洽百礼,降福孔偕。'"(《左传·襄公二年》)

> 秋,定姒薨。不殡于庙,无榇,不虞。匠庆谓季文子曰:"子为正卿,而小君之丧不成,不终君也。君长,谁受其咎?"初,季孙为己树六槚于蒲圃东门之外,匠庆请木,季孙曰:"略。"匠庆用蒲圃之槚,季孙不御。君子曰:"志所谓'多行无礼,必

---

[1] 事详见《左传·成公十六年》。
[2] 韩席筹:《左传分国集注》,江苏人民出版社,1963年,第76页。
[3] 顾栋高:《春秋大事表》卷廿一,《鲁政下逮表叙》,中华书局,1993年。

自及也',其是之谓乎!"(《左传·襄公四年》)

上引三事中,季文子立武宫之事在东门氏之乱后,后二事在侨如之乱后。以上事件的发生,无论是事件的参与者如匠庆,还是旁观者或"君子",都对季文子的行为颇有微词,后世虽有辩护者,但也是寥寥无几,且很难站得住脚。如服虔为季文子立武宫辩护说:"鞌之战,祷武公以求胜,故立其宫。"孔颖达已驳斥其为"无验之说",认为季文子所立之"武宫",并非诸儒所理解的鲁武公之庙,而是为纪念对齐战争胜利所修的建筑,可谓至确[1]。唐人陆淳在《春秋集传辨疑》卷八中引赵匡说:"曰立武宫,盖别缘他故。若以鞌战之故,不应经五年方立之。"这更是为维护季文子形象而进行毫无根据的猜测了。至于后两事,因为季文子确实是"非礼"之事,所以后人的评价也基本上是负面的。但从另一个角度来看,季文子的"不哲"之为,恰恰显示了他凌驾于鲁国公室之上的绝对权威。到他的儿子季武子执政的时候,季氏在鲁国的地位更加巩固了。

二

季文子不仅在国内政治上取得成功,他的外交活动也为鲁国赢得了不少利益,并在诸侯中留下了比较好的印象。从后来的历史发展来看,这也是他能够安全渡过叔孙侨如之乱的重要因素。

从文公六年聘于陈开始,到襄公六年去世止,季文子在春秋时期的国际舞台上活动时间长达数十年之久,其中既有参与盟主组织的军事活动,如成公二年齐国伐鲁、卫时,晋国派兵来救,"臧宣叔逆晋师,且道之。季文子帅师会之";也有为媾和进行的朝见与盟会活动,如文公十六年,"春王正月,及齐平。公有疾,使季文子会齐侯于阳谷";还有纯粹为交好而进行的聘娶等活动,如文公六年,"夏,季文子聘于陈,且娶焉"。在这些外交活动中,尽管有时候因为自己弱国的地位而受到屈辱,但在多数情况下是很受时人和后世学者欣赏的,体现出了一个杰出外交活动家的风范。

季文子的积极活动,在很大程度上为鲁国赢得了一定时期的和平局面。自入春秋以来,齐鲁两国之间便纠纷不断,双方经常为土地、属国等争夺不休,这在季文子执政时期也有发生。但季文子采取比较灵活的方式很好地处理了双方的矛盾,并在最大程度上维护了鲁国的利益。文公十五年,齐国挑拨鲁国内乱不成,便直接出兵侵入

---

[1]《春秋左传正义》卷二十六,《十三经注疏》本,中华书局,1980年,第1902页。

鲁国西境,季文子求救于晋,但因为齐国已经事先行贿于晋而未获结果。在这种情况下,季文子除了指责齐国"己则无礼,而讨于有礼者"以泄胸中的怨气之外,国力相对弱小的鲁国只能屈膝求和以换取和平,于是就有了下面的遭遇:

> 十六年,春,王正月,及齐平。公有疾,使季文子会齐侯于阳谷。请盟,齐侯不肯,曰:"请俟君间。"夏,五月,公四不视朔,疾也。公使襄仲纳赂于齐侯,故盟于郪丘。(《左传·文公十六年》)

按照当时的礼制,国君不能和他国卿大夫结盟,因此齐君以此为借口拒绝了季文子的请求,但原因并非如此简单。有人以为由于齐侯行贿于晋使之不对齐采取军事行动,便要"取偿于鲁"[1],以挽回损失,这恐怕有点简单化了。愚以为其用意恐怕还是显示齐侯的权威和双方的不平等。当这一目的已经达到而且文公又派人行贿后,齐国才顺水推舟,季文子也才得以完成结盟的任务。不久文公去世,新即位的宣公又派季文子去齐国,"纳赂以请会"[2],以维持双方的和平局面。对于这件事,家铉翁批评季文子和襄仲等人屈辱求和,不能据理力争:

> 齐鲁皆千乘之国,齐能伐鲁,鲁岂不能捍齐?况直而壮者在鲁,曲而老者在齐。彼以其力,我以吾义,吾何慊于彼?而行父、襄仲乞盟不得,至纳赂以求盟,视长勺、乘丘之大夫真可以愧死矣[3]!

在今天看来,家氏之说只能归为腐儒之论。在弱肉强食的大背景下,曾经首霸中原的齐国尚且需要通过行贿来保证本国的军事行动达到预期目标,国力要弱得多的诸侯们更是难以找到理想的生存空间。季文子作为鲁国的外交代表,能够争取到和平的局面,可以说已经完成了自己的使命,我们不应该苛责于他。与家氏相比,宋人洪咨夔的评论显得更有见地:

> 人心之动于利如此哉!虎不受饵,孰得而穽?龙可豢而扰,则无异于犬豕牛羊。晋方谋齐,以贿而却;齐方外鲁,以赂而亲。国不以义为利,而以利为利,上下交征,未有不危者[4]。

洪咨夔的观点深刻地体会到了春秋时代小国生存环境的恶劣,也就更能理解季文子们的尴尬与辛酸。他们面对强国的时候要强颜欢笑,面对比他们更弱小的诸侯

---

[1] 郑玉:《春秋阙疑》卷二十一引,《四库全书》本。
[2] 《左传·宣公元年》。
[3] 家铉翁:《春秋集传详说》卷十四,《四库全书》本。
[4] 洪咨夔:《春秋说》卷十四,《四库全书》本。

时却不盛气凌人,而是能坚持礼法,以和为贵。季文子驱逐莒太子之事便鲜明地表现出了这一点:

> 莒纪公生太子仆,又生季佗,爱季佗而黜仆,且多行无礼于国。仆因国人以弑纪公,以其宝玉来奔,纳诸宣公。公命与之邑,曰:"今日必授!"季文子使司寇出诸竟,曰:"今日必达!"(《左传·文公十八年》)

季文子逐莒太子事发生后,鲁宣公派人责问,季文子先历数高阳氏等古帝王的事迹,又援引周公、臧文仲等关于君臣父子之礼的说法,认为莒仆弑君之事"不度于善,而皆在于凶德,是以去之",圆满地解释了自己的做法。季文子有理有据,而宣公也认识到自己的做法不合礼法,承认"寡人实贪,非子之罪"[1]。从事件本身来看,季文子对这件事的处理是合适的,表明了他对外交往的基本态度和原则。但也有学者对此表示怀疑,如清人何焯认为这是季文子"借莒仆以胁宣公。文子之私也,辞则严矣。君方授之邑,臣乃出诸竟(境),于是始,政在大夫"[2]。韩席筹也认为季文子通过此举"以寒宣公之胆。自是政归季氏,鲁君守位而已"[3]。何、韩二氏认为这是季氏在鲁国专政的表现是正确的,但说季文子有借此事显示自己威权的主观意图,则于情于理都不合。我们通过考察其在多次外交活动中的表现就可以看出这一点:

> 秋,季文子将聘于晋,使求遭丧之礼以行。其人曰:"将焉用之?"文子曰:"备豫不虞,古之善教也。求而无之,实难。过求,何害?"(《左传·文公六年》)

> 冬,公如晋朝,且寻盟。卫侯会公于沓,请平于晋。公还,郑伯会公于棐,亦请平于晋。公皆成之。郑伯与公宴于棐,子家赋《鸿雁》。季文子曰:"寡君未免于此。"文子赋《四月》。子家赋《载驰》之四章。文子赋《采薇》之四章。郑伯拜。公答拜。(《左传·文公十三年》)

> 夏,公如晋。晋侯见公,不敬。季文子曰:"晋侯必不免。《诗》曰:'敬之敬之!天惟显思,命不易哉!'夫晋侯之命在诸侯矣,可不敬乎!"(《左传·成公四年》)

> 夏,四月丁丑,晋迁于新田……冬,季文子如晋,贺迁也。(《左传·成公六年》)

> 晋士鲂来乞师。季文子问师数于臧武仲,对曰:"伐郑之役,知伯实来,下军之佐也。今 季亦佐下军,如伐郑可也。事大国,无失班爵而加敬焉,礼也。"从之。(《左传·成公十八年》)

---

[1] 详见《左传·文公十八年》、《国语·鲁语上》。
[2] 何焯:《义门读书记》卷九,《四库全书》本。
[3] 韩席筹:《左传分国集注》,江苏人民出版社,1963年,第80页。

从上引几条关于季文子外交活动的记载来看，季文子对于列国之间的邦交规范是烂熟于胸的，即便是晋侯有"不敬"之处，他也能够指出来并加以批评，那么他对于莒太子的态度也就完全可以理解了。后来晋国的韩宣子来鲁国后曾感慨地说"周礼尽在鲁矣"[1]，而各地诸侯也纷纷来鲁国"观礼"，不能不说有诸如季文子之类能够坚持邦交规则的外交活动家的影响。

三

如果说季文子的外交活动加强了鲁国在诸侯面前"礼仪之邦"的形象，那么他在私人生活空间中的一些细节也使他在后世赢得了不少印象分。这其中最突出的，是他的廉洁简朴。

在叔孙侨如之乱时，季文子能在被晋国扣留后得以返国，不能忽视晋卿范文子的作用。而范文子在当时是这样评价季文子的："季孙于鲁，相二君矣。妾不衣帛，马不食粟，可不谓忠乎？"可见季文子的廉洁已经在诸侯列国形成了很好的口碑。而到他去世的时候，《史记·鲁周公世家》中也说他"家无衣帛之妾，厩无食粟之马，府无金玉，以相三君(宣公、成公、襄公)。君子曰：'季文子廉忠矣。'"这表现了季文子一以贯之的生活作风。而太史公的这段记载可能是来自《左传》中的一段话：

> 季文子卒。大夫入敛，公在位。宰庀家器为葬备，无衣帛之妾，无食粟之马，无藏金玉，无重器备，君子是以知季文子之忠于公室也。相三君矣，而无私积，可不谓忠乎？（《左传·襄公五年》）

作为执掌鲁国数十年的重臣，季文子在去世的时候竟没有什么积蓄，这确实让人感叹不已。《史记》中的"君子"所说的"忠"，概括的是他对鲁国政治与外交的贡献，"廉"则是对他生活方式的总体评价，二者之间具有某种不可割裂的关联性，而这与《左传》中"君子"所说的"忠"在本意上是一致的。史迁在转述这段话的时候，也表明了自己对"忠"的理解。

季文子以鲁国执政的身份而大兴节俭之道，为鲁国政治带来了一股清新的风气，并在客观上起到了表率的作用。《国语》中有这样一段记载：

> 季文子相宣、成，无衣帛之妾，无食粟之马。仲孙它谏曰："子为鲁上卿，相二

---

[1]《左传·昭公二年》。

君矣,妾不衣帛,马不食粟,人其以子为爱,且不华国乎!"文子曰:"吾亦愿之。然吾观国人,其父兄之食粗而衣恶者犹多矣,吾是以不敢。人之父兄食粗衣恶,而我美妾与马,无乃非相人者乎!且吾闻以德荣为国华,不闻以妾与马。"文子以告孟献子,献子囚之七日。自是子服之妾衣不过七升之布,马饩不过稂莠。文子闻之曰:"过而能改者,民之上也。"使为上大夫。(《国语·鲁语上》)

上引文中,关于季文子节俭的话和《左传》、《史记》基本类似,后面的内容则为二书所无。孟献子之子仲孙它认为季文子过于吝啬,不符合一国执政的身份,也影响了鲁国的形象,显然是肤浅之见;而季文子的回答则表现了他忧国忧民之情,让人不由得生出几分敬佩之意。虽然也有人认为季文子之节俭"全与行父平生不类,虽有之,亦饰诈沽名之事耳"[1],但从前文所述诸多事实来看,季文子在政治与外交上的成绩也不能一笔抹杀,后世多有称颂者即是明证。如宋人费枢曾赞叹道:"盛哉周家之立基何其久且远也!文王犹卑服,后妃亦澣衣,盖薄于自奉,将以厚民且示后世之恭俭也。季文子可谓无忝矣,妾不衣帛、马不食粟,乃念及国人之父兄食粗而衣恶,盖廉者,政之本;俭者,廉之本。文子之为政,其知本欤?"[2]单从其节俭来看,季文子与周文王确有几分相似;而就其后来又不拘一格提拔仲孙它这一点来看,季文子也可以称得上是政治家了。

汉代以后,多有官员以季文子为楷模。《晋书·傅咸传》:"咸字长虞,刚简有大节。风格峻整,识性明悟,疾恶如仇,推贤乐善,常慕季文子、仲山甫之志。好属文论,虽绮丽不足,而言成规鉴。颍川庾纯常叹曰:'长虞之文近乎诗人之作矣!'傅咸能以季文子为为人处世的榜样,足见季文子之品行确有可取之处。再如东汉时人虞延:"后(虞延)去官还乡里,太守富宗闻延名,召署功曹。宗性奢靡,车服器物,多不中节。延谏曰:'昔晏婴辅齐,鹿裘不完;季文子相鲁,妾不衣帛。以约失之者鲜矣。'宗不悦,延即辞退。居有顷,宗果以侈从(纵)被诛,临当伏刑,揽涕而叹曰:'恨不用功曹虞延之谏!'"[3]挥霍无度的富宗不能效法晏婴、季文子,招致了灭顶之灾,这样的事例在历史上屡见不鲜;与此相反,那些能够洁身自好、廉正为民者则往往能得到良好的舆论评价。如《旧唐书·李元纮列传》:"元纮在政事累年,不改第宅,仆马弊劣,未曾改饰,所得封物,皆散之亲族。右丞相宋璟尝嘉叹之,每谓人曰:'李侍郎引宋遥之美才,黜刘晃之贪冒,贵为国相,家无储积。虽季文子之德,何以加也!'《新唐书》所载与此

---

[1] 陈士元:《论语类考》卷八,《四库全书》本。
[2] 黄汝亨:《廉吏传》卷上,《四库全书》本。
[3] 《后汉书·虞延传》。

略同。而明言"季文子之德",无疑是对季文子政治与生活作风的肯定。

由上引诸例可见,季文子并不像一些学者所说那么阴险狡诈,虽然陷于政治斗争的旋涡中,但由于他遇事多能够"三思而后行",因此总是可以全身而退。但学界对此也是颇有争议,焦点是对孔子这句话的理解:

> 季文子三思而后行。子闻之,曰:"再,斯(或作再思)可矣。"(《论语·公冶长》)

孔子此言是对季文子的褒奖还是批评?历来学者都有不同意见。何晏《论语集解》引郑玄之说云:"文子忠而有贤行,其举事寡过,不必乃三思。"邢昺正义曰:"此章美鲁大夫季文子之德。文子忠而有贤行,其举事皆三思之然后乃行,常寡过咎。孔子闻之曰:'不必及三思,但再思之斯亦可矣。'"[1]在郑、何、邢等人看来,孔子说季文子"三思而后行",是对他做事谨慎的肯定。但自从宋代程朱以来,诸儒对孔子这句话的理解却发生了大的转变。如程氏兄弟认为:"为恶之人,未尝知有思,有思则为善矣。然至于再则已,审,三则私意起而反惑矣。故夫子讥之。"朱熹基本赞同二程的说法:"愚按季文子虑事如此,可谓详审而宜无过举矣。而宣公篡立,文子乃不能讨,反为之使齐而纳赂焉,岂非程子所谓私意起而反惑之验与?是以君子务穷理而贵果断,不徒多思之为尚。"[2]他也曾在和学生的谈话中表达过类似的观点:"某云:'若是思之未透,虽再三思之何害?'先生曰:'不然。且如凡事,初一番商量,已得成个体段了;再思一番,与之审处当行不当行,便自可决断了。若于其中又要思量那个是利,那个是害,则避害就利之心便起,如何不是私?'"[3]

以程朱为首的诸多学者都认为孔子是在批评季文子,明代以后的学者基本上以程朱之说为宗,鲜有持反对意见者。若依愚意,则仅仅纠缠于是"三思"还是"再思"是不明智的,不管是"三思"还是"再思",都不能以今天的绝对数字为基准来理解,其关键是要把握一个"度",要符合当时的礼制与规则,这恐怕才是孔子此话所藏的深意。刘宝楠云"三思者,言思之多,能审慎也"[4],可谓得之。在《论语》中我们还可以找到类似的话,如曾子说"吾日而三省吾身",孔子并未否定,后世论者也未以其谋私待之。再者,从《论语·公冶长》全篇来看,记载的言论大都和修身、学习有关,其中提到的基本都是享誉一时的人物,如孔文子、子产、臧文仲、令尹子文、宁武子等,季文子也在其

---

[1]《论语注疏》卷五,《十三经注疏》本,中华书局,1980年,第2475页。
[2]《论语集注》卷三,《四书章句集注》本,中华书局,1983年。
[3]《朱子语类》卷二九,中华书局,1986年。
[4]《论语正义》卷六,上海书店,1986年。

中。我们完全有理由相信,孔子是要以这些人物的事迹来教导自己的学生,通过他们的努力建立像季文子等人那样的功业,进而实现自己未竟的政治抱负。

四

在今山东省苍山县西北约 30 千米处,有一座文峰山。据《苍山县志》记载,此山原名神峰山,季文子死后即葬于此山上。后人为纪念季文子,就把它改名为文峰山,又称鲁卿山。此说真假已不可深考,但季文子在民间也能获得比较高的评价应是事实。从以上政治、外交和个人修养等方面对季文子的简单讨论来看,季文子作为春秋时期的鲁国重臣,虽然偶有"非礼"行为,但总体来说,他对于鲁国的内政外交都发挥了重要作用,他的个人修养与廉洁奉公也被后世官员奉为楷模。因此,后世学者对他的评价是有扬有抑,但以褒奖为主。比较中肯的评价可以马骕之言为代表:

> 季孙行父以成季之孙,二世相鲁,死之日,人称其忠,而君子犹有讥焉,曰:"仲遂杀适(嫡)而不能禁,侨如长乱而不能弭,逐东门以偿己怨,战齐顷以释私耻,恶得为贤。然而成公之世,公欲从楚,行父执其不可,其谋国未尝不正也。沙随往会,先戒宫守,其防患未尝不密也。身死而家无余财,《春秋》姑节取焉,曰:是尚能守臣节以克忠公家者也。襄之嗣立,甫四岁耳。齐姜,公之适(嫡)母也,定姒,公之生母也,相继不禄,葬礼有缺。是时行父尚为正卿,耄昏鲜终,君子恶之,而素行可录,左氏未肯以一眚没焉。"[1]

如何评价历史人物的问题,学术界一直在进行探讨,如《探索与争鸣》杂志就曾组织了一批相关文章,其他杂志也有一些相关文章发表,推动了相关问题的研究[2]。其实,辩证地评价历史人物的做法,至少在春秋时期已经有了。秦穆公在崤之战中惨败,参战的几员主将被晋军释放回国后,秦穆公并没有追究他们的失败责任,还亲自迎接,说"吾不以一眚掩大德"[3],这体现了穆公评判他人功过的基本原则。比穆公

---

[1]《左传事纬》卷六,齐鲁书社,1992年。

[2] 相关文章可参考朱宗震:《多元的价值评价和科学定位——关于历史人物的评价问题》,《探索与争鸣》2003年第10期;苏双碧:《关于历史人物评价的几个问题》,《广东社会科学》1999年第1期;葛剑雄:《历史人物的评价应该以事实为依据》,《探索与争鸣》2004年第3期;林璧属:《历史人物评价两难题》,《史学理论研究》1999年第2期;何忠礼:《实事求是是正确评价历史人物的关键》,《探索与争鸣》2004年第6期等。

[3]《左传·僖公三十三年》。

稍晚一些的孔子曾对包括季文子在内的许多历史人物作过评价,这在前文已经提及,但对管仲的评价最能体现他的思想。在孔子看来,管仲虽然有小器、不知节俭、不懂礼之类的缺点,但却作出了卓越的功绩:"桓公九合诸侯,不以兵车,管仲之力也。如其仁!如其仁!"又说:"管仲相桓公、霸诸侯,一匡天下,民到于今受其赐。微管仲,吾其被发左衽矣。"[1]这与他对季文子的评价如出一辙。班固曾开创性地对先秦文献中提到的诸多人物进行评价,其中把季文子评定为九个等级中的第三等"上中"[2],也足见其对季文子的肯定。

需要指出的是,对于历史人物的评价除了受到评论者自身素质和身份的影响以外,还往往和评论者所处的那个时代的价值观念和道德风尚密切相关。孔子对人物的臧否反映了他在那个"礼崩乐坏"的时代恢复理想政治、追求自身完善的愿望;班固对历史人物的评价已经与孔子不同,带有比较浓厚的为皇权服务的色彩;而宋代以后以程朱为代表的理学家对季文子的评价,也体现了那个时代的思想潮流。在他们狭隘的道德尺标下,季文子的"非礼"行为、在鲁国的专政等负面因素便被放大了,而他对鲁国的贡献则相应地被忽略了。这一点到了君主专制空前加强的明清时期仍然没有什么变化。在此还是以对"三思而后行"的理解为例来说明之。

明人邵宝的推论和前引程朱等人之说几无二致,他质疑说:"其出莒仆曰:今日必达。何其不再且三也?私意之起,实与于己。巳无与焉,何惑之有?莒仆是也。若使齐纳赂事与仆殊,故三思而私起焉尔。不然则文子之决不胜其疑、疑之时恒多而决之时恒少乎?未可执是而疑仲尼之论也。"[3]清朝大臣喇沙里、陈廷敬等奉敕编成的《日讲四书解义》卷五则解说道:"此一章书是孔子教人以义制事之意。……昔季文子每事思之数次,然后施行,其用心周密如此。孔子闻之曰:凡事固不可不思,而亦不可过思。……盖天下之事断以大义,再思可决。揣以私意,愈思愈疑,故贵乎以义制事也。"在这些儒者眼里,季文子的"三思而后行"只是出于私心的行为,是要为自己谋取不正当利益。这样的论调只能是没有多少根据的臆测,是为顺应皇权加强的趋势而曲为之说。可以进一步说,他们眼中的道德,只能是为君主专制服务的"政治道德",与现代意义上的道德不可同日而语。对此,我们应该以历史主义的眼光来辩证地看待。而一个时代的思想潮流、政治观念居然会对历史人物的身后评价产生如此之大的影响,这恐怕是我们面对同类问题时都要注意的因素。

---

[1]《论语·宪问》,《十三经注疏》本,中华书局,1980年。
[2]《汉书·古今人表》,中华书局,1982年。
[3]《学史》卷四,《四库全书》本。

鲁文化在中国上古区域
文化中的地位

杨朝明

孔子研究院

在中国上古时期,由于山川阻隔,交通极为不便。西周以来,以各个重要的诸侯封国为中心,逐渐形成了各具特色的区域文化。在众多的区域文化中,鲁国的文化居于一种领先的、中心的地位。

第一,鲁国受封之地早已经是中国文化最为发达的地区之一。

山东被称为"齐鲁之邦",先秦时期,鲁国和齐国分处于泰山南、北,在泰山以南(今鲁南)地区,已发现了众多的原始文化遗迹。"沂源人"与"北京人"时代相当,他们可能是这里古人类的祖先。以之为中心,仅其附近便发现了猿人化石和近百个旧石器和新石器地点,说明这里是几十万年以来古人类活动的重要中心之一。更为重要的是,进入新石器时代以来,这里更有北辛文化、大汶口文化、龙山文化一脉相连,在鲁南地区形成了中国史前文化的完整序列。《帝王世纪》云:"炎帝自陈营都于鲁曲阜。黄帝自穷桑登帝位,后徙曲阜。颛顼始都穷桑,徙商丘。"张守节《史记正义》曰:"穷桑在鲁北,或云穷桑即曲阜也。又为大庭氏之故国,又是商奄之地。"远古时代许多氏族首领都与曲阜有关,这种现象不是偶然的。

周初,伯禽为首的周人来到曲阜一带后,这里又成为东西文化的交汇之地。殷商兴起于东方,曲阜一带曾为商人旧都,即使在迁殷之后,他们仍然与这里联系密切。直到周初,这里依然是殷商势力极重的地区。周族自西方发展起来,他们在取代殷商之后,要想很好地统治天下,就不能不把东方作为统治的重点,因此,可以说鲁国受封之地是他们首先要考虑的战略要地。这里距王都较远,东南沿海地区的淮夷以及徐戎等也没有立即臣服于周。武庚叛乱时,"殷东国五侯"群起叛乱,奄国及其附近各部都是周公东征的主要对象,史籍中所谓"攻商盖"、"攻九夷"(《韩非子·说林上》)、"灭国者五十"(《孟子·滕文公下》)都是在这些地区。甚至伯禽被封于曲阜后,"淮夷、徐戎及商奄又叛"(《艺文类聚》卷十二引《帝王世纪》)。欲很好地镇抚东方,把这里作为周室堡垒是非常合适的。

伯禽受封时,周室为鲁国制定了"启以商政,疆以周索"的治国方针,并分给鲁国"殷民六族",使之"职事于鲁"(《左传·定公四年》)。这样,伯禽一支所带来的周文化与殷遗民及当地土著固有的文化相互交汇、影响,共同形成鲁国的文化。

第二,鲁文化的特殊地位与鲁国在当时诸侯国中的特殊地位是统一的。

鲁国虽是周王朝分封的一个邦国,但它却是一个非同寻常的邦国。鲁自周初始封,历西周、春秋、战国,到公元前249年为楚国所灭,历时七、八百年,在当时的政治、文化舞台上扮演了十分重要的角色。

鲁国的始封之君是周公的长子,而周公无论在帮助武王争夺天下,还是在成王年幼时平定天下以及辅助成王,都有卓著的功勋,他在周初政治中的地位十分显赫。因此,鲁国初封时不仅受赐丰厚,而且相对于他国来说还得到了不少特权。鲁国可以"世世祀周公以天子之礼乐",《礼记·明堂位》也说"凡四代之服、器、官,鲁兼用之。是故,鲁,王礼也,天下传之久矣"。从文献记载以及考古材料综合考察,这种记载应该是可信的。如周王室的职官"宗伯"、"太宰"、"大司徒"等,鲁即有之。如替国君掌管祭祀的"宗伯",其他国家只称"宗"或"宗人",有"宗伯"之称的只有周王室和鲁国。又,"鲁得立四代之学"(《礼记·明堂位》孔颖达疏),鲁还有四代之乐。恐怕这都是鲁国特有的现象。

鲁国受封的同时或者稍后,周王室在东方又分封了一些小国,这些小国有的为鲁的附庸,有的则以鲁国为"宗国"。时至春秋王室衰微,礼坏乐崩之际,许多小国依然纷纷朝鲁,并且到鲁国学礼、观礼。在东方夷人势力较重的地区,鲁国始终不忘"尊尊而亲亲"的原则,使鲁国的政权一直掌握在"伯禽"之后的周人手中,鲁国较完整地保存着周礼,周代的礼宾传统深深地影响了鲁国社会的方方面面。如在政治方面,《礼记·明堂位》说鲁国"君臣未尝相弒也,礼乐、刑法、政俗未尝相变也。天下以为有道之国,是故,天下资礼乐焉"。在诸侯国中,鲁国的政治是相对较为稳定的,因此鲁国也就成为各国学习的榜样。《左传·襄公十年》说"诸侯宋、鲁,于是观礼"。宋国保留的自是殷礼,鲁国保存的则是典型的周礼,即所谓"周礼尽在鲁矣"(《左传·昭公二年》)。这样,鲁国为宗周在东方代表的形象更加突出,因为时人视礼为国家的根本,周礼似乎就是周王朝的象征。

春秋时期,"政由方伯",但在各诸侯国会盟等的班次上,鲁国却位居前列。一般说来,"周之宗盟,异姓为后"(《左传·隐公十一年》),鲁既为姬姓,又为周公之裔,故在诸侯位次序列中有"班长"(《国语·鲁语上》)之称,被列为首席。如春秋初年,齐遭北戎侵犯,齐向各国求助。在战后答谢诸侯,齐国馈送粮食给各国大夫时,齐请鲁国按班次代为分派;晋文公主持"践土之盟"时,在各会盟国进行的歃血仪式次序上,除主盟的晋国外,鲁也被排在各国的最前面。既然周室对鲁国寄予厚望,把鲁国分封在商奄旧地,那么,在推行周代礼乐制度时,有"望国"地位的鲁国也就不能不以表率自居了。

鲁国为东方的宗周模式,担负着传播宗周礼乐文明的使命,如在周王朝治国政策的贯彻上,鲁国即堪为典范。周公治国,他的保民思想、明德慎罚、勤政任贤等都似乎在鲁国当政者身上有明显体现。当然,说鲁国为"宗周模式",绝不是说鲁国完全排除当地文化因素,使鲁国全盘周化,而是在政治统治上鲁国为周王朝的东方代理人,而且在鲁国上层贵族中完整地保存着周代礼制。事实上,鲁国要彻底推行周文化而以之取代当地的固有文化,既无必要,也没可能,因为周灭商后对殷商旧地采取的就是"怀柔"的政策,更何况鲁地殷遗势力极重,而且文化的推广也不是任何外来强力所能成功的。

第三,从与其他区域文化的比较中也能看出鲁文化在当时的重要地位。

在区域文化研究中,人们往往将鲁文化与齐文化相互比较,这是很有道理的。齐、鲁两国地域相邻,在文化方面具有很多的可比之处。就先秦时期两国的文化而言,它们有同有异。从实质上说,崇周礼、重教化、尚德义、重节操等等都是两地人民共有的风尚。两国文化上的不同之处更多,齐人的务实开放,鲁人的重视礼乐,使齐、鲁两国在文化上各具特色,并且位居当时华夏文化的领先或者中心地位。但齐、鲁两国的文化孰优孰劣,不少论者站在今天的立场上,大谈鲁文化的所谓"保守"、"落后"和"缺乏进取"。而实际上,分析文化的优劣应当具有历史的眼光,而不应该离开当时的具体时代。

从文化的传承关系上看,周文化与鲁文化乃一脉相承,或者说鲁文化就是周文化的代表。周人灭商以来,周文化在总结和吸纳前代文化成果的基础上,又有了显著进步。《礼记·表记》上说"夏道尊命,事鬼敬神","殷人尊神,率民以事神"。有学者称夏、商时期的文化分别为"尊命文化"和"尊神文化"。从根本上说,周文化就是礼乐文化,而礼乐的实质则是秩序,礼乐文化是一种人文文化。周文化与夏、商文化的不同,最为重要的即在于其人文理念的上升。自周公制礼作乐开始,周文化的重礼风格便已初步形成,而周人又有重视农业的传统与之相适应,这样,便奠定了中国几千年传统宗法农业社会的文化基础。

鲁国的文化风格与周文化是一致的。建国伊始,鲁国的始封之君伯禽就在鲁地变俗革礼,进行大的动作,推行一种新文化。应当指出,鲁国的这种变革历时三年,显然是循序渐进，而非急风暴雨一般。因此，它与强行毁灭一种文化而推行另一种文化是有区别的。其实，周代礼乐广采博纳，其中也有殷文化的不少因素，因为周礼即是从殷礼"损益"而来。应当承认，与周边当时各族的文化相比，周文化是一种最为先进的文化。鲁国下了大气力推行周文化，是为了适应周王朝的政治统治。从一开始，鲁人便显示了文化上的进取精神。

文化的优劣在文化的交流中最容易看得清楚。一般说来，落后的文化要不断地学习先进的文化，来丰富和完善自身。就齐、鲁两国而言，齐国就常常向鲁国学习。

众所周知，管仲的改革对于齐国成为泱泱大国具有关键性意义。但是，正如有的学者已经指出的那样，管仲改革乃有吸收鲁文化之长、补齐文化之短的深意。管仲改革的一项重要内容便是定四民之居，推行士、农、工、商四业并举的政策，把发展农业放在经济基础的地位，置于工、商业之前，这明显吸收了鲁国以农业立国的思想，以补齐国偏重工商、渔盐、女工之业，忽视农业而造成社会不稳之弊端；管仲还针对齐国传统礼义道德观念淡薄，习俗落后，以至君臣上下无礼、男女关系混乱，从而严重影响社会秩序和政治稳定的情况，十分注意从鲁国吸收周礼文化，强调礼义道德的建设。

管仲如此，齐国的其他君臣何尝不是如此。齐国虽然有人对孔子所讲的繁文缛礼不感兴趣，但他们毕竟不能不对鲁国"尊卑有等，贵贱有别"的礼治秩序表示重视。例如，齐国的另一位名相晏婴就曾经与齐景公一起到鲁国"俱问鲁礼"（《史记·齐太公世家》）；孔子到齐国时，齐景公也不失时机地问政于孔子。又如，鲁国发生庆父之乱时，齐欲伐鲁，但有人看到鲁国"犹秉周礼"，认为"鲁不弃周礼，未可动也"（《左传·闵公二年》）。有一次，齐人伐鲁，见一妇人带着两个孩子，开始时抱小而挈大，大军将要到跟前时，反而抱大而挈小。当问及时，妇人说："大者，妾夫兄之子；小者，妾之子。夫兄子，公义也；妾之子，私爱也。宁济公而废私耶。"齐国从而罢军，他们认为："鲁未可攻也，匹夫之义尚如此，何况朝廷之臣乎？"（《说苑疏证·佚文考》）

齐人看重周礼，向鲁国借鉴、学习，显示了其积极进取、灵活开放的一面，这当然是值得肯定的。然而，这也证明齐文化中存在不少有待改进之处。如在君臣关系方面，齐国出现了不少相弑相残的现象，而鲁国的情况要好得多。鲁国的大夫臧文仲曾教别人"事君之礼"，"见有礼于其君者，事之，如孝子之养父母也；见无礼于其君者，诛之，如鹰鹯之逐鸟雀也"（《左传·文公十八年》）。这种典型的尊君之论，便基于鲁国深沉的礼乐传统，这对于鲁国君臣关系的和睦，对于鲁国社会的安定都有积极作用。而且动态地就君主制度的发展来看，鲁国的这种礼治秩序也有其进步的一面。再如婚嫁习俗方面，"同姓不婚"是鲁国最为基本的婚姻习俗，不论男婚还是女嫁，均不找同姓。鲁国还特别注重男、女之别和夫、妻之别，这与齐国形成了鲜明的对比。婚姻制度史的研究早已表明,"同姓不婚"之制相对于氏族族内婚姻是极大的进步。正因如此,鲁国的婚姻制度才为当时各国所普遍认可,例如,《史记·商君列传》记商鞅说:"始秦戎翟之教,父子无别,同室而居。今我更制其教,而为其男、女之别,大筑冀阙,营如鲁、卫矣。"在当时的情况下,严格的婚姻制度以及男女界限是清除旧习俗的最好办法,在这方面,鲁人的做法是具有表率作用的。

齐、鲁两国的文化交流从各自的文化特色形成之日起便开始了,但两国文化上的优劣之争似乎也未间断,直到战国时的孟子也还如此。《孟子·公孙丑上》记公孙丑问孟子说:"夫子当路于齐,管仲、晏子之功,可复许乎?"孟子回答说:"子诚齐人也,知管仲、晏子而已矣。"孟子的话就似乎表现了鲁人对齐人的轻蔑。其实,由于齐文化的起点较低,齐人在以后的国家建设与发展中努力进取,使齐文化表现出了开阔、灵活、积极的特质。所以清代学者俞樾在谈到齐人对于后来儒学发展所起的作用时说道"齐实未可轻也"(《湖楼笔谈》卷二)。通过近10年来的深入研究,人们加深了对齐文化的认识,从而已经改变了长期以来对齐文化的不恰当评价。

最后,还有必要谈一谈"鲁文化"与所谓"邹鲁文化"的概念问题。

我们前面引到孟子的话,认为他的观点代表了鲁人看法,但并不是说孟子也是鲁人。关于孟子的里籍,《史记》称其为邹人。邹地战国时是否属鲁,历来存有争议。但不论如何,孟子和鲁国的联系皆不同寻常:首先,孟子居地近鲁。他本人曾说自己"近圣人(孔子)之居若此其甚也"(《孟子·尽心下》);孟子又为鲁国孟孙氏之裔;孟子在齐,丧母而归葬于鲁,说明孟子上代迁鲁不久;孟子还极为崇拜孔子,并"受业子思之门人",其思想与鲁文化传统的关系不可分割。因此,认为孟子的观点代表了鲁人的看法应该是没有什么问题的。

孟子为邹人,以孟子和儒家在当时的巨大影响,人们自然不能忽略作为一个具体国家的邹国。邹国就是邾国,在春秋时,"邾"有两种读音,《公羊传》读为邾娄,《左传》读为邾,对此,王献堂先生解释说:"古人音读有急声,有漫声,急声为一,漫声为二,而其漫声之二音,亦可分读……漫声连举为邾娄,急声单举为邹,漫声分举,则为邾为娄。"(《邾分三国考》)王献堂先生的意见是正确的。这就是说,战国时代邾国被称为邹,只是称呼了邾娄的合音。

邾国立国较早,周朝灭商后,又封曹侠于邾,邾国遂成为周王朝的一个诸侯国。邾国的北部边境与鲁国国都曲阜相距很近,邾君曾言"鲁击柝闻于邾"(《左传·哀公七年》),春秋后期,"邾庶其以漆、闾丘来奔"(《左传·襄公二十一年》),邾国的北部边境逐渐南移。这样,孟子居地与鲁国的联系更加密切。

邾为曹姓国家,从意识形态方面看,邾国受周礼的影响很少。如邾人用人殉葬,用人祭社,这都不符合周礼的要求。鲁人就称邾人为"夷",邾、鲁两国文化差异较大。只是到了战国时代,由于鲁国儒家文化的影响,如孔子的孙子子思曾到邹地讲学,特别是孟子迁居到邹,使邹地名声日隆,这里也有了浓重的儒家文化氛围。在这一点上,人们才将邹地与鲁国相提并论,而且,由于孟子的原因,自战国时起,人们将两地合称时,还把"邹"放在"鲁"的前面,而称为"邹鲁"。因此,将鲁文化作为周代的区域文化进行研究,而不是专门探讨作为一个学术派别的儒家文化时,还是以"鲁文化"(而不是"邹鲁文化")作为一个研究单元为宜。

鲁文化视域中的女性问题探析

宋赟 胡娜

孔子研究院 曲阜市文物局

文明的产生，大抵是地理位置、生存环境、伟大人物，以及一些偶然因素互相作用的结果，或者说只有同时具备天时、地利、人和三大要素才能孕育出人类文明。鲁文化也不例外，其历史可以追溯到上古时期。根据现有考古发现及文献史料记载，早在新石器时代，作为东夷文化的一部分，美丽富饶的汶泗流域已经是人类栖息、繁衍的重要地区之一。《水经注》卷一十七引皇甫谧云："黄帝生寿丘，丘在鲁东门外。"《帝王世纪》载："少昊自穷桑以登帝位，徙都曲阜，崩葬云阳山。"今天曲阜城西的犁铧店村，相传为神农试耕处。由此可见，早在那时这一地区就有了人类文明的足迹。成王元年(约公元前1042年)，周成王将商朝遗民六族和泰山之南的原奄国土地、人民封给周公。周公因辅佐成王无法亲自前往，便派长子伯禽代其受封鲁国。从此，鲁文化在这片土地上孕育、生根、发芽、成长，代代延续，生生不息。受周文化熏陶成长起来的伯禽熟知周礼，并将其作为治理国家的重要手段。他把许多周朝礼乐之器和典籍文献带到鲁国，夏商周文化与东夷文化开始融合。在周公、伯禽及其后裔们的影响下，鲁国逐渐形成自己的文化特色。到春秋时期，以孔子儒学为代表的鲁文化空前繁荣。秦帝国焚书坑儒没能阻止儒学的发展壮大，恰恰相反，大一统的环境却为儒学进一步走出鲁国创造了机会。西汉以后，儒学被历朝统治者接受并影响中国两千年之久，成为华夏文明的代名词。

鲁文化孕育了孔子儒学。关于孔子及儒学为何产生在鲁国而非其他，傅斯年1927年在中山大学的讲义《战国子家叙论》中曾提出"儒是鲁学"的观点。他认为儒学的发生与当时鲁国的特殊地域和礼治传统有关。他说道："拿诗书礼乐做法宝的儒家出自鲁国，是再自然没有的事情。盖人文既高，仪节尤备，文书所存独多，又是一个二等的国家，虽想好功矜伐而不能。"他说鲁国是礼仪讲究，典籍保存全面，疆域又不算太大的国家,只有成就霸业的野心却不敢真有行动,也就保证了国家稳定持久,百姓安居乐业。另外,许慎《说文解字·羊部》载:"夷俗仁,仁者寿,有君子不死之国。"《汉书·地理志》载:"东夷天性柔顺,异于三方之外。"毫无疑问,东夷人"仁"之本性亦是儒学源于鲁国不可或缺的因素。

经历了两千年浮浮沉沉之后,二十世纪九十年代,中国国家经济飞速发展,综合国力显著增强,民族自信心有了极大提升,代表民族精神的儒学开始复兴。人们自然而然地将目光聚焦到儒学开始的地方,即鲁文化的发源地——圣城曲阜。每年海内外儒学专家学者汇聚曲阜,祭奠文庙先贤先儒,研讨儒学热点话题,助力国家文化软实力建设。传统文化体验游空前高涨,春夏秋冬四季,孔府、孔庙、孔林景区游客络绎不绝。

赞誉之外,批评声随之而来。在众多的批评声中,有一句话不时被提及,这就是《论语·阳货》中提到的"唯女子与小人难养也,近之则不逊,远之则怨"。学界与民间不少人士由此指责孔子歧视女性,进而祸及鲁文化,指出当时鲁文化的根本特征就是因循守旧,落后保守。面对断章取义的质疑,我们要以客观理性的态度来论证其本意,进而归纳出孔子的女性观,最终还原出当时鲁国女性的境遇和地位。

一、关于"女子"与"小人"的两种释读

关于"女子"与"小人"的解释,学界历来存有分歧,诠释不一。其中两种说法比较有代表性。

(一) 女子小人说

认为孔子话中所指的"女子"与"小人"与现代意义相同。杨伯峻在《论语译注》中是这样解释的:"只有女子和小人是难得同他们共处的,亲近了,他会无礼;疏远了,他会怨恨。"[1]李泽厚在《论语今读》中写道:"只有女子和小人难以对付,亲近了,不谦逊;疏远了,又埋怨。"他进一步注解说:"我以为这句话相当准确地描述了妇女性格的某些特征。对她们亲密,她们有时就过分随便,任意笑骂打闹。而稍一疏远,便埋怨不已。这种心理特征本身并无所谓好坏,只是由于性别差异产生的不同而已;应说它

---

[1] 杨伯峻:《论语译注》,中华书局,2006年,第215页。

是心理学的某种事实,并不必含褒贬含义。"[1]

(二)仆隶下人说

认为这段话中的"女子"与"小人"是指仆隶下人。朱熹说:"此'小人',亦谓仆隶下人也。君子之于臣妾,庄以莅之,慈以畜之,则无二者之患矣。"[2]"小人"是指"仆隶下人",那么"女子"自然也应是"仆隶下人",即"侍妾"之意。钱穆亦持类似观点,他是这样解释的:"此章女子小人指家中仆妾言。妾视仆尤近,故女子在小人前。因其指仆妾,故称养。待之近,则狎而不逊。远,则怨恨必作。善御仆妾,亦齐家之一事。"[3]

第一种解释倘若只看前半句,理解成"女子与小人一样难以相处"倒是说得过去,因为往往女性因感性而善变,小人因私心而善变。但后半句与之连在一起,此种解释就让人费解了。李泽厚亦承认,"'小人'与妇女连在一起,这很难说有什么道理"[4]。如果解释成,小人你亲近了他就不谦逊,你疏远了他就会怨恨,意思根本讲不通。因此,笔者认为这里的"女子"、"小人"不应指现代意义上的女子和小人,而第二种解释就顺畅得多。仆人往往伴随主人很长一段时间,除亲属、朋友外,实为其较亲密之人,可以说是亦仆亦友。过分亲近了,有时不自觉地越过了主仆关系;过分疏远了,仆人就会心生猜忌、不满。因此,第二种解释更为恰当、合理。

二、孔子的女性观

孔子的女性观具有非常丰富的内涵,远非"唯女子与小人难养也"这句话所能概括的。现在让我们翻开历史典籍,完整、清晰地归纳出这位哲人的女性观。

首先,我们统计出《论语》中出现的"仁"字约有109次之多。孔子讲"仁者爱人"、"泛爱众而亲仁"、"大同世界",孔子又讲"夫仁者,己欲立而立人,己欲达而达人","己所不欲,勿施于人"。我们还知道,孔子晚年所删订的《诗经》里有大量歌颂爱情的篇章,刻画出了许多美丽善良、勤劳勇敢的女性形象,亦有不少篇章痛斥男性对女性的

---

[1] 李泽厚:《论语今读》,安徽文艺出版社,1998年,第418页。
[2] 朱熹:《四书集注》,岳麓书社,1985年。
[3] 钱穆:《论语新解》,三联书店,2002年。
[4] 李泽厚:《论语今读》,安徽文艺出版社,1998年,第418页。

压迫、遗弃。试想如此博爱、虚怀若谷之人又怎会歧视女性？

其次，在《论语》中孔子也常常谈及"孝"。孔子幼年丧父，母亲含辛茹苦把他抚养成人。孔子讲"事父母，能竭其力"[1]，没有说只孝顺父亲，不顾及母亲，或者其他种种。

孔子又说："今之孝者，是谓能养。至于犬马，皆能有养。不敬，何以别乎？"[2] 他提倡为子女的要尽自己最大能力去服侍父母。值得注意的是，孔子明确区分了"养"和"孝"这两个概念。他认为，狗和马等家畜也能得到人的饲养，如果缺乏敬爱之心，单单有酒饭让父母吃喝，与饲养家畜就没有什么差别。也就是说，在孔子看来单纯的赡养不能等同于孝。满足父母基本生活需求之外，孝更应该做到敬。在谈到子女与父母有分歧时如何处理的问题上，孔子提出"事父母几谏，见志不从，又敬不违，劳而不怨"[3]。每位女性皆是或终将会成为母亲，在仁者内心，除了敬与爱怎会有其他？

再次，孔子力倡克己复礼，修身养行，戒色好德。如：

孔子曰："君子有三戒：少之时，血气未定，戒之在色；及其壮也，血气方刚，戒之在斗；及其老也，血气既衰，戒之在得。"《论语·季氏》

子曰："吾未见好德如好色者也。"《论语·子罕》

子曰："已矣乎！吾未见好德如好色者也。"《论语·卫灵公》

齐人归女乐，季桓子受之，三日不朝，孔子行。《论语·微子》

君子讲修身，特别是年少之时，血气方刚，要戒女色。君子讲治国理政，君主、大臣不可因贪恋女色荒废政务，置天下于不顾。孔子提倡修身治国，女性亦从中获益。《荀子·儒效》载："仲尼将为司寇，沈犹氏不敢朝饮其羊，公慎氏出其妻。"孔子治理国家比较重视家庭伦理，强调夫妻恩爱，感情稳固。因政治强力让丈夫主动休掉出轨的妻子，实际上是维护"为人妻"的道德操守，女性仍是受益者。

最后在女性晚辈婚配问题上，孔子亦十分谨慎。如：

子谓公冶长："可妻也。虽在缧绁之中，非其罪也。"以其子妻之。子谓南容："邦有道，不废，邦无道，免于刑戮。"以其兄之子妻之。《论语·公冶长》

"南容三复白圭，孔子以其兄之子妻之。"《论语·先进》

---

[1]《论语·学而》。
[2]《论语·为政》。
[3]《论语·里仁》。

现如今,父母对女儿的婚事大都不加以干涉,但会给一些建议和规劝。不求荣华富贵,但父母都会企盼未来女婿品行端正,有责任感,有担当。在礼崩乐坏的春秋乱世,孔子的态度更为谨慎。虽然在现代社会看来,孔子此举有包办婚姻之嫌,但将晚辈婚配给贤能可靠之人,恰恰体现的是满满的关爱和充分的尊重。

还有,在谈到妇女参政的问题上,有这么一段话:

> 舜有臣五人而天下治。武王曰:"予有乱臣十人。"孔子曰:"才难,不其然乎?唐虞之际,于斯为盛,有妇人焉,九人而已。三分天下有其二,以服事殷。周之德,其可谓至德也已矣。"《论语·泰伯》

"于斯为盛,有妇人焉,九人而已。"在当时的社会背景下,以家庭为中心的妇女根本不具备从政议政的条件。因此在孔子眼里,女性议论一下国事是不算真正参政的。仅仅是与周武王观点不同,孔子没有任何其他含意。

此外,孔子亦比较重视家庭关系的处理。如:

> 子贡问于孔子曰:"赐倦于学矣,愿息事君。"孔子曰:"《诗》云:'温恭朝夕,执事有恪。'事君难,事君焉可息哉!""然则赐愿息事亲。"孔子曰:"《诗》云'孝子不匮,永锡尔类。'事亲难,事亲焉可息哉!""然则赐愿息于妻子。"孔子曰:"《诗》云:'刑于寡妻,至于兄弟,以御于家邦。'妻子难,妻子焉可息哉!"《荀子·大略》

子贡对学习感到厌倦,便想放弃学习去侍奉君主或父母,孔子一一否认。当子贡说想去娶妻生子时,孔子又反驳道:"《诗经》上说:'先给妻子作榜样,然后影响到兄弟,以此治理家和邦。'养育妻儿不容易,怎么可以停止学习呢?"孔子强调丈夫为一家之主,要不断学习,完善自己。要做到尊老爱幼,还要处理好夫妻关系、兄弟关系。在孔子心中,毫无疑问妻子与父母、兄弟、子女处于同等重要的位置。

值得一提的是,《列子·天瑞》有段荣启期和孔子的对话:

> 孔子游于太山,见荣启期行乎郕之野,鹿裘带索,鼓琴而歌。孔子问曰:"先生所以乐,何也?"对曰:"吾乐甚多。天生万物,唯人为贵,而吾得为人,是一乐也。男女之别,男尊女卑,故以男为贵,吾既得为男矣,是二乐也。人生有不见日月,不免襁褓者,吾既已行年九十矣,是三乐也。贫者士之常也,死者人之终也,处常得终,当何忧哉?"孔子曰:"善乎!能自宽者也。"

荣启期自言得三乐:为人,又为男子,又行年九十。以自己是尊贵的男人而非低下的女人作为人生一大乐事,何其偏见?孔子竟说"善乎!能自宽者也"。此处似乎找到了孔子歧视女性的有力证据,但请看下文:

荣启期者，周时人也。值衰世之季末，当王道颓凌，遂隐居穷处，遗物求己。捌怀玄妙之门，求意希微之域。天子不得而臣，诸侯不得而友。行年九十，被裘鼓琴而歌。（陆云《荣启期赞》）

恰逢乱世，荣启期与孔子一样怀才不遇，荣启期干脆"鹿裘带素，鼓琴而歌"，拂手而去，从此遁入山林，知足自乐，无牵无挂。满怀抱负的孔子终究还是放不下天下，这里只是孔子对荣启期自我安慰的人生态度表示赞许罢了。

三、鲁国女性地位

通过史料分析，我们发现孔子并无歧视女性的言论。恰恰相反，孔子是尊重女性的代表。我们用主要篇幅脉络清晰地分析孔子女性观，并非单单为纠正人们对孔子的误解，更是为了探寻孕育这些伟大思想的土壤。而此时我们已经有了一个答案，这开出人类文明之花的沃土便是独具特色的鲁文化。鲁国国民在周朝礼乐传统的浸染和熏陶下，文化方面形成了自己独特的风格。他们尊重女性，重义轻利，守节知礼。他们特别强调"男女有别"和"夫妇有别"，以"男女之别"为"国之大节也"[1]，注意这里并非主张男尊女卑。要知道，在人类文明的起步阶段，生存是第一要素，人类要与天地自然斗争，要与毒虫走兽斗争，还有国家之间频繁的短兵器战争，男女的生理或自然属性，就决定了女性无力参与这些蛮力的争斗。照顾好家庭让男人无后顾之忧，传宗接代让家庭延续，自然成了她们的主要职责所在。重视男女之别，恰恰是生存之必须。

鲁国乃礼仪之邦，注重教化，推崇道德，故而多博学多识、深明大义之女性。这其中就包括敬姜、鲁国大夫臧文仲的母亲、孔子的母亲。鲁国地处平原，自然环境优美，且多为"宜五谷桑麻六畜"、"颇有桑麻之业"[2]的单一型经济结构，亦养成了女性稳重安静，富于耐性，崇德尚俭，和善友好的性格。孔子时代的鲁国及周边地区，除了个别极端情况，基本没有歧视、轻视女性的现象出现。倒是后世儒家们主动或被迫迎合帝王的需求，给女性定下太多清规戒律，束缚其权利，禁锢其思想。特别是到了明清，不论是鲁地，还是山东，乃至全国，兴起了"殉夫"之风。丈夫亡故，妻子若为之殉葬，竟会被歌颂赞扬。如此泯灭人性之行为，让人深恶痛绝。

---

[1]《左传·庄公二十四年》。
[2]《史记·货殖列传》。

结　　语

文化是不断发展变化的,鲁文化从孔子时代发展到今天已经大不相同。回顾历史,是为当下。今天的我们应该如何去对待鲁文化,发扬鲁文化呢？正如著名学者杨朝明在《正本清源说孔子》一书序言中所说:"近代以来,无论是守护传统还是反对传统,分歧或许仅是其心中'传统'的重心不同。我们要看到'帝制中国'片面强调'君权'、'父权'、'夫权',也必须看到后来反对'封建性糟粕'时对文化中'民主性精华'的扫荡,以至于简单粗暴地对待博大精深的孔子思想与传统文化。理清脉络,是为了补偏救弊,在继承和弘扬传统时做得更好。"[1]研究鲁文化,一方面我们要回到孔子时代去探寻其源头,另一方面要结合现代社会的特点,用开放的国际视野去升华鲁文化,让鲁文化成为服务百姓精神生活,指导心灵的一盏明灯。当下已非蛮力时代,而是靠头脑和智慧取胜的知识时代。我们相信,随着科技生产力的发展,社会的进步,人类心智的逐渐成熟,人们会更加理性地看待并尊重男女之间客观存在的生理差别与心理差别,借助各种社会手段和国家保障制度来消弭其带来的社会差别,从而达到真正意义上的男女平等。

---

[1] 杨朝明:《正本清源说孔子》,山东人民出版社,2014年。

也谈齐鲁文化的互动与融合

吕世忠

山东社会科学院历史所

齐文化和鲁文化是我国两支重要的区域文化。它们发轫于古老的东夷文化,经过西周、春秋、战国时期的互动发展,逐渐融合,到汉武帝时期,完成了由区域文化向主流文化的巨大转变,开始担负起领导中华文化的历史使命,对中华文化产生了深远影响。本文试就齐鲁文化的互动与融合作些探讨,以求教于学界同仁。

我们知道,文化互动交流是历史发展与社会进步的重要动力之一。文化是既稳定又活跃的社会存在,它不像政治、经济那样变动不居,因时更迭,而是随着年轮的转动而逐步积淀下来,日积月累,形成文化传统,成为民族的"镇海神针",但它又像人的影子,随着人们来往交际而传播交流,以至融合。齐文化和鲁文化也是这样。齐、鲁两国同为周王室所封,均在东夷故地,地缘接境,世为婚姻,亲戚之国。太公与周公,都是周室股肱勋臣,交谊极深。受封之初都担当着夹辅周室的共同任务,文化互动交流方便而自然。如受封时周王命二人曰"女股肱周室,以夹辅先王。赐女土地,质之以牺牲,世世子孙无相害也"(《国语·鲁语上》)。从国家关系而言,相当密切。只是后来在漫长的历史长河中,由于地理和社会环境的差异,治国方针不同,两支文化发展呈现出不同的趋向和特点。有差异就有交流,有交流就有融合。这就是齐、鲁文化的互动与融合。

一、齐、鲁文化早期交流与互动

齐、鲁文化的交流与互动自建国之初就开始了。《吕氏春秋·长见》载:

> 吕太公望封于齐,周公旦封于鲁,二君者甚相善也。相谓曰:"何以治国?"太公望曰:"尊贤上功。"周公旦曰:"亲亲上恩。"太公望曰:"鲁自此削矣。"周公旦曰:"鲁虽削,有齐者亦必非吕氏也。"

二人交流了各自的治国方略,并互相指出对方的短长。

另据《史记·鲁周公世家》记载,太公和鲁公伯禽就国后,回京报政的情况云:

> 鲁公伯禽之初受封之鲁,三年而后报政周公。周公曰:"何迟也?"伯禽曰:"变其俗,革其礼,丧三年然后除之,故迟。"太公亦封于齐,五月而报政周公。周公曰:"何疾也?"曰:"吾简其君臣礼,从其俗为也。"及后闻伯禽报政迟,乃叹曰:"呜呼,鲁后世其北面事齐矣!夫政不简不易,民不有近;平易近民,民必归之。"

周公吸取齐太公的"尊贤"主张,故戒伯禽曰"我文王之子,武王之弟,成王之叔父,我于天下亦不贱矣。然我一沐三捉发,一饭三吐哺,起以待士,犹恐失天下之贤人。子之鲁,慎无以国骄人"(《史记·鲁周公世家》)。齐人虽"尊贤上功",但也没有抛弃"亲亲上恩"的周鲁旧制。如其世卿世禄制、上卿监国制,终西周之世是世代保留的。直到春秋时期,齐桓公任管仲为相,确立宰相制,宰相总理百官,掌握实权。特别是管仲,全权在握,辅佐桓公"尊王攘夷",称为首霸,九合诸侯,一匡天下。周王都刮目相看,欲以上卿之礼待之,管仲还不敢接受,因为有高、国二监国上卿在。由此看来,齐、鲁两国文化虽分流发展,但一开始,便在交流中有所融合了。

二、春秋战国时期齐、鲁文化交流

齐、鲁两国由于地理的、历史的、传统世谊的特殊关系,文化交流频繁,渠道、形式多种多样。如通婚、商贸、留学、聘问、会盟、战争等。

(一)婚姻关系

婚姻在古代对王侯来说是政治的结合,也是文化交流的重要途径。嫁女带着文化去,娶妻带着文化来。鲁姬、齐姜,世为婚姻,可上溯到周祖时代。周祖弃,母姜原;季历母为太姜;武王姬发妻是姜尚姜太公之女。春秋时期,为结邻国之援,"自桓以下娶于齐"(《左传·哀公二十四年》),鲁国十位国君娶齐姜为夫人的有六位。而每位夫人,不仅是一位文化使者,而且是一个文化使团。因为按当时礼俗,嫁女要有陪嫁的侄娣、媵妾和仆人一大群。《诗·齐风·敝笱》云:"其从如云"、"其从如雨"、"其从如水",描写的就是齐国嫁女仆从之众,陪嫁之盛的场面。

通婚使两国礼俗互相影响。如鲁为周礼之国,按周礼,同姓不婚,娶妻亲迎。但到春秋时期鲁昭公有娶同姓(姬)吴女之讥,桓公、文公、宣公、成公等鲁君娶齐女有不如齐"逆女"的"非礼"之行。这大概与齐国婚姻礼俗影响有关。因为齐贯彻周礼不彻底,东夷原始习俗保留较多。除其保留"巫儿"制母系氏族婚俗残余外,同姓结婚、娶不亲迎之事多有。甚至齐襄公、桓公娶周室"王姬"都不亲迎,而是托鲁主婚,周送王女至鲁,齐然后至鲁迎娶。齐人娶不"逆女",而嫁女反倒出境相送。《春秋·桓公三年》:"九月,齐侯送姜氏于讙。"讙,鲁境,为鲁桓公送女。

(二)君臣互访与使者往来

齐、鲁两国为邻,同盟之国,交往较为频繁。朝、聘、盟、会,使者来往不断。

朝:朝觐、朝贡,本为诸侯对天子或侯伯之大礼。至春秋,王室衰微,诸侯坐大,朝见天子的少了,朝见侯伯的多了。大国、霸主都要小国朝见自己,有的还规定了"朝聘之数",即朝聘次数和贡品数量。晋文公、晋襄公规定:诸侯"三岁而聘"、"五岁而朝"。除规定数外,不定数者名目繁多,如国君即位、婚、丧、嫁、娶等,大国都要小国前来朝贺、吊问。小国国君即位也要向大国"朝请",否则大国就兴师问罪。齐桓公即位,谭侯未及时朝贺,第二年齐国便借此兴师灭了谭国。频繁的朝聘,不仅小国疲于奔命,而且大国也颇受其扰。故齐桓公时有减削诸侯朝聘之数的事。

朝聘是大礼,有一套严格的程序仪式。按《仪礼·聘礼》规定,主要有:使命、选介、郊劳、就舍、受玉、宴享、赋射、还玉、赠贿、拜送等。使者行聘,必须懂得这些礼仪,否则失礼,就会招致讥讽和非议,严重者会伤害两国关系。若懂,按礼行之,就会受到赞扬,加深两国友谊。如《左传·僖公三十三年》:"齐国庄子来聘,自郊劳至于赠贿,礼成而加之以敏。(鲁)臧文仲言于(僖)公曰:'国子为政,齐犹有礼,君其朝焉。'"劝鲁僖公去朝见齐君,以加深两国友好关系。相反,鲁襄公二十七年(公元前546年)齐庆封聘鲁,车服华美而不懂礼,鲁人赋《相鼠》讥之曰:"人而无仪,不死何为……人而无礼,胡不遄死。"

又《谷梁传·成公元年》载:鲁大夫季孙行父秃,晋郤克眇(一眼瞎),卫孙良夫跛,曹公子手偻。四残疾人同行聘于齐。齐顷公待之非礼,以同有残疾的四人接待使者,并有夫人在帷中观而笑之。使者怒,次年四国伐齐。齐师大败,被迫订城下之盟,以公子强质于晋,以所侵鲁汶阳之田归还于鲁。聘问、使者往来,是文化的直接交流,对促进文化融合有重要作用。

君臣互访及使者来往,据《春秋三传提要》统计,春秋时期鲁大夫"如齐十有九",

"齐聘鲁五","鲁君如齐十有一",齐君如鲁没有统计,但也不少。如《春秋·隐公七年》:"齐侯使其弟年来聘。"又:齐襄、桓公,都曾亲迎王姬于鲁;鲁桓公、文公、宣公、成公娶齐女不亲迎,而齐侯送女至鲁。管仲、晏婴也到过鲁国。鲁庄公八年(齐襄公十二年、公元前686年),齐襄公之乱,管仲与召忽奉公子纠奔鲁。再是鲁闵公元年,鲁国发生庆父之乱,齐桓公派大夫仲孙湫去鲁省难,观察虚实,欲谋攻鲁。齐景公时,晏婴也曾陪齐景公访鲁,与孔子讨论过秦穆称霸的原因,如此等等。

(三) 会盟

会与盟是既有联系,又有区别的。会是指国际间君主或大臣相聚会议,盟则是国际有盟的会议。会有两种,"衣裳之会"(政治会议)和"兵车之会"(军事会议)。据《春秋三传》统计,春秋时期,"盟一百有九","会九十七",齐、鲁参加的有60多次。两国单独的盟会也不少。《春秋·隐公九年》:"公会齐侯于防(鲁地)。"《春秋·庄公九年》:"公及齐大夫盟于蔇(鲁地)。"《春秋·庄公十三年》:"冬,公会齐侯盟于柯。"《春秋·庄公二十三年》:"十有二月甲寅,公会齐侯盟于扈(郑地)。"……鲁定公十年(公元前500年)齐鲁夹谷之会等,皆是两国单独的盟会,不一一列举。

盟或会都是外交,是政治斗争,也都是文化的较量。盟会有一套礼仪程序,叫作"昭礼",实际是与会各国礼乐文化的展示。订盟"读书"(宣读盟约誓词),更是与会国的文化交会。如齐、鲁夹谷之会,两国文、武皆备。鲁定公以孔子为相,待齐以礼。而齐人欺孔子"知礼而无勇",谋以献莱人乐舞为名以兵劫鲁君,结果被孔子斥退,并命有司行法,诛杀了优倡侏儒。齐景公礼屈致歉,知义不若,归而大怒,斥责群臣曰:"鲁以君子之道辅其君,而子独以夷狄之道教寡人,使得罪于鲁君,为之奈何?"最后只得向鲁谢过,"归所侵鲁之郓、汶阳、龟阴之田"(见《史记·孔子世家》)。此会是齐、鲁文化的正面交锋,齐文化失败,使齐君受到了"礼义不如鲁"的教训。

(四) 战争关系

战争是政治的继续,是文化互动的特殊形式。春秋战国时期,社会转型,各种矛盾激化。王纲坠地,诸侯互相侵伐,争霸竞雄,战争连年不断。据《春秋三传》统计,春秋242年间,大小战争457次。其中侵60,伐213,战23,围44,入27,迁10,灭30,败师16,取师13,取国16,追2,戍3。这种争城夺地的战争,在齐、鲁这种有传统友谊的国家之间也没有避免。相反,由于国界相连,利益相关,争战反而多发。《春秋·庄公十九年》:"冬,齐人、宋人、陈人伐我西鄙。"杨伯峻注:"《经》书:齐伐我(鲁)者十四,始于此。"齐伐鲁14次,鲁伐齐也不会少,而且鲁伐齐在先。如鲁庄公九年(公元前685年)夏,公伐齐,纳公子纠;之后,襄公二十四年,仲孙羯帅师伐齐;定公八年王正月,"公伐齐",二月"公侵齐"等等。当时鲁国还不甚弱,军事上常常战胜齐国。如鲁庄公十年(公元前684年),齐鲁长勺(今山东莱芜东北)之战,鲁军大败齐军。甚至战国初期两国战争也是互有胜负的。如:鲁哀公二十四年(公元前471年),鲁应晋约伐齐,取廪丘;齐宣公四十四年(公元前412年),齐田白攻鲁,取莒、安阳;齐宣公四十五年(公元前411年),田白攻鲁,取一城;齐宣公四十八年(公元前408年),齐攻鲁,取郕;齐康公十一年(公元前394年),齐伐鲁,取最;齐康公十五年(公元前390年),鲁败齐师于平陆;齐康公二十年(公元前385年),齐攻鲁,破之;齐桓公(午)二年(公元前373年),鲁攻齐,入阳关;齐湣王十七年(公元前284年),鲁取齐徐州等等。除了两国单打独斗的战争外,两国联合攻伐与两国参盟多国联合的战争也不少。如鲁隐公十年,郑与齐、鲁攻宋;十一年,郑与齐、鲁攻许(今河南许昌);鲁桓公十年,齐、卫、郑侵鲁;鲁庄公八年,齐、鲁围郕(今山东宁阳北)等等。战争之前要进行侦察,了解对方,"知彼知己",是文化交流;战争当中不仅是战略战术、指挥部署的交锋,也是装备、武器、辎重、供给线等的交锋。战争的结果,会把双方的国力(物质的、精神的)强弱,战略、战术思想的优劣暴露无遗,双方都从对方正反两面学到有用的东西。若掠有土地人口,必然造成两国人口杂处的文化混合局面。如此等等,客观上必然带动文化的互动融合。

(五) 通商与民间交往

春秋战国时期,国与国之间,虽有国界,但商旅等民间交往十分自由、方便。特别是齐国,盛产鱼盐,工商业发达,为了"来天下之财,致天下之民",对商旅游人十分欢迎,定有许多优惠政策。如减免税收,"使关市几而不征,以为诸侯利"(《国语·齐语》)。《管子·问》云:"关者,诸侯之陬隧也,而外财之门户也,万人之道行也。"齐鲁两国通过相互通商开展民间交往也是情理之中的事情。

(六) 学者的来往与交流

春秋战国时期,继孔子儒学之后,诸子蜂起,百家并作,齐、鲁成为天下文化中心,学术争鸣,文化交流融合,活跃非常,两国学者,成了互相交流的重要使者。如孔子、孔门弟子、墨子、孟子等,都为齐鲁文化的互动融合作出了卓越贡献。

孔子。鲁国人,可谓是鲁文化的代表人物。他周游列国,两次如齐,居齐长达七年之久(钱穆:《先秦诸子系年》引《历聘纪年》)。《史记·孔子世家》云,鲁昭公时,"鲁乱,孔子适齐,为高昭子家臣",不止一次地见到齐景公及其宰相晏婴。齐景公问政,他说:"君君、臣臣、父父、子子。"齐景公听了说:"善哉!信如君不君,臣不臣,父不父,子不子,虽有粟,吾得而食诸?"(《论语·颜渊》)其礼,为齐人接受。

孔子在输出鲁文化的同时,如饥似渴地学习吸收齐国的优秀文化。他十分推崇管仲、晏婴两位齐文化的代表人物。他以"仁"许管仲,以"敬"待晏婴。说管仲:"(齐)桓公九合诸侯,不以兵车,管仲之力也!如其仁!如其仁!"(《论语·宪问》)说晏婴:"晏平仲善与人交,久而敬之。"(《论语·公冶长》)他从管仲的思想和政策的实践中领悟到了仁,管仲的爱民、富民、以人为本的思想和实践,可说是"夷俗仁"的具体体现。孔子将其与周鲁文化的"敬德保民"思想结合创立了他那以"爱人"为核心的仁学思想体系,从而将"民本主义"系统化、理论化,上升到了时代的高度。孔子"在齐闻《韶》,三月不知肉味。曰:'不图为乐之至于斯也'"(《论语·述而》)。痴迷到如此程度,体悟之如此深妙。这对其订礼正乐,使三百五篇"合于《韶》、《武》、《雅》、《颂》之音"是有极大帮助。

孔子弟子。孔子办学,"有教无类",弟子三千,来自各国各地,其中不乏齐人。李启谦先生在《孔门弟子研究》中统计117人,确定国籍的104人,其中齐人9名,次于鲁(61人)、卫(11人),占第三位。这些不同国籍的人会聚一起,互相交流;学成之后又分散到各国。"大者为师傅卿相,小者友教士大夫"(《史记·儒林列传》)。到齐为官、传道、经商者,与死葬齐地者不少。如子贡、公冶长、闵子骞等皆终于齐。即使不在齐者对齐鲁文化互动融合也发挥重要作用,如子夏在西河而授齐人公羊高等。

墨子。墨子名翟,战国鲁人,一说齐人。先学儒术,后来反儒,创墨家学派。但他的政治思想"兼爱"、"非攻"、"尚贤"、"尚同",仍未脱出儒学窠臼,属鲁文化范畴。墨子和孔子一样,收徒授业,周游列国,穿梭于齐、鲁、宋、楚之间,宣传他的主张,同时也吸收他国文化。当时儒墨称为"显学",十分活跃,对齐、鲁文化互动起了重要作用。首先墨家的政治主张为齐人接受,形成宋钘、尹文学派。《庄子·天下》则直将宋钘、尹文评为墨家,不无道理。宋钘的"见侮不辱"、"情欲寡浅"、"解民之斗"、"禁攻寝兵"等主张,与墨子的"兼爱"、"非攻",以寡欲清苦为志的思想没有两样。反过来,齐文化对墨学也影响至深。《墨经》的科学思想,则非齐国的手工业科学技术不能形成。

孟子。孟子也是鲁文化的代言人。孟子和孔子、墨子一样,为推行其"王道"政治,不遗余力,周游列国。他两次至齐,游学稷下达18年之久,备受齐王推崇,"加之卿相","当路于齐",地位显于列大夫之上。孟子善辩,与稷下诸子多有交锋。他的"仁政"、"王道"主张,虽未被齐王接受,但在学术上影响极为深远。一方面他在影响齐文化、促生齐化儒学上是与有力者,另一方面在吸取齐文化营养、发展儒学上,也是成就卓著的。其《孟子》一书,可说是齐、鲁文化互动的产物。

三、齐、鲁文化的融合

数百年的时间,形式多样的互动交流,齐、鲁文化,互相借鉴,取彼之长补己之短,逐步走向融合。

(一) 齐文化对鲁文化的吸收融合

齐取于鲁者,主要在礼。齐国由于贯彻周礼不力,缺乏礼义约束,内乱不断发生。自齐哀公被纪侯所谮,周王烹哀公之后,内乱即起。哀公死,弟静立,为胡公。哀公同母少弟山不服,率营丘人攻杀胡公而自立,是为献公。至献公孙无忌(厉公)即位,胡公子又攻杀厉公,胡公子亦死,齐人乃立厉公子赤,是为文公。"而诛杀厉公者七十人"(《史记·齐太公世家》)。之后经历五君 80 多年,至襄公时内乱又起,先后有襄公之乱、桓公之乱、庄公之乱。最早强调礼的主要是管仲、晏婴。因为二人都亲历了内乱之苦,劫后余生,对齐之无礼造成的危害和周礼在鲁的安定作用感受至深,他们掌权之后,厉行改革,极力倡礼义、讲廉信。

首先是管仲先仕齐襄公,亲历了襄公的无礼、无信、荒淫和因此招致被杀的内乱。为了避乱,他与召忽辅公子纠奔鲁,居鲁数月,了解了鲁之礼治。公子纠与公子小白争立中,纠败而被杀,召忽亦死。管仲不死,返齐后被桓公(小白)任以为相。次年(公元前 684 年),齐桓公欲伐鲁,管仲以为不可,桓公不听,战于长勺,齐国大败。为什么管仲以为鲁不可伐?因为鲁犹秉礼。如《左传·闵公元年》所载,是年鲁国发生内乱,齐桓公派大夫仲孙湫去省鲁难,观察虚实,意谋袭鲁。仲孙湫回来报告说:"不可,犹秉周礼。……鲁不弃周礼,未可动也。"仲孙湫和管仲一样,看到了鲁国秉持周礼的固本作用。管仲重礼思想大概因此形成。

管仲治齐,首倡礼义,提出了"礼、义、廉、耻,国之四维","四维不张,国乃灭亡"的治国纲领。这话见于《管子·牧民》。《牧民》篇不仅强调了礼义廉耻的四维作用,而且也强调了发展农业和敬宗、恭祖、严守法度、禁文巧(奢侈、虚伪)、明鬼神等的重要意义。这些都是鲁文化较齐文化所重的内容。

其次,晏婴。晏婴,字平仲,继管仲之后又一齐国名相。其经历与管仲有点相同,历庄公之乱,劫后余生,被齐景公任以为相。时齐国已是衰败不堪,危机四伏了。外临大楚、强晋之患,内有陈氏代齐之忧。国人归于陈氏迹象已很明显,不仅国内外皆知,就是齐景公也已感觉到了陈氏的威胁。晏婴企图力挽狂澜,辅佐景公维持姜齐统治。他根据管仲以礼义辅桓公成霸的经验,又曾在陪景公访鲁和孔子适齐时与孔子多次接触,进一步了解了礼的作用。因此,他屡劝齐景公治国以礼。《左传·昭公二十六年》载:齐侯与晏子坐于路寝。公叹曰:"美哉室!其谁有此乎?"晏子曰:"如君之言,其陈氏乎!"景公说:"是可若何?"晏子说:"唯礼可以已之。"并进一步解释说:"在礼,家施不及国,民不迁,农不移,工贾不变,士不滥,官不滔,大夫不收公利。"景公曰:"善哉!我不能矣。吾今而后知礼之可以为国也。"晏子曰:"礼之可以为国也久矣,与天地并。君令臣共(恭),父慈子孝,兄爱弟敬,夫和妻柔,姑慈妇听,礼也。"这段话既说明晏子对"礼"的认识和推崇,也说明齐景公对礼能接受而不能实行。因而我行我素,秽德乱礼。上行下效,臣下也多无礼之人。如《晏子春秋》中"二桃杀三士"故事中的三士:公孙接、田开疆、古冶子,就因保驾守疆立过奇功,得景公宠信而骄纵无礼,见了晏子也不为礼致敬,因而被晏设谋杀死。这个故事是否真实,并不重要。重要的是说明晏子对礼治的坚决态度。劝说不行,就来硬的,杀一儆百,使景公动心。

再次,孙子兵家对儒、墨鲁学也有吸收融合。齐有二孙子:孙武、孙膑,二孙子皆有《兵法》传世。兵法是专论战争攻守之术、取胜之道的,死伤、破坏不可避免,与仁爱、德义、诚信似乎对立。但在二孙子兵法中却不乏"仁爱"、"德义"的人道精神。

一是尽量减少死伤和破坏。如《孙子兵法·谋攻篇》云:"夫用兵之法,全国为上,破国次之;全军为上,破军次之;全旅为上,破旅次之;全卒为上,破卒次之;全伍为上,破伍次之。是故百战百胜,非善之善者也;不战而屈人之兵,善之善者也。故上兵伐谋,其次伐交,其次伐兵,其下攻城。攻城之法,为不得已。"这种战争观,似乎与当时高举古典人道精神旗帜的孔、墨思想不无关系。

二是二孙子兵法都讲爱民、爱卒、富民。汉简《孙子兵法·吴问篇》记述吴王问,晋之"六卿"谁先亡,孙武对以依次是范、中行、智、韩、魏,而赵将有晋国。为什么?因为前五卿,皆制田重税,"公家富,置士多,主乔(骄)臣奢,冀功数战",而赵氏制田无税,"公家贫,其置士少,主佥臣收,以御富民,故曰固国。晋国归焉"。吴王曰:"善。王者之道,□□厚爱其民者也。"《孙膑兵法》则有"爱卒"和"休民"主张,也是"爱民"的体现。"爱民"、"富民"在春秋战国时期是儒家思想中最突出的主张。

三是二孙子兵法皆强调仁义德信。《孙膑兵法》有《将德》、《将义》篇。《将德》残简有"赤子,爱之若狡(娇)童,敬之若严师","此将军之德也"。《将义》篇云:"将者不可以不义,不义则不严……故义者,兵之首也;将者不可以不仁,不仁则军不克……故仁者,兵之腹也;将者不可以无德,无德则无力……故德者,兵之手也;将者不可以不信,不信则令不行……故信者,兵之足也。"显然,孙膑将儒家伦理融进了其兵法当中。

四是二孙子兵法皆有反战思想。汉残简《孙子兵法·吴问》载,吴王问:"不毅(我)好……兵者与?"孙武曰:"兵,利也,非好也;兵,凶也,非戏也。"战争不是儿戏,利不是好玩的。《孙膑兵法·见威王》:"孙子见威王曰:夫兵者,非士(恃)恒势也,此先王之傅(敷)道也。……不可不察。然夫乐兵者亡,而利胜者辱。""吾闻,素信者昌……穷兵者亡。""战而无义,天下无能以固且强者。"反对穷兵黩武,反对不义之战,有点像墨子和孟子。孟子曾说过:"争地以战,杀人盈野;争城以战,杀人盈城,此所谓率土地而食人肉,罪不容于死。故善战者服上刑。"(《孟子·离娄上》)《墨子》则有《非攻篇》,专论反战思想。当然孙膑不同于儒家,反战只停留在口号上:"曰我将欲责仁义,式礼乐,垂衣裳,以禁争夺。"孙膑批判说:"此尧舜非弗欲也,不可得,故举兵绳之。"(《孙膑兵法·见威王》)即是说不义之战只能用正义之战而禁止。故他赞颂神农战斧遂,黄帝战蚩尤,尧舜伐共工、三苗和汤、武、周公灭桀、纣,定商奄的战争。

对齐鲁文化交汇融合发展的趋势,孔子曾有过预言式的评述:"齐一变至于鲁,鲁一变至于道。"(《论语·雍也》)据孔子所见,管、晏学鲁重礼,是齐变至于鲁;鲁本行周礼,再一变就至于大道即王道了。

(二)稷下学宫与齐鲁文化融合

如果说西周到战国初期齐、鲁文化的互动融合是局部的,那么战国后期,齐、鲁文化则进入了全方位的互动融合阶段。稷下学宫就是促成齐、鲁文化融合的大熔炉。

战国时期,周王室已名存实亡。历史的发展,要求更高的新的统一。战国竞雄的局面,实际上是统一的竞争。各个大国都想自己成为王天下的统一者,故在"富国强兵"的道路上,展开了激烈竞争,争土地,争人才。齐国作为"七雄"之首,自然不甘落后,以雄厚的实力,建起了一座雄伟壮丽的高等学府——稷下学宫,招徕天下贤士,为他们提供高门大屋,高爵厚禄;出入不禁,言论自由;学术民主,自由争鸣。于是诸子百家的优秀人物,云集稷下,盛时达"数百千人"。他们互相争鸣辩论之余,"咸作书刺世,以干世主",有力地促进了百家学说的发展和各国文化的融合,尤其是齐、鲁文化的融合。稷下学宫是当时中国最具影响力的学术文化中心,是百家争鸣运动的中心。稷下学宫聚集了一大批最优秀的学者和思想家,囊括了当时几乎所有的学派,其总体学术水平在战国学术思想界具有代表性和权威性。

鲁国虽自春秋"失礼",公室四分,大夫、家臣"僭越",国力日衰,失去强势,但就文化而言,其强势不改,儒、墨正盛,犹称"显学",在稷下十分活跃。孟子、荀子高举儒学大旗,与齐管晏学派,成为稷下文化融合的主导学派。《管子》《孟子》《荀子》就是以齐、鲁文化为主互动融合形成的主要代表之作。

孟子作为著名的稷下先生,位列"三卿之中",在列大夫之上(见《孟子·滕文公下》),是齐、鲁文化融合的与有力者。他继孔子之后,吸收齐文化因素,将孔子的仁学与德政结合,提出了"仁政"、"王道"主张。他因失望于鲁,寄望于齐,认为齐国地广、人众,加以王道政治,统一天下,"以齐王,由反手也"(《孟子·公孙丑上》),像反转手掌一样容易。因此,他又提出了"保民而王"的主张。他说:"保民而王,莫之能御也。"(《孟子·梁惠王上》)他又利用齐人"尊贤"的传统,强调"任贤"的作用,为自己被任用而张目。他说:"尊贤使能,俊杰在位,则天下之士皆悦,而愿立于其朝矣。"(《孟子·公孙丑上》)

孟子的主张可以说深受齐王欢迎,尤其在统一、尊贤使能方面,都有所实行,但就是没有采纳他的"仁政"主张,也没有授孟子以实权,虚尊、虚位而已。孟子对此深为不满,故而不受重禄,不受厚赐,终于离开了齐国。说:"久于齐,非我志也。"(《孟子·公孙丑下》)

孟子在齐,未被重用,其"仁政"、"王道"主张落空,因而对齐人的讲霸道,重管、晏不满,但对齐文化还是多有吸收的。如其"民为贵、社稷次之、君为轻"的命题,明显是综合管、晏的重民,忠于国家、社稷,而不对君主愚忠等具体表现而提出的。管仲不死公子纠之难,而说:"夷吾之所死者,社稷破、宗庙灭、祭祀绝……非此三者,则夷吾生。"(《管子·大匡》)

《左传·襄公二十五年》载:齐庄公被崔杼杀于门内,又杀了一些大臣。晏婴立于崔氏门外,不死,不走,不归(家),说:"君死安归?君民者,岂以陵民,社稷是主;臣君者,岂为其口实,社稷是养。故君为社稷死则死之……若为己死而为己亡,非其私昵,谁敢任之?"是说庄公因私(通崔妻)而被弑,故不死、不走。孟子的"民为贵、社稷次之,君为轻"(《孟子·尽心下》),是受管、晏的"臣君"观启发,对其得民心者,得天下的"王道"观的发展。

在"气"论方面,《孟子》与《管子》所论多有相通之处。《管子·心术下》:"气者,身之充也,行者,正之义也。"《孟子·公孙丑下》:"夫志,气之帅也。气,体之充也。"都认为"气"是充实身体之物。

在经济思想方面,《孟子》和《管子》都主张发展生产,富民、利民,先富后教。《管子·牧民》云:"仓廪实则知礼节,衣食足则知荣辱。……不务天时则财不生,不务地利则仓廪不盈。"《孟子·梁惠王上》云:"不违农时,谷不可胜食也;数罟不入洿池,鱼鳖不可胜食也;斧斤以时入山林,材木不可胜用也。……五亩之宅,树之以桑,五十者可以衣帛矣。……百亩之田,勿夺其时,数口之家可以无饥矣。谨庠序之教,申之以孝悌之义,颁白者不负戴于道路矣。……黎民不饥不寒,然而不王者,未之有也。"《管子》主张发展商业,优惠商贾,减免税收,《问》云:"征于关者,勿征于市;征于市者,勿征于关。虚车勿索,徒负勿入(不征税),以来远人。"又《霸形》云:"关讥而不征,市书而不赋……行此数年,而民归之如流水。"《孟子·公孙丑上》则云:"市,廛而不征,法而不廛,则天下之商皆悦,而愿藏于其市矣;关,讥而不征,则天下之旅皆悦,而愿出于其路矣。"《管子》主张"因民所欲",《牧民》云:"民恶忧劳,我佚乐之;民恶贫贱,我富贵之;……民恶灭绝,我生育之。"《孟子》则主张"与民偕乐",《梁惠王上》云:"与民偕乐,故能乐也。"

荀子,虽为赵人,但学出孔门而尤通诸经,为集大成的儒学大师,又是"三为祭酒","最为老师"(《史记·孟子荀卿列传》)的稷下先生。荀子在齐国度过了大半生,主要从事学术活动。他不仅集儒学之大成,而且在对诸家学说有理性、有深度、有说服力的批判过程中集百家之大成,特别吸收了齐文化营养,基本上将儒学齐学化了。故《荀子》与《管子》有诸多相同之处。

首先对礼与法的论述,《管子》视礼为法。《修身篇》云:"非礼,是无法也。"什么是法?《七法》云:"尺寸也,绳墨也,规矩也,衡石也,斗斛也,角量也,谓之法。"法的作用极为重要,安民、治国以法。故《任法》云:"黄帝之治也,置法而不变,使民安其法者也,所谓仁义礼乐者皆出于法。"《明法》又云:"先王之治国也……动无非法者……威不两错,政不二门,以法治国则举措而已。"《管子》也重礼,把礼视为"礼义廉耻"国之四维之首,但与法比,是"法主礼次"。《荀子》重礼,认为"人无礼则不生,事无礼则不成,国家无礼则不宁"(《修身》)。但又认为礼中有法,其对礼的阐释,与《管子》释法几乎没有两样。《荀子·王霸》云:"国无礼则不正。礼之所以正国也,譬之犹衡之于轻重也,犹绳墨之于曲直也,犹规矩之于方圆也。"故"礼者人道之极也"(《礼论》),"礼者,法之大分、类之纲纪也"(《劝学》)。主张"礼主法次",其路径是"纳法于礼"。不管"纳法于礼",还是"引礼入法",路径不同而结果一样,都是将齐、鲁文化糅合在一起了。

其次,在义、利关系上,《荀子》与《管子》也在不同路径上走到一起来了。荀子是儒家,当然首重礼义,但他在强调礼义的同时,丝毫没有轻利的意思。首先肯定人有利益追求,有耳、目、口、鼻、心之欲,认为"此五者,人情之所必不免也"(《荀子·王霸》)。因此,为政治国,要能满足人民的利益需求。"收孤寡,补贫穷,如是则庶人安政矣";"春耕夏耘,秋收冬藏,四者不失其时",则百姓"有余食"、"有余用"、"有余财";"田野什一,关市几而不征……理道之远近而致贡,通流财务粟米无有滞留……是王者之法也"(《王制》)。"有社稷者而不能爱民,不能利民,而求民之亲爱己,不可得也。……故人主欲强固安荣,则莫若反之民"(《君道》)。这些主张和《管子》相关论述十分相近。《小匡》讲富国安民云:"慈于民,予无财;宽政役,敬百姓,则国富而民安矣。""相地而衰其政(征),则民不移矣;……山泽各以其时至,则民不苟;……无夺民时,则百姓富。"

除此而外,有些言论《荀子》与《管子》几乎完全相同。如《管子·法法》云:

> 明君制宗庙,足以设宾祀,不求其美;为宫室台榭,足以避燥湿寒暑,不求其大;为雕文刻镂,足以辨贵贱,不求其观。

《荀子·富国》云:

> 故为之雕琢刻镂、黼黻文章,使足以辨贵贱而已,不求其观;为之钟鼓管磬、琴瑟竽笙,使足以辨吉凶、合欢定和而已,不求其余;为之宫室台榭,使足以避燥湿、养德、辨轻重而已,不求其外。

通过以上《孟子》、《荀子》与《管子》的比较,我们足可以看出齐、鲁文化融合的情况,稷下学宫在齐、鲁文化互动融合中的巨大作用。

总之,齐鲁文化经过稷下学宫的洗礼,完成了互动与融合,为汉代齐鲁文化从区域文化跃升为主流文化奠定了坚实的基础。汉初,稷下之学的一个重要流派——黄老思想适应了当时的形势,成为统治者的治国思想,对汉初的稳定与发展起到了重要作用。汉武帝即位后,董仲舒完成了对齐鲁文化的主干——儒学的改造,提出了"罢黜百家,独尊儒术"的主张,迎合了汉武帝的需要,得到了汉武帝的赏识。从此,儒学作为齐鲁文化的核心,在各区域文化中拔出同列,登上了统治思想的宝座,成为中国封建社会的主流文化和主导思想,影响极其深远。

儒家文化的渊源与表象

张 敏

南京博物院

诞生于曲阜的儒家文化是中国古代的正统文化。

儒家文化是齐鲁大地的本土文化,是齐鲁大地的地域文化。

儒家文化是我国古代最具影响的学术流派,由春秋时期鲁国的孔子首创。儒家"祖述尧舜,宪章文武,宗师仲尼"[1],经"子思唱之,孟轲和之"[2],遂得以发扬光大;西汉初,各学派思想逐渐恢复,尤以道、儒为盛,汉武帝时"抑黜百家"[3],"黜黄老刑名百家之言,延文学儒者以百数,而公孙弘以治《春秋》为丞相,封侯,天下学士靡然乡风矣"[4]。由于汉初的崇尚儒学,儒家思想逐渐成为国家思想,逐渐成为中华民族传统文化的精华。

儒家文化博大精深、源远流长。儒家文化孕育于古老的中国文化,也深刻影响和作用于整个中国古代的历史和社会。儒家文化的文化内涵有"仁、义、礼、智、信、恕、忠、孝、悌、廉、耻"等,儒家文化的核心思想是"礼"与"仁"。

"仁者,心之德、爱之理;义者,心之制、事之宜也"[5],"利维生痛,痛维生乐,乐维生礼,礼维生义,义维生仁"[6],"仁"是儒家文化的最高境界。

儒家文化成为我国古代文化和古代文明最重要的组成部分,儒家文化的世界观和人生观在实现中华民族伟大复兴的今天仍有着积极的意义。

---

[1]《汉书·艺文志》。
[2]《荀子·非十二子》。
[3]《汉书·董仲舒传》。
[4]《汉书·儒林传》。
[5]《孟子·梁惠王上》。
[6]《逸周书·文儆解》。

一、儒家文化的渊源

儒家文化诞生于齐鲁大地,其渊源亦当在齐鲁大地。儒家文化虽然诞生于春秋时期,但源远流长。"三代之时乃至更晚一些时候的若干事物,其源头往往会比原有估计的时间要古老得多"[1],儒家文化的源头同样会比原有估计的时间要古老得多,其渊源可追溯到远古时期。儒家文化应在远古时期溯源、找根、寻魂,从而深入挖掘历史文化中的价值理念、道德规范和治国智慧。

满足儒家文化渊源的新石器时代考古学文化须具备四个基本条件:

1. 须为本土文化,即海岱地区的新石器时代考古学文化;
2. 新石器时代考古学文化中出现较为复杂的社会分层和社会分工;
3. 新石器时代考古学文化中出现礼制和礼仪,即出现陶质和玉质礼器;
4. 新石器时代考古学文化中,出现"仁"的思想并贯穿始终。

在四个基本条件中,需同时具备"仁"与"礼",即儒家推崇的"仁礼一体"。

海岱地区新石器时代的考古学文化有后李文化、北辛文化、大汶口文化,铜石并用时代的考古学文化有龙山文化,青铜时代的考古学文化有岳石文化。

后李文化主要分布于泰沂山脉两侧,距今约8 500—7 500年,在临淄、潍坊、章丘、长清、邹平等地均有发现。遗迹主要有房址、墓葬、壕沟、灰坑等,房屋为圆角方形或长方形半地穴式建筑,流行长方形土坑竖穴墓,多无随葬品;陶器主要有釜、罐、壶、盆、钵、碗、盂、杯、盘、器盖、支脚等。

后李文化尚未出现复杂的社会分层,也未出现礼仪和礼器,因此后李文化与儒家文化之间似无渊源可寻。

北辛文化主要分布于泰沂山脉两侧和鲁中南山地,距今约7 400—6 400年,在山东的兖州、曲阜、泰安、平阴、长清、济南、章丘、邹平、汶上、淄博、青州、临朐、莒县、沂水、临沭、兰陵、滕州和江苏的邳县、连云港等地均有发现。北辛文化已出现聚落,房屋为半地穴式建筑,墓葬多为长方形土坑竖穴墓,有少量的随葬器物,陶器主要有釜、鼎、鬶、罐、钵、壶、纺轮、网坠等,石器主要有斧、铲、刀、磨盘、磨棒等,骨角器有锄、镞、矛、弹丸、镖、梭、针等,并有少量玉器。

---

[1] 俞伟超:《凌家滩璜形玉器刍议》,安徽省文物考古研究所:《凌家滩玉器》,文物出版社,2000年。

北辛文化未出现复杂的社会分层,更未出现礼仪和礼器,因此北辛文化与儒家文化之间也同样无渊源可寻。

大汶口文化的年代距今约6 300—4 500年,分布范围较北辛文化有所扩大,东至黄海之滨、西至鲁西平原东部、北达渤海南岸、南到江苏淮北一带。大汶口文化已出现大型聚落,墓葬中的随葬器物出现显著的贫富分化,大型墓葬和中型墓葬有二层台和葬具,用猪下颌骨和猪头随葬,有的甚至用整猪、整狗随葬。常见陶器主要有鼎、豆、壶、鬶、背壶、觚形器、盆、钵、罐、杯、大口尊等,石器有穿孔石斧、石刀、石铲、石镐、石杵、石磨盘、石磨棒等,玉器有璧、牙璧、璜、镯、环、坠、笄、指环、矛、镞、铲、斧、刀、锛、锥以及琮形、人形、龙形饰件等,此外还出现象牙器。大汶口文化盛行枕骨人工变形、拔牙和随葬獐牙勾形器,表明已产生原始宗教,大口尊等陶器上发现刻划文字已成为普遍现象。

距今5 500年前后是中国历史上第一次大分化、大改组的动荡时期,强势文化的扩张和弱势文化的消亡都出现在这一时期。

在诸多新石器时代考古学文化中,最强势、扩张范围最大的便是大汶口文化。大汶口文化在其发展过程中,不断向西扩张,豫东、皖西成为大汶口文化的地方类型,豫中、豫西、豫南、鄂北,甚至可达豫北和晋南[1]。

虽然大汶口文化属海岱地区的本土文化,并出现较为复杂的社会分层和社会分工,出现陶质和玉质礼器,但大汶口文化是一个扩张型文化,无论是和平的扩张还是血腥的扩张,显然有悖于"仁者爱人"的儒家文化,因此大汶口文化也非儒家文化的渊源。

龙山文化的分布范围主要在山东,北至辽东半岛,南达徐(州)海(州)地区,距今约4 500—4 000年。龙山文化普遍发现城址,排列有序、集中埋葬的公共氏族墓地已不复存在。墓葬多为长方形竖穴土坑,单人仰身直肢葬,明显有大小之分,小型墓葬多无葬具,随葬器物极少,而大型墓葬的葬具多为一棺一椁或一棺重椁,形制复杂,随葬器物丰富[2]。龙山文化的陶器主要有鼎、鬲、甗、豆、壶、瓮、罐、杯、盘、碗、盆、器盖、器座等,蛋壳黑陶是最有代表性的陶器,已形成成组成套的陶质礼器;玉质礼器有钺、璇玑、璋、圭、璜等,纹饰有兽面纹、人面纹、虎首纹、鸟纹等,五莲丹土遗址出土的玉钺还镶嵌有绿松石。

---

[1] 栾丰实:《大汶口文化:从原始到文明》,山东文艺出版社,2004年。
[2] 于海广:《山东龙山文化墓葬浅析——兼述山东龙山文化时期的社会性质》,《山东龙山文化研究文集》,齐鲁书社,1992年;于海广:《山东龙山文化大型墓葬分析》,《考古》2000年第1期。

龙山文化是海岱地区的本土文化,龙山文化中出现较为复杂的社会分层和社会分工,出现象征礼制和礼仪的陶质、玉质礼器,更为重要的是在龙山文化中出现了"仁"的思想并贯穿始终。

岳石文化的分布范围虽然也在齐鲁大地,但岳石文化"好像是当地新出现的一种比从前落后的新文化"[1],岳石文化并非齐鲁大地本土文化[2],因此岳石文化也不是儒家文化的渊源。

综上所述,儒家文化的渊源可追溯到龙山文化。

1. 龙山文化的"礼"

"人而不仁,如礼何?人而不仁,如乐何?"[3]因此,礼乐文化与"仁"的核心思想是一脉相承的。

礼器是礼制的载体。龙山文化的礼仪制度虽已不可考,但龙山文化的陶质礼器和玉质礼器却悄然透露出龙山文化礼制的信息。

龙山文化的陶礼器有造型优美的鸟喙状足黑陶鼎、大袋足冲天流白陶鬹、竹节纹高圈足镂孔陶豆、瓦棱纹高圈足陶壶、黑陶单把杯、镂孔高柄陶杯、双耳或四耳的黑陶罍、双耳黑陶尊、三环足黑陶盆等,龙山文化的陶礼器涵盖了"稻粱之器"[4]、"肴羞之器"[5]和"酒醴之器"[6]。

龙山文化的玉礼器种类繁多、玉质温润、造型优美、琢磨精致,常见玉器有玉圭、玉璋、玉钺、玉戈、玉璧、玉斧、玉璇玑、玉锛、玉铲、玉刀、玉璜、玉琮、玉环、玉镯、玉珠、玉管、玉簪、玉人、鸟首蛇形玉佩等,常见纹饰有阴刻兽面纹、鸟纹等。《周礼》所载"六器"中的璧、琮、圭、璋、璜[7]等,均见于龙山文化。

龙山文化礼器的复杂化不仅反映了龙山文化礼制的复杂,而且反映了龙山文化文明的高度发达。

---

[1] 俞伟超:《龙山文化与良渚文化衰变的奥秘》,张学海主编:《纪念城子崖遗址发掘60周年国际学术讨论会文集》,齐鲁书社,1993年。
[2] 张国硕:《岳石文化来源初探》,《郑州大学学报(哲学社会科学版)》1989年第1期;张国硕:《岳石文化的渊源再探》,《郑州大学学报(哲学社会科学版)》1994年第6期。
[3] 《论语·八佾》。
[4] 《诗·唐风·鸨羽》:"王事靡盬,不能蓺稻粱。"
[5] 《楚辞·招魂》:"肴羞未通,女乐罗些。"
[6] 《诗·大雅·行苇》:"曾孙维主,酒醴维醹。"
[7] 《周礼·春官·大宗伯》:"以玉作六器,以礼天地四方:以苍璧礼天,以黄琮礼地,以青圭礼东方,以赤璋礼南方,以白琥礼西方,以玄璜礼北方。"

龙山文化的陶、玉礼器自成体系,独领风骚;在龙山文化消逝之后,龙山文化的礼器和礼制大多融入了华夏国家文明之中。

"恭而无礼则劳,慎而无礼则葸,勇而无礼则乱,直而无礼则绞"[1]。儒家文化对于"礼"的尊崇成为儒家思想的内核,而儒家文化中的"礼"显然是对龙山文化礼制的继承和发展。

需要说明的是,大汶口文化时期已出现了"礼",但大汶口文化没有出现"仁"。"礼"与"仁"的同时出现应在龙山文化时期,因此儒家文化的溯源、找根、寻魂,只能是龙山文化。

2. 龙山文化的"仁"

诞生于海岱地区的龙山文化是中华民族文化的精华。龙山文化是以太皞部族、少皞部族为主体的东夷民族创造的物质文化,龙山文化分布于山东的运河以东和江苏的淮河以北,以素面光亮的黑陶为其最主要的文化特征;此外,规模宏大的城防设施、薄如蛋壳的薄胎黑陶器、先进的稻作农业、繁多的玉制礼器以及卜骨、陶文和小型青铜器等,无不表明龙山文化为龙山时代[2]文化最发达、文明化程度最高的考古学文化。

儒家文化属于精神文化的范畴,龙山文化属于物质文化的范畴,两者似乎没有可资比较的共性,但精神文化是人类在物质文化基础上产生的一种特有的意识形态,物质生活是人类生存的基础,因此物质文化是精神文化的载体,物质文化是精神文化的基础。

龙山文化出现在公元前2500—2000年之间的五帝时代末期,儒家文化出现在公元前500—300年之间的春秋战国时期,两者的年代似乎有着千年之久的差距,但齐鲁大地人文渊薮,诞生于齐鲁大地的儒家文化必然有其孕育滋生的一方水土,必然有其特有的文化根基和文化渊源。

儒家文化为什么会诞生于齐鲁大地?儒家文化必然有孕育其诞生的历史渊源,必然有滋养其发育的文化底蕴。追本溯源,诞生于海岱地区的龙山文化正是孕育滋生儒家文化的文化土壤。

儒家文化的核心思想是"礼"与"仁","礼"与"仁"互为表里。

---

[1] 《论语·泰伯》。
[2] 严文明:《龙山文化和龙山时代》,《文物》1981年第6期。

"克己复礼为仁"[1];"三代之得天下也以仁,其失天下也以不仁,国之所以废兴存亡者亦然。天子不仁,不保四海;诸侯不仁,不保社稷;卿大夫不仁,不保宗庙;士庶人不仁,不保四体"[2]。

齐鲁大地深厚的文化底蕴孕育了儒家文化,儒家文化和儒家思想皆滥觞于龙山文化,早在龙山文化时期,就已将儒家文化的"礼"与"仁"发挥得淋漓尽致。

龙山时代是我国的古史传说时代[3],是我国历史上的五帝时代,也是考古学上的古国时代[4]。龙山时代是我国历史上第一个大分化、大改组的动荡时代,是我国进入华夏国家文明诞生前夕的阵痛时代,黄帝、炎帝、蚩尤、尧、舜、禹等都是古国时代的"帝王",而太皞、少皞则是龙山古国的"远古帝王"。

目前龙山文化城址已发现近 30 座,章丘城子崖、日照两城镇和尧王城、寿光边线王、邹平丁公、阳谷景阳岗、王家庄和皇姑冢、茌平尚庄和教场铺、费县防城、临淄桐林、五莲丹土、东阿王集和前赵、滕州庄里西、连云港藤花落等都发现龙山文化的城址,有的还有郭有城或有大城小城。而在阳谷、东阿和茌平发现的 8 座龙山文化城址分别以景阳岗和教场铺为中心,从而形成两组龙山文化城址,根据城的大小和未发现城的遗址,还可进一步将龙山文化的聚落形态划分为"都、邑、聚"三级结构[5]。城址规模的复杂化表明龙山文化内部社会结构和社会组织的复杂化。

龙山时代的考古学文化有客省庄二期文化、陶寺文化、后岗二期文化、王湾三期文化、王油坊类型文化、石家河文化以及时代略有差异的良渚文化、齐家文化、朱开沟文化等。

通过对考古学文化的动态考察,龙山时代的诸考古学文化均不同程度地出现骤变和嬗变,文化的扩张、文化的更替、文化的衰变和文化的迁徙似乎成为龙山时代的主流动向。

但在与龙山文化邻近的考古学文化中,几乎不见或罕见特征鲜明的龙山文化陶礼器系统、玉器系统等文明化因素;而在龙山文化中,也几乎不见或罕见其他考古学文化的文明化因素,表明文明化程度最高的龙山文化并未与周边的考古学文化发生相互关系和相互作用,即龙山文化并未与周边的考古学文化发生文化碰撞,并未对周

---

[1] 《论语·颜渊》。
[2] 《孟子·离娄上》。
[3] 徐旭生:《中国古史的传说时代》,文物出版社,1985 年。
[4] 苏秉琦:《辽西古文化古城古国——兼谈当前田野考古工作的重大或大课题》,《文物》1986 年第 8 期;苏秉琦:《中国文明起源新探》,生活·读书·新知三联书店,1999 年。
[5] 张学海:《试论山东地区的龙山文化城》,《文物》1996 年第 12 期。

边的考古学文化进行文化侵略与文化扩张,龙山文化始终顽强地保持着自身文化的纯洁性和独立性,并沿着自身的发展轨迹向前发展演进。

"轩辕之时,神农氏世衰,诸侯相侵伐,暴虐百姓,而神农氏弗能征。于是轩辕乃习用干戈,以征不享"[1]。"诸侯相侵伐"和"习用干戈,以征不享"当为动荡时代的真实写照。

"仁人之心宽洪恻怛,而无较计大小强弱之私"[2]。龙山文化在大动荡、大改组的社会变革中以成组出现的城防设施应对动荡不定的政治局势,以"仁者安仁"和"仁者不忧"的姿态泰然处之。

"黄帝……以与炎帝战于阪泉之野,三战然后得其志。蚩尤作乱,不用帝命。于是黄帝乃征师诸侯,与蚩尤战于涿鹿之野,遂禽杀蚩尤"[3]。

黄帝"与炎帝战于阪泉之野"和"与蚩尤战于涿鹿之野"则记载了五帝时代的"远古帝王"之间最著名的两场战争——"阪泉之战"和"涿鹿之战"。

"我未见好仁者恶不仁者。好仁者,无以尚之;恶不仁者,其为仁矣,不使不仁者加乎其身"[4],龙山文化在大动荡时期以筑造大量城防设施的形式应对时局的变化。

"黄帝战涿鹿,杀两皞蚩尤而为帝"[5]。正是在惨烈的涿鹿之战中,龙山古国以"好仁者不恶不仁者"的心态对待动荡不定的政治局势和"远古帝王"之间的战争,践行了"无求生以害仁,有杀身以成仁"的崇高理念。在进入华夏国家文明前夕的大分化、大改组的动荡中,"仁"的思想可能是龙山文化遭到彻底毁灭的原因之一。

龙山文化虽然消逝了,但龙山文化的城防设施、陶玉礼器、卜骨陶文、青铜冶铸等诸多文明因素都融入华夏国家文明之中,为夏商周文化所继承和发扬,成为中国古代文明的有机构成部分;而龙山文化无以尚之的好仁思想,则深深地植入齐鲁大地的沃土之中,深深地融入齐鲁先民的血脉之中,成为儒家文化取之不尽、用之不竭的文化源泉。

3. 龙山文化与儒家文化

龙山文化与儒家文化虽然是不同时期、不同性质的文化,但龙山文化与儒家文化

---

[1]《史记·五帝本纪》。
[2]《孟子·梁惠王下》。
[3]《史记·五帝本纪》。
[4]《论语·里仁》。
[5]《盐铁论·结和》。

有着血浓于水的渊源,儒家文化的核心思想"礼"与"仁"在龙山文化中均初见端倪,均滥觞于龙山文化。

任何考古学文化,都是有文化的文化、有思想的文化,都是活体的文化、动态的文化。在诸多考古学文化中,龙山文化蕴含的文化可能更加丰富,蕴含的思想可能更加深邃。

龙山文化是龙山时代的仁义文化,龙山古国是五帝时代的君子之国,儒家文化的"礼"与"仁"均肇始于龙山文化,龙山文化是儒家文化的先导和源头。

因此,植根于齐鲁大地的儒家文化与龙山文化是一脉相承的。

二、儒家文化的表象

我国古代即存在"九德"思想。

"九德"思想出现在虞夏时期。《尚书·皋陶谟》:皋陶曰:"宽而栗,柔而立,愿而恭,乱而敬,扰而毅,直而温,简而廉,刚而塞,强而义。"

春秋时期的"九德"与虞夏时期的"九德"略有出入。《左传·昭公二十八年》:"心能制义曰度,德正应和曰莫,照临四方曰明,勤施无私曰类,教诲不倦曰长,赏庆刑威曰君,慈和遍服曰顺,择善而从之曰比,经纬天地曰文。"

与"九德"并存的还有"九行"。"轩辕……使九行之士以统万国。九行者,孝、慈、文、信、言、忠、恭、勇、义"[1];"九行:一仁、二行、三让、四信、五固、六治、七义、八意、九勇"[2]。

我国古代的"九德"和"九行"思想,可能是"儒家玉文化"诞生的思想基础。

儒家文化的表象即"儒家玉文化","儒家玉文化"的思想诞生于齐鲁大地。

"玉有九德"的思想最初由齐国的管仲提出。"夫玉之所贵者,九德出焉。夫玉温润以泽,仁也;邻以理者,知也;坚而不蹙,义也;廉而不刿,行也;鲜而不垢,洁也;折而不挠,勇也;瑕适皆见,精也;茂华光泽,并通而不相陵,容也;叩之,其音清搏彻远,纯而不杀,辞也;是以人主贵之,藏以为室,剖以为符瑞,九德出焉"[3]。

玉的"九德"中,"仁"居于首要的位置。

---

[1] 晋·王嘉:《拾遗记卷一·轩辕黄帝》。
[2] 《逸周书·文政解》。
[3] 《管子·水地》。

在"九德"和"九行"的基础上,孔子提出了"君子比德于玉"的思想。"夫昔者君子比德于玉焉。温润而泽,仁也;缜密以栗,知也;廉而不刿,义也;垂之如队,礼也;叩之其声清越以长,其终诎然,乐也;瑕不掩瑜,瑜不掩瑕,忠也;孚尹旁达,信也;气如白虹,天也;精神见于山川,地也;圭璋特达,德也;天下莫不贵者,道也。《诗》云:'言念君子,温其如玉。'故君子贵之也"[1]。

"君子比德于玉"是"儒家玉文化"的核心思想,"仁"在"儒家玉文化"中同样居于首要的位置。

1. "玉文化"与"儒家玉文化"

玉有自然属性和文化属性。《说文·玉部》:"玉,石之美。有五德:润泽以温,仁之方也;䚡理自外,可以知中,义之方也;其声舒扬,专以远闻,智之方也;不桡而折,勇之方也;锐廉而不技,絜之方也。""石之美"表述的是玉的自然属性;"有五德"表述的则是玉的文化属性。因此,玉一旦成为玉器,就赋予了文化属性。

玉器出现于新石器时代。新石器时代人们开始制作并使用磨制石器,磨制石器的出现是人类发展史上一次突破性的革命。在开采石料的过程中,人们发现并逐渐认识了"美石"——玉,阜新查海遗址和敖汉旗兴隆洼遗址出土的玉斧、玉锛、玉管、玉玦等,是我国"玉文化"的肇始[2]。

《越绝书·宝剑》:"轩辕、神农、赫胥之时,以石为兵,断树木为宫室,死而龙臧,夫神圣主使然。至黄帝之时,以玉为兵,以伐树木为宫室,凿地。夫玉,亦神物也,又遇圣主使然,死而龙臧。"新石器时代发现大量玉器的有红山文化、凌家滩文化、良渚文化、龙山文化、石家河文化等,年代大致相当于《越绝书》所云的"玉兵时代"。

不同时期的玉器有不同的文化属性,新石器时代的玉器主要用于装饰和事神,兼有社会财富和社会身份的象征;商周时期的玉器多与社会等级相关。因此,玉的文化属性即"玉文化"。

夏、商和西周时期是我国的奴隶制社会,夏、商时期是奴隶主贵族和奴隶的二元结构社会;西周时期,随着奴隶制社会的发展,部分贵族的社会地位逐渐没落,部分奴隶的社会地位逐渐上升,夏、商以来的二元结构社会被逐渐打破,最终形成介于奴隶

---

[1] 《礼记·聘义》;《孔子家语·问玉》。

[2] 辽宁省文物考古研究所:《辽宁阜新县查海遗址1987—1990年三次发掘》,《文物》1994年第11期;中国社会科学院考古研究所内蒙古工作队、中国科学院植物研究所:《内蒙古敖汉旗兴隆洼遗址发掘简报》,《考古》1985年第10期;中国社会科学院考古研究所内蒙古工作队:《内蒙古敖汉旗兴隆洼聚落遗址1992年发掘简报》,《考古》1997年第1期。

主和奴隶之间的既非奴隶主、也非奴隶的自由民阶层,史称"国人"。"国人"的出现标志着西周社会出现了三元结构,"国人"不仅可参与国家的社会政治,甚至可以干政,发生于厉王时期的"国人暴动",是国人干政的极端[1]。

"儒家玉文化"诞生于春秋时期。春秋时期是我国奴隶制社会向封建社会的转型时期,春秋时期社会结构发生的重大变化之一是自由民阶层中出现了进入低等贵族阶层的"士",齐国的管仲即春秋早期"士"的代表;春秋晚期,"士"已成为低等贵族中知识分子的统称,"君子"是"士"阶层中的精神贵族,孔子则成为春秋晚期"士"的代表人物。

"士"的出现导致社会风尚发生的重要变化之一是提倡修身养性,通过修身养性提高自身素质。孔子将我国玉文化所反映的思想和文化赋予了全新的概念、进行了全新的诠释,将玉"人格化",并将玉赋予了人的最高品格——君子品格。

体现儒家思想和儒家文化的玉文化,即"儒家玉文化"。正是由于儒家的提倡,玉文化终于完成了象征宗教礼仪——象征身份等级——象征人的品格这一转化过程,因此,"儒家玉文化"的精髓主要反映的是儒家文化与儒家思想。

2. "儒家玉文化"诞生的社会基础和诱因

"儒家玉文化"的思想体系与儒家文化是一脉相承的。

尽管儒家文化的渊源可追溯到龙山文化,但龙山文化时期尚未形成"儒家玉文化"的思想体系。

山东最早的玉器发现于后李文化,历大汶口文化至龙山文化时期,已出现璧、琮、圭、璋、璜等《周礼·春官·大宗伯》所云的玉制礼器。

龙山文化时期虽然出现了玉制礼器,但龙山文化玉制礼器所反映的并非"儒家玉文化"的思想体系,因为介于奴隶主贵族和奴隶之间的自由民阶层尚未出现,自由民中的"士"阶层也尚未出现,即龙山时代尚不具备产生"儒家玉文化"的思想基础和社会条件。

春秋时期的鲁国,有保存完备的周礼。《左传·闵公元年》:"(齐)公曰:'鲁可取乎?'对曰:'不可,犹秉周礼。周礼,所以本也。臣闻之,国将亡,本必先颠,而后枝叶从之。鲁不弃周礼,未可动也。'"《左传·昭公二年》:"晋侯使韩宣子来聘,且告为政而来见,礼也。观书于大史氏,见《易》、《象》与《鲁春秋》,曰:'周礼尽在鲁矣。吾乃今

---

[1] 《史记·周本纪》:"古公亶父复修后稷、公刘之业,积德行义,国人皆戴之。……(厉)王行暴虐侈傲,国人谤王。……三年,乃相与畔,袭厉王。厉王出奔于彘。"

知周公之德,与周之所以王也。'"

《史记·鲁周公世家》:"鲁有天子礼乐者,以褒周公之德也……齐景公与晏子狩竟,因入鲁问礼。"吴公子季札适鲁,请观周乐,竟如醉如痴,叹为观止[1]。

春秋时期的鲁国保存完备的周礼,可能是"儒家玉文化"诞生的社会基础。

"古之君子必佩玉,右征角,左宫羽,趋以采齐,行以肆夏,周还中规,折还中矩,进则揖之,退则扬之,然后玉锵鸣也。故君子在车,则闻鸾和之声,行则鸣佩玉,是以非辟之心,无自入也。……君子无故,玉不去身,君子于玉比德焉"[2]。"右征角,左宫羽"即佩玉蕴含的"礼乐文化",而"君子比德于玉"则为"儒家玉文化"的核心思想,"儒家玉文化"以玉的品格作为君子的典范和楷模,作为精神贵族的崇高追求。

孔子将玉的品格归纳为"仁、知、义、礼、乐、忠、信、天、地、德",即互敬互爱为仁,才华横溢为智,遵循规律为义,自尊自爱为礼,积极乐观为乐,光明正大为忠,表里如一为信,气质如虹为天,心胸宽广为地,德才卓绝为德,其中最重要、最核心的品格是"仁",具备了玉的品格方可成为君子。

何谓君子?孔子曾有过大量的论述。"君子务本,本立而道生。孝弟也者,其为仁之本欤"[3];"君子周而不比,小人比而不周"[4];"君子怀德,小人怀土;君子怀刑,小人怀惠"[5];"有君子之道四焉:其行己也恭,其事上也敬,其养民也惠,其使民也义"[6];"质胜文则野,文胜质则史。文质彬彬,然后君子"[7];"君子坦荡荡,小人长戚戚"[8];"君子义以为质,礼以行之,孙以出之,信以成之"[9];"君子道者三,我无能焉;仁者不忧,知者不惑,勇者不惧"[10];"君子义以为上。君子有勇而无义为乱;小人有勇而无义为盗"[11];"不知命无以为君子也;不知礼无以立也;不知言无以知人也"[12]。

尽管孔子对于君子所应具备的道德品质进行了反复的阐释,但作为君子的道德

---

[1]《史记·吴太伯世家》。
[2]《礼记·玉藻》。
[3]《论语·学而》。
[4]《论语·为政》。
[5]《论语·里仁》。
[6]《论语·公冶长》。
[7]《论语·雍也》。
[8]《论语·述而》。
[9]《论语·卫灵公》。
[10]《论语·宪问》。
[11]《论语·阳货》。
[12]《论语·尧曰》。

标准显然是十分抽象的。而"君子"的各项品格不仅可以通过"玉"进行形象地体现，还可以通过"玉"进行生动地表述，"玉"所具备的品格即"君子"所必备的道德品质。

"有匪君子，如切如磋，如琢如磨。……有匪君子，充耳琇莹，会弁如星。……有匪君子，如金如锡，如圭如璧"[1]；子贡曰："贫而无谄，富而无骄，何如？"子曰："可也。未若贫而乐，富而好礼者也。"子贡曰："《诗》云：'如切如磋，如琢如磨。'其斯之谓与？"子曰："赐也，始可与言《诗》已矣！告诸往而知来者。"[2]

因此，弘扬"君子"的道德品质，生动形象地表述"君子"的道德品质，可能是"儒家玉文化"诞生的道德基础。

孔子所处的春秋时代，礼崩乐坏。对于礼崩乐坏的春秋时代，孔子不禁叹曰："觚不觚，觚哉！觚哉！"[3]

春秋晚期社会内部不可调和的矛盾必然动摇了西周以来传统文化的权威性。"君子三年不为礼，礼必坏；三年不为乐，乐必崩"[4]；"天下无道，则礼乐征伐自诸侯出"[5]，各诸侯国不循周礼、纷纷僭越，成为当时社会的真实写照。

春秋晚期也是"士"在华夏政治舞台大显身手的时代，尤以吴越为甚，吴国的伍子胥、孙子和越国的范蠡、文种、计然等成为这一时期为达到政治目的而不择手段地勾心斗角、尔虞我诈的"士"的代表。

孔子的弟子子贡曾作为鲁使先后游说吴、越，向吴、越讲述"君子"的要义。哀公七年，"季康子使子贡说吴王及太宰嚭，以礼诎之。吴王曰：'我文身，不足责礼。'乃止"[6]。"子贡南见吴王夫差，曰：'君以伐越而还，即齐也亦私鲁矣。且夫伐小越而畏强齐者不勇，见小利而忘大害者不智，两者臣无为君取焉'"；"子贡东见越王句践，曰：'明主任人不失其能，直士举贤不容于世。故临财分利则使仁，涉危拒难则使勇，用众治民则使贤，正天下定诸侯则使圣人'"[7]。然吴越争霸的残酷现实彻底表现了"士"的堕落。

春秋晚期以伍子胥、孙子、范蠡、文种、计然等为代表的"士"的堕落，可能是孔子提倡"儒家玉文化"的诱因。

---

[1]《诗·卫风·淇奥》。
[2]《论语·学而》。
[3]《论语·雍也》。
[4]《论语·阳货》。
[5]《论语·季氏》。
[6]《史记·鲁周公世家》。
[7]《越绝书·陈成恒》。

3. "儒家玉文化"是儒家文化的重要构成

"玉文化"是我国的传统文化,"玉文化"的核心思想随着时代的发展而发生变化:新石器时代"玉石化"的中心是原始宗教礼仪;夏商周时期"玉文化"的中心是贵族身份的象征;"玉文化"重心的转型在春秋时期,形成了象征君子品格的"儒家玉文化";战国至西汉初期,"儒家玉文化"的思想理论体系发展达到空前绝后的高峰;西汉中期以后的"玉文化"逐渐流向世俗化和商品化,而此后的"儒家玉文化"主要流行于社会的文人阶层,则成为文人雅士孤芳自赏的精神追崇。

春秋时期形成的"君子比德于玉"的"儒家玉文化"思想体系,成为延续数千年之久的中国传统文化的正统思想和主流思想。

儒家思想和儒家文化对于今天多元的世界文化和世界文明有许多有益的启示,对于中华文明的传承和重新崛起有着极为重要的现实意义。

因此,"儒家玉文化"不仅是儒家文化的表象,也是儒家文化的重要组成部分。

三、余 论

考古学的研究对象是考古学文化[1],考古学文化的研究主要是通过文化遗迹、文化遗物等物质文化遗存进行文化面貌、文化特征、空间分布、文化分期、文化性质、文化因素的分析以及考古学文化与考古学文化之间相互关系的研究,以上研究无疑是考古学研究的基础和核心。

考古学研究的内涵,"是考古学文化所表述的这部分人类古代社会历史"[2],人类古代社会历史既包含物质文化,也应包含精神文化。

物质文化是精神文化的基础,精神文化是物质文化发展的动力。精神文化是人类在从事物质文化生产的基础上产生的一种人类所特有的意识形态,是人类各种意识观念形态的集合;精神是信念,是信仰,是理想,是追求,精神文化是推进物质文化发展的内在动力。

自20世纪80年代以来,对考古学文化中蕴含的精神文化进行研究,愈来愈受到

---

[1] 张忠培:《研究考古学文化需要探索的几个问题》,文物出版社编辑部:《文物与考古论集》,文物出版社,1986年。

[2] 张忠培:《关于考古学的几个问题》,《文物》1990年第12期。

考古学者的重视,精神领域的研究已逐渐成为考古学研究的新要求、新目标、新任务[1],龙山文化精神领域的研究也不例外。

关于龙山文化与儒家文化相互关系的探讨,本文为一肤浅的尝试。因为是尝试性的探索,故诸多方面尚不成熟,如研究理论尚需进一步完善,研究途径有待进一步推敲,研究方法也有待进一步细化等。

将考古学文化与儒家文化进行综合研究,目前还是一个新的课题。本文旨在抛砖引玉,希冀引起考古学者和儒学研究者的重视,并希冀借此拓宽考古学的研究空间和儒家文化的研究领域。

---

[1] 俞伟超:《含山凌家滩玉器和考古学中研究精神领域的问题》,《文物研究(第五辑)》,黄山书社,1989年;晁福林:《从精神考古看文明起源研究问题》,北京大学中国考古学研究中心、北京大学震旦古代文明研究中心:《古代文明(第5卷)》,文物出版社,2006年;李伯谦:《关于精神领域的考古学研究》,《中国文物科学研究》2007年第3期;何驽:《怎探古人何所思——精神文化考古理论与实践探索》,科学出版社,2015年。

何以称周公"制礼作乐"

徐义华

中国社会科学院历史研究所

周继夏、商而立,有许多制度是继承前代而来,孔子即言"殷因于夏礼,所损益,可知也;周因于殷礼,所损益,可知也"[1],"四代之政刑,皆可法也"[2],即周以前已经有礼乐制度。那么为何史书盛称周公"制礼作乐",而言礼乐起于夏、商呢?

通过对夏、商、周三代制度进行比较,可以看出,夏、商处于国家建立早期,许多制度虽然建立,但尚未完善,周公对相关制度加以完善。

商代虽然建立和发展了大多数重要的政治制度和礼仪,但由于商代处于国家建立的早期阶段,一直处于动态的扩张和发展之中,许多制度虽然建立,但没能系统化和整齐化。我们可以用商代的分封制、内外服制、爵级制为例加以说明。

商王朝是代夏建立的。夏朝的情况十分特殊,其国家架构主要是通过禹治水过程中对各部族的联合建立的,是以和平合作的方式对原有部族及其权力、社会结构的承认。这一成果为启所继承,进入"家天下"时代,建立了夏朝。因此,夏王朝缺少可用以支配的土地和人口,也不需要建立独立于王朝的外在组织维护王朝的统治,所以没有出现分封制。后来夏朝虽然经过启灭有扈、少康中兴等战争,可能会把一部分部族置于国家的直接控制之下,但总体的政治统治模式没有大的改变。

商人是通过征服建国的。"汤始征,自葛载;十一征而无敌于天下"[3],"汤乃兴师率诸侯,伊尹从汤,汤自把钺以伐昆吾,遂伐桀"[4],最终灭夏立国。作为一个新生的政权,商王朝具有重新划分地域建立统治机构的契机。经过激烈的战争,夏朝的上

---

[1]《论语·为政》。
[2]《大戴礼记·四代第六十九》。
[3]《孟子·滕文公下》。
[4]《史记·殷本纪》。

层建筑和贵族阶层被破坏,出现了可供支配的大面积土地和大量人口。商人虽然取得战争胜利,但依然面临巩固的问题,单纯建立军事据点,无法解决后方支援、后勤供应、军事换防一系列问题。而把商人各武装宗族分置在夏人居地,建立拥有独立的军政大权的武装据点,能够有效地控制被征服地区。在被征服地区内"授民授疆土",建立相对独立的军政单位,即是最初的分封制。在分封制下,不同地区采取不同的控制方式,有商王直接控制区、本族武装殖民区和归服的异族区,自然形成内、外不同地带,即内、外服地区。

商王朝初期的分封区,主要集中和局限于夏人的中心统治区,大体为"北起山西汾水以南,南达河南汝水,西至华山以东,东迄郑州以西当夏王朝的中心区"[1],地域有限。商王朝的疆域是经过从大戊到武丁各王武力扩张而来的。伴随着商王朝的边疆向外延伸,需要建立新的据点加以拱卫;同时灭掉的部分当地方国,使商王朝取得了可用于分封的资源,许多商族的诸侯在这些新地区建立起来。

由于商人的分封是随着征服和扩张逐次进行的,所以无论分封制度还是内、外服制度,都需要因时而异,因地而异,是变动的,很难确定何时建立分封制度,也很难确定何种分封方式是法定的分封原则。内外服制度也面临同样的动态问题,难以确定内、外服的地域疆界和内、外服的人员身份,更无法建立起固定的爵级,形成严格的等级秩序。商人的内外服制是在长期开拓过程中逐渐形成的,其所分封的诸侯是零散建立的,没有统一截然的划分。

商虽兼天下,却是蚕食而得。异时异地之扩张,故商虽有制度,但不是一而成之,也不能一而治之,很难被当作统一固定的制度。

周人则不同。周人继承了商人的政治制度和疆域遗产,可以在高起点上一次性地建立相应完善的制度。

首先,周人继承了商王朝开拓的以中原为中心的政治疆域。商人的政治疆域基本是北起燕山、南到长江、东到山东,西至陕西的广大地域。周人灭商之后,在较短时间内就控制了商人几百年内扩展来的疆土,《左传·昭公九年》载"及武王克商,蒲姑、商奄,吾东土也;巴、濮、楚、邓,吾南土也;肃慎、燕、亳,吾北土也",这一范围正是商王朝的政治疆域[2]。

其次,周人继承了商王朝天下共主的政治地位。商王朝经过数百年的征讨开拓,

---

[1] 郑杰祥:《试论夏代历史地理》,《夏史论丛》,1985年。
[2] 宋镇豪:《论商代的政治地理架构》,《中国社会科学院历史研究所学刊》,社会科学文献出版社,2001年。

天下共主的地位早已建立起来并得到公认。即使是作为胜国代商而立的周人也不避讳这一点,周人在其文诰中多次提及和承认商王朝天下共主的地位,以商王朝是天命所归的中央王朝:

  在昔殷先哲王迪畏天显小民,经德秉哲。《尚书·酒诰》
  有殷受天命,惟有历年。《尚书·召诰》
  乃惟成汤克以尔多方简,代夏作民主。《尚书·多方》
  乃命尔先祖成汤革夏,俊民甸四方。自成汤至于帝乙,罔不明德恤祀。亦惟天丕建,保乂有殷,殷王亦罔敢失帝,罔不配天其泽。《尚书·多士》
  率惟兹有陈,保乂有殷,故殷礼陟配天,多历年所。《尚书·君奭》

周人认为自己获得全国政权是对商王朝原有地位的继承:

  惟不敬厥德,乃早坠厥命。今王嗣受厥命,我亦惟兹二国命,嗣若功。《尚书·召诰》
  天惟式教我用休,简畀殷命,尹尔多方。《尚书·多方》
  非我小国敢弋殷命。惟天不畀允罔固乱,弼我,我其敢求位?《尚书·多士》
  文王蔑德降于国人。亦惟纯佑秉德,迪知天威,乃惟时昭文王迪见冒,闻于上帝。惟时受有殷命哉。《尚书·君奭》

周人对于作为先代之王的商人后裔给予特殊的地位。《左传·襄公二十五年》:"昔虞阏父为周陶正,以服事我先王。我先王赖其利器用也,与其神明之后也,庸以元女大姬配胡公,而封诸陈,以备三恪。"杜预注:"周得天下,封夏、殷二王后,又封舜后,谓之恪。并二王后为三国,其礼转降示敬而已,故曰三恪。"周人对商人的这种认同与容纳几乎持续于整个周代,《左传·僖公二十四年》载"宋,先代之后也,于周为客",依然承认宋为先代之后。齐"叔夷镈"铭文"虩虩成唐,有严在帝所,专受天命,翦伐夏祀,败乃灵师,伊小臣伊辅,咸有九州,处禹之堵",商人后裔依然追颂其祖先配祭上帝的功勋,而配祭上帝是王所特有的祭祀规格。即直到春秋时期,商人曾经为天下之王的事实依然被认同。可见商王朝天下共主的地位得到了当时周围方国的认同。

  周人攻克朝歌,武王克商后,先后在牧野、殷都和周庙举行祭祀,武王先是在牧野举行告捷礼,《逸周书·世俘解》:"三月辛亥,荐俘殷王鼎。"武王向祖先告以灭商成功,并举行"正国伯"和"正邦君"的仪式,宣布自己代商王天下。还在殷都举行社祭,《史记·周本纪》:"其明日,除道,脩社及商纣宫……散宜生、太颠、闳夭皆执剑以卫武王。既入,立于社南大卒之左……尹佚筴祝曰:殷之末孙季纣,殄废先王明德,侮蔑神祇不祀,昏暴商邑百姓,其章显闻于天皇上帝。于是武王再拜稽首,曰:膺更大命,革殷,受天明命。武王又再拜稽首,乃出。"这种社祭在殷都举行,所有商都的百姓都知道周人的行动。武王归周后,又在宗庙祭祀,《逸周书·世俘解》:"武王朝,至燎于周……乃俾史佚繇书于天号。武王乃废于纣矢恶臣人百人,伐右厥甲孝子鼎大师。伐厥四十夫,家君、鼎帅、司徒、司马,初厥于郊号。武王乃夹于南门,用俘,皆施佩衣,衣先馘入。武王在祀,太师负商王纣,县首白旂,乃以先馘入燎于周庙。"随后将代表政权的九鼎迁出商都,在商王朝的疆域内进行分封,并宣示取代商王成为天下共主。

周朝继承了商王朝所有的政治遗产,不仅领有原来商王朝的疆域,而且继承了原来各地部族对商王朝的归服关系,原来属于商人的外服,也属于周王朝的附属,《逸周书·世俘解》:"武王成辟四方,通殷命有国。"朱右曾注:"武王既归,成天下君,乃颁克殷之命于列邦。"武王命人将代殷而立的事实向天下诸侯通告,同时要求原商人的诸侯向周人服职贡,《国语·鲁语下》:"昔武王克商,通道于九夷百蛮,使各以其方贿来贡,使无忘职业。"《逸周书·度邑解》:"维王克殷,国君诸侯,乃厥献民征主九牧之师见王于殷郊。"《逸周书·大匡解》:"惟十有三祀,王在管。管叔自作殷之监,东隅之侯咸受赐于王。王乃旅之,以上东隅。用《大匡》。"朱右曾注:"孔曰:东隅,自殷以东;旅谒,各使陈其政事。愚谓东诸侯被纣化久,故训以正之,咸与维新也。"可见周人取代商人政权而成为天下共主的事实已经得到了诸侯的承认。而周武王更在实际控制的地区进行了分封,《史记·周本纪》:"(武王)于是封功臣谋士,而师尚父为首封。封尚父于营丘,曰齐。封弟周公旦于曲阜,曰鲁。封召公奭于燕……"鲁、齐、燕皆在商王朝政治疆域的边缘,周人的实际控制范围尚未到达这些地区,能在这些地区分封,说明至少在名义上周王朝拥有对这些地区的占有权。周人代替商人成为天下共主,可以在实力所不能控制的地区行使指令,说明天下共主的地位不是一种虚名,而是一种实际权力。

周人在继承商代政治制度与遗产的同时,也打破了阻碍商人制度建设的桎梏。先是于牧野一战而克,取代商王朝成为天下共主。然后经过周公三年东征,消灭了许多地方势力,"周公相武王,诛纣伐奄,三年讨其君,驱飞廉于海隅而戮之,灭国者五十,驱虎豹犀象而远之,天下大悦","武王遂征四方,凡憝国九十有九国,馘历亿有十万七千七百七十有九,俘人三亿万有二百三十,凡服国六百五十有二"。这样,周人在短时期内就掌握了全国的名义统治权,实际控制了大量没有上层统治机构的人力和土地资源,为规模化的分封和制度推广提供了物质基础。在掌握大量资源的基础上,周人可以把全国总体分割封建,可以把所有受封者纳入到同一标准之下,所以周人能够"制五等之封,凡千百七十三国",最终建立了完善的分封制度,形成差别明显的"畿服之制",建立了由封建制、内外服制、爵级制共同构成的国家统治制度。

在全国范围内一次性建立广泛适用的国家制度,在中国历史上算首次,所以,虽然周公不是创新制礼而是规范旧礼,依然是对制度的突破性推动与发展,被作为礼乐制度的创立者尊崇。

周公制礼作乐时天下初定,"四方迪乱未定,于宗礼亦未克敉"[1],周公充分考虑了全国的形势和各地的差异,制定了适应性较广泛的规范。同时,周公还充分吸收和接收了前代的经验,《孟子·离娄下》云:"周公思兼三王,以施四事;其有不合者,仰而思之,夜以继日,幸而得之,坐以待旦。"使周人的礼制更加完善和成熟,成为更完备的制度体系。

在制度规范和完善的同时,周公还面对新的社会变化,对礼乐制度作出了新的解释,使之更适应社会现实。这主要表现在三个方面,一是为天命思想加入"德"的概念,提出天命归依的依据是德,使政权运作由鬼神向人神转化;二是规范和加强宗法制度并提出"亲亲",使国家与宗族更加有机地联系在一起,为国家与宗族的融合找到了统一适用的理论;三是充分继承和利用商人的政治遗产,在全国推行规范的制度。

天命观出现很早,商人已经有明确的天命观。《尚书·汤誓》:"有夏多罪,天命殛之。""予畏上帝,不敢不正。"《墨子·非乐中》:"于仲虺之告曰:'我闻于夏人,矫天命,布命于下。帝伐之恶,龚丧厥师。'"《尚书·盘庚》中也多次提及天及天命,"天其永我命于兹新邑,绍复先王之大业,底绥四方。""先王有服,恪谨天命。""今不承于古,罔知天之断命。"《尚书·西伯戡黎》:"天既讫我殷命……故天弃我。"都是假借天命行事,天命观成为商人政治思想中的一个重要观念。

在商人的天命观中,天命归依最重要的依据是鬼神的意志与祖先的保佑,取得鬼神和祖先的垂青是保证政权稳定的前提,所以"殷人尊神,率民而事神,先鬼而后礼",重祭祀而轻人事。这从文献和甲骨文中可以看出,商人一面频繁祭祀取悦于鬼神,一方面试图建立与上帝的血缘关系。

周人本是商的属国,却最终代商而立,如何解释"周革商命",为周人政权建立提供合理性解释,是周人面临的问题之一。周人胜利后,一方面要借助天命为自己取得政权提供合理性,另一方面又要为取代商王朝提出新的解释,所以周人否定天命是固定的,提出"天命靡常"。周人提出"天命靡常"否定的并不是天命,而是天命归依的依据,即政权归属虽然是受命于天,但并非固定于某族——"靡常",而天命归依的依据非鬼神意志与祖先护佑,而是人的德行。《尚书·康诰》:"惟乃丕显考文王,克明德慎

---

[1]《尚书·洛诰》。

罚……惟时怙冒,闻于上帝,帝休,天乃大命文王。"《尚书·召诰》:"惟王受命,无疆惟休,亦无疆惟恤。"《尚书·君奭》:"汝明勖偶王,在亶乘兹大命,惟文王德丕承,无疆之恤。"《尚书·蔡仲之命》:"皇天无亲,惟德是辅。"把德与天命相提并论,使德成为天命攫选的依据,为周革商命找到了合理依据。周礼虽然也重视祭祀,但祭祀的目的已经发生变化,神灵对社会的影响也有所淡化,所以周人"事鬼敬神而远之"。

天命与德相联系是周人的创新,是政治重心从鬼神向人事转化的一个重要环节,这一理论创新对于中国历史产生了深远的影响。

如何将宗族与国家融合在一起,一直是古代国家要解决的问题。早期宗族势力强大,一方面可以成为国家倚重的政治势力,另一方面也很容易发展成为与国家对抗的分裂势力。国家是政权组织,以职能为中心,以在政权中的权势地位决定尊卑;宗族是血缘组织,以亲疏为原则,以在宗族中的辈分长幼决定尊卑。两者存在着组织和运行原则上的差异。

商代虽然已经建立起了相对完善的国家制度,但宗族与国家的融合问题依然未能解决。从商代的政治制度可以看出旧族对王权依然有相当的限制,《尚书·盘庚》可以看到盘庚虽然拥有高度的决断权,但其决定依然遇到强大的阻力,迫使盘庚不得不宣称"'人惟求旧,器非求旧,惟新。'古我先王暨乃祖乃父胥及逸勤,予敢动用非罚?世选尔劳,予不掩尔善。兹予大享于先王,尔祖其从与享之。作福作灾,予亦不敢动用非德",对旧贵族进行安抚和拉拢。有学者认为盘庚迁殷的原因在于摆脱旧贵族的势力[1]。

而商王朝的政务、军事活动中,宗族是最重要的执行者,大量旧族或者地方部族具有强大的权力,如甲骨文中有:

  己卯卜,允,贞令多子族比犬侯扑周,𫍯王事。 《合集》6812
  戊辰卜,宾,贞令永裒田于盖。 《合集》9476、9477
  丁亥,贞王令禽众、㠱伐召方。 《合集》31974
  戊子卜,宾,贞令犬征族裒田于虎, 《合集》9479

其中的多子族、永、禽、㠱、犬征等皆是以族为单位行动,商王的命令止于族的首领,而不是个体的部族成员。

在商代最重要的国家控制方式分封制度中,虽然有子、妇之封[2],但更多的分封还是异姓之封,体现出强烈的事功色彩,大量外族首领和成员成为政治生活中的重要

---

[1] 杨升南:《盘庚迁都的原因略说》,《中国历史大辞典通辞》1982年第3期。
[2] 李雪山:《商代分封制度研究》,中国社会科学出版社,2005年。

力量：

  丁酉卜，壳，贞杞侯炬弗其骨凡有疾。　　《合集》13890

  王其拜二方伯于师辟。　　《合集》28086

  王其㞢䟽方伯䏌，于之若。　　《合集》28078

  （甲）戌卜，翌日乙，王其㞢卢伯漅，不雨。　　《合集》27041

  辛巳卜，壳，贞王隹易矢戈比。　　《合集》3381

  丁卯，贞今占巫九备，余其比多田多伯征盂方伯炎。隹衣翌日步……左自上下于敦示，余受有佑，不曹戋……于兹大邑商，无圡在畎。在十月遘大丁翌。《合集》36511

卜辞中的杞伯、二方伯、卢伯、易伯、多伯等都是非商本族的首领，他们成为商王朝的重要地方政务首脑，进入商王朝的分封体制。

  商代一方面子弟之封较少，不能成为分封的主体，另一方面分封中又有强烈的事功色彩，大量外姓贵族占有多数，使商人的国家与宗族很难融合到一起，从而难以制定一种同时适用的原则。所以商代没有完成国家与宗族的融合及其理论建设。

  与商人的逐渐扩张和分封不同，周人的分封是迅速建立的，而主体是周王的子弟，周公"立七十一国，姬姓独居五十三人"[1]，"昔周公吊二叔之不咸，故封建亲戚以蕃屏周：管、蔡、郕、霍、鲁、卫、毛、聃、郜、雍、曹、滕、毕、原、酆、郇，文之昭也；邘、晋、应、韩，武之穆也；凡、蒋、邢、茅、胙、祭，周公之胤也"[2]。同时，周人还同其他受封的异姓之国结成姻亲关系，使天下诸侯，实际上都成了"兄弟甥舅"之国，都可以纳入同一亲属体系当中。《左传·文公二年》："凡君即位，好舅甥，修昏姻，娶元妃以奉粢盛，孝也。"所说的虽是春秋时期的情况，但这种情况正是继承自西周以来的故制。这种天下诸侯皆"兄弟甥舅"的体制，使国家与宗族找到了极好的融合点，国家的职能地位与宗族的辈分长幼可以有机地结合起来，从而形成国家和宗族皆可以接受的组织和运行原则。而周公制礼作乐，提出的措施之一即是"亲亲"，《礼记·表记》："周人尊礼尚施，事鬼敬神而远之，近人而忠焉，其赏罚用爵列，亲而不尊。"这种"亲而不尊"的血缘原则本来不可以作为国家的组织原则，但由于天下的政治实体皆通过"兄弟甥舅"关系组合起来，政治地位主要是由血缘关系的远近决定，"尊"和"亲"融合在了一起，可以适用于同一原则。所以，周礼规范和加强了宗法制度，使之上升为国家组织原则，为国家和宗族的融合提供了理念支持。可以说，周代的国家统治方式就是以宗法

---

[1]《荀子·儒效》。

[2]《左传·僖公二十四年》。

制度为经姻亲关系为纬的血缘组织方式,形成了"族与国相表里"、"君统与宗统相表里"的政治格局。

从"殷道尊尊"到"周道亲亲"表面看是一种习俗的变化,但实际上是政治制度的重要变化。可以说,周代的这种国家组织原则奠定了后世中国政权组织原则的基础,使中国宗族社会与国家政权能够和谐地融合在一起,使中国"以孝治天下"等理论具有了政治基础,深远影响了中国历史的发展。

由于上述在政治理论和组织原则上的建树,周公的礼乐制度就为周人的革命行为和现行政策找到了合理解释,成为符合社会现实和发展的标准原则,解决了国家与宗族的融合问题,为后世所尊崇。

从总体上而言,商代已经具备所有分封制制度的部件,但最终完成"组装"的是周人,即周公使国家制度成熟和规范化了。周公"制礼作乐"既对礼乐制度进行了实质的发展与完善,又改进了其中陈旧的内容,为现实社会和后来的社会发展提供了基本原则,使相当一部分内容成为中国数千年遵循的圭臬。

汉武帝的鲁文化情结

周新芳

曲阜济宁学院

鲁文化发端于周初,经两周时期的发展,逐渐形成了以德治文化、礼乐文化、儒家文化等为核心的区域文化。它以宗法秩序、崇文、重礼、尚德为特征,对重伦理,强调大一统且具有远大抱负的汉武帝产生了巨大的吸引力,并对武帝政治产生了重大而深远的影响。如儒家文化强调君权,其思想有利于教化百姓,所以得到汉武帝的信任。汉武帝主要从崇文、重礼、尚德三个方面吸收利用了儒家文化,在崇文方面,独尊儒术,建立太学,设置五经博士等,以选拔国之栋梁;在重礼方面,重视三纲五常、宗法秩序,维护大一统;在尚德方面,实行教化为先、德刑互补的方法,为国家选拔有德之才。在儒家文化的影响之下,汉武帝德刑并用,恩威并施,把汉朝推向顶峰。

一、鲁文化的魅力所在

鲁文化源于周公制礼作乐,与宗周礼乐文明一脉相承,经两周时期鲁人的世代努力,使得鲁文化大放异彩并呈现出鲜明的区域特色:温文尔雅的礼治文明,含情脉脉的尊尊而亲亲,宗法秩序中的德治精神,重文崇文的文化传统。

(一)温文尔雅的礼治文明

重礼是鲁文化最重要的特征。鲁国是整个周代最著名的礼乐文明之邦。春秋战国时期,诸侯争霸,礼崩乐坏,然而鲁文化却是当时礼乐文化的高地,故时有"周礼尽在鲁矣"的说法。在"礼治"精神熏陶下,强调道德伦理,君子人格,行为要温文尔雅,言谈举止要符合"礼"的要求,不仅在个人生活、社会生活中如此,在国家治理与外交层面亦是如此。这也正是在大国林立的数百年东周时代中,弱小的鲁国能够保持不被吃掉的原因所在。

鲁文化的巅峰是孔子思想,孔子以其毕生精力追求的社会理想是以"仁"为本的礼治秩序。孔子的这种理想秩序来源于深厚而理性的周文化。周文化是中国理性文化的源头,从春秋到秦的600年间,是中国理性主义传统文化的奠基与形成时期。德国哲学家雅斯贝尔斯曾提出人类历史上有一个"轴心时代",而他讲的这个时段,正好与春秋战国中国社会文化转型时期相吻合。在此期间,世界各大文明中心几乎都出现了自我意识的觉醒和"哲学的突破",这种自我意识的觉醒和"哲学的突破"一直持续发展完善并得以绵延不绝。以孔子思想为代表的中国社会转型期文化,也就是革命性转型与礼治秩序的建构。这种重建的过程表现为一系列理性意识的呈现。

1. "和合"理念逐步趋向于成熟

"和合"理念是中华传统文化精髓的集中表达。关于"和合"理念,我们至少可以从以下几个方面进行解读:第一,"和"最初是指不同音节的和谐旋律以及炎帝发明了乐器之后"乐理之和"的概念,并由此发展出协调配合的治理理念;第二,华夏民族"和而不同"的文化传统,这里的"和"是指差异性的和谐统一以及在尊重差异性的基础上实现统一的治理理念;第三,"人和",将来自不同方面的积极性因素聚合与发挥,实现兼容并包的治理理念;第四,由"和"引申出的"合"的概念,所谓"合"指辩证统一、合乎规律、合乎规范等等。简言之,"合"就是要求合乎事物规律,合乎社会规范,合乎治理的目标,合乎人的发展需要。它所强调的正是理性与秩序的构建,这种理性的张扬与"礼治"文明殊途同归。

2. 民本意识的成长

殷商重"天命",但是"汤武革命"的历史事实使时人认识到"天命靡常"[1],于是周人提出了"敬天保民"的观念。以周公为代表总结历史教训,提出"民之所欲,天必从之"[2],进而提出"敬天、保民、明德、慎罚"的思想。这里的"德"讲究的是处事得宜,运用在政治上就是要求统治者要宽厚仁慈。周公的"敬天保民"思想,是中国古代

---

[1]《尚书·多士》。
[2]《论语·泰誓》。

民本主义思想形成的标志。

　　民本主义观念是在周初礼治秩序中成长起来的。那时的"礼"是整个社会生活的准则，它开启了中国"郁郁乎文哉"[1]的礼治文明新时代。西安交大著名哲学教授张再林曾指出："如果说西方社会晚自十八世纪才通过路德和加尔文的宗教改革运动完成其'世俗化'的过程的话，那么，中国社会则可以说早在西周初年就通过周公手定周礼标志着该过程告以成功。"[2]因为，周礼注重温文尔雅的礼乐仪式，它以一种神圣性观念规范着人神关系，更是以一种普遍的伦理道德观念规范着人际关系，并最终以一种伦序有别的等级权威性观念规范着政治关系。这些"关系"的规范，构架出一种切近人情伦理的礼治秩序。以"礼治秩序"为特征的礼乐文明是一种庄重典雅、和谐有序的等级治理文明，其核心是"人伦"关系，强调的是"人"在社会上的位置与秩序。

3. 阴阳五行变易思想的彰显

　　阴阳五行思维最早见于《尚书·洪范》，《洪范》篇中把水、火、木、金、土这五种物质称为"五行"，它们各有其不同的属性和作用，既相生相克，也相侮相胜。关键是人只要善于利用其属性并发挥其作用，世界就能够在正常的秩序中发展。这一理念所理解的世界本来包含着自然和社会两个方面，而归结为社会，则主要运用于社会关系。例如西周末年的史伯曾经对郑伯说："夫和实生物，同则不继。以他平他谓之和，故能丰长而物归之，若以同裨同，尽乃弃矣。故先王以土与金、木、水、火杂，以成百物。"[3]这段阐述运用五行原理论述了"和同"思想和发展变易思想。

　　最早使用"阴阳"概念的是周末幽王的大夫伯阳父，他以阴阳解释地震："阳伏而不能出，阴迫而不能蒸，于是有地震。"[4]《周易》从自然界中选取了天、地、雷、火、风、泽、水、山八种自然物，作为生成万物的根源，而代表阴阳的天、地二者又是总根源，认为一切事物的发展变化有其自身的历史过程，当发展到一定极限，就会物极必反，转化到它的对立面去。这种变易思想，开辟了一个运用物质生活常识、社会经验或理性进行灵活解释和发挥的理性空间，这实际上是更进一步强调了人事的作用，促成了由以神为中心到以人为中心的历史性过渡。

---

[1]《论语·八佾》。
[2] 张再林：《治论——中国古代管理思想》，陕西人民教育出版社，1993年，第44页。
[3]《国语·郑语》。
[4]《国语·周语》。

4. 以"仁"为本的礼治秩序构建

孔子继承发扬西周以来的民本主义与理性主义思想传统,建构了人本主义的儒家思想体系。从西周"德治"思想出发,从社会本体的人学视角探讨"德治"问题,提出了以"仁"为核心的礼制秩序重建。细察《论语》可见,孔子的"仁"大体有四层含义:一是"仁者,人也",认为人与人之间人格平等,心性相通,故而主张人与人之间的关系要"推己及人"、"己所不欲,勿施于人"、"己欲立而立人,己欲达而达人";二是"仁者,亲也",倡导仁的本质为孝,孝悌为本;三是"仁者爱人"、"泛爱众而亲仁"、"四海之内,皆兄弟也";四是"仁者,心也",认为"为仁由己","仁"为人的内在品德,主张道德自我选择和自我负责。在这里,人就是一种社会伦理关系存在,是成就礼治秩序的根本,儒家道德伦理规范体系正是从这个核心出发推演出来的。孔子的"仁学"其实质就是人学,并由此开启了人道主义的先河。

把具有等级观念的道德伦理规范推衍到政治领域,就是以"仁治"和"礼治"为主要内涵的伦理化政治。在儒家看来,社会政治形式只是"仁"的一种表现形式,"仁治"就意味着要求治理者对民众普施仁爱之心。在孔子看来,仁治与礼治是不可分割的,"道之以政,齐之以刑,民免而无耻;道之以德,齐之以礼,有耻且格。"[1]但"礼治"必须以仁治为基础,作为仁治的补充。"人而不仁,如礼何?人而不仁,如乐何?"[2]意思是说礼乐作为外在的规范形式,必须以内在的"仁"为本,同样,礼治也必须以仁治为本,以仁治为纲。孔子始终坚持以仁释礼,使源于祭祀鬼神的礼乐形式被逐步人文化了。

执礼求仁的根本方法是"中庸"。"中庸"之"中"的观念发端于射猎而形成的礼制,有"中正"、"适中"之义。《礼记》中说,"射者,仁之道也。射求正诸己,己正而后发,发而不中,则不怨胜己者,反求诸己而已矣"[3]。孔子在此基础上用"庸"的意识弘扬"中"的传统精神,创造性地提出了"中庸"思想。孔子的"中庸",主张要"隐恶而扬善,执其两端,用其中于民"[4]。"执其两端而用其中"就是"和"的本质,就是极力实现矛盾对立面的统一、均衡、有序、协调。在孔子的思想体系里,礼作为政治范畴侧重于在等级间求"和谐",仁作为道德范畴侧重在人际关系中求"中和",而中庸的思想则立足在"两端"中求均衡。可见,中庸是对礼与仁的方法论的高度概括,并且站在了

---

[1]《论语·为政》。
[2]《论语·八佾》。
[3]《礼记·射义》。
[4]《礼记·中庸》。

更高的层次上成为了适宜于大多数人的最传统、也最根深蒂固的生活方式。

(二) 宗法秩序中的德治精神

自周公时期,就提出了"明德"思想,鲁文化中尚德精神体现的是忠、孝、悌、信,儒家将这四个字奉为做人的重要准则,忠,即为忠心,竭心尽力,公而无私;孝,即为孝顺;悌,即为敬爱兄长,兄弟和睦;信,即为诚信,守信。一部《论语》通篇就是修身之道。孔子认为,个人修养是重中之重,"修己以敬"、"修己以安人"讲的就是注重个人修养,《论语》中的很多观念与名句被儒家后人奉为人生道德的标准。

1. 含情脉脉的尊尊而亲亲

儒家的德治与礼治是相辅相成的,重礼的特点是以"君君、臣臣、父父、子子"为纲,讲究人伦纲常、宗法秩序。周公旦是周氏宗亲,在那个宗法血缘社会,周公旦提出"亲亲上恩",制定了一整套礼乐制度以规范社会秩序,形成以周天子为金字塔尖的严格的宗法等级秩序。这种秩序以血缘为中心,血缘高于一切,正所谓"周之宗盟,异姓为后"[1],例如《左传·襄公十二年》所载"凡诸侯之丧,异姓临于外,同姓于宗庙,同宗于祖庙,同族于祢庙"。以血缘别内外、定秩序是一切行事的根本,并以血缘的温情替代了行政的刚性,使宗族与政治一体、家国一体。直到春秋末年,面对礼崩乐坏的各诸侯国,崇尚周礼的孔子提出了"克己复礼",希望回到"礼乐征伐自天子出"的时代,再次强调宗法秩序的重建,而这种宗法秩序是统治者维护社会秩序的重要手段。因为春秋礼乐崩坏,文化典籍被疏离,孔子认为"夏礼,吾能言之,杞不足征也。殷礼,吾能言之,宋不足征也。文献不足故也。足则吾能征之矣"[2]。故而重新整理六经,其中《礼》《乐》便是其为维护宗法秩序而根据春秋之前的礼乐传统编纂而成。孔子办私学,"乐正崇四术、立四教,顺先王,诗、书、礼、乐以造士。春秋教以礼、乐,冬夏教以诗、书"[3]。力图通过以礼乐诗书教化来重构社会秩序。

2. 崇文尚礼的人文精神

鲁文化的第一个特征即为"德治"精神背景下的崇文尚礼。发端于周初的鲁文化直到春秋末期才被孔子发展为"儒学"。周王伐纣克商建立周朝,为了政治稳定实行

---

[1]《左传·隐公十一年》。
[2]《论语·八佾》。
[3]《礼记·王制》。

宗法分封,周公之子伯禽代表周公就封鲁国,采取了"变其俗,革其礼"的方法,经过数代人的经营发展成了"崇文尚礼"、秉德亲民的鲁文化。孔子生于春秋末期,他认为春秋霸主之间的争夺是因为没有了西周等级森严的宗法制度,才导致了社会秩序的破坏。所以他创办私学,传播文化,主张恢复周礼,提出了仁、礼、中庸等思想,形成了以他为代表的儒家学派。孔子是鲁文化中崇文尚礼的完美典型,特别值得指出的是,孔子对周礼绝不是原封不动地照搬或机械地套用,而是结合社会现实循着其基本原则和思路加以改造和发展,其中有许多重大的突破。如他引仁入礼,要求礼一定要符合仁的精神,也就是守礼不违仁,故他说:"人而不仁,如礼何?"[1]

孔子之后,儒分为八,使得儒家文化得以传承,尤其是曾子、子思对孔子儒家学说的大力弘扬,其中曾子的《大学》、子思的《中庸》是对孔子儒家思想的完美继承。战国时期的孟子也是儒家文化的著名传承者,面对民不聊生的战国社会,孟子在孔子"仁"的思想基础上倡导"仁政",鲁公接受了孟子的思想在鲁国推行仁政。经过孔、孟对鲁文化的传承和发展,使儒家成为显学,尤其是在鲁文化的发源地鲁国,甚至有"鲁人皆以儒教"[2]、"举鲁国而儒服"[3]的说法。

孔子所创立的儒学,不仅成为中华民族得以凝聚的文化之根,影响到中国传统文化发展的独特模式,而且超出了它的原生区域和民族,走出了国界,远播东亚,形成了东方儒家文化圈。而在当时,以儒家文化为代表的鲁文化的这些特点,非常契合武帝王朝文化建设的时代需要而被汉武帝所器重。

二、汉武帝的鲁文化情结

在中国历史上汉武盛世与开元盛世、康乾盛世并称"三大盛世"。汉武帝是个有雄心壮志的人,毛泽东把他与秦始皇、唐太宗、宋太祖相提并论。汉武帝曾多次到东方的鲁国巡行,曾经八次封禅泰山。在他周围,聚集着数量众多的鲁生、儒生,最终采纳董仲舒的建议实行"独尊儒术",儒家思想代替黄老之学成为汉王朝的主流思想。

汉武帝的鲁文化情结首先是由鲁地"魅力"引发的:鲁地一马平川,有着优异的农业条件,在重农抑商的时代,是得天独厚、无与伦比的先天条件。由此鲁国轻而易

---

[1] 《论语·八佾》。
[2] 《史记·游侠列传》。
[3] 《庄子·田子方》。

举地走上小康之路,这是关中望尘莫及的天然条件,异样的自然环境和地理条件使汉武帝向往无比;鲁国在周公思想指导下经历了最早的政治文化建设,上层建筑先进,最鲜明的特征是尊尊尚亲、崇文尚礼的文化精神,即便是东周几百年"礼崩乐坏"的时代,仍然最大限度地保持了宗法礼乐传统,始终秉持周礼,使鲁国在东周时期虽然丢失"诸侯之班长"的地位,但是依然稳坐精神文化的高地,这不能不使迫切需要吸纳文化传统进行大规模文化建设的汉武帝另眼视之。

鲁文化是多元性、兼容性、适应性极强的文化类型,它的源头主要有三个:东夷文化、早商文化和周文化,三者经历了周初周公、伯禽父子及其后世强有力的文化建设使其交融碰撞而凝结为以明德慎罚、崇文重礼、宗法秩序为主要特色且适宜于大一统社会的高层次文化,故而得到汉武帝器重与改造,使之成为帝国文化建构的基础。

鲁地确是当时的人才摇篮,史称"山东出相,山西出将"[1],如丞相萧何、曹参、周勃、王陵等人是也。鲁地人才如博士、儒生充斥着汉朝廷,影响着皇帝的重大决策,使皇帝不能不对鲁地充满敬仰。思想文化上的兼容并包、特色发展等等使汉武帝对东方鲁国文化始终保持着较高的关注度,才会有武帝八次封泰山。

汉武帝的鲁文化情结,与汉朝前期的社会状况也有着密切的关系。汉代初年,经济上"自天子不能具醇驷,而将相或乘牛车"[2],对外关系上有"白登之围"的被动与匈奴单于致情书于吕后的屈辱,特殊的社会环境造就了汉武帝的奋发向上。武帝认识到,要改变这一切是个系统工程,必须进行全面的帝国建设,特别是上层建筑领域的文化建设,刚健有为、勇于担当、强调秩序、维护大一统的鲁文化是最好的选择。其时东方鲁地正在经历着官私学均空前发展、大批思想家涌现、学术上空前繁荣的时期,关中却没有产生一个真正的思想家,秦国吕不韦的杂家著作是"集儒生使著其闻"[3]而成,汉承继的秦文化过刚易折的特性不利于"君临天下",不得不"另谋高就"来满足统治需要。

"汉承秦制"是"据秦之地"、"用秦之人"、"承秦之制",在"拿来主义"这点上,秦、汉有相似之处,尤为突出者有两个方面:"一是对秦以外诸文化的拿来主义。从有关资料来看,秦人远祖曾'拿来'过夏、商文化,相比之下,其'拿来'戎狄文化最多,以致被称作'戎化',被视为'西戎之一支'。考古资料表明,秦人早在居西陲时便开始'拿来'周文化,吸收了周人的制陶技术,建国后,在农业、青铜制造业、文字以及礼仪制度

---

[1]《汉书·赵充国传赞》。
[2]《汉书·食货志》。
[3]《吕氏春秋》高诱注。

等方面,更是全面地'拿来'了周文化。战国以后,秦又'拿来'了法家理论,(使秦文化面貌为之一新)……统一后,秦始皇'拿来'了齐人邹衍所创立的五德终始说……又'拿来'了神仙家学派的理论,大搞求仙人、求'不死之药'的活动……二是对别国人才的拿来主义。为了更好地吸收外来人才,秦发展完善了客卿制度。"[1]总之凡是有用的东西,秦皇汉武都同样有兴趣,并有效嫁接,使之对本朝政治具有极强的适应性。无论是儒家、道家、还是五德终始说,都有适宜于汉帝国大厦的一面,都有益于维护大一统专制集权,迎合了汉武帝的心理需求。鲁文化体系完备、博大精深,汉武帝好大喜功,两者一拍即合,这也是汉武帝对鲁文化产生特殊感情的关键所在。

三、鲁文化对汉武政治的影响

(一) 崇文——独尊儒术,建立太学,置五经博士

1. "罢黜百家,独尊儒术"

春秋战国以来的百家争鸣,促进了区域间的文化交流。在此背景下,鲁文化日益发展,表现在思想领域,是孔孟之学的兴盛、邹衍阴阳五行说对鲁学的渗透以及荀子对鲁学的创新与发展。这些为其后董仲舒以阴阳五行说构筑新的儒学体系作了理论准备,也表现出鲁文化兼收并蓄、自我调节的更新功能及再生能力很强的特点。汉武帝独尊儒术,看重的应该就是鲁文化的这些文化特质。"独尊儒术"使鲁文化实际获得了在政治文化上的支配地位,由区域文化成长为大一统背景下的官方文化,最终融入到统一的中国传统文化之中,并成为中国传统文化的主流。需要特别注意的是,汉武帝的"罢黜百家,独尊儒术",并不是纯粹意义上的仅取儒家,而是把鲁文化中的精髓拿来,以此为核心,把汉家早期尊奉的道家、秦朝的法家等有机糅和起来,形成了更适宜于当时社会的新儒家。

2. 建立太学,置五经博士

董仲舒于武帝元光元年(公元前134年)在《对策二》中提出"故养士之大者,莫大乎太学。太学者贤士之所关也,教化之本原也……臣愿陛下兴太学,置明师,以养天

---

[1] 黄留珠:《秦文化和华夏传统》"秦文化的基本特征及其对民族传统的影响",学林出版社,1993年,第6—15页。

下之士"[1]。汉武帝根据董仲舒的建议于元朔五年下诏要求公孙弘、孔威等作出建立太学的具体计划,至汉武帝元朔五年(公元前124年)置博士子弟,建立太学。汉武帝除了置五经博士、选拔秀才之外,还延续前朝所实行的察举征辟制,察举征辟最初极重德行与才能,所以这些被征之人多是德高望重并且才学出众者,例如鲁地大儒申培和司马相如分别被拜为太中大夫和郎官。通过置五经博士等这些措施为汉王朝招纳了许多人才,他们为拱卫汉王室作出了不可磨灭的贡献,也体现了汉武帝招贤纳士、壮大汉王朝的雄心大略。

(二)尚礼——宗法秩序,三纲五常

汉武帝时为了稳定秩序,采纳董仲舒的建议,独尊儒术,借鉴了儒家的三纲五常,倡导"君为臣纲、父为子纲、夫为妻纲"。三纲之中"君为臣纲"是核心,居于主导地位,"父为子纲"和"夫为妻纲"处于从属地位,它关乎到了宗法背景下封建社会中的国家政治关系,家庭中的伦理关系,在客观上解决了政权、父权、夫权的地位和作用问题,使尊卑有别,长幼有序。所谓"五常"即董仲舒将孔子的仁礼和孟子的仁义相结合所创造的仁、义、礼、智、信,重点解决政治修养和道德修养的问题。三纲五常观念既为宗法封建专制主义统治提供理论依据,也为人们提供了社会生活中一整套严密的行为准则。以此为标准,上至王公大臣,下至平民百姓的行为和心理得以规整,使得思想统一,社会有序,宗法秩序得以稳定。

(三)重德——教化为先,察举征辟

汉武帝执政初期,在大力加强中央集权的同时,提倡以德治国,所以董仲舒根据以德治国的思想提出了教化为先,德刑互补的方法。在董仲舒的建议下,武帝于元光元年(公元前134年)冬十一月,下诏实行举孝廉,从此汉朝以"孝"治天下。

四、结　语

汉武帝的鲁文化情结,非常典型地代表了有为君主的一般心理——对统治辖区内的优秀文化必须重视吸收、整合,从文化的角度寻求支持力量,以抚慰民心,也更好地完善帝国的统治思想。

---

[1]《汉书·董仲舒传》。

汉武帝全面接触鲁文化的过程,从文化史的角度看正是关键历史时期的文化整合现象。"文化整合"是文化变为整体的或完全的过程,在此过程中,构成文化的各要素、各系统之间互相涵化,互相调适,形成新的"文化模式"。文化整合的特点,一是过程性,达成模式只是相对静止,整合不会停止;二是"整体大于部分之和"。汉帝国文化正是春秋战国以来中国文化不断碰撞、整合的结果,其大一统的文化模式对后来的中国历史影响巨大。"国家统一,使多元文化整合的速度加强;而整合后的一统文化,具有强大的凝聚力和向心力,又反过来增进政治一统。秦汉四百年间,这二者互相推动,形成互补机制。"[1]

作为两周时期独具特色的地域文化鲁文化,经过以孔孟为代表的儒学大师的发扬光大以及汉武帝的"独尊",使鲁文化由地方之学演化为官方正统思想。在此过程中,汉武帝运用鲁文化中的精髓,将儒家文化推到了一个新的高度。在中华文明的创生、奠基、定型并走向强盛的过程中,鲁文化作出了重大的贡献,充分发挥了率先腾飞,牵动全局的主导作用。无论汉武帝以什么样的心理去吸纳鲁文化,毕竟他弘扬了当时最先进、最适宜于大一统的文化基因,鲁文化中的优秀因子变成了汉文化中的新鲜血液,与其他文化一道共同发展,创造了全新的汉文化,使鲁文化更具活力和生命力。鲁文化也在此过程中完成了由区域文化向一统文化的华丽转变,并在此后的历史长河中影响深远。

---

[1] 冯天瑜、杨华:《中国文化发展轨迹》,上海人民出版社,2000年,第111页。

汉代出土文献所见《孝经》考述

刘海宇
日本岩手大学平泉文化研究中心

《孝经》是一部重要的儒家经典,传为孔子所作,自西汉时代以来即颇受历代封建王朝的重视。《孝经》有今文和古文两个系统,《汉书·艺文志》云"《孝经古孔氏》一篇,二十二章。《孝经》一篇,十八章"。又叙述《孝经》的成书、传承与文本曰[1]:

> 《孝经》者,孔子为曾子陈孝道也。夫孝,天之经,地之义,民之行也。举大者言,故曰《孝经》。汉兴,长孙氏、博士江翁、少府后仓、谏大夫翼奉、安昌侯张禹传之,各自名家。经文皆同,唯孔氏壁中古文为异。

班固又云《今文孝经》五家所释"父母生之,续莫大焉"、"故亲生之膝下"均有未安,而古文字读均有不同,似对《古文孝经》字读有某种程度的肯定。

《太平御览》引桓谭《新论》云"古《孝经》一卷,二十章,千八百七十二字,今异者四百余字"[2]。张富海先生认为此处的"二十章"应为"二十二章"之误[3]。

许慎之子许冲在《上说文解字表》中说"(许)慎又学《孝经孔氏古文说》。《古文孝经》者,孝昭帝时鲁国三老所献。建武时,给事中议郎卫宏所校,皆口传,官无其说。谨撰具一篇并上"。段玉裁《说文解字注》认为鲁三老所献《古文孝经》即孔氏壁中书[4]。

陆德明《经典释文》在继承《汉书·艺文志》的基础上,又云秦焚书时《今文孝经》为河间人颜芝所藏,至汉代其子颜贞献于朝廷,共十八章。而对《古文孝经》的流传、

---

[1] 班固:《汉书》,中华书局,1962年,第1718页。
[2] 李昉:《太平御览》第五册,河北教育出版社,1994年,第783页。
[3] 张富海:《汉人所谓古文之研究》,线装书局,2007年,第14页。
[4] 段玉裁:《说文解字注》,上海古籍出版社,1981年,第787页。

分章以及传疏等有如下的记载：

> 又有古文出于孔氏壁中，别有《闺门》一章，自余分析十八章，总为二十二章。孔安国作《传》，刘向校书定为十八，后汉马融亦作《古文孝经传》，而世不传。

这段话似应理解作陆氏认为《古文孝经》出现时为二十二章，孔安国为之作《传》，刘向校书时定孔安国《传》为十八章。陆氏接着说：

> 世所行郑注，相承以为郑玄。案《郑志》及《中经簿》无，唯中朝穆帝集讲《孝经》，云以郑玄为主。检《孝经注》与康成注五经不同，未详是非（江左中兴，《孝经》、《论语》共立郑氏博士一人）。《古文孝经》世既不行，今随俗用郑注十八章本[1]。

从这段话的意义看，《孝经》郑注应为今文本，陆氏颇怀疑其注者非郑玄。"世既不行"应指"江左中兴"而言，也就是说这段话应写成于隋代统一之前。

《隋书·经籍志》关于《孝经》的描述是：

> 遭秦焚书，为河间人颜芝所藏。汉初，芝子贞出之，凡十八章，而长孙氏、博士江翁、少府后苍、谏议大夫翼奉、安昌侯张禹，皆名其学。又有《古文孝经》，与《古文尚书》同出，而长孙有《闺门》一章，其余经文，大较相似，篇简缺解，又有衍出三章，并前合为二十二章，孔安国为之传。至刘向典校经籍，以颜本比古文，除其繁惑，以十八章为定。郑众、马融，并为之注。又有郑氏注，相传或云郑玄，其立义与玄所注余书不同，故疑之。梁代，安国及郑氏二家，并立国学，而安国之本，亡于梁乱。陈及周、齐，唯传郑氏。至隋，秘书监王劭于京师访得《孔传》，送至河间刘炫。炫因序其得丧，述其议疏，讲于人间，渐闻朝廷，后遂著令，与郑氏并立。儒者喧喧，皆云炫自作之，非孔旧本，而秘府又先无其书[2]。

与上引《经典释文》相印证，可见《经籍志》对其的继承，此处言《古文孝经》"长孙有《闺门》一章"中的"长孙"两字似为衍文。刘向以今文颜本定《古文孝经》为十八章说亦明显承自《经典释文》，关于郑玄注的怀疑亦明显是对陆德明说的解释。《古文孝经》孔传亡佚于南朝梁末战乱是《经籍志》的新说。隋代刘炫重新访得《古文孝经》孔传事大概发生在《经典释文》成书之后，为其所不载。《古文孝经》孔传重出人寰之后，与《今文孝经》郑玄注并传于世，而学者颇疑刘炫作伪。

---

[1] 陆德明：《经典释文》，中华书局，1985年，第48页。
[2] 魏征：《隋书》，中华书局，1973年，第935页。

自此以降，《今文孝经》郑注、《古文孝经》孔传以及《古文孝经》本身的真伪问题一直是历代学者们争论不休的话题。民国时期古史辩派王正己《孝经今考》一文认为《古文孝经》孔氏传为隋代刘炫伪作，《古文孝经》本身为刘向之前无名氏依据今文而作[1]。今人胡平生先生则认为《古文孝经》以及孔传并非刘炫的伪作[2]。撇开传、注说不谈，仅就《古文孝经》自身而言，胡先生云唐代之前的《古文孝经》有"《汉志》所说出于孔氏壁中的'孔氏本'"与"《隋志》所说的'刘炫本'"两种版本，而根据许慎之子许冲《上说文解字表》，两者中间还应存在过卫宏校定、许冲奏上的"卫宏本"。"孔氏本"二十二章，"卫宏"本章数不明。

许慎《说文解字》所引《古文孝经》应是"卫宏本"，其中有"仲尼凥"、"哭不偯"、"祭则鬼亯之"三句[3]。"凥"、"偯"、"亯"三字，现存较早《古文孝经》版本四川大足宋代摩崖石刻作"居"、"依"、"享"[4]，敦煌残卷《古文孝经》孔传亦作"享"[5]，可见唐宋间的《古文孝经》均与许慎所引古文版本不同。

汉代所广为流传的《孝经》究竟是什么样子？汉代出土文献中所见的《孝经》作为准确的第一手资料，是汉代直接遗留下来的文字材料，具有重要的学术研究价值，可以为我们研究《孝经》的版本与流传提供不可多得的参照。20世纪初叶以来，汉代简牍、碑刻以及壁画墓文字中多有与《孝经》相关的文字出土，本文拟梳理这些出土文献中所见的《孝经》，以期对两汉时代《孝经》的流传和版本问题的研究有所裨益。

一、两汉简牍文献所见《孝经》及相关资料

20世纪以来，全国各地出土了大批汉代简牍，其中与《孝经》相关的资料有下面几批。

---

[1] 王正己：《孝经今考》，《古史辨（第四册）》，上海古籍出版社，1982年，101—112页。本文引王说均据此。

[2] 胡平生：《日本〈古文孝经〉孔传的真伪问题》，《文史（第二十三辑）》，中华书局，1984年，第287—300页。本文所引胡先生意见均出此文，下面不再加注。

[3] 吴玉搢：《说文解字引经考》，《续修四库全书》203册，上海古籍出版社，2002年，第588—628页。

[4] 舒大刚：《范祖禹书大足石刻〈古文孝经〉校定》，《宋代文化研究（第十一辑）》，2002年，第389—394页；拓本见重庆大足石刻艺术博物馆等编：《大足石刻铭文录》，重庆出版社，1999年，第45—55页。

[5] 孔安国注：《古文孝经·敦煌残卷》，《续修四库全书》229册，上海古籍出版社，2002年，第2页。

（一）20世纪70年代肩水金关遗址出土的汉简中有《孝经》，正式发掘出土的汉简收录在《肩水金关汉简》第一册至第四册中，而《孝经》简多属于采集简，尚未正式发表。郝树声《从西北汉简和朝鲜半岛出土〈论语〉简看汉代儒家文化的流布》（以下简称郝文）一文公布了四支肩水金关汉简中的《孝经》简[1]，惜未有图版。此外14号、31号探方出土了几支简与《孝经》有关[2]，兹一并抄录如下。下文简称为金关《孝经》。

1. ☐中尼居曾子寺子曰先☐　　　73EJC：37

此文见于《孝经·开宗明义章第一》，今本作："仲尼居，曾子侍。子曰：先（王有至德要道，以顺天下，民用和睦，上下无怨，汝知之乎。）"[3]简文中的"中"、"寺"今本作"仲"、"侍"，后者是前者表示引申意义的加注意符分化字，两者是通用字，西汉时代的习用字为前者，而东汉时代《安平东汉壁画墓》中的文字已经改为当时的通行字"仲"与"侍"。

2. 不及者未之有也曾子曰甚哉☐　　　73EJC：179

此文见于《庶人章第六》和《三才章第七》，今本《庶人章》作："（故自天子至于庶人，孝无终始，而患）不及者，未之有也。"今本《三才章》作："曾子曰：甚哉，（孝之大也。）"惜未见图版，不知中间有无分章符号。

3. 曾子曰敢问圣人之德无以加于孝乎子曰天地之间莫贵于人=（人人）之行莫大于孝=（孝孝）莫大于严=父=（严父严父）　　　73EJC：176

此文为《圣治章第九》的起首句，今本作："曾子曰：敢问圣人之德，无以加于孝乎。子曰：天地之性，人为贵。人之行，莫大于孝。孝莫大于严父，严父（莫大于配天。）"简文"天地之间，莫贵于人"，今本《孝经》与大足石刻《古文孝经》均作"天地之性，人为贵"，金关《孝经》与之不同。

4. ☐其父则子说敬其兄则弟说敬其君则☐　　　73EJC：180

---

[1] 郝树声：《从西北汉简和朝鲜半岛出土〈论语〉简看汉代儒家文化的流布》，《敦煌研究》2012年第3期。

[2] 据《肩水金关汉简》一书的凡例，73EJC：37的意义是，73表示该简出土于1973年，E代表额济纳河流域，J代表出土地点肩水金关，C表示该简为采集的散简，最后的数字为该简的编号。参见：甘肃简牍保护研究中心等编：《肩水金关汉简（一）》，中西书局，2011年，凡例1页。

[3] 本文所录今本《孝经》据阮元校刻：《十三经注疏》，中华书局，1980年，第2545—2561页，下文不再加注。今本《孝经》是唐玄宗的《御注孝经》，属于《今文孝经》。本文所引《礼记》等亦据此书，不再加注。

此文见于《广要道章第十二》，今本作："(礼者,敬而已矣。故敬)其父,则子悦,敬其兄,则弟悦,敬其君,则(臣悦。敬一人,而千万人悦。)"

5. □之法言不 ▨ (敢)□　　73EJT14：42[1]

此文见于《卿大夫章第四》，今本作："(非先王)之法言不敢(道)。"此残简是削衣，"不敢"两字的左半已经不存，"敢"字只存右半部"▨"形，原报告未释，字形明显与居延汉简"敢"字的"▨"或"▨"右旁写法近似[2]，所以应是"敢"字。

6. 上而不骄者高而不危制节谨度而能分施者满而不溢　　73EJT31：44A＋T30：55A[3]

此文见于《诸侯章第三》，今本作："在上不骄,高而不危;制节谨度,满而不溢。"简文比今本多出"而能分施者"，此段文字后尚有"《易》曰：亢龙有悔,言骄溢也。亢之为言"。刘娇先生《汉简所见〈孝经〉之传注或解说初探》一文(下文简称《初探》)认为，简文至"言骄溢也"均属于经文，与今本《孝经》属于不同的版本，自"亢之为言"则是《孝经》的传注或解说[4]。何茂活先生认为，简文或是疏解《孝经》的某种著作，或是后世失传而早于《孝经》的某种典籍[5]。

7. □侯柏子男乎故得万国欢心以事其先王是以天下无畔国也爵□　　73EJT31：104A

简文前半部分见于《孝治章第八》，今本作："(而况于公)侯伯子男乎？故得万国之欢心,以事其先王。"简文后半"是以天下无畔国也"与前半文意通顺，应属同一文章。刘娇《初探》所谓《孝经》解说或传注说较为合理。

8. 行苇则兄弟具尼矣故曰先之以博爱而民莫遗其亲百廿七字□　　73EJT31：141

《行苇》为《诗经·大雅·生民之什》的诗篇名，诗文"戚戚兄弟,莫远具尔"描

---

[1] 甘肃简牍保护研究中心等编：《肩水金关汉简(二)》上册,中西书局,2012年,第13页。编号73EJT14：42中的T14代表该简出土于14号探方。

[2] 陈建贡等编：《简牍帛书字典》,上海书画出版社,1991年,第373页。

[3] 甘肃简牍保护研究中心等编：《肩水金关汉简(三)》上册,中西书局,2013年,第215页。

[4] 刘娇：《汉简所见〈孝经〉之传注或解说初探》,《出土文献(第六辑)》,中西书局,2015年,第293—303页。

[5] 何茂活：《肩水金关第24、31探方所见典籍残简缀联与考释》,《简帛研究2015秋冬卷》,广西师范大学出版社,2015年,第112—128页。

述的是兄弟相守,简文评论云"兄弟具(俱)尼(昵)",贴合《行苇》篇主题。简文后半"先之以博爱,而民莫遗其亲"见于《三才章第七》,今本作:"(先王见教之可以化民也,是故)先之以博爱,而民莫遗其亲。"此段简文抑或是《孝经》的某种解说或传注。

9. ☐天子曰兆民诸侯曰万民　　73EJT31∶42A

此简文见于《孝经》郑氏注。《天子章第二》载"《甫刑》云:一人有庆,兆民赖之",郑氏注云"亿万曰兆。天子曰兆民,诸侯曰万民"。鉴于金关汉简大多属于西汉末年,刘娇《初探》认为《孝经》郑氏注的一些内容沿袭前代经师的解说,这是符合实际的。

(二) 1973年发掘的定县40号汉墓出土大批竹简,其中的《儒家者言》与《文子》中有与孝相关的内容。发掘者从墓中出土竹简的年号判断,此墓主人为死于五凤三年(前55年)的中山怀王刘修[1]。《儒家者言》是记载孔子及其弟子言行的一种书,从阜阳汉简《儒家者言》看,此书应成书于战国时期,书中所见最晚的人物是曾子的弟子乐正子春[2]。汉简《文子》亦肯定是成书于先秦时期的书籍[3]。兹抄录定县竹简《儒家者言》与《文子》中与孝相关的内容如下。

1.《儒家者言》第二十二章

　　☐故人主孝则名☐　　　999
　　☐天下[誉矣人臣孝]则事君忠处☐　　1840
　　☐置之子不敢撅也父母全之子不敢☐　　1842
　　☐父母全而生之☐　　1848

此章内容见于《吕氏春秋·孝行览》,乐正子春下堂伤足,与弟子问答时引其师曾子所闻孔子语。今本作:"人主孝,则名(章荣,下服听,)天下誉。人臣孝,则事君忠,处(官廉,临难死。)……(父母置)之,子弗敢废,父母全之,子弗敢(阙)。……父母全而生之,(子全而归之,不亏其身,不损其形,可谓孝矣。)"[4]其中"父母全而生之"句又见于《大戴礼记·曾子大孝》[5]和《礼记·祭义》。

---

[1] 河北省文物研究所:《河北定县40号汉墓发掘简报》,《文物》1981年第8期。
[2] 韩自强著:《阜阳汉简〈周易〉研究》,上海古籍出版社,2004年,第162—163页。
[3] 河北省文物研究所定州汉简整理小组:《定州西汉中山怀王墓竹简〈文子〉的整理和意义》,《文物》1995年第12期。
[4] 王利器撰:《吕氏春秋注疏》,巴蜀书社,2002年,第1360—1361、1370、1375页。
[5] 王聘珍撰:《大戴礼记解诂》,中华书局,1983年,第85页。

2.《儒家者言》第二十四章

　　☐肤受诸父母曾子☐　　866
　　☐何谓身体发肤弗敢毁伤曰乐正子☐　　1831
　　☐毁伤父不子也士不友也☐　　313
　　☐荣无忧子道如此可胃（谓）孝☐　　1199
　　☐[教之所由曰孝☐经☐☐☐　　1845
　　☐之且夫[为人子亲死然后事]☐　　769

　　此段文字似为乐正子春与弟子有关孝的答问,不见于传世文献,但明显与今本《孝经·开宗明义章第一》中的"身体发肤,受之父母,不敢毁伤,孝之始也"有关。《论衡·四讳》引为"身体发肤,受之父母,弗敢毁伤"[1],可见汉代《孝经》版本中有作"弗敢毁伤"者。

3.《文子·道德》[2]

　　高而不危高而不危者所以长守民　　0864
　　有天下贵为天子富贵不离其身　　2327

　　此文与今本《文子·道德》篇很有不同,今本《文子》载老子答文子之问曰:"处大满而不溢,盈而不亏,居上不骄,高而不危。盈而不亏,所以长守富也。高而不危,所以长守贵也。富贵不离其身,禄及子孙,古之王道,具于此矣。"[3]今本《文子》讲的是王道,简文讲的是天子,立意还是近似的。我们以为此段文字与《孝经·诸侯章第三》非常近似,今本作:"在上不骄,高而不危。制节谨度,满而不溢。高而不危,所以长守贵也。满而不溢,所以长守富也。富贵不离其身,然后能保其社稷,而和其民人。盖诸侯之孝也。"《孝经》讲诸侯之孝,文字内容虽然与简文近似,但最后一句的立意却有很大的不同。

　　胡平生先生认为,《儒家者言》中与《孝经》有关的内容"可能是《孝经》的传注或解说"[4]。刘娇《初探》认为,第二十四章内容与《孝经》的关系密切,极有可能是《孝经》

---

[1] 黄晖撰:《论衡校释》,中华书局,1990年,第971页。
[2] 河北省文物研究所定州汉简整理小组:《定州西汉中山怀王墓竹简〈文子〉释文》,《文物》1995年第12期。
[3] 王利器撰:《文子疏义》,中华书局,2000年,第231—232页。
[4] 胡平生:《〈孝经〉是怎样一本书》,氏著《孝经译注》,中华书局,1996年,第9—10页。

的传注或解说,而第二十二章内容不直接见于今本《孝经》,不能排除摘录自其他儒家著作的可能性。

(三) 1993年出土于江苏尹湾六号汉墓的《神乌赋》中,有一句似引自《孝经》的内容。该墓出土简牍中有西汉成帝的年号"永始"与"元延",发掘者认为墓葬应属西汉晚期成帝末年[1]。汉代人以乌为孝鸟,赋中说"其性好仁,反哺于亲"。该赋以拟人的手法,描写了雄乌受到盗鸟的伤害,与雌乌临终诀别时的对话。其中雌乌说[2]:

以死伤生圣人禁之　127号简

裘锡圭先生注引《孝经·丧亲章》"三日而食,教民无以死伤生,毁不灭性,此圣人之政也"[3]。简文明显缩取此段文字的大意,化用自《孝经》应无疑问。

二、汉代碑刻所引《孝经》

关于汉代碑刻文字中所引的《孝经》,清人皮锡瑞《汉碑引经考》已有所涉及[4]。近一个多世纪以来,又出土了不少汉代碑刻,就我们视野所能及,兹列引用《孝经》的碑刻及其文字内容如下。

1. 禳盗刻石

刻石1980年发现于山东金乡县鱼山山顶的一号汉墓中,已残,文字篆隶相间,发掘者认为墓葬应为西汉晚期[5]。第二段残石的刻文内容中有:

身礼(体)毛釜(肤)父母所生慎毋毁伤天利之

文字内容与今本《孝经·开宗明义章第一》中的"身体发肤,受之父母,不敢毁伤,孝之始也"相近。铭文中,"身体"的"體"作"禮"字,两字均为"豊"声,应为音近通假字。"肤"字写作"釜",从虫、父声,《玉篇》收录此字,曰"音甫,虫名"[6],两字亦应是

---

[1] 连云港市博物馆:《江苏东海县尹湾汉墓群发掘简报》,《文物》1996年第8期。
[2] 连云港市博物馆等:《尹湾汉墓简牍》,中华书局,1997年,图版在72页,释文在149页。
[3] 裘锡圭:《〈神乌赋〉初探》,《文物》1997年第1期。
[4] 皮锡瑞:《汉碑引经考》,《石刻史料新编》第一辑第二十七册,台湾新文丰出版公司,1977年,第20605—20606页。本文所引皮锡瑞观点均出此书,不再加注。
[5] 顾承银、卓先胜、李登科:《山东金乡鱼山发现两座汉墓》,《考古》1995年第5期。
[6] 邢准:《新修絫音引证群籍玉篇》,《续修四库全书》229册,上海古籍出版社,2002年,第206页。本文所引《玉篇》均据此书,不再加注。

音近通假关系。

2. 幽州书佐秦君石柱铭

石柱铭1964年发现于北京西郊石景山上庄村东,根据铭文可知石柱刻于东汉永元十七年(105年)[1]。石柱铭中有引自《孝经》的内容。

> 孝弟之至通于神明

今本《孝经·感应章第十六》作:"孝悌之至,通于神明。""弟"为"悌"字的加注意符分化字,古文献中两者多通用,《说文》无"悌"字[2]。

3. 鲜于璜碑

碑刻1973年发现于天津武清县,刻于东汉延熹八年(165年)[3]。碑阴文字中有引自《孝经》的内容。

> 擗踊哭泣见星而行……生民之本孰不遭诸

今本《孝经·丧亲章第十八》云:"擗踊哭泣,哀以送之。……生民之本尽矣。"碑文应引自《孝经》。"擘"与"擗"为偏旁位置不同的异体字,《说文》"擘,撝也",而无"擗"字。《玉篇》收"擗"字,释为"拊心也"。可见到南北朝时期两字已经分化成用法不同的字。

4. 尹宙碑

碑刻全称"豫州从事尹宙碑",刻于东汉熹平六年(177年),发现于明代万历年间,现存河南鄢陵县[4]。碑文中有"进思尽忠"语,皮锡瑞《汉碑引经考》以及高文《汉碑集释》均认为引自《左传·宣公十二年》[5],此语又见于今本《孝经·事君章第十七》:"子曰:君子之事上也,进思尽忠,退思补过。"

5.《汉碑引经考》所列碑刻

我们把皮锡瑞《汉碑引经考》所列引《孝经》的汉代碑刻以表格的形式排列出来,

---

[1] 北京市文物工作队:《北京西郊发现汉代石阙清理简报》,《文物》1964年第11期。

[2] 许慎:《说文解字》,中华书局,1963年。本文所引《说文》均据此书,不再加注。

[3] 天津市文物管理处、武清县文化馆:《武清县发现东汉鲜于璜墓碑》,《文物》1974年第8期;天津市文物管理处考古队:《武清东汉鲜于璜墓》,《考古学报》1982年第3期。

[4] 徐玉立主编:《汉碑全集(第五册)》,河南美术出版社,2006年,第1606—1637页。

[5] 高文:《汉碑集释》,河南大学出版社,1993年,第429页。

以备研究("出典"览列该段文字在洪适《隶释·隶续》[1]或其他著录中的页码),表格最右栏列出今本《孝经》的相关内容。《汉碑引经考》所引汉代碑文中有四种出自传世文献中的碑体文学作品,虽不属于本文所研究的出土文献,但亦一并转录。

表一 《汉碑引经考》所收引《孝经》汉碑表

碑刻名称	碑刻文字	出 典	今本《孝经》相关内容
督邮斑碑	要道氏综	《隶释》140页	《开宗明义章第一》:先王有至德要道。
韩敕后碑	论要道根	《隶释》22页	同上。
泰山都尉孔宙碑	身立名彰	《隶释》82页	《开宗明义章第一》:立身行道,扬名于后世,以显父母,孝之终也。
孟郁修尧庙碑	故能高如不危满如不溢	《隶释》12页	《诸侯章第三》:在上不骄,高而不危。制节谨度,满而不溢。
益州太守高颐碑	理高满之危溢	《隶释》130页	同上。
卫尉卿衡方碑	法言稽古道而后行	《隶释》91页	《卿大夫章第四》:非先王之法言不敢道,非先王之德行不敢行。是故非法不言,非道不行。
司空房桢碑	公言非法度不出于口	《蔡中郎集》[2]436页	同上。
胡广征士法高卿碑	言满天下	《艺文类聚》[3]657页	《卿大夫章第四》:言满天下,无口过。行满天下,无怨恶。
冀州从事郭君碑	资于父母忠以事君	《隶续》438页	《士章第五》资于事父以事母而爱同,资于事父以事君而敬同。
尉氏令郑季宣碑	咨父事君	《隶续》439页	同上。
西狭颂	先之以博爱陈之以德义示之以好恶不肃而成不严而治	《隶释》52页	《三才章第七》:是以其教不肃而成,其政不严而治。先王见教之可以化民也,是故先之以博爱,而民莫遗其亲,陈之以德义,而民兴行。先之以敬让,而民不争。导之以礼乐,而民和睦。示之以好恶,而民知禁。
北海相景君碑	分明好恶先以敬让	《隶释》72—73页	同上。
益州太守高颐碑	示民敬让	《隶释》130页	同上。

---

[1] 洪适撰:《隶释·隶续》,中华书局,1985年。
[2] 蔡邕:《蔡中郎集》,《续修四库全书》1583册,上海古籍出版社,2002年。
[3] 欧阳询:《艺文类聚》,上海古籍出版社,1965年。

续表

碑刻名称	碑刻文字	出典	今本《孝经》相关内容
安平相孙根碑	先施博爱	《隶释》115页	同上。
太尉刘宽后碑	政不肃而威宣教不舒而德洽	《隶释》126页	同上。
沛相杨统碑	不肃而成	《隶释》87页	同上。
司空宗俱碑	不肃而成	《隶释》180页	同上。
司空袁逢碑	故能教不肃而化成政不严而事治	《蔡中郎集》437页	同上。
太邱长文范先生碑	教敦不肃	蔡邕《陈太丘碑文一首》[1]	同上。
成阳令唐扶颂	视以好恶	《隶释》60页	同上。
三公山碑	而[下]民知禁	《隶释》43页	同上。（皮氏引碑文的"而"字，今《隶释》中作"下"字。）
都乡孝子严举碑	孝弟之至通洞神祇	《隶续》394页	《感应章第十六》：孝悌之至，通于神明。
武梁祠画像赞	曾子质孝以通神明	《隶释》167页	同上。
酸枣令刘熊碑	孝行通神	《隶释》64页	同上。

三、汉代壁画墓文字所见《孝经》

除汉代简牍和碑刻之外，在汉代壁画墓的砖文中也发现了与《孝经》有关的文字。这些文字写在砖室墓券顶建筑用砖的外侧面，除《孝经》以外，还有《论语》《急就篇》中的内容。每块砖上写一字，《望都汉墓壁画》一书的作者认为这些文字有标识符号的作用，与墓室券顶的修建方法有关[2]，这种解释是可信的。

1. 望都壁画墓一号墓

墓葬发现于1952年，是券顶砖筑多室墓。安志敏认为该墓是死于阳嘉元年(132

---

[1] 蔡邕：《陈太丘碑文一首》，萧统：《文选》，中华书局，1977年，第802页。
[2] 北京历史博物馆、河北省文物管理委员会：《望都汉墓壁画》，中国古典艺术出版社，1955年，第9页。

年)的浮阳侯孙程墓[1]。在中室顶券正中间堆砌一列写有"中"字的砖,其北侧自下而上堆砌写有"孝弟之至通于神明"的砖。另外,尚有写"孝弟堂通于神明源"的砖,此处文字不通,似应为修砌券顶时砖的排列有误。

2. 安平东汉壁画墓[2]

发掘于1971年的安平东汉壁画墓亦是券顶砖室墓,墓中题有熹平五年(172年)的年号,可知墓葬确切年代。墓中券顶砖上写有《孝经》中的文字,现据发掘报告罗列如下。

前室左侧室文字

　　子曰爱亲者不敢恶人

同种砖堆砌26列,文句重复26次。"爱"与"恶"字均有三种写法,"敢"字有四种写法。今本《孝经·天子章第二》作:"子曰:爱亲者,不敢恶于人。"墓中文句与今本相比,少一"于"字。

中室左侧室文字

　　子曰孝子之丧亲哭不哀

此句重复13次。今本《孝经·丧亲章第十八》作:"子曰:孝子之丧亲也,哭不偯,(礼无容,言不文。)"墓中文句比今本少一"也"字,"哀"字今本《孝经》与大足石刻《古文孝经》均作"偯"。"偯"为"哀"字的加注意符分化字,汉代两者应为通用字,《说文》引《古文孝经》作"悠"字,释为"痛声也"。《说文》无"偯"字。东汉《李翊夫人碑》(《隶释》143页)已有"偯"字,《礼记·间传》"大功之哭,三曲而偯",郑玄注曰"偯,声余从容也",指尾音悠长的哭泣之声。"偯"为"哀"字加注意符"人"旁的分化字,变为形容悠长哭泣声音的专用字。

后中室文字

　　子曰孝子之丧亲哭不哀礼无容言(重复16次)
　　仲尼居曾子侍子曰先王有至德要道(重复65次)

后室文字

　　仲尼居曾子侍子曰先王有至德(重复9次)

---

[1] 安志敏:《评"望都汉墓壁画"》,《考古通讯》1957年第2期。
[2] 河北省文物研究所编:《安平东汉壁画墓》,文物出版社,1990年,第11页。

仲尼居曾子侍子曰先王有至(重复32次)
仲尼居曾子侍子曰先王有至(重复13次)

见于今本《孝经·开宗明义章第一》，内容与今本完全相同。"至"字有的写作"圣"，明显为隶古的写法，与《金石文字辨异》所引《汉周公礼殿记》"至"字写法相同[1]。

四、相关问题讨论

关于金关汉简《孝经》的年代，据郝文称采集简的年号自元凤六年(前75年)至元始四年(4年)。因未见图版，无法通过字体进一步推定年代。73EJT14∶42所出14号探方发掘简中有宣帝五凤三年(前55年)和元帝永光五年(前39年)两个年号，而且该简的字体亦符合这个时期简牍隶书的工整八分书体，所以基本可以判定金关汉简《孝经》属于西汉宣、元时期。金关汉简亦见《论语》残简，推定金关汉简《孝经》为宣、元时期也符合自西汉昭帝始即非常重视《孝经》、《论语》的大时代背景。这个时期尚为今文学派一统的时代，金关汉简《孝经》无疑是《今文孝经》，"居"字亦不作《说文》引《古文孝经》的"尻"，与今本《孝经》最大的不同是简本"天地之间，莫贵于人"，今本作"天地之性，人为贵"，从文义上考虑，简本似更加通顺。

关于《孝经》的章名，王正己云始于梁、唐，从天子到庶人五章为皇侃所加，至唐代才依群儒所议补齐所有章名。金关汉简《孝经》73EJC∶79号简抄《庶人章第六》和《三才章第七》两章的文字，中间并无章名。73EJC∶176号简自《圣治章第九》的起首句始，亦未有章名。金关汉简《孝经》没有章名应无可疑。

关于《孝经》的成书年代，王正己从《吕氏春秋》两处引《孝经》断定《孝经》成书于《吕氏春秋》之前，又以《庄子》始称经而判断《孝经》成书于《庄子》之后。定县40号汉墓出土的《儒家者言》与《文子》均成书于战国时代，其中与孝有关的内容与《孝经》有密切关系，对于研究《孝经》的成书年代有所帮助。

《汉书·艺文志》所载《孝经》解说或传注类著作有"《孙氏说》二篇，《江氏说》一篇，《翼氏说》一篇，《后氏说》一篇，《杂传》四篇，《安昌侯说》一篇"，金关汉简以及定县40号汉墓《儒家者言》中某些与《孝经》相关的内容应属于《孝经》解说或传注类著作。

---

[1] 邢澍撰：《金石文字辨异》，《续修四库全书》240册，上海古籍出版社，2002年，第109页。

两汉碑刻所引《孝经》大多是或引寥寥数字或缩取大意以成文,不是严格意义上的引用,虽难以据此讨论当时《孝经》的版本,但也可看出当时的用字习惯。其中,"幽州书佐秦君石柱铭"与"都乡孝子严举碑"中的"悌"字均作"弟",汉代《孝经》版本作"弟"字应无异议,今本今文、古文《孝经》均作"悌",应为后世传抄刊刻时更改为当时的通用字所致。

东汉壁画墓文字应是抄自《孝经》,而且砖文每句都重复许多次,可以看出抄写过程中的字体变化,具有一定的研究价值。砖文"孝悌"的"悌"作"弟",与碑刻文字相同,更加证明汉代《孝经》版本无疑作"弟"字。重复十六次的砖文"哭不哀"的"哀"字,今本《孝经》作"偯",大概后世传抄刊刻时才改为"偯"字,东汉卫宏本《古文孝经》作"悠"字,与今文经不同。"至"字重复五十余次,有一少部分作隶古写法"坙",而大部分作"至",从字体看,两者的笔迹似有不同,似应看作不同书手书写习惯的差异,而不应是所据版本的不同。

2014 年 3 月初稿
2016 年 10 月改定

也论孔子见老子

王培永

沂南北寨汉墓博物馆

"孔子见老子"是汉画像石的常见题材,目前发现的数量高居人物故事类榜首,是同类画像中数量最多并最先得到确认的画像。据笔者不完全统计,已知汉代画像石上的"孔子见老子"画像总数近80幅。笔者认为,孔子见老子实为儒家圣贤图。

一、研究概况

"孔子见老子"这一事件,不少典籍都有记载,可以想见,这是一个很有影响的事件。

1. 史籍记载

《史记·老子韩非列传》:"孔子适周,将问礼于老子……"

《史记·孔子世家》:"鲁南宫敬叔言鲁君曰:'请与孔子适周。'鲁君与之一乘车,两马,一竖子俱,适周问礼,盖见老子云。辞去,而老子送之曰:'吾闻富贵者送人以财,仁人者送人以言。吾不能富贵,窃仁人之号,送子以言……'"

《史记·仲尼弟子列传》又说:"孔子之所严事,于周则老子……"

《礼记·曾子问》:"孔子曰:'昔者吾从老聃,助葬于巷党。'"

此记述了孔子与老子助葬于巷党发生日食,老子对于这个突发事件的处理方式。

《家语》:"孔子谓南宫敬叔曰,吾闻老聃博古而达今,通礼乐之源,明道德之归,即吾之师也。"

《庄子·天运》:"孔子行年五十有一,而不闻道,乃南之沛,见老聃……"记载的是孔子多次见老子问道并最终得道的过程。

《吕氏春秋·当染》:"孔子学于老聃、孟苏、夔靖叔。"

皇甫谧《高士传·老子李耳》载:"老子李耳,字伯阳,陈人也……仲尼至周,见老子,知其圣人,乃师之。后周德衰,乃乘青牛车去……"

嵇康《高士传》载:"大项橐与孔子俱学于老子。俄而大项橐为童子,推蒲车而戏。孔子候之,遇而不识,问:'大项居何在?'曰:'万流屋是。'到家而知向是项子也。交之,与之谈。"为道教经典有关记载的代表。

画像石中项橐的代表性形象——推蒲车而戏,当与此有关。在人们的心目中,推蒲车(或鸠车)的童子就是项橐的象征[1]。

东晋戴延之的《西征记》记载了"孔子见老子"画像石:金乡山汉司隶校尉鲁恭墓"冢前有石祠石庙,四壁皆青石隐起。自书契以来,忠臣、孝子、贞妇、孔子及弟子七十二人形象。像边皆刻石记之,文字分明"[2]。所说"孔子及弟子七十二人形象"应该就是后世所说的"孔子见老子"。从该石祠画像来看,与武梁祠画像配置相近。

最早以"孔子见老子"命名画像的是南宋洪适(1117—1184)。洪适《隶续》卷十三记载:"右孔子见老子画像,人物七、车二、马三、标榜四。惟老子后一人榜漫灭……"这应该就是"武氏祠前石室后壁东段承檐石画像"(图一)。

图一 济宁市博物馆藏武氏祠孔子见老子拓片

从众多不同的典籍记载看,孔子见老子这个事件应该不是虚构的,而是在历史上真实发生的。

2. 分布情况

从文物考古发现来看,"孔子见老子"画像石主要出土于山东及靠近山东的徐州,以嘉祥为代表的济宁地区最多,枣庄、济南、泰安、临沂、潍坊、徐州等地都有发现,在

---

[1] 陈东:《汉画像石"孔子见老子"其实是孔子助葬图》,《孔子研究》2016年第3期。
[2] 王国维:《水经注校》卷八《济水》,上海人民出版社,1984年,第291页。

四川、陕西、河南等地,有零星发现。可以看出,分布较多的地方都是受儒家思想影响较深且汉画像石艺术兴盛的地方。这些画像,墓葬、祠堂、汉阙、石棺等石质构件上都有发现,以墓葬、祠堂发现为多。

3. 表现形式

一般认为,"孔子见老子"构图大致有四种形式:

第一类:画面上仅孔子和老子二人相向而立,如沂南北寨汉墓画像。

第二类:除孔子、老子外,还有一名孔子弟子,如新津崖棺(图二)、江苏射阳画像。这与《史记·孔子世家》记载一致。老子一般拄曲杖或鸠杖,孔子躬身向老子施礼。

图二　新津崖棺拓片

第三类:孔子率众弟子拜谒老子,众弟子一般手持书简,有秩序地向着老子施礼,队伍里面有时会有头戴雄鸡冠、武士打扮的子路。老子一般手拄曲杖,身后有时也刻有跟随者,一般认为这是老子的弟子,但很多画像发现在老子身后有"子路"形象,因此这些弟子也可能是孔门弟子(图三)。

第四类:孔子拜谒老子时,中间出现了一位稚童形象,一般认为此稚童为项橐,

图三　滕州后掌大汉墓石椁拓片,滕州汉画馆藏

这一类最多,项橐一般手推小(鸠)车,面向孔子。有的画像孔子袖内或手上有雁(或雉),这是古代士人的见面礼(图四)。

图四　嘉祥墓葬出土画像石拓片,山东工艺美术学院博物馆藏

4. 学者观点综述

第一种观点认为《孔子见老子》图像的主题思想是宣扬孔子谦虚好学等儒家思想美德,以及儒道间的相互交流、相互学习。持这种观点的最多。李强认为,"孔子见老子"像的出土成为"孔子问礼于老子"之事真实存在的佐证,并推断儒道两家思想的相互影响相互补充,从春秋末期就已开始。李锦山认为,历史上孔子是否会见过老子,后人存有疑问,但孔子见老子一事肯定在民间广为流传,所以成为鲁南画像石常见的题材之一。刘培桂认为,"孔子见老子"题材的汉画像在山东地区汉墓葬中多次出现,与山东作为儒学发源地的文化传统及汉代皇帝的"独尊儒术"分不开,也与东汉谶纬迷信盛行、神化孔老及儒道经典有密切关系。孔见老是后学拜见先生,说明汉初崇尚黄老,道家的思想影响根深蒂固,尽管汉武帝"独尊儒术",但实际上,这一时期的思想意识是儒道互补。赤银中认为孔老相会是两种学说的相互交流,预示着儒道两家学说在对立和统一的矛盾关系之前提下共同发展进步。巫鸿以武氏祠的"孔子见老子"像与四川新津的进行对比,发现后者画像中孔子向老子鞠躬表达敬意,老子则昂头袖手,直视来者;前者画中老子则走出都城,在路上迎接孔子,以表示对孔子的敬意。贾庆超亦认为"孔老相会"是汉代儒道思想出现交流融合明显趋向的形象化反映,体现了汉代既尊儒又崇道的精神文化意向。黄雅峰认为"孔子见老子"像体现了两种思想观念的交融和汇合,使出世和入世、理性和直觉两种观念协调地相互共存,以反对人的兽性化,反对一切残忍违背人道的行为,形成伦理道德的崇高性和伦理观的规范原则,最后成为系统的民族人道主义精神[1]。

---

[1] 摘自姜生:《汉画孔子见老子与汉代道教仪式》,《文史哲》2011年第2期。

第二种观点认为,"孔子见老子"里的人物是送葬队伍的一部分。张从军以微山沟南"孔子见老子"像为例,综合该石椁画像题材,分析孔老所处方位,认为孔子是送葬队伍的延续,老子是丧家的代表,礼迎孔子。因此,孔子见老子实际上表现的是汉代孝道中的敬老尊老思想。陈东认为,"孔子见老子"其实是孔子助葬图,所描绘的是《礼记·曾子问》孔子协助老子"助葬于巷党"的场景,意在表达"巷党"家丧葬礼制规格的严正与宏大。这里的"巷党"就是立于孔子与老子之间的"项橐"。《论语》中的"达巷党"其实就是"大项橐"。

第三种观点认为孔子见老子与老子授道书有关,姜生认为,孔子见老子图进入汉墓画像系统,根本原因在于当时的宗教,在于宗教中用之于墓葬的仪式。这种画像的出现所反映的历史逻辑是,老子已成为大神"老君",包括孔子及其众弟子在内所有死者必须前往拜见,因为见老子受道书乃是得道成仙的关键一步;而得道成仙乃是汉唐之际本土最神圣崇高的方式[1]。刘澍也持此观点[2]。

关于画像中项橐的出现,多认为是汉代雕刻家有意安排以体现孔子不耻下问,朱锡禄则认为是石刻者主观失误所致,"把不同时间的事情和人物搅在一起了"。张从军认为,西汉晚期至东汉初年的孔子见老子画像,主要是依据了《新序》的观点,项橐为圣人师,将项橐划到老子的阵营,反映了西汉时期儒家与道家思想的冲突,曲折表现了西汉王朝扬老抑孔的政治倾向;东汉晚期,则明白无疑地将项橐和《列子》中的小孩等同起来,虽有褒扬孔子不耻下问的成分,但还是西汉尊重黄老思想影响的继续[3]。姜生认为,项橐为晋前传说人物,死后与老孔二圣及颜回、子夏等孔门高足同在一个空间,并表现为与孔子对话的状态。汉画中,夭折而死却比肩孔、老的"大后橐"(后字读项)实为鬼界神祇,亦即汉晋信仰中身处冥界"蓬莱司马"要职且与季札并称鬼中圣贤的"项梁城"(或"项仪山")[4]。

二、另一种形式的"孔子见老子"

近期发现,两个以上士人打扮的一起看竹简的也有可能是"孔子见老子"。在山

---

[1] 姜生:《汉画孔子见老子与汉代道教仪式》,《文史哲》2011 年第 2 期。
[2] 刘澍:《从汉画孔子见老子管窥汉代的信仰体系》,《陕西学前师范学院学报》2015 年第 31 卷第 2 期。
[3] 姜生:《汉画孔子见老子与汉代道教仪式》,《文史哲》2011 年第 2 期。
[4] 姜生:《鬼圣项橐考》,《敦煌学辑刊》2015 年第 2 期。

东省费县刘家疃画像石墓前室南北两壁,有两幅各五人的人物画像,南壁画像与周公有关,北壁画像很可能是"孔子见老子"(图五)。

图五　山东费县刘家疃汉墓前室北壁画像:人物故事

北壁画像刻五人,左边二人腰佩长剑,相对而立,共执一简册,作交流状。右侧三人中间一人戴笠,双手按锸,与大禹形象相近。其余人物皆戴高冠,显示是士人以上身份。图像共有四处榜题,但因石质不好,皆漫漶不清,无从识别。通过研究,左边二人很可能是孔子与老子。南壁的这幅画像也刻画了五个人物(图六),并且用框分成了两部分。先看左边二人。左边一人持笏向右恭立,似在向右者禀告。右边之人头戴高冠,面向左边之人,其中一手执长剑向后方扬起,似在抵挡后面之人的进攻。此人上面有榜题,因石质不佳,只能隐隐约约看到右上角"周公"二字(图七),从字体大小比例看,此榜题应该是十个字,分成两列,应该是"周公□□□　□□□□□"。此图应该与周公有关,但与画像石上常见的"周公辅成王"区别较大,结合其余人物的动作与神态,推测有可能是周公与管叔或蔡叔的故事。

图六　山东费县刘家疃汉墓前室南壁:周公等人物

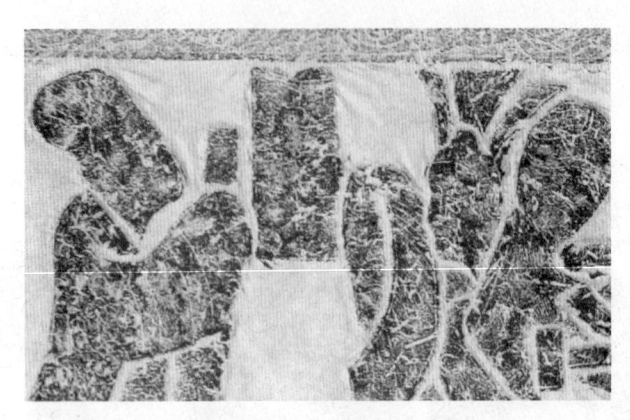

图七　放大图，榜题右上角隐约可见"周公"二字

有一个有趣的现象，在汉画像石画像配置上，像西王母与东王公配对登场一样，"孔子见老子"也经常与"周公辅成王"配套出现。有时会在左右相对的两块画像石中同时出现，如1983年嘉祥县纸坊镇养老院出土两块画像石就是如此（图八），两幅画

图八　嘉祥养老院出土的孔子见老子、周公辅成王画像石

像,画像风格、构图手法出奇地一致;沂南北寨汉墓、滕州后掌大汉代石椁墓、武氏祠双阙、长清孝堂山汉代祠堂等也是成双配对。有的祠堂甚至直接将这两个故事刻于同一个画面。有时也出现在同一画面的上下层,如1981年嘉祥县城东北五老洼出土的两块画像石的三、四层(图九),上下两层分别为周公辅成王、孔子见老子。有时还会出现在同一画像中,如东京国立博物馆藏孔老画像、江苏邱州市车夫山出土画像石、山东东平石马汉墓出土画像石等。由此推测,既然南壁画像石是周公,北壁画像石是孔子的可能性就非常高了。

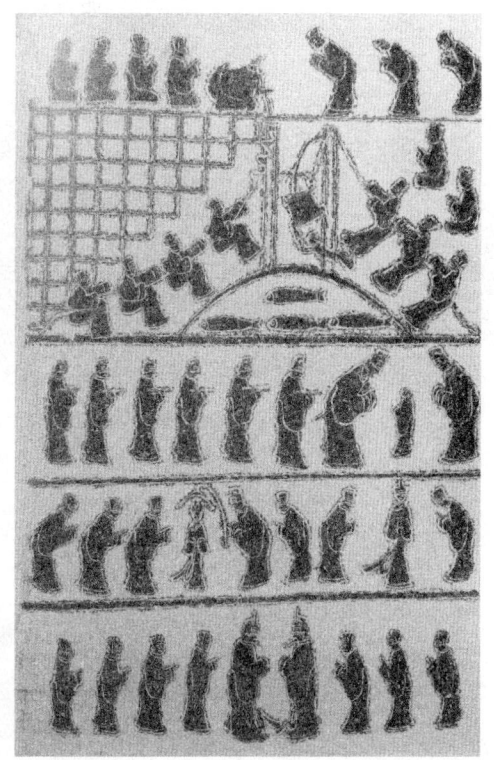

图九　嘉祥五老洼出土的画像石,周公辅成王与孔子见老子在同一画面上

新津汉棺9号棺、11号棺的画像(图一〇、一一)与费县刘家疃汉墓画像类似,共同点都是刻了五人,左边二人都是在一起看一简册,其余人佩长剑。高文先生认为,左边二人分别是老子与孔子,其余人员为随从和侍卫。

可能还有一些人物拜谒类的画像属于"孔子见老子"这个题材,只是由于没有榜题,人们不易识别,相信随着考古资料越来越多,更多形式的"孔子见老子"会被发现。

图一〇　四川新津 9 号石棺拓片

图一一　四川新津 11 号石棺拓片

三、对于"孔子见老子"画像的考古调查

笔者多年在基层从事文物保护工作,"近水楼台先得月",掌握了一些第一手的资料,就让我们先去粗略了解一下。

新中国成立以来发掘的汉画像石墓葬,墓中刻画孔子见老子的较多,但也有的典型汉画像石墓没有刻画。

1. 长清大街汉画像石墓。该墓是一座超大型画像石墓,墓中有四十余幅画像,有的雕刻精细,有的仅刻有轮廓,可能是时间仓促所致。画像有人物、神兽、粮仓、狩猎、车马出行等,孔子见老子仅刻画了轮廓(图一二)。与其余"孔子见老子"画像不同的是,项橐不是位于孔子、老子之间,而是位于画面中心,老子位于孔子身后,拄曲杖。

2. 嘉祥矿山村汉墓。此墓早年被盗,墓葬封土逐年减少,在门楣的孔子见老子画

图一二　长清大街汉墓孔子见老子拓片

图一三　嘉祥矿山村汉墓发掘现场

像石外漏后,被村民搬走,后流落民间。该墓也属大型画像石墓,2014年,济宁市文物局、山东省文物考古研究所组织进行科学发掘,但除孔子见老子外,其余仅有几幅简单的人物、车马画像,更多的是装饰线条(图一三)[1]。

该墓葬出土的孔子见老子画像石长2.68米,宽0.57米,凹面线刻,共刻有人物34人,雕刻精美,栩栩如生,还有多处榜题(图一四、一五)。在这个有着众多装饰性花纹的石刻构件墓葬中,显得特别突出。

---

[1] 解华英、傅吉峰:《浅谈嘉祥县出土孔子、老子、晏子同在的汉画像石》,《大汉雄风——中国汉画学会第十一届年会论文集》,2008年。

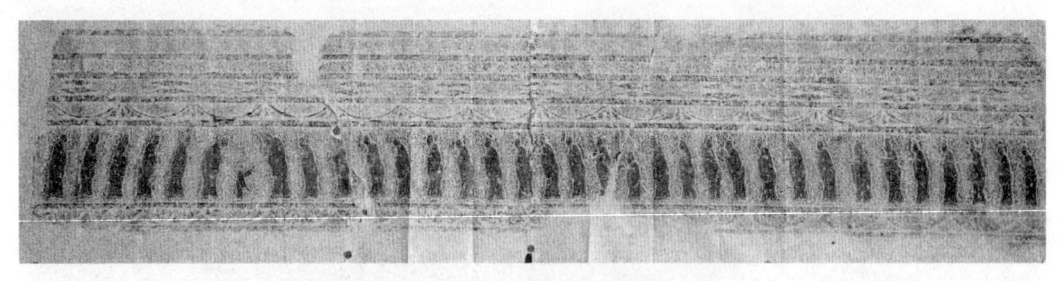

图一四　嘉祥矿山村汉墓画像石拓片

图一五　拓片局部，上有童子榜题"大巷党"

3. 安丘董家庄汉墓。此墓也是一座大型画像石墓，孔子见老子位于中室南壁东段横额上，刻有孔子携众弟子拜见老子的情形(图一六)。

图一六　安丘董家庄汉墓墓室照片

4. 长清柿子园汉墓。此墓除了横额上有孔子见老子、孔门弟子外,其余画像多为装饰花纹[1](图一七、一八、一九)。

图一七　长清柿子园汉墓发掘现场

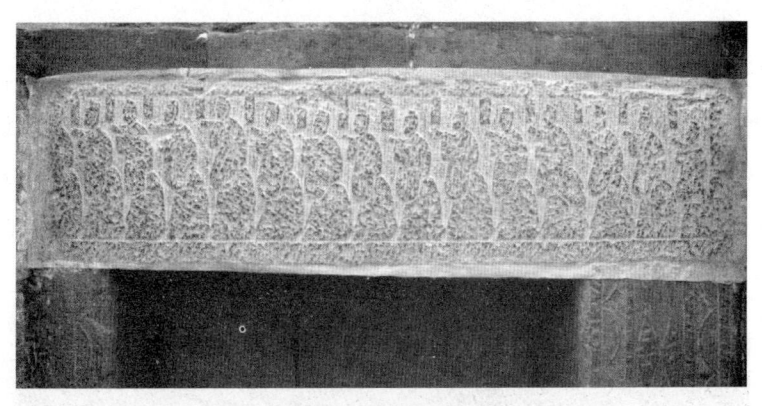

图一八　孔门弟子

任城墓、泰安大汶口汉墓、东阿画像石墓、嘉祥五老洼汉墓、费县刘家疃汉墓等墓葬皆有孔子见老子画像出土,位置不一。

但同属大型汉画像石墓的临沂吴白庄汉墓、徐州白集汉墓、平阴孟庄汉墓,莒县沈留庄汉墓,以及中小型的沂南梁家庄子两座汉墓,皆没有孔子题材画像出土。

汉代祠堂画像,同汉代墓葬情况差不多,也是画面各异,有的有,有的无。

嘉祥武氏祠三座祠堂中,据朱锡禄著《武氏祠汉画像石》,前石室第一石、第二石、

---

[1] 温娟:《长清区柿子园汉墓孔子见老子画像石考释》,《中外交流》2016年第25期。

图一九　长清柿子园汉墓发掘现场

第五石,后石室第九石,左石室第二石、第六石是孔子弟子画像,共计6幅。另有存放在济宁市博物馆的孔子见老子画像石为武氏祠部件,上有黄易的题跋刻字;武梁祠没有孔子题材的画像。武氏祠画像石的年代,从石阙上铭文得知为东汉桓帝建和元年(147年)(图一)。

　　长清孝堂山祠堂,孔子见老子位于祠堂后壁,贯穿东西两室,画像共有五层,孔子见老子位于第二层(从下往上),其中有榜题孔子(图二〇、二一)。山东长清孝堂山石祠最早的一条题记为东汉顺帝永建四年(129年),根据最新的历史考证,石祠为东汉章帝、和帝时期(76—105年)的一处墓地祠堂,长清孝堂山孔子见老子图的年代为东汉早期。

图二〇　孝堂山郭氏祠堂

·也论孔子见老子·

图二一　孝堂山郭氏祠堂后壁拓片,孔子见老子位于第二层(从下往上)

图二二　宋山小祠堂,四座祠堂中发现了两座刻有孔子见老子画像,皆位于山墙

祠堂画像,通常画面有多格,最上格一般刻西王母、东王公等仙界图像,孔子见老子占有一格,画面中的孔子与老子彬彬有礼,形态谦恭,颇具君子风范,孔子的众弟子则很活泼,但位置安排没有规律。其余格中有的刻庖厨、出行、拜谒等生活场景,有的刻二桃杀三士、荆轲刺秦王等经典的汉画故事,或者是老莱子娱亲、丁兰供木人等孝道故事,但这些画面配置同样没有规律可言。

但著名的武梁祠,滕州、微山的众多祠堂鲜有孔子题材的画像。

从以上情况归纳,墓中与祠堂是否刻画、在何处刻画、如何刻画孔子题材的画像规律不明显,因此笔者认为:

1. "孔子见老子"画像与其他题材的汉画像石一样,是汉画像石墓、汉代祠堂的重要组成部分,但不是必需的,是否刻画、如何刻画主要取决于墓主人与工匠的文化修养与喜好。有些专家据"孔子见老子"画像推论出的重要作用也许只是个案,并不能代表全部。画像内容受地域文化影响很大。孔子题材的画像,主要集中在嘉祥、邹城、滕州等地,这里是孔孟之乡,儒家思想在民间根深蒂固,出土这么多孔子题材画像也就不足为奇了。需要指出的是,画像石研究存在一个误区,有些专家试图找到一种汉画像石存在与发展的规律,而忽视了中国地域宽广、民族众多、文化多样的基本国情,得出的结论难免会有以偏概全的现象。

2. 墓室刻画孔子见老子画像的主要功能是为了让这些先贤名人在地下世界里陪伴自己。由于墓葬埋于地下,并不示人,因此刻画这些画像的主要目的是为墓主人服务,那就是辟邪、陪伴生活、升仙。长清柿子园汉墓、嘉祥矿山村汉墓如此重笔刻画孔子故事,大胆推测一下墓主人也许是孔子的粉丝吧。

3. 祠堂画像刻画孔子见老子画像的主要功能是教育后代、启示后人。由于祠堂属于地面建筑,是用于祭祀、纪念的建筑,其画像有教育后代、启示后人的作用。这类画像的作者原意应该是表现孔子的谦虚好学,为人师表,知识渊博。

四、"孔子见老子"图实为儒家圣贤图

1. "孔子见老子"中孔子所见的老子到底是谁?

"孔子见老子"这一事件,尽管有众多的史籍记载,有大量的画像石、壁画出土,但仍有专家认为是虚构的,其主要论据是《道德经》第38章关于"道、德、仁、义、礼"的论述,推论出《道德经》成书于战国时期或者更晚,作者应该晚于孔子,使得"孔子见老子"成为不可能。《道德经》第38章:"上德不德,是以有德;下德不失德,是以无德。上德无为而无以为;下德无为而有以为。上仁为之而无以为;上义为之而有以为。上礼为之而莫之应,则攘臂而扔之。故失道而后德,失德而后仁,失仁而后义,失义而后礼……"这篇文章以"道"的视角把秦统一中国前的文化脉络精髓作了简要总结,完全符合历史发展的进程。而孔子在世时,历史仅仅进行到了"仁"的阶段,到"义"、"礼"还需要几百年的时间。推论起来,有这么几个可能:一是《道德经》的作者如果与孔子处于同一个年代,则其应具有惊人的预测后世社会发展的能力,能够在春秋时期就

准确预测战国末期局势,从《道德经》原文看,文章语言都是过去式,不是将来式,因此这种可能几乎可以排除;二是其出生年代较晚,不早于战国,这样孔子就见不着老子了,而众多史籍记载此事,不可能是空穴来风,因此这种可能性也不大;三是孔子所见的"老子"非《道德经》作者,而是另一个精通"周礼"或者"道"的老子。老子的"老"非人之姓,从字面理解,老子即老先生的意思,是对德高望重的老先生的尊称。因此,老子有可能是个令人尊敬的老先生,但不一定是《道德经》的作者老聃。由此推论,有历史记载和画像石为证,孔子见老子在历史上是存在的,但孔子所见老子不一定是《道德经》的作者,而是另一位精通"周礼"或者"道"的老子。

2. 孔子见老子的内容是什么?

从《史记》及儒家的典籍记载看,孔子见老子的目的是问礼,亦即周礼中对于丧礼的一系列规定。孔子年轻时有相当长的时间是以助葬相礼为业,很多弟子是因为孔子懂"礼"而慕名前来的。《礼记·曾子问》有四条孔子向老子请教的记录,无一不是关于丧葬之礼。从《庄子》等道家典籍记载看,孔子向老子问的是"道","道"是事物发展的规律,是道家学派的中心,概念很大,但由于只是道家典籍的记载,缺乏他证,我更愿意相信孔子见老子的目的是为求教周礼。

3. 儒家起源于治丧相礼

孔子是儒家思想创始人,儒家的职业就是治丧相礼。《说文解字》对"儒"的解释是:"儒,柔也,术士之称。从人,需声。"中国人历来重视丧葬礼仪,这种广泛的社会需求促生了一个特殊社会阶层"儒"。在中国古代社会,最晚到殷代有了专门负责办理丧葬事务的神职人员。这些人就是早期的儒,或者称为巫师、术士。他们精通当地的丧葬礼仪习惯,时间一长,便形成了一种相对独立的职业。但是,由于这种职业地位低微,收入也少,既没有固定的财产和收入,做事时还要仰人鼻息,所以形成比较柔弱的性格,这就是儒的本意,即柔。

儒家经典《论语》、《礼记》、《孔子家语》中孔子及孔门弟子为人治丧相礼、助葬送葬的资料俯拾皆是。《礼记·曾子问》:"孔子曰:'昔者吾从老聃,助葬于巷党。'"《论语·述而》:"子食于有丧者之侧,未尝饱也。"正义注:"此章言孔子助丧家执事时,故得有食。饥而废事,非礼也。饱而忘哀,亦非礼。故食而不饱,以丧者哀戚,若饱食于其侧,是无恻怆隐痛之心也。"助葬俨然是孔子及其弟子日常生活的一部分。《礼记·檀弓上》:"孔子在卫,有送葬者,而夫子观之,曰:'善哉为丧乎!足以为法矣,小子识之。'"可以说丧葬仪式也是孔门弟子实习演练、观摩学习的重要科目。《孔子家语·

曲礼子贡问》载:"孔子在卫。司徒敬之卒,夫子吊焉。主人不哀,夫子哭不尽声而退。璩伯玉请曰:'卫鄙俗不习丧礼,烦吾子辱相焉。'孔子许之。掘中溜而浴,毁灶而缀,足袭于床,及葬,毁宗而躐行也。出于大门,及墓,男子西面,妇人东面,既封而归,殷道也。孔子行之。子游问曰'君子行礼,不求变俗,夫子变之矣。'孔子曰:'非此之谓也,丧事则从其质而已矣。'"这是孔子亲自为"相"治葬礼的记录[1]。

4. 汉画像石是儒家思想的产物

画像石在汉代出现并兴盛一时,有其深刻的社会背景,其产生和发展的社会根源,是两汉时期推行的厚葬风俗。西汉初年,由于受到秦末战乱的严重破坏,社会经济尚未得到恢复。《汉书·食货志》云:"汉初,承秦之弊,国力虚弱,民无盖藏,自天子不能具纯驷,而将相或乘牛车。"从汉高祖刘邦至景帝,都大力提倡薄葬。可到汉武帝时期,西汉前期的薄葬风俗为之一变。在最高统治阶层的倡导和支持下,厚葬之风愈演愈烈,风靡了整个社会。导致这种局面的主要原因有两个:其一,经过西汉初年七十余年的"休养生息",终于迎来汉武帝刘彻统治的全盛时期,社会经济不仅得到全面恢复,而且出现了历史上从未见过的繁荣景象。雄厚的财富积累为汉代厚葬风俗提供了充分的物质基础。其二,汉武帝即位后,排斥黄老,独尊儒术,使孔孟的儒家学说成为占统治地位的思想。儒家学说的核心内容是"仁孝",而对死去的祖先特别是对父母的厚葬被儒家学说看成是最主要的孝行。

东汉时期的厚葬,与西汉相比,有过之而无不及。东汉政府所实行的"举孝廉"制度,将"孝悌"列为选拔、任用官吏最重要的标准,为了骗取"孝悌"的美名以便飞黄腾达,人们争相"崇饰丧纪以言孝,盛飨宾旅以求名"(王符《潜夫论》),厚葬之风愈演愈炽。《潜夫论·浮侈》:"今京师贵戚,郡县豪家,生不极养,死乃崇丧,或至刻金镂玉,襦梓梗柟,良田造茔,黄壤致藏,多埋珍宝,偶人车马,造起大冢,广种松柏,庐舍祠堂,崇侈上僭。"不仅贵族豪门如此,中产之家,"边远下士亦竞相仿效"。就是在这种"崇饰丧纪"的厚葬风气之中,用坚硬而又不腐朽的画像石营造的墓室、祠堂等墓葬建筑物得以发展兴盛起来。

汉画像石原本属于民间丧葬艺术范畴,是低层权贵阶级优先采用的丧葬形式,因其与自身财力相适应,又满足了人们的精神追求。帝王权贵对此是不屑一顾的,不管国力殷实还是空虚,他们的一贯风格就是厚葬,用真金白银加上真材实料,甚至还用人殉,这些有众多帝王陵墓可以佐证。帝王用金缕玉衣包裹自己(河北满城汉墓),以

---

[1] 陈东:《汉画像石"孔子见老子"其实是孔子助葬图》,《孔子研究》2016年第3期。

泥塑或木雕的兵马俑作陪伴(徐州楚王汉墓、陕西阳陵汉墓),甚至于以成套的编钟和大量的车马作随葬(济南洛庄汉墓)。汉画像石墓与珠光宝气的帝王陵墓相比,更具有浓郁的民间色彩。画像石反映的内容,无论是生产、生活,还是神仙、灵异,无不表现出浓郁的民间气息,如表现生产内容的"牛耕图"、"纺织图"、"冶铁图"等,那是中下层劳动人民生产的真实写照;"庖厨图"、"宴饮图"、"乐舞图"等所描绘的是他们的日常生活;"古代圣贤"、"历史故事"则是他们文化修养的展现,既有对古代圣贤的崇拜,也有反面人物的讽刺与鞭挞;至于那些"升仙图"、"神仙灵异图"等,刻画的则是中下层人民的信仰和对未知世界的美好憧憬。

在这个过程中,儒家思想起了重要作用:一是为厚葬提供了理论支持,将厚葬行为上升为"孝"的行为;二是革新了葬俗,使得画像石墓营造越来越宏大。由开始的几块石头围堵起来的石椁墓,到雕刻各种画像形成画像石椁墓,再到砖室墓、石室墓、多室的画像石墓,规模越来越宏伟,画像雕刻越来越复杂,充分调动了民间的财富与智慧。

5. "孔子见老子"中的人物是儒家圣贤图

在儒家思想占有统治地位的西汉中晚期与东汉时期,又是由儒家来具体操办丧葬礼仪过程,儒家自然不会放过将儒家领军人物孔子及其团队——孔门弟子放入墓葬与祠堂画像的机会,于是就有了众多的"孔子见老子"画像。

将孔子画像放入墓葬、祠堂画像体系中体现了古人圣人崇拜心理。孔子在世时,就有人赞誉孔子为"圣人"、"天之木铎"。孔子去世后,孔子被鲁哀公赐封为"尼父",其故居就被作为祭祀孔子的庙宇。西汉、东汉时期,孔子分别被封为"褒成宣尼公"、"褒尊侯",汉高祖刘邦还曾亲往祭祀孔子。西汉中期,天灾频发,社会动乱。儒者梅福认为,这是由于未能妥善安排对于孔子的祭祀,因而上天发怒。当时的执政者接受了梅福的建议,封孔子为商汤后代,接续先王的祭祀。东汉时期,国家正式把孔子作为国家的公神,其地位与社稷神相当。有这样一位既有学问,又有崇高地位的圣人在地下世界里陪伴死者,自然是求之不得,受到欢迎的。

孔子弟子作为圣贤之徒不用细说,之所以要把老子加进去,正如胡适《说儒》所言,老子也是殷商老派"老儒",尤其是丧礼方面的大专家。《礼记·曾子问》有四条孔子向老子请教的记录,无一不是关于丧葬之礼。此处的老子,作为圣贤之一,代表的是"周礼"的化身,不是道家创始人。

项橐,春秋时期鲁国的一位神童,虽然只有七岁,孔夫子依然把他当作老师一般请教,后世尊项橐为圣公。孔子礼遇项橐的故事记载于《史记·甘茂传》中:"甘罗曰:'大项橐生七岁为孔子师。'"《战国策·秦策》中也有类似的记载。《论衡·实知篇》:

"夫项托七岁教孔子。"很多画像将孔子问礼、孔子师项橐两件事情刻画在一起,形式是在孔子与老子之间增加了一个小童,此小童就是项橐。把孔子见老子和师项橐这两件事刻在同一个画面上,应该是汉代工匠的再创造。也许是由于项橐、老子都是孔子请教过的老师,两种题材都是表现孔子谦虚、好学,汉代工匠就把他们放在了一起。

6."孔子见老子"画像凝练了孔子"好学"、"守礼"的优秀品质

在汉代现实生活中,儒家的教育思想和方法已经深入人心,人们以圣贤为楷模,而且告诫后人要学习孔子的好学精神,认为这是行之有效的作学问的方法,汉画中的孔子正是现实社会人们思想的反映[1]。孔子作为一个"完整的人"的偶像,他通晓古今,道德宽宏,对国家有责任心,对人情世故有通达的理解和判断,并且建造了一整套管理、运作体系以造就稳定和平的太平盛世。但是即使这样的人,他的能力和资质也来自学习,他的品质在于坚持不间断地学习,不仅向身边的人学习,而且还要向自己的竞争对手学习。只有这种谦虚而不断集思广益的学习态度,才使得一个人所代表的一个民族,不间断地求取进步,走向完美[2]。

孔子把学习当成一种享受,始终持乐此不疲的态度。他学无常师,择善而从,孔子不仅向社会贤达或名流请教,即使是隐士、农夫也会不耻下问,如楚国的狂人接舆、农夫长沮等(《微子》)。"择其善者而从之,其不善者而改之"(《述而》),择善而从的观点,显然是虚心接受了老子"故善人者,不善人之师;不善人者,善人之资。不贵其师,不爱其资,虽智大迷,是谓要妙"(《老子》七十二章)的观点。虽然"道不同,不相为谋"(《卫灵公》),然而可以"见贤思齐焉,见不贤而内自省也"(《里仁》),这样一来好的与不好的都可以为师,好的作为学习的榜样,不好的就引以为戒[3]。

孔子的好学是一种有理想信念导向的科学的学习方法。孔子是周礼的崇拜者、鼓吹者、实践者,孔子的从政纲领是"君君臣臣、父父子子",这是周礼的精髓。孔子为了学礼,不远千里,前往周朝首都,去见老子,这种求学的勇气与实践值得后人好好学习。孔子周游列国的过程,也是宣传周礼的过程,但始终未能如愿,没有哪个君主真正信任他,重用他。晚年的孔子郁郁不得志,甚至因不复梦见周公而自感命不长久。虽是这样,孔子依然没有放弃对理想信念的追求,"不逾矩"、"明知不可为而为之",带动和感悟了众弟子,最终在汉武帝时期,儒术得以独尊,实现了孔子的夙愿。

---

[1] 刘辉著:《汉画新释》,河南大学出版社,2012年。
[2] 王培永著、朱清生作序:《孔子汉画像集》,西泠印社,2014年。
[3] 刘辉著:《汉画新释》,河南大学出版社,2012年。

石说"鲁礼"

——济宁地区汉碑汉画中的"鲁礼"文化研究

王 莉 傅吉峰

山东省济宁市博物馆

一、"鲁礼"的概念

我国是传承千年的礼仪之邦,具有自身高尚的道德准则和完整的礼仪规范,被世人称为"文明古国、礼仪之邦"。源远流长的中国古代礼仪是伴随着原始宗教产生的,是为了处理人与神、人与鬼、人与人的关系而制定出来的,它是中华传统文化的重要组成部分,其内容十分丰富,所涉及的范围十分广泛,几乎渗透于社会的各个方面。礼仪作为一个社会、一个民族道德规范的外化形式,具有规范人的行为、完善教育内涵及促进社会和谐的积极作用。

周朝伊始,为配合政治上的统治,摄政的周公"制礼作乐",整理、改造、创建了一整套具体可操作的礼乐制度,包括饮食、起居、祭祀、丧葬等社会生活的方方面面,此即为《周礼》。在分封制下,周公被封于鲁国,由长子伯禽代为就封,到末代鲁顷公为楚国荡灭,共约八百年。由于奉行"尊尊"、"亲亲"的周礼,鲁国没有像齐、晋等国一样为异姓所篡,一直掌握在姬姓周人的手中。因为周公与周王朝的血缘宗法关系,鲁国对周礼全盘接纳和坚守,因此,谈及鲁国之"礼",后人基本认为其即为周礼。据记载,鲁襄公二十九年(前544年),吴公子季札观乐于鲁,叹为观止。鲁昭公二年(前541年),晋大夫韩宣子访鲁,赞叹"周礼尽在鲁矣"。周礼主要是指吉礼、凶礼、嘉礼、宾礼、军礼五种礼制,吉礼是对天神、地祇、人鬼的祭祀典礼;凶礼是丧葬、哀悯、吊唁忧患的灾变之礼;嘉礼是和合天人之际、沟通联络感情的吉庆欢会活动礼仪,如饮食之礼、婚冠之礼;宾礼是相互往来、接待宾客、日常社交之礼,主要指天子与诸侯国以及诸侯国之间的往来交际之礼,也有民间相见礼;军礼是军队操演、征伐、出行、凯旋之礼。

但是,鲁国是否一直秉持着周礼的传统,其间是否有过礼仪修正与改制,甚或是否有"鲁礼"之说,史书中对此记载少之又少。几年来,我们查阅文献,进行研究,在史书资料中确实发现了关于"鲁礼"的记载:

> 十八年,公复如晋,见昭公。二十六年,猎鲁郊,因入鲁,与晏婴俱问鲁礼。三十一年,鲁昭公辟季氏难,奔齐[1]。
>
> 叔仲子谓季孙曰:"带受命于子叔孙曰:'葬鲜者自西门。'"季孙命杜泄。杜泄曰:"卿丧自朝,鲁礼也。吾子为国政,未改礼,而又迁之。群臣惧死,不敢自也。"既葬而行[2]。

这是史籍文献中对"鲁礼"的最明确记录。因此,可以说"鲁礼"是确确实实存在的。

鲁礼,学术界广泛认为是鲁国的礼法或礼仪制度。鲁国是周朝的同姓"宗邦"国,初封时,受赐丰厚,也享有不少的特权,《礼记·明堂位》记载说:"凡四代之服、器、官,鲁兼用之。是故,鲁,王礼也,天下传之久矣。"鲁国肩负着传播宗周文化,推行周朝礼乐的使命,故有"周之最亲莫如鲁,而鲁所宜翼戴者莫如周"之语。周礼作为社会的典章制度和道德规范,在鲁国得到最为系统、严格的传承。各国诸侯了解周礼也往往到鲁国学习,鲁国是有名的礼仪之邦。周礼具有"经国家、定社稷、序民人、利后嗣"的功用,它关乎国泰民安,礼尚在,国便不亡。《左传·闵公元年》:"公曰:'鲁可取乎?'对曰:'不可,犹秉周礼。周礼,所以本也。臣闻之,国将亡,本必先颠,而后枝叶从之。鲁不弃周礼,未可动也。君其务宁鲁难而亲之。亲有礼,因重固,间携贰,覆昏乱,霸王之器也。'"鲁国秉持周礼就难以攻取,因为周礼可以起到一种协调人心的作用,在统治者内部,它可以防止和调节矛盾,而对下层人民来说,周礼则既有慑服之威,又有收罗人心之用。

当然,"鲁礼"的形成也是有其历史渊源的,从西周建立到春秋诸侯争霸,再到战国群雄并起,周王室王权逐渐式微,各诸侯国也由开始的尊王发展到后来的"政由方伯","礼崩乐坏"局面的出现是之必然,周礼在各诸侯国的推行与遵循也渐行渐远。但是,鲁国在这一社会变革中,却一直秉持着周礼,并逐步吸收、借鉴、发展了自成体系的"鲁礼",所以才有"周礼尽在鲁"的感叹。

---

[1]《史记·齐太公世家》。
[2]《左传·昭公五年》。

二、"鲁礼"的文化内容

"鲁礼"是在周礼基础上逐渐转化形成的自成一体的礼制,二者之间应是大同小异。"鲁礼"所包含的具体礼仪缺少翔实的史籍记载,经过多年研究,尤其是通过对汉碑汉画像石的研究,我们发现"鲁礼"所包含的内容丰富而广泛,从反映人与天、地、鬼神关系的祭祀礼,到体现人际关系的家族、亲友、君臣上下之间的交际礼,如拜谒礼、投壶礼等,从表现人生历程的冠、婚、孝、食、诚、丧、葬诸礼,到人与人之间在喜庆、军事、灾祸、丧葬时表示的庆祝、献俘、振旅、凭吊、慰问、抚恤之礼,可以说无所不包,充分反映了古代中华民族的崇礼、尚礼精神。

山东及周边地区是我国四大汉画像石分布区域之一,济宁地区汉画像石藏量在山东又最为丰富,所辖嘉祥、微山和邹城等县市区画像石各具特色。嘉祥武氏祠汉画石刻早已闻名中外,刻画精致细腻,线条流畅飞扬;微山县两城山素有"汉画像石之乡"的赞誉,画面雄浑苍健,独具阳刚之美;曲阜、邹县收藏的汉画像石被众多国内外专家、学者所瞩目,艺术表现夸张大胆,雕刻大刀阔斧、粗犷豪迈;济宁城区、鱼台、金乡、兖州等其他县区亦有大量发现。济宁又有"中国汉碑半济宁"之称誉,既有雍容华贵的庙堂艺术精品,也有率意纯真的民间书体,礼器、乙瑛、史晨、景君等诸碑石享誉海内外,具有较高的史料和艺术价值,对研究"鲁礼"思想提供了翔实的实物资料。

我们查阅大量资料,认真研究,发现其所记录描绘之事与"鲁礼"关联密切,现将"鲁礼"中具有代表性的拜谒礼、丧葬礼、祭祀礼、食礼、孝礼、诚信礼等略述如下。

(一) 拜谒礼

拜谒礼是我国古代礼仪中的一项重要礼仪活动,是人际交往中一种非常重要的礼节。一般包括尊幼辈行、造请拜揖、请召送迎和庆吊赠遗等内容。

拜谒礼仪在汉画像石中出现较多,在表现汉代社会生产、生活、信奉的宴饮迎谒、车骑出行、古圣先贤、忠臣孝子、神话升仙等题材中都频频出现。

1. 献挚礼:这是同等身份的人之间的对拜。最为著名、画像题材最为丰富的当是表现历史故事的"孔子见老子图"。济宁地区发现的此种题材画面的画像石较多,这是因为济宁地区是"孔、孟、颜、曾、子思"五大儒家圣人的诞生地,儒家思想在当地也最为根深蒂固,特别是汉代"独尊儒术"的推广,好学求礼的"孔子见老子"题材在汉画中大量出现也理所当然。

济宁市博物馆收藏的"孔子见老子"[1]画像最为精美。画面中刻孔子、老子及他们的车马随从,两人皆高冠、长袍。孔子手捧大雁作献挚状,右向,老子拄曲状拐,左向,二人躬身稽首对拜,身后均有"老子"、"孔子也"题榜。《史记·老庄申韩列传》载:"老子者……姓李氏,名耳,字伯阳,谥曰聃。周守藏室之史也……孔子适周,将问礼于老子。"《礼记·曾子问》中记有四处孔子向老子从学之例,说明孔子远道西去洛邑向其求教的故事是古人津津乐道的。孔子携弟子南宫敬叔手捧大雁虔诚地拜谒老子,是后世儒家对其好学精神的赞颂,也说明在礼制中,士大夫相见时,为了表示相互尊重,是要举行"献挚礼"的,而"献挚礼"中的馈赠礼品应是大雁(图一)。

图一　孔子见老子　东汉

2. 其他拜谒还包括君臣之间、长幼之间、生死之间、人神之间等等的拜谒礼仪。如:

臣对君的敬拜,这类拜谒一般表现的是历史故事。嘉祥纸坊镇敬老院出土的第二石"周公辅成王"[2]画像,中间一少年头戴束腰圆帽,身穿交领长袖长袍,腰间系带,少年头顶上方刻隶书题榜"成王"。左方一人躬身持一黄罗伞盖罩在成王头上,此人头戴进贤冠,身穿长袍,腰间系带,身后上方隶书题榜"周公"。右方一人装束与周公同,上身前倾,手拄拐杖,身后上方隶书题榜"召公"。《史记·鲁周公世家》记:"武王既崩,成王少,在襁褓之中,周公恐天下闻武王崩而畔,周公乃践阼代成王摄行政当国。"臣对君的敬拜是统治者鼓励臣下服从君权、效忠皇权的一种宣传,借助汉画的形式进行道德教化,扩大其影响力(图二)。

---

[1] 武健主编:《济宁博物馆馆藏刻石精粹》,广陵书社,2010年,第80页。
[2] 朱锡禄:《嘉祥汉画像石》,山东美术出版社,1992年,图127。

幼对长的尊拜,这类拜谒一般是指孝子贤孙的历史故事。嘉祥武氏祠西壁画像第三层"曾母投杼"图[1]。曾母坐在织布机上,回头看向曾子,曾子跪向母亲,两手抬起在胸前,画面上方题榜"曾子质孝,以通神明,贯感神祇,著号来方,后世凯式,以正吭纲"。曾子下方的隔栏上,题字八"谗言三至,慈母投杼"。幼对长的尊拜,和中国传统的尊老敬老观念息息相关(图三)。

生对死的祭拜,在家中祭祀和祠堂祭祀中多有出现。嘉祥武氏祠西壁画像"丁兰立木为父"图[2]。丁兰父亲的木偶像立在左侧,丁兰跪在父亲的偶像前禀报事情。丁兰右上方一人,是向丁兰来借物的邻居。木偶像上方题榜"丁兰二亲终殁,立木为父,邻人假物,报乃借与"。曹植《灵芝篇》咏曰:"丁兰少失母,自伤早孤茕。刻木当严亲,朝夕致三牲。"生者对死者的祭拜,既是中华传统美德,也是当时极力标榜孝亲、孝行的具体体现(图四)。

图二 九头兽周公辅成王 东汉

图三 曾母投杼　　　　图四 丁兰立木为父

---

[1] 朱锡禄:《武氏祠汉画像石中的故事》,山东美术出版社,1996年,第24页。
[2] 朱锡禄:《武氏祠汉画像石中的故事》,山东美术出版社,1996年,第27页。

(二) 丧葬礼

汉代,受鲁礼的影响,随着儒学思想及"独尊儒术"的推行,丧葬礼仪制度越来越完善。

发现于金乡鱼山的禳盗刻石(亦称鱼山刻石)[1]是丧葬文化的最直接表现之一。此刻石共有首段和中间部分两段,其余部分缺失,分别收藏于济宁市博物馆和金乡县文物局。首段刻石铭文为"诸敢发我丘者,令绝毋户后。疾设不详者,使绝毋户后。毋谏卖人,毋";中间段刻石铭文为"□□䋅犯□□罪,天利之,居欲孝思贞廉,率众为善,天利之。身礼毛□,父母所生,慎毋毁伤,天利之,分□□□□□"。古人为了防止后人盗墓,往往会在墓中设置机关、存放镇墓兽或书写咒语。此刻石即是墓主人费尽心机地口授咒骂盗墓者的咒语,命人刻于石上,以达到护墓的作用(图五)。

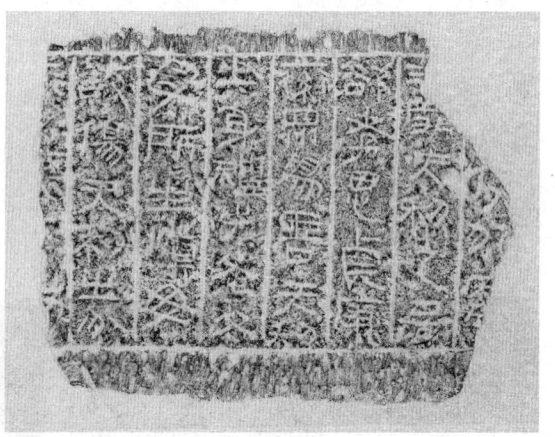

图五 禳盗刻石 西汉

微山县沟南村画像石上有一幅连环式的送葬图[2]。画面分三格:左格为孔子见老子。中格为丧葬场面,四轮辐辕车载尸,车身较长,顶设蓬盖,车前设舆,中有一柱,穿一璧形物,上施华盖。车棚前后部各竖一柱,上装建鼓,施羽葆。车前十三人,分三层,上层两人右行,前有一人伏地跪拜,身侧置一棍状物;中层四人持绋引车,其中一人举幡状物;下层五人双臂前伸,双手挽绳,引车前行。右格山林茂密,山脚下有挖好的长方形墓穴,墓穴左三人着长衣戴冠拱手而立,五人席地而坐,并有酒壶,墓穴右二人对坐,中间一樽(图六)。

---

[1] 宫衍兴:《济宁全汉碑》,齐鲁书社,1990年,图四、图五。
[2] 微山县文物管理所提供图片。

图六　送葬图　东汉

由此可见,无论是送葬还是葬后对墓葬的看护及防盗,鲁礼的丧葬礼在礼仪追求上更加趋于完备。

(三) 祭祀礼[1]

祭祀是华夏礼典的一部分,是儒家礼仪中的主要内容。"礼有五经,莫重于祭,是以事神致福",事神的节仪和规范是礼最重要的组成部分。汉代刻石诞生伊始,便承载了祭祀祈福、祈求神灵护佑的功用,关于祭祀天神、先祖、先师、高禖等祭祀内容的记载在济宁汉碑汉画中也得以充分体现。

1. 祭祀天神:在古人的认知中,天是世界万物的创造者,它控制着万物的生死祸福,是万物之父,人们对它望而生畏,自然产生了对它的崇拜和祭祀。古文献记载,虞舜、夏禹时已有祭天的典礼,称为"类"。《公羊传·僖公三十一年》:"鲁郊何以非礼?天子祭天,诸侯祭土。"何休注:"郊者,所以祭天也。天子所祭,莫重于郊。"祭祀的天神包含昊天、上帝、五帝、日、月、星辰、司中、司命、风师和雨师等对象,都是有意志的人格化的神。

嘉祥汉画像石中关于祭天的题材比比皆是,多以祭祀东王公、西王母形象居多。宋山画像第四石[2]第一层:西王母头戴华胜凭几而坐,其神座下象征昆仑山峰。右侧一高个裸体羽翼仙人,手持曲柄伞盖罩在西王母头上,仙人膝前一玉兔捣药,其后还有两手持朱草仙人。西王母左侧一鸡首人身带翼怪物向其进献玉浆,另有仙蟾捧盒、仙人持朱草等。《尔雅·释地》记西王母居西,为"四荒"之一,《穆天子传》记周穆王西行时,"吉日甲子,天子宾于西王母",注云:"西王母如人,虎齿,蓬发戴胜,善啸。"按说西王母面貌凶恶,但石刻画面却十分端庄,可知此时已将西王母尊为神位,为人崇拜(图七)。

---

[1] 李建新:《从汉画像看汉代的祭祀礼俗》,《开封大学学报》2008年第1期;李江涛、娄宇:《汉画像石中的祭祀题材初探》,《湖北美术学院学报》2002年第4期。

[2] 朱锡禄:《嘉祥汉画像石》,山东美术出版社,1992年,图46。

图七　西王母

　　武氏祠左石室屋顶前坡西段画像[1]第二层画像中,风伯、雨师、雷神和虹神等风雨之神处于同一画面中,说明他们都是古代的风雨神灵。石刻画面中有一车,车上树鼓,一人持槌敲击,当是雷神,《云仙杂记》有"雷曰天鼓,神曰雷公",也有称雷师者。车后一人张口吹气,即为风伯,《独断》云"风伯神,箕星也,其象在天,能兴风"。图右为双首龙,龙体向下弯曲成弧形,两端各有一龙首低垂,形成一双龙形拱门——是为长虹形象,也称为虹神,其神职主要是司雨水,《礼记·祭法》"雩宗,祭水旱也",《尔雅·释天》"螮蝀谓之雩,螮蝀虹也"。虹上方一人,一手持鞭,一手举罐,罐口朝下作倾倒状,图中部两人,一人持高领壶,一人抱大瓮,此三人举罐、持壶、抱瓮,当为雨师正在布雨,《独断》云"雨师神,毕星也,其象在天,能兴雨"(图八)。

　　汉画中这种画面的大量出现,反映了当时社会对自然现象的认知和对自然神的

---

[1]　孙青松、贺福顺:《嘉祥汉代武氏墓群石刻》,香港唯美出版公司,2004年,图53。

图八　风神、雨师、雷神、虹神

崇拜。

2. 祭祀人鬼：主要包括祀先祖、先王、先圣先师、先农、高禖等祭祀礼仪。

（1）祭祀先祖：原始社会的人们通过以血缘纽带为基础的"先祖崇拜"而整合成较为固定的社会群体，国家形成以后，祭祀先祖仍是"国之大事"，这种习俗在长期的社会生活中逐渐固化为"礼"。祭祀先祖，在汉代称为"宗庙之礼"，是当时社会中相当重要的祭祀活动。《礼记·中庸》载："宗庙之礼，所以祀乎其先也。"《孝经·丧亲章》注："宗，尊也；庙，貌也。享祭宗庙，见先祖之尊貌也。"

嘉祥宋山第二批画像石第十七石[1]，画面分为两层。第一层左侧为一栋两层楼房，楼上女主人正面端坐，其两边各有两个侍女手拿铜镜、毛巾之类的东西面向女主人。楼下一人头戴进贤冠，面向右，手前伸，坐在绣花墩上，当为主人。他面前有二人向其跪拜，主人身后一仆人，一手持板、一手抱锦囊。楼外左右各一阙，左阙下二人，右阙下一人，均举板似欲谒见。左阙上有一人手持三珠树果，右阙上有三人，一人面向楼，二人手执弓箭拉弓射鸟。楼周围和阙顶上还有凤凰、水鸟、猴、大树和轩车等。这应当是一幅生动的"先祖受祭图"，祠堂周边的场景应该与祭祀活动有着密切联系（图九）。

---

[1] 朱锡禄：《嘉祥汉画像石》，山东美术出版社，1992年，图65。

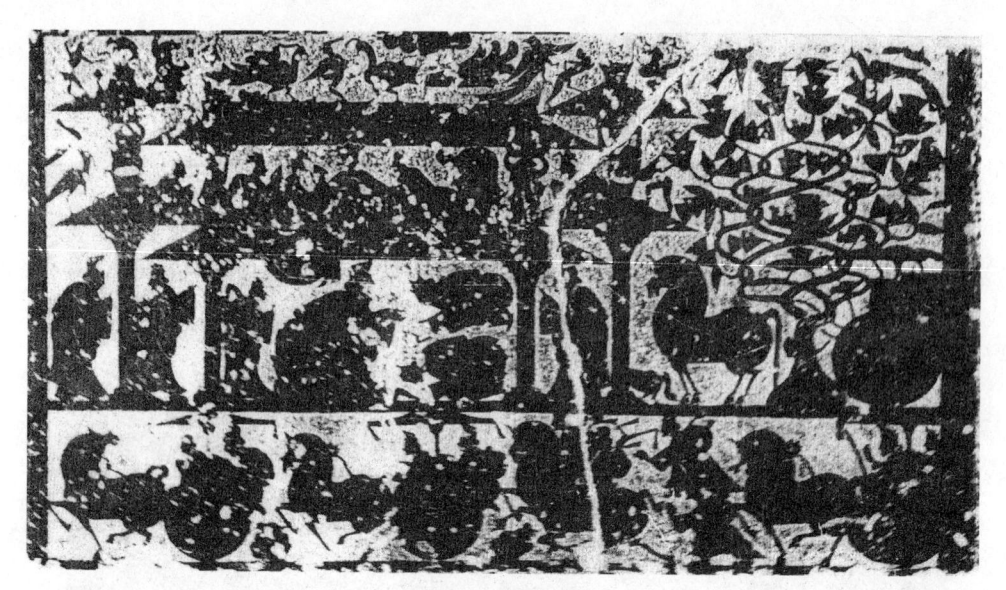

图九 先祖受祭

(2) 祭祀先圣先师：此类祭祀为学礼，也称为"释奠礼"，因为孔子非常注重教育，影响极为深远，后来"释奠礼"便专指祭孔典礼了。"释奠礼"祭祀时，设轩悬之乐，用六佾之舞，由朝廷出资举办春秋两季释奠之礼。

现存于孔庙的"礼器碑"、"史晨碑"和"乙瑛碑"，三块汉碑都记录了当时的鲁相向朝廷提出的和祭祀先师礼制相关的内容。

"礼器碑"云"……君于是造立礼器，乐之音符，钟磬瑟鼓，雷洗觞觚，爵鹿相桓，笾杝禁壶，修饰宅庙，更作二舆，朝车威熹……"，是说鲁相韩敕为孔庙制造了许多祭祀用的礼器。

"史晨碑"云"……依社稷，出王家谷，春秋行礼……"，记载当时鲁相史晨及长史李谦奏请春秋祭祀孔子的奏章。

"乙瑛碑"云"……庙有礼器，无常人掌领，请置百石卒史一人，典主守庙……鲁相为孔子庙置百石卒史一人，掌领礼器，出王家钱给犬酒直……为孔子庙置百石卒史一人，掌主礼器，选年□以上，经通一艺，杂试能奉弘先圣之礼"，记载了鲁相乙瑛上请朝廷，设置一名官俸为百石的官员，管理、守护祭祀用的祭器，并且对官员的年龄和对六艺的通晓作了要求。

这三块碑刻的记述，充分证明了"鲁礼"的礼仪制度日趋完备，它不仅保留了周礼的礼制并加以继承，又根据当时的现实情况加以细节化的完善。

(3) 祭祀高禖：高禖，即管理婚姻和生育之神，高禖祀其实就是乞子之祀。高禖，对于"高"字，一般有两种说法，一是高即言其尊贵，"高"字"言其大，言其重要"；另一种是"高"为"郊"说,"祀之于郊,谓之郊禖",高禖即郊禖,"因供于郊外而得此名"。而"禖"字,则有"母"和"媒"之说,有学者认为,禖,古音通"母",高禖就是"高母"之意,另外还有"禖"即是"媒"——有关男女婚姻嫁娶之事的神化之意。

高禖崇拜在中国古代十分盛行,先秦典籍及后代文学作品中有关高禖祭祀仪式的记载颇为丰富。《礼记·月令》说,仲春之月"玄鸟至,至之日,以太牢祀于高禖,天子亲往",玄鸟就是燕子。高禖是求子之祭,在玄鸟由南方北归之日举行,应与此有关。另一说高禖之神是女娲。据应劭《风俗通义》记载,女娲曾向天神"祈而为媒,因置婚姻",我国即有女娲抟泥造人的古老传说。而人诞生之后,如何使之生生不息,女娲便撮合男女,使之婚配。由于女娲对繁衍华夏子孙和延续中华民族血脉的不灭功绩,遂被后世尊为高禖神或媒神。

嘉祥花林村画像第二石[1],画面两层。第一层中间饰九头人面兽开明,向右蹲坐。右方有一个戴山形冠的人,将伏羲、女娲抱在怀中。左方上面是一个身体前后各长有一个人头的怪兽,下面两个怪兽,肩上各生着两个人头(图一〇)。微山出土画像石[2],画面三层。下层为主题画面,两株高大的连理树下,郊外祭祀求子的人席地而坐,两侧有马、羊,树上有猴,表示多子之意;中层作七人,其中扁鹊寻病导药;上层为龙、虎、熊等神兽,一小孩骑龙,表示通过祭祀,感应神灵,神灵赐以龙子之意(图一一)。可知,祭祀高禖,祈求上天保佑子孙后代人丁兴旺、家族延续的习俗非常流行,说明中华传统文化对祖宗和家族血脉的传继非常看重,是寻根问祖文化的具体体现。

图一〇　高禖祭祀、九头兽　东汉　　　　图一一　高禖祭、连理枝

[1] 朱锡禄:《嘉祥汉画像石》,山东美术出版社,1992年,图105。
[2] 马汉国:《微山县汉画像石精选》,中原出版社,1994年,图60。

(四) 食礼与孝礼[1]

古人非常注重饮食敬养,早在商周时就通过食礼以敬老养老。《礼记·内则》:"凡养老,有虞氏以燕礼,夏后氏以飨礼,殷人以食礼,周人修而兼用之。"《礼记·乐记》及《汉书》皆有皇帝赐食"三老五更"之礼仪。《后汉书·礼仪》载"明帝永平二年三月,上始帅群臣躬养三老五更于辟雍",皇帝赐食的目的,是通过"亲袒割牲"教化百姓奉行孝道。

嘉祥武氏祠画像石"邢渠哺父"图[2]中,画面一栋两柱的屋宇,内两人,渠父在右边,坐在木榻上,邢渠跪在左边,面向父亲,用手高举两箸,像在喂老人吃饭状。在他们上方,有题榜两处,一曰"渠父",一曰"邢渠哺父"。《太平御览》引萧广济《孝子传》云:"邢渠失母,与父仲居。性至孝,贫无子,佣以给父。父老齿落,不能食,渠常自哺之,专专然,代其喘息,仲遂康休,齿落更生,百余岁乃卒也。"反映了当时孝行教化的风尚(图一二)。

图一二 邢渠哺父

孝亲是中国传统伦理道德的重要内容,它影响着人们的文化心理,规范着人们的思想行为和社会人伦关系。最早在甲骨文中已经出现了"孝"的象形字,由此可见,中国传统文化对于"孝"的重视。《汉书·艺文志》说:"夫孝,天之经也,地之意也,民之行也。"《汉书·武帝纪》曰:"古之立孝,乡里以齿,朝廷以爵,扶世导民,莫善于德。然即于乡里先者艾,奉高年,古之道也。"汉代崇老之风极盛,倡行"以孝治天下",汉代人的孝亲伦理在汉画像石中得到了充分体现。

嘉祥武氏祠画像石中刻有"闵子骞失棰"图[3],上刻马拉轺车一辆,闵子骞的父亲坐在车上,回身后看,以手抚摸闵子骞。闵子骞则跪在车后,似与其父谈话状,闵子骞后母所生的弟弟则站在车旁。右上题榜两处为"闵子骞后母弟"和"子骞父",左上题榜曰"闵子骞与假母居,爱有偏移,子骞衣寒,驾车失棰"。史载:闵子骞为后母嫉,

---

[1] 刘建:《汉画中的孝亲伦理及其成因》,《理论学刊》2008年第6期。
[2] 朱锡禄:《武氏祠汉画像石中的故事》,山东美术出版社,1996年,第37页。
[3] 朱锡禄:《武氏祠汉画像石中的故事》,山东美术出版社,1996年,第25页。

所生亲子,衣加棉絮,子骞以芦花絮衣。父密察之,知骞有寒色,父以手抚之,见衣甚薄,毁而观之,始知非絮,父遂遣其妻。子骞雨泪,前白父曰"母在,一子寒,母去,三子单,愿大人思之",父惭而止。闵子骞的传说故事,对后世影响很大,两千多年来,一直是人们对子女进行美德教育的重要教材(图一三)。

图一三　闵子骞失棰

(五) 诚信礼

"鲁礼"讲孝悌忠信,守信用、讲信誉、重承诺是"鲁礼"思想的一个显著特征。《周易·系辞上》强调"人之所助者,信也"。孔子多次讲过诚信,如:"恭、宽、信、敏、惠,恭则不侮,宽则得众,信则人任焉,敏则有功,惠则足以使人。"子贡问孔子如何从政,孔子回答说:"足食、足兵、民信之矣。"孟子继承了孔子有关"信"的思想,把"朋友有信"作为中国封建社会道德评论的基本标准和伦常规范之一。孟子云:"至诚而不动者,未之有也;不诚,未有能动者也。"曾子也说过:"吾日三省吾身。为人谋而不忠乎? 与朋友交而不信乎? 传不习乎?"

汉代碑刻中关于孔子与众弟子、孔子见老子、孔子与项橐等画面举不胜举,孔子、孟子、曾子等作为儒家学说的代表人物,其诚信思想得以继承和发扬,"诚信为本,立国立人"、"内诚于心,真实无欺"、"外信于人,言行一致"的核心思想在汉碑汉画上得以全面展示。

济宁市博物馆珍藏有"范式碑"[1],全称"汉庐江太守范式碑"。范式,字巨卿,山阳(山东金乡)人,张劭,字元伯,河南汝州人,二人游学太学时结为兄弟。分手之时,

---

[1]　武健主编:《济宁博物馆馆藏刻石精粹》,广陵书社,2010年,第30页。

相约两年后,范式拜见张元伯及其家人。张元伯说,设鸡黍款待,恭候范巨卿。二人洒泪而别。

约定的日期就要到了,张劭把事情告诉了母亲,请母亲准备酒菜等待范式。张劭的母亲说:"二年之别,千里结言,尔何相信之审邪?"张劭说:"巨卿信士,必不乖违。"到了约定的日期,范式果然到了,拜见张劭的母亲,范、张二人对饮,尽欢之后才告别而去。

后来便以"鸡黍之约"作为友谊深长、聚会守信的典范。"鸡黍之约"这一经典故事的主线是诚信,主要歌颂范式、张劭二人的诚信精神与撼天动地的气魄(图一四)。后世文人墨客对此多有记述,如:唐孟浩然《过故人庄》诗"故人具鸡黍,邀我至田家";唐秦系《早秋宿崔业居处》诗"鸡黍今相会,云山昔共游";五代李瀚《蒙求》诗"陈(陈重)雷(雷义)胶漆,范(范式)张(张劭)鸡黍";清钱谦益《送萧孟昉还金陵》诗:"鸡黍交期雪涕频,相看不语且沾巾"等。

"鸡黍之约"故事版本众多,在近两千年的流传中,故事情节略有不同。《后汉书》、《搜神记》、《喻世明言》、《山东通志》等诸多文献典籍均有记载。明代冯梦龙的《喻世明言》亦云"范巨卿鸡黍死生交"。

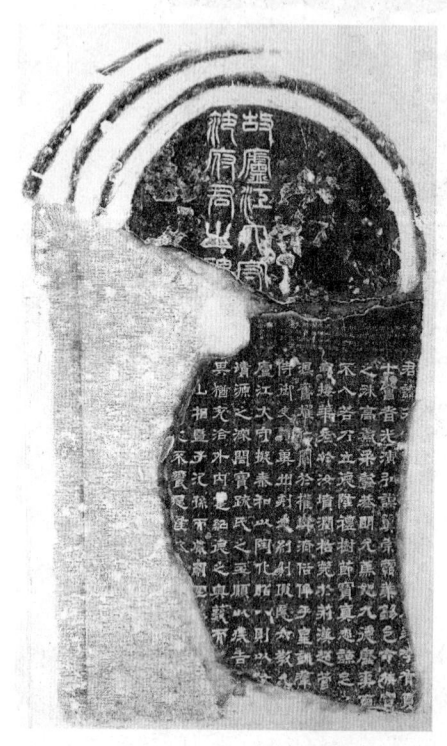

图一四 范式碑 东汉晚期

三、"鲁礼"的文化特色

鲁礼对周礼继承和发展的结果,是对周礼的吸纳和修正,最后才自成体系,它既有周礼礼制规定中的传统要素,又有自身的独特之处。

(一) 鲁有王礼[1]

鲁国享有"王礼",这是它有别于其他诸侯国的特权。"周礼尽在鲁"之说,是指周

---

[1] 林丛:《"鲁礼"再议》,《中州学刊》2015年第3期。

公制礼作乐,他是周礼的"开创者"。周公辅助成王巩固政权,安定天下,功劳卓著,因此周王"封周公于曲阜,地方七百里,革车千乘"(《礼记·明堂位》)。此外,周公还获得不少特权,"凡四代之服、器、官,鲁兼用之。是故,鲁,王礼也,天下传之久矣",有虞、夏后、殷王和周天子的器物、服饰和官职,鲁国都可以使用,还"命鲁公世世祀周公以天子礼乐",鲁国祭祀周公时可以行天子礼乐。周公病危前,要求将自己"葬于成周",以示"不敢离成王"。周成王认为自己"不敢臣周公",因此将周公"葬于毕,从文王"。这是用王之礼对待周公,可见周公地位之高,享用王礼是理所当然的。所以,鲁国享有"王礼"是周天子授予的特权,它是整个礼仪体系中的一个个例。

鲁国作为诸侯封国,却享有高于其他诸侯国的王礼,在其丧葬制度、祭祀制度和饮食文化方面都有着具体表现。

《礼记·檀弓上》对鲁国和卫国的丧葬规格作了对比。

> 穆公之母卒,使人问于曾子曰:"如之何?"对曰:"申也闻诸申之父曰:'哭泣之哀、齐斩之情、饘粥之食,自天子达。布幕,卫也,縿幕,鲁也。'"

鲁、卫均为周之分封国,但是在礼制地位上差距较大,在丧葬礼仪方面,卫国用布来做出殡时所用的棺罩,这是诸侯国之礼;鲁国用丝帛来做出殡时所用的棺罩,这是天子之礼。这些细节上的差别,突显了鲁国的地位之高。

"礼有五经,莫重于祭"(《礼记·祭统》),祭祀在鲁礼中占有重要地位。《左传·定公四年》记载周初分封情况:"分鲁公以大路,大旂,夏后氏之璜,封父之繁弱,殷民六族……以法则周公,用即命于周。是使之职事于鲁,以昭周公之明德。分之土田陪敦,祝、宗、卜、史,备物、典策,官司、彝器。因商奄之民,命以《伯禽》,而封于少皞之虚。"其中,大路、大旂及夏后氏璜等都是天子所用的器物。另外,鲁国还拥有为天子服务的司职人员,如"祝,掌祭祀告神之礼;宗,掌都宗祀之礼;卜,为卜筮之长",这三者都是直接主持祭祀的神职人员。

鲁国享有祭祀特权的记载特别明显:

> 《史记·鲁周公世家》云:"于是成王乃命鲁得郊祭文王,鲁有天子礼乐者,以褒周公之德也。"

> 《礼记·明堂位》云:"是以鲁君,孟春乘大路,载弧韣;旂十有二旒,日月之章;祀帝于郊,配以后稷。天子之礼也。季夏六月,以禘礼祀周公于大庙。"

> 《礼记·月令》云:"命有司为民祈祀山川百源,大雩帝,用盛乐。乃命百县,雩祀百辟卿士有益于民者,以祈谷实。"

可见,鲁国在受封之初,就享有祭祀特权,如以祭祀天子的规格祭祀周公、郊祭文王、大雩祭天等等。

鲁国祭天时,建有专门的祭坛——舞雩台,位于现曲阜城南1500米的沂河之北,是一座高大的土台,为鲁国祭天的祭坛。《周礼·司巫》云:"若国大旱,则帅巫而舞雩。"郑玄云:"雩,旱祭也。"《女巫》亦云"旱则舞雩"。《春秋》:鲁大雩,旱求雨之祭也。旱久不雨,祷祭求福,若人之疾病,祭神解祸矣。这是对鲁国祭天求雨的"大雩"祭祀的详细记载。

鲁国设坛祭天,享"天子重祭",这是鲁国超越其他诸侯国的又一特权。

曲阜乙瑛碑云:"侍祠者,孔子子孙、大宰、太祝令各一人,皆备爵,太常丞监祠,河南尹给牛羊象鸡□□各一,大司农给米祠。"在祭祀先师孔子时,所用祭品为牛、羊、猪等,此类祭品为天子祭天时所用,为"太牢"之属。所以,从祭祀官员的级别、祭品种类及使用礼器的规格等方面来看,充分说明了鲁礼中的王礼所在。

古代天子实行一日"四餐制"。《白虎通》载:"王平居中央,制御四方。平旦食,少阳之始也;昼食,太阳之始也;晡食,少阴之始也;暮食,太阴之始也……诸侯三饭,卿大夫再饭,尊卑之差也。"也就是说,"王"每天正式吃四顿饭"旦食、昼食、晡食、暮食",每顿正式吃饭,一定要有音乐演奏。邢昺:"天子、诸侯每食奏乐,乐章各异,各有乐师。"而"诸侯"每天只能吃三顿饭,以显示"尊卑之差也"。

《论语·微子》曰:"大师挚适齐,亚饭干适楚,三饭缭适蔡,四饭缺适秦……""大师"和"亚饭、三饭、四饭"是"音乐指挥官",在"王"吃饭时,各自负责指挥一次音乐演奏以"侑食"(劝食,侍奉尊长进食)。鲁国作为分封国,仍然是"诸侯",按规定只能"三饭",但是其宫廷乐队设有"四饭"的职官,乐官"挚、干、缭、缺"去往他国,这充分说明,在饮食礼制上,鲁国享有和天子同等身份地位的礼仪,也就是"王礼"。

(二) 鲁有殷礼[1]

鲁礼是周礼的鲁国化,而周礼则是借鉴于夏礼和殷礼,并在夏礼和殷礼的基础上演变发展而来的。《论语·为政第二》:"子张问:'十世可知也?'子曰:'殷因于夏礼,所损益,可知也;周因于殷礼,所损益,可知也。其或继周者,虽百世可知也。'"周初封鲁,商奄属地即为其主要的组成部分,许多殷商礼制的文化印记被保存下来,并在社会生活的方方面面发挥着不可替代的作用。所以,殷礼被吸纳进周礼并加以整合,在鲁国产生了地域特色鲜明的鲁礼。

鲁有"亳社",便是鲁有"殷礼"的重要体现。亳社又称殷社,是商朝所立的社,商建

---

[1] 林丛:《"鲁礼"再议》,《中州学刊》2015年第3期;史志龙:《周代"亳社"性质考论》,《理论月刊》2009年第3期。

都于亳,故称。《春秋·哀公四年》:"六月辛丑,亳社灾。"杜预注:"亳社,商社,诸侯有之,所以戒亡国。"《谷梁传·哀公四年》:"亳社者,亳之社也。亳,亡国也。亡国之社以为庙屏戒也。"范宁注:"亳,即商也。商都于亳,故因谓之亳社。"也就是说,亳社既是一种亡国之鉴,来警诫统治者,又是鲁国拉拢殷商遗民,采取的一项安抚怀柔政策。

亳社在鲁国的政治生活中起了很大作用。《左传·昭公十年》:"秋七月,平子伐莒,取郠。献俘,始用人于亳社。臧武仲在齐,闻之,曰:'周公其不飨鲁祭乎!周公飨义,鲁无义。《诗》曰:"德音孔昭,视民不佻。"佻之谓甚矣,而一用之,将谁福哉?'"杜预注:"用人,以人祭殷社。"鲁国军事大胜后,"献俘"于亳社,即报告胜利,献上俘虏和俘获的战利品,一方面是反思自己,另一方面应该是对殷礼的尊重,这是"殷礼"中特有的献捷献俘礼仪,也是鲁礼和周礼的区别所在。

济宁市博物馆收藏有亢父故城出土的汉画像石,其中一石刻画有胡汉战争场景[1]。此石画面两层:上层,出行图。二骑前导,后一人骑羊,鹿车、羊车各两辆,步卒十人。下层,左段为献俘,华盖下两人对坐,其右六人执矛而立,其左有武士押着反绑双手的胡俘,八人执戟立,一案上立斧,摆着杀掉的人头,案旁有无头的尸体和执刑的武士;右段上列为奏乐队伍,下列有鼓上倒立、舞轮、飞剑、跳丸等杂技舞蹈。济宁地区此类胡汉战争画面的画像石还有很多,充分说明了"鲁礼"对"殷礼"的秉持和尊重(图一五)。

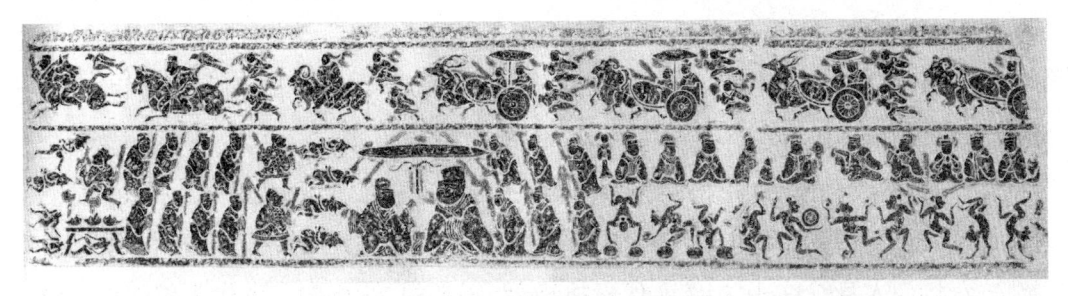

图一五　舞乐百戏出行　东汉

(三) 鲁有夷礼

"鲁礼"吸纳了许多东夷族的礼仪传统。东夷族是原始礼制的创造者,高度发达的物质文明,使得东夷民族产生、形成并发展起来了固有的文化礼仪制度,这便是夷礼。鲁国都曲阜,其原始居民即为东夷族,所在区域即是东夷文化的核心区域,从旧石器时代起,这一地区就创造了人类的早期文明,也是中国远古文明的主要代表之一。

东夷民族众多,主要指以传说时代的太皞、少皞为代表的部落集团及其后裔。太

---

[1] 武健主编:《济宁博物馆馆藏刻石精粹》,广陵书社,2010年,第67页。

皞伏羲，又称庖牺、包羲、宓羲等，风姓。西晋皇甫谧《帝王世纪》载："太昊帝庖牺氏，风姓也。母曰华胥。燧人之世，有巨人迹，出于雷泽，华胥以足履之有娠，生伏牺，长于成纪。蛇身人首，有圣德。燧人氏后，庖牺氏代之，继天而王，首德于木，百王为先。"女娲又称娲皇、灵娲、帝娲、风皇、女帝等，史记女娲氏，风（或为凤）姓，是古代传说中的大地之母。传说中伏羲、女娲既为血亲又为夫妻，为一家人。已故考古学家王献唐先生在《炎黄氏族文化考》作了详细的考证，他最后论定："伏羲发源祖地，证以现存地名、山泽名，殆即今之泗水一带。"《左传·僖公二十一年》有"任、宿、须句、颛臾，风姓也，实司太皞与有济之祀，以服事诸夏"，也就是说太昊部落的活动区域在鲁南一带。少昊又作少皞，在族源上与太昊有着一脉相承的关系，其故地在曲阜，曲阜被称为"少皞之虚"，鲁南亦是少昊族的主要活动区域。

东夷族的礼仪制度最为代表性的就是鸟图腾崇拜，许多文献记载了东夷族鸟崇拜的传说。如《汉书·地理志》："冀州鸟夷。"《大戴礼记·五帝德》："东方鸟夷民。"《左传·昭公十七年》载，郯子朝见昭公，昭公问他东夷人的祖先少皞以鸟名官是怎么回事，他说："我高祖少皞挚之立也，凤鸟适至，故纪于鸟，为鸟师而鸟名。凤鸟氏，历正也；玄鸟氏，司分者也；伯赵氏，司至者也；青鸟氏，司启者也；丹鸟氏，司闭者也。祝鸠氏，司徒也；鴡鸠氏，司马也；鳲鸠氏，司空也；爽鸠氏，司寇也；鹘鸠氏，司事也。五鸠，鸠民者也。五雉，为五工正，利器用，正度量，夷民者也。九扈，为九农正，扈民无淫者也。自颛顼以来，不能纪远，乃纪于近。为民师而命以民事，则不能故也……"，由此可见，东夷地区存在许多以鸟命名的氏族部落，也说明东夷人对鸟崇拜之极。

济宁地区汉画像石中有关伏羲女娲的图像及东夷民族对鸟崇拜的画面比比皆是。武氏祠左石室第四石[1]，第三层刻伏羲、女娲。伏羲头戴斜顶高冠，女娲头戴五梁华冠，均为人身蛇首，尾相缠。伏羲执矩，女娲举规，背相向。汉代人将伏羲、女娲的图像刻绘于墓室内，表现了当时对始祖神的崇拜（图一六）。微山县两城镇出土的画像石[2]，画面中一棵高大的扶桑树，枝干交错缠绕，树上有十一只鸟，树下系一马，一人仰首反身射鸟，这便是著名的后羿射日的故事传说（图一七）。两城镇另一画像石中[3]，画面下层也为扶桑树一株，树上众鸟翻飞。树下左侧一人骑马，马前后各一人，右侧一人席地而坐，其身后两童子游戏（图一八）。这都是东夷人民以鸟为图腾的真实再现，夷礼的鸟图腾崇拜在鲁礼中得以体现也是必然。

---

[1] 朱锡禄：《武氏祠汉画像石》，山东美术出版社，1986年，第52页，图50。
[2] 马汉国：《微山县汉画像石精选》，中原出版社，1994年，图4。
[3] 马汉国：《微山县汉画像石精选》，中原出版社，1994年，图9。

图一六　伏羲女娲

图一七　后羿射日

图一八　扶桑飞鸟

四、"鲁礼"的价值意义[1]

十九大胜利召开,党和国家为文物事业的发展,明确了新的方向和目标。在弘扬中华优秀文化的思想指导下,让更多处于沉默状态的藏品"活跃"起来,"讲出"它们背后的故事,服务于现时的文化发展,增强文化自信,为社会主义精神文明建设提供助力。

---

[1] 姜义华:《重振礼仪之邦》,《文汇报》2014年7月10日。

（一）传承传统文化、增强文化自信

习近平总书记强调，培育和弘扬社会主义核心价值观必须以中华优秀传统文化为根本，"礼仪之邦"（也称"礼义之邦"）是中华文明的社会理想，其思想内涵深远。如何才能"切实把社会主义核心价值观贯穿于社会生活方方面面，把传统美德制度化"，《礼记·曲礼》有言"道德仁义，非礼不成；教训正俗，非礼不备"，持续加强中华优秀传统文化的学习和传承是我们开创社会新局面的重要举措。

鲁国作为周公封国，对周礼进行了继承、损益与发展，形成一套适用于鲁国的礼仪制度——"鲁礼"。鲁自周初始封，经西周、春秋、战国，到最后被楚国所灭，历时七八百年，在当时的政治、文化舞台上扮演了十分重要的角色。鲁国作为周礼的坚守者、传承者，同时作为改革者、创新者，其逐渐建立起来的"鲁礼"对周边各诸侯国影响颇深。齐国强于鲁，但其君臣却多次问礼于鲁，对鲁国"尊卑有等，贵贱有序"的礼治秩序十分重视，重视吸收鲁礼文化，强调礼义道德的建设。孔子曾经说过"齐一变，至于鲁；鲁一变，至于道"（《论语·雍也》）。时至春秋，周王室衰微，鲁国周边的一些小国，有的则以鲁国为"宗国"，纷纷朝鲁，到鲁国学礼、观礼，《左传·襄公十年》说"诸侯宋、鲁，于是观礼"，是说宋到鲁观礼。薛国政治、经济、文化、外交等方面深受鲁国影响，从出土文物来看，薛国国之祭祀、诸侯墓葬等严格推行鼎簋制度，用鼎制度与当时礼仪相符，说明薛以"鲁礼"体系为准，礼乐制度在其地得到严谨的执行，这应该是薛国"于斯千年"的重要原因之一。在各诸侯国会盟等活动的班次上，鲁国为姬姓"宗周"国，在诸侯位次序列中有"班长"（《国语·鲁语上》）之称，被列为首席。如晋文公主持"践土之盟"时，在各会盟国进行的歃血仪式次序上，除主盟的晋国外，鲁被排在各国的最前面。春秋时期，鲁国虽已是积弱之国，但大国尊鲁，小国亲鲁，皆因"鲁礼"也。

"鲁礼"继承周礼，亦包括吉礼、凶礼、军礼、宾礼、嘉礼五礼，在礼制内容上有所发展，有区别于其他诸侯国的"王礼"、"殷礼"和"夷礼"。这些礼制内容，其中相当多一部分仍存在于现今人们的日常习俗中。《论语·为政》记孔子说："殷因于夏礼，所损益可知也；周因于殷礼，所损益可知也；其或继周者，虽百世，可知也。"礼仪、礼制、礼治虽然必须随着时代的变化而变化，但礼仪、礼制、礼治本身在国家治理和人们自身成长中的意义不可抹杀。

2013年11月26日，习近平总书记视察济宁并发表重要讲话，对推进社会主义核心价值体系建设、弘扬优秀传统文化和传统美德、加强儒学研究与传播提出殷切期望。"我们提倡和弘扬社会主义核心价值观，必须从中华优秀传统文化中汲取丰富的营养,否则就不会有生命力和影响力"。"鲁礼"从根源上来讲,是中国优秀传统文化的核心和集大成者,也是儒家思想的源泉活水,其对后世的积极影响不容忽视,其优秀的核心思想对我们当今社会仍具有积极的借鉴意义和教育意义,值得我们继承和发扬。

(二) 丰富现实生活、造就和谐社会

"天之经,地之义,人之行",谓之为礼。中国称为"礼仪之邦","人无礼则不生,事无礼则不成,国家无礼则不宁",礼在中国传统文化中居于至高的位置,是统领中国文化的核心思想,是我们的"文化基因"。礼仪文化对中华民族的繁荣与发展,对中华文化的凝结与传承发挥了极其重要的作用。

但是受西潮冲击、传统解体的影响,我们在礼节、礼貌和风俗、礼仪方面的缺失却相当严重,对自己本民族的文化传统和各种礼仪继承的很少,在上孝、下亲、衣食住行、与人交往等各个方面,基本上处于失序状态,这是当今社会的现实,也是我们的无奈。

我们研究中华优秀传统文化,研究"鲁礼",挖掘其精髓,就是要重新整合适合于当今社会的礼仪文化,对各种礼仪进行系统的规范,丰富现实生活,促进和谐社会建设。

其一,礼仪文化的实质是一种和谐文化,就是要弘扬"和"的精神。礼的一个重要作用,就是维护和谐社会的社会秩序,构建社会主义和谐社会,实现"两个一百年"奋斗目标,对礼仪文化建设提出了更为迫切的要求。无论从微观还是从宏观方面来看,礼仪文化在传承过程中,对社会的和谐发展有着十分重要的意义。从礼仪文化的本质和它发挥的功能来看,以"和"为中心的礼仪文化建设与"构建社会主义和谐社会"的观念异曲同工,是构成和谐文化建设的主要内容。和而不同,美美与共,弘扬礼仪文化,深耕"和合"文化,是我们奋斗的目标。

其二,礼仪在和谐中发展,在发展中和谐。实现和谐社会是我们追求的社会理想,礼仪作为社会交往的规范,在和谐社会建设中,其重要性不言而喻。"礼之用,和为贵"、"天时不如地利,地利不如人和",和谐社会需要和谐的人际关系,而营造和谐的人际关系需要规范和准则来协调,就要发挥礼仪的作用。传统的礼仪文化为我们今天建设和谐社会提供了有益的启示,是我们构建社会主义和谐社会的思想文化源泉。

(三) 社会启迪教化、引领社会风尚

培育和践行社会主义核心价值观的具体措施就是重振礼仪文化。中国优秀传统

文化,是中华民族几千年文明的结晶,是国家和民族的灵魂,对于丰富人的精神生活、提高人的综合素质,促进人的全面发展,形成良好的社会风尚,具有不可替代的作用。管仲说:"一年之计,莫如树谷;十年之计,莫如树木;终身之计,莫如树人。"因此,礼仪教育在社会教化环节中举足轻重,"鲁礼"的文化内涵是礼仪教育的主要内容之一,研究"鲁礼"文化的重要性可见一斑。

首先,加强礼仪文化研究,制订礼仪文化发展规划。加强礼仪文化研究,就是要考礼制、明礼义、析礼法,为各种礼仪人文内涵的继承和创新提供理论指导。要在整合现有理论研究成果的基础上,从现实运用需求出发,高屋建瓴,重新规划,对相关礼仪文化内涵进行重点建设,促进全民礼仪文化和文明素质的提升。

其次,加大礼仪文化宣传教育,加强礼仪规范社会实践,是社会主义核心价值观建设的重要举措。加强礼仪文化研究,加大礼仪文化及礼仪规范的宣传教育,普及社会礼仪规范教育实践活动,是我们面临的一项重大课题。这一课题迫在眉睫,它不仅关系到公民个人素质的提高,也是社会文明建设的系统工程,具有广泛的社会性。加强全民礼仪教育,对提高文明礼仪修养,涵养道德意识,完善道德情操,培养优良气质,都起着重要的指导作用。通过礼仪文化教育,以引起社会重视,形成人人知礼仪、人人学礼仪的宣传教育氛围。

最后,礼仪教育是中华优秀文化的优良传统。礼仪教育是社会主义道德教育的重要组成部分,体现着一个社会的文明程度。在礼仪教育过程中,传承了文明,让中华悠久的历史和灿烂的文明得以发展和延续。中国是一个礼仪之邦,山东是孔孟之乡,礼仪是我国的优良传统,也是中华民族走向复兴的条件。"国尚礼则国昌,家尚礼则家大,身有礼则身修,心有礼则心泰"。通过礼仪教育,引导公民自觉遵守当代道德规范和礼仪形式,不断提升公民素质,促进社会主义核心价值观建设。

培育和践行社会主义核心价值观就是要重振传统礼仪文化、加大普及社会启迪教化进程建设,从小处着手、细处着眼、实处着力,"要注意把我们所提倡的与人们日常生活紧密联系起来,在落细、落小、落实上下功夫"。今天,我们重新审视"鲁礼"精粹,普及"鲁礼"文化,重振中华礼仪之邦,加快首善之区文化城市建设进程,构筑具有鲜明时代精神的礼仪体系,对于社会主义核心价值观建设具有重要的支撑作用。

汉画像石建筑图像考
——以济宁地区出土画像石为例

胡广跃　宋忙忙
济宁市文物考古研究室　济宁市任城区文物管理所

汉代是中国建筑史上重要的发展阶段，大一统和相对稳定的政治格局，形成了汉代建筑大气、豪放、厚实、高敞的风格。中国传统建筑的许多工艺特色在汉代建筑中已经广泛应用，布局上讲究坐北朝南、中轴线分布、左右对称、层层递进，这些特点不仅体现在礼仪性建筑和宫殿建筑中，也体现在许多豪宅建筑中。汉代地面木结构建筑虽然不复存在，但是根据当时文献记载以及出土文物和考古发掘资料，依然可以领略到汉代建筑基本风貌。

本文主要通过画像石中的宅第楼阁、台榭、阙观等建筑图像，对汉代建筑特点、功用以及图像意义，结合考古学、历史地理学、图像学等诸多交叉学科进行梳理和探索，以期推动汉代地面建筑考古的发展。

一、文献中关于汉代建筑的描写

早在西周初年，周成王欲在洛邑建城，先派召公前往洛阳进行详细踏勘考察。据《尚书·周书·召诰》记载："成王在丰，欲宅洛邑，使召公先相宅。"东汉张衡《东京赋》也说："昔先王之经邑也，掩观九噢，靡地不营。土圭测景，不缩不盈，总风雨之所交，然后以建王城。"据《汉书·艺文志》记载，西汉时已出现专门应用于建筑方面的堪舆理论专著，一部是《堪舆金匮》，共十四卷；另一部是《宫宅地形》，计二十卷，这两部书都列入形法类。

汉代大规模建筑，以西汉都城长安和东汉洛阳为代表，展现了奇伟雄壮的风格。

《三辅黄图》记载了长安城中未央宫的主体建筑,据描述未央宫是一处由多座宫室、殿宇、台观、楼阁以及园林池泽组成的建筑群。东汉班固的《西都赋》中对西汉长安城宫室建筑格局,有较为详细的描述。关于东汉洛阳城的布局,班固在《东都赋》中有描述。东汉张衡《东京赋》中,对洛阳城总体布局及主要建筑有更为详细的描述。

除了都城之外,两汉时期分布于各地的诸侯王以及列侯,其王宫宅邸也都追求宏丽气派。如汉景帝之子刘余徙封于曲阜为鲁恭王,所建灵光殿,据《文选》卷十一、《鲁灵光殿赋》记载,宫苑占地面积很大,殿宇、楼阁、台榭、池观等应有尽有,连属成片,或高耸入云,或曲回旁达,有的云台可缘阶梯上下,有的高阁之间设复道通行。整个建筑群可谓壮观宏丽,巧夺天工。

二、画像石中的宅邸楼阁

汉代豪宅建筑在画像石中多有表现,往往由几进院落组成,其中中心建筑为住宅部分,起以楼庑高阁,宅院四周以高墙,封闭严密。大门往往设在南墙正中,门楼高耸,旁设小门,两侧又有门庑可居留宾客。正门之内依院落进深,还设有二门、三门。住宅前面往往建有左右对称的双阙,中间是供车骑过往的通道。汉代宅院建筑有多种布局,方形、长方形、曲尺形、目字形、日字形、田字形均有,显示了不同的建筑风格和规模。

济宁地区不少表现豪宅建筑的画像石,在画像布局上特点鲜明。中国传统绘画的表现手法是散点透视,就是按照多个视点去表现景物,用多视点处理成平列的同等大小的景物,比较充分地表现空间跨度比较大的景物的方方面面。画像石中的宅院,则采取高远处理方法,即自下而上仰观。画面中通常以高楼为主题建筑,其他诸如织房、武库、高阁、台榭等建筑,无论空间距离远近,均同主题建筑连属为一体,在视觉上没有远近大小之分。如武氏祠前石室后壁小龛后壁画像表现的是豪宅建筑,整幅画面分两层,最下层表现车马出行的场面。车骑自右向左行驶,前面二轺车为引导,后紧跟二导骑和二侍从,最后主车四维,车上主人端坐。画面上层右边是一座两层高楼,楼堂内聚满宾朋,分层列坐,顶层有女主人凭几端坐,两侧伴有侍者。下层男主人形体高大,来访客人举笏躬身,意在突出男尊女卑的形象。楼阁右侧有一株盘曲大树,树冠上方大鸟盘旋飞行,树下有人持弓射猎,另有马和车辆停放。武梁祠堂后壁下层,亦描绘豪宅建筑形象。画面分两层,两层中间是一座两层高楼,上下层分别有男女主人端坐,两侧伴有侍者。下层为车马出行场面,自右向左行驶,主车四维,前有从骑和辌车作为引导。楼堂右侧上层为蔺相如完璧归赵和范雎辱魏须贾故事；左侧为盘曲大树，树下停放车马，树旁一人持弓对树射猎，树左侧上层为迎宾场面。

济宁画像石中不少画面表现了宅邸中具有代表性的建筑，例如微山县两城镇画像石[1]，图中表现的是一座庑殿顶三重檐高楼，城门紧闭，门两旁有两个神兽双手擎住楼檐。整座建筑显得雄浑壮观，格外稳重。微山县两城镇出土的另一块画像石[2]，画面分为两层。上层画面表现的是一堂两亭，中央为堂室，屋盖为四阿式，坡面饰有瓦垄，檐下有粗壮的立柱和栌斗承托。堂内主人端坐，左右两侧各有二人拜谒。堂室左右各有一亭，结构形状相同，均为重檐四阿式。这组建筑体现了建筑画像石中简洁雄犷的特点，在堂顶坡脊上有两对猴雀，两亭斜脊上各有四只雀鸟。据《三铺故事》记载，西汉长安城建章宫阙顶便有铜凤凰。汉代流行将祥禽瑞兽作为脊兽，其中凤鸟、大雀最为常见，另外还有龙和猴。再如微山县两城镇出土的另一块画像石，表现的也是一座厅堂，其建筑形式和风格同前，堂檐两个立柱上还装饰有花纹。堂内主人为夫妇二人，正襟端坐，另有四人依次伫立于堂内外参谒，堂外左侧恭立两名侍女。在厅堂顶脊上有两羽人，分别饲养鸟，两个檐角上各攀一猴。另外，空中有许多鸟雀飞临，还有一只作腾拿之势的熊。根据画像石上的题记得知，此种建筑为，永和四年而建的食堂（祠堂）。

三、画像石中的台榭建筑

台榭属于古建筑中的高台建筑，秦汉时期，兴建园林之风甚为盛行。上至皇家禁苑，下至权贵园林，乃至豪强地主庄园，无不凿池构建水榭台观，以供平时登临游观消遣。反映汉代高台水榭建筑的画像石在济宁一带屡有出土，主要集中在邹城市和微山县。从画像中的构建特点来看，一般是设有伸臂式悬梯的水榭，接池陂设悬梯或踏阶，亭榭则高临水面。水榭伸建于池塘上方，下面有立柱承托。这种设有伸臂式悬梯的水榭，从外观上看大同小异，但从斗拱机构上区分又有细微差异。

微山县两城镇出土的水榭画像石，伸臂式悬梯斜置于水面，下部连接池塘，上部连接水榭，悬梯边侧设有护栏和扶手，梯蹬上有七人登临。下面有一根粗大出挑华拱，一头出自悬梯下，另一头曲而上扬，承托巨大栌斗，栌斗之上平托四阿式水榭。曲

---

[1] 马汉国：《微山汉画像石选集》，文物出版社，2003年，第31页。
[2] 马汉国：《微山汉画像石选集》，文物出版社，2003年，第42—43页。

形华拱下方,一根呈须弥座形立柱矗立在池中,牢固支撑整个建筑物。水榭和拱梁上有四人,分别钓鱼和观鱼。池中鱼群游动,有人撑舟捕鱼,有人用渔具捕鱼。

微山县两城镇出土的另一块水榭画像石,池中立柱较矮,柱下有石础,柱上施栌斗,承托两层粗大的出挑曲拱。两层曲拱重叠错落,上面分别置以大斗,最上面两层出挑平拱,支撑两重檐水榭顶。重拱之间支撑,均为一斗二升式,且斗之形制巨大,而散斗形制较小,整座建筑结构为重又不失灵巧。

再如微山县两城镇出土的水榭画像,与水榭相连的悬梯坡度较缓,池塘中置须弥座式低矮立柱,上面承托曲形出挑重拱,曲拱上均置大斗。最上面的水榭,宇盖为四阿式,支撑屋檐的立柱上斗拱,均为一斗二升式。拱柱上装饰有流畅的水波图案。蹬踏上方,画像分两层,上层为扁鹊针灸图,下层为六博图。此幅图像样式国内罕见。

邹城郭里镇黄路屯出土有水榭画像石,其构图方式与微山县出土的画像石大同小异。

上述水榭,基本上都附设有伸臂式悬梯,悬梯下有立柱承托,其功能便于游人登临,且水榭和悬梯连为一体,增加了建筑物的稳固性。

四、画像石中的桥梁建筑

桥梁在古代交通中发挥着重要的作用,是道路设施不可分割的组成部分。桥梁出现较早,早在新石器时代就已经出现。新石器时代文化区相继出现了环壕聚落,这些具有防御功能的聚落流行在居住区周围开掘壕沟,沟内往往引水灌注,而掘出的泥土又堆筑在环壕内侧,形成了早期城墙,作用一是防御野兽袭扰,二是防御其他部落侵犯。人们平时出入聚落区,借助于壕沟上架设的树干穿越,形成独木桥。为了行走安全,可铺设多根树木并排架设在壕沟上,于是横跨水面的平桥就产生了。例如陕西西安半坡遗址以及临潼姜寨遗址,均属于仰韶文化早期阶段,都是大型环壕聚落,外围有又宽又深的壕沟环绕[1]。这类壕沟,为了便于出行或防御,必须建造桥梁,以此推测,构造简单的多跨梁式桥有可能在新石器时代晚期就已经出现了。

先秦文献中已记载浮桥、梁桥和索桥,如《诗经·大雅·大明》有这样的诗句:"文定厥祥,亲迎于渭。造舟为梁,丕显其光。"这是文献中关于浮桥的最早记载。另外,

---

[1] 王吉怀:《蒙城尉迟寺聚落再现宏大规模》,《中国文物报》2002年6月21日;马雨林、师瑞玲:《史前防御设施的发展脉络》,《文博》2005年第1期。

《史记·周本纪》记载周武王伐纣,攻克殷都朝歌后,"发钜桥之粟,以振贫弱萌隶"。钜桥就是漳水上的一座古桥。《水经注》记载了汾水上有一座始建于春秋晋平公时的木梁桥。至战国秦汉时期,单跨和多跨的木、石结构桥梁已普遍出现在全国各地。

汉代的交通干线基本沿用秦代,但交通系统比前代更加完善。文献中记载的桥梁较多,京城长安便有十几座大桥横跨于各条河流上,《三辅黄图》引《汉旧仪》:"长安城中,经纬各长三十二里十八步……九市,十六桥。"长安附近的渭水上便建有三座大型木构桥梁,分别以所在方位命名。据《史记·张释之列传》载,汉文帝"行出中渭桥,有一人从桥下走出,乘舆马惊"。汉代冶铁鼓铸业的兴旺以及抄钢、百炼钢的发明,为加工石料提供了便利工具,不但使桥梁在木构基础上增添了石柱、石梁、石桥面等新构件,还使用石料建造石拱桥。

济宁地区出土画像石中,有多幅图像表现桥梁建筑,主要分为梁桥、拱桥、梯桥、廊桥等。武氏祠堂前石室西壁下石画像,画面主要表现一座大拱桥。此桥为两坡式,桥的边侧设有护栏,其下为纵梁,上面铺有桥板。桥上有两对车马,相互厮杀,桥下为水战。桥中央有一辆盖系四维的主车,车主身向后倾斜,左边有两辆车,分别榜题为"主记车"和"主簿车";右边三辆车,分别榜题曰"功曹车"、"贼曹车"、"游徼车"。两边各有导从的骑吏和步卒,皆手执兵器作攻杀之状。和车骑队伍交战的是女装打扮,手持刀、盾、戟、钩镶、弓箭等兵器的男女混合之众。整个混战呈现犬牙交错、相互砍杀的情形。桥下水中一人形体高大,峨冠博带,右手持剑,左手执盾,身旁两边各一船,上有女子持刀戟围攻。以往习惯将此类图像命名为"水陆攻战图",实际图像应为消亡千年的"七女为父复仇"历史故事。这座桥属于石柱式双跨木梁桥,从桥上车骑相连,人物众多,桥下行船场面看,桥梁的规模较大。

邹城郭里镇高李村 M1 出土画像石,表现"泗河捞鼎"的历史故事。图中桥梁为木石结构石拱桥,桥的边侧设有护栏。矢跨比例较大,拱圈几乎成半圆形,属于陡拱桥,桥体较厚,由两层拱圈组成,下仅有一个跨洞。桥顶竖两高杆,杆顶有横梁,上悬滑轮。有绳子穿过滑轮,一端拴在桥下的大鼎上,另一端握在桥两侧捞鼎力士手中。从上幅图中得知,东汉时期已出现了石结构拱桥。

除了两坡式梁桥和石拱桥外,画像石中还出现了高空廊桥建筑。邹城郭里镇卧虎山 M2 出土石椁画像,画面分三格:左格双阙、骑士;中格伯乐相马、车马出行;右格泗水取鼎、建筑、人物拜谒图。泗河捞鼎图,分上下两层,上层为两层楼房,巍峨壮观,下层中为二立柱,上置轮,左右斜坡状桥面上各有四人用绳拉鼎。这种建筑上有躲避日晒雨淋的屋盖,下层可供行人通过,确实是奇思巧构,壮观而又实用。

五、画像石中的阙观建筑

阙观是中国古代一种别开生面的建筑物,由来已久。两汉时期常在城门、宫殿、祠庙、陵墓以及豪宅前建造双阙,中间可通行车马。阙属于标志性建筑,既增添了建筑群的壮观,又可供远瞻,同时可用来记官爵功绩,标表宫禁、门第,具有别尊卑,明贵贱的作用。

文献中有许多阙观建筑的记载。班固《西都赋》云"树中天之华阙,丰冠山之朱堂",描写的是西汉长安城内宫阙。《汉书·高帝纪》记载:萧何治未央宫,立东阙、北阙。《三辅黄图》卷二解释:"阙,门观也。刘熙《释名》:阙在门两旁,中央阙然为道也。"阙就是门观,由于高矗于宫门或门第之外,从远处可以看到,所以称为门观或阙观。

《汉代物质文化资料图说》[1]中把汉阙分为三种:一般官僚可用一对单阙;诸侯王、两千石以上用一对二出阙;皇帝则用一对三出阙。单阙是阙观中最简单的一种形制,因为不附设子阙,故称作单阙,常左右合成一对,分别置于门道两旁。单阙由阙基、阙身和阙顶三部分组成。阙基平面呈方形或长方形,阙身或收分,或不收分。二出阙也是左右成对,由母阙和子阙组成,其形制为一主一附,母阙旁侧附设一子阙,子阙规模小于母阙,整体平面呈凸字形。这种形制充分体现了建筑物高低主次差异,颇有层次感,并显示出奢华壮观。三出阙在阙观建筑中等级最高,结构最复杂,其形制是在母阙外侧或后侧附设两出子阙,并且依次缩小,高低错落有致。有的则是双向三出,即在母阙外侧和后侧都附有两出子阙,平面呈曲尺形[2]。汉代僭越现象严重,虽然规定只有官员才能建阙,但实际上民间建阙或官员不按自己级别建阙也很常见。

嘉祥武氏祠前保存有子母阙,从阙铭和碑文得知,武氏家族中好几人做官,出任从事、郡丞、长史、执金吾等官员,虽然官职不高,但这在地方的平民家庭来说,也具有无限风光,所以不惜越制建造阙观,借此张扬炫耀。

济宁出土的阙观建筑画像石,大都表现住宅前的门阙,属于不设子阙的形制,往往左右成对,重檐高耸,夹峙门道。也有和住宅大门结为一体的门阙,中央构建门楼。个别形制简单的阙,见于西汉晚期画像石刻中。从画像内容上看,可分为单体阙、对

---

[1] 孙机:《汉代物质文化资料图说》,文物出版社,1991年。
[2] 韩建华:《中国古代城阙的考古学观察》,《中原文物》2005年第1期。

阙、门楼阙、门楼双阙四种。

济宁任城汉文化研究中心藏一单体石阙画像石,阙体画像,形制简单,由阙身和顶盖两部分组成。顶盖为单檐,左右坡脊上各伸出一龙头,檐下二骑士正面勒马向外行驶。济宁肖王庄石椁画像,画面中双阙并列,中间形成过道。形制同单体阙,差异在于阙身下有写实虎座。这种阙结构简单,可分布于神道、门道两侧,在当时民间应该常见。微山县两城镇画像石中,大门和双阙连为一体,中央为正门,建有屋盖,其上门楼高耸。正门两侧双阙对峙,低于中央门楼,阙顶为四坡式,脊顶平直,檐部叠涩,自上而下逐渐收缩,阙身饰有图案。这种形制的门阙,因中央有门楼,可以登临远眺,是为门观或阙观。微山县微山岛沟南村画像石,画面中央双阙左右并列,中央形成过道。此阙为重檐攒尖式,出檐较深,檐下叠涩,阙身呈柱状而不收分,显得较为挺拔。阙檐上有鸟雀,或展翅或伫立。阙下立三人,中央门吏双手持笏板,两侧各有一佩剑的门卒。

姜生先生认为,阙是天上仙宫的象征符号和人类交通仙界的媒介,是道教神学家为死者提供的引导墓主通天升仙的天梯[1]。笔者认为姜先生所言极是,但不能千篇一律,在表现阙门、阙观之类的图像中,主要反映了两种场面,一是现实社会的世俗场面,凡是在这种画面中出现的阙门,大都属于官宦豪强宅邸或者祠墓前的建筑物,它具有旌表门第、别尊卑、明贵贱等功利色彩。另一种表现便是超现实的虚幻场面,在这种画面中出现的阙门建筑,表现了缥缈的升仙意境。阙门其实就是阴阳之界,是天与地的分界线。跨越此门,便进入了人生彼岸的理想境界,即长生不死的仙界。

六、结　语

汉代的中国是个封建大统一的国家,是个处于蓬勃上升时期的社会,是个充满大气自信的时代,汉画像石反映了这种时代气息。从画像石上,我们可以领略到汉代艺术的神韵,那一幅幅建筑图像呈现了大气、豪放、厚实、高尚的风格,体现了汉代大气雄浑、粗犷拙重,充满蓬勃生气和激情的气魄,表现出对未来世界的憧憬。

济宁地区出土建筑画像石中,表现楼阁堂室组群建筑以及单体建筑的图像较为丰富,以雄强粗犷风格见长,既体现了时代流行趋势,又具有地域文化特色,为研究汉代建筑文化提供了形象化资料,可弥补文献记载之不足。

---

[1] 姜生:《汉阙考》,《中山大学学报(社会科学版)》1997年第1期。

浅谈大遗址的保护与利用

——以鲁国故城国家考古遗址公园为例

王 军

曲阜市文物局

作为中国五千多年灿烂文明史的主体和典型代表,大遗址具有规模宏大、价值重大、影响深远等特点,在向世界展示悠久的中华传统文化和推动区域经济社会发展等方面都能够发挥重要作用。为促进考古遗址的保护、展示与利用,有效发挥文化遗产保护在经济社会发展中的作用,自2009年起我国开始依托重要大遗址建设国家考古遗址公园。这既是我国文化遗产保护模式的路径创新,更是实现"还文化遗产应有的尊严"以推动文化遗产保护与当地经济社会发展相协调的重要国家战略。

曲阜鲁国故城[1]国家考古遗址公园正是在这些理念指导下,对大遗址保护曲阜片区代表性遗址——鲁国故城遗址保护与利用模式的有效探索。鲁国故城遗址在"十一五"期间就已经被列入100处国家重要大遗址,鲁国故城考古遗址公园2013年12月被列入第二批国家考古遗址公园名单。考古遗址公园是我国近年来文物保护界提出的一个新概念,是我国城市建设快速发展过程中,为解决考古遗址保护与城市更新关系而产生的一种新的保护与利用模式[2]。

一、历 史 沿 革

鲁国故城为周公旦封地,在周武王伐纣的当年(武王十一年),"封纣子武庚禄父,

---

[1] 山东省文物考古研究所、山东省博物馆、济宁地区文物组等编:《曲阜鲁国故城》,齐鲁书社,1982年。
[2] 唐旭、祁本林、赵勇:《遗址文化的提炼与延展——薛家岗国家考古遗址公园规划研究》,《华中建筑》2014年第7期。

使管叔、蔡叔傅之,以续殷祀。遍封功臣同姓戚者。封周公旦于少昊之虚曲阜,是为鲁公。周公不就封,留佐武王"(《史记·鲁周公世家》),使曲阜成为我国当时重要的政治、经济文化中心。春秋末期,孔子开私人讲学之风,"弟子三千,贤人七十",曲阜又成为当时的教育中心。鲁国在曲阜营建国都,成为曲阜历史上的黄金时期。公元前249年楚灭鲁,置鲁县,秦时属薛郡,汉初属豫州部。吕后当政封张偃为鲁王,以鲁县为都,不久废除。汉景帝三年(公元前154年),刘启徙封子刘余为鲁王,史称恭王。王莽篡汉鲁国废除。据1977—1978年考古发掘,汉鲁国故城遗址占据周鲁国故城的西南部,可能建于西汉晚期。鲁故城的其余部分和城墙,也就渐渐荒废。汉时的鲁国,与古鲁国相比力量较弱,依附性强,故其城址较小。此外,西汉时,鲁国故城以北有孔子"弟子及鲁人往从冢而家者百有余室"的孔里形成。墓葬区已全部迁至城外。东汉建武二年(公元26年)封刘兴为鲁王,建武二十八年(公元52年)迁刘兴为北海王,命废太子东海王刘强迁都于鲁。东汉末年,东海国废。东汉时,孔庙由鲁城北泗上迁到鲁国城内,初具规模,庙屋三间,庭院可容千人。汉鲁城到东汉后期城垣即已颓废。北魏时为鲁县,在现在周公庙一带建了一个"小石城"。唐宋时的鲁县治所应在今周公庙附近。至宋真宗大中祥符五年(公元1012年),因当时宋真宗赵恒尊黄帝为始祖,在寿丘(传说黄帝生于寿丘)另筑新县城(在今曲阜旧县),改曲阜县名为仙源县,汉故城从此荒废。周代以后,曲阜城作为郡县治存在,其规模不断缩小、形态也逐渐简化,然而随着历代尊孔思想的不断升级,阙里孔庙却在不断发展。金代,孔庙、衍圣公府所在的阙里独立成小城规模。明正德六年,农民起义攻占曲阜县城(仙源),明武宗命令"移城卫庙",建成今之明故城。

二、保护模式优化

1. 保护现状。现存鲁国故城城址平面近扁方形,东西最宽3.7千米、南北最长2.7千米,面积约10.45平方千米。四周城垣南面较直,其余三面都呈弧形,城墙周长11 771米。城垣不少地段至今仍耸立在地面,其中东北部、东南部保存较高,局部达10米左右。城墙宽一般在40米左右,壕沟宽多在30—40米之间,整个城垣遗迹依稀可寻。根据1977—1978年考古普探和试掘,共划出36处重点保护区。遗迹主要集中在西部、北部、中东部、东北、东部,文化层一般深1—2米,但文化层堆积厚度差异较大。部分周代城垣(长度约占外城垣周长的40%)、周公庙建筑群夯筑基址、"望父台"墓地局部、"斗鸡台"基址、城南"舞雩台"遗址高于现状地面。其余遗存均埋藏于地下,文化层埋深0.2—0.6米,文化堆积厚度多在1—3米之间,最厚处约5米。以周公庙建筑基址所在的高台地为例,一般厚1米左右,中心区域文化堆积厚度都在2—3米之间,厚的地方甚至能到4米[1]。鲁国故城内现坐落着曲阜明故城和十余处村居,约有居民8万人,各级文物保护单位19处。保护区范围约1 084.3万平方米,其中文物保护用地39万平方米,农用地450.7万平方米,建设用地607.9万平方米,未利用地13.8万平方米。

2. 保护措施。 曲阜作为我国首批历史文化名城,历来重视文物古迹保护。鲁国故城于1961年被国务院公布为首批全国重点文物保护单位;2010年经国家文物局公布为"国家考古遗址公园"23个立项名单之一;2011年9月2日,曲阜市人民政府发布了《关于加强鲁国故城保护和管理的通告》,进一步明确了鲁国故城的范围、建设控制地带的边界,并对保护范围内的建设审批程序作出了说明;2013年7月2日,山东省人民政府办公厅下发《关于实施鲁国故城等遗址保护规划的通知》(鲁政办字[2013]88号);2013年12月正式公布为第二批国家考古遗址公园。管理机构方面,曲阜市文物局先后成立了文物科、文物稽查大队、鲁国故城巡查组等负责鲁国故城的巡查保护工作。特别是2012年11月,设立了鲁国故城国家考古遗址公园管理处(副科级事业单位),隶属于曲阜市文物管理委员会,经曲阜市机构编制委员会批准(曲编办[2012]35号),鲁国故城国家考古遗址公园管理处下设5个中层机构:办公室、工程科、规划设计科、展陈开放科、绿化管理科。主要负责项目规划、建设和开放、运行管理等工作。至此,鲁国故城国家考古遗址公园项目构建出完整而系统的管理体系,为下一步项目的深入推进提供了坚实的组织保障。

三、利用方式创新

文物是不可再生和复制的珍贵文化资源,大遗址在利用时也应牢固遵循"保护第一,合理利用,注重规划,协调推进,稳步实施"的总原则。在鲁国故城国家考古遗址公园规划建设过程中,我们具体贯彻了以下五个原则。

1. 全面保护的原则:文物遗址除却本身的价值外,还具有其承载的历史、文化、情感等多方面的价值。保护文物本体的同时,不能把文物独立看待,只见到文物遗址

---

[1] 山东省文物考古研究所《2011—2014年鲁国故城考古工作报告》。

某些方面的价值而忽略了其他方面,要保护它全部的完整的历史信息。鲁国故城国家考古遗址公园在先期规划的时候,就充分考虑到其在西周各诸侯国的特殊地位,经过专家反复论证,制定了《鲁国故城总体保护规划》和《鲁国故城国家考古遗址公园规划》2个总体规划,并在此基础上,先后编制了《东南角城墙遗址保护展示方案》、《东北角城墙遗址保护展示方案》及《周公庙遗址环境整治方案(一期)》、《鲁国故城周公庙遗址区展示工程设计方案(一期)》、《鲁国故城望父台墓葬区保护展示工程设计方案》、《鲁国故城北城墙西段(孔林神道至东104国道段)保护展示及环境整治方案》、《鲁国故城北城墙遗址中段保护展示方案》、《鲁国故城南东门遗址保护展示方案》、《鲁国故城东城墙遗址中段保护展示方案》等9个分项方案,并经国家文物局批复通过。

2. 保护与利用结合的原则:把遗址利用纳入保护的内容中,形成遗址利用促进遗址保护的良性循环。鲁国故城国家考古遗址公园规划建设周期20年(2011—2030年),确定了"一轴三环五重点"的建设思路。"一轴"即中轴线,从周公庙宫城区经9号古道路往南穿过南东门再延伸至鲁国祭天之所"舞雩台",这条中轴线堪称是我国经考古印证最早的城市中轴线,在鲁国故城保护展示中具有核心的价值;"三环"即城垣、外城壕、内城壕,这三环可有效圈定大遗址的边界范围,勾勒整个鲁国故城遗址的大框架,城壕水系与全市现水系相衔接,环城参观道与全市参观线路相衔接;"五重点"是指周公庙宫城区遗址、望父台墓葬区、洙河疏浚遗址、舞雩台遗址、立新联中冶铁遗址这五处最有突出价值也应该予以特殊保护的重要遗址点。这"一轴三环五重点",从总体的高度,基本涵盖了鲁国故城最突出的特征和最核心的要素,构筑起遗址公园保护展示的基本框架,勾勒出公园的总概貌。

3. 兼顾旅游要素的原则:遗产旅游是实现遗产价值最直接的途径,而人是遗产旅游活动的主要元素。在大遗产旅游规划中,对人需求的考虑是规划的原则之一。旅游作为一种较高层次的物质和精神享受,必须亲身到旅游目的地才能得以实现。合理有力的旅游引导是整个遗址展示与利用的关键。鲁国故城保护范围内各级文物保护单位共19处,其中全国重点文物保护单位4处、山东省级文物保护单位2处、济宁市级文物保护单位1处、曲阜市级文物保护单位12处。鲁国故城周边1500米范围内各级文物保护单位共13处,其中全国重点文物保护单位2处、山东省级文物保护单位4处、曲阜市级文物保护单位7处。这在全国同类大遗址中,可以说是绝无仅有的。鲁国故城是曲阜最深厚的历史文化依托,环绕鲁国故城构成了一个丰富而珍贵的历史文化遗产群,这也是曲阜之所以能成为全国首批24个历史文化名城的根本所在!鲁国故城国家考古遗址公园的规划和建设,将有效地把散布在各处的重要文化遗址有机串联起来,形成大文化遗产景区的格局。

4. 兼顾当地居民利益的原则:研究发现,对当地居民利益的关注程度以及居民对旅游的参与程度和旅游的成功与否关系十分密切[1]。鲁故城遗址周围居民的生产生活与文化遗产保护有着密不可分的关系,居民的生活本身就是遗址的一部分,是遗址的活力,"没有人的遗址是废墟"。居民积极地参与遗址的保护是遗址生存的必要环节,而兼顾当地居民利益的遗址保护是调动他们积极性的前提。鲁国故城遗址城垣保存较大的区域大多集中在东半部,这些区域多是城乡结合部,环境较差。通过鲁国故城国家考古遗址公园项目的逐步实施,极大地改善了遗址保护区内的生态环境和发展环境,进一步扩大了民众城市公共文化空间,形成集教育、科研、游览、休闲于一体的文化场所。

5. 最大保护、最小干预和可逆性原则:即文物遗址的原存部分作为历史信息的真实载体,必须保证各部分不被破坏、篡改或移动——即维持其"原真性"。同时对文物遗址所采用的一切措施都应该是最必要的,不能勉强为之。一切措施都必须是可逆的,这是为了不致对遗址造成不可弥补的损害,同时也保证今后能够采取更进一步的措施对文物遗址进行研究。鲁国故城国家考古遗址公园在规划建设中,本着"最小干预"的原则,最大程度上保留其历史和形式的真实性,文物遗址的加固、修复部分,也做到了与原存部分有所区别。

根据以上原则,鲁国故城国家考古遗址公园自2012年5月21日奠基至今,共开工建设鲁国故城东北角城墙遗址保护展示工程、东南角城墙遗址保护展示工程、北城墙中段城墙遗址保护展示工程、周公庙建筑群基址区域环境整治及保护展示工程、望父台墓葬区保存环境治理工程、北城墙西段(孔林二林门至104国道)保护展示及环境整治工程、南东门遗迹保护展示工程等7个区域工程。其中东北角和周公庙区域环境整治及保护展示工程已完成,并经山东省文物局竣工验收通过后对外开放运营,开放区域已经成为市民获取历史文化知识,进行休息、娱乐、体验的重要场所。东南角、北中段、望父台、北西段、南东门等区域工程正在有序建设中。项目主要建设内容为城墙修复及模拟展示、河道清淤、园区绿化、参观道路及附属设施等。

---

[1] 张建萍:《生态旅游与当地居民利益——肯尼亚生态旅游成功经验分析》,《旅游学刊》2003年第1期。

发挥旧城在建设曲阜优秀传统文化传承发展示范区的作用

孔祥林

孔子研究院

今年颁布的《中华人民共和国国民经济和社会发展第十三个五年规划纲要》中将"推进山东曲阜优秀传统文化传承发展示范区"列为国家传统文化的两个重大建设工程之一，给曲阜的发展带来良机。

示范区首先应该充分展示优秀传统文化。曲阜旧城是1982年国家公布的第一批全国历史文化名城，具有深厚的历史文化积淀，1994年，联合国教科文组织遗产专家考察三孔时曾经建议申报历史文化名城，2014年，孔子学院总部确定在孔子研究院建设中国传统文化体验基地。在规划建设曲阜优秀传统文化传承发展示范区时应该充分利用曲阜旧城展示优秀传统文化，更好地发挥旧城作用。

一、逐步恢复旧城明代风貌

曲阜旧城为明正德七年（1512年）始建，嘉靖元年（1522年）落成，恢复应该以明代风貌为准，考虑到财力问题，可以采取三步走的策略。

第一步修容整面：目前旧城比较残破，保存古建筑不多，新式建筑不少，即使是单层民居大多也是洋瓦顶。修容整面即对沿街建筑进行改造，以青砖、粉墙、灰色小瓦为标准，所有临街建筑穿靴戴帽。顺序可先东城后西城，从鼓楼大街、南门大街、东门大街、颜庙街、陋巷街、南马道、东马道、龙虎街、北马道、官园街、兴隆街依次进行，东城基本就绪后向西城开展，依次对半壁街、西门大街、天官第街、西马道、城隍庙街、仓巷街、书院街、县后街进行改造。

第二步修复部分古建筑：一是修复衙署、学校、祠庙；二是修复部分宅第、园林，辟作博物馆、纪念馆；三是恢复牌坊；四是修复部分古建筑，举办民俗活动。

第三步全面改造：对旧城内的建筑进行全面改造，拆除一些对旧城风貌影响较大的新式建筑。改造后建筑开设家庭旅馆、餐馆、酒吧、茶馆等，为游客服务。

二、维修恢复具有重要价值的建筑，建设各种类型的博物馆、纪念馆

曲阜旧城内原有衍圣公府、颜翰博府、东野翰博府和曲阜县衙四所衙署，城隍庙、关帝庙、名宦祠、乡贤祠、孝弟祠、忠义祠、节孝祠、火神庙等祠庙，大府、二府、三府、四府、东五府、西五府、八府、东十府、西十府、北十府、十二府、南府、慎修堂、桑园、一贯堂等十多所孔氏府第，古泮池乾隆行宫和颜氏乐圃等园林。目前衙署衍圣公府尚存，颜翰博府重建，县衙残存二堂，祠庙无一幸存，府第大多不存，个别尚存部分建筑。目前全部恢复已无可能，也无必要，可以选择具有重要人文价值者进行修复，辟作博物馆或纪念馆。

1. 复原曲阜县衙

县衙是地方政府所在，又由于孔氏家族的历史地位，圣人子孙不能由外姓管理，从唐代起由孔氏族人担任知县，明代规定由衍圣公保举。修复县衙，可以复原陈列，刻制"尔俸尔禄，民膏民脂。下民易虐，上天难欺"和"公生明，廉生威"等官箴戒石，表演知县上任仪式（《明会典》有全套上任仪注）。

2. 恢复城隍庙

城隍庙奉祀本城保护神，明代规定地方官上任要遍祀列入祀典的祠庙，正德间规定只在城隍庙祭祀，应该首先恢复。祭祀城隍并非迷信，而是对官员进行廉洁勤政安民的教育。明代颁布的官员上任祭祀的祝文说："某官某人奉命来官，务专人事，主典神祭。今者谒神，特与神誓：神率幽冥，阴阳表里，予有政事未备，希神默助，使我政兴务举，以安黎民；予倘怠政奸贪，陷害僚属，凌虐下民，神其降殃！"城隍庙修复后，可以举行知县上任祭祀的仪式。

3. 恢复四氏学

四氏学是国家专为孔颜曾孟四氏子孙设立的学校，它接续孔子私学，早期为孔氏

家学,曹魏时国家开始介入,宋代成为国立学校,给予科举特权,明代时设秀才名额40名,并特设乡试举人名额2名,是全国唯一设立举人名额的学校。恢复四氏学可以举办介绍其历史、特性的展览,同时开设讲座,传播儒家思想和优秀传统文化。

4. 恢复曲阜县学

曲阜县学设有五所祠堂,其中名宦祠奉祀在本地任职勤政爱民的官员,乡贤祠奉祀有嘉言懿行(诸如修桥补路、赈济灾民)的乡贤和在外地勤政爱民的本籍官员,孝弟祠奉祀本地孝敬父母、友爱兄弟的男士,忠义祠奉祀本地爱国的志士,节孝祠奉祀节操优秀、孝敬公婆父母的女性。五祠复原陈列,可以进行传统道德教育。学校可以举办科举陈列,表演新秀才进学(入泮)仪式。

5. 修复考棚

考棚是对秀才进行岁考的地方,一般只设在府或直隶州。由于曲阜四氏学有40名秀才,曲阜县学有20名秀才,而且又是圣人的故乡,为显示对圣贤后裔的优待,特许兖州府设立两个考棚,兖州称西考棚,曲阜称东考棚。考棚现存大门、大堂和二堂,现状完好,修复后,可以复原陈列,举办相关展览。

6. 恢复牌楼

曲阜旧城内原有牌楼20余座,除几座节孝坊外,大多是为纪念本地名人建造的,如状元坊、登云坊、折桂坊、绳武坊、乔梓重光坊、侍从清班坊等,现在除阙里坊和陋巷坊外都已不存。恢复牌楼可以增加城市的历史文化厚度,使游人了解文化传统。

7. 恢复东野翰博府

周公后裔于清康熙二十三年(1684年)获封翰林院五经博士,不久建造了东野翰博府,"文化大革命"中陆续被拆除。恢复后部分复原陈列,部分举办周公及鲁国历史展览,由其宗孙进行祭祀周公的各项活动。

8. 恢复十二府,辟作玉虹楼丛帖博物馆

十二府是衍圣公府外规模最大的孔氏府第,主人孔继涑(1725—1790)是六十八代衍圣公孔传铎第五子,排行十二,民间称作十二才子,所以府第称作十二府。孔继涑酷爱书法艺术,毕其一生刻成《玉虹楼丛帖》,计有玉虹楼法帖12卷、玉虹楼石刻4卷、玉虹鉴真帖13卷、玉虹续鉴真帖13卷、谷园摹古法帖20卷、国朝名人帖12卷、瀛

海仙班帖10卷、金人铭帖2卷、隐墨斋帖8卷、黄涪州帖1卷、米海岳帖1卷、祝京兆帖1卷、临《中兴颂》帖2卷、张文敏小楷1卷、张文敏书诗1卷,合计101卷,所以又称百一帖。刻石569块,拓本编号584,汇刻汉代以来历代200多位著名书法家的近700件法书,是中国也是世界上规模最大的书法丛帖,具有很高的艺术价值。

《玉虹楼丛帖》1951年移入孔庙保护,现在陈列在东西两庑的北端,位置偏僻。由于游人游览孔庙大多匆匆而过,很少有人前去参观,即使有个别慕名来访的人也很难找到。十二府产权已经收回,建筑虽已不存,但有人曾访问故老绘制了平面图,玉虹楼照片也有保存。府第为清代小式建筑,造价不高。恢复十二府建筑,将《玉虹楼丛帖》迁回十二府,重新陈列。只要将所有权及管理权交给文物部门,国家文物部门是能够批准的。

9. 恢复西十府,辟作孔广森纪念馆

孔广森(1752—1786),清代著名经学家、数学家、音韵学家,四大文字学家之一。17岁中举,20岁成进士,官至翰林院检讨。不乐仕进,辞职归家,专心学术,著有《大戴礼记补注》、《诗声类》、《礼学卮言》、《经学卮言》、《少广正负术内外篇》等学术著作以及《仪郑堂诗稿》等文学著作。其父孔继汾(1725—1786)为六十八代衍圣公孔传铎第四子,行十,所以府第称作十府。孔继汾通经学,曾为乾隆皇帝讲解《中庸》,所著《孔氏家仪》被列为文字狱,充军伊犁,客死杭州。著有《勔仪纠谬集》、《乐舞全谱》等著作。其兄孔广林(1746—1814)也为清代知名经学家,著有《周礼臆测》、《仪礼臆测》、《吉凶服名用篇》、《仪礼士冠礼笺》等经学著作及《幼冉韵语录存》等文学著作。孔广森之子孔昭虔(1775—1835)官至贵州布政使,也精韵学,曾著《古韵》、《词韵》、《经进稿》等,是我国少有的经学世家之一。

西十府现在还残存一进院落,有正房和东西两厢,前面为无人居住的简易空房,东部是空地。清代小式建筑,造价不高。恢复府第,复原陈列,举办孔继汾、孔广森、孔广林父子展览,介绍其生平及学术贡献,整理出版其学术著作。曲阜文物档案馆存有多种稿本和刊本。

10. 恢复乾隆行宫

乾隆行宫原为西汉鲁恭王灵光殿的一部分,习称太子钓鱼池,明代时六十一代衍圣公孔弘绪曾建造南溪别墅,清乾隆二十一年改建为行宫。过去人们多称作古泮池,有误,明代新筑曲阜城时将古泮池隔在了城外,现在的文献泉才是其遗存。

现在行宫基址已经全部拆迁出来,《曲阜县志》有详细的平面图及文字说明,清代小式建筑,造价不高,恢复难度不大。恢复建筑,整修水池。部分复原室内陈列,举办

历代尊孔展览,刻制乾隆皇帝在曲阜的诗作于墙上;开设儒学讲座,定时演讲。

11. 新建桂馥纪念馆

桂馥(1736—1805),清代著名文字训诂学家、经学家、书法家,四大文字学家之一,曲阜人。乾隆五十五年进士,曾任云南永平知县。著有《说文解字义证》、《说文注抄》、《说文谐声谱》、《毛诗音》、《札朴》、《缪篆分韵》等学术著作,《后四声猿》杂剧以及《晚学集》、《未谷诗集》等文学著作。

在明故城内建造两进四合院,复原桂馥书房,制作反映桂馥生平、学术贡献的展览,整理出版桂馥学术著作。

12. 新建孔尚任纪念馆

孔尚任(1648—1718),孔子六十四代孙,清代著名文学家,中国著名古典戏剧作家,其作品《桃花扇》是中国古典戏剧的代表作之一。

在旧城内建造三进四合院,复原孔尚任书房,举办反映孔尚任生平和艺术成就的展览,整理出版孔尚任著作,搬演昆曲《桃花扇》。

三、增加民俗观光项目

在东门大街、龙虎街、颜庙街等游客方便的地方选择几处庭院,举行春节、立春、元宵观灯、端午、六月六吃炒面、七夕乞巧、中秋赏月、重阳赏菊、腊八吃粥、腊月二十三祭灶、婚礼、丧礼等民俗活动;在城内外举行立春打春牛、上巳修禊、曲水流觞、清明踏青、舞雩咏归、重阳登高等传统活动;每次活动都组织诗会,出版诗集;在城区空地及城墙下等处增设秋千、打瓦等民俗活动用具。

民俗和传统活动投资不大,但很受中外游客的喜爱,特别是一些传统节令已经被列入国家法定节假日。曲阜有文联、作协、曲阜诗社等文学组织,成员多是退休人员,他们经常举办诗会,并与韩国等外国诗歌团体联合开展活动,组织活动不难。

四、增加民间戏曲、曲艺演出

在城区增加京剧、豫剧、山东梆子、柳琴、山东渔鼓、山东落子等不需要很多人员的戏剧和民间曲艺演出，也可以演出《桃花扇》(孔尚任)、《后四声猿》(《放杨枝》、《题园壁》、《谒帅府》、《投溷中》,桂馥)、《软羊脂》(孔传鋕)、《女专诸》、《东城老父斗鸡忏》(孔广林)、《荡妇秋思》(孔昭虔)等本地名人的名作。曲艺演出可以参考台儿庄水城的做法。

曲阜有剧团，还有许多民间戏曲爱好者组织，大多是退休人员，不需多少经费。曲艺人员曲阜不多，可以招聘几位。

增加戏曲、曲艺演出既能增加城区的观光内容，展示传统文化，也能促进非物质文化遗产的保护。

五、建设旅游纪念品商业街

目前旅游商品销售主要在阙里街，临时建筑，档次太低，离景点太近，不利于游客分流，关键是将孔子故里的标志搞的"摊贩麕集"有损曲阜声誉。现在，游客中心位于明城外，应该规划将旅游商品街与景点衔接。旅游商品街从东南门外开始，进南门后向西沿南马道与孔庙南门连接，向东沿东马道与乾隆行宫连接，向北沿南门大街穿过五马祠商业街发展到东门大街，在鼓楼门东大街向西与孔府相连，在东门大街向东与十二府相连，在龙虎街向东与颜氏翰博府、东野翰博府、周公庙相连，向西与后作街相连。

可以借鉴福州经验，统一改造，费用分担，回迁原业主优先，原业主不要者作价出售。

六、增设曲阜工艺品及特产专卖店

在旅游纪念品商业街设置曲阜楷雕、碑帖、尼山砚、扶兴和笔庄、大庄绢花、桑皮纸、纺织、印花蓝布、糊制酒海酒篓、煎饼、香油以及引进柘沟砚、鲁锦、高粱饴等传统特产专卖店，前店后厂，既销售产品，也提供游客参观。既能展示地方特产，为游客提供特色纪念品，又能保护非物质文化遗产。

七、发掘提高孔府菜和孔府宴

孔府菜是在孔府漫长的历史中发展形成的，是鲁菜的源头之一，自古享有盛名。

近代有人分析说,川菜是大众菜,粤菜是商人菜,淮扬菜是文人菜,孔府菜是官府菜,仿膳是宫廷菜。孔府菜本是高档菜,有大件、凉盘、热盘、饭菜、面点、果品的分类。头菜只能用燕窝、鱼翅、海参等名贵食材,四大件主菜只能是燕窝、鱼翅,三大件主菜可以是鱼翅也可以是海参,但燕窝菜为上席、鱼翅菜为中席,海参菜为下席,鲍鱼、鱼骨、鱼唇、干贝甚至鸭子、鳜鱼、肘子也可以作大件,但不能作头菜。由于近年曲阜消费水平太低,连熏豆腐这样不能上大桌子的风味都被宣传成孔府菜的代表,许多饭店连海味都没有就对外称作是孔府宴,严重败坏了孔府菜的名声,应该为孔府菜正名。

制定孔府菜的标准,将孔府菜与孔府宴严格区分。在古城内建设孔府菜博物馆,开设几处古色古香的孔府宴饭庄,组织专家严加考核能够确保质量后,颁给"孔府宴指定饭店"的牌子,对未经批准乱打孔府宴牌子者给予处罚。

曲阜三孔是历代尊孔见证,具有很高的历史、文化、艺术价值,孔子研究院是现代研究机构,规划建设成世界儒学研究的中心,而曲阜旧城展示传统民俗文化,三者在建设曲阜优秀传统文化发展传承示范区中互相补充,可以更好地展示优秀传统思想文化。

传统文化传承视野下的孔府档案数字化

成积春

曲阜师范大学历史文化学院

孔府档案是世袭罔替的历代"衍圣公"在任时期形成的档案,以其时间长、数量多、内涵丰富、历史久远而成为研究孔府、"衍圣公"及中国传统社会的珍贵原始资料,具有极高的历史价值。早前经初步整理的档案已达9021卷、258419件,近又整理出散档近2万件,另有部分残档仍在修复整理中,且数量可观。然而,与一般历史档案不同,孔府档案一直作为国家一级保护文物存放于孔府文物档案馆内,其保管、调档和查阅必须严格遵行文物管理的复杂程序,以致孔府档案长期以来养在深闺,世人难觅真容。

一、孔府档案的内容与价值

现存孔府档案时间涵盖明嘉靖十三年(1534年)至1948年,种类包括表笺奏章、朝会纪实、公文信札、族规谱牒、地契账簿、信票告谕、保结牌传等,内容涉及宗族、社会、政治、宗教、经济、法制、建筑及教育等多个层面。其中宫廷、朝廷政治、文书类档案记载了历代王朝登基建储、巡幸临雍、告庙配天、庆典朝贺等皇室大事和典籍制度,组织坛庙祭祀、司法、军务等国家政事,以及奏档、京报邸抄、公文簿册等有关政治方面的内容。祀典类档案主要记载驾幸阙里、御祭孔子、给赐供器、遣官祭祀、礼乐典籍、祭器祭品及贤儒从祀等,反映古代王朝尊孔崇儒的内容。袭封类档案记载孔氏子孙袭爵受封、设置孔氏职官、家学庙学职官和圣贤奉祀、各官分级奉祀等反映传统社会国家对孔氏后裔优渥恩典的内容。宗族类档案记载孔氏族长等职官纂修家谱的情况,以及孔氏家谱、各省支谱、宗法族规、家族事务、优免孔氏差徭等有关孔氏宗族的内容。林庙管理、属员类档案记载孔府属官、家学职官等管理机构和人员、林庙保护修缮及洒扫百户等内容。其他还有田产、租税、财务、刑讼、庶务等门类,分别记载了孔府田产情况、租税收入、财务开支、各种刑讼案件和各项府内杂务等有关内容。

作为人类历史上保存下来的珍贵历史遗产,孔府档案特殊的重要历史价值早就得到学界的肯定和重视。单士元强调,孔府的档案"不只是一份研究封建社会里有关土地制度的完整资料,而且对于研究地方古代雨雪、河流、建筑等情况,也可供今天参考"[1]。杨向奎指出,孔府档案"对研究中国封建社会,特别是封建社会后期的政治、经济、思想、宗法关系等各个方面,都具有重要的意义"[2]。正是由于这批档案史料的重要性,自孔府档案发现以来,国内外学者相继对此进行了相关研究[3],并取得了一定的成绩。

二、孔府档案数字化的意义

在当前这样一个以全球化、信息化和网络化为特征的现代社会中,传统载体档案的数字化建设越来越受到重视,并已成为大势所趋的社会潮流[4]。孔府档案的数字化,即是指运用现代信息技术,通过对现存纸质孔府档案原件的扫描录入、数码处理、数据压缩等途径,将其转换为能够被计算机识别的数字文本或数字图像,建成具有有序结构的档案目录信息库和档案全文信息库,并借助磁盘、网络等载体进行存储、传递和交流的过程。

在当前,档案数字化不但早已成为我国信息化建设的重要内容,而且也是档案工作自身发展和适应我国档案利用需求新趋势的基本要求。

首先,孔府档案的数字化是更好地保护与保存档案原件的重要方式。1960年春,国家档案局局长曾三到曲阜检查工作时曾专门就孔府档案的保护工作作出重要

---

[1] 单士元:《曲阜孔府档案初步清理记》,《文物参考资料》1956年第10期。
[2] 中国社会科学院历史研究所:《曲阜孔府档案史料选编》第二编第一册,齐鲁书社,1980年,第1页。
[3] 姜修宪、成积春、孔德平:《60年来孔府档案研究述评》,《中国社会经济史研究》2015年第3期。
[4] 霍力华:《一场充满友情亲情的学术盛宴——2014年海峡两岸档案暨缩微学术交流会综述》,《档案学研究》2014年第4期。

指示,要求"要片纸不丢,只字不损,把档案保护下来"[1]。作为不可再生性历史文物,孔府档案目前在天下只有一份孤本,一旦发生天灾人祸等不测之事,损失将无法弥补。如果我们这一代未能充分保护这些不可替代的、珍贵的历史档案遗产,就是犯了历史性的大错误,后果是极其严重的,而利用数字化技术则可以更好地保存和保护孔府档案。具体说来:

第一,通过数字化技术形成的档案复制件代替原件提供利用,可以最大限度地降低孔府档案原件损坏和丢失的风险。现存孔府档案由于年代久远,纸张往往发黄变脆,字迹褪色甚至消失,因虫蛀、霉变、水渍而受损致残的现象十分严重。如果通过现代数字化技术处理孔府档案原件,不但可以有效地解决传统纸质档案保护中存在的以上难题,而且利用者在不接触原档案的情况下通过客户终端读取档案的数字化副本,既可减少对原件的损害,又可避免人为的丢失。

第二,数字化以后的档案信息以电子文档的形式保存,可以延长孔府档案的物理使用寿命。从长远来看,无论我们采取如何完善的保护措施对孔府档案加以精心保护,其自然寿命终究是有限的,它的字迹会消退,纸张会脆化、霉变,介质会损坏。经过数字化加工处理之后,孔府档案中的原始历史信息经由纸质载体转移到磁盘、光盘等现代化信息存储载体上,这种信息会永久存在,并可以通过计算机存储媒体存储备份,且不会因不断的复制和使用而影响其寿命,从而使得孔府档案载体不再受时空限制而得以永久保存,进而达到为孔府档案延年益寿的目的。

其次,孔府档案的数字化是再现档案原貌、深化档案开放利用、实现档案自身价值的重要途径。数字化与开放利用是孔府档案价值得以充分实现的重要保证,恰如鸟之双翼,剪之双刃,相辅相成,缺一不可。一般认为,档案的价值就是档案对利用者的有用性。档案的价值不仅仅在于它的载体,更在于这个载体所记载的内容,而且只有当载体上的信息被人们认识和利用时,档案的价值才能最终得以实现,这也是档案生命力的根基所在。换言之,虽然档案自身的各种因素对档案价值的形成具有一定的影响,但社会的需要才是决定档案基本价值的核心要素[2]。事实表明,孔府档案的历史性、稀缺性和不可再生性使得其收藏保护与开放利用之间的矛盾尤其突出,也给其社会价值的实现带来极大不便,难以满足社会各个方面的利用需求。只有通过数字化工作才能达到既能有效保护档案原件,又能充分发挥档案功用的目的,才能真正实现孔府档案的历史和社会价值。

---

[1] 刘守华:《孔府档案抢救记》,《档案春秋》2009年第7期。
[2] 王俊明:《历史档案载体鉴定论》,《中国档案》2007年第12期。

数字化后的档案可以通过计算机和网络进行异地传输,真正实现资源共享,从而改变传统档案利用模式,扩大档案利用空间,拓展档案传播范围,提高孔府档案的利用范围和程度。一方面,数字化能够提高人们接触和利用孔府档案资源的机会,扩大对孔府档案利用的广度。传统的档案利用方式一般都需要利用者亲自到档案馆进行查阅和抄录,手续复杂,费力费时,效率低下,成本过高。然而,将档案信息进行数字化转换,进而实现网络化传输以后,利用者可以不受地域和时间的限制,方便快捷地根据自己的意图和需要,通过计算机和网络实现档案信息的再现、存储、查阅、搜索、复制和远程传递,不但可以节省档案利用的时间和成本,提高档案利用效率,而且还能够降低对档案原件实体的损害风险。

另一方面,数字化不仅有利于孔府档案信息的传播和普及,也有助于真实展现档案文本原貌、提高档案研究精度。孔府档案中有大量采用套色印刷的钱票、股票、契约、收据等信用凭证和书画、照片等图像资料,还有相当一部分的诰命、奏折、公文封套等都盖有紫色或红色官印,以米色或黄色为背底,用墨、红、蓝、绿、金等色,分满、汉两种文字填写。这些特殊档案原件,只有运用数字化技术手段才能更好地保护档案的历史性,展现其本来的真实面貌。最近在孔府档案中新发现了诸多名人手札和信件,它们经扫描和图像放大后,可以在超高解像力下得到仔细观察、比较和鉴别。这样,研究者不但可以更仔细地考察作者的笔迹,而且还可以分辨出原来模糊不清或文字重叠的部分,从而提高档案研究的精度。

此外,孔府档案的数字化和网络化还有利于扩大孔府档案遗产的宣传面及覆盖面,从而引起国内外社会各界的广泛关注与重视,为更好地保护与抢救孔府档案遗产创造良好的外部环境。

再次,孔府档案数字化是档案主管和收藏单位寻求效益最大化的现实需要。一则可以为档案的科学管理提供便利。通过数字化过程建立的孔府档案历史数据信息库,将成为原始档案实体保管形式的有效补充,使得档案存储形式得以摆脱传统的库房结构。这样,档案信息的保存就主要局限在对硬盘数据的管理与保护,避免了外界自然条件对档案信息的影响。同时,数字化处理后的孔府档案全文信息存储到计算机硬盘内进行统一管理,占据空间小,管理成本低,并能够衍生出多种保管形式。二则也便于主管和收藏单位开展有偿服务,增加经济效益。数字化后的孔府档案可以刻录为光盘或制作成网络数据库,既可供本单位自用,又可以采用商业模式出版发行或提供在线有偿服务与订购。这样,在服务社会扩大影响的同时,也可以增加档案馆自身的经济收入,从而创造出兼具经济效益和社会影响的信息产品品牌。

最后,孔府档案数字化是推动我国道德高地建设和中国精神"走出去"的必由之路。儒家思想既是中国传统社会占主导地位的意识形态和统治精神,也是中国优秀传统文化的重要组成部分。中国历代最高统治者对儒家的创始人孔子及其后代恩宠有加,作为孔子直系后裔的"衍圣公"家族世袭罔替,在国家的政治、经济、文化发展中始终具有重要地位,不但亲身参与和见证了历次国家、民族和社会的重大变故,而且其一言一行无不对传统社会产生着向上、向善的积极导向作用。这些在孔府档案中都有所记载和反映。然而,长期以来,孔府档案这方面的历史价值还很少为人们所认知,其中所蕴含的有关中华传统优秀文化和美德精神的内容更是隐而不彰。

只有充分借助国家和社会力量,采用国内外先进技术,全面推进孔府档案数字化工程建设,构建高效准确的档案数字利用平台,才能早日实现孔府档案的数字检索和远程利用,真正使深藏高阁中的"死档案"变成"活资料"和"思想库"。进而,在此基础上进一步加强对孔府档案中有关中华传统文化和美德的研究阐发,才能为我国道德高地建设提供思想源泉,才能为传承与弘扬中华优秀传统文化和切实推进中国精神走向海外奠定坚实基础。

三、孔府档案数字化的目标、程序与方法

我国历史档案数字化工作起步于20世纪80年代,在90年代以后迅速发展,2002年国家档案局、中央档案馆联合颁布实施《全国档案信息化建设实施纲要》后,历史档案的数字化建设工作更是得到迅速发展。早在1982年,针对孔府档案文献的保护与利用问题,任继愈就写信给中央主管文化文物工作的胡乔木同志,有针对性地提出了把全部档案进行缩微,以妥善保存和充分利用孔府档案的建议[1]。目前,随着科学技术日新月异的发展,缩微已经不能满足档案保护与利用工作的需要,而被数字化建设所取代。

孔府档案数字化建设的总目标,是将全部档案进行数字化加工处理,最终建成可供高速存取的历代孔府档案与研究全文数据库,并可以利用计算机网络通过本地端或移动终端远程对其进行访问、检索、下载、复制与备份。与此同时,在条件成熟的情况下出版发行纸质版档案选编或全编。为此,数字化建设的重点是初步设计成一个由"数据库—历代孔府档案及研究信息平台—用户"构成的三脚架结构。其中,数据库设计的重点是对数字化档案文献、档案研究成果文献,以及研究资源、用户资源和

---

[1] 单嘉筠:《单士元、任继愈先生与孔府档案保护》,《中国档案》2010年第7期。

其他相关信息进行管理。同时,建成的数据库要具备方便、简单、快捷的用户操作界面和管理员操作界面,从而能够满足用户检索、众阅浏览、支付下载等多项功能,给管理员提供数字资源增删改、用户管理、安全管理等功能。

要建设这样一个庞大的世纪大工程,程序严格、方法正确在此就显得极其重要。孔府档案的数字化建设固然是整个工程的重中之重,但数字化之前的编目、分类、整理与著录工作则是整个工程建设的基础和前提。因此,整个工程将遵循"档案分类整理——档案著录——数字化扫描——数据库制作"这样的程序依次进行。首先进行的档案著录工作要对所有档案全部登记、测量、拟题、编目;接下来的扫描和图像加工要对著录过的档案逐页扫描,并对电子图像加工处理、储存;进而再用简练精确的语言对每一件档案编写关键词和摘要;最后将以上阶段性成果获得的各项信息编辑制成可供检索的数据库。与此同时,根据国家和社会需要分期、分批影印出版档案选编或全编,并进行与档案整理相关的科学研究。

结　语

作为中华优秀传统文化和人类历史文化遗产的重要组成部分,孔府档案对促进中华文化的继承和传播具有重大的历史意义和社会价值[1],而档案数字化工作则是扩大其传播和利用的最佳途径。只有严格遵照数字化的工作程序,采取先进的工作方法,才能真正彰显其历史文化价值。同时,孔府档案数字化建设既是贯彻习总书记有关传承与弘扬传统文化、"让文物活起来"讲话精神的具体措施,更是推动中华传统文化"走出去"、提高国家文化软实力的重要举措。作为一项国家领导重视、民众支持、学者欢迎、社会期待的世纪工程,它的启动与推进必将成为藏之名山、功在当代利在千秋的世纪伟业,无论如何都应该把这项世纪工程做成精品工程。

---

[1]　姜修宪:《孔府档案的历史文化价值》,《光明日报》2016年11月26日。

编 后 记

《保护与传承视野下的鲁文化学术研讨会论文集》即将付印，这是 2016 年 11 月 10—12 日由山东省文物考古研究院、曲阜市文物局、曲阜师范大学历史文化学院在曲阜举办的"保护与传承视野下的鲁文化学术研讨会"的学术成果。会议取得圆满成功，达到了预期目的，既介绍了考古发现与研究成果，又彰显了考古学、历史学和古文字学相结合的学术研究理念，更体现了文化遗产保护、传统文化弘扬传承的与时俱进的文物考古工作方向。会议的召开和论文集的出版，是近年来山东地区商周考古与研究的又一次全国性重要学术活动，对促进学术交流、深入齐鲁地域文化研究、带动专业人才队伍成长、文物考古成果惠及民众和服务社会等必将产生积极而又深远的影响。现将会议有关情况记录于此，以作补充和纪念。

一、会议召开的背景

近年来山东地区商周考古不断取得重要成果，大遗址保护和曲阜鲁故城、临淄齐故城等国家考古遗址公园考古工作陆续展开，博物馆事业蓬勃发展，青铜器研究掀起热潮，可移动文物保护修复事业突飞猛进，山东省文博事业呈现出可喜的繁荣局面，在学术研究、文化建设和服务社会发展大局等方面产生了深远的影响。习近平总书记 2013 年在视察曲阜时强调要大力弘扬中华优秀传统文化，如何深入挖掘、研究、阐发、弘扬、传承优秀传统文化，是我们考古工作者的时代责任，因此我们计划用几年的时间，连续召开几次全国性学术会议，以考古学视野研究莒文化、鲁文化、齐文化、齐鲁文化、东夷文化等，以其促进地域文化的深入研究，彰显考古学的价值、地位、作用和话语权。"保护与传承视野下的鲁文化学术研讨会"就是在这种形势和理念指导下，继 2015 年 12 月莒县"青铜器与山东古国学术研讨会"之后召开的第二个学术会议。

我们自2011年承担曲阜鲁故城国家考古遗址公园考古工作以来,成果突出(本书中有专题介绍),为遗址本体保护、学术研究、环境整治、展示利用提供了科学资料,有力地促进了遗址公园建设(时任曲阜市文物管理委员会主任孔毅先生在会议主题发言阶段作了详细报告)和学术研究,多次在全国会议上受到国家文物局领导的表扬,得到国家文物局、省文物局专家组的好评。我院于2012年10月承办了"第二届黄淮七省考古论坛",专门组织与会代表考察鲁故城发掘现场;2014年6月我们承办了"中国考古学会两周专业指导委员会"的成立大会,与会专家考察了鲁故城宫城发掘工地,介绍了山东地区周代考古学文化研究概况;2013年在西安召开了第十六次中国考古学会年会,我们安排3人参加大会并专题介绍了鲁故城考古成果;考古发掘期间我们以多种形式多次开展了公众考古;重点考古勘探搞清楚了遗址、墓地、城墙与壕沟的准确范围与边界,为遗址本体保护、环境整治提供了科学依据。

鲁故城考古工作的不断深入,不仅推进了考古遗址公园的建设,更推动了鲁文化的研究。我们考古人要一代代地努力,对齐鲁文化不断地进行发掘、展示、传承和保护,发挥好考古学的社会作用。保护好文化遗产是我们考古人的首要职责,"传承"二字体现了我们考古学的社会作用,无论怎样保护和研究,传承都是我们的目的,以此服务大众、服务社会。保护是基础,研究是灵魂,传承是目的。

曲阜是孔子出生地和儒家思想发源地,儒家思想的直接来源是周文化及其礼乐文明、鲁文化和齐鲁地域文化,在此基础上形成了中华优秀传统文化和思想道德建设的高地。世界文化遗产"三孔"和鲁国故城就坐落在这里,国家文化遗产保护"曲阜片区"、山东省文化遗产保护"曲阜片区"、尼山文化论坛与世界文明对话、世界银行贷款山东省孔孟文化遗产地保护等项目不断推进,成果显著。周文化东传到鲁,形成鲁文化,进一步融合形成齐鲁文化,并上升为主流意识文化,如何通过考古加以阐释和传承这一嬗变过程,也是我们关注的重点。

以上是我们召开这次学术会议的缘起、思路和目的,考古及其研究成果要彰显出"保护"与"传承"的意义,于是会议名称确定为"保护与传承视野下的鲁文化学术研讨会"。

二、会议主题与规模

1. 会议名称:保护与传承视野下的鲁文化学术研讨会。
2. 会议主题:鲁故城发现与研究,鲁文化发现与研究,鲁国及周边古国研究,鲁文化与周边文化关系研究，周代城址研究，大遗址保护与国家考古遗址公园相关研究，孔子、儒学及传统文化研究。

3. 会议酒店：曲阜铭座杏坛宾馆（浓郁的儒家文化主题酒店）。

4. 会议考察：曲阜鲁故城考古发掘工地、鲁文化6处遗址和墓地陶器标本、三孔古建筑、孔子研究院。

5. 会议规模：120余人与会，包括考古、历史、古文字、文化文物研究方面的专家与学者，有全国著名的老专家、中年骨干学者、青年学者，其中青年学者占比例较大；来自北京大学、中国人民大学、山东大学、首都师范大学、郑州大学、杭州师范大学、山东师范大学、曲阜师范大学、烟台大学、鲁东大学等10所高校，来自中国社会科学院考古研究所、历史研究所和上海、陕西、山西、河南、湖北、安徽、江苏、黑龙江、山东等15个省级以上科研机构（考古研究所、历史研究所和博物馆）以及山东省济南市、淄博市、潍坊市、日照市、临沂市、枣庄市、济宁市、泰安市等8个市的19家文物单位。

6. 会议提交论文或提要61篇，领导、专家致辞和主题、分组发言等73人次发言，论文集收录47篇文章。

三、会 议 收 获

1. 学术研究

鲁文化考古发现与研究是会议主要内容，包括鲁故城考古新发现、鲁文化研究、城市布局研究、聚落考古研究、陶器与青铜器研究等。周边地区考古发现与研究是会议重点，包括鲁北地区高青狄城遗址考古发现、昌乐都北遗址周代考古成果、邹城邾国故城发掘成果、徐海地区和安徽东部地区周代考古新进展、海岱地区吴越文化因素研究等。关中地区周代考古、丰京、镐京和洛阳地区周代考古新进展，晋国、郑国、楚国都城与文化研究。鲁国等古国研究是会议主要内容之一，包括鲁国青铜器及其铭文研究、以清华简等出土文献为依据的鲁国史、滕国等相关古国研究。鲁文化、儒家文化、礼乐文明、传统文化研究也占有一定比例，亦包括汉代孔子、经史与鲁文化研究。部分学者研究涉及考古遗址公园建设、大遗址保护及传统文化的研究与弘扬传承，契合会议主题，具有重要的现实意义。

2. 遗产保护、文化建设、传统文化弘扬与传承

时任山东省文物局副局长周晓波致辞中强调：山东是中华文明的重要发祥地之

一,历史文化悠久,文化资源丰富,齐鲁文化博大精深,在中华文化发展中发挥了特殊的作用,对世界文明尤其是东方文明产生了深远影响。厚重的文化历史承载着大量的文化资源,国家文物局将曲阜划为国家大遗址保护的曲阜片区,几年来山东文物局以习近平视察曲阜重要讲话为指针,将曲阜片区作为文化遗产保护的重点,十二五期间投入了大量资金对鲁故城进行保护和遗址公园建设、第一次全面抢修保护三孔古建彩绘。曲阜片区传统文化传承示范区列入国家十三五规划,采取包括世界银行贷款等多元融资开展文化遗产保护,举办尼山世界文明论坛等,我们将利用好鲁文化的优势,科学做好文化遗产保护工作。

曲阜师范大学张洪海校长重点讲了曲阜师范大学在历史学、儒家文化方面的特点:曲阜师范大学是一所文理并重、文史见长的省级重点高校,秉承"学而不厌、诲人不倦"的校训,发展成为学科门类齐全、师资力量雄厚、科研成果显著、教学质量较高的山东省名校,形成了鲁国史、孔子儒学和传统文化研究的优良文化传统,建成了目前国内唯一一所以鲁文化和儒学为特色的专门史和国学的高校,山东省唯一一所省级文化传承类体验创新中心,孔子与山东文化强省战略中心。

济宁市文物局丁海燕局长在致辞中概括了济宁市文化文物的情况:济宁被誉为"孔孟之乡"、"文化济宁"、"运河之都",济宁全市共有可移动文物130万件、不可移动文物近7 000处,2处世界文化遗产(运河、三孔),36处全国重点文物保护单位、247处省级重点文物保护单位。2013年习近平总书记视察曲阜期间,提出了"打造首善之区,弘扬优秀传统文化"的号召,曲阜作为东方圣城和打造"首善之区"的高地,在此举办鲁文化学术研讨会,是弘扬优秀传统文化的一个平台和举措,是山东省也是全国的一件文化盛事。

曲阜市褚福梅副市长在开幕式致辞中主要报告了曲阜文化遗产保护和文化建设方面的成绩:曲阜是国务院首批公布的历史文化名城之一,曲阜现有各类文物点819处,其中全国重点文物保护单位11处、省级重点文物保护单位56处;鲁国故城在1961年被国务院公布为首批全国重点文物保护单位,2010年经国家文物局公布为国家考古遗址公园23个立项名单之一,是国家文物博物馆事业发展"十二五"规划六片四线一圈中曲阜片区的核心和关键点,2013年12月经国家文物局公布为第二批国家考古遗址公园;近年来,曲阜市政府围绕鲁文化、孔子文化的优势,快速推进尼山圣境、孔子博物馆、鲁国故城考古遗址公园等一大批文化项目建设,创新实施百姓儒学工程,大力实施勤善恭和四大工程,深入开展彬彬有礼城市道德建设,真正凸显了曲阜在构筑中华优秀传统文化高地上的作用。

曲阜师范大学历史文化学院成积春院长在会议闭幕式上重点介绍了创办"文物

与博物馆学专业"的优势和愿景：(1) 文化资源丰富——地处鲁国故都、孔子故乡、圣城曲阜，依托邹鲁地区以及广大鲁南地区，乃至整个山东地区丰富的文物资源和众多的考古工地及大批的博物馆。(2) 较好的专业依托——曲阜师范大学长期致力于孔子儒学、鲁国历史、传统文化的研究，形成了自己的办学特色，2008年又申报了一个文化产业管理的专业，还获得了山东省协同创新中心"孔子与山东文化强省战略协同创新中心"的重点资助。(3) 办学设备和师资力量的储备——1955年建历史系起就开始建文物馆，收集收藏2 000多件文物，计划在西校区建设博物馆、中国教师博物馆，这是我们文博专业一个好的发展契机，文化遗产的保护利用实验室也已建成使用。(4) 密切合作之路——和中国社会科学院考古研究所、山东省文物考古研究院等签订建立战略合作协议，计划与各地的博物馆密切联系签订实践教学的合作协议，争取上级文物部门的支持，希望今后在文博培养方面承担一些任务。(5) 走特色发展的路子——把考古学、博物馆学的基本课程开设好，重点放在文物修复、文物创意的培养培训方面，如孔府档案和一些地方所存古籍的修复，从事文物资源的创意、规划、开发。总的目标是，将曲阜师范大学历史文化学院打造成山东省第二个文博专业人才培养基地和科学研究重镇。

四、专家寄语

李伯谦先生以"适应形势发展，做好考古与文化遗产保护工作"为题，在会议最后作重要讲话：

1. 关于目前形势。从十八大以来，其实从十七大六中全会开始，对文化遗产的重视程度，在我们党的历史上、在我们国家的历史上都是最高的，习近平总书记、李克强总理都有很多重要批示。从考古来看，很重要的一个形势就是从大规模配合基本经济建设开始向以课题来带动考古工作的转变，也就是向研究的转变；文化遗产方面还有一个形势就是，现在文化遗产保护从规划、实施到遗址公园的建设方兴未艾，科技手段大量运用在考古、文化遗产方面。

2. 关于考古规划。在当前大好形势下，怎么样把我们的工作做好，是要认真思考的，不管是考古所、大学的考古专业还是我们国家的高端研究机构，都有一个怎么样做好规划、然后按部就班实施考古工作并进行研究的问题。每个五年都应有自己的规划，要形成一些课题，包括召开学术会议，让大家都能够参与。关于做好文化遗产的保护、做好考古遗址公园的建设，除了建国家考古遗址公园外，还可以建省级的考古遗址公园和考古博物馆。

3. 关于考古工作。在不同地区的考古遗址公园、考古博物馆的规划、建设以及其他的实践过程当中，要立足于考古，必须要有考古人员参加。考古工作就是要做最基本的东西，不是夸夸其谈，要从最基本的做起，这是一个主导思想。

4. 关于考古遗址公园。在考古遗址公园当中，应该有一个地方来展示一下考古的历史，怎么样一步一步工作？每年有什么进展？有什么重要的发现、研究成果、重要的人物？都应该在这里面有所展示；古籍中记载的历史故事应该有一个地方展示；考古遗址公园就应该有考古的东西，一边发掘一边让人家看，将发掘成果及其现场保护并展示出来；再一个就是考古遗址公园的建设必须和环境风貌的整治相结合，因为城、大遗址都是在周围的特定环境中产生出来的。

5. 通过这次会议交流，大家都认识到我们应该往哪发力，也是很重要的一个事。这次会议是在三个主办单位精心准备的基础之上召开的，山东省文物考古研究院围绕着会议主题对鲁城的工作做了全方位的展示；曲阜市的文物保护工作值得其他地方学习；非常可喜的是，曲师大创办了文物与博物馆学专业，这也标志着我们文化遗产保护工作的一个重大进展的一个重要方面。

五、致　　谢

李伯谦、朱凤瀚、刘绪等老前辈莅临会议，指导鲁故城考古与鲁文化研究，关心和关注山东地区商周考古、文物保护和学术研究，这种关爱和期许是我们进一步做好工作的动力。众多大学、科研机构、文博单位的同行和朋友共襄盛会，积极发言和提交论文，是会议取得重要成果和取得圆满成功的重要标志。

各级领导百忙之中出席会议并讲话，介绍了山东省、济宁市、曲阜市和曲阜师范大学的文化建设、文化遗产保护和文博工作特色，是对会议的重视，更是对未来文化文物工作发展的谋划与统筹，是对文物部门、社会科学研究部门的关心与鼓励。

会议集中了丰富的鲁文化陶器标本，供与会代表观摩。主要包括新泰市博物馆送来的郭家泉东周墓葬出土陶器，泗水县文物管理所提供的泗水尹家城、天齐庙遗址出土陶器，兖州区博物馆提供的西吴寺遗址出土陶器，曲阜市文物局提供的鲁故城出土陶器，山东省文物考古研究院近年来发掘的鲁故城出土陶器标本及从济南运来的泗水尹家城东周墓葬出土陶器。

曲阜市文物局安排景区引导车方便与会者考察鲁故城考古遗址公园和发掘现

场,并专门安排与会者考察三孔古建筑;曲阜师范大学历史文化学院安排十几名同学帮助服务会议工作,邀请专家考察曲阜师范大学;山东省文物考古研究院办公室安排车辆接送站,鲁故城考古队队员全力筹备和服务会议,我院参会的青年考古工作者积极帮助接待与服务会场。韩辉具体负责会议筹备、组织和论文集编纂等工作,付出了诸多努力和劳动。

北京大学考古文博学院教授刘绪先生百忙之中为会议文集撰写序言。

上海古籍出版社吴长青副总编精心策划、大力支持,王璐编辑认真负责、严格要求,保证了会议文集高质量地出版。

对以上关心、支持、帮助会议召开和文集出版的所有单位与个人表示诚挚感谢!

我们将做好考古规划,以课题研究为指导,从基本的考古工作做起,逐步推进山东地区商周考古再上新台阶;做好学术研究规划,以考古发现及其成果为基础,以区域文化研究为目标,多学科、多部门合作,逐步开展学术综合研究。今后,按照计划我们将陆续召开齐鲁文化学术研讨会、区域考古研究座谈会、青铜器学术研讨会等,邀请全国考古专家与学者来山东考察、指导与交流,共同促进学术研究和文化建设,发挥考古学科的优势,做出我们应有的贡献。

山东省文物考古研究院　刘延常

2018 年 12 月于泉城济南

图书在版编目(CIP)数据

保护与传承视野下的鲁文化学术研讨会论文集/山东省文物考古研究院,曲阜市文物局,曲阜师范大学历史文化学院编.—上海:上海古籍出版社,2018.12
ISBN 978-7-5325-8951-7

Ⅰ.①保… Ⅱ.①山… ②曲… ③曲… Ⅲ.①地方文化—山东—学术会议—文集 Ⅳ.①G127.52-53

中国版本图书馆CIP数据核字(2018)第171884号

保护与传承视野下的鲁文化学术研讨会论文集

山东省文物考古研究院、曲阜市文物局、曲阜师范大学历史文化学院 编
上海古籍出版社出版、发行
(上海瑞金二路272号 邮政编码200020)
(1)网址:www.guji.com.cn
(2)E-mail:guji1@guji.com.cn
(3)易文网址:www.ewen.co
常熟市人民印刷有限公司印刷
开本787×1092 1/16 印张34.5 插页5 字数636,000
2018年12月第1版 2018年12月第1次印刷
ISBN 978-7-5325-8951-7
K·2531 定价:168.00元
如有质量问题,请与承印公司联系